KB260494

개념-뿌리들

지은이 逍雲 이정우

소운(逍雲) 이정우(李正雨)는 1959년 충청북도 영동에서 태어났고 서울에서 자랐다. 서울대학교에서 공학과 미학 그리고 철학을 공부했으며, 아리스토텔레스 연구로 석사학위를, 푸코 연구로 박사학위를 받았다. 1995~1998년 서강대학교 철학과 교수, 2000~2007년 철학아카데미 원장, 2009~2011년 어시스트윤리경영연구소 소장을 역임했으며, 현재 소운서원 원장(2008~)과 경희사이버대학교 교수(2012~)로 활동하고 있다.

소운의 사유는 '전통, 근대, 탈근대'를 화두로 한 보편적인 세계사의 서술, '시간, 사건, 생명 등'을 중심으로 하는 생성존재론(사건의 철학), 그리고 '소수자의 윤리학과 정치학'을 추구하는 실천철학의 세 갈래로 진행되어 왔다. 철학사적 저작으로는 『신족과 거인족의 투쟁』(한길사, 2008), 『세계철학사 1: 지중해세계의 철학』(길, 2011), 『세계철학사 2: 아시아세계의 철학』(길, 2018), 『소은 박홍규와 서구 존재론사』(길, 2016) 등이 있으며, 존재론적 저작으로는 『사건의 철학』(그린비, 2011), 『접힘과 펼쳐짐』(그린비, 2012) 등이, 실천철학적 저작으로는 『천하나의 고원』(돌베개, 2008), 『전통, 근대, 탈근대』(그린비, 2011), 『진보의 새로운 조건들』(인간사랑, 2012) 등이 있다. 현재는 『세계철학사 3: 근현대세계의 철학』, 『구키 슈조: 시간, 우연, 예술』을 집필하고 있다.

소운 이정우 저작집 5

개념-뿌리들

초판1쇄 펴냄 2012년 5월 30일 | 초판6쇄 펴냄 2025년 12월 22일

지은이 이정우 | **펴낸이** 유재건 | **펴낸곳** 그린비
주소 서울시 서대문구 이화여대2길 10, 1층 | **대표전화** 02-702-2717 | **팩스** 02-703-0272
홈페이지 www.greenbee.co.kr | **원고투고 및 문의** editor@greenbee.co.kr

편집 이진희, 문혜림, 민승환, 전혜빈 | **디자인** 심민경, 조예빈
독자사업 류경희 | **경영관리** 장혜숙

개념-뿌리들

이정우 지음

그린비

저작집에 부침

본 저작은 2000년에 문을 연 철학아카데미에서 행한 시민강좌의 내용을 정리한 것이다. 철학적 개념이기도 하고 또 일상적 개념이기도 한 개념-뿌리들을 정리하고픈 생각은 일찍부터 가지고 있었고, 철학아카데미의 강좌들을 통해 이 작업을 지속하려 했으나 여의치가 않았다. 일단 이 저작을 통해서 개념-뿌리들의 중요성을 알리고 그 가장 기초적인 것들을 논의하는 데 만족해야 할 것 같다. 이 작업을 계속할 기회가 있었으면 좋겠고, 내가 아니더라도 앞으로도 이어졌으면 하는 바람이다.

이번에 철학아카데미를 '파이데이아'(교양교육을 뜻하는 그리스어)로 개칭하고, 서교동에서 새롭게 시민강좌를 시작했다. 지난 몇 년간 이런저런 이유로 시민강좌에 몰두할 수 없었으나, 이제 초심으로 돌아가서 다시 시작해 보고 싶다. 이 점에서 이 『개념-뿌리들』의 재출간은 나로서는 남다른 의미가 있는 일로 느껴진다. 이제 파이데이아에서 다시 다채로운 만남들과 이야기들이 꽃피었으면 한다.

2012년 봄

逍雲

개정판 머리말 _ 이미지와 개념

한국 사회는 1990년대를 거치면서 이른바 후기자본주의 사회, '포스트모던' 사회로 접어들었다. 해방 이후 전개되던 산업자본주의 사회, 군정軍政 사회가 물러가고 여러 낯선 현상들이 우리 삶을 채우기 시작했다. 중견세대는 이제 이런 낯섦이 어느 정도는 익숙함으로 화하고 있는 시대를 살고 있고, 젊은 세대는 처음부터 그런 환경 속에서 성장해 왔다고 할 수 있을 것이다.

이런 변화와 더불어 두드러지게 나타난 담론적/문화적 현상은 이미지의 범람과 개념의 연성화軟性化일 것이다. 모든 표현들이 이미지들로 나타나게 되었고, 우리의 의식만이 아니라 감성과 무의식까지도 이미지로 가득 채워지기에 이르렀다.

이미지는 강렬하지만 즉물적이다. 그것은 우리의 감성을 직접적으로 자극해 쾌감을 주지만, 대개는 사물을 즉물적으로 느끼게 할 뿐 그것에 대해 차분히 사유하도록 만들지는 못한다. 이미지가 범람하는 시대는 곧 개념이 죽은 시대라고도 할 수 있다. 우리를 천천히 그리고 깊이 사유할 수 있게 해주는 것은 개념이다. 그러나 오늘날 개념은 황폐화되고 오로지 이미지만이 현란하게 춤추고 있다.

인터넷 공간은 이런 변화를 가장 실감나게 보여 준다. 거기에서 우리는 다양한 기술적 요령들, 요란한 이미지들, 복잡한 장치들을 보지만, 오랜 세월을 거치면서 탄탄하게 다듬어진 개념과 사유는 발견할 수 없다.

일본의 한 애니메이션에 대해 글 써야 할 일이 있어 인터넷 공간을 돌아다닌 적이 있다. 한국에 그 애니메이션에 관한 사이트가 제법 많았다. 홈페이지도 잘 꾸며 놓았고, 음악도 나오고, 이미지도 현란하고, 다들 기술적인 면에서는 나무랄 데가 없었다. 그러나 거기에 글은 거의 없었다. 있다고 해봐야 그저 A4 반 장 정도였고, 그나마 몇 편의 똑같은 글이 계속 여기저기에서 돌아다니고 있었다. 게다가 그 짧은 글의 내용이라고 해봤자 그저 몇 가지 "정보"를 제공하는 것일 뿐. 이 이중적인 풍경만큼 오늘날 한국 사회를 압축적으로 보여 주는 것이 달리 있을까.

외국 사이트들을 들어가 봤다. 이미지는 단출하다. 음악도 나오지 않는다. 색도 대개 간단하다. 그러나 거기에는 풍부한 텍스트들이 있었다. 어떤 사이트의 글들은 A4 20매 전후가 되는, 그야말로 한 편의 '논문'이라 해도 좋을 만한 글들도 적지 않았다. 한국 사이트들과 참으로 대조되는 이 장면 앞에서 너무 씁쓸해 오랫동안 멍하니 앉아 있었던 기억이 난다.

"염불보다 젯밥"이라는 말보다 한국 사회를 더 단적으로 보여 주는 말은 없을 것 같다. 본질적인 것, 시간이 오래 걸리는 것, 깊이 생각해야 하는 것, 순수한 열정을 필요로 하는 것은 뒷전이고, 온통 돈이 되는 것, 빨리 되는 것, 얄팍한 감성으로 해결되는 것, "끼"로 감당되는 것들만이 사회를 뒤흔들면서 돌아다닌다.

　한국인들은 유목적 기질이 있어 현대 사회에 잘 맞는다는 둥, 인터넷이야말로 한국인들이 고부가가치를 창출할 수 있는 공간이라는 둥, 한국인들은 "끼"가 있어 대박을 터뜨릴 수 있다는 둥, 이런 식의 이야기들을 들을 때마다 참으로 가소롭다는 느낌이 든다. 기본이 되어 있지 않은 곳에서, 기초가 되어 있지 않은 곳에서, 아무리 시대의 분위기를 타고 간다 한들 무엇이 나올 것이며, 또 나온다 한들 그것이 자본주의적 상품문화에 적응한 것 이상의 무슨 의미가 있다는 말인가.

　범람하는 이미지들은 단 한순간도 우리를 놔두지 않는다. 빌딩 위에도 동영상이 어지러이 돌아가고, 지하철에도 온갖 형태의 거대한 이미지들이 우리를 둘러싼다. 이 범람하는 이미지들이야말로, 그리고 그 이미지들에 어렵사리 끼어 있는 "말"과 "글"만큼 지금 우리의 삶을 단적으로 표상해 주고 있는 것들이 또 있는가.

　지금 우리 사회에 필요한 것은 개념과 사유이다. 넘쳐나는 이미지들과 그 속에 숨어 사람들을 관리하는 음험한 이데올로기들을 개념으로 파헤치는 것, 그러한 지적 노동을 통해서 제국주의·파시즘과 싸우면서 민주주의를 쟁취해 온 우리의 역사의식을 되찾는 것, 그래서 돈과 보수주의만이 판을 치는 오늘날의 암담한 풍랑을 헤쳐 나가는 것이 오늘날 개념과 사유의 역할일 것이다.

　개념에는 많은 것들이 있지만 뿌리가 되는 개념들이야말로 중요하다. 일상의 언어이면서도 동시에 철학적으로 중요한 개념들을 그 역사적 연원과 철학적 구조에 입각해 전반적으로 다시 검토할 필요가 있다. 소크라테스는 아테네의 몰락을 경험하면서 "용기란 무엇인가", "지혜란 무엇인가", "정의란 무엇인가", …… 등의 물음을 던졌다. 소은 박홍규가 지적했듯이, 이 물음들은 삶의 막다른 골목, 그리스 인들이 '아포리아'라고 불렀던 지경에 처해 던질 수밖에 없었던 근본 물음들이다. 오늘날 우리도 물어야 한다. "진보란 무엇인가?", "대중이란 무엇인가?", "욕망이란 무엇인가?", "자본이란 무엇인가?",…… 등의 물음들을.

이 저작은 내가 철학아카데미에서 시민강좌를 열면서 행한 강의 내용을 정리한 것이다. 1부는 존재론적 개념들을, 2부는 윤리학적 개념들을 다루었다. 이 저작의 내용은 대체적으로 철학의 고전을 배경으로 행한 강의를 담고 있거니와, 기회가 된다면 우리 시대에 좀더 밀착해 있는 개념-뿌리들도 다룰 생각이다.

이 기회에 다시 읽어 보니 편집이 너무 허술하게 되어 있다는 것을 발견했다. 내용상의 큰 변화는 없지만, 이번에 전반적으로 다듬어서 읽기 편하게 만들었다. 무엇보다도 아직까지 '의식'이 있는 민주화 세대가, 그리고 아직은 현실에 기입되고 싶어 하지 않는 젊은이들이 이 책을 읽었으면 한다.

2008년 봄

逍雲

초판 머리말

2000년 봄에 철학아카데미(현재는 파이데이아)를 열었다. 인사동의 허름한 건물 한구석에 있는 조촐한 공간이었지만, 그곳이 내게는 꿈의 공간이었다. 봄학기, 여름학기, 가을학기……로 가면서 수강인원이 점차 늘었고, 개설과목들도 다채로워졌다.

철학아카데미에서의 강의는 이전에 대학교에서 했던 강의와는 달랐다. 수강생들의 눈빛이 모두 살아 있었고 배우고 싶은 열의가 넘쳤다. 고등학교 학생부터 연배가 높으신 분들까지 모든 연령층이 교실을 채웠다. 학생들, 직장인들, 전문인들, 가정주부들, 교사들 등 다채로운 부류의 사람들이 한 공간에 모여 강의를 들었다. 참으로 새로운 경험이었다. 수강생들이 빼곡히 찬 교실 뒤에서 여러 학생들이 그 더운 날 세 시간을 꼬박 서서 강의를 들었던 기억이 난다. 그 모습을 보면서 나는 한국 사회의 희망을 느낄 수 있었다.

강의가 끝나고 밤이 찾아오면 인사동 거리에 나선다. 거리를 오가는 사람들, 맑지는 않지만 익숙한 서울의 밤공기, 호떡, 달고나, 뽑기, 엿 등이 풍기는 달콤한 냄새, 어디선가 들려오는 전통음악의 가락, 거리를 메운 노점상들에서 들려오는 정감 어린 대화들…… 나는 인파에 파묻혀 어슬렁거리며 걷거나, 동료들과 어울려 당구를 치거나,

또 수강생들과 함께 조촐한 자리를 마련한다. 그럴 때면 진정 살아 있음을 느낀다.

학생들의 열의에도 불구하고 늘 기초의 부재를 느끼곤 했다. 한국 사회에는 '철학교육'이라는 개념이 희박하다. 철학을 공부하고 싶은 사람들을 위해 잘 짜인 교육과정이 거의 존재하지 않는다. 수강생들의 그 뜨거운 열기와 기초의 부재, 이 대립항이 늘 내 마음 한구석에 머물렀다. 이런 점을 생각해서 지난 3년간 철학아카데미에서 '세계철학사'와 '철학의 기초 개념들'을 강의했다. 이 과목들을 강의했던 지난 시간들이 내게는 참으로 소중한 순간들이었다.

처음에는 세계철학사를 4권으로 정리해 펴내려는 큰 계획을 세웠다. 그러나 강의노트들을 정리하는 작업만도 너무 많은 시간을 요했다. 현실적인 여건이 이 작업에 매달릴 시간을 주지 않는다. 그래서 일단 철학의 기초 개념들을 다룬 이 책을 정리해 펴내고자 한다. 여건이 허락한다면 세계철학사도 정리해 펴낼 것이다.

지난 연말에 새 생명이 태어났다. 뒤늦게 얻은 귀여운 딸을 품에 안고 있을 때면 "눈에 넣어도 아프지 않다"는 말이 무슨 뜻인지 비로소 알 수 있을 것 같다. 철학아카데미의 탄생, 새 생명의 탄생…… 많은 만남들이 탄생한다. 그 탄생의 시간을 함께 누릴 수 있었기에 지난 몇 년간을 기쁨과 더불어 보낼 수 있었다. 이제 이 책을 통해 또 다른 새로운 인연들을 만나고 싶다.

2004년 새해를 맞이하며

逍雲

:: 차례

서강_개념-뿌리란 무엇인가

이번 학기 강의는 철학에 입문하려는 분들을 위해 기초 개념들을 검토해 보는 자리입니다. 말하자면 철학이라는 세계의 문을 여는 강의라고 할 수 있겠죠. '세계'라고 하는 말은 흔히 세계 전체를 뜻하지만, 경우에 따라서는 삶을 구성하고 있는 여러 가지 분야들을 뜻하기도 합니다. 스포츠의 세계가 있고, 법률의 세계가 있고, 문학의 세계가 있고, 바둑의 세계가 있죠. 그런데 어떤 세계이든지 그 세계에 들어가기 위해서는 문을 열어야 하죠? 이 세상 어디를 가든지, 어떤 세계에 들어가려면 항상 그 세계의 가장 앞에 있는 문을 열어야 합니다. 이번 학기 강의는 바로 철학哲學=philosophia이라는 세계의 문을 여는 강의라고 할 수 있습니다.

어떤 세계든 그 문을 열기 위해서 가장 기본적으로 알아야 할 것은 그 세계의 입구에 존재하는 기본적인 개념들입니다. 바둑을 두려면 '단수'가 무엇인지, '패'가 무엇인지, '화점'이 무엇인지 등등을 알아야 하고, 또 법률의 세계에 들어가려면 '형법'과 '민법'의 차이가 무엇인지, '소송', '항고' 등이 무엇인지, '미필적 고의'가 무엇인지 등등을 알아야 하죠. 요컨대 기초 개념들을 알아야 하는 것입니다. 이번 학기 강의는 바로 '철학의 기초 개념들'을 공부하는 시간입니다. 바로 철학의 문을 여는 시간인 것이죠.

§1. 개념이란 무엇인가

우선 '개념'槪念이라는 것이 무엇인지 한번 생각해 봅시다. 세계를 인식하기 위해서는 반드시 개념들을 사용해야 합니다. 이 세계를 직접적으로 만날 때, 즉 개념들을 전제하지 않고 만날 때, 이 세계는 다양한 질적 차이들qualitative differences로 다가옵니다. 지금 이 교실에도 무수한 형태들이 있고, 무수한 색깔들이 있고, 또 다른 무수한 질적 차이들이 있죠? 여기 칠판이 있고, 네모난 형태, 녹색이라는 색깔, 촉감, 크기 등 무수히 다양한 질적 차이들이 나타나 있어요. 그 외에 여러분의 얼굴 모습들, 입은 옷의 색깔들 등 다채로운 질적 차이들이 이 교실을 수놓고 있습니다. 우리 마음의 차원이나 비-감각적 차원들까지 포함할 경우 사태는 더욱 복잡해집니다. 우리의 삶을 채우고 있는 질적 차이들은 매우 다양하고, 우리는 극히 풍요로운 질적 차이들 속에서 살아갑니다. 질적 차이가 빈약한 세계, 예컨대 색이라는 것이 없는 세계, 또는 온도가 늘 일정한 세계, 그런 세계가 있다면 참으로 단조로운 세계일 것입니다. 어찌 보면, 우리가 이렇게 질적으로 풍요로운 세계 속에서 살아가고 있다는 사실 자체가 일종의 축복인 것이죠.

우리는 살아가면서 이런 다양한 질적 차이들을 경험하게 됩니다.

그래서 우리의 경험은 미세하게 보면 헤아릴 수 없을 정도로 다채로운 측면들을 함축합니다. 그런데 인간이라는 주체가 이 무수히 다양한 것들을 붙잡기 위해 사용하는 게 바로 개념인 것이죠. 왜 붙잡아야 할까요? 아무리 경험을 많이 해도 개념을 가지고 그것들을 파악하지 못할 경우, 그 경험들은 어떤 인상이나 희미한 기억이나 순간적인 느낌 같은 것들로 지나가버리기 때문이죠. 그렇게 그냥 지나가게 하지 않기 위해서 그것들을 잡아야 하는 것입니다. 보다 적극적인 맥락에서는, 단순히 경험 자체에만 머물기보다 그 **경험의 의미를** 이해하기 위해서 반드시 개념이 필요합니다.[1] 개념을 서구어로 'concept'이라 하는데, 이때 'cept'라는 말에는 '잡다'라는 뜻이 함축되어 있어요. 축구를 할 때 'intercept'라는 말은 중간에 공을 잡아서 빼앗는 것이죠? 독일어로 개념이 'Begriff'인데, 이 말에도 역시 'greifen' 즉 '잡다'라는 말이 포함되어 있습니다. 요컨대 개념이 없다면 우리의 경험은 흘러가는 물처럼 그냥 다 지나가 버리거나, 설사 기억한다 해도 그 의미를 이해할 수 없는 것으로 남습니다. 개념이 경험을 포착해 주고 또 이해할 수 있는 것으로 만들어 주는 것이죠.

그래서 개념이란 극히 미묘하고 유동적이고 모호한 우리의 경험 내용들을 분절하고 일반화해서[2] 잡아 주는 것이며, 나아가 그 내

---

1) 그러나 역으로 말해서, 우리는 개념에 너무 익숙하기에 모든 직접적인 경험들을 개념을 통해서만 이해하려 한다. 그럴 때 오히려 개념이 세계와의 직접적인 만남을 왜곡시킬 수도 있다. 때문에 개념을 통해서 경험이 포착되어야 하기도 하지만, 또한 역으로 경험을 통해서 개념이 풍부한 내용을 갖추어야 한다. 개념과 경험은 서로를 전제하며 어느 한쪽이 일방적으로 힘을 가질 때 개념 없는 경험이나 경험 없는 개념이 나타나게 된다.

용들의 의미를 드러내 주는 것이라고 할 수 있습니다.[3] 예컨대 우리
는 뽀삐라든가 바둑이라든가 해피, 멍멍이……라고 불리는 생명체
에 관련해 무수한 경험을 하죠. 꼬리를 흔드는 모습, 낯선 사람을 보
고 짖는 행동 등. 그런데 그 무수한 경험들이 분절되고 일반화되었을
때 '개'라고 하는 개념이 성립하고, 거꾸로 '개'라고 하는 이 개념을 우
리가 하는 경험들에 투사했을 때 우리의 수많은 경험들이 정리되어
들어오는 것입니다. 또, 현대인은 고독하다, 뭔가 상실한 것 같다, 여
러 사람과 함께 있어도 외롭다, 내가 한 일들이 나의 것으로 돌아오
지 않는다…… 이런 많은 경험을 합니다. 그런데 이런 경험들을 도대
체 어떻게 이해해야 할지 막연하죠. 그러다가 어떤 사상가가 '소외'疏
外=Entfremdung라는 개념으로 그런 경험들을 포착해 주고, 그때 우리
는 이 개념을 통해서 비로소 우리가 하는 그런 여러 경험들을 종합해
서 파악하게 되고 그 의미를 이해하게 되는 것이죠. 막연하고 모호했
던 경험들이 개념을 통해서 정리가 되고 의미를 부여받게 되는 것입
니다. 개념이란 인간으로 하여금 단순한 물리적 존재로서 살아가는
존재가 아니라 자신의 삶을 사유할 수 있는 문화적 존재로 만들어 줍
니다. 개념/의미야말로 우리를 물리세계만이 아니라 문화세계에서도
살 수 있게 해준다는 점에서 참으로 소중한 것이죠.

---

2) 여기에서 '분절'(articulation)은 경험의 흐름에 일정한 매듭들이 도입됨을 뜻하며(그렇
 지 않다면 개념'들'은 성립할 수 없을 것이다), '일반화'(generalization)는 경험의 흐름에서
 반복되는 측면들이 포착됨을 뜻한다(그렇지 않다면 경험을 잡아낼 도리가 없을 것이다).
3) 여기에서 이 '의미'(sense)란 과연 무엇인가가 철학적으로 극히 중요한 문제이다. 이에
 대해서는 『세계철학사 1』(길, 2011)의 스토아학파 부분과 『사건의 철학』(그린비, 2011)을
 참조하라.

이렇게 개념이란 것은 우선은 구체적인 사물들이나 경험들 위에 존재하는 것으로 이해됩니다. 일반화되고 추상화되고 평균화된 것으로, 개별적인 존재들 위에 존재하는 것으로 다가오는 것이죠. 개념이라고 할 때, '槪'라는 단어는 평미리치는 것을 말합니다. 나무를 판판하게 고르는 것을 뜻하죠. 그래서 우리의 복잡한 경험들이 특정한 개념을 통해서 일반화되고 추상화되고 평균화된다고 할 수 있습니다. 그렇지만 가만히 생각해 보면 반드시 그런 것만은 아닙니다. 역으로 생각해 보면, 하나의 구체적이고 경험적인 존재가 그 안에 무수한 개념들을 함축한다고도 할 수 있으니까요. 예컨대 뽀삐라고 하는 구체적인 한 강아지는 '동물'이라고 하는 개념, '꼬리'라는 개념, '인간의 친구'라는 개념 등 무수한 개념들을 응축하고 있습니다. 하나의 개념이 무수한 사물들을 압축하고 있기도 하지만, 거꾸로 하나의 사물이 무수한 개념들을 압축하고 있기도 합니다(전자가 '위로의 추상'이라면, 후자는 '아래로의 추상'이죠). 그래서 개념과 사물 또는 개념과 경험은 서로서로 역설적으로 맞물려 있다는 것을 알 수 있습니다. **개념은 경험**들을 포괄하지만, 또한 **경험은 개념**들을 포괄합니다.

한 가지 덧붙인다면, 개념이라는 존재는 홀로는 존재하지 않는다는 점입니다. 어떤 개념이 있으면 반드시 그 개념은 연쇄반응을 일으키면서 다른 개념들을 불러옵니다. 개념들에는 어떤 **울림**이 있는 것이죠. 아까 이야기한 '소외'의 경우, 이 개념은 '고독'과도 연결되고, '군중'과도 연결되고, '현대'라는 시대와도 연결되지요. 개념들은 이런 식으로 마치 연쇄반응을 일으키듯이 이어집니다. 하나의 개념은 자체와 연관되는 다른 개념들의 **갈래(계열)**를 응축하고 있습니다. 그래서 하나의 개념은 언제나 개념들의 갈래 속에 존재한다고 할 수 있겠죠. 하나의 개념을 생각한다는 것은 그것을 포함하는 개념-갈래를 생각하는 것입니다(따라서 개념들의 세계는 무수한 개념-갈래들의 장이라 할 수 있죠. 하나의 개념은 사실상 한 갈래만이 아니라 무수한 갈래의 교차로에 존재합니다). 개념 하나하나가 마치 그 안에 다른 개념들을 접고 있는implicate **주름** 같다고 할 수 있는 것이죠. 그 주름을 펴서explicate 그 안에 접혀 있는 다른 개념들을 펼쳐내는 것이 그 개념을 이해하는 것입니다. 서로가 서로를 접고 있는[4] 복잡하기 이를 데 없는 그런 개념들, 더 정확히 말해 개념-갈래들의 장을 펼쳐서 명료화하는 것, 이 작업이 우리가 사유하고자 할 때 부딪쳐야 할 가장 기본적인 작업이라고 할 수 있습니다.

§2. 철학적 개념들

개념에는 무수한 종류가 있습니다. 질량, 힘, 전자기, 에네르기 같은 물리학적 개념들도 있고, 한계효용, 수요와 공급, 수출 탄력성 같은 경제학적 개념들도 있고, 음소, 통합체와 계열체, 이중 분절 같은 언어학적 개념들도 있죠. 그렇다면 무수한 개념들 중에서 철학적 개념들은 어떤 개념들인가? 철학적 개념들은 다른 개념들과 어떻게 다른가? 이

---

4) 따라서 역설적 관계는 개념과 경험 사이에서만이 아니라 개념과 개념 사이에서도 성립한다. 어떤 개념이 더 상위 개념인가를 확정하는 것이 간단치 않은 것은 이 때문이다. 이 점에 관련해, 아리스토텔레스는 너무 낙관적이었고 데리다는 너무 비관적이었다.

문제를 생각해 보기로 합시다.

철학적 개념들은 상당히 특이한 성격을 띠고 있어요. 어떤 점에서 그럴까요? 일상적 개념들은 대부분의 사람들이 함께 공유하고 소통하기 때문에 별다른 어려움을 일으키지 않습니다. 의자, 가로등, 건물, 사람, 달리다, 빨갛다…… 이런 단어들은 우리에게 별다른 혼동을 불러일으키지 않죠. 물론 자세히 파고 들어가면 이런 경우들도 간단한 문제는 아녜요. '의자'라고 하지만, 예를 들어서 숲 속의 그루터기를 의자라고 할 수 있는가? 묘한 문제죠. 일상어도 그렇게 간단한 것은 아니라는 이야기가 됩니다. 하지만 일상어는 심각한 문제까지는 불러일으키지 않습니다. 정말 그렇다면 우리의 일상적 삶 자체가 무척 혼란스러울 텐데(물론 가끔 그럴 때도 있죠), 일반적으로는 그렇지 않기 때문에 우리가 나날을 살아갈 수 있는 것이겠죠. 일상어의 반대편에는 전적으로 전문적인 개념들이 있습니다. 천문학자들이 말하는 '우주 밀도', 생물학자들이 말하는 'DNA', 사회학자들이 말하는 '아노미', 역사학자들이 말하는 '장기 지속', 복잡계 이론이 말하는 '시계열 분석', 이런 것들 역시 심각한 혼동을 가져오지 않죠. 이 개념들은 전문 용어들이기 때문에 이 분야의 전문가들이 모여 상의한 다음 정확하게 규정해서 약속한 것입니다. 물론 전문 개념들 역시 간단한 문제는 아니지만(때로 이런 개념들의 규정을 두고서 논쟁이 벌어지기도 합니다), 기본적으로 그 분야에서 비교적 정확하게 일반적으로 규정되어 사용되는 개념들입니다. 그래서 이런 단어들은 그 분야에 속하지 않는 다른 사람들이 굳이 관계할 필요가 없습니다. 생물학자들이 "DNA는 이러이러한 것이다"라고 말하면, 생물학자가 아닌 사람들은 그냥 받아들일 뿐인 것이죠. 그래서 흥미로운 것은 일상적 개념과 전문적 개념은 서로 반대되면서도 공통점을 가진다는 사실입니다. 일상적 개념들은 너무 상식적이기 때문에 별 문제가 없고, 전문적 개념들은 너무 전문적이기 때문에 별 문제가 없다는 것이죠.

그런데 철학적 개념들은 참 묘한 성격을 띠고 있어요. 전형적인 철학적 개념들의 예로서 들 수 있는 우연, 가능성, 시간, 무無, 차이, 무한, 경험, 직관, 선善 등을 생각해 보시면 됩니다. 이런 개념들의 특징은 바로 이것들이 한편으로 철학적 개념들이지만 다른 한편으로 우리가 늘 일상적으로 쓰는 말들이라는 점이죠. 우리는 이런 말들을 늘 쓰고 있고 그것들이 무엇을 뜻하는지 알고 있다고 생각합니다. 그런데 '우연'이란 무엇인가? 하고 물을 경우 말문이 막힙니다. 시간이라는 것이 도대체 무엇인가? 가능과 필연과 현실은 어떻게 구분되는가? 무한이란 무엇인가? 등으로 묻기 시작하면 우리는 점차 미궁에 빠지게 되죠. 이렇게 철학적 개념들은 참 묘하게도 한편으로 매우 일상적으로 느껴지고 당연히 잘 아는 개념들 같은데, 다른 한편으로 정식으로 파고들기 시작하면 밑도 끝도 없는 미궁에 빠지게 만드는 그런 개념들입니다. 물론 철학에도 전문적인 개념들이 있죠. 어떤 철학자만 쓰는 전문적인 개념들, 예컨대 주희의 '기질지성'氣質之性, 최한기의 '운화'運化, 하이데거의 '세계-내-존재'In-der-Welt-sein, 사르트르가 말하는 '즉자'en-soi와 '대자'pour-soi, 들뢰즈와 가타리가 말하는 '혼효면'plan de consistance 등등. 그렇지만 이런 개념들은 오히려 이해하기 쉽습니다. 왜냐하면 이런 말들은 각 철학자들의 어떤 특정한 텍스트에서 정확하게 규정되어 있기 때문이죠. '기질지성'을 이해하려면 『주자어류』 x쪽을 보면 되고, '세계-내-존재'를 이해하려면 『존재와 시간』 x쪽을 보면 되고, '혼효면'을 이해하려면 『천의 고원』 x쪽을 보면 됩니다. 차라리 쉬워요. 그렇지만 앞에서 열거한 철학적 개념들은 다르죠. 철학자들이, 적어도 독창적인 철학자들이 존재하는 그만큼이나 이 개념들에 대한 규정도 많기 때문입니다. 시간 개념에 대한 각 철학자들의 규정만 모아도 몇 권의 책을 묶을 수 있을 것입니다. 어찌 보면 철학의 역사라고 하는 것은 이런 개념들을 끝없이 다시 규정해 온 역사라고까지 할 수 있을 거예요. 그래서 철학적 개념들, 특히 **일상적이기도** 하고 **철학적이기도** 한 개념들이야말로 모든 개념들 중에서 가장 복잡하고 난해한 개념들이라고 할 수 있습니다. 각 개념에 사유의 역사 전체가 접혀 들어가 있는 그런 개념들인 것이죠.

그러면 이제 두 가지를 이야기해야 할 것 같습니다. 하나는 철학적 개념들은 왜 이렇게 복잡하고 다의적인가 하는 것이고, 또 하나는 이런 개념들이 끊임없이 재론되어야 하는 이유는 무엇인가 하는 것입니다.

우선 철학적 개념들은 왜 복잡하고 다의적인가? 철학적 개념들의 중요한 한 특징은 그것들이 어떤 특정한 담론들에서만 사용되는 것이 아니라 여러 담론들의 교차로에서 사용되곤 한다는 점입니다. 시간 개념을 생각해 볼까요? 시간에는 제임스 조이스 같은 문학자가 묘사한 시간, 아인슈타인의 상대성 이론에서 말하는 물리학적인 시간, 생물학적 진화론이 말하는 시간, 역사학자들이 말하는 연대기로서의 시간, 사회학자들이 말하는 사회 변동에 관련된 시간 등, 무수한 형태의 시간이 있습니다. 똑같이 '시간'이라는 말을 쓰지만, 단 하나의 말로 쓰지만, 그 안에는 그야말로 어마어마한 복잡성이 주름-접혀 있는 것이죠. 상대성 이론의 시간과 역사적 연대기는 전혀 다르죠? 조이스가 묘사한 시간은 또 다릅니다. 이렇게 서로 이질적인 시간 개념들이 서로 독립적인 담론들에서 공통으로 쓰이고 있죠. 또, 생물학적 우연, 문학 작품에서 묘사되는 우연, 물리학자가 생각하는 우연, 경제학자가 생각하는 우연 등등이 각기 다르죠. 그래서 우리가 흔히 철학적 개념들이라고 부르는 그런 개념들은 서로 이질적인 수많은 담론들이 공유하는 개념들, 여러 담론들의 교차로에 위치하는 개념들인 것입니다.

이렇게 복잡하게 얽혀 있는 개념들을 명료화하고, 그런 이질적인 개념들을 종합적으로 바라보는 작업이 철학적인 작업이라고 할 수 있어요. 철학이란 무엇인가? 결국 개념들을 명료화하고 종합하는 행위입니다. 물론 그 종합은 단순한 합슴이 아니라 새로운 창조를 머금어야 하겠죠. 철학이란 한마디로 근본 개념들의 **명료화**clarification 및 **창조적 종합**creative synthesis의 행위라고 규정할 수 있을 것입니다. 실타래처럼 얽혀 있는 개념들을 하나하나 풀어서 명료화하고, 또 극히 이질적인 개념들을 종합적으로, 더구나 단순한 산술적 종합이 아니라 창조적 종합을 통해서 바라본다는 것은 사실 엄청나게 어려운 작업이죠. 시간을 예로 든다면, 앞에서 열거한 다양한 담론들에서 사용되는 시간 개념들을 비판적으로 명료화하고 또 그것들을 종합해서 보다 포괄적이고 독창적인 새로운 시간론을 만들어내는 작업이 철학적 작업이라고 할 수 있습니다. 그래서 진정 독창적인 철학자는 매우 드물다고 할 수 있는 것이죠. 철학적 거장은 그야말로 가끔씩 등장하는 것이고, 대부분의 철학적 행위들이 '주석'의 형태를 띠는 것은 이 때문입니다.

대개의 담론들은 각 담론의 관심사와 목적에 입각해서 관련 개념들의 의미를 하나로 정의합니다. 다른 담론들에 신경 쓰지는 않죠. 경제학자가 시간론을 수립하기 위해서 문학자들이 시간을 어떻게 보는가, 물리학자들이 어떻게 보는가에 대해 신경 쓰지는 않습니다. 그런 넓은 시각이 필요하지만 필수는 아닙니다. 생물학적 시간이나 문학적 시간을 모른다고 해서 경제학적 시간을 수립할 수 없는 것은 아니라는 것이죠. 그런데 철학적인 작업은 그럴 수가 없습니다. 왜냐하면 무수한 담론들의 교차로에 놓여 있는 그런 개념들을 비판적(메타적)으로 또 종합적으로 다뤄야 하기 때문이죠. 철학을 제대로 하려면 우선 철학이 아닌 것들을 잘 알아야 합니다. 뛰어난 철학적 시간론을 세우려면, 우선 문학적 시간, 생물학적 시간, 역사학적 시간, 경제학적 시간 등등을 먼저 알아야 하는 것이죠. 때문에 철학적 거장들의 저작들에는 그 이전에 이르기까지의 모든 지적 성과들이 녹아 들어가 있고, 그래서 철학의 언어들은 그토록 난해하고 다의적인 것입니다.

그런 사유들을 이해하기 위해서는 순서대로 단계를 밟아 공부하는 것이 중요합니다. 그러나 현재 한국의 교육제도 하에서는 철학을 체계적으로 공부할 수 있는 기회는 거의 주어지지 않고 있는 것이 사실입니다. 그래서 대부분의 사람들이 무작위적으로, 개인적인 호불호好不好에 따라, 우연한 만남에 따라, 정치적 판단에 따라, 유행에 따라 철학 책을 집어듭니다. 그리고서 그 앞에서 좌절하거나, 더 나쁘게는 터무니없는 오해들을 하게 되는 것이죠. '기초의 부재'야말로 한국에서의 철학 공부에 있어, 나아가 한국 사회 자체에 있어 나타나는 어두운 단면이라고 할 수 있는 것입니다. 이번 강의를 마련한 것은 이런 맥

락에서입니다. 복잡하기 이를 데 없이 얽혀 있는 철학 개념들의 처음
으로 돌아가 차분히 사유의 기초를 세워 봅시다.

§3. 개념-뿌리들

두번째로 우리가 왜 이런 개념들을 끊임없이 재사유할 수밖에 없는가?
이 점을 생각해 봅시다.

　　인간의 세계 인식은 인식 주체가 어떤 개념을 가지고 들어가느냐
에 따라 달라집니다. 똑같은 사회 현상이라고 해도 정치학자가 정치
학적 개념들을 가지고 보는 것과 역사학자가 역사학적 개념들을 가지
고 보는 것, 그리고 생물학자가 생물학적 개념들을 가지고 보는 것은
천양지차죠. 그렇기 때문에 인간의 인식은, 나아가 삶은 개념을 떠나
서 있을 수가 없습니다. 경험을 해서 그로부터 개념이 나온다기보다
는, 사실 대부분의 경우 일정한 개념-틀을 가지고서 경험을 하는 것입
니다.

　　그러나 역으로 말해, 우리의 경험 자체가 끊임없이 변한다는 것
을 생각해야 합니다. 시대가 바뀌면서 과거에 하지 못했던 경험들을
하게 되는 것이죠. 우리는 지금 과거에 하지 못했던 이상한 경험들을
많이 하고 있죠? 생명체 복제라든가 인터넷의 사용, 신자유주의의 도
래 등을 비롯한 많은 새로운 경험들을 하고 있습니다. 이 새로운 경험
들을 우리는 이해하고 싶습니다. 이게 다 뭘까? 세상이 어떻게 흘러가
는 것일까? 내가 지금 어떤 시대에 살고 있는가? 이런 의문들에 답하
고 싶은데 우리가 이전에 가지고 있던 개념들로는 이런 현상들이 파

악되지 않는다는 것입니다. 그럴 때 사람들은 그 개념들을 재규정하거나, 아니면 아예 새로운 개념들을 만들어낼 수밖에 없습니다. 그렇기 때문에 끝없이 새로운 개념들이 만들어지고, 또 이미 있던 개념들의 의미가 계속 새롭게 규정되고 하는 것입니다. 그래서 개념들은 늘 새롭게 태어나고 또 개념들의 의미는 끝없이 재규정될 수밖에 없는 것이죠.

가스통 바슐라르가 든 하나의 예를 생각해 볼까요? 'Mass'라는 단어가 있죠. 이 말은 원래 히브리어에서 '빵'을 뜻했습니다. 'Mass'가 크다는 말은 내가 먹을 빵이 많다는 것이죠. 그런데 그것이 아리스토텔레스의 철학체계로 가면, 어떤 한 사물이 고유하게 가지고 있는 무게, 질량이라는 의미로 바뀝니다. 정확히 말하면 무게라고 할 수 있죠. 아리스토텔레스에게는 오늘날의 '질량' 개념이 없었습니다. 그런데 여기에서 두 가지 방법이 있습니다. 하나는 새로운 말을 만드는 방법이고, 또 하나는 'mass'라는 말의 의미를 바꾸는 방법입니다. 그런데 아리스토텔레스는 사람들이 빵의 크고 작음을 가지고 'mass'라는 말을 한다는 것을 알고 있었고, 때문에 굳이 말 자체를 바꾸기보다는 그 말의 의미를 조금 바꿔 재규정하면 되지 않겠느냐고 생각했던 겁니다. 이런 과정들을 통해서 하나의 말의 의미가 바뀌는 것이죠. 똑같은 'mass'라고 하는 말을 쓰되 그 말의 과거의 뉘앙스를 일정 정도 보존하면서도 새로운 뉘앙스를 집어넣어 다른 뜻의 말로 만드는 것입니다. 그후 뉴턴이 나와서 그의 두번째 운동 법칙인 "F=ma"를 제안했을 때 다시 의미의 변화가 일어나죠? 아리스토텔레스가 말하는 'mass'는 한 사물에 내재하는 무게를 말하는 것이고, 뉴턴의 그것은 힘과 가속도의 함수관계를 규정해 주는 계수係數의 역할을 하고 있습니다. 그후 아인슈타인은 다시 "$E=mc^2$"이라는 새로운 공식을 제시하게 되는데, 여기에서 질량이라는 말은 다시 개념을 달리하게 됩니다. 힘과 가속도 간의 관계를 규정해 주는 계수가 아니라 에네르기로 전환 가능한 일종의 실체로 바뀌는 것이죠.

이런 식으로 같은 말이 그 의미를 계속 바꾸어 나갑니다. '인간'이라는 하나의 말, 이 말을 사람들은 늘 써 왔습니다. 수만 년 전의 사람들도 인간이라고 했고(단어 자체야 달랐겠지만 말입니다) 지금도 인간이라고 합니다. 그러나 이 한마디 말의 의미는 수많은 시간 동안 끝없이 변해 온 것입니다. 근대 시민사회가 도래했을 때의 인간, 인간이 무의식이라는 것을 가지고 있다는 것을 알게 되었을 때의 인간, DNA를 발견한 이후의 인간은 이전과는 다른 개념으로서 이해됩니다. 이런 이유 때문에 개념이라고 하는 것은 끝없이 재창조되고, 또 끝없이 재규정될 수밖에 없는 것입니다. 인간이 이 세계를 이해하고, 이 세계를 사유한다는 것은 결국 우리가 겪게 되는 경험과 그 경험을 이해 가능하게 만들어 주는 개념 사이의 상호 보완, 갈등, 일치와 불일치의 끝없는 과정이라고 볼 수가 있습니다. 그래서 사유의 역사는 개념의 역사라고 이야기할 수 있는 것이죠.

그런데 그 중에서도 수천 년의 역사에 걸쳐서 사라지지 않고 계속 재규정되고 있는 개념들, 즉 새롭게 만들어지거나 폐기되는 개념들이 아니라 끝없이 재규정되는 그런 개념들이 존재합니다. 바로 지금 우리가 문제 삼고 있는 개념들, 즉 일상어이기도 하고 철학 개념이기도 한 그런 개념들이죠. 존재와 무, 우연·가능·필연, 하나와 여럿,

무한과 유한 등등의 개념들은 수천 년의 세월 동안 지속되어 왔고 또 인류가 존재하는 한 지속될 개념들입니다. 나는 이런 철학적 개념들을 개념-뿌리들이라고 부릅니다. 우리가 이번 학기와 다음 학기 두 번에 걸쳐 공부할 내용이 바로 이 개념-뿌리들을 검토하는 것입니다. 개념-뿌리들의 역사를 검토하는 작업, 즉 '개념사'는 관심 분야에 상관없이 모든 사유인思惟人들이 마땅히 갖추어야 할 기초라고 할 수 있는 것입니다.

§4. 강의의 성격

개념들에 대해 여러 가지 방식으로 이야기할 수 있어요. 경제학의 개념들, 법학의 개념들, 생물학의 개념들…… 이런 식으로 분야별로 나누어 이야기할 수도 있고, 고대의 개념들, 중세의 개념들…… 이런 식으로 시대별로 나누어 이야기할 수도 있습니다. 그러나 또 지역적으로 나누어 논의할 수도 있는데, 지금은 이 이야기를 해볼까요? 개념들을 지역적으로 나눠 볼 때, 우리가 사용하는 개념-뿌리들의 대다수는 세 문명에서 나옵니다. 하나는 헬라스(그리스) 문명이고, 또 하나는 동북아 문명이고, 마지막 하나는 인도 문명입니다. 물론 오리엔트 문명도 상당히 중요한 문명이긴 한데, 성격이 매우 종교적이어서 철학적 관점에서는 무게가 떨어지죠. 오늘날까지 우리가 쓰고 있는 핵심적인 개념-뿌리들은 이 세 문명에서 나왔고, 그 중에서도 오늘날의 학문 지형도에서 볼 때 기본적인 것은 그리스 문명입니다. 아까 말한 우연, 가능성, 실체, 연속성, 동일성, 차이…… 이런 가장 근본적이고 기초적인

개념-뿌리들의 대다수는 그리스에서 나온 것이기 때문입니다.[5]

내가 항상 안타깝게 생각하는 것은 공부하는 학생들이 너무 현대만 좋아한다는 것이에요. 물론 이해할 수는 있는 현상이죠. 까마득한 옛날의 이야기들보다는 내가 살고 있는 지금의 이야기가 당연히 더 흥미로울 것입니다. 그렇지만 체계적이고 탄탄하게 공부를 하려면 반드시 그리스 철학, 인도 철학 그리고 제자백가를 충분히 공부해야 합니다. 오늘날의 철학 지형도를 놓고 보면, 그리스 철학을 정확하게 알면 철학세계의 절반을 안 것과 마찬가지예요. 그 이후의 대부분의 서구 철학들이 다 그리스 철학을 변형시킨 것들이거나 극복하면서 나온 것들이죠. 그 어렵다고 하는 들뢰즈나 데리다도 그리스 철학에 정통하면 충분히 접근할 수 있는 사유들입니다. 아, 이 사람은 옛날의 그 내용을 이렇게 바꾸고 있구나, 이 사람은 플라톤의 이런 점을 겨냥하고 있구나, 이런 식으로 눈에 잘 들어오는 것이죠. 그리고 서구 철학을 잘 알아야 세계 철학 전반을 잘 알 수 있습니다. 근대 이후 비-서구 지역의 철학들은 대부분 어떤 식으로든 서구 철학의 영향을 받아서 나온 것들이기 때문이죠. 그래서 철학의 이해에 있어서는 역시 그리스

---

5) 동북아 철학 전통은 또 다른 맥락에서 중요하다. 이 학문 전통은 세계에서 유일하게 자체의 전통과 인도 전통 그리고 서구 전통이라는 세계철학사의 3대 갈래를 모두 흡수한 전통이기 때문이다. 한문/중국어, 한국어, 일본어를 토대로 그후 산스크리트어 등 인도 문헌들이 융합되었고, 또 근대에 들어와 서구 문헌들(처음에는 독일, 그후에는 영미, 최근에는 프랑스 문헌들)이 대부분 들어왔다고 할 수 있다. 이 점에서 동북아의 철학 전통은 모든 개념-뿌리들이 혼효(混淆)되어 있는, 개념들의 용광로 같은 곳이라고 할 수 있다. 아쉬운 것은 그런 숱한 갈래들이 진정으로 융합되어 보다 보편적인 철학이 생산되고 있는 것이 아니라 그저 서로 병치되어 있다는 사실이다(재료들이 널려 있을 뿐 아직 솥에 들어가지 못하고 있는 형국이다).

철학이 출발점인 것입니다.

그런데 아까도 말했듯이, 한국에서는 철학을 체계적으로 공부할 기회가 없기 때문에 대부분 기초적인 노력을 하지 않은 상태에서 철학사에 갑자기 뛰어드는 경우가 많습니다. 말하자면 멋모르고 공부하는 경우가 적지 않은 것 같아요. 사회 문제에 관심을 가진 사람은 마르크시즘부터 공부하고, 대학 철학과에 들어가서 강단철학을 공부하는 사람은 칸트부터 공부하고, 또 최근 분위기를 좋아하는 사람은 갑자기 푸코나 들뢰즈부터 공부하고, '동양'에 관심 있는 사람들은 철학의 일반적인 지평에서 유리되어 고전 문헌들만 읽고(이것은 '동양학'이지 철학이 아니죠)…… 이런 식이죠. 그러나 그렇게 공부하면 "뿌리 깊은 나무는 바람에 아니 흔들리고"가 아니라 "뿌리 얕은 나무는 늘 바람에 흔들리고"가 됩니다. ……(웃음)…… 아무리 공부해도 늘 뭔가가 안 잡히고 끝없이 헤맬 수밖에 없죠. 그래서 **체계적인 공부**가 중요해요.

어쨌든 적어도 현시점에서 볼 때[6] 개념-뿌리들의 대다수는 그리스에서 나왔고 그래서 우리 강의에서도 우선은 그리스 철학에 많은 시간이 할당됩니다. 그리고 그 이후의 논의들은 제한된 시간 때문에 어쩔 수 없이 소략할 수밖에 없을 것 같네요. 이 점을 염두에 두고 강의를 들어 주시기 바랍니다.

---

6) 앞으로 철학 지형도가 달라지면 개념-뿌리들에 대한 논의도 달라질 수 있다. 학문세계도 현실세계의 흐름에 일정한 영향을 받기 때문에, 지금처럼 인도나 동북아의 비중이 계속 커져 간다면 그에 맞물려 개념-뿌리들에서의 이들 전통의 비중도 달라져 갈 것이다.

제1부

제1부

1강_ 원리, 원인

처음에 이야기할 개념은 원리原理입니다. 그리스어 'archê'에 해당하는 말이죠. 그런데 우선 그리스어 표기에 대해 잠시 언급해야 할 것 같네요. 그리스어의 알파벳은 로마자하고 다르죠. 예를 들어 아르케는 본래 'ἀρχή'인데, 이렇게 쓰면 그리스어를 배우지 않은 사람들은 못 알아볼 것 아닙니까? 그래서 이 그리스어 알파벳을 일반인들도 알아볼 수 있도록 로마 알파벳으로 바꿔 'archê'로 쓰기도 합니다. 이것을 "romanize", 그러니까 로마 글자로 바꾼다고 말합니다. 그런데 'ê'라고 쓴 것이 눈에 띄죠? ε(엡실론)은 짧기 때문에 그냥 'e'로 하지만 η(에타)는 길기 때문에 'ê'로, 그리고 o(오미크론)은 짧기 때문에 그냥 'o'로 하지만 ω(오메가)는 길기 때문에 'ô'라고 씁니다. 그 외에 악센트라든가 기타 여러 사항들이 있지만, 보통 로마 글자로 바꿀 때는 잘 표기하지 않으니까, 이것만 구분하면 됩니다. 그리고 영미, 프랑스, 독일 등 현대 언어에서 그리스어 표기 방식이 조금씩 다르다는 사실을 염두에 두어야 합니다.

그리스어 단어들을 일일이 알 필요는 없지만, 철학사적 개념들 즉 개념-뿌리들에 관련되는 말들은 모두 외우는 것이 좋습니다. 마치 한문은 몰라도 '氣', '性', '道' 같은 말은 꼭 알아 두는 것이 좋은 것과 같죠. 라틴어는 금방 알아볼 수 있어요. 예컨대 그리스어 'stoicheion'은 알아보지 못해도, 이 말의 라틴어 번역어인 'elementum'이라고 하면 알아볼 수 있습니다. 현대어의 'element'라는 것을 금방 알아보게 되죠. 라틴어는 오늘날의 영어, 프랑스어, 이탈리아어, 스페인어, 포르투갈어, 루마니아어 등의 모태이기 때문에 금방 눈에 들어오지요. 그러나 그리스어는 (넓게는 같은 인도-유럽 어족이지만) 다른 언어 군에 속하고 그래서 알기 어렵습니다. 이때 좋은 방법은 각 단어에서 파생한 현대어를 외우는 것입니다. 'Archê'는 낯선 단어이지만, 원형을 뜻하는 'archetype', 고고학을 뜻하는 'archaeology' 같은 단어들은 익숙한 단어들이죠. 이 말들을 유심히 보면 앞에 모두 '아르케'라는 말이 들어가 있죠? 그리고 이런 단어들의 뜻에는 항상 원리, 본원, 시원, 근원, 시초, 유래 등의 뜻이 함축되어 있습니다. '原-型', '考古-學' 같은 번역어들을 잘 음미해 볼 필요가 있죠. 또, 앞에 접두어가 붙거나 뒤에 접미어가 붙은 단어들도 있습니다. 'Anarchism'이라는 단어가 그런 경우죠. 아르케 앞에 부정을 함축하는 'an'이 붙어 있습니다. 그래서 중심원리가 없는 것, 바로 (정치에서의 중심 원리를 '정부'라 볼 때) '무정부주의'가 됩니다. 이런 식으로 단어들을 외우면 비교적 쉽게 기억할 수 있습니다. 앞으로 틈나는 대로 고대어와 현대어의 관계를 언급해 드릴게요.

§1. 왜 '원리'를 찾았는가

우선 사유의 단초로서의 원리 개념에 대해 생각해 봅시다. 사람들이 왜 사유[1]를 할까? 하고 가만히 생각해 보면, 살면서 '가짜'라는 느낌을 자주 받는다는 사실과 무관하지 않은 듯합니다. 나무막대기를 물에 넣으면 구부러져 보이죠. 나한테 분명히 그렇게 보입니다. 하지만 그 나무막대기를 끄집어내면 달라지죠. 이것은 단순한 물리적 예이지만, 일상의 삶에서, 정치에서, 문화에서 언제나 우리는 '가짜'를 만나게 돼요. 가짜가 삶에 환멸을 가져다줍니다. 그래서 사람들은 이른바 '리얼리티'를 찾게 되지요.[2] 진짜를 갈구하게 되는 것이죠. 우리말에서 '참'이라는 말이 이 '리얼리티'에 대응합니다. 사람들은 참사랑, 참인간, 참정치, 참사회 등을 희구합니다.

　　이 이야기를 조금 더 이론적인 맥락으로 끌어가 볼까요? 사람들이 왜 사유를 하는가? 우리의 경험이 그 자체로서는 참을 드러내지는

---

1) 내가 '사유'라고 말하는 것은 학문과 다르다. 학문은 제도적인 틀 내에서 이루어지는 전문적인 연구이지만, 사유는 보다 넓고 자유로운 연구이다. 이 점에서 사유는 사상에 가깝다. 그러나 사유는 사상과도 다르다. 사유는 막연한 의미에서의 사상이 아니라 (엄밀한 의미에서의) 철학적 연구로 밑받침된 사상이다. 사유란 엄밀하지만 생동감 없는 지식인 학문과 생생하지만 엄밀하지 못할 수 있는 사상을 (헤겔적 뉘앙스에서) '지양'하는 정신적 행위를 가리킨다.

2) 조심할 것은 이때의 '리얼리티'는 오늘날 일상에서 쓰이는 의미와는 달리, 세계의 심층적인 참모습이라는 뉘앙스를 띤다는 사실이다. 오늘날 예컨대 어떤 영화가 '리얼하다'는 것은 현실을 거의 있는 그대로 잘 보여 준다는 뜻이다. 또는 "그게 현실(現實)이지, 뭐" 같은 말에서 나타나는, '이상'의 반대말('ideal'의 대립어로서의 'real')이기도 하다. 그러나 지금 말하는 리얼리티는 이런 의미와는 반대로, 오히려 표면적인 현실 너머의 실재(實在)를 가리킨다. 우리는 4강에서 이 '실재' 개념을 만나게 될 것이다.

못하기 때문입니다. 우리가 직접적으로 경험하는 것은 사물의 심층, 진짜가 아니고 그것의 표층, 결과라는 사실이죠. 예컨대 내가 배가 아프다고 할 때, 이것은 하나의 경험입니다. 하지만 우리가 직접적으로 경험하는 것은 심층적 진리/진실이 아니라 그것의 결과입니다. 나는 왜 배가 아픈지 모릅니다. 그 심층을 모르는 것이죠. 다만 그 심층의 결과로서 내가 지금 배가 아프다는 현실, 현상만을 압니다. 그래서 당장에는 보이지 않는 심층적 진리/진실을 찾아 나서게 되는 것이죠. 만약에 우리가 직접 보는 것이 다 실재고 다 진짜라면 이 세상에 학문이, 사유가 존재할 까닭이 없죠. 그냥 보고 들으면 그대로 진리인데 무엇하러 학문을 할까요? 하지만 우리가 직접적으로 경험하는 것은 사물의 심층이 아니라 그 심층이 어떤 결과로서 나타난 것이고, 경우에 따라서는 아예 가짜일 수도 있습니다. 그래서 사람들은 진짜, 참, 진실/진리, 실재…… 를 찾게 되지요. 이것이 사유의 시작입니다. 지금은 인식의 예를 들었지만 윤리의 경우들에서도 마찬가지입니다. 우리는 세상을 살면서 늘 속고 기만당하고 농락당합니다. 그래서 진짜, 참, 진실, 실재를 찾게 되는 것이죠.

고대 그리스에서의 철학은 바로 허무주의에서 출발합니다. 진짜는 없고 모든 것이 가짜인 세계, 덧없는 세계 속에서 뭔가 덧없지 않은 것, 정말 근원적이고 믿을 만한 것, 세계의 진짜 참모습을 알고 싶은 열망이 생겨난 것이죠. 그래서 사람들은 심층적인 '원리'라는 것을 생각하게 되었던 겁니다. 우리는 무수한 경험을 합니다. 그렇게 경험하는 중에 하늘의 무지개는 왜 생기고, 생명체는 어떻게 태어나게 되고, 국가는 왜 멸망하게 되는가? 이런 의문들이 꼬리를 물고 등장하게 되죠. 그래서 이 모든 것을 지배하는, 이끌고 있는 뭔가가 있을 것 같다는 데에 생각이 미칩니다. 일시적이고 거짓된 것들이 아니라 영원한 무엇을 찾게 되는 것이죠. 피상적인 모든 것들을 주재主宰하는 무엇, 그 자체는 참되고 영원한 그 무엇이 있을 것 같다는 것이죠. 원리라는 개념은 이런 맥락에서 등장합니다.[3]

그런데 원래 인간이 역사 시대의 초기에 사용하던 말은 지극히 일상적인 말들이었죠. 최초의 철학자들이 처음부터 철학적 어휘를 구사한 것이 아닙니다. 우리가 오늘날 철학적 어휘라고 생각하는 것들이 사실은 지극히 일상적인 언어들이었던 것이죠. 초기의 철학자들에게는 철학적 어휘들이 없었고 때문에 일상적인 어휘를 가지고서 자신들의 생각을 표현할 수밖에 없었어요. 그리스어에 'archô'라는 단어가 있었고, 이 말은 '명령하다'를 뜻했습니다. 그리고 이로부터 나온 말이 'archôn'이라는 말입니다. 명령하는 사람, 폴리스의 '집정관'을 뜻합니다. 지금으로 말하면 총리나 국무위원들 정도가 되겠죠. 인간의 삶에서 우선적인 것은 당장의 사회적 삶이지 우주에 대한 사변은 아닙니다. 때문에 대부분의 일상어들이 일상적-사회적 맥락에서 생겨난 말들입니다. 그래서 처음에 우주를 사변하기 시작했던 철학자들은 그 일상어들을 철학적 어휘로 전환시킬 수밖에 없었던 것이죠. 이럴 때 작동하는 것이 일종의 유비類比=analogy의 사유입니다. 아하! 마치 집

---

3) 이는 동북아 사유에서의 '도'(道)의 추구에 상응한다. 그러나 서구 철학에서의 원리가 어떤 '것', '무엇'의 뉘앙스를 띤다면, 동북아 철학에서의 '도'는 걸어가는 과정, 시간에 따라 이어지는 선(線)을 뜻한다. 단순화해서 말하면, 서구적 사유가 **근원적 '점'**의 사유라면 동북아의 사유는 움직이는 **'선'**의 사유라 할 수 있다.

정관이 폴리스에서 명령을 내리듯이 이 우주를 지배하는 근원적 존재가 있지 않겠느냐, 이렇게 생각하게 된 것이죠. 철학적인 생각을 표현하기 위해 적절한 일상어를 선택해 그 의미를 변환시킨 것입니다. 그래서 '아르콘=집정관'에서 출발해 '아르케=원리'라는 개념이 형성되었으리라고 추측할 수 있습니다.

이 'archê'를 라틴어로 번역한 것이 'principium'이에요. 현대어의 'principle'이 여기에서 나왔다는 것을 금방 알 수 있을 겁니다. 서양 문화는 그리스에 그 뿌리를 두고 있으며, 그리스 문명이 로마로 건너갑니다. 그리고 로마 문명이 그후 이탈리아, 프랑스, 영국, 독일, 미국으로 이어지지요. 그래서 서양 문화사의 언어적 끈은 헬라어(그리스어)-라틴어-이탈리아어-프랑스어-영어-독일어로 이어집니다. 동북아는 한·중·일 모두 한자를 썼습니다. 동북아 전통 문화를 연구하려면 한자만 알면 돼요. 그러나 서구 전통 문화를 알려면 최소한 그리스어, 라틴어, 프랑스어, 영어, 독일어를 알아야 합니다. 그래서 대단히 복잡하고 또 어렵죠. 그리고 같은 그리스 문화라 해도 프랑스, 영미, 독일이 받아들인 형태가 다 다르고, 단어의 뉘앙스가 미세하게 다릅니다. 앞에서 말했듯이, 로마 문자로 바꾸는 방식까지도 다릅니다. 서구 문화를 이해하는 데 난점이 이런 언어적 장벽에 있어요. 어쨌든 일단 헬라어가 라틴어로 어떻게 번역되었는지를 아는 것이 일차적으로 중요합니다.

철학이 탄생하기 이전에 사람들은 신들이 이 우주를 이끌어 간다고 생각했다는 사실은 잘 아시죠? 태양은 아폴론이 마차를 몰고 가는 것이고, 무지개는 이리스 신이 날개를 펼치는 것이고, 홍수는 포세이

돈이 분노하는 것이고…… 이런 식으로 이해했던 것이죠. 이 단계는 아직까지 학문적 사유가 나온 단계가 아니고, 종교의 단계, 신화의 단계라고 해야겠죠. 그런데 더 이상 신들이 아닌 자연적인 존재들을 통해서, 인격적인 존재들이 아니라 탈-인격적인 존재들을 통해서 세계에 접근하기 시작하면서 철학적-과학적 사유가 출발한 것입니다. 우리가 어릴 때는 모든 현상들에 항상 인격적인 것을 투영해서 봅니다. 천둥이 칠 때 꼬마가 "엄마, 천둥이 왜 쳐?" 하고 물으면, 하느님이 화가 났다고 대답하죠? 이렇게 인간적인 인격이나 가치를 자연에 투영하게 됩니다. 이런 유아적 사유 단계를 벗어나면서, 즉 종교와 신화의 수준을 벗어나면서 과학과 철학이 생겨나게 된 것이죠. 신들이 아니라 아르케(들)를 찾게 된 것입니다.

'Archê'라는 말의 번역어는 '근원'根源, '원리'原理입니다. 원原이라는 말의 원래 형태를 보면, 높은 산이 있고 거기서 물이 졸졸졸 흘러내리는 모양입니다. 이것이 이 글자의 형상이죠. 그래서 이 말은 물길을 쭉 따라 올라가 그 시원을 찾아간다는 함축을 띠고 있습니다. 여기에 물 수水 변을 붙이면 더 실감이 나겠죠. 그래서 '源理'라고 할 수도 있습니다. '原'을 서구어로 하면 'origin', 'beginning' 정도가 되겠죠.

리理는 우선 '里'를 생각하면 됩니다. 마을의 구획 단위가 '里'죠? '理'는 구슬 옥玉 변에 이 '里'를 붙인 것입니다. 그러니까 땅에 나 있는 구획들, 결들이 '里'이듯이, 바로 옥에 나 있는 결들이 理인 것이죠. 그리고 이 '결'을 좀더 심층적인 의미로 이해할 수도 있습니다. 사물의 겉모습에서의 조직화만이 아니라 보다 심층적인 수준에서의 조직화도 생각할 수 있을 것입니다. 우리 몸속의 기관들의 조직화, 더 나아가

한 사회의 조직화 등을 생각하면 됩니다. 그래서 이 말을 현대식으로 표현하면 구조structure, 좀더 나아가서는 '조직화'organization 또는 조직된 것을 뜻합니다. 여기에서도 우리는 일상어가 철학 어휘로 발전되어 나간 과정을 확인하게 됩니다. 특히 주자朱子를 비롯한 성리학자들은 사물들의 조직화된 구조를 '理'라 불렀고, 더 나아가 이 말을 자연적 의미에서의 조직화만이 아니라 훨씬 넓은 의미에서의 사물들의 이치理致, 원리라는 뜻으로 사용했습니다. 이치, 원리, 이해理解, 이성理性, 논리論理 등, 이런 말들이 다 성리학적 번역어들이죠.

그래서 原이라고 하는 말은 시간적인 의미에서의 '始原=origin'을 뜻하고, 理라고 하는 말은 한 사물의 심층적 구조를 뜻합니다. 하나는 시간적 유래를 말하는 것이고, 또 하나는 사물의 구조적 근원을 뜻하죠. 또는 시간적 순서보다는 논리적 순서에서의 근원, 즉 理 중에서 가장 근본적인 理를 '原理'라 한다고 할 수도 있습니다. 이 근원, 시원이 사물들을 일정하게 주재하고 있다는 생각입니다. 이 점에서 아르케는 집의 대들보, 기초와도 같습니다. 또 다른 말로 하면 본체本體라고 할 수 있죠. 우리에게 나타나는 겉모습이 아니라 진짜, 알맹이로서의 본체, 또는 아까 이야기한 실재實在라고 할 수 있습니다. 아르케라는 말을 일반적으로 '원리'라고 번역하지만, 이상과 같은 의미들이 다 가능합니다. 근원, 시원, 기초, 실재, 본체, 다 가능하죠. 한 언어에서의 한 단어가 다른 언어에서의 한 단어에 정확히 일치하는 법은 없습니다. 때문에 번역이 어렵게 돼요. 맥락에 따라 적절한 번역어를 선택해야 하겠죠.

§2. 원리에 대한 규정

이제 원리라는 개념의 규정을 볼까요? 어떤 이론적 개념에 대한 규정은 대개 구체적인 탐구가 한참 진행된 후에 등장합니다. 예컨대 진화론적인 생각은 상당히 먼 옛날부터 있었지만 '진화론'이라는 말은 근대가 도래해서야 등장하게 됩니다. 그래서 그때까지 사람들이 말해온 것이 "다름 아니라 진화론이었다" 하고 정리가 되는 것이죠. 또 '제자백가'諸子百家에 속하는 사람들이 처음부터 "우리는 제자백가다"라고 한 것이 아니죠. 그 사람들의 사유가 상당히 진행된 이후에 다른 사람들이 그 사람들을 묶어서 '제자백가'라고 부른 것입니다.[4] 철학의 기초 개념들 역시 철학적 행위가 어느 정도 진행된 이후에 정리되기 시작했습니다. 특히 플라톤과 아리스토텔레스가 이런 용어들의 정리에 결정적인 역할을 합니다. 이들은 그때까지 철학자들이 해온 작업이 다름 아닌 '아르케'를 찾는 것이었다고 분명하게 규정함으로써 이전의 활동들을 철학사적으로 정리하게 되었던 것이죠. 우선 플라톤이 이 말에 대해 내린 규정을 봅시다.

---

4) 철학사를 정리하는 개념들은 대부분 이런 식으로 **추후적**(追後的)/**사후적**(事後的)으로 나타나며, 이 때문에 오해가 발생하기도 한다. 추후적으로 정리되기 이전의 사상들을 그 자체로서 이해한 후에 이런 식의 정리를 받아들여야 하는데, 많은 사람들이 그런 이해를 하지 않은 상태에서 우선 철학사적으로 정리된 개념들을 받아들이기 때문이다. 예컨대 데카르트, 스피노자, 라이프니츠, 말브랑슈 등을 읽은 연후에 '근세 합리주의 철학'이라는 범주를 이해해야 하지만, 많은 경우 "합리주의" 철학을 개론적으로만 받아들이게 된다. 이로부터 적지 않은 오해가 생겨난다.

원리란 [다른 존재에 의해] 생성되지 않는 것ageneton이다. 왜냐하면 존재하게 되는 모든 것들은 반드시 어떤 하나의 원리로부터, 즉 그 앞에는 아무것도 없는 존재로부터 존재하게 되는 법이기 때문이다. (『파이드로스』, 245c~d)

그래서 원리란 간단하게 말하면 그것으로부터 다른 것이 나올 수는 있어도 그것 자체는 다른 것으로부터 나올 수 없는 것이라고 할 수 있습니다. 가장 근원적인 것은 모든 것의 앞에 있는 법이기에 말입니다. 아까 이야기한 '原'자를 생각해 보면 되겠죠? 샘으로부터 물이 흘러나올 수는 있어도 샘이 그 물로부터 나오는 것은 아니니까요. 즉, 원리로부터 다른 것들이 따라 나오는 것이지 원리 자체가 다른 것으로부터 따라 나오는 것은 아니에요. 바로 그런 것이 원리=아르케인 것이죠.

원리 개념을 보다 상세하게 규정한 것은 아리스토텔레스입니다. 아리스토텔레스는 어떤 사항이든 단 한 가지로 자신의 생각을 말하기보다는 이전부터 존재하는 여러 생각들을 모두 모아 종합하는 사유를 펼친 인물입니다. 늘 일상적인 규정들에서 출발해 이전 철학자들의 규정들로 나아가고 그 끝에서 자신의 규정을 내리는 방식을 취하고 있죠. 이 점에서 아리스토텔레스야말로 철학의 기초 개념들을 확고하게 정리한 인물이라 할 수 있으며, 따라서 우리 강의에서 큰 비중을 차지할 것입니다. 이하는 『형이상학』 Δ (델타) 편에 등장하는 용어 해설 부분에서 온 것입니다.

원리는 우선 사물의 운동이라는 관점에서 말해진다. 예컨대 선이나
길의 원리가 그렇다.

어떤 점이 있으면 이 점으로부터 선이 나옵니다. 또, 어떤 출발점
이 있으면 이 출발점으로부터 길이 나옵니다. 이런 (출발)점이 원리라
는 말의 기초적인 의미라는 뜻이죠. 이 맥락에서의 아르케의 번역어
로는 '시원'始原이 어울립니다. 그리고 이 문장 뒤에 "또한 원리는 각
사물을 위한 최선의 출발점이다"라는 규정이 이어지는데, 이 문장은
앞의 문장과 대동소이한 뜻을 담고 있어요. 다만 여기에는 가치론적
맥락이 들어 있는데, 다시 말해 '최선의 출발점' 즉 우리가 거기에서
출발해야만 가장 좋은 결과를 낳을 수 있는 그런 출발점을 말하고 있
습니다. 원리가 바로 최선의 출발점이죠. 아르케=원리의 발견은 중요
한데, 왜냐하면 우리가 거기에서 출발해야만 좋은 결과를 얻기 때문
입니다.

그런데 언제나 그럴까요? 아리스토텔레스는 꼭 그렇지만은 않다
는 것을 말하고 있습니다. "예컨대 과학에서조차 종종 대상의 출발점
이나 기본적인 개념으로부터 출발해서는 곤란하며, 오히려 연구를 보
다 용이하게 해주는 것에서 출발해야 한다." 아르케로부터 출발하면
안 되는 경우도 있다는 것이죠. 왜 그럴까요? 교육학적 맥락에서 그렇
다는 것입니다. (지금은 어떤지 모르겠는데) 내 기억으로는 초등학생
(그때는 '국민학생'이라고 했죠) 수학 교과서가 집합론으로부터 시작
되었습니다. 왜냐하면 집합론이야말로 모든 수학 이론의 아르케=원
리라고 보았기 때문이죠. 그러나 아리스토텔레스는 이것이 잘못된 것

이라는 점을 일깨우고 있습니다. 분명 집합론이 근본적인 원리를 형성하지만, 어린 학생들에게는 쉬운 것부터 가르쳐야지 "원리부터 알아야 한다"고 해서 처음부터 집합론을 가르쳐서는 안 된다는 뜻입니다. 학문 자체의 맥락과 교육학적 맥락이 다르다는 것이죠. 앞에서 철학사의 중요성을 강조했지만, 어떤 학문이든 그 역사적 전개의 순서를 따라서 가르치는 것이 가장 현명한 것입니다. 수학은 마땅히 자연수부터 가르쳐야 하는 것이죠.

자, 그럼 또 다른 규정을 볼까요?

원리는 [한 사물의] 생성의 일차적이고 내재적인 요소이다. 예컨대 배의 용골龍骨, 집의 대들보를 들 수 있다. 동물의 경우, 어떤 사람들은 [원리로서] 심장을 꼽고 어떤 사람들은 머리/뇌를 꼽고, 어떤 사람들은 이 역할[원리로서의 역할]을 할 수 있는 모든 부분들을 꼽는다. 나아가 원리는 운동이나 변화의 자연적인 출발점의 관점에 있어, 발생의 일차적이고 외재적인 원인이기도 하다. 예컨대 어린이는 아버지와 어머니에게서 나오며, 전쟁은 무례함[공격]에서 나온다.

원리란 한 사물의 만들어짐, 한 사물의 존재에 있어 그 가장 일차적이고 내재적인 것이라는 말입니다. 예로서 용골과 대들보를 들고 있죠. 그런데 그 사물의 가장 일차적이고 "내재적인" 요소라는 말은 무엇을 뜻하는가? 한 사물의 원리가 그 사물 안에 포함되어 있다는 뜻입니다. 용골은 배 안에 포함되어 있고, 대들보는 집 안에 포함되어 있습니다. 이런 원인을 내재적 원인이라고 할 수 있죠. 그리고 중간에 생물학적인 예를 든 후 이번에는 외재적 원인에 대해 이야기하고 있습니다. 어린아이가 생겨나는 원리, 시원, 뿌리는 부모죠. 그러나 부모는 앞의 용골이나 대들보와는 달리 어린아이 바깥에 존재합니다. 그래서 외재적 원인이라고 한 것입니다.

또 하나의 규정을 봅시다.

한 사물에 대한 인식의 출발점 또한 그 사물의 원리로 불린다. 그래서 전제들은 증명들의 원리들이다.

첫번째 인용한 구절이 '출발점'으로서의 원리를 말하고 있고, 두번째 구절이 '근원'으로서의 원리를 말하고 있다면, 세번째 구절은 인식의 토대로서의 원리를 말하고 있습니다. 두번째 의미에서의 원리가 존재론적ontological 맥락에서의 원리라면, 세번째 의미에서의 원리는 인식론적epistemological 맥락에서의 원리입니다. 어떤 전제가 있고 그 전제로부터 증명이 이루어졌을 때, 그 전제가 원리죠. 원리, 기초, 근거, 뿌리, 근원 등 여러 가지로 이해될 수 있습니다. 그런데 이 세번째 의미에서의 원리와 유사한 의미로 사용되었던 개념이 'hypothesis'입니다. 바로 오늘날의 '가설'假說이죠. 어떤 전제를 놓고 들어갔을 때 ('hypo-thesis'라는 말은 "아래에 놓다"라는 뜻입니다) 그때까지 이해되지 않던 현상들이 이해되기 시작하면, 그런 전제를 가설이라고 합니다. 가설이 바로 인식론적 원리(들 중 하나)인 것이죠.

'원리'라는 말에 대한 아리스토텔레스의 규정을 봤습니다. 여러분들이 책을 읽을 때는 이렇게 찬찬히 성실하게 읽어야 합니다. 한 문장 한 문장마다 지적 긴장감을 불러일으키는 글이 바로 철학사적 거장들의 글이죠. 그런 글들을 읽는 맛은 비교할 수 없는 지적 희열을 줍니다(원어로 읽으면 그 맛은 몇 배로 커지죠). 여러분에게 잠깐 맛만 보여 드렸지만(이하부터는 지면 관계상 이런 식으로 이야기하기는 힘들 것 같습니다), 이렇게 묵직한 텍스트를 붙들고서 씨름하면서 공부해야 사유의 저력을 쌓을 수 있습니다. 그 외의 다른 왕도는 없습니다. 지금 이 강의도 여러분들을 이렇게 공부할 수 있도록 이끌어 가는 안내문일 뿐입니다. 사다리일 뿐이죠.

§3. 현대 철학은 왜 원리를 거부하는가

어떤 개념의 의미를 규정하는 것과 그 개념에 대한 해답을 제시하는 것은 서로 맞물려 있지만 구분되는 문제입니다. ‘행복’이라는 말이 무슨 뜻인가를 규정하는 것과 과연 어떤 것이 행복인 것인가에 대해 답하는 것, ‘진리’라는 말의 뜻을 해명하는 것과 어떤 것이 진리인가를 제시하는 것은 다른 것입니다. “맞다”라는 말은 정확히 무엇을 뜻하는가? 라는 물음과 ‘1+1=2’가 맞느냐 아니면 ‘1+1=3’이 맞느냐의 문제는 전혀 다른 물음입니다. 후자는 수학적 물음이고 전자는 철학적 물음입니다. 다시 말해서 “행복이란 무엇인가?”라는 질문과 “어떤 것이 행복인가?”라는 질문은 다른 것이고, “진리란 무엇인가?”라는 물음과 “어떤 것이 진리인가?”라는 물음은 다른 것이죠. 잘 구분해야 합니다. 이번 학기 우리 강의는 주로 앞의 유형의 물음을 다룹니다. 물론 두 가지가 서로 맞물려 있기 때문에 어차피 함께 이야기하게 되겠지만 말입니다. 이번 학기 우리 강의는 어떤 철학적 주장이나 입장에 대한 것이 아니라 개념에 대한 것입니다. 방금 우리가 논의한 것도 "무엇이 원리인가?"에 대한 답을 검토한 것이 아니라 '원리'라는 말 자체의 의미를 해명한 것입니다.

이제 원리라는 것이 (위에서 논한) 그런 것이라면, 과연 그런 것에 해당하는 것이 무엇인가? 라는 물음이 제기되죠. "원리란 무엇인가?"가 논해진 후에 이제 "무엇이 원리인가?"가 논의되어야 합니다. 그리고 이 물음에 대해 답으로서 제기된 사상들이 철학사를 수놓아 왔다고 할 수 있습니다. 우리가 철학사에서 흔히 배우는 것들 ── 플라톤의 '이데아', 『도덕경』의 '도'와 '덕', 주자의 '리', 라이프니츠의 '모나드', 헤겔의 '정신' 등등 ── 이 다름 아닌 이 '원리' 개념에 대한 각 철학자들의 입장들이죠. 물론 이런 해답들 자체가 '원리' 개념에 대한 규정과 맞물려 있습니다. 즉, '원리'라는 말의 뜻에 대해 어떤 규정을 가지고 들어가느냐의 문제와 이 개념에 관해 어떤 해답을 제시하느냐의 문제는 서로 맞물려 있는 것입니다.

그러나 최근에 이르기까지의 철학적 사유들은 대체적으로 '원리'라는 개념 자체에 대해서는 어느 정도 일반적인 규정을 전제한 채 그에 대한 각각의 상이한 입장들을 제시해 왔다고 할 수 있습니다. '원리'라는 개념 자체는 공통으로 전제하고서 A가 원리다, 아니다 B가 원리다 하고 논해 왔던 것이죠. 그런데 최근의 철학에 와서는 원리 개념 자체가 다시 문제가 되기에 이르렀습니다. 다시 말해 "무엇이 원리인가?"라는 물음에 대해 새로운 답이 제시된 것이 아니라, 지금까지 철학자들이 탐구해 왔던 '원리'라는 이 개념 자체에 대해 메타적인 수준의 의문이 제기된 것입니다. 다시 말해 원자들, 신(들), '기', '힘에의 의지',…… 외에 또 하나의 답이 나온 것이 아니라, 이런 방식의 철학적 탐구 그 자체에 대한 의문이 제기된 것입니다. 이것은 철학사 전체에 대한 비판적인 눈길을 함축하는 것이죠.

　　그렇다면 왜 현대 철학자들은 또 다른 원리를 제공하려 하기보다는 원리에 대한 탐구 자체를 의심스러운 눈으로 바라볼까요? 여기에는 물론 한두 가지 이유가 있는 것이 아니겠죠. 그러나 일단 우선적인 이유는 아마도 이들이 원리에의 탐구가 모종의 지적 폭력을 함축하고 있다고 보기 때문일 겁니다. 우주 전체를 지배하는 원리를 탐구한다는 것은 이 세계에 존재하는 다양성, 불연속성, 우연, 개별성 등을 어떤 거대한 틀로 **환원시킨다는 것**을 뜻합니다. 물론 이런 노력은 순수한 지적 열망에서 시작된 것이지 꼭 폭력을 함축하는 것은 아닙니다. 그런 해석은 일종의 과잉 해석이죠. 그러나 다른 한편, 철학의 역사가 진행되면서 철학사에 등장했던 모든 원리들이 이내 일정한 한계를 드러내면서 만족스럽지 못한 것으로 판명되곤 했습니다. 그래서 이런 식의 '거대 이론'에 대한 회의가 등장하게 된 것이죠. 사실 이런 회의가 오늘날의 특징인 것만은 아닙니다. 이미 소피스트들이 그런 회의론을 제시했고, 그후에도 여러 번 그런 비판들이 등장하게 됩니다. 어떤 면에서는 철학의 역사란 적극적인 거대 이론의 구축과 그에 대한 '해체'가 길항拮抗을 겪어 온 역사라고 해도 과언이 아닐 겁니다. 오늘날의 시대는 거대 이론에 대한 의심스러운 눈길이 대세를 이루는 시대라고 할 수 있습니다. 그러나 앞으로 충분히 설득력 있는 원리가 제시될 수도 있지 않을까요? 지금까지 모든 철학자들이 인정하는 원리가 제시되지는 못했지만, 앞으로 어떻게 될지 모르는데 원리 자체를 거부하는 것이 현명한 일일까요? 사실 현대 철학자들이 원리 탐구에 대해 회의적인 것은 차라리 윤리적-정치적 맥락에서라고 할 수 있습니다.

그 하나의 맥락은 **구체적인 것의 구제**라는 맥락입니다. 보편적 원리에의 집착은 구체적인 것들의 의미를 억누르는 면이 있다는 것이죠. 예컨대 과학적-철학적 사유는 '인간'을 다루지 철수나 영희를 다루지는 않습니다. 철수나 영희는 학문의 대상이 아니죠. '인간학'이라는 말은 성립해도 '철수학', '영희학'은 없습니다. 학문은 개별자들이 아니라 보편자들을, 구체적 경험들이 아니라 추상적 원리들을 다루는 것이죠. 현대 철학은 전통 사유가 세계의 보편적 이법을 찾았으며 따라서 개별적인 존재들은 그런 이법의 한 매듭(경우)에 불과한 것으로 생각했다고 봅니다. 때문에 현대 철학은 법칙적 추상성이 개별적인 구체성을 희생시켜서는 안 된다고 봅니다. 이런 비판은 상당히 일리 있는 비판입니다. 조선 시대를 생각해 보면 성리학의 위계적인 사유가 조선 사회의 위계적인 구조와 맞물리면서 개인들을 일정한 틀의 부속품으로 만들었습니다. 오늘날 그런 틀은 깨지고 개별자들의 주체성과 욕망이 긍정되는 시대가 되었죠. 현대 철학은 바로 이런 맥락에서 원리 개념을 비판하는 것입니다.

그러나 다른 측면에서 보면, 보편성과 법칙성을 단적으로 부정할 때 우리는 세계에 대한 넓은 이해, 삶에 대한 일반적인 가치를 포기할 수밖에 없습니다. 그럴 때 도래하는 세계는 모든 개인이 각자의 감정, 경험, 주관에 따라 살 뿐인 그런 세계이겠죠. 중요한 것은 개별적 구체성과 보편적 추상성을, 생물학적 법칙과 우리 집 뜰에 피어 있는 봉선화를, 인간에 대한 넓고 학문적인 시선과 하나의 몸을 가지고 살아가는 철수와 영희를 동시에 추구하는 것입니다. 여기에서 동시에 추구한다는 것은 두 항을 동시에 긍정한다는 뜻이 아니라 그 둘 사이에 존재하는 긴장을 인정하면서도 그 둘 사이를 끝없이 **오고 감으로써** 진실에 가까이 간다는 뜻입니다.[5] 사실 오늘날에는 이미 개별적인 주관과 욕망이 지배하는 세계이기 때문에 어떤 면에서는 오히려 고전적인 학문관에 대한 재음미가 필요하다고도 할 수 있습니다. 그러나 그런 재론은 지금까지 이루어진 현대 사상의 성과를 모두 끌어안는다는 전제하에서겠지요.

원리의 거부에는 사회-역사적 이유도 있습니다. 그것은 바로 '중심(주의)'의 거부와 관련됩니다. 중심주의는 세계에 어떤 중심이 있다고 보고 그 중심을 가운데 놓고서 다른 사물들을 이해하는 행위입니다. 그러나 중심이 빛이 되면 다른 존재들, 즉 그 중심의 '타자들'은 그늘 속에 있을 수밖에 없습니다. 현대 사유는 이 그늘 속에 있었던 타자들을 복권시키려 합니다. '미개인'에 대한 레비-스트로스의 사유, '광인'에 대한 푸코의 사유, '여성'에 대한 페미니즘의 사유, 어린이 등을 비롯한 '소수자'에 대한 들뢰즈와 가타리의 사유, 소외된 자들에 대한 데리다의 사유 등등, 현대 철학의 거장들은 타자들에 대한 공통된 관심을 가지고 있습니다. 이것은 곧 중심을 거부하는 사유, '탈-중심'

---

5) 이것은 곧 인문학(humanities)과 과학(sciences)의 관계와 관련된다. **구체적인 것의 의미/개별성**을 지향하는 인문학과 **보편적인 것의 메커니즘/법칙성**을 지향하는 과학은 현대 사상의 양대 축을 형성한다. 이 양 축을 오가면서 그 사이에서 사유하는 것이 현대 사유의 핵심이라고 할 수 있다.

decentralization의 사유입니다. 그래서 현대 철학은 유럽중심주의에 대해 유럽 바깥의 세계를, 남성중심주의에 대해 여성을, 백인중심주의에 대해 '유색인종들'[6]을, 어른에 대해 어린아이를…… 사유하고자 하며, 타자들과 함께하고자 합니다. 그런데 전통적으로 '원리'라 불렸던 것들이 모종의 중심주의를 함축하는 경우가 많았습니다. 그리스 철학에서의 '형상'은 시각중심주의를, 히브리에서 연원한 일신교들(유대교, 기독교, 이슬람교)의 신神은 남성중심주의를("하나님 아버지"라고 하지 "하나님 어머니"라고 하지는 않죠?), 헤겔과 하이데거의 '정신'은 유럽중심주의(나아가 독일중심주의)를,…… 띠고 있었던 것이죠. 현대 철학자들이 전통 철학의 원리 탐구를 의구심을 가지고서 바라보는 것은 이 때문입니다. 철학이 권력, 지배와 알게 모르게 결탁했던 것은 아닌가, 철학은 늘 기득권자들의 편이 아니었던가 하는 의구심이죠. 물론 무조건 그렇게만 말한다면, 그것 자체가 범주적 폭력이

---

6) '유색인종들'이라는 말 자체가 범주적 폭력을 띠고 있다. **범주적 폭력**이란 서로 이질적인 존재들을 어떤 하나의 범주=카테고리로 묶어 일반화해 말하는 것을 뜻한다. 범주적 폭력은 일종의 타자화*이다. **타자화**(他者化)**는 늘 등질화**(等質化)**를 동반한다**. 서울 사람들에게 대구, 부산, 함양, 거창,……은 모두 '시골'이다. 유럽 사람들에게 오리엔트 지방, 인도, 중국, 몽골,……은 모두 '동양'이다. 이런 범주적 폭력은 우리가 사용하는 언어 자체의 피할 수 없는 속성이기도 하지만, 늘 비판적으로 볼 필요가 있다. 개념들에 대한 철학적 해명은 그 자체로서 윤리적 함축을 띤다.

* 조심할 것은 이때의 '타자화'에서 '타자'는 위에서 논의되고 있는 '타자들'에서의 '타자'와 전혀 다른 의미라는 점이다. 위 논의에서의 '타자'는 중심 바깥에 존재하는, 그들 속에 있는 사람들이라는 뜻이고, 지금의 '타자'는 한 존재에 대해 그것'이 아닌' 존재들을 뜻한다. 물론 두 경우가 무관한 것은 아니다. 중심은 (논리학적 의미에서의) 타자화를 통해서 (윤리학적 의미에서의) 타자들을 만들어내기에. 그러나 두 말의 의미는 다르다. 이렇게 철학 개념들은 대개 다의적으로 사용된다는 것, 때로는 전혀 반대되는 의미들을 포괄하기도 한다는 점에 주의해야 한다.

고 일방적 시선이 되겠죠. 철학사를 섬세하게 봐야 할 겁니다. 그러나 어쨌든 현대 철학자들은 대체적으로 전통 철학이 가진 이런 성격을 비판적으로 바라봅니다. 이것이 원리 개념이 비판받는 또 하나의 맥락입니다.

그러나 원리에 대한 탐구가 이런 문제점을 노출했다고 해서 그것을 포기할 필요는 없습니다. 이전의 많은 철학들이 원리 개념을 지나치게 강하게 해석했다 해도, 그리고 원리에 대한 탐구가 중심주의로 기울었다 해도, 원리 개념이 반드시 파기되어야 하는 것은 아닙니다. 인간이 지적인 탐구와 이성적인 세계 이해 자체를 포기하지 않는 한 원리의 탐구는 중요한 것이기 때문입니다. 거대한 원리가 문제가 있다고 해서 작은 원리들까지 파기할 이유는 없습니다. 자동차가 굴러가는 원리, 생명체가 탄생하는 원리, 사회가 변화하는 원리,…… 등등 이런 원리들의 탐구는 지금도 중요한 것이죠. 거대한 진리가 가질 수 있는 위험을 폭로하는 것도 중요하지만, 작은 진리들을 탐구해 나가는 것은 더 중요합니다.

§4. 원인의 탐구

원리와 비슷하면서도 다른, 그리고 원리와 더불어 학문적 탐구의 핵심 개념들 중 하나를 형성하는 또 하나의 개념이 원인입니다.

원인을 뜻하는 헬라어는 'aitia'죠. 이 말이 라틴어로 번역된 것이 'causa'입니다. 이것이 현대어 'cause'라는 것은 금방 눈치챌 수 있을 겁니다. 이 말의 형용사가 'aitios'인데, 이것은 어떤 것을 "일으키는",

또는 무엇 무엇을 "만들어내는/야기하는"이라는 뜻입니다. 또 법정에서 재판을 할 때 이 사건이 누구 탓이냐, 누구 때문에 벌어졌느냐? 할 때도 이 말을 씁니다. 전에도 얘기했듯이 일상 언어가 나중에 철학 용어가 되곤 합니다. 그리고 그 철학 용어는 다시 일상 언어가 되곤 하죠. 'Archê'가 'archô'에서 왔듯이, 원인 개념은 일상생활에서 "~의 탓이다", "~의 덕분이다", "~ 때문이다"를 뜻하는 맥락에서 쓰였던 'aitia'가 학문적 용어로 정착된 것입니다. 이 용어는 특히 아리스토텔레스의 전문 용어죠.

인因이라고 하는 말을 갑골문에서 찾아보면 이렇게(因) 되어 있어요. 멍석을 깔고 누운 모양입니다. 사람이 팔을 쫙 펴고 멍석 위에 누운 거예요. 이 사람은 이 깔개에 의존하고 있죠. 깔개 덕분에, 깔개 탓으로 흙을 묻히지 않고 있을 수 있습니다. '因'은 이런 뉘앙스를 함축합니다. 동북아 사상사에서 '원인'이라는 말, 그리고 특히 인과因果 즉 원인과 결과라는 말은 불교의 도래와 더불어 주요 용어로 정착합니다. 불교철학의 가장 중요한 부분들 중 하나가 바로 인과론에 있기 때문이죠. 불교에서는 '인연'因緣이라는 말을 대단히 중시하죠? 물론 서구적인 인과와 성격이 다르긴 하지만 말입니다.

전통적으로 철학에서는 사물들의 원인을 찾기 위해서 상당히 많은 노력을 했죠. 그런데 원리에 대해 논할 때도 말했지만 고대의 철학자들이 사물들의 원인을 왜 찾았을까? 하고 가만히 생각해 보면, 우리가 직접적으로 경험하는 것들은 사물들의 원인이 아니라 결과들이기 때문임을 알 수 있습니다. 먹구름을 바라볼 때 우리는 기상학적 변화의 결과를 보고 있는 것이지 먹구름의 원인을 보고 있는 것은 아닙니다. 만일 인간이 사물들을 그냥 경험하기만 해도 그 원인을 다 알 수 있다면, 학문이란 것이 아예 발달하지 않았겠죠. 경험하는 그대로가 사물의 심층 원인이라면 학문이라는 것 자체가 필요 없었을 겁니다. 하지만 우리가 바라보는 현상, 직접적으로 경험하는 것들은 일정한 원인들 때문에 생겨난 결과들일 뿐이죠. 그래서 원인을 찾게 됩니다. 우리가 현실세계 속에서 경험하는 것들은 매우 오랜 과정을 거쳐 운동하던 존재들이 우리에게 그 모습을 드러낸 결과일 뿐입니다. 나는 배가 아프다는 결과만을 느낄 뿐 그 원인을 인식하고 있는 것은 아닙니다. 원인을 탐구해서 찾아내야 하는 것이죠. 그래서 원인에 대한 사유가 발달합니다.

그리고 또 하나, 원인 탐구 아래에 깔려 있는 전제는 이 세상을 구성하고 있는 존재들이 서로 관계를 맺고 있다는 생각입니다. 예를 들어서, 내가 밥을 너무 많이 먹은 사건과 배가 아픈 사건이 있습니다. 이 두 사건 사이에 아무런 연관이 없다면, 다시 말해서 두 사건이 서로 완전히 고립된 것들로만 존재한다면, 원인 개념은 필요가 없겠죠. 그런데 두 사건이 관계를 맺고 있습니다. 그리고 어느 하나가 다른 하나 때문에, 즉 배가 아픈 것이 밥을 너무 많이 먹었기 때문에 생긴 것이라고 할 때, 원인과 결과 즉 인과因果를 생각하게 됩니다. 이런 식의 사고에 깔려 있는 중요한 철학적 전제는 바로 결정론決定論=determinism이에요. 이 세상에서 벌어지는 일들은 아무런 이유 없이 일어나는 것이아니라 어떤 일정한 인과관계에 따라 일어난다는 생각입니다. 원인에 대한 탐구 아래에는 이런 전제가 암묵적으로 깔려 있다고 할 수 있습니다. 이런 가정을 하지 않으면 과학적 탐구를 할 이유가 없게 됩니다.

그래서 (현대 생리학의 아버지이자 '실험'의 의미를 파고들었던 19세기의 생리학자-철학자인) 클로드 베르나르는 결정론을 과학의 가장 기본적인 전제로 봅니다.

특히 제일 원인에 대한 탐구가 서구 형이상학자들에게는 중요한 과제였습니다. 제일 원인이란 무수한 작은 원인들이 아니라 이 세계의 가장 궁극적인 원인이죠. 그것을 찾아내는 것이 상당히 큰 관심사였어요. 가장 대표적인 것이 '神'이죠. 신이 이 세계의 모든 사건들의 원인이라고 생각한 겁니다. 그 외에도 철학사를 통해서 여러 형태의 궁극 원인들이 제시되어 왔습니다. 제일 원리와 제일 원인은 거의 겹치는 개념이죠. 제일 원인/원리는 마치 아르키메데스의 점과도 같은 역할을 합니다. 아르키메데스는 "나에게 적당한 지레 하나를 준다면 지구를 들어올리겠다"는 말을 했다고 합니다. 그런데 받침대를 어디에 놓는가가 중요하죠. 받침대를 너무 앞에 놓으면 막대가 부러질 테고, 받침대를 너무 뒤에 놓으면 힘을 받지 못하겠죠. 그래서 받침대를 어디에 놓는가가 지레의 핵심입니다. 바로 그 점이 아르키메데스의 점이죠. 철학자들은 그 아르키데메스의 점을 찾았다고 할 수 있습니다(앞에서 서구의 사유는 '점의 사유'라고 했던 것을 기억하시기 바랍니다). 그것만 찾으면 모든 것을 설명할 수 있다는 것이지요. 중세 철학에서의 '神' 개념, 근대 철학에서의 '주체' 개념이 가장 전형적인 것입니다.

그러나 현대 철학은 이런 식의 시도들에 대해 상당히 회의적입니다. 그 이유에는 몇 가지가 있어요. 첫째, 역사적으로 저런 제일 원인, 제일 원리를 찾으려는 무수한 시도가 있어 왔지만 결과적으로 뚜렷한 정답이 없었다는 사실입니다. 무수한 설만 난무했지 결과적으로 확고한 어떤 것, 만인이 승복할 수 있는 것이 없었다는 것이죠. 물론 이것은 절대적인 반론은 아닙니다. 왜냐하면 앞으로 발견할 수도 있는 것이니까요. 지금까지 발견되지 않았다, 설說이 여러 가지였다는 것이 그런 탐구 자체를 무의미하게 만드는 것은 아니죠. 또 여러 설들의 설득력이 똑같은 것도 아닙니다. 분명히 설득력의 차이가 있습니다. 이보다 더 중요한 반론은, 원리에 대해 논할 때도 나온 이야기이지만, 이런 탐구 자체가 중심주의를 함축한다는 것이죠. 서울이 중심이면 지방이 폄하되겠죠. 어른이 중심이면 아이들이 폄하될 수밖에 없습니다. 유럽이 중심이 되면 유럽이 아닌 국가들은 폄하됩니다. 그래서 현대 철학은 전통 철학의 위계적인 사유, 즉 중심을 잡아놓고서 모든 것을 피라미드처럼 정리하는 사유 ─ 토마스 아퀴나스, 주자 등의 사유가 대표적입니다 ─ 에 대해 회의적입니다. 그래서 다중심적多中心的인 그리고 (일방적인 관계가 아니라) 상호적인 관계를 추구한다고 이야기할 수 있죠.

또 하나 내가 보기에 중요한 것은 제일 원인, 제일 원리에 대한 탐구는, 그것이 설득력 있게 제시될 경우는 위대한 지적 성취이겠지만, 근거가 허약한 상태로 제시되었을 경우 우리를 게으르게 만든다는 것입니다. 신 개념이 대표적이죠. 이 세상의 어떤 것도 다 신의 섭리로 설명됩니다. 신의 섭리 가지고 설명되지 않는 것이 무엇이 있겠어요? 그러나 모든 것을 설명해 준다는 것은 사실상 그 어느 하나도 제대로 설명해 주지 못한다는 것입니다. 설득력이 약한 제일 원인, 제일 원리는 우리로 하여금 세계에 대한 성실한 탐구에 게으르게 만드는 것이죠. 주자가 '궁리'窮理를 강조했고 매우 '과학적인'/'객관적인' 성격의 철학을 추구했음에도 결국 그의 사유가 과학을 발전시키는 사유가 되지 못한 것은 리理라는 개념이 설명력이 없어서가 아니라 모든 것을 설명하는 것이었기 때문이었던 것이죠.

마지막으로 한 가지 덧붙인다면, 제일 원리/원인은 법칙/이법에 초월적 성격을 부여합니다. 다시 말해 이 세상에서 어떤 일이 벌어져도 제일 원인/원리는 타격을 입지 않습니다. 왜냐하면 그런 모든 일들이 다름 아닌 제일 원인/원리의 명령에 따라 일어나는 것이니까요. 신의 이름을 들먹여 정당화할 수 없는 것은 존재하지 않습니다. 종교라는 것이 무서운 것은 이 때문이죠. 그래서 우리는 이 세계의 비결정성非決定性, 우연, 복잡성, 개별성, 상대성 등을 그 자체로서 인정해야 합니다. 세계의 본질이 생성生成이라는 것을 인정해야 하는 것이죠. 그리고 그런 전제 위에서 경험적으로 확인되는, 설득력 있게 제시되는 반복, 규칙성, 이법, 법칙 등만 인정해야 하는 것이죠. 원인/원리가 초월적 성격을 띠어서는 안 되며, 어디까지나 생성의 와중에서 발견되어야 하는 것으로 이해되어야 하는 것입니다. 원인/원리를 포기할 필요는 없습니다. 분명 이 세계에는 질서가 있고, 반복이 있고, 규칙성이 있습니다. 그래서 무모한 제일 원리/원인을 거부한다고 해서, 원인/원리에 대한 탐구 자체를 파기할 필요는 없는 것입니다. 그럴 경우 그것은 지적인 불성실이나 개인적인 감성, 경험 이외의 어떤 것도 인정하지 않는 또 다른 형태의 독단이 되겠죠. 원리에 대해 이야기할 때도 말했듯이, 거대한 원리/원인을 비판하는 것도 중요하지만 구체적인 작은 원리들/원인들을 적극적으로 탐구하는 것은 더 중요합니다.

§5. 사원인설

원인에 대한 여러 가지 이론이 있지만, 후대에 큰 영향을 끼친 가장 기본적인 원인론은 아리스토텔레스의 사원인설입니다. 오늘날에도 새겨들을 만한 이론이므로 한번 살펴봅시다.

원인이란 우선 한 사물을 구성하고 있는 내재적 질료이다. 청동은 [청동]조각상의 원인이고, 은은 [은]쟁반의 원인이다. 그리고 청동과 은을 포함하는 유類 역시 원인이다.

한 사물을 구성하고 있는 것, 한 사물의 물질적 바탕을 이루는 것을 '질료인'質料因이라고 합니다. 청동, 은, 나아가 이런 것들의 유類, 즉 금속, 나무 같은 것들이 질료인material cause입니다.[7] 오늘날 현대 학문에서 이 질료인에 대한 탐구를 이어받은 것이 화학化學이라고 할 수 있죠. 또 공학에서 재료공학material science이라는 것이 있는데, 역시 질료인을 다루는 담론이라고 할 수 있습니다. 나무는 타는데 쇠는 왜 타지 않는가? 그때 우리는 질료가 다르기 때문이라고 말합니다. 'Aitia'는 다르게 번역하면 '설명 원리'예요. 어떤 것을 설명해 주는 원리. 그러

---

7) '질료'와 '물질'은 구분된다. 질료는 형상을 전제하면서 그것과 쌍을 이루어 성립하는 개념으로서, 질료형상설(hylemorphism)이라는 사유체계에서 성립하는 개념이다('hylê'는 질료를, 'morphê'는 형상을 뜻한다). 그리고 이 사유체계에서 질료는 형상에 종속된다. 그러나 물질은 반드시 형상을 전제하는 개념은 아니며, 그 자체가 실체라는 뉘앙스를 획득한 개념이다. 질료로부터 물질로의 변환은 특히 플라톤-아리스토텔레스의 사유로부터 에피쿠로스·스토아의 사유로('hylê'에서 'sôma'로) 이행하면서 이루어졌다.

면 질료인은 어떤 설명 원리인가? 어떤 물음에 대한 설명 원리인가? "그것은 무엇으로 되어 있는가?"라고 물을 때, 그 대답으로서 제시되는 설명 원리죠. 주전자는 쇠로 되어 있기 때문에 타지 않지만, 책상은 나무로 되어 있기 때문에 탄다는 것이죠. 현대의 맥락에서라면, 쇠와 나무를 화학적으로 비교해 그 차이를 설명해 주어야 합니다. 이런 원인이 질료인입니다. 두번째로,

> 다른 의미에 있어서의 원인은 형상과 파라데이그마paradeigma, 즉 본질(과 그런 유들)의 정의이다. 예컨대 옥타브에 대해서는 '2 : 1'이라는 관계, 보다 일반적으로 말해서 수數이다. 원인은 또한 정의의 부분들이다.

두번째로 논의되고 있는 원인은 형상인形相因 =formal cause입니다. 인용된 글에서 알 수 있듯이 형상, 파라데이그마(오늘날의 '패러다임'), 본질(의 정의)은 서로 통하는 개념입니다. 질료인이 "그것은 무엇으로 되어 있는가?"라는 물음에 대한 답으로서 제시되는 것이라면, 형상인은 "그것은 무엇인가?"라는 물음에 대한 답으로서 제시되는 원인입니다. 아리스토텔레스는 이 형상인을 가장 핵심적인 원인으로 봅니다. "그것은 무엇인가?"라는 물음이 가장 핵심적인 물음이기 때문이죠.

자, 그리스 문화에는 참 흥미로운 점이 있습니다. 어떤 말의 의미가 상고上古 시대의 용법으로부터 오늘날 우리가 알고 있는 용법으로 차츰차츰 바뀌는 과정을 보여 준다는 것입니다. 예컨대 'psychê' 개념은 처음에는 매우 조잡한 의미로 사용되었어요. 인간의 사지를 묶

어 주는 어떤 끈 같은 것으로 이해되었습니다. 그래서 『일리아스』를 보면 전사戰士의 사지四肢가 "풀어짐으로써" 죽었다는 표현이 나오는데, 이때 사지를 묶어 주고 있는 것이 바로 영혼으로 이해되었던 겁니다. 처음에는 물질적인 어떤 것으로 이해되었던 것이죠. 그러나 이 말이 점차 더 고급 의미를 부여받게 되는데, 어떤 사물을 살아 있게 해주는 것, 즉 생명을 뜻하게 됩니다. 신화에 등장하는 '프쉬케'라는 여인을 뜻하기도 하는데, 생명, 아름다움, 순수함 같은 의미를 띱니다. 그러다가 소크라테스에 의해 또 다른 의미를 부여받게 되죠. 단지 사물들을 살아 있게 만들어 주는 것만이 아니라 어떤 고귀한 능력, 인간으로 하여금 사유할 수 있는 존재로, 도덕적일 수 있는 존재로 만들어 주는 독특한 능력을 뜻하게 됩니다. 바로 오늘날 우리가 알고 있는 '정신'을 뜻하게 된 것이죠. 그러면서 깊은 내면, '자아' 등의 의미를 가지게 됩니다. 그래서 당대의 사람들이 소크라테스의 말을 이해하기가 쉽지 않았던 겁니다. 그들이 알고 있던 의미로는 이해하기 힘들었던 것이죠. 철학사적으로 독창적인 인물들의 언어는 대개 당대에는 충분히 이해받지 못하는 경우가 많습니다. 한참이 지나서야 주석서들이 나오면서 조금씩 이해되기 시작하는 것이죠. 어쨌든 이처럼 그리스 문화는 하나의 개념이 비교적 조잡한 의미로부터 점점 깊은 의미를 획득해 가는 과정을 보여 준다는 점에서, 무척이나 흥미롭습니다.

지금 우리가 말하고 있는 '형상' 개념만큼 이를 잘 보여 주는 말도 드뭅니다. 형상은 'idea', 'eidos'의 번역어입니다. 오늘날 서구 문헌에서 'Idea' 또는 'Form'같이 대문자로 쓴 말들은 이 그리스적 의미에서의 형상을 뜻합니다(또 때로는 'substantial form', 'essential form'이라고도 번역합니다. 그냥 'form'으로 하면 '形狀'이나 모양, 또는 우리가 흔히 말하는 '폼'과 혼동되기 때문입니다). 그리스 문화의 초창기에 이 말은 '보이는 것'이란 뜻으로 사용되었어요. 그러니까 'figure=morphê'를 뜻했습니다(오늘날의 'morphology'가 이에서 유래했죠). 지금은 '形相'과 '形狀'은 서로 대조적인 뜻, 즉 각각 사물의 심층적 본질과 표층적 성질을 뜻하지만(더구나 우리말 발음이 같아 가끔 혼동을 가져오죠. 조심해야 합니다), 원래 'idea'/'eidos'는 '形狀'을 뜻했던 겁니다. 그러니까 오늘날 우리가 알고 있는 의미와 차라리 반대되는 의미로 사용되었던 것이죠. '뽀삐의 이데아'는 다름 아닌 뽀삐의 털 색깔, 꼬리 흔드는 모습…… 이런 것들이었던 겁니다. 이런 것들은 뽀삐를 일정한 존재로 만들어 주는 것들이고, 다시 말해 우리로 하여금 뽀삐를 뽀삐로서 알아볼recognize 수 있게 해주는 것들이고, 그래서 이런 것들을 '규정성들'determinations이라고 합니다. 이데아/에이도스의 기본 의미가 규정성이었던 것이죠. 그런데 인지가 아직 발달하지 않았을 때, 한 사물을 규정하고 있는 것들은 다름 아닌 눈에 보이는 것들 아니었겠습니까? 그래서 이 말들이 처음에는 가시적인 형상形狀을 뜻했던 겁니다. "뽀삐는 어떤 강아지인가?"에 대해 "꼬리가 유난히 긴 놈"처럼 소박하게 생각했던 것이죠. 그러나 시간이 지나면서 한 사물을 그 사물로 규정해 주는 것이 단순히 즉물적으로 눈에 보이는 것만은 아니라는 사실이 조금씩 인식되었던 겁니다. 그런 과정을 거쳐서 마침내 플라톤과 아리스토텔레스가 부여한 의미(지금 우리가 알고 있는 의미, 즉 '形相')가 성립했던 겁니다.[8]

'Eidos'라는 말은 처음에는 종種을 뜻하기도 했습니다. 종은 영어로 'species'죠. 여러분들이 중세 문헌을 읽다 보면 'species'(라틴어로서 '스페키에스'라 발음합니다)라는 말을 만나게 되는데, 이 말을 그리스어 'eidos'의 번역어로 사용하고 있는 것을 볼 수 있습니다. 즉, '종'이라는 개념과 '형상' 또는 '본질'(형상과 본질은 서로 통합니다)은 'eidos'의 상이한 의미였던 것이죠. 왜 그럴까요? 어떤 어린아이가 뽀삐를 가리키면서 "저건 뭐야?" 하고 물으면, 열에 아홉은 뭐라고 대답

---

8) 'Idea'(프랑스어의 'idée', 독일어의 'Idee')라는 말은 근내 이래 다시 큰 변화를 겪게 된다. 1) 이 말은 이제 **객관적 실재**라는 의미보다는 **주관적 관념**(觀念)이라는 의미를 띠게 된다. '이데아'가 아니라 '아이디어'가 된 것이다. 조심할 것은 근대 초만 해도 이 말은 반드시 객관적인 대상과의 일치를 전제하는 개념이었다는 사실이다. 즉, 객관과 주관의 일치라는 사유 구도(미셸 푸코가『말과 사물』에서 상세하게 분석한 'représentation'의 구도)를 전제하는 한에서의 '관념'이었다(예컨대 영국 경험론의 경우 '관념'이란 항상 무엇인가를 지각한 결과로서 생기는 것이지, 우리 마음속에서 자의적으로 생겨나는 것을 뜻하지 않았다. 로크의『인간오성론』, 흄의『인성론』등). 그러나 이 말은 그후 더욱 주관화되어 오늘날의 '아이디어'라는 의미로 바뀌게 된다. 묘한 것은 같은 'idea'인데도, '관념'이라 번역할 때는 현실성이 부족하다는 부정적 뉘앙스를 띨 때가 있는 데 비해서 '아이디어'라고 음역할 때에는 뭔가 참신한 생각이라는 뉘앙스를 띤다는 사실이다. 2) 칸트에 이르러 다시 변화가 온다(『순수이성비판』). 칸트는 영국 경험론자들이 말하는 것과 같은 'idea'는 'Vorstellung'(표상물)이라 표현하고, 'Idee'라는 말은 (오성의 개념이 '범주'이듯이) 사변이성의 개념 ─ 이념(理念) ─ 이라는 뜻으로 사용한다. 이는 오히려 플라톤의 이데아에 더 가까운 개념이지만, 어디까지나 칸트 인식론의 구도 내에서 이해된 이데아이다. 이념이란 사변이성의 개념이기는 하지만, 오성의 성과들을 통합하는 데 도움을 주는 '허초점'과 같은 역할을 한다는 점에서 중요하다(헤겔은 이 이념을 더욱 존재론화해 다시 그리스적 존재론에 가까운 사유를 펼친다. 헤겔에게 이념은 곧 '절대자'이다.『논리학』). 3) 또 하나의 결정적 지도리는 들뢰즈의 '이데'(idée)에서 이루어진다(『차이와 반복』). 들뢰즈는 이 개념을 '잠재성' 개념을 구체화하는 한 개념으로서 사용하며, ㄱ) 근대적 방식으로보다는 고대적 방식으로 사용하되(따라서 어디까지나 존재론적 개념이다), ㄴ) 철저하게 생성존재론의 관점에서 사용함으로써, 플라톤의 '이데아' 개념과 대척적인 개념으로서 정립한다. 들뢰즈에게 이념은 문제, 구조, 다양체 등등과 더불어 잠재성의 구체적인 모습이다.

할까요? "그건 개야" 하고 대답할 겁니다. 다시 말해 어떤 사물에 대해 "저것은 무엇인가?"라고 물어봤을 때 사람들이 가장 먼저 떠올리는 것은 그 사물의 종이라는 이야기입니다. 그래서 종을 뜻하는 'eidos'가 또한 형상/본질을 뜻하게 되고, 그래서 중세 문헌에서 'species'라는 말이 형상/본질을 뜻하게 된 것입니다. 언어의 이런 역사적 변천을 정확하게 알고 있어야 면밀한 텍스트 해독이 가능한 것이죠. 이런 언어적-개념적 공부가 학문의, 특히 인문학의 기초라고 할 수 있습니다.

그리고 이 말들과 유사한 의미로 쓰인 말이 'paradeigma'였습니다. 특히 플라톤의 대화편인 『티마이오스』에서 중요한 역할을 하는 개념이죠. 이 말은 현대어에서 흔히 '패러다임'이라고 합니다. '범형'範型이라고 번역하죠. '패러다임'이라고 하면 오늘날에는 인간이 사물을 보는 방식, 틀을 뜻합니다. 이 말을 핵심 용어로 사용한 사람은 과학사가인 토마스 쿤이라는 사람입니다. 과학사는 흔히 생각하는 것과는 달리 불연속적으로 변환變換된다고 생각한 인물입니다. 이것을 "패러다임이 바뀌었다"고 할 수 있죠. 다른 과학철학자들(바슐라르, 캉길렘 등)이 쓰는 말로는 '인식론적 장場'이라고 하죠. 이미 어떤 장이 있고 그 안에서 개별적인 인식들이 이루어진다는 생각을 담고 있는 개념입니다. 그러나 플라톤에서 '파라데이그마'는 인간중심적인 관점, 틀을 뜻하는 것이 아니라 객관적 실재를 뜻합니다. 오늘날의 개념으로 비교적 가까운 것을 생각해 본다면 '구조' 정도가 되겠죠. 결국 형상과 거의 같은 뜻으로 사용된 말입니다. 예컨대 현대 물리학의 초기에 원자의 구조를 천문학적인 구조에 유비시켜 연구했던 시절이 있었습니다(태양이 원자핵이 되겠죠). 바로 사물의 이런 '구조'가 플라톤이 말하는 파라데이그마에 가까운 것입니다.

또 하나 이것들과 밀접하게 연결되어 있는 개념은 '본질'本質이라는 개념입니다. 형상이나 파라데이그마는 오늘날 잘 쓰이지 않지만, 본질이라는 말은 여전히 일상 언어에서도 쓰이고 있죠. 그런데 헬라스 말에는 본질이라는 말이 없었습니다. 이 말은 아리스토텔레스 용어의 번역어이지만, 아리스토텔레스에게는 본질이라는 단어가 없었어요. 그러면 아리스토텔레스는 어떤 표현을 썼느냐. 'To ti ên einai'라는 표현을 썼죠. 하나의 단어로 쓴 것이 아니라 일종의 명사구로 쓴 겁니다. 이 표현을 좀 억지로 직역하면 'the what is being' 정도가 될까요? 또는 'the what is to be' 정도가 되겠네요. 무슨 말일까요? 'Being'이라고 할 수 있는 것, 'to be'라고 할 수 있는 것, 다시 말해 어떤 사물에 대해서 "저것은 ~이다"라고 말할 수 있는 것이라는 뜻입니다. 어떤 사물에 대해서 "저것은 무엇인가?"라고 말할 때 그 대답이 될 수 있는 것, 그것이 그 사물의 본질이죠. 그리고 본질을 언어로 정식화한 것이 정의定義입니다. 그런데 표현이 복잡하기 때문에 아예 이것을 한 단어로 만들어 'essentia'라고 번역한 겁니다. 말하자면 옛날에는 "마시면 황홀한 것"이라고 표현했던 것을 나중 사람들이 간단하게 "술"이라는 한마디로 표현한 것과 같은 것이죠. 또는 이것을 'quidditas'라고도 합니다. 'Quid'라는 라틴어는 프랑스어 'quoi', 영어의 'what'에 해당해요. 그래서 이 'quidditas'라는 말을 프랑스어로는 'quiddité'라고 합니다. 영어로 번역하면 'whatness' 정도가 되겠죠. 무엇-임. "저것은 무엇입니까?"라는 질문에 답할 수 있는 그 무엇-임, 그것이 'quidditas'죠.

자, 아리스토텔레스는 이제 하나의 예를 들고 있습니다. 예컨대 옥타브에 대해서는 2 : 1이라는 관계가 형상이라는 것이죠. 이것은 고대 음악에 관한 이야기이기 때문에 현대인들이 이해하기가 쉽지 않습니다. 이때 사람들은 아마도 2 : 1이라는 비율 관계가 음악의 본질이라고 본 것 같아요. 소리는 연속적이죠. 주파수가 연속적인 띠를 형성합니다. 이런 연속성을 헬라스 사람들은 '아페이론'이라고 불렀습니다. 대단히 중요한 개념이죠. "규정되지 않은 것"이라는 뜻이죠. 규정되지 않은 것에 일정한 마디limit가 주어짐으로써 규정된 것이 된다는 생각입니다. 끝없이 이어져 있는 길에 일정한 두 점, 예컨대 서울과 부산이라는 두 점이 주어지면 경부선京釜線이라는 하나의 규정이 성립합니다. 연속적으로 이어져 있는 빛의 파동에서 두 매듭, 두 끝이 주어지면 '가시광선'이라는 일정한 규정이 생겨나죠. 헬라스 사람들은 질서라는 것을 이렇게 생각했습니다. 그래서 음악의 경우 무한히 이어지는 소리에 일정한 매듭이 주어지면 비로소 화성和聲이 생겨난다고 생각한 것이죠. 기타를 칠 때나 거문고를 뜯을 때 항상 손가락으로 현絃의 어느 점들을 눌러 주죠? 바로 아페이론인 현에 일정한 마디를 줌으로써 화음을 창출해내는 것입니다. 이때 아페이론은 질료의 역할을 하는 것이고 그 마디들은 형상의 역할을 한다고 할 수 있습니다. 그래서 아리스토텔레스가 2 : 1이라는 비율의 예를 든 겁니다.

이 형상인은 퓌타고라스와 플라톤 이래 서구 학문에서 핵심적인 역할을 해왔고, 근대에 이르러 비판받고 폐기되지만 사실상 '과학법칙'이라는 개념에 그 요체가 여전히 살아 있습니다. 현대의 '구조' 같은 개념도 마찬가지고요. 좀 단적으로 말하면, 서구에서 학문이란 바로 형상인의 탐구를 말합니다. 고대의 형상, 근대 이후의 법칙, 또는 구조주의에서 말하는 구조, 오늘날에도 일상 언어에서 자주 등장하는 본질, 또 (의미가 달라졌지만) 패러다임 같은 개념들이 모두 구체적 내용은 다르지만 같은 맥락 안에서 움직이는 개념들입니다.

이제 질료와 형상 외에 세번째의 원인이 요청되는데, 그것은 바로 '운동인'運動因이죠. 이 말은 때로는 '작용인'作用因이라고 번역되기도 하고 또 어떤 경우에는 '능동인'能動因으로도 번역됩니다.

또, 원인은 변화/정지의 제일 원리이다. 한 결정의 주인공은 그 행위의 원인이고, 아버지는 아이들의 원인이며, 일반적으로 행위자는 행해지는 것의 원인이고, 변화시키는 존재는 변화를 겪는 존재의 원인이다.

어떤 사물이 가만히 있다가 움직이거나/변화하거나 역으로 움직이다가/변화하다가 그렇지 않게 될 때, 또는 운동/변화의 양태가 바뀔 때 그것을 그렇게 만든 존재, 그것이 바로 또 하나의 의미에서의 원인이라는 것입니다.

정리하면 처음에 이야기했던 것이 질료인이고 두번째 이야기한 것이 형상인이라면, 이 세번째 원인은 곧 운동인efficient cause이라고 할 수 있습니다. 첫번째 질료인이 "그것은 무엇으로 되어 있는가?"라는 물음에 대한 답이고, 두번째 형상인이 "그것은 무엇인가?"라는 물음에 대한 답이라고 한다면, 세번째 운동인은 "무엇이 저것을 저렇게 만들었는가?"라는 물음에 대한 답이라고 할 수 있습니다. 현대적인 언어로는 'agent'라고도 할 수 있겠죠. 그런데 이 운동인에는 질료인·형상인의 경우와는 다른 점이 있습니다. 질료인과 형상인은 각 사물에 내재해 있어요. 뽀삐의 질료인과 뽀삐의 형상인은 뽀삐 안에 내재해 있죠? 그래서 어떤 사물을 분석할 때 일단 제시되는 것이 질료인과 형상인입니다. 하지만 운동인은 그 사물에 외재해 있어요. 뽀삐의 운동인은 뽀삐의 부모죠. 뽀삐의 부모가 뽀삐를 낳았으니까요. 운동시키는 존재가 운동하는 존재의 운동인이고, 이들은 서로 외재적인 관계에 있습니다. 아리스토텔레스는 고대 사람이기 때문에 아버지만 이야기했지만 그건 좀 불공평하고 아버지와 어머니라고 해야 하겠죠.

그런데 "한 결정의 주인공은 그 행위의 원인이고"라는 문장을 음미해 볼 필요가 있습니다. "이번 추석에는 꼭 고향에 가 봐야지"라고 결심한 주인공은 나중에 고향에 내려간 행위자의 운동인이죠. 그런데 이 경우는 결심한 주인공이 곧 그 결심의 결과인 인물 아닙니까? 이럴 경우 운동인이 그 결과에 내재해 있는 결과가 되지요. 이때 '내재적 원인(운동인)'이라는 표현을 씁니다. 운동의 원인과 결과가 같은 존재인 이 경우는 철학사에서, 특히 스피노자 같은 인물에게서 매우 중요한 역할을 하게 됩니다.

그러면 네번째 경우를 볼까요?

원인은 또한 목적이다. 즉, 목적인이다. 예컨대 건강은 산책의 원인이다. 결국 왜 산책을 하는가? 대답은 건강하기 위해서이며, 그렇게 말함으로써 우리는 원인을 설명했다고 생각한다. 자신과 다른 것[자신이 아닌 것]에 의해 움직여짐으로써 [자신을] 움직이게 한 존재와 [최

종적인] 목적 사이에 존재하게 되는 모든 것들도 마찬가지이다. 그래
서 섭생, 정화淨化, 치료, 기구들은 건강의 원인들이다. 이 모든 수단
들이 하나의 목적을 위해 사용되고 있기 때문이다. 이 원인들 사이에
서의 차이란 어떤 것들은 기구들인 데 비해 다른 것들은 행위들이라
는 점뿐이다.

목적인目的因=final cause은 어떤 물음에 대한 답일까요? '왜?'라는
물음에 대한 답입니다. 뽀삐가 왜 저렇게 꼬리를 흔들까? 당신은 왜
거기로 가려고 합니까? 등의 물음에 대한 답이 목적인이죠. 프랑스어
의 '왜?'가 'pourquoi'죠. 풀어 보면 'pour-quoi' 즉 '무엇을 위해서'
입니다. 지금 맥락에서 시사적이죠.

목적인과 운동인은 다릅니다. 뽀삐가 꼬리를 흔드는 것을 어떤
외적 존재 또는 뽀삐의 신체 상태로부터 연역해내면 그것은 운동인
에 의한 설명이지만, 뽀삐가 "무엇을 위해서" 꼬리를 흔드는가에 대해
답하면 그것은 목적인에 의한 설명입니다. 운동인과 목적인은 시간
에 있어서 다른 구조를 가지고 있어요. 운동인은 그것의 결과에 시간
적으로 앞서지만 목적인은 시간적으로 뒤에 오기 때문이죠. 운동인이
과거에 관련된다면, 목적인은 미래에 관련됩니다. 내가 배가 고파서
밥을 먹는다고 할 때 배고픈 것이 원인이고 밥 먹는 것이 결과죠. 그때
운동인은 그 결과에 비해 시간적으로 앞에 와요. 말하자면 운동인은
뒤에서 미는 겁니다. 무엇 무엇 때문에 이런 결과가 생겼다는 것이죠.
그러나 목적인은 미래에 존재합니다. 미래의 목적인이 현재를 끌어당
기는 거예요. 이것이 중요한 차이죠. 건강해지기 위해서 산책을 합니

다. 건강이 이 사람으로 하여금 산책하게 만들었지만, 과거에 건강이 있어서 그것이 밀어서 산책하게 된 것이 아니라 미래에 건강이 있어서 이 사람을 산책하게끔 끌어당기는 것이죠. 이것은 매우 중요한 의미를 함축하고 있는 문제입니다.

§6. 목적인과 형상인 : 고중세와 근현대

이렇게 아리스토텔레스의 4원인설을 봤습니다. 홍미로운 것은 스토아학파와 에피쿠로스학파의 유물론적 사유가 등장한 이후(그러나 두 학파에서 유'물'의 의미는 천양지차라는 점을 염두에 두어야 합니다), 그러나 본격적으로는 근대 이후 이 네 가지 원인들 중에서 유독 세번째 원인인 운동인만을 인정하려는 경향이 강해진다는 사실입니다. 특히 가장 예민한 문제가 되었던 것은 목적인이었어요. 그리고 목적인과 결부되어 있는 형상인도 마찬가지죠.[9] 근대의 철학자들은 아리스토텔레스의 목적인에 입각한 세계 설명이 함축하는 불합리성을 고발하고자 합니다. 근대 과학은 목적론을 강하게 부정하죠. 근대 과학을

---

9) 어떤 것의 형상은 그것의 목적과 뗄 수 없는 관계에 놓여 있다. 말[馬]의 형상, 말의 본질은 말의 목적과 뗄 수 없다. 탁자의 형상/본질 ── 이것을 언어로 표현한 것이 탁자의 '정의'이다 ── 이 예컨대 "그 위에 물건을 놓기 위한 가구"라면, 이 표현 자체에서 볼 수 있듯이 그것은 이미 목적이기도 하다. 인간이 '이성적 동물'이라면, 인간의 목적은 이성을 완성하는 데에 있다. 나아가, 형상/목적은 아레테 즉 '~다움', '기능/역할'(ergon), '잠재력'(dynamis)과도 밀접히 관련된다. 말의 형상/본질은 말의 말'다움'이며, 말의 말-다움을 잘 구현하고 있는 말이 그만큼 말의 아레테를 성취한 말, 말의 기능/역할을 이룬 말, 말이라는 존재의 잠재력을 한껏 발휘한 말이기 때문이다. 플라톤과 아리스토텔레스 철학의 근간은 바로 이 '에르곤', '뒤나미스', '아레테' 같은 개념들에 있다.

처음에 주도했던 것은 천문학과 물리학이에요. 기본적으로 역학力學이라고 할 수 있습니다. 근대 과학자들이 볼 때 물리세계를 목적론적으로 설명하는 것은 지극히 불합리한 것이었습니다. 마치 어린아이가 엄마에게 "엄마, 번개는 왜 쳐?" 하고 물으면 엄마가 "하느님이 나쁜 사람을 벌주기 위해서란다" 하고 말하는 그런 설명이라는 것이죠. 그러니까 물리세계를 목적론적으로 설명하는 것은 의인적擬人的 설명이에요. 물리세계에 인간중심주의를 투영하는 설명인 것이죠. 때문에 목적인은 강한 성토의 대상이 됩니다.[10]

이렇게 아리스토텔레스의 철학이 난타를 당하게 되는데, 사실 이것은 근대의 사상가들이 자신들이 중세의 질곡으로부터 벗어났다는 것을 강조하기 위해서 상당히 과장했다고도 할 수 있습니다. 아리스토텔레스의 사상이 그 사람들이 말했던 것처럼 그런 유치한 것은 전혀 아니죠. 근대 철학자들이 아리스토텔레스의 철학이라고 생각했던 것들은 사실상 스콜라철학이었던 겁니다. 중세에 스콜라철학자들이 아리스토텔레스를 신학과 뒤섞어 우스꽝스럽게 왜곡한 것을 보고서 흥분했던 것이죠(사실 스콜라철학도 그리 간단한 것이 아닙니다. 우

---

10) 질료인의 경우 '질료' 개념이 부정되고 '물질' 개념이 전경을 차지하게 된다. 두 개념이 서구어로는 구분되지 않고 모두 'matter'이기 때문에 많은 혼동이 뒤따랐다. 어쨌든 질료에 형상이 '구현된다'(embody)는 형상철학적 구도는 부정된다. 물질은 형상을 받아들이는 수용자이기를 그치고 그 자체가 실체가 된다. 그러나 근대 과학 초기의 설명은 대개 운동인에 입각한 설명이었고, 물질에 대해서는 이런저런 가설들만이 존재했다. 물질을 보다 구체적인 방식으로 탐구할 수 있게 된 것은 20세기에 들어서서였다. 이에 따라서 이전에 운동인의 방식으로만 설명했던 것을 물질의 구조에 입각해 심층적으로 설명할 수 있게 되었으며, 이 점은 물리과학에서의 큰 진전이라고 할 수 있다.

리가 17세기의 '과학혁명'이라고 알고 있는 내용의 본질적인 측면들은 14세기의 스콜라철학자들에 의해 일정 정도 진전을 보았다고 할 수 있습니다). 아리스토텔레스 철학에 그런 측면이 전혀 없었다고는 할 수 없지만, 그런 측면은 매우 미소했다고 할 수 있고 그다지 중요한 측면이 아니었다고 해야 합니다. 다만 그의 철학체계가 전체적으로 목적론적 성격을 띤 것은 분명합니다.

목적인이라는 개념은 기본적으로 생물학적인 맥락에서 나온 것이죠. 물리세계가 목적론적이라는 것은 이해하기 어렵지만, 생물의 세계로 들어가면 목적론을 완전히 배제하고 어떻게 논할 수가 있겠어요? 생물의 세계는 모든 것이 목적으로 이루어져 있잖아요. 사물을 잡기 위해서 손이 있고, 보기 위해서 눈이 있고…… 이런 식으로 목적의 연관성에 따라 생명체들이 존재합니다. 물론 생물의 세계에서도 이렇게만 말할 수는 없습니다. 나아가 모든 것을 완벽하게 기계론으로 설명해야 한다는 입장도 있습니다. 보기 위해 눈이 생긴 것이 아니라 눈이 생기고 나서 본다는 것이 성립했다는 거죠. 우주가 진화하다가 우연히 눈이 생겼는데, 눈이 생기고 나니까 "보다"라는 것이 가능해졌다는 겁니다. 손가락이 딱 잡기 좋도록 다섯 개가 된 것이 아니고, 진화하다가 우연히 다섯 개가 되고 보니까 잘 잡더라는 거예요. 물리세계에서의 목적론은 누가 봐도 무리죠. 그러나 생명 세계에서는 미묘해요. 목적론이라는 것을 인정하느냐 하지 않느냐. 사실은 지금까지 생명과학에 종사하는 사람들 사이에서도 일치가 잘 안 되는 문제죠.[11]

근대 철학자들은 근대 물리학의 기계론적 설명에 너무나 매료된 나머지 목적론적 사유를 너무 과도하게 거부했다고 할 수 있습니다.[12]

그러나 생명체에서도 어느 정도 그렇거니와 특히 인간은 목적이라는 것을 떠나서 이해하기는 힘듭니다. 인간은 **미래를 향해** 살아가는 존재이고 인간의 존재 방식은 과거에서 그를 떠미는 원인들 못지않게 미래에서 그를 끌어당기는 목적들에 의해 좌우되기 때문이죠. 여러분들이 지금 철학아카데미에서 공부하는 것도 여러분들의 등을 떠밀었던 어떤 운동인들 때문이기도 하겠지만(여러분들의 기질, 우연한 만남

---

11) 오늘날 목적론과 기계론은 한 덩어리를 이루고 있다고 할 수 있다. 우리 몸에서는 수없이 많은 화학반응들이 이루어지고 있다. 이 반응들은 기계론적으로 탐구되어야 한다. 그러나 그 화학반응들이 서로 관계 맺는 방식, 전체적으로 조직되는 방식은 어디까지나 생명체를 그 목적으로 한다. 즉, 모든 반응들은 생명체를 "위해서" 일어나는 것이다. 무수히 많은 반응들이 일사불란(一絲不亂)하게 일어나는 것은 그것들이 생명체의 생존이라는 목적에 따라 조직되기 때문이다. '정보' 개념은 현대 생물학에서 빼놓을 수 없는 개념인데, 이 개념도 적어도 일정 측면 목적론을 전제한다. '정보' 개념은 **과학적 '메커니즘'**의 개념과 **인문학적 '의미'** 개념의 중간에 위치하는 개념이라고 할 수 있다. 현대 생물학에서 기계론과 목적론은 하나로 얽혀 있는 것이다. 기계론과 목적론의 추상적인 대립은 더 이상 의미가 없는 논쟁이다. 두 측면이 구체적으로 어떻게 얽혀 있는가를 밝히는 것이 문제이다.

12) '기계론'이란 기계를 설명할 때 가지고 들어가야 하는 개념들만 가지고서 사물들을 설명하려는 시도이다. 즉, 질량, 거리, 속도, 힘, 시공간 같은 역학적 개념들만을 가지고서 모든 것을 설명하고자 하는 태도가 기계론이다. 그러나 기계론 자체가 역사적으로 진화해 왔다는 것을 염두에 두어야 한다. 뉴턴과 라이프니츠는 데카르트의 기계론의 한계를 깨닫고 '힘'의 개념을 도입했으며(뉴턴의 힘이 역학적 힘이었다면, 라이프니츠의 힘은 훗날의 에네르기에 해당한다), 그 이후에도 계속 새로운 존재들(entities)이 "기계론"에 도입된다. 오늘날에는 '기계론'이라는 말을 써도 17~8세기 기계론(특히 자연과학적 기계론을 일반화한 조악한 철학적 기계론들)과는 현저히 다른 것을 뜻한다. 오늘날에는 파동, 에네르기, '조직화의 도안', 정보 등을 비롯해 많은 개념들이 기계론의 틀 안에 포용되고 있다. 이는 목적론의 경우에도 마찬가지로 이야기할 수 있다. 오늘날의 목적론도 과거와 같은 단순한 목적론이 전혀 아닌 것이다. 이는 '생기론'이라든가 다른 모든 개념들에 있어서도 마찬가지이다. 중요한 것은 1) 어떤 개념들이든 그것이 변해 간 역사적 과정을 염두에 두고서 이해해야 한다는 점이며, 아울러 말한다면 2) 한 분야에서 성공한 개념들을 다른 분야들로 무리하게 확장하면 항상 조악(粗惡)한 결과가 나온다는 점이다.

등) 동시에 여러분들의 미래를 위한 어떤 목적들(정신적 풍요로움, 학문적 기초의 축적 등)을 떠나서는 성립할 수 없는 것이죠. 시간을 앞당겨서 미래를 본다는 것이 인간의 가장 본질적인 특징이에요. 자기 뒤에서 떠미는 기계적 인과의 결과이기만 한 것이 아니라 자기의 시간을 앞당겨서 미래를 기대한다는 것, 그리고 그 미래에 대한 기대가 현재의 행동을 이끌어 간다는 것이야말로 인간의 가장 본질적인 특징이죠. 그것이야말로 인간을 살아 있게 만드는 것입니다. 그렇기 때문에 근대 철학자들처럼 목적론을 덮어놓고 환상으로 비난할 필요는 없습니다. 물리세계, 생명세계, 인간세계에서 목적론이 행하는 역할이 다르다고 해야 하는 것이죠.

아리스토텔레스의 사원인설은 필요한 수정을 가하기만 한다면 오늘날에도 매우 의미 있는 사유 구도를 보여 주고 있습니다. 철학사에서의 어떤 성과를 실체화해 그것에 집착하는 것도 문제이지만(특정 철학체계를 종교처럼 믿는 사람들의 경우가 이런 경우입니다), 반대로 철학사적 이해 없이 현대 학문만 할 때 거친 사유를 하게 됩니다(철학사적 교양이 없으면서도 철학적 성격의 주장을 하고 싶어 하는 과학자들—리처드 도킨스 같은 사람들—에게서 이런 경향을 볼 수 있죠). 철학사에는 정지도 없고 단절도 없습니다. 과거와의 끝없는 대화와 미래로의 나아감이 있을 뿐이죠. 철학사는 철학을 위해 존재하지만, 철학은 철학사의 연장선상에서만 가능합니다.

이제 형상인에 대해 생각해 봅시다. 목적인과 더불어 형상인도 난타당합니다. 형상의 차원이 먼저 존재하고 그후 그것이 질료의 차원에 '구현'된다는 형상철학의 기본 도식은 거부됩니다. 그러나 사실 형상 개념이 담론사에서 사라진 것은 아닙니다. 사라질 수 없는 개념이죠. 다만 근대 과학은 이제 형상이 아니라 '법칙'을 찾습니다. 그리고 20세기 중엽에 꽃피었던 구조주의 과학이 찾았던 '구조'도 같은 맥락에서 이해할 수 있습니다. 형상 개념은 사라진 것이 아니라 이런 형태들로 바뀐 것입니다. 물론 형상과 법칙, 구조 사이에는 여러 가지 차이가 있습니다. 상세한 논의가 필요한 대목이지만 여기에서는 간단하게만 짚어 보려 합니다. 형상은 어떤 개별적 존재에 대응하는 존재입니다. 즉, 철수가 있으면 인간의 형상이 있고, 오추마가 있으면 말의 형상이 있죠. 물론 플라톤의 경우 개체에 대응하는 형상들만 존재하는 것이 아닙니다. 녹색의 형상도 있고 아버지-아들 관계의 형상도 있습니다. 그리고 형상들이 현대식으로 말해서 집합론적인 성격을 띠기도 합니다. 녹색의 형상, 청색의 형상 등은 세상에 존재하는 모든 녹색, 모든 청색의 집합을 이룬다고 볼 수도 있죠(집합론의 창시자인 게오르크 칸토어가 플라톤에 경도되었고, 때문에 당시의 수학자들에게 "형이상학자"로 경멸당하면서 우울한 말년을 보냈던 데에는 이런 철학적 배경이 있습니다). 그런데 형상의 세계는 시간이 빠진 세계, 영원한 세계, 자기동일성이 유지되는 세계입니다. 현실세계가 시간의 지배를 받는 변화하는 세계인 것과 대조적이죠. 로시난테, 적토마, 오추마, 카르툼 등등은 생로병사生老病死를 겪는 현실적 존재들이지만 말의 이데아=형상은 영원하고 자기동일적인 존재입니다. 이 형상들이 질료에 구현된 것이 현실적 존재들인 것이죠.

　　반면 법칙은 둘 이상의 항들 사이에서 성립하는 관계입니다. 수요와 공급의 법칙, 두 물체 사이에서 성립하는 작용과 반작용의 법칙 등을 생각해 보면 되죠. 과학이란 현상세계에서 일단 양화量化 가능한 항들을 뽑아내고 그 양들 사이에 관계를 부여하는 작업이라고 할 수 있습니다. 그런데 이 관계는 공간적인 고정된 관계가 아니라 시간 속에서 변화하는 '함수'관계입니다. 과학이란 기본적으로 함수를 찾는 것이죠. 예컨대 A라는 항이 변하는 양적 추이(1, 2, 3, 4……)와 B라는 항이 변하는 양적 추이(1, 4, 9, 16……)가 측정되었다면, 이제 이들 사이에 $\log A = \frac{1}{2}\log B$의 관계가 성립합니다. 더 간단하게 쓰면 $B = A^2$이 되겠죠. 극단적으로 단순화시켜 예를 들었습니다만, 이런 양적 변화들 사이의 함수 관계를 찾는 것이 과학적 작업의 기본입니다. 그런데 변화란 항상 시간에 따른 변화죠? 그래서 모든 변화에 있어 독립변수는 시간이 됩니다. 그래서 위의 공식은 더 정확히 쓰면 $\log \frac{dA}{dt} = \frac{1}{2} \cdot \log \frac{dB}{dt}$ 가 됩니다. 대부분의 과학 공식들이 미분방정식의 형태를 띠는 것은 이런 이유 때문입니다. 여러분들이 고등학교에서 수학을 배웠던 시절을 떠올려 본다면, 대부분의 미분방정식 공식에서 분모가 꼭 dt였다는 사실이 기억날 겁니다. 왜 그럴까요? 바로 모든 함수는 시간에 대한 함수고 그래서 독립변수가 늘 dt였던 겁니다.

그런데 이 법칙은 개별적인 현상들에 대해 초월적일까요? 아니면 내재적일까요? 법칙은 발견되는 것일까요? 아니면 현상들로부터 편의상 추상되는 것일까요? 이런 물음을 두고서 여러 인식론적 논쟁이 벌어지곤 합니다만, 어쨌든 과학적 법칙은 고대의 형상에 비해 보다 경험적이고, 관계 중심적이며, 시간을 그 독립변수로 함축한다는 특징을 갖습니다.

구조는 또 다릅니다. 구조는 사물 하나하나의 형상이 아니라 사물들의 관계가 형성하는 체계를 다룹니다. 즉, 구조는 요소들 사이의 차이가 만들어내는 '변별적'differential 의미를 다루죠. 이 점에서 구조는 한편으로 법칙과 통합니다. 왜냐하면 구조 역시 사물 자체를 탐구한다기보다는 사물과 사물, 요소와 요소 사이의 관계에 초점을 맞추니까요. 하지만 구조는 법칙처럼 시간의 변화(dt)에 따른 양들(dx, dy, dz……)의 상호 연관적 변화(함수관계)를 다루는 것이 아니라 요소들 사이의 관계들의 공간적 구조——일차적인 의미에서의 공간 구조(물리적 공간 구조)가 아니라 메타적인 수준에서의 비가시적인 공간 구조——를 다룹니다. 곰, 거북이, 독수리를 각각 토템으로 하는 부족들이 있을 경우, 곰, 거북이, 독수리 각각의 의미라든가 부족들의 변화가 아니라 세 항 사이의 관계들의 체계(곰-거북이, 거북이-독수리, 독수리-곰)를 다룹니다(인류학자 레비-스트로스가 채록한 예). 이 점에서 정적인 형상과 더 통하죠. 하지만 형상이 하나하나의 형상을 말하는 데 비해, 구조는 늘 관계들의 체계를 말한다는 점에서 차이가 납니다(물론 플라톤도 이데아들의 결합='코이노니아'를 다룬다. 그러나 이데아들 하나하나는 자기동일적 존재들이다). 곰, 거북이, 독수리 하나하나는 의미가 없습니다. 이들이 맺는 관계들 사이에서 성립하는 변별적 의미만이 있을 뿐이죠.[13]

매우 간단하게 다루었습니다만, 형상, 법칙, 구조는 이렇게 다릅

---

13) 상세한 논의로는 다음 저작을 참조하라. 김형효, 『구조주의: 사유체계와 사상』, 인간사랑, 2008. 압축적인 논의로 다음을 보라. 들뢰즈 「구조주의를 어떻게 식별할 것인가?」, 『의미의 논리』(이정우 옮김, 한길사), '특별 보론'.

니다. 하지만 법칙, 구조, 또 동북아 사상사에서 등장하는 리理 등 이 모든 것이 넓은 시각에서 보면 모두 통합니다. 결국 이 세계에서 어떤 규정성들, 질서를 발견하려는 노력에서 나온 개념들이죠. 이렇게 보면 매우 좁은 의미에서의 형상 개념은 오늘날 낡은 것이 되었지만(그러나 현대에도 고대적 의미에서의 형상을 찾으려는 시도들이 없는 것은 아닙니다. 르네 톰의 작업이 대표적입니다), 넓게 볼 경우에 과학/철학은 여전히 형상을 찾고 있다고 말할 수 있습니다.

이렇게 보면 아리스토텔레스의 사원인설은 필요한 수정을 가하기만 한다면 오늘날에도 여전히 매우 포괄적이고 균형 잡힌 원인론임에 틀림없습니다. 한때 철학자들이 형상인과 목적인을 강하게 공격했을 때도 있었지만, 맥락에 따라서는 이런 설명 방식들이 여전히 필요한 것이죠.

§7. 개념사의 중요성

우리는 원리, 원인을 비롯해 많은 철학적 어휘들을 말합니다. 그러나 그렇게 사용되는 각각의 말들이 수천 년의 세월 동안 철학적 거장들에 의해 단련鍛鍊되어 온 말들이라는 것을 의식하지 못한 채 사용하는 경우가 적지 않습니다. 이 강의 처음에 이야기했듯이 '전문 용어들'의 경우는 차라리 문제가 덜합니다. 문제는 일상적으로 많이 쓰이면서도 그 안에 수천 년의 철학사를 담고 있는 그런 개념들입니다. 그런 개념들 중에서 이번 시간에는 원리 개념과 원인 개념, 이 둘을 살펴봤습니다. 충분한 논의는 할 수 없었지만, 지금까지의 논의만 가지고서도 '개념사'를 이해하는 것이 얼마나 중요한지 알 수 있을 것입니다. 철학 공부, 나아가 인문학 공부는 이렇게 담론사談論史를 개념사의 수준에서 이해하는 작업을 기초로 합니다. 이런 기초가 되어야만 텍스트들을 정확히 읽을 수 있고, 치밀하게 사유할 수 있고, 또 명료하게 글을 쓸 수 있습니다. 이번 학기에 모든 개념들을 살펴볼 수는 없고 그야말로 가장 기본적인 개념들만 살펴볼 것이지만, 앞으로 여러분들은 이런 식의 기초를 탄탄히 쌓음으로써 책 읽기, 사유하기, 글 쓰기의 토대를 놓으시기 바랍니다.

2강_ 자연

헬라어에서 '자연 = physis'라는 말은 'phyô'라는 말에서 나왔습니다. 그리고 이와 연관되는 말로서 'phyomai'도 있는데, 이 말들은 자동사 형태로 '자란다', '태어난다'를 뜻하죠. 이것은 헬라어의 중간태中間態입니다. 대부분의 언어들에는 능동태와 수동태가 있는데, 헬라어에는 그 사이에 또 중간태가 있어요. 재미있는 형식이죠. 명사도 대부분의 언어가 단수와 복수를 가지는데, 헬라어에는 단수, 복수와 더불어 양수——쌍수라고도 하죠——가 있어요. 두 사물이 붙어 다니는 경우를 가리키는 말들이 따로 취급되는 것이죠. 헬라어는 극히 역동적인 언어이고 언어 그 자체가 매우 철학적입니다. 인간의 사유는 언어와 뗄 수 없는데, 헬라스(그리스)에서 뛰어난 철학이 발달한 것도 헬라어의 성격과 밀접한 관련이 있습니다. 그리고 간명한 라틴어는 철학보다는 법학을 낳았죠. 또, 독일 철학이 사변적이고 건축적이고 심오한 반면 프랑스 철학이 경쾌하고 문학적이고 창조적인 것도 그 언어의 특성과 밀접한 관련이 있습니다. 동북아 사상사가 주석 중심으로 전개된 것도 한자라는 언어의 특성과 관련이 있고요. 'Philo-sophia'(철학)의 토대는 'philo-logia'(문헌학)라고 할 수 있습니다.

또 하나 관련되는 말은 'phyestai'인데 이 동사 역시 '자라다', '태어나다'를 뜻합니다. 그래서 우리가 오늘 공부하는, '자연'이라는 말로 번역되는 'physis'는 기본적으로 '태어나다', '자라다'라는 의미와 연관됩니다. 탄생과 성장이라고 하는 두 가지 뉘앙스를 품고 있는 것이죠. 이 'physis'라는 어원에 입각해서 여러 가지 현대어들이 성립했습니다. 예를 들어 물리학을 뜻하는 'physics', 또 '중농주의'로 번역되는 'physiocracy'('democracy'가 민중=데모스의 주권을 말하듯이 'physiocracy'는 말하자면 농업/농사의 주권을 말합니다. 농사는 자연과 관련된다는 것을 상기할 필요가 있습니다). 또, 'physiognomy'라는 말도 있죠? 'Gnômôn'이라는 말에는 '읽어내는'이라는 의미가 있죠. 그래서 'physiognomy'는 우리말로 하면 인상, 관상, 또는 골상을 뜻합니다. 어떤 사람의 얼굴 뼈대나 몸 뼈대를 보고서 그 사람의 체질이나 성격을 읽어내는 작업입니다. 또, 지리학에도 인문지리와 자연지리가 있습니다만 그 중에서 자연지리학을 'physiography'라고 합니다. 역시 자연에 관련된 담론이기 때문이죠. 또 'physiology'는 생리학, 'physique'는 체격이죠(프랑스어에서의 'physique'는 물리학을 뜻합니다). 이런 말들에서 알 수 있듯이, 오늘날에도 'physis'라는 어원에서 유래한 말들의 의미에는 지구, 자연, 인간의 신체 등 자연에서 유래한 것들이 함축되어 있습니다.

헬라어에서 자연이라고 하는 개념은 일차적으로 생명을 가지고 있음을 뜻했습니다. 생명을 뜻하는 말은 'psychê'였고 그래서 'physis'

와 ‘psychê’는 거의 같은 것을 뜻했습니다(‘psychê’의 경우 나중에는 ‘영혼’의 뜻이 강해집니다). 오늘날 우리는 살아 있는 것과 죽어 있는 것을 날카롭게 구분하지만, 고대인들에게 자연은 기본적으로 살아 있는 것이었습니다. 돌멩이도 극미하게는 살아 있는 것이었죠. 물론 살아 있던 생명체가 죽었을 때 그 차이(삶과 죽음의 차이)는 명확하게 인식했지만, 전체로서의 자연은 살아 있는 것으로 이해되었습니다. 자연이란 생명이자 자율적인 힘으로 이해되었습니다. ‘자율적’이라는 말도 중요해요. 왜냐하면 자연이라고 하는 것은 자기 자신의 지배를 받는 존재이지 다른 것의 지배를 받는 존재가 아니기 때문이죠. 자연은 가장 본래적인 것, 궁극적인 것이었습니다. 이 점에서 우리말 ‘自然’의 본래 의미 즉 “스스로 그렇다”는 의미와 같습니다.

그런데 퓌지스라는 말은 양의적으로 사용되었다고 할 수 있어요. 때로 퓌지스는 우주 전체의 사물들을 가리키기도 했고, 또 때로는 사물들의 본모습, 사물들을 지배하는 이법을 가리키기도 했습니다. 이중적 의미를 가졌던 것이죠. 만물을 가리키기도 하고 또 만물을 주재하는 이법을 가리키기도 했던 것이죠. 두번째 맥락에서의 퓌지스는 지난 시간에 공부했던 아르케와 같은 것을 뜻한다고 볼 수 있습니다. 그래서 고대의 자연철학자들은 아르케를 찾았다고도 할 수 있지만 또한 (‘자연철학자들’이라는 이름이 보여 주듯이) 퓌지스를 찾았다고도 할 수 있습니다. 그런데 이 말은 자연 현상을, 세계 속의 만물을 연구했다는 뜻도 되고 또 자연 현상의, 만물의 이법을 탐구했다는 뜻도 됩니다. 자연이라는 대상 전체를 가리키기도 하고 그 심층적 이법=아르케를 가리키기도 하는 것이죠.

또 다른 측면에서 볼 때, 퓌지스는 두 가지 의미로 사용되었습니다. 퓌지스는 탄생과 성장이라고 했습니다만, 그후 이 말은 한편으로 자연(법칙)을 뜻하게 되었지만 다른 한편으로는 본성本性을 뜻하게 되죠. 이 두 가지로 의미가 분화됩니다. 왜 두 가지 의미를 가질까요? 인간은 문화 안에서 살고 있기 때문에 인간이 가지고 있는 많은 것들이 후천적으로=문화적으로 얻은 것들이지만, 그런 것들에 대비해서 우리가 자연으로부터 이어받은 것, 인간에게서 자연과 연속적인 것이 바로 본성이기 때문이죠. 한마디로 우리 안에 들어와 있는 자연이 본성입니다. 동북아 사유에서는 그냥 성性이라는 말을 써 왔죠. 그래서 퓌지스라는 말은 한편으로는 보편적 이법 또는 세계의 질서, 현상들을 지배하는 법칙, 사물들을 살아 있게 만드는 생명=영혼을 뜻하기도 했고, 다른 한편으로는 각 개체가 품고 있는 내적 본성을 뜻하기도 했던 겁니다.

§1. 자연철학자들의 퓌지스

소피스트들과 소크라테스 이전에 활동했던 철학자들을 흔히 '자연철학자들'이라고 하죠? 오늘날의 관점에서 보면 자연과학적 탐구와 형이상학적=존재론적 탐구가 미분화되어 있는 그런 탐구를 행한 철학자들이었죠. 이들이 쓴 저작들은 지금 남아 있지 않지만, 그 저작들의 상당수가 'peri physeôs'라는 제목을 가지고 있어요. '자연에 관하여'라는 뜻이죠. 지금은 보통 다른 사람이 쓴 책과 같은 제목은 잘 쓰지 않지만, 이 시대에는 똑같은 제목의 책들이 많았습니다. 그래서 많은 사람들이 이 제목으로 책을 쓰곤 했습니다. 이 시대의 철학자들에게는 자연에 대한 탐구가 최고의 관심사였죠. 거기에는 역사적 배경도 있는데, 간단하게만 말하면 당대의 사람들이 모든 것이 허무하고 일시적이고 가짜라는 생각을 품고 있었다는 사실입니다. 그런 배경 하에서 허무하지 않은 것, 영원한 것을 찾게 되었다고 할 수 있습니다. 퓌지스라는 말에는 그런 맥락이 들어 있어요. 인간이 주관적으로 생각한 것, 인위적으로 만들어진 것, 사람을 속이는 것, 허망한 것, 이런 것들이 아닌 것, 지금 우리 식으로 말하면 객관적인 것, 참된 것, '실재'實在를 찾은 것이죠. 그런 실재(to ontôs on)라는 뜻으로 'archê'라는 말도 썼고, 또 'physis'라는 말도 썼습니다. 실재, 자연, 원리가 거의 같은 맥락에서 등장한 어휘들입니다.

퓌타고라스라는 사람 아시죠? 퓌라고라스는 사람들이 퓌지스라는 말로 눈에 보이는 것들만을 가리킨다고 비판합니다. 사람들은 자연이라는 말을 할 적에, 하늘, 땅, 나무, 동물 같은 감각적인sensible 것들만 가리키는데, 자연에는 보이지 않는 것도 있다, 즉 비가시적인invisible 것, 보다 일반적으로 말해 감각적이지 않은insensible 것도 있다고 강조합니다. 과학이나 철학 같은 고급한 담론들은 늘 비가시적인 것을 찾죠. 가시적인 것은 우리에게 표면으로서만 나타나 있기 때문에 늘 그 너머를 찾습니다. 그러나 그렇게 찾은 실재를 현실과 관련시키지 않는다면 의미를 가지기 힘듭니다. 그래서 항상 중요한 것은 가시적인 것과 비가시적인 것을 어떻게 연결시켜 생각할 것인가 하는 문제죠. 눈에 보이는 것, 귀에 들리는 것 등과 눈에 보이지 않는 것, 귀에 들리지 않는 것 등의 관계가 문제가 됩니다. '現實'과 '實在'의 관계죠. 퓌타고라스는 이 비가시적인 것, 더 넓게 말해 비감각적인 것을 명확히 제시합니다(그리스 철학사에서 이 '비감각적인 것'의 완성태가 바로 플라톤의 이데아입니다). 그는 이 비감각적인 존재들을 '신들'로 생각했던 것이죠. 그래서 그에게 퓌지스는 감각적 세계 이상의 것이었습니다. 왜냐하면 불사不死의 신들도 존재하기 때문이죠. 결국 이 사람은 퓌지스라고 하는 개념을 우리 눈에 보이는 일차적인 세계만이 아니라 신들까지도 포함하는 것으로 보았던 겁니다. 이런 식의 생각은 자연을 신의 피조물로 보는 생각과는 완전히 반대되는 생각이에요. 신들도 자연의 일부라는 거죠. 이 점에서 퓌타고라스를 비롯한 초기 자연철학자들의 자연관은 조금 후에 이야기할 플라톤적-기독교적 자연관과는 상반되는 자연관이었다고 할 수 있습니다.

그 다음에 퓌지스라는 개념은 또 독일어로 말해 'Urstoff'의 의미로 사용되기도 했습니다. 우리 식으로 말하면 '원기'元氣 같은 것이죠. 'Ur'라는 독일어 접두어는 '원'原의 뉘앙스, 즉 아르케의 뉘앙스를 띱니다. 그래서 퓌지스는 어떤 특정한 사물의 물질적 바탕, 예컨대 가구의 나무, 기계의 쇠 등이 아니라 세계 전체, 우주 전체의 물질적 바탕을 가리키는 말이 됩니다. 요컨대 우주의 모든 것이 그것으로부터 나왔다고, 우주의 모든 것들이 그것으로 되어 있다고 말할 수 있는 가장 보편적이고 근원적인 물질적 바탕, 그것이 바로 퓌지스로서 이해됩니다. 그런데 이런 용법으로 쓸 때에도 항상 조심할 것은 퓌지스라는 것은 어디까지나 살아 있는 것, 움직이는 것, 즉 단순히 공간을 채우고 있는 바탕이 아니라 살아 있고 운동하는 것, 더 나아가 신성하기까지 한 것을 뜻한다는 사실입니다.

흥미로운 것은 그리스 초기 자연철학자들에게 '원기'라는 의미에서의 퓌지스는 한편으로 운동하고 살아 있는 것이면서도 다른 한편으로는 영원한 것, 불사의 것이라는 사실이죠. 이런 생각이 왜 우리한테 특이하게 생각되느냐? 플라톤이나 아리스토텔레스 이후부터, 사실은 파르메니데스 이래 어떤 이분법이 존재했는가 하면, 바로 움직이는 것, 운동하는 것, 살아 있는 것은 영원할 수 없다는 이분법이었던 겁니다. 영원한 것, 불사의 것은 운동하는 것, 살아 있는 것과 모순된다는 생각입니다. 변하지 않아야 영원한 것이니까요. 우리는 그런 플라톤적 이분법에 익숙해 있죠(그러나 플라톤 자신이 이런 생각에서 벗어나 운동과 영원을 화해시키고자 했다는 사실을 기억해 둡시다). 그런데 그리스 초기 철학에서는 이 세계가 살아 있는 생명체이면서도 동시에 불사의 것, 영원한 것, 신성한 것으로 이해되었다는 사실이죠. 그러니까 우리에게 익숙한 이분법은 자연철학자들 이후에 나온 생각이라고 할 수 있습니다.

가끔 서양 철학이 말하는 자연은 이원론적 자연이고, 기계적 자연이고, 피조물로서의 자연이라는 식의 이야기를 듣습니다. 하지만 이런 이해는 잘못된 것이죠. 퓌지스라는 개념 자체가 철학사에서 무수한 변모를 겪어 왔거든요. 그렇게 말하는 사람들이 생각하는 자연은 데카르트 기계론에서의 자연이라든가 뉴턴 역학에서의 자연 등이지, 서구 철학 전체에서의 자연은 아니에요. 서구 철학에서의 자연 개념은 끝없이 변해 왔어요. 그 중의 어느 한두 가지만을 뽑아 가지고 "서양의 자연관은 이런 거야"라고 말하는 것은 곤란합니다. 이것은 자연 개념만이 아니라 모든 개념들의 경우에서도 마찬가지입니다. 모든 개념들이 수천 년의 역사 속에서 변해 왔는데 자꾸 자신이 접한 어느 하나를 전체로 확대해서 생각하는 현상을 자주 봅니다. 그래서 철학 '사'에 대한 이해가 필수적인 겁니다. 이것은 '철학'이라는 개념 자체에 대해서도 마찬가지예요. 대부분의 사람들이 각자 "철학은 ~이다"라는 생각을 가지고 있지만, 사실 그것은 수천 년의 철학사에 있어 어느 한 토막, 한 사조를 염두에 둔 생각이죠. 철학이라는 행위 그 자체가 긴 세월 동안 문제의식, 방법, 개념들, 스타일 등을 바꾸어 왔다는 것을 알아야 합니다. 철학사 전체를 두고서만 철학을 이야기할 수 있는 것이죠.

또, 가끔 동북아 사유에서의 '氣'를 'matter'로 번역하면 안 된다는 이야기도 듣습니다. 하지만 이것도 옳은 생각이 아니죠. 'Matter'라는 말 자체가 무수히 다양하게 쓰여 왔으니까요. 또, 기 개념 역시 서구의 경우보다는 통일적이지만 다양한 의미의 층차를 가집니다. 그래서 구체적으로 어떤 기 개념이 어떤 물질 개념과 이러이러한 식으로 같다/다르다고 말해야 하겠죠. 예컨대 장횡거의 기 개념은 데카르트적 의미에서의 'matter'가 아니라고 한다면 맞는 이야기입니다. 장횡거의 기는 궁극의 존재이지만, 데카르트의 물질은 'res extensa'(extended thing)이고 'res cogitans'(thinking thing)와 짝을 이루니까요. 그러나 예컨대 스토아학파에서는 물질이 궁극적 실체이고, 따라서 장횡거의 생각과 적어도 기본 전제는 같습니다. 그러나 물론 이때에도 스토아학파의 물질과 장횡거의 기가 어떻게 다른지를 밝혀야겠죠. 모든 개념, 모든 사상은 언제나 담론사 전체를 시야에 놓고서 논의되어야 하는 것입니다. "동양은 ~, 서양은 ~" 하는 식의 논의는 곤란합니다('동양'이니 '서양'이니 하는 개념들 자체가 매우 모호한 개념들입니다).

어쨌든 초기의 퓌지스라는 개념은 살아 있는 것, 운동하는 것, 신성한 것, 변화하면서 불사하는 것 등을 뜻했으며, 오늘날 우리가 자연이라고 할 때 머리에 떠오르는 것과는 상당히 다른 개념이었다는 것을 알아 두시기 바랍니다. 그런데 이런 자연관에서 하나의 결정적인 분기점을 도래시킨 사람은 파르메니데스라는 사람입니다. 파르메니데스의 논의는 깊이 들어가면 매우 어려운데, 여기에서는 그 결과만 이야기합시다. 현실세계의 근본적인=존재론적인 특징은 다多와 운동에 있습니다. 이 세계는 '다' 즉 복수성multiplicity의 세계이고 또 운동/변화하는 세계인 것이죠. 파르메니데스는 이런 세계를 외관外觀, 가상假像으로 보고 참된 세계는 유일-부동의 하나라고 함으로써 서구 철학사의 운명을 결정합니다. 세계의 참된 모습은 '다'多가 아니라 일자一者=the One이고, 우리가 감각으로 확인하는 운동/변화는 세계의 거짓된 모습이라는 것이죠. 파르메니데스는 이 생각을 당대 사람들로서는 거부하기 힘든 논리를 가지고서 논증합니다(이 논증은 헬라어라는 언어 자체의 구조와 밀접한 관련을 가집니다). 이로부터 서구 학문의 다음과 같은 성격이 수립됩니다.

1) 운동·변화는 외관/가상이며, 참 실재實在=reality는 영원하고 자기 동일적인 무엇이다.

2) 세계에는 무수한 사물들, 성질들, 사건들이 존재하지만 이들은 궁극적인 하나(또는 몇 가지)의 실재/실체로 환원 가능하다.

3) 학문이란 세계의 보편적이고 본질적인 실재를 찾는 행위다. 개별적이고 우연적인 것들은 학문의 대상이 아니다.

이런 생각은 19세기까지 이어지며 어떤 측면에서는 오늘날까지도 이어지고 있습니다. 물리학, 생물학, 지질학 등 '과학'의 범주에 들어가는 모든 학문은 이런 성격을 띠죠. 생물학자가 이철수나 김영희를 연구합니까? 생물학자는 개별 생명체를 연구하는 것이 아니라 생명체들의 '다'를 넘어 보편적인 생물학적 법칙을 탐구합니다. 생물학자는 생명체들의 구체적인 운동/변화가 아니라 그 운동/변화를 주재하는 본질, 법칙을 탐구합니다. 물론 실제 탐구는 개별적인 생명체와 더불어, 그리고 이들의 운동/변화에 대한 관찰과 더불어 시작되지만, 생물학자가 겨냥하는 것은 그런 '다'와 운동을 넘어서는 곳에 있는 영원한 법칙, 본질적인 원리, 보편적인 규칙성을 찾는 것입니다. 다른 모든 학문도 마찬가지죠. 과학의 개념은 멀리 거슬러 올라가면 이렇게 파르메니데스, 그리고 그를 발전시킨 플라톤에 연원을 두고 있다고 할 수 있습니다('인문학'은 이런 '과학'과 대비되고, 그래서 현대 학문은 '인문학과 과학'="humanities and sciences"로 양분됩니다).

이렇게 되면서 퓌지스 개념에는 커다란 변화가 옵니다. 퓌지스란 기본적으로 항상 운동하고 변화하는 것이죠. 때문에 파르메니데스-플라톤적 사유가 도래하면서 가장 근원적이고 신성하기까지 했던 퓌지스가 이제 이차적인 것, 저급한 것으로 전락하게 돼요. 퓌지스는 변하는 것이기에. 그래서 퓌지스가 부정되고 일자一者가 서게 되죠. 플라톤의 경우에는 퓌지스 위에 형상=이데아가 서게 됩니다. 퓌지스는 운동하는 존재이기 때문에 이차적인 것이 되고, 보다 근본적인 것은 일자 또는 (일자가 여러 개로 분할된) 형상들=이데아들이 됩니다. 그리고 이런 식의 생각은 그후로도 오랫동안 서구 학문을 지배하게 됩니다.

이렇게 되면서 나타나게 된 중요한 결과들 중 하나는 운동하는 퓌지스가 있고 또 그것을 운동하게 만드는 상위의 존재가 있다는 이 분법입니다. 원래 의미의 퓌지스는 그렇지 않지요. 본래 퓌지스는 스스로 운동하는 것이니까요. 우리말 뉘앙스 그대로 '自然'이죠. 그런데 퓌지스가 형상이라는 존재와 대비되면서, 이제 퓌지스의 운동 원인이 별도로 설정되는 것이죠. 이것은 매우 큰 변화예요. 문자 그대로의 의미에서의 '自然'이었던 것이 이제는 수동적으로 운동을 받는 존재가 되고, 그에 대비되어 그것을 운동하게 만드는 존재가 제기된 겁니다. 학문의 역사에서 매우 중요한 대목입니다.

§2. 제작된 것으로서의 자연

이런 식의 생각은 플라톤에 의해 분명한 형태를 부여받게 됩니다. 플라톤은 이전의 철학자들이 자연에서 영혼을 빠뜨렸다고, 자연에는 영혼이 포함되어 있는데 영혼을 빼먹었다고 비판합니다. 그렇다면 우리 논의의 흐름에서 볼 때 좀 혼동스럽죠? 방금 우리가 했던 이야기를 염두에 두면 이해가 안 갈 겁니다. 그런데 이 사람이 말하는 영혼psychê 이 지금으로 말하면 지성intelligence을 뜻한다는 사실을 염두에 두면 이해할 수 있습니다. 그래서 이전의 철학자들이 영혼을 빼먹었다는 플라톤의 비판을 지금 언어로 바꿔 말하면 퓌지스를 막연하게만 이해했지 그것을 지배하는 논리적/수학적/지성적인 법칙성을 찾아내지 못했다는 말입니다. 이를 달리 말하면 변화하는 퓌지스 위에 퓌지스를 주재하는 더 상위의 존재, 변화하지 않는 존재가 있다는 이야기입니다.

여기에서 우리는 서구적 자연관에서의 근본적인 변화를 느끼게 돼요. 물론 그 씨앗은 파르메니데스가 뿌린 것이지만. 그것은 뭐냐? 과거의 철학자들에게 자연은 문자 그대로 스스로 그러한 것, 스스로 운동하는 것, 신성한 것이었지만, 플라톤에 이르러서 이제 자연이라고 하는 것은 제작된 것, 디자인된 것으로 이해된다는 것이죠. 그런데 디자인이라고 하는 것은 세 가지를 필요로 하죠. 디자이너 즉 디자인한 존재, 디자인되는 물질적 바탕, 그리고 디자인의 내용 자체. 예컨대 옷을 디자인한다면, 디자이너, 옷감, 그리고 디자이너가 생각한 형태들 세 가지가 있겠죠. 그래서 이제 세계의 물질적 바탕과 그것을 규정하는 형상이 정확히 구분됩니다. 그러면서 이제 물질적 바탕은 '물질=퓌지스'가 아니라 '질료'가 되는 것이죠. '물질'이 아닌 '질료'라는 말을 쓸 때는 이런 구도가 전제되어 있는 겁니다. 이런 구도를 1강에서도 말했듯이 '질료형상설'이라고 불러요. 'Hylê'는 질료이고, 'morphê'는 직접적으로는 '형태'(언어학, 건축학 등을 비롯한 현대 학문에서 'morphology'를 '형태학'이라 하죠?), 더 심층적으로는 '형상'形相입니다. 이런 구도가 되면서 이제 어떤 존재(조물주)가 형상을 질료적 터전에 '구현'具顯한다는 생각이 확립됩니다.

여기에서 이 '구현'이라는 말을 잘 음미해 볼 필요가 있습니다. 형상철학——위와 같은 구도의 철학을 '형상철학'이라고 부를 수 있습니다(어떤 사람들, 특히 마르크시즘 계열의 철학자들은 '관념론'이라는 말을 쓰는데 이는 적절하지 않은 표현입니다. 이 표현은 근세 인식론의 구도에 대해 쓸 수 있는 표현이죠)──의 성격을 단적으로 보여 주는 것이 이 구현이라는 개념이죠. 제작할 때 제작자의 머릿속에는 이미 질료에 부여하고자 하는 형상이 있습니다(그러나 플라톤의 경우 형상들은 조물주의 머릿속에 존재하는 것이 아니라 자존自存합니다). 질료도 있어야 하지만 형상이 일차적입니다. 형상이 먼저 존재하고 그후 그것을 질료에 구현하는 것입니다. '具-顯'이란 '구체적으로-나타남'이죠. '具體的'이란 추상적인 것이 아니라 '體'를 갖춘 것이라는 뜻입니다. 달리 말해 시간·공간·물질을 갖추고서 살아가는 존재라는 뜻입니다. 철수는 언제 어디에서 그리고 일정한 몸을 갖추고서 살아가는 존재입니다. 하지만 '인간'이라는 개념에는 시간도 공간도 물질도 없죠. 뽀삐는 시간·공간·물질을 갖춘 존재이지만 '개'라는 개념에는 시간도 공간도 물질도 없습니다. 이렇게 시공 및 물질을 갖춘 존재가 '具體的' 존재입니다. 그렇다면 '구현'이란 무엇일까요? 바로 형상들, 즉 시간·공간·물질을 초월해 있는 존재들이 질료에 각인됨으로써 시공 및 물질을 갖춘 존재가 탄생하는 과정을 가리키는 겁니다. 형상이 질료에 "구현된다"는 말의 뜻을 아시겠죠? 그래서 이 구현이라는 말처럼 형상철학적 사유의 특징을 잘 나타내는 말도 없습니다. 이 말의 영어가 'embodiment'죠. 'Em-bodi-ment'로 쓰고 보면 의미가 음미되죠? 또 프랑스어에서는 'incarnation'을 쓰는데, 여기에서 'carn' 부분은 '體'를 뜻합니다('카니발'謝肉祭을 떠올리시면 됩니다). 역시 음미가 되죠? 그렇다면 주로 종교에서 사용하는 '육화'肉化, '체화'體化, '현성'顯成, '현현'顯現, '성체'成體 같은 말들의 뉘앙스도 음미할 수 있을 겁니다. 모두 구현을 달리 표현한 말들이죠. 그리스 철학이 중세 기독교 철학으로 응용되면서 생긴 말들입니다. 플라톤적 사유 구도가 기독교적 사유 구도와 딱 들어맞았기 때문이죠.

이런 사유 구도는 또 하나 중요한 요소를 철학에 도입하는데, 그것은 바로 '신'神이라는 개념이죠. 물론 이전에도 신화에서는 늘 신들을 이야기했지만, 이제 철학적 사유에서 신이라는 개념이 명확한 한 자리를 차지하게 됩니다. 서구 철학은 17세기까지도 이 신 개념을 중요한 탐구 대상으로 삼게 됩니다. 플라톤은 '데미우르고스'Demiourgos라는 표현을 쓰는데, 사실 이 말은 '장인'匠人을 뜻하는 'demiourgos'를 대문자로 쓴 것입니다. 즉 소문자 데미우르고스가 가구, 신발 등을 만드는 인간-데미우르고스라면, 대문자 데미우르고스는 세계를 설계한 신-데미우르고스인 것이죠. 이 말을 '造物主'라고 번역합니다. 말을 잘 음미해 보세요. 질료[物]를 빚은[造] 주인공[主]이라는 뜻이죠. '神'이 일반적인 말이고, '하느님/하나님'이 종교적인 말이라면, '造物主'라는 말은 바로 플라톤적인 말이라고 할 수 있는 것이죠. 그런데 또 하나, 조물주가 이 세계를 제작한 목적이 있겠죠. 그래서 질료, 형상, 조물주, 목적이라는 요소들이 성립합니다. 사실 아리스토텔레스의 사원인설은 플라톤의 우주 제작설을 다듬은 것이라고 할 수 있습니다.

이런 식의 사유 구도는, 스토아학파, 에피쿠로스학파, 스피노자를 비롯한 예외적인 경우들도 있었지만, 서구 철학사에서 17세기까지 꾸준히 내려옵니다. 그 마지막 대표자는 라이프니츠라고 할 수 있죠. 라이프니츠를 끝으로 이런 사유 구도가 막을 내리면서 '근대 철학'이 시작됩니다. 오늘날 이 사유 모델은 인간이 자신의 제작 행위를 우주 전체에 투영한 것으로 이해됩니다. 즉, 인공적人工的인 맥락에서 유효한 사유 모델을 우주 자체에 투영한 것이라는 겁니다.[1] 그런데 이런 사유 모델이 더욱 확고하게 굳어졌던 것은 서구 중세입니다.

'Physis'를 라틴어로 번역한 것이 'natura', 오늘날의 'nature'죠. 이렇게 번역되면서 '퓌지스'라는 말의 어감語感은 완전히 사라지고 오늘날 우리가 사용하는 의미에서의 '자연' 개념, 즉 '문화'와 대조되는, 그리고 인간세계 바깥의 세계라는 뉘앙스의 자연 개념이 확립되는 것입니다. 그리스 문화가 라틴 문화로 번역되면서 철학 용어들의 뉘앙스가 많이 바뀌게 됩니다. 그리스적인 풍부하고 깊이 있는 내용이 탈각되고 다소 단순화되는 면이 있습니다. 잘 아시겠지만 그리스 문화와 로마 문화는 성격이 다르죠. 그래서 "그리스는 철학을 낳았고, 로마는 목욕탕을 낳았다"는 말도 있습니다. ……(웃음)…… 여기에 또 하나의 요소, 즉 기독교라는 요소가 있죠. 중세 기독교 사상은 플라톤의 제작적 우주관을 (플로티노스의 신플라톤주의를 가미해) 받아들입니다. 제작적 우주관이 유일신이 세계를 창조했다는 히브리즘과 맞아떨어졌기 때문이죠. 그래서 이제 자연은 '피조물'被造物='creatures'가 됩니다. 그리고 인간의 지위도 달라지는데, 이제 인간은 모든 자연 위에 군림하는 존재, 즉 신 바로 아래에 존재하는 '만물의 영장'이 됩니

---

1) 전통 철학, 특히 라이프니츠의 사유 구도의 경우 '신과 인간의 관계'를 '인간과 기계의 관계'로 치환할 경우 높은 설명력을 얻는 것은 바로 이 때문이다. 다음을 보라. 이정우, 『접힘과 펼쳐짐』(저작집 4), 그린비, 2012.

다. 어찌 보면, 신을 자기 위로 올려놓고서 그 힘을 매개로 스스로를 '2인자'로 세우는 격입니다.

다만 헬라스적 우주 제작설과 히브리적 우주 제작설에는 차이가 있어요. 헬라스적 제작설에는 데미우르고스 이전에 형상과 질료가 전제됩니다. 형상과 질료가 중요하고 데미우르고스는 형상(의 흔적)을 질료에 각인하는 역할만 하죠. 그리스 철학에서 데미우르고스는 사실상 그다지 중요하지 않고 형상과 질료가 중요합니다. 또 하나, 그리스 사유에서의 대전제는 "ex nihilo nihil fit" 즉 "무無로부터 무엇인가가 나올 수는 없다"는 것입니다. 이미 있는 것들이 변화하는 것이지 무로부터 무엇인가가 나올 수는 없다는 것이 그리스 사람들의 공통된 직관이고, 또 사실 상식에도 부합하는 직관이죠. 그러나 히브리즘은 'creatio ex nihilo' 즉 '무로부터의 창조'를 말합니다. 히브리 사유에서는 신이 절대적으로 중요하죠. 오로지 신만이 존재했었고, 그 이외의 모든 것은 신이 창조한 것입니다. 신이 절대 무로부터 세계를 창조한 것이죠. 물질, 시간, 공간까지도 신이 창조한 것입니다. 형상의 경우는 어떨까요? 형상은 신의 마음속에 들어 있습니다. 물론 중세에 정리된 생각입니다만, 신의 오성悟性이 형상으로 차 있었다고 생각합니다. 형상은 신의 마음이고 질료는 신이 창조한 피조물로 봄으로써, 형상 우위의 사유가 더욱 확고해집니다.

이것은 철학의 분과를 나누는 방식에서도 잘 나타납니다. 예컨대 유물론 사유를 전개했던 스토아학파의 경우 철학에는 세 분과가 있었습니다. 가장 기본적인 것이 자연철학physica이죠. 'Physica'라는 말 자체에서 알 수 있듯이, 이들에게는 퓌지스가 궁극적인 것이었습니다.

그래서 자연철학이 '제일 철학'이 되죠. 그리고 논리학logica과 윤리학ethica이 있었습니다. 그러나 중세에 가면 자연철학 위에 형이상학이 있게 됩니다. 'Physica' 위에 'metaphysica'가 있는 것이죠(이 구도는 곧 플라톤, 아리스토텔레스, 플로티노스에서 연원한 구도입니다. 물론 이 삼자 사이의 차이가 늘 문제가 되지만). 그래서 퓌지스는 '피조물'을 다루는 담론이 되고, 그 위에 형이상학 및 신학이 서게 됩니다. 스토아적 유물론과 중세 철학의 구도가 어떻게 다른지가 한눈에 보이죠?

그리고 아까 언급했습니다만, 인간이란 존재는 격상됩니다. 스토아학파의 경우 인간도 자연의 일부입니다. 우주 전체가 불이라면, 인간은 불티라고 할 수 있죠. 영혼도 물질입니다. 다만 좀 특수한 물질일 뿐이죠. 반면 중세 철학에서는 영혼과 육체 ── 몸·신체에 비해서 '육체'肉體라는 표현 자체가 플라톤적-기독교적 뉘앙스를 띠고 있는 말입니다 ── 를 날카롭게 나누게 됩니다. 육체는 저급한 물질이지만 영혼은 인간을 신에 이어 주는 사다리 같은 역할을 합니다. 유물론 사유에서는 물질이 궁극적인 것이기 때문에 신체 개념에 부정적인 뉘앙스는 전혀 들어 있지 않습니다. 스토아학파의 경우 물질 개념이 신성하기까지 하죠. 그러나 퓌지카와 메타-퓌지카를 날카롭게 나누는 사유에서는 '靈'과 '肉'은 하늘과 땅 차이죠. 인간만이 영혼을 가집니다. 인간 이외의 존재들은 영혼을 가지고 있지 못한 것이죠(이렇게 되면 '영혼'이라는 말을 모든 생명체가 가진 'psychê'로 보는 그리스적 사유와는 전혀 다른 것이 된다는 것을 알 수 있겠죠?). 신이 인간을 "자신의 형상에 따라 만들었다"고 하는 구절에서 이런 생각이 잘 나타납니다.

그래서 신과 인간이 떨어져 있는 것보다 훨씬 더 멀리 인간과 다른 존재들이 떨어져 있게 됩니다. 신 바로 아래에 인간이 놓이고 한참 떨어져서 다른 모든 것이 놓이는 구도가 돼요. 그러니까 우리가 흔히 중세는 신 중심의 세계이고 근대는 인간 중심의 세계라고 이야기하지만, 사실 중세의 신중심주의는 인간중심주의를 위한 논리적 장치였다고 할 수 있습니다. 그리고 당연한 것이지만 그 신을 관리하는 계층이 권력을 독점했기에, 정확히 말하면 '신중심주의'는 사실상 '사제중심주의'라 해야겠죠. 어쨌든 이런 구도를 통해 인간은 이제 '만물의 영장'이 됩니다. 이것은 자연 개념에 거대한 변화를 동반하죠. 가장 궁극의 존재이자 신성한 존재이기까지 했던 자연=퓌지스는 이제 신의 '피조물'일 뿐만 아니라 바로 신이 인간을 위해 만들어 준 터전이 되는 겁니다. 자연은 인간이 자신을 위해 편리하게 가공해서 이용하라고 신이 준 선물이 되는 것이죠. 근대 이후 본격화되는 테크놀로지의 세계상世界像은 사실상 기독교 사상 속에 이미 배태되어 있었던 겁니다. 인간을 포함하는 궁극의 존재였던 퓌지스는 이제 인간이 가공해서 실용적으로 써먹는 '자원'이 된 것이죠. 그리고 다른 문명들에서 이런 개념이 전혀 발견되지 않는 것은 아니지만, 이런 식의 자연 개념은 바로 서구 특유의 개념이라고 할 수 있습니다. 그리고 이 특수한 사상이 근대이후 세계사의 방향을 바꾸어 놓게 되는 것입니다.

오늘날 현대인이 가지고 있는 자연 개념은 바로 기독교적 자연 개념이에요. 현대인들에게 자연이라고 하면 뭐가 생각납니까? 아마 대부분의 사람들에게 '자연'이란 일요일에 등산 가는 곳, 광산, 공기 좋은 숲,…… 같은 것으로 다가올 겁니다. 요컨대 인간이 써먹는 자원이자 동시에 인간이 거기에서 편하게 놀 수 있는 배경으로 다가옵니다. 이런 생각은 사실 우리의 전통적인 자연관이라기보다는 차라리 플라톤-기독교적 자연관에 가까운 것이죠. 여기에 나중에 자연과학이 부가됩니다. 플라톤-기독교-자연과학적 자연관이 오늘날 우리가 품고 있는 자연관이죠.

우리는 흔히 과학과 종교의 싸움을 말합니다. 그러나 넓게 보면 기독교와 자연과학은 같은 뿌리에서 나온 것이라고 보아야 합니다. 어떤 사상이든 가까이 들여다보면 세부적인 차이가 보이고 멀리 떨어져 보면 공통점이 보입니다만, 기독교와 과학도 표면적으로는 매우 대립적으로 보입니다만, 사실상 플라톤적 사유의 변형이라고 할 수 있습니다. 기독교는 플라톤 사유에서 제작적 사유 모델과 조물주라는 생각을 가져간 것이고, 자연과학은 우주의 기하학적 성격과 합리적 자연 탐구라는 생각을 가져간 것이죠. 서로 다릅니다만, 뿌리를 거슬러 올라가면 모두 플라톤에서 나온 생각들입니다. 단, 자연과학 중에는 이런 뿌리로부터 완전히 단절해서 다른 철학적 기초로 나아간 분야들도 많다는 것에 조심해야 합니다. 특히 오늘날에는 제작적 세계상에서 거의 탈피했죠. 그럼에도 현대인들의 자연관에는 이런 식의 자연관의 그림자가 암암리에 남아 있다고 할 수 있습니다. 그러나 적지 않은 사람들이 이런 철학사적 맥락을 모르고서 '과학과 종교'를 논하죠.

결국 '과학과 종교의 갈등'이라는 구도는 어디까지나 서구 문명에서의 문제일 뿐인데, 그것을 마치 어떤 보편적인 문제인 양 논하는 것은 우스꽝스러운 것입니다. "진화냐 창조냐?" 하는 이 물음 자체가 서구 문명에서의 물음일 뿐이며, 또 철학사적 기초가 없는 피상적인 물음이기도 합니다. 서구적인 것일 뿐인 것을 보편적인 것인 양 이야기하는 것, 철학사적 맥락을 모른 채 과학이나 종교에 대해 이야기하는 것에 대해 반성해 볼 필요가 있습니다.

§3. 내재적 자연관

그러나 제작자로서의 신과 제작된 것으로서의 자연이라는 초월철학적 자연관과 나란히 자연을 그 자체로서 탐구하고 또 궁극의 존재로 본 내재철학적 자연관도 면면히 내려옵니다. 아리스토텔레스는 그리스인들이 생각했던 '퓌지스'의 개념을 여러 가지로 정리해 주고 있는데, 이것을 한번 봅시다.

1) 성장하는 사물들(생명체들)의 탄생/생성genesis. 이것은 이 말의 가장 본래적인 뜻이죠.

2) 성장의 내적 원인, 생명에 내재하는 법칙. 이것은 바로 우리가 오늘날 '본성'이라고 부르는 것이죠. 플라톤과 아리스토텔레스는 자연철학자들이 사물들이 어디에서 왔는가를 물으면서 그 기원을 탐구했으나 사물들의 내적인 심층적 구조를 탐구하지는 못했다고 비판적으로 말합니다. 플라톤과 아리스토텔레스는 사물들의 시간적 기원이 아니라 그 내적인 뼈대를 파고드는 작업을 많이 했는데, 그렇게 해서 나온 것이 바로 형상이라는 개념인 것이죠. 오늘날에는 '본질'本質이라는 말을 많이 사용합니다.

3) 사물들의 제일 질료(청동, 나무). 세번째 의미로 보면 퓌지스는 질료라는 겁니다. 이 세번째 뜻으로 볼 경우 전형적인 형상철학이 성

립합니다. 왜냐하면 퓌지스가 제일 질료라고 한다면 그 위에 형상이 있다는 결론이 나오고, 또 이 둘의 결합을 설명하기 위해 조물주가 요청되기 때문이죠.

4) 자연적 존재들의 실체ousia. 실체라는 말은 "그 자체로서 존재하는 것"을 뜻합니다. 3)의 의미와는 대조적이죠? 3)의 의미는 플라톤-기독교적 의미에 가깝고, 4)는 내재적 자연관의 퓌지스에 가깝습니다. 아리스토텔레스는 이런 여러 가지 가능성을 함께 생각하고 있습니다(이런 점이 아리스토텔레스 철학의 강점이죠).

5) 자연적 존재들에 내재하는 운동 원리. 자연적 존재들을 어떤 일정한 방향으로 운동시키는 원리, 그러나 바깥에서 그 존재들을 움직이는 원리가 아니라 그것들에 내재하는 원리, 그것이 퓌지스라는 겁니다.

아리스토텔레스는 퓌지스라는 말이 포함하는 복잡하고 서로 상충하는 의미들을 잘 정리해 주고 있습니다. 아리스토텔레스 자신은 질료형상설의 세계관을 가지고 있었고, 또 형상들이 (우연을 인정하기는 하지만) 일정한 안정성에 기반해 아프리오리하게 세계의 이법을 형성하고 있다고 보았습니다. 그러나 플라톤-기독교적인 조물주 개념은 없습니다. 신이라는 개념이 등장하기는 하지만 다른 성격을 띠죠. 이 점에서 아리스토텔레스는 고대 세계에서 매우 합리적이고 (상대적으로) 내재적인 사유를 구사했다고 할 수 있어요. 근대 철학자들이 지나치게 일방적으로 아리스토텔레스를 공격했지만, 그것은 시대의 분위기라고 해야 합니다. 아리스토텔레스가 중세 철학을 지배하기 시작했을 때, 당시의 많은 철학자들이 그를 (말하자면) '유물론'적인 사람으로 공격했다는 것 ─ 물론 이것은 이때의 서구 철학이 아리스토텔레스를 훨씬 유물론적인 방향으로 받아들였던 이븐 루쉬드의 작업을 매개해 그를 받아들였기 때문이기도 합니다 ─ 을 생각하면 흔히 말하듯이 역사란 참 아이러니합니다.

아리스토텔레스 이후 그보다 훨씬 내재적이고 유물론적인 자연 철학을 제기한 사람들은 바로 스토아학파와 에피쿠로스학파입니다. 서구 철학사를 보면 소크라테스가 BC 399년에 독배를 마십니다. 그러니까 아리스토텔레스는 BC 4세기 사람이죠. 아리스토텔레스가 죽은 후부터 데카르트가 활동했던 17세기까지 거의 2000년이 되죠. 이 기간 동안 서양 철학은 긴 침체를 겪습니다. 물론 그 동안에도 여러 가지 새로운 시도들이 있었지만 전반적으로 볼 때 이 긴 세월을 결국 세 사람, 즉 플라톤, 아리스토텔레스, 플로티노스가 지배하게 됩니다. BC 6세기에서 BC 4세기까지 약 이삼백 년 사이에 그야말로 위대한 사유들이 다 쏟아져 나오고, 그후 2000년을 쉬고서 17세기가 되면 다시 천재적인 사유들이 봇물처럼 쏟아져 나오는 것이죠. 그런데 이와 같은 전체 흐름에서 비켜서 있는 예외적인 존재들이 스토아학파와 에피쿠로스학파라고 할 수 있어요. 이 사람들은 플라톤, 아리스토텔레스 이후에 유물론적 사유를 전개한 특이한 경우를 형성합니다.

스토아학파는 세계를 "하나의 유일한 실체와 유일한 영혼으로 구성된 유일한 생명체"라고 정의합니다. 여기에서 '유일'하다는 말이 세 번 나오죠? 완전한 '일원론'이죠. 플라톤과 아리스토텔레스의 철학이 동북아의 리기理氣 이원론에 해당된다고 한다면(리理는 형상에 해당하고 기氣는 질료에 해당합니다), 스토아학파, 에피쿠로스학파는 철저한

기 일원론에 해당한다고 할 수 있겠죠(에피쿠로스학파가 합리주의적 원자론의 성격을 띤다면, 스토아학파는 범신론적 성격을 띱니다). ‘기’ 이외에 다른 실체는 없는 거예요. 스토아 철학자들에게는 자연이 곧 신입니다. 이 세계 자체 ── 물론 당장에는 보이지 않는 차원까지 포함해서 ──가 신인 것입니다. 그것은 때로 거대한 타오르는 불로 이해됩니다. 이 세계에 존재하는 모든 것은 신의 양태가 됩니다. 양태樣態는 ‘mode’이고, 따라서 사물들은 신이 변양變樣 = ‘modification’을 겪음으로써 생성하는 것들이라고 할 수 있습니다. 서구어에서 ‘~ation’이라는 어미는 ‘~화化’, ‘~작용’으로 번역됩니다. 그래서 이미지의 작용이 ‘imagination’이고, 기호의 작용이 ‘signification’이고, 개념-화가 ‘conception’, 차이-화가 ‘differentiation’인 겁니다. 그리고 ‘態’라는 말의 뉘앙스를 음미하시기 바랍니다. 어쨌든 스토아학파에서 개별적인 사물과 신의 차이는 부분이냐 전체냐의 차이밖에는 없는 거예요. 스토아·에피쿠로스의 철학은 플라톤·아리스토텔레스의 형상철학과는 전혀 다른 세계관을 제시하고 있다고 할 수 있습니다. 이런 사고는 중세에는 물론 배제되었으나, 르네상스 이래 다시 부활하게 됩니다. 20세기 후반의 이른바 ‘후기구조주의자들’이라 불리는 철학자들(푸코, 들뢰즈, 세르 등)도 이 헬레니즘 시대의 철학을 선호하는 경향을 보입니다.

스토아학파의 삶의 이상은 ‘kata physin’이에요. 자연에 따라 사는 것. 다시 말해서 우주가 거대한 불이고 우리 자신이 자연의 일부라면, 결국 우리 하나하나는 그 불꽃의 불티가 됩니다. 그런데 그 사실을 깨닫지 못하고 자꾸 자기의 본성에 어긋나게 사는 것이 인간에게 고통을 가져다주는 것이죠. 나의 본성과 자연의 이법이 따로 있는 것이 아니라, 내 본성이 곧 자연의 이법의 한 쪼가리인 겁니다. 우리의 본성을 주자처럼 성즉리性卽理로 보면, 결국 '기'라고 하는 것은 어떻게 처리가 됩니까? 성性의 '본연'本然을 방해하는 그 무엇으로 볼 수밖에 없거든요. 맑은 거울을 더럽히는 때 같은 것이 됩니다. 이 문제는 나중에 기회가 되면 자세하게 이야기합시다. 그런데 이 사람들은 우리 식으로 말하면 성즉기性卽氣인 것이죠. '기'와 우리가 그대로 일치하는 겁니다. 그래서 자연에 따라 사는 것이 스토아학파의 이상이라고 할 수 있습니다.

그런데 우리가 얼핏 오해할 수 있는 점이 있어요. 신이 자연이고 자연이 곧 불이라고 했습니다. 그리고 불이라고 하면 활활 타오르는, 법칙성을 거부하는, 격렬하게 운동하는 느낌으로 다가오죠. 그러나 사실은 반대입니다. 스토아학파의 불은 철저하게 로고스적인 불이죠. 세계는 완벽하게 필연적이고, 전적으로 결정되어 있습니다. 이런 결정성을 스토아학파는 'fatum'이라고 불렀습니다. 오늘날의 'fate'죠. 행복이라고 하는 것은 객관과 주관이 일치하는 것이거니와, 사실상 애초부터 객관과 주관의 구분이란 없었던 것입니다. 객관 전체의 일부가 우리의 주관인 것이죠. 이 점에서 객관과 주관을 양분하고 주관을 주인공으로, 객관을 그 주체가 요리하는 '對-象'(주체에 '대'해 있는 것)으로, 일종의 재료로 생각하는 근대 철학적 구도와는 완전히 반대되는 것이죠. 고중세의 철학과 근대 철학(흄, 칸트 이후)은 그 사유 구도 자체가 전혀 다릅니다. 따라서 스토아학파에게 인생의 어려운 문제들은 인간이 스스로를 주관으로 착각하는 데에서 생겨나는 것으로 이해됩니다. 우주의 불티인 자신에 대해서 뭔가 착각해서 주관에 대한 아집을 가질 때 불행이 싹트는 것이죠. 그런 아집을 깨는 행위가 'kata physin'인 것입니다.

서구의 고전 철학은 플라톤 이래 기본적으로 형상철학의 형태를 유지했다고 할 수 있습니다. 적어도 라이프니츠까지는 그렇죠. 이렇게 보면 스토아학파와 에피쿠로스학파는 플라톤 이래 서구 철학의 흐름에서 이질적인 측면을 형성하고 있습니다. 특히 스토아학파는 동북아 사상사에서 氣의 철학과 상당 부분 유사성을 띠고 있다고 할 수 있겠죠. 차이가 있다면 동북아 철학에서의 형상철학=리기론은 성리학 시대에만 주류를 형성했다는 점을 들 수 있습니다. 그리고 서구 근세 철학사에서는 스피노자가 초월철학을 거부하고 내재철학으로 간 인물입니다. 그래서 서구 철학에서 내재철학의 흐름은 스피노자, 더 거슬러 올라가서는 스토아학파와 에피쿠로스학파, 또는 더 가서 초기 자연철학까지 소급됩니다.

Q 파르메니데스의 일자와 플라톤의 형상 사이에는 어떤 차이가 있습니까?

A 플라톤은 파르메니데스의 길을 이어서 감각적인 차원, 질료적 차원, 외관의 차원과 실재의 차원을 가르죠. 영원한 것인 실재의 차원과 생성하는 외관의 차원을 가르는데, 그런 점에서 파르메니데스를 잇고 있어요.

그런데 결정적으로 다른 점이 있습니다. 파르메니데스에게 실재는 오직 일자一者밖에 없어요. 일자 단 하나. 세계의 실상은 오직 일자입니다. 그런데 플라톤에게서는 형상이 여럿이 돼요. 다시 말해서 '운동하지 않는다', '영원한 것이다' 같은 성격은 공통되지만, 플라톤에게서는 일자를 넘어 다자가 성립합니다. 그래서 말의 이데아가 있고, 물의 이데아가 있고, 또 다른 수많은 이데아들이 있는 것이죠. 파르메니데스 이후 헬라스 철학의 화두는 운동과 다자성에 어떤 위상을 부여할 것인가 하는 것이었습니다. 플라톤 역시 이런 화두를 붙들고서 씨름했던 사람입니다.

그러면 운동의 문제는 어떻게 되는가. 파르메니데스에게서 가상의 세계와 참된 세계는 단적으로 갈라집니다. 그런데 플라톤은 실재의 세계인 형상계形相界와 가상의 세계인 감각세계가 어떤 관계를 맺고 있는가, 그리고 이데아들이 여러 개라고 한다면 그 이데아들 사이에서는 어떤 관계가 성립하는가 등의 문제를 탐구하죠. 그런 측면에서 파르메니데스의 철학이 너무 단적인 철학이라고 한다면 플라톤은 그것을 훨씬 더 정교화했다고 할 수 있습니다. 형상계를 '다'로 만들고, 그 '다' 사이에서 성립하는 관계를 규명하고, 또 형상계와 현실세계의 관계를 규명한 것이 플라톤 철학입니다. 때문에 형상철학의 실마리를 제공해 준 것은 파르메니데스(와 퓌타고라스, 소크라테스)이지만, 본격적인 사유체계로서의 형상철학을 세운 인물은 플라톤이라고 할 수 있습니다.

§4. 自然과 天地

지중해세계에서는 자연 개념이 이런 변화를 겪으면서 오늘날까지 내려왔는데, 그렇다면 그 사이 지구 반대편의 동북아세계에서는 어떤 일이 벌어졌는가를 봅시다. '천지'와 '자연'에 대해 이야기해 보죠.

'自然'이라 할 때 '自'는 원래 우리의 코[鼻]예요. 지금도 코 비(鼻)

자 위에는 '自'가 있죠. 재미있는 것은 우리는 "제가요……" 이렇게 말할 때 주로 가슴에 손을 대죠? 그런데 중국 사람들은 이렇게 코에 손을 대면서 "제가요……" 합니다. ……(웃음)…… 현대에는 어떤지 모르겠습니다만, 우리하고 다르죠. 그래서 '自'는 '나', '스스로' 이런 뜻이 됩니다. 또 코가 우리 몸의 제일 앞에 있죠. 그래서 이것은 '가장 앞에 있는 것'을 뜻하기도 합니다. 연然은 "그렇다"를 뜻하죠. 그래서 자연自然이라 하면 "스스로 그렇다"는 뜻을 가집니다. 또는 '가장 근원적인 것', '가장 먼저 오는 것'을 뜻하죠. 바로 그리스 철학에서의 '퓌지스', '아르케'와 통합니다.

『도덕경』道德經 25장(곽점 초묘에서 발견된 죽간본에도 거의 그대로 나옵니다. 노자 사유 전체를 보여 주는 장이죠)을 보면 유명한 말이 나옵니다. 자주 인용되는 문장인데,

사람은 땅을 따르고,	人法地
땅은 하늘을 따르고,	地法天
하늘은 길을 따르고(도를 따르고),	天法道
도는 자연을 따른다네.	道法自然

그러나 마지막 문장에 대해서는 달리 번역할 필요가 있어요. 일단은 "도는 자연을 따른다"고 번역할 수 있는데, 이렇게 하면 도 위에 자연이 있는 것이 됩니다. 그러나 노자 철학의 제일 원리는 물론 '도'죠. '도' 위에 다시 무엇인가가 있다는 것은 이해하기 힘듭니다. 그래서 이 구절을 이렇게 번역하는 것이 더 좋습니다.

사람은 땅을 따르고,

땅은 하늘을 따르고,

하늘은 도를 따르지만,

도는 그저 스스로 그러함을 따를 뿐.

'도' 위에 무엇인가가 있는 것은 아니죠. 다른 것들은 모두 타자他
者들에 의존하지만 그러나 도는 다만 자기 스스로를 따를 뿐이다. 이
렇게 해석하는 것이 좋습니다. 여기서 우리가 알 수 있는 것은 동북아
에서 '自然'이라는 말은 본래 주어가 아니라 술어라는 것입니다. "자연
은 ~이다"가 아니고 "~는 자연이다"의 구도라는 겁니다. 자연이라는
실체가 있고 그것이 어떠어떠한 것이 아니라 어떤 것, 어떠한 것이 자
연인 것이죠.

　그렇게 볼 적에 오늘날 우리가 자연이라고 부르는 것은 이 원래
적 의미에서의 자연은 아닙니다. 그것은 서구어의 'natura'를 번역한
거예요. 특히 중세적-근대적 뉘앙스를 담고 있는 말로서의 'nature'
를 번역한 것입니다. 과연 적절한 번역이었나 생각해 볼 필요가 있
습니다. 오늘날 우리가 사용하는 개념적인 언어들, 학술적인 언어들
의 대부분은 일본 학자들에 의해 번역된 것들입니다. 동북아 사유에
서 철학 개념들의 현대적 변화를 이해하려면 일본에서 서구어들이 어
떻게 번역되었나를 알아야 합니다. 그런데 일본 학자들이 서구의 학
술어들을 번역할 때 대개 중국 고전에 입각해 번역을 했습니다. 특히
『주역』「계사전」에 나오는 개념들이 중요한 역할을 하게 되죠. 그러나
고전들에 입각할 경우 서구어 'nature'에 더 잘 들어맞는 말은 오히려

'天地'죠. 천지라는 말이 곧 오늘날의 의미에서의 자연이었습니다.

그런데 '天地'라는 말은 꼭 붙여서 쓴 것은 아니고 따로도 썼어요. 우리가 오늘날 함께 붙여 쓰는 말들이 전통 사회에서는 따로 사용되었던 경우가 있습니다. 아니 대부분의 경우가 그렇다고 할 수 있지요. '理性'은 '理'와 '性'을 함께 쓴 것이고, '道德'은 '道'와 '德'을 같이 쓴 것입니다. 오늘날 우리는 우리말을 마치 서구어처럼 이해합니다. 서구어의 경우 '라디오' 하면 '라', '디', '오' 자체는 아무 의미도 없죠. 꼭 '라디오' 한 덩어리로만 의미가 있습니다. 그러나 우리말의 대부분은 한자어죠. 한 글자씩 정확히 이해해서 새겨야 합니다. 그러나 많은 경우 우리말의 의미를 깊이 새겨 이해하는 것이 아니라 그저 한 덩어리로 이해하곤 합니다. 이성, 도덕,…… 등의 말들을 '라디오'처럼 이해하는 것이죠. 영어는 초등학교 때부터 배우지만 고전 교육은 존재하지 않는 황폐한 교육 제도가 이런 현상을 더욱 부추깁니다. 중학교 때부터 라틴어를 배워 라틴어 시 경작대회를 열곤 하는 프랑스나 독일과 비교가 되죠. 더구나 라틴어는 고전어일 뿐 지금 쓰이는 말이 아니지만, 한자는 지금도 우리가 그대로 쓰고 있는데 말입니다. 인문 교육은 뒷전이고 모든 교육이 돈 버는 것에 초점이 맞추어져 있는 우리 교육이 사람들의 정신을 황량하게 만들고 있습니다. 한자와 우리말의 구성 원리를 이해하는 것은 고전 이해를 위해 중요합니다. 하나의 예로서 『도덕경』 7장에는 "천장지구"天長地久라는 말이 나옵니다. "하늘은 오래가고 땅은 꾸준하다." 바꿔서 표현하면 천지장구天地長久, "하늘과 땅은 오래가고 꾸준하다"고 할 수 있습니다. 또, '장'과 '구'가 합쳐져서 "장구한 세월" 같은 표현이 나왔다는 것을 알 수 있죠. 이렇게 한자어를 자유롭게 바꾸어 이해하는 것이 고전을 이해하는 데 꼭 필요한 능력들 중 하나입니다. 다른 단어들도 이루어진 그대로 한 덩어리로만 이해하지 말고 다양하게 변환시켜 보면서 그 의미를 깊이 음미할 필요가 있습니다.

동북아적 사유에서 '天地'라고 하는 말의 위상은 개별적 사물들보다는 상위의 존재지만, '道'나 '無' 또는 '氣'보다는 하위의 존재예요. 이것은 특히 도가철학에서 그렇습니다. '도=무'는 탈물질적인, 개별화 이전의 궁극 원리이고, '기'는 물질성을 담지한, 그러나 역시 개별화 이전의 원리입니다. '도'와 '기'를 서구의 초월철학에서처럼(질료와 형상, 정신과 신체) 따로 떼어 보는 것은 좋은 이해가 아닙니다. 강물이 흘러가면 그 강물은 기의 측면이고 강물이 흐르는 방향은 도의 측면입니다. 차를 마시면, 차와 사람의 몸짓, 도구들 등은 기의 측면이고 물을 끓이고, 그릇을 덥히고, 차를 따르고, 마시고…… 하는 길[茶道]은 도의 측면입니다. 무술을 할 때 사람의 몸, 공기, 칼 등은 기의 측면이지만, 무술을 하는 방식, 칼이 움직이는 길 등[武道]은 도의 측면입니다. 따라서 동북아 사유에서는 탈물질적인 도가 따로 있고 물질적인 기가 따로 있어 전자가 후자에 '구현'된다는 생각은 있을 수 없습니다. 다만 기가 흐르는 방식이 도이고, 도의 구체적 모습이 기일 뿐입니다. 방금은 매우 구체적인 예들을 들었습니다만, 인간의 감정, 도덕, 나아가 생각조차도 이런 구도에서 이해됩니다.

이름 없음이 천지의 시작이라네.

無名 天地之始.

　이 구절은 천지 이전에 무명이 있다는 것을 말하고 있습니다. 여기에서 무명이란 물론 '도'죠. 천지 이전에 '도'가 있다는 것입니다. 그러나 여기에서도 '이전'이라는 것을 형상철학적으로 이해하거나 또는 시간적으로 이해하는 것은 좋은 해석이 아닙니다. 천지 이전에 무명이 있어 그것이 천지에 구현되었다거나, 또는 무명이 있다가 그후에 천지가 나왔다는 생각은 적절하지 않습니다. 다만 무명이 천지의 근본이라는 생각입니다. 왜 그럴까요? 천지는 분명 개별적인 존재들보다 상위의 개념입니다. 그러나 여기에서 정확히 이해해야 할 것은 천지가 개별적 사물들과 분리된 그 이전의 무엇은 아니라는 것이죠. 이미 개별화된, 구체화된 사물들의 총체로서의 자연입니다. 그러나 무명은 다르죠. 무명은 개별화되고 구체화된 사물들 이전의 존재입니다. '無名'은 그런 뉘앙스를 함축하고 있죠. 왜냐하면 개별화된 것들만이 이름을 가질 수 있기 때문이에요. 철수, 뽀삐 같은 고유명사들은 개별적 존재들이죠. 나무, 탁자 같은 일반명사들은 개별적 존재는 아니지만, 그 집합이 명확히 개별성을 형성하고 있습니다. 물 같은 것도 공간적 개별화는 어려운 존재이지만, 분명히 다른 것과 구분된다는 점에서 그 자체의 개별성을 가지고 있습니다. 민주주의 같은 추상적인 것도 일정하게 개념적으로 규정된다는 점에서 개별성을 가지고 있죠. 이름은 개별성을 전제합니다. 이름이 없다는 것은 그런 개별성 이전의 존재라는 것이죠. "名可名 非常名"이라는 구절도 이런 맥락에서 이해됩니다.

　그러나 무명이 개별적 존재들을 초월한 존재는 아닙니다. 차라리 스피노자 식으로 말해서, 그런 개별적 존재들로 화化하는, 무수한 개별적 존재들로 스스로 이행해 가는 신=자연 같은 것으로 이해하는 것이 좋습니다. 쉽게 말해 내 얼굴 표정이 무수히 변하지만 내 얼굴은 하나죠? 그런 구도에서 이해하는 것이 좋습니다. 무명 자체가 개별적으로 분화됨으로써 천지가 성립하는 것이지, 천지 바깥에 무명이 따로 존재하는 것은 아닙니다. 훗날 장횡거라는 사람은 이 무명을 '태허'太虛라 하고, 개별화된 존재들을 '객형'客形이라 합니다. 즉, 무명=도가 분화했을 때 형形이나 색色, 또는 질質 같은 것들이 성립하는 것이죠. '도'가 분화했을 때 앞에서 예로 들었던 다도, 무도 같은 것들이 성립합니다. '기'가 분화되었을 때 허파, 심장 등이 성립합니다. 그래서 개별적 존재들과 그 근본이 구분되기는 하지만, 결코 분리된 차원을 형성하는 것은 아닌 것이죠. 이 점에서 동북아의 사유는 근본적으로 내재적인 사유라고 할 수 있습니다. 나중에 불교가 들어오면서 '무' 개념은 도가 사상에서와는 다른 의미를 띠게 됩니다. 그리고 이를 다시 재규정해 리理로 개념화한 사람이 주자죠. 주자의 철학은 동북아 사유 자체 내에서는 형상철학에 가장 가까이 근접합니다. 어떤 면에서는 동북아 사유의 대표자라기보다는 독특한 경우인 것이죠. 주자 자신이 '리'의 초월성에 대해 여러 모순적인 발언들을 남긴 것도 그의 사유가 동북아 전통에서는 매우 낯선 구도를 띠고 있었기 때문입니다.

더불어 이런 구절도 한번 음미해 봅시다.

만물은 유에서 나오지만 유는 무에서 나온다.

萬物生於有 有生於無.

‘무’나 ‘도’가 ‘유’나 ‘천지’보다 상위 개념이라는 것을 잘 보여 주는 구절입니다. 그러나 거듭 말하거니와 이것을 플라톤적 구도와 같다고 말하면 곤란합니다. ‘무’나 ‘도’는 플라톤의 형상이나 조물주, 또는 중세적 신과는 전혀 다른, 이 세계의 내재적인 원리입니다. 개념적으로 형이상의 원리인 ‘도’와 형이하의 원리인 ‘기’ ── 그러나 구체적인 기들에 비해서는 오히려 형이상의 원리가 됩니다(이런 맥락에서는 ‘기’도 ‘무’죠) ── 가 구분되는 것이지 두 차원이 분리되는 것은 아닙니다. ‘도’와 ‘기’는 하나입니다. 다만 개념상 구분될 뿐이죠. 그렇다면 이런 생각을 해봅시다. 서구 형상철학을 가장 잘 압축하고 있는 개념이 **‘구현’**이라면, 동북아의 내재철학을 가장 잘 압축하고 있는 개념은 무엇일까요? 전통적 개념은 아니지만, 나는 그것을 **‘표현’**表現이라고 생각하고 있습니다. 전통 개념에서 가까운 것들을 찾는다면, ‘상’象, ‘화’化, ‘생’生 등을 들 수 있을 거라고 봅니다. 이 생각을 체계적으로 전개하는 것이 동북아 사유의 현대화에서 중요한 대목이라 할 수 있습니다.

결국 동북아에서의 ‘천지’라는 말은 개별적 존재들 각각이 아니라 ‘만물’萬物 및 만물의 터전(시공간 등)까지 포함한 말이라는 것을 알 수 있습니다. 그래서 세계의 존재론적 구도가 도=무, 기, 천지, 만물, 개별적 사물들로 이해됩니다. 그러나 이 구도가 어디까지나 내재적 구도라는 점을 다시 한 번 강조해 둡니다. 다음 구절들을 한번 봅시다.

하늘과 땅이 자리를 잡자 산과 못에 기가 통한다. (『주역』, 「설괘전」)
天地定位 山澤通氣.

하늘과 땅이 자리를 잡자 만물이 자란다. (『중용』)

天地位焉 萬物育焉.

후자가 전자보다 일반적인 표현이라고 할 수 있겠습니다. 산택이 이미 개별화되고 구체화된 존재라고 한다면(물론 이때의 '산'과 '택'은 넓은 의미이다. 산은 간괘艮卦가 가리키는 물상物象이고, 택은 태괘兌卦가 가리키는 물상이다) '만물'은 그렇게 개별화되고 구체화된 존재 전체라고 할 수 있습니다. 그런데 천지와 만물이 구분되죠? 만물이 개별화되고 구체화된 존재들의 전체 집합이라면, 천지는 그보다 상위의 존재, 즉 개개의 사물들이 아니라 그것들이 터 잡는 곳인 메타적 틀이라고 할 수 있습니다. 모든 것은 하늘과 땅 사이에 자리 잡고 있는 것이죠. 천지라는 메타적 틀이 자리를 잡아야[位] 그 안에서 개별적인 사물들 전체(만물)에 기가 통하고 그래서 사물들이 자라난다는 것을 말하고 있습니다. 물론 다소 현대적인 해석이라고도 할 수 있겠습니다만, 어쨌든 만물과 천지는 개념적으로 구분할 필요가 있습니다. 또 『장자』에 나오는 다음 구절을 봅시다.

천지가 아무리 커도 그 변화에는 일정한 길이 있다. (『장자』, 「천지」)

天地雖大 其化均也.

천지에 대해서 대大라는 표현을 썼습니다. 이 '대'라는 말은 노자에서 '도'를 형용할 때 자주 등장합니다. 예컨대 "나는 그 이름을 몰라. 굳이 문자로 하면 '도'라 하고, 억지로 이름 짓자면 '대'라고 해야 할까"(吾不知其名 字之曰道 强謂之名曰大)라는 구절이 그 한 예입니다. 그런데 위 인용문에서는 '대'가 '천지'에 붙었어요. 여기서 크다는 말은 단순히 면적이 크다는 뜻은 물론 아니죠. 그런 의미도 포함되겠지만 말입니다. 보다 근원적인 의미에서 위대하다는 뜻입니다. 여기에서도 천지는 개별적인 사물들에 비해 메타적인 위치에 있음을 알 수 있죠.

그 다음 말이 재미있는데 화化라는 말이 나왔습니다. 장자에서 '화'라는 말은 매우 중요한 역할을 하죠. 『장자』의 첫머리에서부터 벌써 이 '화'가 등장합니다. "북녘 바다에 물고기가 있어 그 이름을 곤이라 했다. 그 크기가 대단해 몇천 리가 되는지 알 수조차 없었다. 곤이 화하면 새가 되었다. 그 이름을 붕이라 했다."(北冥有魚 其名爲鯤. 鯤之大 不知其幾千里也. 化而爲鳥 其名爲鵬) 장자의 사유는 다른 존재에로의 변신을 꿈꾸는, 절대 자유를 희구하는 철학입니다. 그 존재론적 기초는 만물제동萬物齊同 개념이죠. 만물제동은 모든 것이 똑같다는 뜻은 아닙니다. 현실적인 '유'有의 맥락에서는 물론 만물은 다 다르죠. 그러나 그 무수히 다른 것들을 떠받치는 것은 '무'無예요. 말하자면 '무'는 존재의 안감이라고 말할 수 있습니다. 옷 만들 때 안감 아시죠? 우리가 보는 세계는 존재의 울퉁불퉁한 세계죠. 모든 것들이 차이를 통해서 성립합니다. 그러나 그 밑에는 '무'의 제동이 있습니다. 존재의 개별성과 분分은 '무'의 제동이 뒷받침되기 때문에 가능합니다. 그리고 중요한 것은 '무'의 제동에 의해 뒷받침되기 때문에 '화'가 가능하다는 점입니다. 여기에서 무란 '없음'이라기보다는 차라리 '아무-것도-아님'이죠. 아무-것도-아니라는 것은 달리 말하면 모든-것이기도 하다는 뜻입니다. 그래서 '화'가 가능해요.

그렇다면 앞에서 인용한 「천지」의 구절이 장자의 생각과 좀 다르다는 것을 눈치챌 수 있겠죠? 아닌 게 아니라 이 편은 장자가 직접 쓴 것이 아니라 한대漢代의 자연철학자들이 쓴 것으로 추측되고 있습니다. 그 뜻은 차라리 오늘날의 자연법칙에 대한 생각과 가깝죠. 천지가 아무리 커도 그 안에서 사물들이 운행하는 방식에는 일정한 법칙성이 있다는 뜻입니다. 이때쯤 되면 서구의 자연 개념과 유사한 천지 개념이 정리되었다고 할 수 있겠죠.

Q 천지라는 개념이 "萬物生於有"에서 '有'와 비슷하다고 보면 되지 않습니까?

A '유' 개념과 천지 개념을 직접 동일시하기는 물론 어렵습니다. 그러나 최고의 원리로서의 '도' 및 '무'와 개별적인 사물들 즉 만물 사이에 위치하는 원리라는 점에서는 유사한 역할을 한다고 할 수 있겠죠. 그런데 '유' 개념을 무엇으로 해석하는가는 맥락에 따라 상당히 달라질 수 있습니다. '유'를 '기'로 본다면(즉, '무'로서의 '도'와 '유'로서의 '기'를 구분한다면), 천지는 곧 '유'='기'와 같은 위상을 가진다고 할 수 있겠죠(물론 '도'와 '기'를 아예 동일시할 수도 있습니다). 그러나 구분해야 할 개념적 차이가 있습니다. '유'='기'가 아직 어떤 식으로도 규정되기 이전의, 세계의 근본 바탕이라면, 천지는 개별적 사물들 이전의 차원이긴 하지만 이미 어떤 식으로 짜여 있는 틀입니다. 앞에서 '위'位라는 단어가 나왔죠? 그래서 천지에 가장 가까운 서구어를 든다면 아마 '코스모스'라는 말일 겁니다. 외연과 내포에서 미묘한 차이는 있지만 말입니다. 그에 비해 '기'에 가장 가까운 서구어를 든다면 스토아학파나 에피쿠로스학파에서의 '물질'이 되겠죠.

§5. 기계로서의 자연

전통적인 철학──지중해세계의 경우든 아시아세계의 경우든──에서 근대 철학으로 넘어가면 자연에 대한 완전히 새로운 사고가 나옵니다. 특히 그 급진적 형태는 유럽에서 나오죠. 그래서 유럽의 입장에서 보면 자신들의 전통과 '근대성'modernity의 문제이고, 유럽 바깥의 문화들 입장에서 보면 각자의 전통과 서구적 근대성의 문제입니다. 19세기 이래 세계사를 형성해 온 핵심 테마는 바로 서구에서 생겨난 이 '근대성'과 각 문화에서의 '전통'의 관계죠. 그 관계가 순수한 학문적-문화적 관계가 아니라 정치-군사적 충돌과 맞물려 있다는 점에서 사태는 더욱 복잡합니다.

각 문화, 각 지역은 각각의 전통적인 자연관을 가지고 있었죠. 그리고 그 자연관에 입각해 삶을 영위했습니다. 우리의 경우는 '기', '천지', '만물' 등이 그런 개념들이죠. 그러나 서구에서 생겨난 근대적/극단적 자연관이 서구 바깥으로 퍼져 가면서 각각의 전통적 자연관, 사물관은 낡은 것으로 파기되고 서구적 자연관이 객관적이고 보편적인 지식으로 확립됩니다. 여러분들은 고등학교 때까지 배웠던 과학 교과서에서 전통으로부터 내려온 세계관을 그 어디에서도 보지 못했을 겁니다. '전기'電氣니 하는 번역어들에 그 희미한 그림자가 남아 있을 뿐이죠. 다른 모든 전통적 세계관이 부정되고 근대 서구에 등장한 '과학적 세계관'이 보편화되었다고 할 수 있는 것이죠. 그렇다면 이 과학적 세계관은 어떤 것이었을까요?

그러나 이 물음은 간단한 물음이 아닙니다. 과학은 역사 속에서 발전되어 나가는 것이고, 때문에 과학이란 이런 것이라고, 근대 과학이란 이런 것이라고 간단하게 말할 수 없기 때문입니다. 같이 '과학'이라는 말로 불려도, 다양한 분야들은 그 인식론적 기반을 달리합니다. 나아가 예컨대 같은 '물리학'이라 해도 뉴턴 역학의 세계와 양자역학의 세계는 현저하게 다른 세계라 할 수 있습니다. 그러나 17세기에 등장한 과학철학으로서, 그후 큰 변화를 겪어 오긴 했으나 여전히 과학적 사유양식의 가장 기초적인 측면을 형성하고 있는 것이 있습니다. 그것은 바로 '기계론'mécanisme이라는 사유양식입니다. 우리가 무엇무엇의 '메커니즘'이라는 말을 쓸 때, 우리는 거의 무의식적으로 기계론적 사유를 구사하고 있는 것이죠. 그러나 기계론이라는 말의 좀더 정확한 의미를 알 필요가 있습니다.

기계론이란 사물을 기계로 보는 입장을 뜻하죠. 이에 따르면 자연은 하나의 거대한 기계라는 겁니다. 정교하기 이를 데 없지만 어쨌든 기계라는 것이죠. 서양 근대 철학자들의 저작을 읽어 보면, 흔히 자연을 무엇에 비교합니까? 시계에 비유하죠? 지금은 다르지만 그때에는 시계야말로 당대 사람들이 경험할 수 있는 가장 놀라운 기계였습니다. 그래서 자연을 시계에 비유하곤 했던 것이죠. 그렇다면 '기계론'이란 무엇인가? 자연을 설명하기 위해서 기계를 설명하는 데에 끌어들이는 개념들 이외의 개념은 일체 끌어들이면 안 된다는 입장이 기계론입니다. 그러니까 우리가 기계를 설명하기 위해 사용하는 개념들, 예컨대 질량, 힘, 속도, (물체의) 공간적 연장延長······ 이런 것들 외에는 끌어들이면 안 된다는 것이죠. 오늘날의 표현으로 하면 역학적力學的 개념들만 써서 사물들을 설명해야 한다는 것입니다. 조금 추상적으로는 시간, 공간, 물질 등도 들어갑니다. 이전의 전통 철학자들이 자연을 이해하기 위해 창출해낸 무수한 개념들은 송두리째 부정됩니다. 그리고 또 하나, 여기에 전제되는 것은 철저한 결정론determinism 입니다. 기계에 우연이 들어가면 곤란하겠죠. 그래서 자연은 기계가 돌아가듯이 철저하게 일정한 법칙에 따라 돌아가는 결정론적 존재인 겁니다.

그런데 자연이 하나의 거대한 기계이고, 그래서 모든 것이 다 수학적·역학적 언어로 표현될 수 있다고 할 때 문제가 생깁니다. 그렇게 말하고 나서 보니까 도저히 거기에 포섭시키기 힘든 것이 있었어요. 뭐가 있었을까요? 두 가지, 즉 신과 영혼이었죠. 신과 영혼은 물질이라고, 기계라고 말할 수 없었던 겁니다. 그래서 데카르트의 정신-물질이라는 유명한 이원론이 성립하게 됩니다. 모든 것을 기계로 환원하고 보니까 영혼과 신은 그렇게 할 수 없었고, 그래서 결국 이 둘은 세계와 절연된 별도의 존재가 됩니다. 그래서 연장을 띤 존재와 사유하는 존재라는 이분법이 성립하게 됩니다. 만약 이 세계가 살아 있다고, 생기生氣로 충만한 세계라고 생각한다면 굳이 영혼을 완전히 따로 떼어낼 필요가 없겠죠. 내 마음도 그 중 하나일 뿐이니까요. 다만 그 중에서 특별히 더 '영묘'靈妙한 것이라고 말하면 될 것 아니겠어요? 그래서 동북아에서는 심기心氣라는 말도 쓰죠. '심'도 '기'인 거예요. 그런데 모든 것을 기계라고 말하고 나서 보니까, 마음까지 기계라고 할 수는 없었던 겁니다. 그래서 100퍼센트 기계인 모든 사물들과 단 하나의 예외인 100퍼센트 영혼이라는 이분법이 성립했던 겁니다.

물론 또 하나의 예외가 있죠. '신'이 기계라고 말할 수는 없었기에 신은 전혀 별도의 위상을 부여받습니다. 그래서 데카르트에게서 물질과 영혼이라는 두 '유한 실체'와 신이라는 유일한 '무한 실체' 이렇게 세 가지의 실체가 설정되는 거예요. 그리고 이제 자연은 어차피 기계니까 어떤 결론이 나옵니까? 자연은 위대하고 신성한 것이 아니라 조작 가능한 무엇, 인간이 편의를 위해 사용할 수 있고 변형시킬 수 있는 무엇이 됩니다. 필요하면 나무도 베고, 강도 막고 할 수 있는 것이죠. 물론 이런 테크놀로지가 현실화되려면 19세기가 되어야 하지만, 자연을 기계로 보는 생각이 확립되었을 때 이미 잠재적으로 현대 문명의 밑그림이 그려졌다고 할 수 있습니다. 그리고 여기에서 또 하나 중요한 결론이 나오죠. 사람 몸도 기계고 동물도 기계입니다(그래서 사람이란 영혼과 물질이라는 전혀 다른 두 실체가 결합된 희한한 존재가 됩니다). 그래서 이제 사람이나 동식물도 기계처럼 연구해야 한다는 결론이 나옵니다. 그래서 해부학이 본격화됩니다. 이 기계론이라는 생각이 근현대 사회에 끼친 영향은 이루 다 말할 수가 없어요. '근대 문명'이라고 하는 것은 바로 이 기계론이라는 생각에 그 뿌리를 두고 있는 겁니다. 흔히 르네상스, 종교개혁 등등을 서구 근대 문화의 근저에 놓지만, 사실 기계론의 영향에 비하면 서구라는 지역에 한정된 것들이라 할 수 있죠. 인류 역사 전체로 볼 때 기계론만큼 거대한 영향을 끼친 사유도 드뭅니다.

그런데 조심할 것은 기계론 자체도 이론적으로 진화했다는 사실입니다. 우리 강의 처음에 이야기했듯이, 개념-뿌리들은 수천 년의 역사 속에서 변해 왔다는 사실을 늘 잊지 마시기 바랍니다. 본격적인 기계론의 경우는 수백 년이라 해야겠죠.

　최초의 본격적인 기계론은 방금 이야기했듯이 데카르트에 의해 제기되었습니다. 데카르트는 "cogito ergo sum"(나는 생각한다, 고로 나는 존재한다)이라는 명제로 유명하지만, 사실 인류 문명사 전체를 놓고서 볼 때 그가 끼친 더 큰 영향은 기계론에서 찾아야 합니다. 기계론의 영향에 비하면 '코기토'는 근대 특유의 관념철학들에 영향을 주었을 뿐이죠. 갈릴레오나 뉴턴의 과학조차도 데카르트의 기계론 사상에 비하면 부차적이라고 할 수 있습니다. 기계론은 세계의 법칙 하나를 발견한 것이 아니라 세계를 보는 방식 자체를 완전히 바꾸어 놓은 것이니까요.

　그러나 데카르트는 기계론을 극단으로 밀어붙인 결과 '힘' 범주조차도 배제합니다. 오로지 기하학적인 '연장=외연' 개념만을 가지고 모든 사물을 분석하고자 했죠('分析'이라는 사유방식을 근대적인 방식으로 정립한 것도 데카르트입니다). 그러나 뉴턴과 라이프니츠는 힘 개념을 도입함으로써 기계론의 성격을 바꿉니다(물론 둘 다 엄밀한 의미에서는 기계론자들이 아닙니다. 다만 지금은 물리학의 영역만을 논하고 있는 겁니다). 뉴턴의 힘 개념이 오늘날의 물리학적 힘force 개념이라면, 라이프니츠의 힘 개념은 오히려 오늘날의 에네르기Energie 개념에 해당하는 것이었습니다. 물리학적 정확성에서는 뉴턴의 공헌이 컸고, 수학적-철학적 독창성에서는 라이프니츠의 공헌이 두드러졌습니다. 어쨌든 주목할 것은 기계론적 사고를 버리지 않으면서도 원래는 데카르트에 의해 배제되었던 힘이라는 요소가 다시 도입되었다는 사실입니다.

　이후의 변화도 마찬가지입니다. 기계론의 기본 가정은 유지하되 이전에는 인정하지 않았던 개념들을 그 안에 포섭할 수밖에 없도록 과학이 발달합니다. 이렇게 되면서 사실상 '기계론'이라는 말의 의미 또한 크게 변화되어 가죠. 또, 목적론과 기계론이 끝없이 충돌하면서 서로가 서로를 세련되게 만들어 줍니다. 상대방의 비판에 응답하기 위해 계속 자신을 세련화해야 했던 겁니다. 그런 과정에서 기계론도 목적론도 예전의 모습을 계속 벗어던지면서 점점 세련화된 겁니다. 그리고 처음보다는 서로 많이 접근하게 되죠. 말하자면 '상생'相生의 과정을 겪은 겁니다. 이런 과정에서, 특히 생물학적 맥락에서, 가장 결정적인 문턱은 기계론적 설명에 '정보'information 개념이 도입된 곳입니다. 이것은 현대 과학에서 중요한 혁명적 변화라고 할 수 있습니다. 과거에는 늘 아무런 의미가 없는 물질(또는 물질-에네르기)과 의미를 가진 형상계形相界 또는 정신계가 구분되어 왔었죠. 정보란 무엇인가를 "뜻하는" 것이므로, 물질적 차원과는 단적으로 구분되었습니다. 물질적 차원에 의미라는 차원을 부여하는 사유들은 모두 신비주의 이론으로 간주되었습니다. 의미란 플라톤적 형상계나 영혼/정신의 영역에서만 인정되는 무엇이었던 겁니다. 그러나 현대 과학은 물질 자체가 정보를 내포한다고 봅니다. 예컨대 DNA는 그냥 물질 덩어리가 아니죠. 그 구조가 무엇인가를 "뜻하는" 정보의 집적체인 겁니다. 물론 정보와 의미가 똑같지는 않습니다. 정보라는 개념에는 인문적人文的인 보다 고급한 맥락에서의 의미까지는 포함되어 있지 않죠. 예컨대 카프카의 문학은 별다른 '정보'를 포함하고 있지 않지만 대단히 뛰어난 '의미'를 띤 것으로 평가되니까요. 그러나 정보라는 존재가 의미라는 존재의 기초적 측면을 형성하는 것은 분명합니다. 이 점에서 물질에 정보가 함축되어 있다는 현대 과학-철학의 입장은 사유의 역사에서 거대한 분기점을 형성하고 있다고 할 수 있습니다. 최근의 생물학과 철학은 이 대목을 집중적으로 연구하고 있습니다.

어쨌든 중요한 것은 '기계론'이라는 하나의 개념을 써도 그 내용에는 복잡한 역사적 맥락이 접혀 들어 있다는 사실입니다. 과학에 관련된 논의에서도 늘 역사적 맥락, 개념사적 맥락을 잊지 말아야 하는 것입니다.

§6. 자연의 새로운 모습들

자, 기계론이라는 사유양식에 논의의 초점을 맞추었는데 이제 시야를 보다 넓혀서 근대 과학의 한계가 극복되면서 등장한, 자연에 관한 여러 새로운 사유양식들을 살펴봅시다. 거대한 내용을 다루어야 하기 때문에 나열적이고 요약적이 될 수밖에 없을 듯합니다.

19세기 후반은 16세기 말, 17세기 초만큼이나 중요한, 과학사에서 또 한번의 결정적인 변환의 시대였습니다. 물리학에서는 (나중에 통계역학으로 발전하는) 열역학이 등장해 열, 일, 에네르기, '엔탈피'와 '엔트로피' 같은 개념들을 개발해내었고, 우주가 완벽한, 가역적^{可逆的}인, 항구적인 무엇이 아니라는 것을 밝혀냅니다. 물론 광학, 전자기학을 비롯한 다른 분야들도 새롭게 개발됩니다. 열역학 이전의 우주관과 열역학 이후의 우주관은 근본적으로 다르죠. 그 전의 우주가 영원히 완벽하게 작동하는 시계라면, 그후의 우주는 일정한 에네르기를 소모하는 증기기관이라고 할 수 있습니다. 여기에 수학과 논리학에서 전통적으로 내려오던 에우클레이데스(유클리드) 기하학과 아리스토 텔레스 논리학의 붕괴 또한 인식론적으로 큰 변화를 가져옵니다. '절 대'라는 것이 더 이상 통하지 않는 시대가 도래했다고 할 수 있겠죠.

생물학(과 지질학)에서는 무엇보다 진화론과 세포 이론이 중요합 니다. 진화론적 세계관은 우주의 일정한 체계, 즉 개별적 사건들의 영 향을 받지 않는 아프리오리한 구조를 무너뜨리고 세계를 기본적으로 '우발성'contingence에 입각해 보게 만들었습니다. 이제 "시간을 초월 한" 무엇이라는, 서구의 전통적인 사고양식은 근저에서 무너집니다. 모든 것은 시간 속에서 벌어지는 사실들facts, 사건들events일 뿐이죠. 수학에서의 확률론의 발달이 이런 흐름과 맞물려 진행됩니다. 인간과 학들도 모두 역사학을 토대로 시간축 상에서 논의됩니다. 19세기는 바로 '역사의 세기'였습니다. 세포 이론과 미생물학의 발달은 사람들 에게 '미시세계'micro-world를 더 이상 추상적인 이론으로서가 아니라 매우 현실감 있는 무엇으로서 받아들이게 만들었죠. 내가 보기에 전 통 사회를 살던 사람들과 현대인들을 구분해 주는 중요한 한 규준은 바로 이 '미시적인 것'에 대한 감수성입니다. 그리고 미래의 사회는 미 시적인 것에 대한 더욱더 첨예해진 감수성과 테크놀로지에 의해 지배 될 것입니다.

일일이 지적하기는 어렵지만 어쨌든 19세기 후반부터 그 전의 기 계론적 사유와는 현저하게 다른 무수한 과학적 성과들이 쏟아져 나옵 니다. 20세기에 들어와서도 수학에서의 집합론, 물리학에서의 상대 성 이론과 양자역학, 생물학에서의 유전학 등을 필두로 해서 오늘날 의 복잡계 과학, 분자생물학, 인지과학 등에 이르기까지 다양한 과학적 성과들이 발전하게 됩니다. 19세기 전반까지의 세계관과 그 이후의 세계관은 정말이지 현저한 차이가 있죠. 현대 철학의 거장들——니체, 베르그송, 화이트헤드, 들뢰즈 등——은 바로 이런 성과들을 흡수하면서 자신들의 사유를 가다듬어 왔다고 할 수 있습니다. 19세기 후반 이후의 과학과 철학은 그 이전의 과학과 철학을 전부 합친 것보다도 더 거대하고 혁명적이었다고 할 수 있습니다. 오늘날 존재론적 사유를 전개하려는 사람이라면 이런 성과들을 폭넓게 흡수할 필요가 있습니다.

현 시점에서 중요한 두 가지만 언급하고 이번 시간을 마치도록 합시다. 우선 보다 이론적인 것으로서 우리 시대는 자연철학을 필요로 한다는 사실입니다. '자연철학'이라 하면 얼핏 어색하게 들릴 수도 있습니다. 이 말은 엠페도클레스의 자연철학이나 음양오행설 같은 것들을 떠올리게 만들죠? 그러나 지금의 자연철학은 자연과학이 태동하기 이전의 자연철학을 뜻하는 것이 아니라 지난 400년간 진행된 자연과학의 작업들 이후에 성립하는 자연철학을 말하는 겁니다. 놀라울 정도로 정교하게 자연의 법칙들을 파헤치고 있지만 전체적인 시야는 놓쳐버린 오늘날, 새로운 의미에서의 자연철학이 필요한 것이죠. 실제 이런 작업들은 20세기 후반에 여러 방면에서 이루어지고 있습니다. 그리고 이런 작업들의 성과가 인간의 본성에 대한 통찰이나 생태·환경 문제 등으로도 이어지고 있습니다. 자연철학은 우리 시대 사유의 가장 중요한 화두들 중 하나라고 할 수 있죠.

다른 하나는 테크놀로지에 의한 세계의 변화라는 문제입니다. 기술의 발달은 세 단계로 나누어 볼 수 있습니다. 첫째는 기계가 도구의 형태를 띠었던 시절입니다. 기계는 인간 신체의 연장선상에서 도움을 주었죠. 다음 단계는 19세기 말 이래 기술이 삶의 환경 자체를 조직하게 되는 시대입니다. 거대한 건물이나 지하철, 무수한 자판기들 등은 이제 단순한 도구가 아니라 삶의 환경 자체가 되었죠. 우리가 '기계'라는 말을 쓸 때에는 흔히 이 두번째 시기의 기계를 뜻합니다. 세번째는 최근에 도래한 상황으로서, 기술이 컴퓨터를 통해 삶의 외적 환경만이 아니라 인간의 존재 자체를 변화시키기 시작한 단계입니다. 신체 부위를 기계로 대체하고, 더 나아가 안의 장기까지 갈게 되었죠. 인공지능, 로봇, 안드로이드, 사이보그 등이 더 이상 소설에서나 나오는 것들이 아니게 되었습니다. 최근에는 분자생물학을 이용한 인간복제까지 논의되고 있습니다. 이런 테크놀로지의 발달은 말할 필요도 없이 자본주의와 맞물려 있죠. 그리고 또 군사시설 및 정치권력과도 맞물려 있습니다. 그리고 최근에는 테크놀로지와 대중문화가 밀접하게 맞물려 돌아갑니다. 정치권력, 자본주의, 테크놀로지, 그리고 대중매체와 대중문화로 이루어진 '사각의 링'이 우리 삶의 현실을 구성하고 있는 겁니다. 이런 시대에 '사물'이란 무엇일까? 인간과 다른 존재들의 차이는 무엇일까? 어떻게 사는 것이 현명한 것일까? 등의 물음들에 답하는 것이 철학의 과제가 되었습니다. 오늘날 '자연'과 '사물'에 대한 전반적인 새로운 검토가 절실히 요구되는 시대가 도래한 것이죠.

Q '무'와 '공'쪽은 어떻게 다릅니까?

A '무'라고 하는 말은 원래 동북아 철학의 중요한 개념이고, '공'이라는 말은 원래 사용되지 않았던 것은 아니지만 불교가 들어오면서 일반적으

로 사용되기 시작한 개념입니다. 인도 철학 개념에서의 'sunya'를 '空'으로 번역한 것이죠. 그러면서 노장철학에서 말하는 '무'와 불교가 들어온 이후에 많이 논의되기 시작한 '공'이 비슷한 것으로 이해되기 시작한 겁니다.

그러나 노장사상에서의 무가 무한한 잠재성이라면, 불교에서의 공은 아무-것도-아님이라는 의미에서의 무이죠. 노장이 긍정의 사유라면, 불교는 부정의 사유입니다. 노장에게서 무는 역설적으로 모든-것이지만, 불교에서의 공은 아무-것도-아님입니다. 의미를 전혀 달리합니다.

Q 파르메니데스의 일자—者가 나중에 기독교의 창조주 모델로 차용되었다고 할 수 있나요?

A 그건 아니에요. 일자는 유일무이한 참된 실체 자체죠. 그러니까 일자 바깥에는 그 어떤 것도 있을 수 없죠. 일자는 유일한 것이고 전체거든요. 그런데 기독교의 신은 피조물을 자신의 바깥에 두고 있습니다. 이것은 큰 차이죠. 파르메니데스의 일자는 그것의 바깥을 허용하지 않지만, 기독교에서는 신과 신 바깥의 피조물이 양립합니다.

그래서 기독교 사상은 하나의 문제를 드러내는데, 그것은 왜 신이 세계를 창조했냐는 겁니다. 신은 완전하고 충만하고 절대적인 존재인데, 완전하고 충만하고 절대적인 존재가 자기 바깥에 무엇인가를 만들 이유가 어디 있냐는 것이죠. 절대絶對라는 말 자체가 대對를 끊어버리는 것, 상대성相對性을 초월하는 것인데, 그러려면 자기 바깥에 그 무엇도 허용하면 안 되죠. 만일 자기 바깥에 무엇인가를 허용하면 그 무엇에 의해 자신이 제약받을 것이고, 그러면 자신의 절대성이 파괴되죠. 그런 문제가 발생합니다.

기독교가 차용한 것은 파르메니데스보다는 플라톤——사실상은 플로티노스——이었다고 볼 수 있습니다. 아우구스티누스가 그 결정적인 인물인데, 아우구스티누스는 플로티노스가 기독교 사상과 거의 같다고 보았죠. '창조주'와 '예수'라는 개념만 빼고 말입니다. 궁극의 일자를 이야기하되 그 일자에서 다른 존재들이 흘러나온다는 플로티노스의 사상이야말로 기독교적 맥락에서 차용하기에 알맞은 것이었다고 할 수 있습니다. 그러나 사실은 일자가 스스로 유출流出한다고 보는 플로티노스의 사상과 창조주가 세계를 제작했다고 보는 기독교는 상당히 다른 사상이죠.

기독교와 가장 비슷한 것은 플라톤의 우주창조설입니다. 그러나 이 경우에도 플라톤 철학의 핵심은 질료와 형상에 있는 것이지 데미우르고스[造物主]에 있는 것은 아닙니다. 헬라스 사상과 히브리 사상은 넓게 보면 같은 유형의 사상이지만, 자세히 보면 일정한 간극이 있다고 할 수 있습니다. 그 간극이란 창조주라는 개념, "무로부터의 창조"라는 개념, 그리고 기독교의 맥락에서 보면 예수의 유일성에 있다고 할 수 있습니다.

3강_ 운명, 필연, 우연

§1. 운명

살면서 가끔 '운명'運命이라는 표현을 쓰죠? 이 말에는 전통 사회의 세계관과 인생관이 짙게 묻어 있습니다. 그래서 현대에 이르러서는 고색창연古色蒼然하다고 할까 아니면 좀 신파조新派調라고 할까, 그런 분위기가 묻어 있습니다. 그래서 일상에서는 잘 쓰이지 않고 주로 소설이나 영화 같은 데에서 등장하곤 합니다. 또는 전통 사회의 분위기를 물씬 풍기는 '운명철학'運命哲學 같은 사술邪術에서 이 말을 들먹이곤 하죠. 일상생활에서 누군가가 '운명'이라는 말을 쓰면 좀 "심각한" 사람 또는 반대로 "낭만적인" 사람으로 취급받을 겁니다. 그러나 이 말에는 사실 매우 묵직한 철학적 뉘앙스가 걸려 있습니다. 어떤 의미에서는 전통 사회의, 그리고 일정 정도는 오늘날에 있어서도, 세계관과 인생관이 가장 함축적으로 접혀 들어가 있는 개념이라 할 수 있죠. 이번 시간에는 운명에 대해서, 그리고 이와 밀접한 관련이 있는 필연, 우연에 대해서 살펴봅시다.

운명은 희랍어의 'moira'에 해당합니다. 라틴어의 'fatum', 'destinas'가 여기 해당되죠. 전통 사회로 갈수록 인간의 자의성이나 자유가 적었다고 할 수 있어요. 오늘날 우리는 인간이 못할 것은 거의 없는, 인간이 못하는 것이 과연 뭐가 있을까 싶은 시대를 살고 있습니다. 인간의 주체성과 자유와 자의성이 현저히 증가한 시대에 살고 있는 것이죠. 그러나 과거로 거슬러 올라갈수록 인간이란 존재가 마음대로 할 수 있는 여지가 적었다는 것을 확인할 수 있습니다. 이것은 달리 말하면 고대로 내려갈수록 그만큼 운명이라는 개념이 더 중요해진다는 것을 뜻합니다. 전통 사회와 근대 이후의 사회를 뚜렷이 갈라놓는 점이 이 점이죠. 전통 사회가 운명의 사회라면, 근대 이후 사회는 자유의 사회입니다(물론 조금만 더 생각해 보면, 현대인이라고 운명으로부터 그리 멀리 떨어져 있지는 않습니다만).

그리스 사회도 마찬가지여서 모이라에 관련된 사상이 중요한 역할을 합니다. 초기에는 사실상 가장 중요한 역할을 하죠. 호메로스의 서사시에서 스토아철학에 이르기까지 그리스 문화 전체를 관류하는 주요 주제가 '운명'입니다. 모이라는 바로 운명의 여신이고 그래서 그리스 문헌들에 가장 자주 등장하는 말들 중의 하나였습니다. 처음에는 종교적 뉘앙스가 강했고, 그후 문학적인 뉘앙스를 부여받았습니다. 철학 용어로는 자주 쓰이지 않았지만, 이법理法, 법칙法則, 필연必然 같은 개념들의 씨앗을 담고 있는 말이라고 할 수 있죠.

흥미로운 것은 모이라 자신은 최고의 신이 아님에도 모이라가 대변하는 운명 자체는 신들 위에 있다는 거예요. 신들보다도 더 근원적인 것, 신들조차도 따르지 않을 수가 없는 것, 그런 것이 운명이죠. 제우스조차도 그 운명을 거역할 수 없는데 이것은 『일리아스』에 잘 나타납니다. 아킬레우스의 절친한 친구가 파트로클로스죠? 파트로클로스가 헥토르에게 죽어서 아킬레우스가 분노하죠. 그런데 그 전에 파트로클로스가 사르페돈을 죽이는데, 그 사르페돈은 제우스와 에우로파의 아들입니다. 그런데 전능한 제우스조차도 바로 그 사르페돈의 죽음을 막을 수가 없었다는 겁니다.

내가 가장 사랑하는 인간인 사르페돈이
[……] 파트로클로스의 손에 죽을 운명이라니

그런데 모이라라는 개념은 철학자들은 별로 사용하지 않았던 개념이고, 차라리 문학적 개념이었다고 볼 수 있어요. 그리스 문학은 호메로스의 서사시를 거친 후 다시 서정시를 거쳐(사포의 서정시가 유명하죠?) 페리클레스 시대를 전후해서 드라마/비극으로 발전하죠. 3대 비극 시인이 나오면서 드라마가 활짝 개화합니다. 그런데 이런 과정을 거치면서 발전해 간 그리스 문학사를 처음부터 끝까지 꿰는 주제가 운명이에요. 그리고 뒤로 갈수록 약간의 변화가 생겨나는데, 바로 운명의 절대성으로부터 벗어나려고 하는 몸짓이 나타납니다. 인간의 자의식이 발달하면서 운명의 절대성이 조금씩 완화되는 것이죠. 아이스퀼로스에서 그런 변화가 뚜렷이 엿보이고, 특히 소포클레스에 가면 운명 개념이 훨씬 복잡화되고 현대적인 뉘앙스를 띠게 됩니다. 어쨌든 그리스 사람들에게 운명이란 삶의 진실을 가장 근본적으로 포착해

주는 개념이었다고 할 수 있습니다.

동북아 문화에서도 '명'命이라는 개념은 중요한 역할을 합니다. 命이라는 글자의 전문篆文을 보면, 이렇게(🈺) 되어 있어요. 집에서 사람들이 모여 무릎을 꿇고 앉아 있는데, 누가 나와서 입으로 명령을 내리는 거죠. 그래서 이것이 '命'자가 됩니다. 그런데 동북아의 命 개념은 헬라스의 경우에 비해서 보다 정치적인 뉘앙스를 띠고서 등장했다고 할 수 있습니다. 이 개념은 처음에 '천명'天命으로서 등장하죠. '천명'이란 주周가 은殷을 무너뜨리고 새 정권을 세우려 했을 때, 그 일에 정당성을 부여하기 위해 제시한 개념이었죠. 그래서 『서경』書經에 자주 등장합니다. "우리가 '천명'에 따라 은을 쳤다"는 것이죠. 후에 사명使命이라는 말이 등장하는데, 이 개념에는 바로 천명이라는 개념의 뉘앙스가 묻어 있습니다. 이에 비해 운명運命이라는 개념은 뉘앙스가 조금 어두워요. 인간이 겪어야 하는, 인간이 당해야 하는, 인간이 왜 그런지 이해하지 못한 채로 받아들여야 하는 명, 그런 것이 운명이에요. 도저히 납득은 가지 않지만 어쩔 수 없이 어떤 길을 걸어가야 할 때, 사람들은 "그래, 이게 내 운명인가 보다" 하고 말하죠. 운명이란 대개 이런 어두운 뉘앙스를 띠고서 등장합니다.

그리스 드라마를 보면 "정해진 바에 따라서"라는 표현이 줄곧 등장합니다. 모든 것이 정해진 바에 따라서 일어난다는 생각이죠. 정해진 바가 뭡니까? 바로 '명'이죠. 자기에게 정해진 바, 그것이 바로 '명'입니다. 그리고 이 '명'이라고 하는 것은 처음에는 공간적인 의미를 띠었습니다. 공간적 의미로 볼 때 '명'은 '몫'이에요. 현대 영어의 'lot'에 해당하죠. 사람들에게 주어진 몫. 한 사람이 태어날 때 어떤 일정한 몫을 가지고 태어난다는 생각이 깔려 있습니다. 여기에 시간적인 개념이 들어가면 조금 달라집니다. 시간적으로 자기에게 주어진 몫이 뭘까요? 바로 수명壽命이죠. 그래서 '명'이라는 말의 시간적 의미는 '수명'이라고 할 수 있어요. 이런 의미로부터 점차 세련화되어 보다 고급한 맥락에서의 운명 개념들이 등장하게 되는 겁니다.

그런데 운명이라고 하는 것이 어째서 신들조차도 따라야 하는, 신들보다도 위에 있는 것일까. 그 이유를 생각해 볼 필요가 있어요. 그리스 신들은 변덕스럽죠. 그리스 신들은 기본적으로 인격적인 신들입니다. 히브리의 신(유대-기독교의 신)도 마찬가지죠. "너희들의 신은 질투하는 신이다", 그런 말이 나오죠? 화내고 질투하고 사랑하고 미워하는 인격적인 신입니다. 그런데 모이라라고 하는 것은 변덕이나 의지나 감정 같은 것을 넘어서 있는 거예요. 그냥 그렇게 될 수밖에 없는, 어쩔 수 없는 것. 그러니까 모이라는 의지를 가지고서 변덕을 부리는 신들보다 상위의 존재로 이해되죠. 운명이라는 말이 다분히 감성적인 뉘앙스를 띠고 있는 말이지만, 나중에 점차 하나의 이론적인 개념으로 바뀌게 되는 발단이 여기에 있습니다. 전에도 얘기했듯이 처음에는 일상적인 것이었던 단어가 나중에 학문적인 용어로 바뀌곤 합니다. 이 운명이라는 개념도 나중에 가면 '섭리'라든가 '이법'이라든가 또는 '필연'이라든가 '법칙' 같은 개념들로 화합니다. 이런 철학적 개념들의 모태가 바로 운명이라는 말이에요. 모이라라는 말에는 이런 개념들의 의미가 씨앗으로서 들어 있었고, 때문에 인격적인 신들 이상의 법칙성으로서 군림했던 측면이 있었던 겁니다. 물론 기독교의 신은 인격신이면서도 법칙들 자체를 창조해낸 신이기 때문에 그리스의 신들과는 성격이 다르다고 해야 하겠죠.

어쨌든 모이라라는 말에는 오늘날에 와서는 명백히 구분되는 두 가지 의미가 미분화되어 들어 있어요. 그 하나는 법칙적 필연성이라는 뜻이죠. 물이 위에서 아래로 떨어지는 것이라든가, 해가 동에서 떠서 서로 지는 것이라든가, 사람이 늙으면 죽는 것이라든가, 이런 것들이 바로 객관적 법칙, 법칙적 필연입니다. 또 하나는 당위當爲죠. "~해야 한다"는 뜻입니다. 즉, 모이라는 "~일 수밖에 없다"는 뜻과 "~이어야 한다"라는 뜻을 동시에 띠고 있습니다. 전자는 존재론적인 개념이고 후자는 윤리학적인 개념이죠. 그 두 의미가 함께 들어 있습니다.

그래서 이 모이라라고 하는 개념은 한편으로 필연 개념의 모태였지만, 그러나 추상적이고 이론적인 개념이라기보다는 훨씬 더 감성적이고 인간중심적인 개념이었습니다. 그리고 다른 한편으로 당위라는 측면이 포함되어 있는 것이죠. 만약 인간이 이 모이라를 어기면 거기에 따른 응보應報를 받게 돼요. 자연과학에서처럼 완전히 탈-인간화된 개념이 아니라 인간의 감성과 도덕이 묻어 있는 개념이 바로 모이라=운명인 겁니다.

이와 관련해서 하나 알아 둘 만한 것은 'hypermoron'이라는 개념이죠. 모이라를 넘어서는 것이 '휘페르모론'이죠. 그런데 모이라를 넘어선다는 것에는 두 얼굴이 있어요. 하나는 놀라운 경이, 놀라운 위대함이죠. 이미 자기에게 정해져 있는 바, 자기가 따라야 할 바를 넘어서 버린다는 것입니다. 이것은 아주 위대하고 놀랍고 경탄스러운 그런 측면을 함축합니다. 예컨대 인간이 100m를 5초에 달렸다면, 이것은 인간의 한계를 넘어서 버린 것이고, 그래서 '휘페르모론'이죠. 또 하나는 넘어서면 안 될 것을 넘어섰음을 뜻합니다. 넘어서지 말아야 할 경계를 넘어섰다는 것을 뜻합니다. 이 경우 그리스 사람들은 'hybris'라든가 'atê' 같은 말을 썼습니다. 'hybris'라는 말은 오늘날 말로 정확한 번역어가 없는데, 오만, 지나침, 또는 광기 등을 뜻합니다. 자기에게 정해진 길을 따라가지 않고, 마땅히 가야 할 길을 따라가지 않고, 그것을 넘어서 버리는 것을 '휘브리스'라고 해요. 또 하나는 아테인데 아테는 우리말로 미망迷妄 정도에 해당합니다. 봐야 할 것을 보지 못하는 것이 미망이죠. 예를 들어 아가멤논이 그리스 연합군의 총사령관이 되어서 트로이 원정길을 가는 상황을 생각해 봅시다. 포세이돈이 파도를 일으켜서 앞길을 막았죠. 그래서 아가멤논이 자기 딸 이피기네이아를 바다의 제물로 바치죠. 그런 것이 휘브리스 또는 아테입니다. 그때 "아하, 신이 우리를 방해하는구나. 이것은 우리가 무리하고 있다는 것을 뜻하는구나. 무리하지 말자"라고 판단을 내려서 돌아가야 하는데, 여기서 이 사람이 도를 넘어서, 또는 눈이 멀어서 자기의 딸을 제물로 바쳤습니다. 우리말로 눈멂이라고 할 수 있죠. 그리스 드라마란 결국 휘브리스와 아테가 가져온 비극을 다루는 문학이라고 할 수 있습니다. 아가멤논 가문의 비극이 시작되죠. 물론 그 씨앗은 훨씬 전까지 거슬러 올라갑니다만.

우리 식으로 말해 이것은 도가 지나침, 무리함입니다. 항상 무리無理를 하기 때문에 건강을 해치고, 인간관계가 나빠지고, 일을 그르치죠. 무리하면 안 됩니다. 인간의 삶엔 도度라는 것이 있는데, 이것은 도道하고도 통하죠. 도度를 넘어서거나 도道를 못 보면 거기에서 문제가 발생합니다. 무리하거나 미망에 사로잡히면 그에 따른 응보가 따르게 됩니다. 이 점에서 응보란 도덕적 의미 이전에 존재론적 의미죠. 도덕적으로 "벌을 받는다"는 의미보다는 무리나 미망이 필연적으로 어떤 고통을 가져온다는 의미입니다.

§2. 필연

그 다음 필연 개념에 대해 생각해 봅시다. 필연은 희랍어 'ananké'에 해당합니다. 이것이 라틴어로 번역된 것이 'necessitas' 즉 오늘날의 'necessity'죠.

아낭케라는 말은 처음에는 모이라와 거의 같은 의미로 쓰였었어요. 그러다가 나중에 본격적인 철학적 의미를 획득하게 됩니다. 예컨대 엠페도클레스의 글 중에 "신들의 냉혹한 법"이라는 표현이 나오는데, 신들이 내린 차가운 법, 예외가 없는 법(또는 벌)이 바로 아낭케입니다. 아낭케가 이런 뜻으로 쓰일 때는 모이라와 거의 같은 뜻으로 사용되죠. 또, 파르메니데스에게서 아낭케는 우주의 섭리로 이해되는데, 인격화된 섭리의 성격을 띱니다. 이 경우도 역시 모이라와 뜻이 거의 같죠.

그런데 이 대목을 유심히 볼 필요가 있습니다. 필연이라는 말에는 매우 상반된 두 가지 의미가 함축되어 있어요. 하나는 오늘날 현대인들이 가지고 있는 필연 개념의 의미와 거의 비슷한 의미이고, 또 하나는 플라톤, 아리스토텔레스의 목적론적 사유체계 내에서의 필연의 의미입니다. 똑같은 필연이라는 말을 써도 오늘날 우리가 가지고 있는 필연 개념과 목적론적 체계 안에서의 필연 개념은 상당히 다릅니다. 아니 다른 정도가 아니라 반대의 뜻이 돼요. 이 점을 유심히 볼 필요가 있습니다.

　예컨대 데모크리토스 같은 사람에게 있어서 기계론적 필연, 아낭케라는 말은 오늘날 우리가 자연과학적 법칙의 필연을 말할 때와 거의 같은 의미의 필연이에요. 아무런 목적이 없는, 이유도 없는, 오직 그렇게 될 뿐인, 이런 의미를 띱니다. 이유 없는 법칙성이라는 의미에서의 아낭케인 것이죠. 그런데 현대적인 맥락에서 말하면 이런 것들은 ‘우연’이죠. 참 혼동스럽죠? 필연이라고 번역되는 아낭케가 사실상 그 의미에 있어서는 우연인 것이죠. 왜 우주가 이렇게 진화되어 왔는가? 아무런 형이상학적 이유가 없다는 겁니다. 우연일 뿐이라는 것이죠. 그것이 데모크리토스적 의미에서의 아낭케인 겁니다. 그런데 여기에서 우연의 두 가지 의미를 구분해야 합니다. 우연이란 우주의 운동에 어떤 목적이나 섭리는 없고 다만 그렇게 움직이는 것일 뿐이라는 뜻과 법칙성을 벗어나는, 예측이 안 되는 사건의 성격이라는 뜻이 공존합니다. 전자는 앞에서 말했던 ‘우발성’ 개념이고, 후자는 확률론 등에서 말하는 우연이죠. 지금 우리가 말하는 우연은 전자의 우연을 뜻합니다. 데모크리토스가 우주의 법칙성을 부정한 것은 물론 아니니까요. 그래서 데모크리토스에게서 아낭케는 곧 우발성을 뜻하는 겁니다. 그래서 아낭케라는 말은 조심스럽게 번역하거나 아니면 아예 번역하지 않는 것이 좋습니다. 일괄적으로 ‘필연’으로 번역하면 풀기 어려운 혼란에 빠집니다.

　이에 비해서 소크라테스와 플라톤은 아낭케라는 말을 우리의 감각과는 상당히 다르게 사용하지요. 아낭케를 흔히 ‘필연’으로 번역하는데 현대적인 의미와 묘하게 어긋납니다. 지구가 태양을 일정하게 돌죠. 또 물은 수소와 산소로 되어 있기 때문에, 바로 그 때문에 우리가 아는 여러 가지 성격을 띠게 되죠. 우리에게는 이런 것들이 '필연'입니다. 인간은 생물학적 법칙성 때문에 노화하고 언젠가는 죽죠. 그런 것이 필연이에요. 현대인이 가지고 있는 필연 개념은 데모크리토스의 아낭케 개념 —— '우연'의 첫번째 의미(우발성) —— 과 더 가깝습니다. 그런데 플라톤과 아리스토텔레스는 이 세계의 법칙성들을 기본적으로 목적론적으로 봅니다. 어떤 목적을 전제하고 이 세계의 질서와 입법을 이해합니다.[1] 그리고 아낭케라고 하는 개념은 바로 그 목적론적인 성격과 상반되는, 그것과 대조되는 것이죠. 그래서 플라톤에게 아낭케라고 하는 것은 부차적 원인synaitia으로 이해됩니다. 일차적 원인=원리는 이성 또는 목적이고 이차적 원인이 아낭케인 것이죠. 건축가가 집을 지을 때 본질적인 원인은 형상입니다. 그 건축가가 물질에 구현하고자 하는 형상이 일차적인 원인이죠. 그 형상이 또한 목적

---

1) 플라톤의 경우, 조물주가 애초에 목적을 가지고서 세계를 창조했기 때문에 목적론의 성격이 두드러진다. 그러나 조물주라는 개념이 나타나지 않는 아리스토텔레스의 경우는 간단하지 않다. 아리스토텔레스가 생물학적 설명에서 목적론을 사용한 것은 사실이지만, 그의 목적론이 두드러지게 나타나는 곳은 그의 윤리학이라고 해야 한다. 아리스토텔레스의 목적론은 보다 섬세하게 이해되어야 한다.

(위진魏晉 시대의 철학자였던) 왕필(王弼)은 우주에 대한 목적론적 설명을 거부하면서도 세계가 마치 목적의 관계로 이루어져 있는 것처럼 되어 있다는 사실을 부정하지는 않는다. "천지불인"(天地不仁)에 대한 주석에서 이 점이 분명하게 드러난다. "천지가 짐승들을 위해 풀을 만든 것은 아니지만 짐승들은 풀을 먹고, 인간을 위해 개를 만든 것은 아니지만 인간은 개를 먹는다. 만물에게 있어 '위함'이란 존재하지 않지만, 그럼에도 만물은 각각 그것이 쓰이는 바에 들어맞는다."(天地不爲獸生芻 而獸食芻, 不爲人生狗 而人食狗. 無爲 於萬物而萬物各適其所用) 마지막 언명은 사실상 정치적 맥락을 띠고 있지만, 지금 맥락에서는 존재론적으로 이해할 수 있다.

이기도 합니다. 그런데 형상-목적이 부딪쳐야 하는, 뚫고 나가야 하는 조건들이 있죠. 예컨대 인부를 쓰는 문제, 벽돌의 재질, 집을 세우고자 하는 땅의 척박함, 돈 문제, 법적인 문제 등을 뚫고 나가야 그 형상-목적이 제대로 구현됩니다. 바로 이런 조건들이 '아낭케'입니다.

우리는 오늘날 필연 개념을 법칙성과 연관지어 생각합니다. 그러나 플라톤에게서 필연이라고 하는 것은 거꾸로 법칙성에 잘 맞지 않는 것을 뜻합니다. 예를 들어서 지구가 태양을 도는데 수학적으로 서술 가능한 방식으로 돕니다. 데모크리토스에게는 이것이 그저 우연(우발성)일 뿐이지만, 플라톤에게 이것은 우주가 조물주의 이성noûs에 의해서, 어떤 형상-목적을 통해서 만들어졌다는 증거입니다. 그런데 이 법칙성이 완벽하지 않습니다. 지구의 원이 궤도를 이탈할 경우가 있다는 것이죠. 플라톤은 이것을 원래의 형상인은 완벽한데 다만 이 세계에는 형상만 존재하는 것이 아니라 아낭케가 함께 있기 때문에, 그 아낭케가 말을 안 들어서 그런 일탈이 생겨나는 것으로 본다는 겁니다. 생명체의 병이나 지구의 지진, 해일 등이 모두 이런 맥락에서 이해됩니다. 플라톤에게 아낭케란 형상을 온전하게 받아들이지 않는 질료의 특징인 것이죠.

앞의 강의에서 자연 개념에 대해 논했던 것과 연결시켜 생각해 볼까요? 『티마이오스』에서 조물주가 형상의 차원을 보고서 이 형상에 따라서 질료를 빚었다는 말을 했습니다. 그런데 질료가 형상의 말을 완벽하게 듣는 것이 아니에요. 예를 들어서 조물주가 동그란 형상을 보고 질료를 빚었는데, 이 질료가 이 형상에 온전하게 굴복하지 않아서 자꾸 완벽한 원형을 일탈하는 것이죠. 일정한 편차가 나타나서 법칙적인 것에 안 맞는 측면이 나타납니다. 이것이 플라톤적 의미에서의 'physical necessity'죠. 그래서 자연과학은 수학 및 형이상학(플라톤에게는 이 개념이 없었지만)에 비해서 열등한 위치에 배치됩니다. 그런데 유심히 보면 바로 플라톤적 의미에서의 'physical necessity'라는 개념은 오늘날 우리가 이 말로 뜻하는 바와는 완전히 반대죠.

　플라톤에게는 다음과 같은 생각이 깔려 있다고 보면 됩니다. 질료에 아직 구현되기 이전의 형상은 완벽한데, 질료가 형상을 그대로 받아들이지 않기 때문에 우주에 일정한 오차나 무질서가 있다는 것이죠. 이것을 현대적인 맥락에서 이해할 수도 있습니다. 예를 들어서 C(탄소)의 원자가는 6이죠. 탄소의 원자가가 6이라는 것을 플라톤 식으로 말하면, 이 우주가 제멋대로 혼돈스럽게 존재하는 것이 아니라 형상에 따라, 형상이 구현되어 이루어져 있다는 증거입니다. 우주는 '코스모스'죠. 미적으로도 아름답습니다. 우주가 이렇게 질서 있고 또 아름답게 되어 있는 것은 바로 형상들에 따라 만들어졌기 때문이라는 겁니다. 그런데 질료가 말을 잘 안 들어 형상이 원래대로 구현되지가 않아요. 그래서 형상 차원에서 탄소의 원자가는 6이지만 실제 실험을 해보면 6으로 딱 떨어지지 않습니다. 5.999, 6.001, 같이 나와요. 물론 이 수치도 반올림한 것입니다. 말하자면 6 좌우로 떨리는 것이죠. 어떤 과학적 법칙도 수학에 완벽하게 들어맞지 않습니다. 플라톤 식으로 이해하면 이것이 바로 물질이 내포하고 있는 아낭케의 성격인 것이죠. 물론 달리 볼 수도 있습니다. 탄소는 원래 여러 원자가를 가지고 있고 6은 단지 그 수적 평균치일 뿐이라고 생각할 수도 있습니다. 이것은 플라톤과는 반대 방향으로 생각하는 것이죠. 어쨌든 플라톤의

'아낭케'는 현대적인 의미에서의 '필연'과는 전혀 다른 개념입니다. 우주에 대한 목적론적 이해를 이미 전제했을 때 거기에 정확히 잘 맞지 않는 것, 목적을 실현하기 위해서 극복해야 할 어떤 장애물 같은 것이라는 뉘앙스를 띱니다.

아리스토텔레스는, 늘 그렇듯이, 아낭케라는 말의 여러 가지 의미를 정리해 주고 있어요. 첫째, 필요한 것, 필요 조건, 특히 생존 조건. 말하자면 어떤 것의 본질은 아니지만 부차적으로 필요한 것이 바로 아낭케죠. 흔히 일상생활에서 "돈은 인생에 필요한 것이지만 인생의 목적은 아니다"라고 할 때 여기에서의 '필요'가 아리스토텔레스가 말한 이 첫번째 뜻에서의 아낭케입니다. 돈이 인생의 본질은 아니지만 부차적으로는 중요합니다. 글을 쓸 때 그 글의 내용이 본질이죠. 그렇지만 그 글을 쓰기 위해서는 종이와 연필도 필요합니다. 그게 필요=아낭케입니다. 여기에서도 아낭케는 극복해야 할 것, 본질로 나아가기 위해서는 어쩔 수 없이 넘어서야 할 것이라는 뉘앙스를 띱니다. 역시 어떤 목적론적 세계관을 깔고 있죠. 어떤 목적에 반드시 수반되는, 그러나 그것을 넘어야 목적을 이룰 수 있는 것이라는 뜻으로 아낭케 개념을 쓰고 있습니다.

두번째는 어쩔 수 없는 제약이라는 뜻입니다. 이것은 바로 모이라의 뜻이죠. 어쩔 수 없는 제약, 자신의 의지에 반하는 것. '운명' 개념이라고 할 수 있습니다. 어찌 보면 첫번째 의미인 '필요'는 약한 형태의 운명이라고 할 수 있겠죠. 글을 쓰기 위해 어쩔 수 없이 연필과 종이를 살 수 있는 돈을 벌어야 하는 것은 약한 형태의 운명이라고도 할 수 있습니다.

　세번째로는 그렇게 될 수밖에 없다, 그렇게밖에는 달리 될 수가 없다, 이런 뜻이에요. 현대인들이 필연이라고 했을 때 가장 먼저 떠오르는 것이 바로 이 뜻이죠. "그건 그렇게 될 수밖에 없어. 그건 필연이야." 그러나 이때에도 현대 자연과학의 맥락보다는 일상생활이라는 맥락이 더 강합니다. 우리가 어떤 힘겨운 일을 겪으면서 "이게 내 운명이구나" 하는 생각을 하는데, 이때의 운명이 바로 "그렇게밖에는 달리 될 수 없는 것"이라는 뉘앙스를 띱니다. 탈-인간적인 우주의 법칙이라는 뉘앙스보다는 오히려 삶에서의 피할 수 없는 어떤 것이라는 뉘앙스인 것이죠.

　네번째는 논리적 필연성logical necessity입니다. A와 B가 같고 B와 C가 같으면, 필연적으로 A와 C가 같죠. 이때의 필연이 바로 논리적 필연이에요. 이것이 아낭케의 또 하나의 뜻입니다. 이것은 세번째의 "그렇게밖에는 달리 될 수 없는 것"과 같은 뜻이지만, 맥락이 좀 다르죠? 세번째 경우는 '필연/운명'이라는 뉘앙스에서 그런 것이고, 이 경우는 형식적 필연성을 뜻합니다. 겉으로는 같은 뜻이지만 맥락은 다르다고 해야 하겠죠.

　그 다음에 다섯번째로는 단순성으로서의 아낭케입니다. 이것은 얼핏 이해가 잘 안 가죠? 완벽하게 단순=간단하다는 것은 다른 어떤 요소도 없이 오직 하나의 요소만 존재할 때 가능해요. 정확한 비유는 아니겠지만, 자기한테 옷이 딱 한 벌밖에 없다면 그것밖에 입을 수 없잖아요. 선택의 여지가 없다는 것이죠. 이것도 "그렇게밖에는 달리 될 수 없음"이라는 뉘앙스와 통하죠. 이렇게 보면 이 다섯번째 뜻도 다른 것들과 동떨어진 것이 아니라는 것을 알 수 있습니다.

아리스토텔레스는 아낭케의 의미를 이렇게 다섯 가지로 정리해 주고 있습니다. 아리스토텔레스에게도 역시 아낭케는 탈-인간적인 순수 객관세계의 특성(근대 자연과학에서의 필연=법칙성)이 아니라 일상적인 삶에서 "그렇게밖에는 달리 될 수 없음"의 뜻이라는 것을 알 수 있죠. 아리스토텔레스의 아낭케 개념도 플라톤의 경우와 핵심적으로는 같습니다. 그래서 아낭케를 오늘날의 말로 '필연'이라고 번역하는 것은 혼란을 야기할 수 있다는 겁니다.

다음으로 아낭케 개념과 유사하면서도 다른 두 개념을 살펴볼까요? 'Heimarmenê'와 'pronoia'가 그 두 개념입니다. 'Heimarmenê'는 스토아학파의 주요 용어죠. 이 말의 라틴어가 'fatum'입니다. 흔히 '운명'으로 번역하죠. 그러나 이 번역 또한 혼돈을 불러일으킬 수 있습니다. 스토아학파가 말하는 '파툼'은 우리가 흔히 말하는 운명과는 다르기 때문이죠. 만일 어떤 사람이 벼락에 맞아 죽었다면, 우리는 벼락이 친 기상학적 메커니즘은 자연과학적 '필연'이라고 말하고 그에 반해서 하필이면 그 사람이 그 벼락에 맞은 것은 '운명'이라고 말합니다. 그런데 스토아학파의 파툼은 이렇게 주관적인 운명을 뜻하기보다는 차라리 오늘날의 자연과학적 법칙성에 더 가까운 것을 뜻합니다. 이것은 스토아학파가 플라톤과 아리스토텔레스의 목적론적 세계관과는 전혀 다른 세계관을 가지고 있었기 때문이죠.

서양 철학사를 보면 플라톤, 아리스토텔레스, 플로티노스, 이 세 사람이 거의 17세기까지 영향을 미치는데, 이 세 사람 다 어떤 사람들입니까? 형상철학적이고 목적론적이고 초월적인 사유를 펼친 사람들이죠. 물론 더 깊이 들어가면 세 사람이 다 다르지만, 전체적인 성격으로 볼 때 '질료'에 대한 형상의 철학자들이고, 기계론에 대한 목적론의 철학자들이고, 내재성에 대한 초월성의 철학자들입니다. 이것이 서양 철학사의 기본 흐름인데, 이전 강의에서도 말했지만 여기에서 예외가 되는 것이 스토아학파와 에피쿠로스학파지요. 이 두 학파는 철저하게 유물론적이고(그러나 반드시 기계론적인 것은 아닙니다) 현실적-내재적 철학을 펼칩니다. 이 학파에 가면 플라톤과 아리스토텔레스의 목적론적 사유가 단적으로 거부됩니다. 그런데 이럴 경우 '필연'은 어떤 의미가 될까요? 어떤 목적도 전제하지 않는 이 우주의 법칙성 자체가 됩니다. 스토아학파에게는 형이상학이라는 것이 없어요. 이들에게는 자연철학이 제일 철학인 것이죠. 아리스토텔레스에게서는 'physica' 가 있고 그 위에 'metaphysica'가 있죠. 그러나 스토아학파에게서는 'physica'가 최고의 철학입니다. 이 세계의 법칙성을 연구하는 것, 그 것이 이 사람들에게는 최고의 철학인 것이죠. 단, 현대와의 차이가 있 다면 스토아학파는 철저하게 유물론적인 철학이고 또 우주의 법칙성 을 궁극의 원리로 보는 철학이지만 동시에 그 법칙을 신성한 무엇으 로 본다는 점입니다. 스토아적 'fatum'은 목적론적인 것은 아니지만 자연과학적 법칙인 것만도 아닙니다. 법칙인 동시에 섭리인 것이죠. 다만 이 섭리에서 인격적인 것은 빠집니다. 물론 종교적인 차원에서 신들에 대해 이야기하지만, 순수 철학적인 맥락에서 보면 인격적인 것은 빠지지요. 그래서 스토아학파의 섭리는 종교적인 섭리도 아니고 그렇다고 완전히 자연과학적인 법칙도 아니라고 해야 합니다. 예컨 대 무지개가 떴을 때 이것은 아무런 목적성이 없는 거예요. 그냥 우주 의 필연에 따라 뜨는 겁니다. 현대식으로 말하면, 빛의 전반사를 통해 생겨나는 거예요. 그런데 동시에 이것은 아주 신성한 것입니다. 몇 년 전에 낙산사 해수욕장에서 아들과 수영을 하고 있었는데, 바다에 쌍무지개가 뜨더군요. 정말 인상 깊던 순간이었습니다. 스토아학파에게 그 쌍무지개는 우주의 '파툼'=필연에 따른 결과인 **동시에 또한** 우주의 위대한 섭리인 것입니다. 순수한 법칙성이라는 뉘앙스와 (인격적인 것은 아니지만) 섭리라는 뉘앙스를 같이 가지고 있어요. 기독교와도 다르지만 또 자연과학과도 다릅니다.

Q 숙명은 운명에 가까운가요?

A 그렇죠. 그런데 숙명은 운명보다 조금 더 강한 표현입니다. '運命'은 돌고 도는 묾이라는 뉘앙스를 띠지만, '宿命'은 딱 정해져 있는 명이라는 뉘앙스를 띱니다.

Q '섭리'라는 말의 뉘앙스에 대해 좀더 설명해 주시겠습니까?

A '攝'은 거느린다는 뜻입니다. '攝理'는 세계를 거느리는=주재主宰하는 이치라는 뜻이죠. 세계가 지금 이렇게 돌아가도록 하는 근원적 이치라는 뜻입니다. 그런데 거기에 어떤 주재자라는 뉘앙스가 들어가면 종교적 맥락을 띠게 됩니다. 그래서 예컨대 유대교, 기독교, 이슬람교 같은 일신교들에서는 섭리라는 말을 자주 쓰고 또 주재라는 말도 자주 씁니다. 기억이 가물가물합니다만, 토마스 하디의 『테스』의 마지막 부분에 "거느리는 자는 테스에 대한 희롱을 끝마쳤다"는 구절이 나오는데, 이런 식의 생각은 한 여인의 기구한 운명과 그 운명을 주재하는 짓궂은 '주재자'를 함축하고 있습니다. 이에 비해 스토아학파의 섭리 개념은

자연과학적 법칙성에 비해서는 형이상학적인 뉘앙스를 내포하고 있지만, 주재자라는 인격신 개념은 없는 섭리라 할 수 있죠(물론 스토아 철학자들이 종종 신들을 언급하고는 있습니다만).

근대 이후에 필연이라는 말은 과학적 결정론의 맥락에서, 또는 논리적 필연의 맥락에서 개념화됩니다. 우주는 결정론적 체계로 되어 있고 그 체계는 과학적 법칙(또는 공식)으로 포착되죠. 이미 모든 것이 결정되어 있기 때문에 시간은 별 의미가 없습니다. 태초에 미래가 결정되어 있으니 시간은 다만 (베르그송이 비유했듯이) 마치 부채에 그려진 그림이 조금씩 펼쳐지는 경우처럼 이미 결정된 내용들을 차례대로 펼쳐지게 하는 역할만을 부여받습니다. 필연은 이런 결정론적 체계라는 맥락에서 논의되고, 따라서 고대의 목적론적 체계에서의 아낭케와는 전혀 다른 뜻을 가지게 됩니다. 플라톤에게서의 'physical necessity'는 목적론적 사유를 전제하고서 그것에 부수되는 무엇으로서 이해되었지만, 근대 과학에서의 'physical necessity'는 누구도 거역할 수 없는 중성적인—좋은 것도 아니고 나쁜 것도 아닌—우주의 법칙으로서 등장합니다. 우주의 냉혹한 법칙성이죠. 스토아학파의 'fatum'에서 섭리의 측면을 제거한 경우를 생각하면 됩니다. 근대에는 이런 필연성의 사고가 지배적이었고, 이런 사고가 무너지면서 현대가 도래하게 됩니다.

§3. 운명과 필연

운명과 필연은 이렇게 비슷하면서도 다른 뉘앙스를 띱니다. 그리고 담론사가 진행되면서 그 의미가 복잡한 변이를 겪게 되죠. 모이라, 아낭케, 필연이 미묘하게 구분됩니다. 후대로 갈수록 운명 개념은 개인 적인 겪음의 뉘앙스를 띠게 되고(물론 가끔 '민족의 운명' 같은 말도 쓰죠), 반면에 필연 개념은 보편적인 법칙성의 뉘앙스를 띠게 됩니다. 그리고 운명은 문학적인 뉘앙스를 띠게 되는 데 반해서, 필연은 과학적 내지 논리적 뉘앙스를 띠게 되는 것이죠. 그리고 아낭케로서의 필연 과 근대 자연과학적 필연도 구분됩니다.

운명과 필연의 관계는 참 묘한 데가 있어요. 앞에서도 예를 들었지만, 어떤 사람이 벼락을 맞았다고 합시다. 필연의 맥락에서 보면, 벼락이 그 사람에게 떨어진 데에는 아무런 이유가 없습니다. 더 정확히 말해 과학적 이유 외에는 없습니다. 우주의 전자기장電磁氣場이 변해가다가 바로 그 시간에 방전放電이 되어서 떨어진 것이죠. 그런데 우연히 그날 그 자리에 그 사람이 있었던 겁니다. 결정론적 세계관을 전제할 경우, 여기에서 '우연'은 예측 불가능성을 뜻하지 않습니다. 왜냐하면 번개가 친 것도, 그 사람이 그 순간 거기를 지나간 것도 모두 필연적으로 결정되어 있던 사실이니까요. 이때 우리는 '필연'을 이야기해야 합니다. 그러나 결정론적 세계관을 전제하지 않을 경우, 이 사건은 그 어떤 이유도 없이 그냥 그렇게 일어난 겁니다. 오직 일회, 아무런 특별한 이유도 없이 하필이면 그렇게 일어난 것일 뿐이죠. 이럴 경우에는 필연보다 '운명'이라는 말이 더 적합합니다.[2]

그런데 잘 생각해 보면, 이때 운명이라는 말은 모이라의 뜻과는 또 다른 의미를 띤다고 할 수 있어요. 모이라는 인격화된 필연입니다. 즉, 모이라든 필연이든 "정해져 있다"는 뜻을 공유합니다. 물론 그리스의 모이라와 근대 자연과학의 필연은 전혀 다른 뉘앙스로 다가오지만, 두 경우 모두 "정해져 있다"는 것을 뜻한다는 점에서는 같죠. 그런데 방금 예를 든 경우에서의 '운명'은 모이라와는 또 전혀 다른 뉘앙스를 띱니다. 그 사람이 하필 벼락을 맞은 것에는 그야말로 아무런 이유도 없는 것입니다. 그저 일이 그렇게 진행된 것일 뿐인 것이죠. 어떤 이유도 목적도 필연도 섭리도 모이라도 개입하지 않은 것이며, 단지 사태가 이렇게 될 수도 있었고 저렇게 될 수도 있었는데 하필이면 그렇게 되었을 뿐입니다 (이런 양상modality이 바로 '우발성=contingence'죠). 이때에도 '운명'이라는 말을 쓰지만, 이 운명은 모이라로서의 운명과는 전혀 다른 뜻에서의 운명입니다. 운명이라는 말에는 이렇게 결정론적 뉘앙스와 탈-결정론적 뉘앙스가 동시에 들어 있습니다. 그리고 결정론적 의미에서의 운명의 '뜻'을 캐어 들어갈 때 우리는 섭리니 필연이니 하는 '이유'를 찾게 되는 것이죠. 그래서 운명이라는 말은 우발성의 뜻에서 섭리의 뜻까지 매우 넓은 의미론적 층차層差를 내포한다고 할 수 있습니다.

　1999년에 개봉되어 화제를 뿌렸던 영화 「매트릭스」는 두 가지 존

---

2) 19세기 철학자인 앙투완느 쿠르노는 결정론과 우연을 함께 생각했다. 쿠르노는 세계가 단 하나의 인과 계열로 이어져 있는 것은 아니며(즉, 세계에는 불연속이 존재하며), 따라서 수많은 인과 계열들=갈래들이 형성된다고 본다. 그 갈래 하나하나는 모두 결정되어 있다. 그러나 이런 결정론적 세계에서도 우연이 성립한다. 번개가 친 것은 기상학적 법칙에 따른 것이며 결정론적인 것이다. 또, 철수가 그날 그 장소에 간 것도 여러 심리적-사회적 상황들의 결정성에 따른 것이다. 그러나 두 인과 계열이 하필이면 그때 그곳에서 교차한 것은 우연이다. 즉, 두 인과 계열은 각각 결정되어 있지만, 두 계열의 교차까지 결정되어 있었던 것은 아닌 것이다. 쿠르노는 이렇게 결정론의 테두리 내에서 우연을 사유하고자 했다.

　또 하나, 만일 운명이라는 말을 매우 넓게 사용한다면 우주의 법칙성 자체도 운명일 수 있다. 우주가 하필이면 지금 이런 식으로 돌아가는 것도 궁극적인 의미에서는 운명인 것이다. 이것은 곧 스토아적 의미에서의 운명 즉 'fatum'이다.

재론적 화두를 담고 있는 영화죠. 하나는 '세계' 개념을 둘러싼 화두이고, 또 하나는 '운명' 개념을 둘러싼 화두입니다. 후자에 관련해서 네오와 오라클이 만나는 장면이 나옵니다. 무척 흥미로운 장면이죠. 오라클은 이렇게 말합니다. "모피어스와 네오, 너희 둘 중 하나는 죽어야 한다. 그때 너는 선택을 해야 할 것이다." 그후 모피어스가 요원들에게 붙잡혀 고문을 받게 되는 상황이 전개됩니다. 그때 네오는 오라클의 말을 상기합니다. 그리고 자기가 죽어야 한다고 판단을 내리죠. 오라클은 네오가 '그'(the one)가 아니라고 말했기 때문입니다. 이 경우 네오는 오라클의 말을 모이라로서의 운명으로 받아들이고 있는 것이죠. 미래는 이미 정해져 있고 오라클이 그 미래를 미리 알려주었다고 판단합니다. 그래서 그는 다시 사이버세계로 들어가잖아요? 그런데 오라클의 예언이 틀리게 되죠? 오라클은 모피어스와 네오 둘 중에 하나는 반드시 죽을 것이라고 했는데, 결과적으로 둘 다 삽니다. 네오가 이해가 가지 않는다고 말하자, 모피어스가 중요한 말을 합니다. "그게 바로 길을 아는 것과 걷는 것의 차이야."

길을 아는 것은 필연을 아는 것이죠. 또는 모이라로서의 운명을 아는 것입니다. 아! 그렇게 되어야 하는 거구나, 그렇게 될 수밖에 없는 거구나, 이렇게 인식하는 거예요. 그리고 그 필연을 실제로 걸어가면서 경험하는 것은 운명을 겪는 거예요. 어떤 차이가 있죠? 바로 후자의 경우 시간이 들어간다는 겁니다. 전자의 경우에는 시간은 초월되죠. 시간이 초월되어야 필연/모이라가 인식되고 '오라클'이 성립하니까요. 그러나 실제 길을 걷는 것은 시간 속에서 걸어가는 것이고, 따라서 가보지 않고서 인식하는 것과는 다릅니다. 물론 이 세계가 모이라=운명으로서든 필연으로서든 결정되어 있다면, 그런 체험은 큰 의미가 없겠죠. 이미 정해진 길을 걸어가는 것이니까요. 그러나 결정론적 세계관을 거부할 경우, 시간을 초월하는 것과 시간 속에 있는 것은 전혀 다른 것이 됩니다. 시간은 우연과 창조를 가져오기 때문이지요. 시간 속에서 새로운 일이 발생하고 새로운 무엇인가가 생겨날 수 있습니다. 바로 그렇기 때문에 길을 아는 것과 걷는 것은 다른 것입니다.[3] 오라클은, 만일 그녀가 진짜 오라클이라면, 네오와 모피어스 둘 중 하나가 죽는다고 예언함으로써 네오로 하여금 그렇게 **행동하게** 했던 것이죠. 틀린 인식을 제공함으로써 옳은 행동을 유발했던 겁니다. 오라클을 만나기 위해 모피어스와 네오가 엘리베이터를 타고 올라가는 장면이 있었습니다. 네오가 오라클의 예언은 모두 맞느냐고 물어보자, 모피어스가 또 하나의 중요한 말을 합니다. "이것은 맞고 틀림의 문제가 아니야. 다만 길을 보여 주는 것일 뿐." 이 대사에서 이미 오라클 예언의 빗나감과 네오가 걸어갈 길이 암시되어 있는 것이죠.[4]

3) 결국 중요한 것은 걸어가면서 아는 것이다. 이것은 시간을 제거하는 앎이 아니라 시간과 함께하는 앎이다. 메이에르송이 지적했듯이, 엘레아학파 이래 서구 본질주의는 "시간의 제거"(élimination du temps)를 핵심적인 존재론으로 삼아 왔다. 이런 본질주의의 극복은 시간을 시간 자체로서 받아들이고 그 안에서 앎을 이루어 나가는 것이다. 장자는 이를 "도지위성"(道之爲成) 즉 도는 실제 가면서 이루어지는 것이라고 했고, 베르그송은 '직관'(intuition)이라고 했다.

4) '道'는 걸어감을 뜻하는 'ㄴ'과 머리 수(首)로 되어 있다. '首'는 '目'을 포함한다. '도'는 걸어가면서 보는 것이지 아프리오리하게 정해져 미리 주어져 있는 무엇이 아니다. 물론 참된 도[常道]를 이야기하지만 그 도는 영원히 닿을 수 없는 도이며("道可道 非常道") 현실에서 우리가 발견해 나가는 '도'는 늘 걸어가면서 보아야 하는 '도'이다. 길을 아는 것만이 아니라 걸어가야 하는 것은 이 때문이다.

그런데 두번째 의미에서의 운명 즉 우발성으로서의 운명을 인정하는 경우에도, 사람들은 시간이 지나가면 그것에 어떤 이유가 있었을 것이라고 생각하게 됩니다. 누군가가 벼락을 맞았을 때 그것은 우연이라고, 우발성으로서의 운명이라고 생각하다가도, 시간이 좀 흐르면 거기에는 뭔가 우리가 알기 힘든 어떤 이유가 있었을 것이라고 생각하게 됩니다. 그래서 그 사람이 평소에 좋지 않은 행동을 했다느니, 제사를 잘 지내지 않았다느니 하는 이유들을 **사후적**事後的**으로** 갖다 붙이게 되죠. 이렇게 되면 결국 우발적으로 벌어진 어떤 일들도 이유를 부여받게 됩니다. 인간에게는 이런 묘한 습성이 있죠. 그리고 그 이유를 어떤 사람들은 섭리에서, 어떤 사람들은 우주의 필연에서, 어떤 사람들은 모이라=운명에서 찾게 됩니다. 오늘날에는 자연과학적 설명이 상당한 권위를 가지게 되었죠. 그러나 우리가 설사 사태를 자연과학적으로 완벽하게 설명했다 해도 여전히 이런 질문을 던지게 됩니다. "그런데 왜 하필 그 사람이 그런 필연적 법칙의 희생물이 되었을까?" 끝없이 이유를 찾는 한 "왜?"라는 물음은 영원히 남습니다.

§4. 우연

자, 이제 운명과 필연 외에 또 하나의 개념 즉 '우연'에 대해서 이야기해 봅시다. 우연이라는 말은 헬라어의 'tychê'에 해당합니다.[5] 이것은 라틴어가 없는 것 같아요. 프랑스어의 'hasard'라는 말에 대응하고, 영어의 'accident'에 대응합니다. 'Hasard'('아자르'라고 읽습니다)라는 말에는 재미있는 유래가 있습니다. 십자군 전쟁 때 군인들이 전투를 하다가 성에서 쉬곤 했는데, 엘 아자르라고 하는 성에서 주사위 놀이를 즐겼다고 합니다. 이로부터 '아자르'라는 말이 유래했다고 하죠. 그래서 우연이라는 말은 주사위 놀이와 밀접한 관련을 띤다고 할 수 있어요.

우연偶然이라는 것이 뭘까요? 우연도 일종의 운동인이라고 볼 수 있습니다. 본질적인, 원래의 운동인이 아니고 부차적인 운동인을 말하는 거죠. 공부를 하려고 학교에 갈 때, 나를 학교에 보내는 부모가 운동인일 수 있겠죠. 그런데 학교에 가다가 전에 싸웠던 친구를 보게 되었다, 그래서 원래의 길이 아니라 먼 길로 빙 돌아갔다, 이 경우 본래의 운동인은 부모님이지만 중간에 개입한 우연 역시 운동인인 것이죠. 지금 든 예는 목적론적인 맥락(학교에 가기 위해 가는 상황)이지만, 탈-목적론적 맥락에서도 우연이 성립합니다. 어떤 행성의 궤도는 일정하게 정해져 있고(자연과학적 맥락에서의 필연이죠) 늘 그렇게 움직였는데, 어느 날 혜성과 부딪쳐 궤도가 미세하게 수정되었다고 합시다. 이때의 우연은 원래의 운동법칙을 복잡하게 만드는 또 하나의 운동인인 것이죠. 물론 이 경우 만일 혜성의 궤도까지 완벽하게 예측할

---

5) 'Tychê'는 흔히 'accidental cause'로 번역된다. 데모크리토스는 원자들의 부딪침을 순수한 우연의 탓으로 돌렸는데, 이 경우 'tychê'가 사용되었다. 이 개념은 '저절로 그렇게 되었다'는 뜻의 'automaton'(현대어에서는 '자동적인'이라는 뜻으로 바뀜) 및 '목적 없는 물리적 필연'이라는 플라톤-아리스토텔레스적 뉘앙스에서의 '아낭케'와도 통한다. 경우에 따라서는 '기회'를 뜻하기도 하며 이 경우 'chance'로 번역된다. 신화에서는 어떤 사람의 타고난 '행운' 즉 신들이 부여해 준 것이라는 뜻으로 쓰였다. 결국 이 말은 일상사에서는 우연, 기회, 행운 등 원래 예정에 없었던 일들을 가리키는 말이며, 철학적 맥락에서는 목적론적 구도에서 볼 때 아무런 목적도 없는 즉 맹목적인 아낭케를 뜻한다.

경우 그 부딪침 자체가 이미 정해져 있던 것이라고도 말할 수 있겠죠. 이럴 경우에는 우연이 필연으로 바뀝니다. 이런 경우는 과학사에 흔히 등장하죠? 어쨌든 우연이란 목적이든 법칙=필연이든 이미 존재하는 어떤 질서를 복잡하게 만드는 요인입니다.

플라톤이나 아리스토텔레스 같은 목적론자들이 데모크리토스를 비롯한 기계론자들을 그토록 격렬하게 비난한 것은 왜일까요? 바로 데모크리토스 같은 기계론자들은 모든 것을 다 우연tychê으로 설명한다는 거예요. 목적론자들은 이 우주가 일정한 목적 —— 조물주의 선善한 목적 또는 세계 자체의 목적성 —— 에 따라 움직인다고 보며, 다만 가끔가다 우연이 개입해 목적의 진로에 복잡성이 생긴다고 보죠. 이런 목적론자들이 볼 때 기계론자들은 이 우주에 아무런 섭리도 목적도 이유도 없다고 주장하는 것으로 보입니다. 예컨대 그냥 원자들이 부딪치다 보니까 이 모든 것이 생겨났다는 것이죠. 사실 지금까지도 이 문제를 두고서 논쟁이 벌어집니다. 우주 진화를 기계론적으로만 설명하려고 할 때, 진화의 과정 전체는 (거칠게 말해서) 원자들이 부딪치다가 우연히 만들어진 것으로 이해됩니다. 산도 나무도 지렁이도 호랑이도 인간까지도 원자들이 "우연히" 부딪치다 보니 생겨난 것들이죠. 목적론자들은 원자들이 어지럽게 부딪치다가 나무 같은 존재가 생겨날 수 있겠냐고 묻습니다. 게다가 한번 그런 일이 생기는 것도 기적처럼 어려운 것인데, 우주의 이 놀라운 풍요로움과 다양성, 복잡성이 그런 우연들로부터 생겨날 수 있었겠는가 하는 겁니다. 이에 대해 기계론자들은 "물론 어렵다, 그러나 수억 년, 수십억 년이라는 긴 시간 속에서 그런 우연이 계속되면 얼마든지 가능한 일"이라고 응수하죠.

이런 논쟁은 지금까지도 계속되고 있습니다. 그리고 다시 말하겠지만 이 논쟁에는 우연 개념과 우발성 개념이 혼동되어 섞여 있습니다.

또 이 말은 나중에 '계기'契機라는 의미로 사용되기도 했죠. 사이가 나빠졌던 사람들이 어떤 사건이 계기가 되어서 다시 친해질 수 있는 실마리를 찾게 된다든가, 반대로 사이가 좋던 사람들이 어떤 일이 계기가 되어 갈라서게 됩니다. 이것도 일종의 'tychê'라고 할 수 있죠. 어떤 사람하고 다시 친해지고 싶은 생각은 그다지 없었는데 어쩌다 보니 다시 친해졌다, 이런 경우가 하나의 우연입니다. 또 비슷한 의미를 띤 것으로 '기회', '행운' 같은 개념들도 있죠. 당사자에게 좋은 쪽으로 작용할 때 기회, 행운으로서의 우연이 성립합니다. 반대로 어떤 우연에 의해 당사자에게 불행이 닥칠 수도 있는데, 이 경우에는 '운명'(특히 '불운') 개념이 성립합니다. 이런 모든 경우들이 삶에서의 지도리[6]를 형성합니다.

이제 또 하나 중요한 구분으로서 우연과 우발성을 봅시다. 이 구분도 미묘합니다. 우연이라는 개념은 기본적으로 운동인의 맥락에서 성립해요. 다시 말해 주로 자연철학적 맥락에서 성립하고, 그런 점에

---

6) 시간은 등질적(等質的/homogeneous)이지 않다. 별다른 사건이 없는 느슨한 시간이 있는가 하면, 숨이 막히도록 바쁘게 돌아가는 시간이 있다. 더 심층적으로는 각각의 시간은 잠재적 사건들을 함축한다. 공 하나로 승부가 갈리는 야구 경기에서, 투수가 공을 던지기 위해 자세를 잡는 시간에는 A팀이 이겼을 때 전개될 사건들(그 사건들로 이루어지는 '세계')과 B팀이 이겼을 때 전개될 사건들(의 '세계')이 잠재적으로 접혀 있다. 그리고 시간이 흘렀을 때 잠재적 복수성(multiplicity)——여러 가능세계들——에서 어느 한 갈래가 현실화된다. 시간의 그런 농축된 부분, 매듭을 '시간의 지도리'라 할 수 있다(『주역』의 '幾'/'機'에 해당). 우리는 시간의 지도리들을 열면서 인생을 살아간다.

서 이 세계에 대한 실질적 설명과 관련이 있습니다. 그에 비해서 우발성은 헬라어의 'endechomenon', 라틴어의 'contingentia'에 해당합니다. 우연이 과학적 개념이라면, 우발성은 존재론적 개념이라고 할 수 있습니다. 한마디로 말해, 우연이 인과론적 메커니즘을 찾아내지 못할 때 성립하는 개념이라면 우발성은 형이상학적 이유를 찾아내지 못할 때 성립하는 개념이죠. 서로 의미가 다릅니다.

우연 개념은 그 어원에 있어 주사위와 관련 있다고 했죠? 주사위를 던져 3이 나왔을 때 그것은 우연입니다. 3이 나와야 할 필연적인 이유가 없다는 뜻이죠. 1이 나올 수도 있고, 2가 나올 수도 있고…… 6이 나올 수도 있었는데, 결국 3이 나왔습니다. 그게 우연이죠. 하지만 만일 우리의 지식이 무한대로 증폭되었을 때를 생각하면 어떻게 될까요? 주사위의 무게 분포(아무리 정교하게 만들었다 해도 주사위 각 부위의 무게가 미세하게 다르겠죠), 표면의 구조, 주사위가 떨어지는 땅 표면의 모양새, 그리고 던지는 사람의 팔 동작의 변화, 던지는 힘과 방향 등, 관련되는 모든 사항들에 대한 완벽한 지식을 가지고 있다면, 과연 3이 나올 것을 예측하지 못할까요? 예측한다고 보아야겠죠. 그래서 우연이란 우리의 무지에 불과하다는 결론이 나옵니다. 아직 모르고 있는 필연이 우연이라는 것이죠.

그러나 달리 생각해 볼 수도 있습니다. 우연이라는 것이 단지 우리의 무지에서 기인하는 것만이 아니라 세계 자체의 한 성격이라고 말입니다. 이런 입장도 가능합니다. 그런데 여기에서도 두 가지 형태를 생각해 볼 수 있습니다. 한 경우는 인식이란 인식 주체가 객관세계에 부딪침으로써 성립하는 것인데 그 부딪침 자체가 일정한 우연을 유발하는 경우죠. 주사위 던지기와 관련되는 모든 사항들을 인식하기 위해 예컨대 땅의 표면에 전자파電磁波를 쏘았다고 했을 때, 그 전자파 자체가 땅의 모양새를 일그러뜨릴 수도 있는 것이죠. 물론 인식 주체의 이런 조건들까지도 완벽하게 인식하는 경우를 생각해 볼 수는 있습니다. 또 한 경우는 세계 그 자체가 변하는 경우입니다. 주사위 던지기에 대한 완벽한 인식을 했고, 또 완벽하게 똑같은 조건 아래에서 던진다고 해도 3이 아니라 4가 나올 수 있다는 겁니다. 왜 그럴까요? 처음에 던진 시간 t_1과 나중에 던진 시간 t_2 사이에 **세계-전체 자체**에 변화가 왔다고 할 수 있기 때문입니다. 이것은 베르그송적인 생각입니다. 예컨대 이런 상황을 상상해 봅시다. 5천만 년 전에 어떤 생물학자가 있어서 생명계의 어떤 법칙성을 발견했다고 해도, 지금 우리는 다른 법칙성을 발견하게 될 겁니다. 왜냐하면 그 사이에 생명계의 법칙성 자체가 변했기 때문이죠. 진화를 염두에 두면 5천만 년 전의 생명계와 지금의 생명계는 현저하게 다를 것 아닙니까?(물론 논의의 수준을 어디에 두느냐——예컨대 생명계의 화학적 조성에 두느냐 아니면 생태계의 구조에 두느냐 등등——에 따라 달라지겠죠) 이렇게 생각해 보면 우주의 진화 자체가 필연적으로 우연을 가져온다고 볼 수 있습니다. 어쨌든 우연이라는 개념은 우리가 세계를 이해할 때 빼놓을 수 없는 핵심 개념들 중 하나입니다.

우발성의 개념은 다릅니다. 우발성이란 우리가 그 이유——필연이든 운명이든 우연이든——를 발견할 수 없는 경우가 아니라 발견 자체가 불가능한 경우에 성립합니다. 가장 근본적인 우발성은 뭘까요? 왜 무無가 아니고 무엇인가가 존재할까? 왜 지구가 존재하고, 우주가 존재하고, 시간과 공간이 존재할까? 우리는 이렇게 "왜 존재할까"라는 물음을 가끔 던지죠? 이 문제에 대해 우리는 물리적 메커니즘으로도 인간적 운명으로도 또 어떤 우연으로도 설명할 도리가 없습니다. 이런 경우가 우발성의 극단적인 경우죠. 우발성은 물리적인 개념이 아니라 논리적인 또는 존재론적인 개념입니다. 예를 들어서 영희는 여성으로 태어났습니다. 우리는 그 '이유'를 분명 설명할 수 있죠. 생물학적인 이유가 있습니다. 분자생물학이 발달한 오늘날에는 더욱 그렇죠. 한 인간이 왜 여성으로 태어났는가를 현대 생물학으로 얼마든지 ─ 물론 완벽한 설명은 영원히 불가능하겠지만 ─ 설명할 수 있습니다. 그리고 그 설명은 필연만이 아니라 우연도 포함할 수 있습니다. 자크 모노의 유명한 저작 제목이 『우연과 필연』이죠? 그러나 만일 우리가 생물학적으로 영희를 완전히 설명했다 해도 의문은 여전히 남습니다. 그렇다 치고, 도대체 왜 그런 법칙이 영희에게 적용되어서 영희가 여성으로 태어났느냐는 거죠. 빅뱅 이론이니 하는 식의 설명들을 총동원해 우주가 다 설명되었다고 합시다(물론 이는 애초에 불가능합니다. 예컨대 역사학의 경우 사료가 발견되지 않을 경우에는 영원히 추측에 의존할 수밖에 없죠). 그래도 역시 도대체 우주가 하필이면 왜 그런 식으로 존재하는지, 그리고 내가 왜 그런 우주의 흐름에서 하필이면 이런 존재로 태어났는지, 그것 자체는 '설명'할 수 있는 내용이 아니죠. 그런 것이 우발성입니다.

여러분들은 사르트르의 『구토』를 읽어 보셨을 겁니다. 독학자인 로캉탱이 어느 날 마로니에 뿌리를 보면서 갑자기 '존재'에 대해 생각하게 됩니다. 우리도 역시 "내가 왜 존재할까, 내가 왜 여기 서 있을까?" 하고 물어볼 때가 있죠. 물론 인과로서는 설명할 수 있죠. 예컨대 매점에 가다가 시간을 맞추려고 서 있을 수도 있는 것이고('목적'), 발가락이 아파서 서 있을 수도 있죠('원인'). 그런데 그런 이유들로 소화되는 것이 아닌 것, 즉 근본적으로 도대체 내가 여기 왜 '존재'하는가? 라는 물음이 제시됩니다. 그러면서 로캉탱이 존재론적 구토를 느끼는 장면이 나오잖아요? 바로 그런 것이 우발성이죠.

§5. 운명, 필연 그리고 우연

그렇다면 이제 운명과 필연 그리고 우연의 관계를 생각해 봅시다. 아까 얘기했듯이 한편으로 필연이 주관적으로 파악될 때 우연이 됩니다. 예를 들어서 아까 말했던, 이전에 싸웠던 친구를 만나 빙 돌아간 이야기, 또는 길을 가다가 빚쟁이를 만난 경우를 보면, 만일 전능한 지성이 있어서 빚쟁이의 모든 것과 주인공의 모든 것을 인식할 수 있었다면 주인공과 빚쟁이가 만날 것이라는 것까지 다 예측이 되었겠죠. 그렇게 예측이 되지 않을 때 그것을 우연으로 이해하게 된다고 했습니다. 이런 경우에는 우연은 주관이 무지 때문에 포착하지 못한 필연이 됩니다. 그러나 이것은 세계의 결정론적 구도를 전제할 때 이야기라고 했습니다. 만일 이전에는 전혀 존재하지 않았던 새로움이 시간 속에서 생겨날 수 있다면, 이전의 무엇이 변한 것이 아니라 아예 이 우주에 존재하지 않았던 무엇인가가 도래할 수 있다면(예컨대 한 인간의 마음속에서 우발적으로 생성하는 생각은 신조차도 예상할 수 없는 것이라면), 우연은 우주의 한 독립적인 원인이 되겠죠. 시간 속에서 전혀 새로운 무엇인가가 창조되기도 한다면, 예측 자체가 원천적으로 불가능한 우연이 존재하게 됩니다.

우연 또는 우발성이 인간적 주관과 교차할 때 운명 개념이 성립합니다. 『로미오와 줄리엣』을 보면 몬테규 집안과 캐플렛 집안의 싸움이 배경이 되죠. 여기에서 몬테규 집안의 로미오의 친구가 머큐쇼이고, 줄리엣의 사촌오빠는 티볼트입니다. 둘은 늘 앙숙입니다. 그러다가 어떤 계기가 있어 두 집안의 관계가 잘 풀리려 하는데, 얄궂게도 사건이 터지죠. 머큐쇼와 티볼트가 장난 비슷하게 어울리다가, 결국 티볼트가 (의도하지 않았음에도) 머큐쇼를 죽이게 됩니다. 그래서 로미오가 티볼트를 죽이게 되죠. 이것은 우연입니다. 물론 전능한 지성이 존재한다면 그 우연도 필연으로 풀어서 인식할 수 있을지도 모르죠. 어쨌든 유한한 인식의 인간에게 그 사건은 분명 우연입니다. 일상적인 표현으로 해서 '우발적 사고'죠. 그런데 이 우연이 인간적 의미를 띠게 될 때 운명이 됩니다. 로미오가 티볼트를 죽인 후 "아! 운명이여!"라고 외쳤는데, 만일 "아! 우연이여!"……(웃음)……라고 했다면 참 어색했을 겁니다. 여기에서 문제가 되는 것은 세계의 존재론적 구조로서의 우연이 아니라 로미오라는 한 인격체에게 닥친 운명이기 때문이죠. 운명은 이렇게 인간적 냄새가 풍기는 개념이라고 할 수 있습니다. 그래서 과학자들이 '우연'을 이야기한다면, 문학자들은 '운명'을 이야기하는 것이죠.

인간의 주관을 뺀 객관과 인간적 의미가 개입된 객관은 그 의미가 다릅니다. 전적인 객관으로서의 "비가 오다"와 인간의 주관과 객관 세계의 변화가 공존하는 상태 그대로에 있어 "비가 오다"는 전혀 다릅니다. 과학과 인문학이 다를 수밖에 없는 것은 이 때문이죠(물론 우리가 객관이라고, 인간의 주관을 뺐다고 생각하는 경우에도 결국 인간의 주관이 묻어 있게 마련이라는 사실도 염두에 두어야 합니다. 물론 마찬가지로 우리가 주관이라고, 객관을 뺐다고 생각하는 경우에도 그 아래에 객관이 스며들어 있는 경우도 많죠). 그래서 우연과 운명은 다릅니다(물론 우연 자체도 인간의 무지와 상관적이라는 것을 말씀드렸습니다). 이것은 앞에서 논의되었던 문제, 즉 목적론적 사유 구도에서의 '아낭케'와 기계론적 사유 구도에서의 '필연'은 다르다는 문제와도 관련되지요. 세계와 인간을 냉정하게 보면, 즉 나의 모든 주관(내 모든 감정, 인간의 모든 문화, 인간이 처한 모든 상황 등)을 완벽하게 배제하고 차가운 눈으로 이 우주를 보면 사실은 필연=우발성밖에 없는 것이죠. 왜 필연 즉 우발성입니까? 그렇게 될 수밖에 없기에 필연이고 또 그것에 아무 이유(의미로서의 이유)도 없기에 우발성이죠. 이렇게 될 경우 결국 필연과 우발성이 같은 것이 되어버립니다. 나머지는 이 필연=우발성에 대해서 인간 주관이 느끼는 것에 불과하게 됩니다. 그러나 실제 이 우주에는 인간의 마음[心]이라는 것이 존재하고, 또 인간 이전에도 식물의 생명, 동물의 지각, 운동 등이 존재합니다. 그래서 실제 우주는 그 안에 마음이라는 것을 포함하고 있는 것이죠. 그런 한에서는 운명이란 인간적 범주인 것만이 아니라 그 자체 우주의 한 범주인 것입니다.

　현대로 올수록 필연이라는 말은 자주 사용되는 데 비해 운명이라는 말은 잘 사용되지 않죠. 운명이라는 말은 소설이나 영화 같은 경우에는 사용되지만 학문적인 맥락에서는 잘 사용되지 않습니다. 이론적인 맥락에서 '운명'이라고 하면 좀 촌스러운 느낌이 들죠? 왜 그런가?

과학이 발달하면 발달할수록 과거에 우리가 우연이나 운명으로 알고 있던 것들이 어떤 복잡한 메커니즘의 결과라는 것이 밝혀지곤 했기 때문이죠. 그러면서 필연이라는 개념은 점점 강화되고 우연이나 운명은 더 약화된 것입니다. 그것은 우리가 몰랐던 인과 메커니즘의 발견과 밀접한 관계가 있어요. 예를 들어서 인간의 감정의 경우, 어떤 사람이 사랑에 빠졌다고 하면 과거에는 "아! 이것이 내 운명이구나" 하고 생각하지만, 자연과학적으로 세상을 보는 사람은 그것도 일종의 '호르몬 작용'이라고 생각할 뿐이죠. 운명이라는 말은 사랑의 의미에 초점을 맞추는 반면, 호르몬 작용이라는 말은 사랑의 생리학적 인과 메커니즘에 초점을 맞춥니다. 사물을 보는 방식이 전혀 다른 것이죠. 보다 균형 잡힌 시각은 한 사물/사건의 인과 메커니즘과 의미·가치를 동시에 인식하는 것이겠죠.

그런데 필연과 우연·운명·우발성은 얼핏 보기만큼 대립적이지 않다고도 할 수 있습니다. 우주가 이런 식으로 돌아간다는 것, 그 이유를 알 수 없지만 반드시 이런 식으로 돌아간다는 것은 필연인 동시에 우연/우발성이죠. 그리고 우리가 바로 그런 우주에서 태어나 그런 법칙의 지배를 받으면서 살아간다는 것은 또한 운명입니다. 이렇게 보면 스토아학파의 'fatum'은 필연이자 우연=우발성이자 또 운명이기도 합니다. 우리는 그런 필연에 저항하고 자유를 찾죠. 그러나 우리가 찾는 자유가 실제 자유가 아니라는 사실이 밝혀지는 경우가 많습니다. 그렇다면 필연을 벗어날 수 없는가? 아니면(자유라는 것이 있다면) 진정한 자유란 무엇일까? 이런 문제가 제기됩니다.

Q 플라톤의 일탈은 우연에 가까운 것인가요?

A 아낭케죠. 아낭케를 이해하는 한 방식은 자연과학적 의미에서의 우연으로 보는 것입니다. 어떤 법칙성에 따라 이 세계가 돌아간다고 할 때 그것에 맞지 않는 편차가 항상 존재한다고 할 수 있습니다. 그 대표적인 예로서 하이젠베르크의 불확정성 원리를 들 수 있습니다. 미립자의 세계를 연구하다 보면, 미립자의 위치를 고정시키면 그 운동량($p=mv$)을 알 수 없게 되고, 반대로 운동량을 고정시킬 경우 그 위치(x)를 알 수 없게 됩니다. 알 수 없다기보다는 어떤 한계 이하의 정확성을 추구할 수 없다는 겁니다. 그런데 위치와 운동량 이 두 가지를 동시에 알아야 이 우주의 운행을 예측할 수 있거든요. 라플라스의 결정론 체계에서 위치와 운동량 두 가지를 완벽하게 측정하게 되면 우주의 필연적인 법칙을 알 수 있습니다. 이제 미시세계에서는 그런 결정론이 깨지는 것이죠. 그런데 이런 현상에 대해 두 가지 해석이 있습니다. 한 입장에 따르면, 그것은 아직 기계가 덜 발달해서 그리고 수학적으로 불완전해서 그런 것일 뿐 우주 자체가 비결정성을 포함할 리가 없다고 합니다. 아인슈타인 같은 사람이 그런 신념을 가지고 있었죠. "Gott dürft nicht"(신은 주사위 놀이를 하지 않는다)라는 유명한 말을 하죠. 그러나 실재론적으로 해석하는 사람들은 우주 자체가 본래 플라톤이 말하는 아낭케를 내포하고 있다고 봅니다. 우리가 몰라서 그런 것이 아니고 본래 내포하고 있다는 거죠. 아낭케는 단지 형상의 부재가 아니라 형상과 더불어 그 자체 우주의 원인을 형성하는 요소입니다. 다만 형상이 주원인이라면 아낭케는 부원인이라고 해야 합니다.

하나의 일화지만 하이젠베르크가 고등학교에 다닐 때 방학숙제로 받았던 것이 플라톤을 읽어 오라는 것이었습니다. 독일을 비롯한 유럽 국가들의 교육에서 고전은 큰 비중을 차지하죠. 우리의 교육 과정에서는 『주역』, 『논어』, 『도덕경』 같은, 동북아 사람들에게는 최소한의 교양이라고 할 수 있는 책들조차 접할 기회가 드뭅니다. 인문적 교양이 배제된 황량한 기능주의 교육만이 존재합니다. 그러나 유럽 학생들은 플라톤은 물론이고, 프랑스 같은 경우는 『순수이성비판』 같은 책들도 벌써 고등학교에서 접하게 됩니다. 우리와는 참으로 먼 이야기죠. 어쨌든 방학숙제가 플라톤의 『티마이오스』를 읽어 오는 것이었는데, 이 책은 우리로 말하면 『주역』에 해당하는 책이라고 할 수 있습니다. 그래서 하이젠베르크가 지붕에 올라가서 이 책을 재미있게 읽었다는 이야기가 남아 있습니다. 그리고 이때 그가 이 아낭케에 대해 깊은 흥미를 느꼈고 그것이 이후 불확정성의 원리를 발견할 때 하나의 힌트로서 작용했다고 합니다.

그 다음 분자생물학을 보면, 여기에서도 역시 이런 유형의 문제가 나타나요. 분자생물학의 세계에서도 아낭케는 핵심적인 역할을 합니다. 흥미로운 것은 분자생물학에서의 우연을 잘 살펴보면, 그 우연이 플라톤이 생각했던 것처럼 우주의 질서를 흐트러뜨리는 역할만 하는 것이 아니고 오히려 새로운 무언가를 창조하는 역할을 한다는 사실입니다. 그리고 오히려 이런 과정이야말로 진화의 원동력이 된다는 것이죠. 현대에 와서 우연이 가지는 또 다른 의미가 새롭게 등장한 것입니다. 이 논의는 오늘날 생명과학의 중핵에 위치해 있는 중요한 문제입니다.

그러나 이런 논의들은 아낭케를 해석하는 한 방식이고, 플라톤의 경우는 어디까지나 목적론적 구조 하에서 이해해야 합니다.

Q 그리스의 신은 인격화된 신인데, 보통의 초월적인 신하고는 다르지 않나요? 그리
스의 신은 운명을 피할 수 없는 인격화된 신이기 때문에 운명의 지배를 받았지만,
보통의 초월적 신은 운명과 동일한 것이 아닌가요?

A "보통의 초월적 신"이라는 말은 유일신을 말하는 것인가요? 기독교의
야훼 같은?

Q 그리스 신들은 인격화된 신이고, 보통의 신은 초월자, 주재자 개념이잖아요.

A '보통'이라는 말이 좀 어색하네요. 오히려 유대-기독교의 야훼나 이슬
람의 알라 같은 유일신이 좀 특별한 경우라고 해야 하겠죠. 대부분의
전통 사회들에 있어 신들은 복수입니다. 물론 대개 가장 위의 주재신主
宰神이 있기 마련입니다만. 유일신을 "보통" 말하는 신이라고 생각하는
것은 좀 이상하게 들립니다.

그리고 초월이나 주재 같은 말들은 '이다/아니다'라는 양자택일의
개념들이라기보다는 정도degree를 허용하는 개념들이라고 할 수 있습
니다. 그리스의 신들은 다 초월적인 신들이고 주재자들이죠. 예컨대 죽
지 않는다는 점에서 초월적이고, 또 인간의 운명을 좌우한다는 점에서
주재자들이죠. 그런 점에서 초월이나 주재라는 말은 꼭 기독교 등의 신
에 해당하는 말은 아닙니다.

다만 그리스의 신 개념은 우주의 이법까지 마음대로 할 수 있는 신
개념이 아닙니다. 신들도 따라야 할 근원적인 이법이 있는 것이죠. 그
이법을 주재하는 신이 모이라입니다. 그렇다고 모이라가 제우스 위에
있는 것은 아닙니다. 모이라가 대법원장이고 제우스가 대통령이라고
하면 어떨지 모르겠습니다. 모이라가 마음대로 하는 것이 아니라 모든

신들 위에 우주의 이법이 있고, 모이라는 다만 그것을 담당하는 직책을 맡고 있는 것이죠. 이에 비해 예컨대 히브리의 신(야훼)은 우주의 이법 자체를 창조한 존재로 이해됩니다(물론 이런 식의 이해는 사실 중세 신학에 의해서 다듬어진 생각입니다만). 신의 마음대로 우주가 굴러가는 것이죠. 그러니까 '인격적'이라는 말을 쓴다면, 어떤 면에서는 히브리의 신이 더 인격화된 신이라고도 할 수 있습니다. 실제 야훼 자신이 "나는 질투하는 신"이라고 말하고, 또 자기 마음에 안 든다고 피조물들을 홍수로 쓸어버리는 잔인한 신이잖아요? 그러니까 그리스의 신들보다도 더 자의적恣意的인 신이죠.

Q 섭리가 들어가는 것 아닙니까?

A 섭리가 들어간다는 것은 섭리라는 말은 유일신에게 해당한다는 뜻인가요? 그런 뜻이라면 그렇지 않습니다. 섭리라는 말은 유일신만이 아니라 다른 신들에게도 쓸 수 있고, 더 나아가 무신론적 맥락에서도 쓸 수 있습니다. 신을 전혀 끌어들이지 않고서도 밤하늘의 별들을 보며 '우주의 섭리'를 느낄 수 있죠. 물론 '섭리'라는 말을 쓰면 어느 정도는 (순수 자연과학적 표현이 아니라) 형이상학적 표현인 것은 사실입니다. 어쨌든 섭리라는 말을 유일신의 경우에만 적용하는 것은 잘못된 생각이죠.

Q 그리스 신화에서 운명은 신들의 바깥에 있다고 말씀하셨는데요(신들도 거역할 수 없다는 의미에서요). 그런데 그리스 신화에는 운명의 세 여신이 있잖아요, 물레를 돌리면서 운명을 사람들에게 주는. 그럼 그것은 어떻게 설명할 수 있나요?

A 그게 모이라예요. 이렇게 보면 돼요. 비유를 하면, 직위로 보면 법을 만

드는 사람보다 대통령이 위죠. 제우스가 위죠. 그렇다고 해서 제우스가 법을 어길 수는 없죠. 그렇게 생각하면 돼요. 직위로 보면 제우스가 모이라보다 높죠. 그런데 모이라가 정한 법은 제우스도 따라야 돼요. 다만 더 정확히 말하면 모이라가 법을 정하는 것은 아니에요. 법을 행사할 뿐이죠.

Q 데모크리토스는 기계론적 필연의 사유이며, 그래서 플라톤이나 아리스토텔레스 같은 목적론자들이 데모크리토스의 우연 개념을 비난했다고 하셨는데요. 하지만 제 생각에 기계론적이라고 하면 매우 법칙적인 어떤 메커니즘이 떠오르는데, 왜 그것이 우연이라는 토대를 가지고 있다고 본 것인가요?

A 데모크리토스는 이 세계의 정연한 질서를 설명하기 위해서 어떤 목적 개념도 필요 없다고 봤습니다. 다만 원자들의 모양과 위치와 배열, 이 세 가지만이 필요하다고 본 것이죠. 플라톤 같은 목적론자들이 볼 때 거기에는 우주의 이유나 목적 —— 아낙사고라스가 말한(그러나 별로 사용하지는 않았던) 'noûs'(理性) —— 이 없다고 본 것이죠. 그런데 목적은 없지만 이유는 있습니다. 다만 그 이유가 목적으로서 이해되지 않고 우연=필연으로 이해된 것뿐입니다. 여기에서 우연은 우발성으로서의 우연입니다. 즉, 과학적 이유만 있을 뿐 형이상학적 이유는 없는 것이죠. 그리고 원자들이 이러이러하게 부딪치면 필연적으로 이러이러한 결과가 나온다는 메커니즘이므로 또한 필연이기도 합니다. 앞에서도 지적했듯이 이런 경우에는 우연이 필연과 거의 같은 것을 의미하게 됩니다. 자연과학적 필연은 그 자체 형이상학적 우연=우발성인 것이죠.

Q 아리스토텔레스의 논리적 필연이 형상과 어떤 연관이 있나요? 예컨대 완벽한 원 같은 것은 어떻게 설명할 수 있나요? 완벽한 원은 형상으로서 존재하고 현실 속에서는 아낭케 때문에 존재할 수 없다고 했는데요. 논리적 필연은 예컨대 수학에서 "A=B이고 B=C일 때 A=C이다"라고 하는 경우가 아닙니까? 이런 것이 형상과 같은 건가요?

A 직접적인 관련은 없죠. 논리적 필연성은 어떤 전제로부터 어떤 결론이 반드시 이끌려 나오는 것을 말합니다. 논리적 필연성은 어떤 사물의 내용을 말하는 것이 아니고 우리가 그 내용에 대해 추론할 때 그 추론의 형식을 말하는 거예요. 별도의 맥락입니다.

Q 이데아는 관념과 다른 건가요?

A 'Idea'라는 말은 오늘날에는 관념을 뜻하죠. 또는 '아이디어'를 뜻하기도 합니다. 관념이든 아이디어든 모두 인간의 마음속에 있는 것이죠. 그러나 고대의 '형상'이라는 뜻의 이데아는 객관적인 존재입니다. 우리가 발견해야 할 어떤 것이죠. 그리고 17세기 철학에서는 그 중간 정도의 의미를 띠었는데, 그것은 우리 마음속에 있는 것인 동시에 객관세계에 반드시 그 대응물이 존재하는 것으로 이해되었죠. 특히 독일 관념론자들이 말하는 '이념'(Idee)은 고대적 의미와 근대적 의미의 화해를 시도하고 있죠(그래서 '독일 관념론'보다는 차라리 '독일 이념론'이 더 적절한 표현일 듯합니다). 벤야민이나 들뢰즈 같은 인물들은 또 다른 독창적인 이념론을 전개하고 있죠. 이런 변화를 염두에 두고 이 단어를 이해해야 합니다.

Q 어떤 것이 물질이 아닌 방식으로 존재한다는 것이 얼른 이해가 되지 않는데요?

A 이 탁자는 하나죠. 하나인데, 그러나 하나가 보이거나 들리는 것은 아닙니다. 이 '하나'라고 하는 것은 볼 수도 없고 만질 수도 없고 냄새를 맡을 수도 없어요. 들을 수도 없고 맛볼 수도 없습니다. 그런데 우리는 분명 이 탁자가 하나라는 것을 압니다. 그러니까 형상은 우리의 신체로 알 수 있는 것이 아니고, 오로지 우리의 이성으로만 알 수 있는 것입니다. 어쨌든 분명 존재하는 무엇이죠.

사실 물질도 우리 이성으로 아는 것이지 감각으로 아는 것은 아니죠. 우리가 감각으로 아는 것은 물체, 더 정확히 말해 물체의 성질들(이 탁자의 색깔, 감촉, 모양 등)이지 물질은 아닙니다. 사실 물질이라는 개념 자체가 추상적인 개념이죠. 그러나 지난 몇백 년 동안의 과학의 발전은 물질의 심층을 계속 파내려 갔기 때문에 오늘날 우리에게 물질이라는 개념은 매우 구체적인 그 무엇으로 다가옵니다. 그러나 현대 물리학을 끝까지 파내려 가면 물질이란 매우 수학적인 그 무엇으로 다가옵니다. 그래서 물질의 어떤 측면은 이미 (현미경 등 기구들을 사용해서) 감각적으로 확인할 수 있게 되었지만, 또 다른 측면은 여전히 매우 추상적인 그 무엇이라고 할 수 있습니다.

Q 필연·우연하고 확률과는 어떤 관계가 있나요?

A 확률probability이라는 말은 개연적probable이라는 말과 관련이 있죠. 개연적이라는 말은 확실히 그렇다고 단정할 수는 없지만 아마도 그럴 것이라는 뜻이죠. 말하자면 확률이란 약한 형태의 필연이라고 할 수 있고, 필연이 약해지는 이유는 그 사이에 우연이 개입되기 때문이라고 할

수 있습니다. 예컨대 내일 비가 올 확률이 80퍼센트라는 말은 자연과학의 법칙들을 동원할 때 내일 비가 올 것으로 예측되는 바이지만, 다른 요인들이 개입할 수 있기 때문에, 즉 우연이 개입할 수 있기 때문에 "반드시 그렇다"고는 말하기 힘든 상황을 함축합니다. 확률론은 19세기가 되어 체계화되고 특히 앙트완느 쿠르노에 의해 철학적 의미를 부여받게 됩니다.

4강_ 존재, 실재, 실체, 본질

오늘은 네번째 시간인데요. 오늘은 여러분들이 철학 책을 읽을 때 항상 부딪치는 단어들인 '존재', '실재', '실체', '본질' 이런 개념들을 한번 정리해 봅시다. 먼저 '존재' 개념을 보고서, 그후에 '실재', '실체', '본질' 개념을 보도록 합시다.

I. 존재

우선 '존재'에 대해서 한번 이야기해 봅시다. '존재'存在라고 하는 말은 우리가 사용하는 말들 중에서 매우 기본적인 개념이고, 철학적으로는 어쩌면 가장 기본적인 개념인지도 모르겠어요. 이 말은 헬라스 말에서 'on'이라는 말과 대응해요. '존재론'이 영어로 'ontology'죠? 앞에 'on'이 나옵니다. 이것은 'einai' 동사('be' 동사)의 분사죠. 영어로 말하면 'being'에 해당합니다. 현재분사가 명사화된 것이죠. 그리고 이 말에 해당하는 라틴어는 'ens'예요. 부정법('be' 동사)은 'esse'죠.

우리가 평소에 '존재'라는 말을 쓸 때 두 가지 용법이 다 가능해요. '존재한다는 것'이라는 동사의 뜻으로 쓸 수도 있고, 경우에 따라서는 '존재하는 어떤 것'이라는 명사의 뜻으로 쓸 수도 있어요. 예를 들어서 '존재한다'는 것이 뭘까? 하고 묻는다거나 '존재와 무', '존재의 의미' 같은 말을 할 적에는 '존재한다'는 뜻에 관련됩니다. 이와 달리 "저렇게 기묘한 존재가 또 있을까?" 같은 말을 할 때의 '존재'는 동사적인 뜻으로서가 아니라 존재하는 어떤 것이라는 뜻으로 사용된 것이죠. 이렇게 존재라는 말은 이중적으로 쓰여요. 그리고 때로는 실체라든가 본질, 실재 같은 개념들과 동의어로 쓰이기도 해요. "인간 존재의 탐구" 같은 말을 쓰죠? 이때의 존재라는 말은 그냥 인간을 가리킨다기보다는 인간의 본질, 인간의 실재를 가리키죠. 결국 존재라는 말은 1) '존재하다'라는 동사적인 뜻, 2) 어떤 존재, 어떤 것이라는 명사적인 뜻, 그리고 3) 본질이라고 하는 뜻, 이렇게 세 가지 의미를 동시에 함축하고 있다고 할 수 있습니다.

§1. 그리스 존재론

우선 '존재'라고 하는 이 말이 철학사에서 중요한 이슈로 대두하게 된 것은 파르메니데스부터라고 할 수 있습니다. 파르메니데스 이전의 철학자들은 세계에 대한 자연철학적 탐구에 매진하죠. 그래서 이들은 '자연철학자들'이라 불립니다. 그러나 '퓌지스'(자연)에 관련해 파르메니데스가 처음으로 '존재'에 대한 생각을 명확하게 제시하게 됩니다. 파르메니데스의 생각은 아주 간단해요. "존재만이 가능하고, 비존재=무는 불가능하다"는 것이죠. 왜 그럴까요? 이 대목은 매우 추상적인 내용일 뿐만 아니라 또 헬라스 말을 알아야 정확히 이해할 수 있는 부분입니다. 그래서 내 식으로 풀어서 말씀드리겠습니다.

참으로 흥미롭게도 파르메니데스의 시대만 하더라도 'be' 동사 즉 'einai' 동사에 "있다"와 "~이다"라는 이 두 가지 의미가 동시에 포함된다는 것을 몰랐어요. 얼핏 좀 믿어지지가 않을 겁니다. 서양 사람들인데 그들이 어떻게 자신들의 말 'be' 동사에 두 가지 의미가 있다는 것을 몰랐을까? 좀 당혹스럽죠? 그러나 이 동사에 저런 두 가지 의미가 있다는 것을 명확하게 밝힌 것은 소피스트들이에요. 그 전에는 그것을 분명하게 인식하지 못했어요. 이 강의 처음 시작할 때 언어의 역사성, 특히 개념들의 다의성과 역사적 변화를 강조했던 것을 다시 한 번 상기해 주시기 바랍니다.

우리는 살면서 늘 "A는 ~가 아니다"라는 문형을 씁니다. 영어로 하면 'is not'을 써야 하겠죠. 그런데 "이다"와 "있다"를 혼동하면 "A is not······"은 "A가 없다"가 되어버립니다. 그런데 이때 'is'를 썼죠? 즉, "A가 없다"를 뜻하기 위해 "A가 존재한다"를 쓴 것입니다. 모순이 생기죠. 그래서 파르메니데스는 'is'라는 표현은 쓸 수 있어도 'is not'이라는 표현은 쓸 수 없다는 겁니다. 결국 "아니다"라는 표현은 불가능하게 됩니다. 무가 불가능한 것이죠. 우리가 여기에서 잘 보아 두어야 할 것은 설사 무가 불가능하더라도(사실 무를 생각하고 말한다는 것은 참 기묘한 역설을 함축하죠? 나중에 플라톤이 이 문제를 자세히 다루게 됩니다) "아니다"는 얼마든지 가능한데, 파르메니데스는 무가 불가능할 뿐만 아니라 "아니다"라는 것도 불가능하다고 보았다는 사실입니다. 그리고 그 아래에는 'be'의 두 의미에 대한 혼동이 깔려 있는 것이죠.

파르메니데스는 이런 생각을 근거로 다多/다자성과 운동을 부정합니다. 다자성과 운동은 무/부정이 개입해야 이해됩니다. '아니다'/'없다'가 개입되어야 하는 것이죠. 이 세계에는 참으로 다양한 사물들이 존재하죠. 건물도 있고, 나무도 있고, 사람도 있고, 그 외에 무수한 사물들이 존재합니다. 즉 세계는 여럿, 다자성, 복수성, 다수성/다원성plurality의 성격을 띤다는 말입니다. 그러나 파르메니데스는 이것을 하나의 환상으로 봅니다. 상당히 충격적인 발언이죠. 또 하나, 우리가 보는 세상은 늘 운동·변화합니다. 새가 날고, 비가 내리고, 사람들이 걸어다니고,…… 모든 것이 운동과 변화죠. 그러나 파르메니데스는 이 또한 환상으로 봅니다. 그래서 우리가 경험상 엄연히 확인하는 사물들의 복수성과 운동·변화가 우리의 무지에서 오는 거짓된 모습일 뿐이라는 것이 파르메니데스의 주장입니다.

그렇다면 세계의 참된 모습은 무엇일까요? 그것은 바로 단 하나, 조금도 운동·변화하지 않는 하나라는 겁니다. 이미 나왔었지만 파르메니데스는 이것을 '일자'一者라고 부르죠. 대문자로 'the One'으로 쓰는 말이 바로 이를 번역한 말입니다. 유일부동의 일자가 참된 실재인 것이죠.

존재는 창조되지도 않고 소멸되지도 않는다. 나아가 운동조차도 환상이다. 존재는 완전하고 부동이며 영원하고 불가분적이기 때문이다. 도대체 왜 그럴까요? 파르메니데스의 제자인 멜리소스에 따르면,

예컨대 존재가 변화의 성격을 띤다는 것은 곧 이전에 존재했던 것이 소멸하거나 아니면 이전에 존재하지 않았던 것이 생겨나는 것이라 합니다. 여기에는 서로 다른 존재'들'이 전제되어 있고, 또 그들 사이의 변화가 전제되어 있습니다. 그래서 여기에는 '아니다'라는 것이 매개되고(A는 더 이상 A가 아니다), 부정과 무의 혼동 때문에 결국 무가 매개됩니다. 그런데 무는 불가능하다고 했죠? 그래서 다자성과 운동은 모순을 함축하게 됩니다.

달리 이야기해 봅시다. '존재'의 모순 개념이 '무'죠? 존재의 절대모순이 무예요. 그런데 만약 존재는 오로지 존재일 뿐이고 무는 오로지 무일 뿐이라면, 달리 말해 존재도 완벽한 자기동일성을 유지하고 무도 완벽한 자기동일성을 유지한다면, 그 사이에는 어떤 타자화他者化/otherization도 불가능합니다. 그것이 바로 파르메니데스의 세계예요.

그런데 내가 이 주스를 마신다고 합시다. 내가 지금 마셨죠? 여러분들이 분명 현상세계에서는 그것을 확인했습니다. 그런데 이런 운동은 '타자화'를 함축합니다. 만일 주스는 주스대로 완벽한 자기동일성을, 나는 나대로 완벽한 자기동일성을 유지한다면, 내가 주스를 마시는 운동이란 불가능하겠죠. 주스를 마실 때 내 몸도 변하고 주스도 변합니다. 주스가 내 몸에 들어오죠. 즉 주스와 나 사이에서 '타자화'라는 운동이 있었던 겁니다. 모든 개개의 사물들이 완벽한 자기동일성을 유지할 경우에는 변화라는 것이 있을 수 없겠죠. 그냥 이것은 오로지 이것이고, 저것은 오로지 저것입니다. 모든 것이 완벽한 자기동일성을 유지하면서 불연속을 이루게 돼요. 운동한다, 변화한다는 것은 어떤 형태로든 이 자기동일성과 불연속성이 무너져야 성립하는 것이죠. 그런데 파르메니데스의 세계에서 존재는 있고 무는 없습니다. 존재와 무는 절대 모순이죠. 그래서 무와 부정은 불가능하고, 따라서 이 개념들을 전제하는 운동도 불가능합니다. 그리고 불연속——불연속이 다자성을 가능하게 한다는 것을 생각해야 합니다——도 불가능합니다. 어떤 형태로든 무가 존재할 경우에만 불연속이라는 것이 가능하게 되기 때문이죠. 무는 없기에 불연속 역시 불가능합니다.

그래서 파르메니데스는 서구 철학사에 아주 중요한 화두를 남깁니다. 그후에 서양의 전통 철학자들, 적어도 17세기까지의 전통 철학자들은 이 세계의 참된 본질은 자기동일적이고 운동·변화하지 않는 그 무엇이라는 대전제 위에서 움직입니다. 그래서 그 자기동일적이고 영원한 실재가 과연 어떤 것인가라는 물음에 대한 대답이 서양 형이상학사를 구성합니다. 그것에 대한 대답이 플라톤과 아리스토텔레스의 '형상' 즉 이데아/에이도스idea/eidos인 것이고, 중세 사람들의 '신' 즉 데우스Deus인 것입니다. 17세기 철학도 상당 부분 이런 전제 위에서 움직입니다.

그리고 서구의 형이상학만이 아니라 과학도 똑같은 전제 위에서 움직입니다. 어떤 사람들은 과학과 형이상학을 대립적인 것으로 말하지만, 사실은 그렇지 않죠. 과학자들이 추구하는 법칙이란 결국 파르메니데스적 전제 위에서 움직이는 것입니다. 예를 들어 "$NaOH + HCl \rightarrow NaCl + H_2O$" 같은 화학식을 보면 이런 것을 알 수 있습니다. 수산화나트륨과 염화수소를 섞으면, 염화나트륨과 물이 나오죠. 일상어로 해서 양잿물과 염산을 섞으면 소금물이 나옵니다. 이런 것이 화학적 진리, 화학적 법칙이죠. 현상세계의 관점에서 보면 많은 변화가 있었습니다. 색깔, 맛, 냄새 등이 크게 변했죠. 그러나 실재세계는 하나도 변하지 않았어요. 화살표의 앞뒤를 보세요. 나트륨(Na) 하나, 수소(H) 둘, 염소(Cl) 하나, 산소(O) 하나, 변한 것은 아무것도 없죠(물론 여기에 열적 변화가 동반됩니다. 그러나 이 또한 에네르기 보존 법칙의 테두리 내에서 움직입니다). 현상의 세계에서는 많은 것이 변했지만 심층적 실재의 세계는 완벽한 동일성을 유지하고 있는 겁니다.

물리학도 마찬가지죠. 지구가 태양을 도는 현상은 다자성과 운동을 보여 줍니다. 그러나 지구가 태양을 도는 법칙 그 자체는 항상 자기동일적이고 영원한 것이죠. 또, 우리는 생물학 책에서 무수한 회로들을 봅니다. 고등학교 때 많이 외웠죠? 특히 앞 글자들을 따서 말입니다. 그런데 혹시 "생물학 책에는 왜 회로들이 그렇게 많이 등장하는가?"라는 물음을 제기해 본 적이 있나요? 바로 그 회로들이 생명체의 표면적인 변화에도 불구하고 그 생명체의 자기동일성을 유지해 주는 '실재'인 겁니다. 자기동일성은 닫혀야죠. 열리면 안 됩니다. 그래서 순환적이어야 하고 그래서 회로가 그렇게 많은 것이죠.[1] 철수, 영희……등의 현상적인 다자성과 변화 아래에 깔려 있는 생명의 법칙들을 찾는 것이 생물학이죠. 경제학 등도 마찬가지입니다. 나아가 '질량 불변

---

[1] 그러나 생명체의 동일성은 A =A와 같은 추상적 동일성, 불변의 동일성이 아니다. 생명체는 살아 움직이는 존재, 생로병사를 겪는 존재이며, 시간을 사는 존재이다. 따라서 생명체는 늘 차이생성(différentiation)을 맞이하게 되며, 그 차이생성을 소화하면서 스스로의 동일성을 지켜야 한다. 때문에 생명체의 동일성은 차이생성을 배제하는 죽은 동일성이 아니라 스스로를 계속 변화시켜 나가면서도 동일성을 잃지 않는 역동적 동일성이다. 개체를 놓고 봐도 그렇고 거시적인 진화를 놓고 봐도 그렇다.

의 법칙', '에너르기 보존의 법칙' 등도 이런 맥락에서 이해할 수 있습니다. '과학'이란 근본적으로 그리스 존재론을 깔고 있는 겁니다.

물론 지금은 대체적으로 논한 것이고 더 논의해야 할 여러 가지가 있습니다. 파르메니데스 이후의 철학자들은 파르메니데스처럼 다자성과 운동을 부정하지 않습니다. 이것들을 인정하면서도 그 아래에 깔려 있는 실재를 찾으려 한 것입니다. 또, 그리스적 형상과 자연과학의 법칙도 깊이 들어가면 많은 차이들을 내포합니다. 그리고 법칙이라는 것을 그리스 존재론의 맥락이 아니라 경험주의적으로 이해하는 입장도 있습니다. 그 외에도 여러 세부적인 논의들이 있기 때문에, 문제는 훨씬 복잡합니다. 그러나 학문의 역사를 거시적으로 볼 때, 다자성과 운동 아래에서 자기동일적이고 영원한 무엇을 찾으려는 시도들이 적어도 17세기까지 서구의 학문 개념을 형성했고, 지금도 상당 부분 그렇습니다.

논의를 좀더 자세히 하기 위해서 파르메니데스, 플라톤, 아리스토텔레스 사이의 차이를 짚어 봅시다.

플라톤에 따르면, 파르메니데스는 오로지 존재만 인정했지 무는 인정하지 않았다고 합니다. 그러나 운동이라는 현상을 설명하려면 이 무라는 것을 배제하기 힘듭니다. 파르메니데스 이후의 철학자들은 공히 현상과 실재를 나누었지만, 현상을 보다 적극적으로 설명하려 합니다. 앞에서 말했듯이, 운동이 성립하려면 무(불연속)라는 개념이 도입되어야 하죠. 그런데 도입하는 방식은 다릅니다. 예컨대, 원자론. 데모크리토스의 원자론은 우주는 원자들과 허공void으로 되어 있다고 합니다. 물리학적 표현으로 하면 '진공'이죠. 파르메니데스에게는 오로지 하나인 꽉 찬 일자가 있다면, 원자론은 원자들 사이사이에 진공이 있다고 보았습니다. 왜 진공이 요청될까요? 운동을 설명하려면 원자들이 움직일 자리가 있어야 하기 때문이죠. 그래야 원자들이 움직여 서로 부딪칠 것 아닙니까? 결국 원자 하나하나는 마치 파르메니데스의 일자 같은 존재들입니다. 그것들 자체는 파르메니데스의 일자처럼 자기동일적이고 영원한 것들이죠. 그러나 원자들은 여럿[多]입니다. 말하자면 파르메니데스의 일자를 분할해서 무수한 원자들을 만든 셈이죠. 또 하나, 진공이라는 것을 설정했습니다. 일종의 무를 인정하고, 그것을 통해 운동을 설명하려 했습니다. 다른 철학자들도 마찬가지죠. 엠페도클레스의 '사원소'[地水火風],[2] 아낙사고라스의 '종자들', 플라톤과 아리스토텔레스의 형상들은 모두 파르메니데스의 일자를 이어받은 개념들입니다. 그러나 이것들은 '여럿'이고 또 운동과 절연되어 있지 않은 존재들입니다. 이렇게 철학사가 이어지죠.

　플라톤의 경우를 봅시다. 플라톤은 이데아를 이야기하지만 그 이데아가 오로지 하나의 일자로서 존재하는 것이 아니죠. 호랑이의 이데아도 있고, 달팽이의 이데아도 있고, 사람의 이데아도 있습니다. 그리고 더욱 중요하게는 빨간색의 이데아도 있고, '~의 아버지' 같은 관계의 이데아도 있죠. 이 세계의 '존재의 요소들'이라 부를 만한 것들에

---

2) 엠페도클레스의 생각은 동북아의 오행(五行)과 비교하면 흥미롭다. 동북아 전통에서의 목화토금수(木火土金水)와 비교해 볼 때, 서구의 경우 공기(동북아의 기氣)가 있는 대신 나무와 쇠가 없다고 하겠다. 그러나 이 각각의 개념들이 지금 우리의 존재론적 분절과는 다른 분절을 통해서 이해되었다고 봐야 하기 때문에, 그 차이가 보기만큼 큰 것은 아니다.

는 모두 이데아가 있습니다(다만 아지랑이 같은 것, 물에 비친 그림자, 순간순간 나타났다 사라지는 동작들, 발톱에 낀 때 같은 '시뮬라크르들'에 대해서는 판단을 유보합니다). 요컨대 플라톤은 세계를 다자성으로서 파악한 것이죠.

또 하나, 운동의 문제가 있습니다. 플라톤은 운동을 설명하기 위해 파르메니데스를 넘어 무를 인정하게 됩니다. 그런데 무에는 절대적인 무와 상대적인 무가 있죠. 절대적 무는 말 그대로 세계 자체가 존재하지 않는 경우에 해당합니다. 시간·공간까지 합쳐 세계라는 것 자체가 아예 존재하지 않는 경우입니다. 절대 무라고 하는 것은 우리가 오로지 형이상학적으로 상상할 수만 있는 그런 것이죠. 예를 들어서 현대 천문학에서는 '빅뱅 이론'을 논하거니와, 이 이론은 공간을 전제합니다. 공간이 우선 존재하지 않았다면 빅뱅이 일어날 곳이 없겠죠. 또 시간을 전제하고, 물질을 전제하고, 힘을 전제합니다. 시간, 공간, 물질, 힘, 이 네 가지가 있어야 빅뱅이 발생할 수 있죠(물론 빅뱅과 "더불어" 이런 것들이 생겨났다고 생각할 수도 있습니다). 그러나 절대 무는 이런 것들도 없는 경우를 말합니다. 플라톤을 비롯한 그리스 철학자들은 절대 무 같은 것은 생각하지 않았습니다. 오늘날로 말하면 상대적 무를 생각한 것이죠. 상대적인 무는 "뽀삐가 없다"와 같은 경우입니다. 이 말은 뽀삐가 지금 여기 없다는 말도 되고, 이 세상에 없다는 말도 됩니다. 지금 여기에 있는 것을 '현전'現前/presence이라고 하고 없는 것을 '부재'absence라고 하죠. "없다"는 말은 "부재한다"를 뜻할 수 있습니다. 아니면 세계 내에 없다는 뜻도 되죠. 현존하지 않는다는 뜻이 됩니다. 현존現存은 'existence'에 해당합니다. 반대는 'nonexistence'죠. 플라톤은 이런 무 개념을 긍정해야 한다고 봅니다. 그래야 다자성과 운동을 이해할 수 있는 것이죠.

여기에서 중요한 것은 플라톤은 파르메니데스가 혼동했던 "아니다"와 "없다"를 명확히 구분함으로써 운동을 긍정하게 되었다는 사실입니다. "아니다"라는 것은 곧 상대적 무로 해석될 수 있습니다. 하나의 탁자는 주스가 아닙니다. 달리 말하면 탁자에는 주스가 없는 것이죠. 주스는 탁자가 아니고, 따라서 주스는 탁자의 무이기도 합니다. 이런 의미에서의 없음을 플라톤은 부재 또는 타자他者로서의 무로 본 것이죠. 즉, 없다는 것은 곧 다른 무엇이라는 뜻이 됩니다. 이 탁자가 갈색이라는 이야기는 이 탁자의 색이 녹색이 아니라는 것, 녹색의 타자라는 것이죠. 그렇다면 이 탁자가 갈색에서 녹색으로 "될" 수 있습니다. 탁자의 '있음'을 파괴하지 않고서도 탁자의 색깔이 타자화될 수 있는 것이죠. 탁자의 무가 도래하지 않고서도 갈색의 무가, 즉 녹색이 도래할 수 있는 겁니다. 플라톤은 운동이 가능하려면 이렇게 타자로서의 무가 개입해야 한다고 본 것이죠.

플라톤의 존재론에서 나타나는 또 하나의 중요한 요소가 있습니다. 그것은 곧 "있다"라는 말과 "가치 있다"라는 말을 동일시하는 거예요. 현대인들에게 "있다"라는 말 자체는 가치를 함축하지 않죠? "있다"라는 말은 존재론적 판단이지 가치론적 판단이 아닙니다. 발톱에 낀 때도 "있는" 것으로 이해되죠. 나아가 어떤 개념도 일단은 있는 겁니다. 예컨대 '신'은, '신'이 있느냐 없느냐에 관한 논쟁과 별도로, 일단 하나의 개념으로서 분명 있는 겁니다. 요컨대 "있다/없다"는 아무런 가치가 들어가지 않는 존재론적 개념들입니다. 그런데 플라톤은, 사실상 동서를 막론하고 전통적 사상들이 대개 그렇거니와, "있다"라는 것을 가치에 연관시켜 생각했고, 더 정확히는 정도의 문제로 생각했습니다. 있느냐 없느냐의 문제가 아니라 "얼마만큼" 있느냐의 문제로 생각한 것이죠. 호랑이는 달팽이보다 "더 있는" 것이고 인간은 호랑이보다 "더 있는" 것이죠. 플라톤은 이런 논리의 씨를 뿌려 놓았고, 그것이 보다 도식적이고 위계적으로 발달한 것은 중세 철학에서였습니다. 말하자면 신은 100점, 인간은 90점, 호랑이는 50점, 달팽이는 20점 정도 되는 것이죠. 또 90점과 100점 사이를 채워 넣기 위해 '천사'라는 것을 만들죠. 천사도 아홉 등급이 있습니다. 그렇다면 0점에 해당하는 것은 무엇일까요? 바로 순수 물질이죠. '제일 질료'라고 합니다.

존재/무, 있다/없다라는 말에 대한 현대인들의 용법과 서양 고전 철학의 용법은 이렇게 다릅니다. 그리고 이런 생각은 (중세적 요소를 여전히 많이 포함하고 있는) 스피노자와 라이프니츠에 이르기까지도 이어지죠(다만 양자에 있어 이 전통의 활용 방식은 대조적입니다). 이들의 저작들에서도 존재도存在度, 즉 영어로 하면 'degree of being'이라는 말이 나와요. 또 실재도實在度/degree of reality, 즉 실재성의 정도 같은 표현도 볼 수 있죠. 중세적인 사유를 이해하는 데 필수적인 사항입니다.

존재 개념을 둘러싼 많은 논의들을 명확하게 정리한 사람이 아리스토텔레스예요. 그 전에는 존재라는 말도, 무라는 말도 다소 혼란스러웠어요. 아리스토텔레스는 제일 철학=형이상학은 존재로서의 존재on hê on=being qua being를 다룬다고 합니다. 이런 존재, 저런 존재가 아니고 존재로서의 존재를 다룬다는 것이죠. 특수한 존재들을 다루는 것은 과학이에요. 경제 현상을 다루는 것이 경제학이고, 생명체를 다루는 것이 생물학이고, 물리적 사물을 다루는 것이 물리학이고, 지구를 다루는 것이 지구과학이고…… 이렇게 특수한 존재들을 다루는 것이 개별 과학들입니다. 이에 대해 존재로서의 존재, 즉 존재 자체를 사유하는 것이 형이상학입니다. 아리스토텔레스 자신에게는 '형이상학'이라는 말이 없었지만 말이죠.[3]

아리스토텔레스가 자신의 사유의 모토처럼 늘 이야기하는 것이 있는데, 바로 "존재는 여러 가지로 말해진다"는 것이죠. 달리 말해 "존재에는 여러 가지 의미가 있다"는 것입니다. 어찌 보면 이 사람의 평생의 형이상학적 작업은 바로 이 명제를 해명하는 것이었죠. 그렇다면 이 여러 가지 의미란 무엇인가? "있다/이다"라는 말의 여러 가지 뜻에는 어떤 것들이 있는가?

첫째, 자체로서의 존재(on kath'hauto)와 이것(자체로서의 존재)에 부대해서 존재하는 존재(on kata symbebêkos). 예컨대 철수, 탁자, 서울은 전자의 예이고, 철수의 머리색깔, 표정, 성격, 탁자의 모양, 색깔, 서울의 분위기, 구조 등은 후자의 예이죠. 철수가 걸어가면 철수의 머리카락 색깔도, 성격도, 표정도 함께 가지 않겠어요? 예컨대 내가 이렇게 있다가 이렇게 이쪽으로 걸어왔는데 내 표정만 아까 저기에 남는

---

3) 아리스토텔레스의 저작들은 갖은 풍파를 거치면서 살아남았다고 한다. 훗날의 페리파토스학파(아리스토텔레스학파)를 이끌었던 알렉산드로스 아프로디시아스가 아리스토텔레스의 저작집을 편집하면서 제목이 없는 책 한 권을 발견했다. 알렉산드로스는 그 책의 내용이 『자연철학』(*Physica*) 이후에(after/beyond) 읽어야 할 책으로 판단해서 제목을 'ta meta ta physica'로 붙였고, 이 말이 후에 'Metaphysica'가 되었다. 『주역』「계사전」의 "形而上者謂之道 形而下者謂之器"라는 구절에 입각해 '形而上學'으로 번역되었다.

다, 그럴 리가 없겠죠. 그것은 『이상한 나라의 앨리스』에서만 나올 수 있는 얘기죠. 내가 죽었는데 내 머리의 색깔만 남아 있다. 참 이해하기 힘든 상황이죠. 그래서 자체로서의 존재와 타자에 부대하는 존재가 나누어집니다. 이렇게 자체로서 존재하는 것, 즉 타자에 복속되지 않는 것을 '실체'라고 부르고, 타자에 복속되어 존재하는 것을 맥락에 따라 성질, 속성, 빈위, 술어……등으로 불러요. 그래서 전통적인 사유의 가장 기본적인 틀이 바로 실체-성질 구도, 언어적으로는 주어-술어 구조죠. 그래서 논리학에서는 늘 "S is P"라는 형식을 사용합니다. 요컨대 "존재한다"라는 말에는 실체로서 존재한다는 뜻과 실체에 부대하는 성질로서 존재한다는 뜻, 두 가지가 있다는 말입니다. 이런 사유 구도는 서구 철학사에 긴 그림자를 드리우게 됩니다.

둘째로는 진眞/truth으로서의 존재. 예컨대 "하늘은 파랗다"(The sky is blue)라고 할 때 'is'가 들어가죠. 이것이 하나의 판단을 성립하게 해줍니다. 판단이란 주어에 어떤 술어를 붙이는 행위죠. "하늘은 ~ 하다"의 빈칸에 무엇을 채울 것인가, 이것이 판단의 문제입니다. 하늘이 갠 낮에, 특별한 일이 없다면, "하늘은 파랗다"라고 판단하면 진이 되는 것이고 "하늘은 붉다"고 판단하면 위僞가 됩니다. 'Is'는 바로 S(주어)와 P(술어)를 잇는 것이고, 그래서 진위의 뜻을 품고 있는 것이죠. 아리스토텔레스는 "그런 것을 그렇다 하고 아닌 것을 아니라고 하는 것을 '진'이라 하고, 그런 것을 그렇지 않다 하고 그렇지 않은 것을 그렇다고 하는 것을 '위'僞라 한다"고 했는데, 이것은 현대어로 하면 곧 'is'와 'is not'을 둘러싼 문제입니다. 이렇게 존재는 진위를 뜻하기도 합니다.

　세번째로 존재란 잠재태를 뜻할 수도 있고 현실태를 뜻할 수도 있습니다. 어떤 가수가 지금 잠을 자고 있어요. 그런데 그 가수가 잘 때에는 가수가 아니다가 공연장에서 노래를 부를 때는 갑자기 가수가 되는 것일까요? 물론 아니죠. 그 가수가 지금 현재 노래를 부르지 않고 있어도 가수는 가수인 겁니다. 아리스토텔레스는 우리가 눈으로 직접 확인할 수 있는 차원은 '현실태'actuality로서의 존재라고 말합니다. 그러나 아리스토텔레스는 존재의 차원은 우리가 보는 것보다 훨씬 크다고 말합니다. 현실태는 세계의 빙산의 일각입니다. 우리가 지금 확인하지 못하고 있는 거대한 '잠재태'potentiality도 존재하는 것이죠. 앞으로 내 머리도 하얗게 셀 겁니다. 그러나 그것은 지금 현실적으로 존재하지 않죠. 지금 눈이 내리고 있지 않지만, 기상 이변이 아니라면 이번 겨울에 적어도 한번은 눈이 올 것입니다. 이런 존재들 역시 "존재한다"는 것이죠. 그리고 양귀비와 현종, 성종과 폐비 윤씨도 지금은 이미 존재하지 않지만 '세계'라는 전체 속에 분명 존재한다고 보아야 합니다. 그렇지 않다면 우리가 그들에 대해 생각하고 말하는 것은 무의미하겠죠.[4] 이런 모든 것들이 잠재태를 구성합니다. '존재'는 지금의 현실 이상의 것이라는 이야기죠.

　마지막으로 우연도 일종의 존재입니다. 우연은 지금 그것이 있는지 없는지 말할 수 없고, 또 우리로서는 예측하기 힘든 것이지만, 그러나 이 세계에 우연들은 분명 존재하고 그래서 그것도 "존재하다"라는

---

4) 이렇게 '실존하지는'(exist) 않지만 어떤 다른 의미에서는 존재하는 즉 '존속하는' (subsist) 것들을 연구하는 것이 존재론의 기초적인 작업이다.

말의 한 의미를 형성한다고 할 수 있는 것이죠. 우리가 "존재한다"고 할 때, 우리 시야에 들어오는 질서 잡힌 것들만이 그에 해당하는 것은 아닙니다. 우리에게 지금은 "없는" 것이나 마찬가지이지만 경우에 따라 이 세상에 생겨날 수도 있는 것, 바로 우연이 또 하나의 '존재'인 것이죠. 맨손으로 뉴욕에 떨어진 칼 로스만(카프카의 『실종자』의 주인공)이 우연히 외삼촌을 만나 국회의원의 조카가 된 사건은 처음에는 "존재하지 않았던" 것이지만, 더 정확히 말해 존재하리라고 생각하지 못했던 것이지만, 결국 세계에 "존재하게 된" 어떤 것입니다. 이런 우연도 "존재하다"라는 말의 뜻에 포함되어 있는 것이죠.

§2. 무(無)와 유(有)

그러면 이제 우리의 눈길을 유라시아 서쪽 끝에서 동쪽 끝으로 옮겨 봅시다. 물론 그 중간에 오리엔트, 인도 등이 있지만, 이번 학기 강의 처음에 말했듯이 그리스에 중점을 두고 다른 곳은 간략하게만 이야기 할 수밖에 없습니다. 특히 일단 동북아만 이야기해야 할 것 같습니다.

철학적 사유에 있어 그리스 철학이 주로 존재에 무게중심을 둔다면, 동북아 사유는 거꾸로 무에 무게중심을 둡니다. 그리스인들은 무를 극도로 혐오했어요. 플라톤이 말한 의미에서의 무——타자로서의 무——라면 몰라도, 진짜 비어 있는 것들, 즉 '진공'이라고 하는 것을 대단히 두려워했죠. 원자론이 근대 이전에는 받아들여지지 않았던 이유 중 하나가 여기에 있습니다. 그리스 철학은 충만의 철학, 즉 파르메니데스의 일자에 근거하는 철학입니다. 반면 동북아의 사유는 늘 무를 중시하고 그에 대해 사유해 왔죠. 물론 조심할 것은 이때의 무가 절대 무가 아님은 물론 진공 역시 아니라는 사실입니다. 동북아 사람들은 이런 의미에서의 무들을 혐오하지 않았는데, 그것은 그런 가능성을 아예 생각하지도 않았기 때문입니다. 이렇게 보면 사실 동북아나 서구나 다 절대 무는 부정했던 것이고, 동북아의 경우 진공 역시 사유의 대상이 거의 되지 않았던 겁니다. 그러나 동북아 사유가 또 다른 의미에서의 무 개념에 독특한 지위를 부여했고 무를 추구했던 것은 분명 사실입니다.

이런 점을 가장 잘 보여 주는 것이 그림이에요. 서구 그림에서 화폭의 어떤 부분을 비워 놓는 것은 상상할 수가 없었죠. 자연철학에서 '진공'을 두려워했던 것만큼이나 그림에서 빈 곳을 두려워했던 것 같습니다. 이 점에서 화폭의 많은 부분을 비워 놓곤 하는 동북아의 회화 전통과는 대조적입니다. 서구인들이 난蘭 그림을 보면 아마 '식물학 도감'같이 느낄 거예요. 그러나 사실 동북아 회화의 빈 곳도 빈 곳이 아닙니다. 진공이 아니라 사실 꽉 차 있다고 할 수 있죠. 거기에는 바로 기氣가 차 있다고 할 수 있습니다. 그렇다면 '기'는 '무'일까요? 기는 '유'이지 '무'가 아니지 않습니까? 기는 도道나 리理에 대비해서는 분명 '유'입니다. 그러나 기의 두 가지 존재방식을 구분할 때는 이야기가 달라집니다. 아직 어떤 규정도 띠지 않은 기, 즉 '형', '색', '질' 등을 띠지 않은 기는 '무'와도 같습니다. 형, 색, 질을 띠지 않은 근원적 기(장횡거가 말하는 '태허')는 현실상에서는 무와 마찬가지인 것이죠. 그러나 그 무는 절대 무는 아닙니다(그래서 장횡거는 "無無"라고 하죠). 오히려 무한한 잠재성으로서의 무이죠. 현대식으로 말하면 잠재적 복수성virtual multiplicity[5]이라고 할 수 있습니다. 이런 두 맥락을 구분해 이해할 필요가 있어요.

『노자』를 보면 다음과 같은 구절이 나옵니다.

> 만물은 있음에서 생겨나지만
> 있음은 없음에서 생겨난다네
> 萬物生於有 有生於無

이 경우 '유'를 '기'로 보고 '무'를 '도'로 보는 것이 일반적입니다. 모든 것은 '기'에서 생겨나지만 '기'는 '도'에서 생겨난다. 이렇게 해석할 경우 '도'가 '기'를 초월해서 존재하는 형이상학적인 존재가 됩니다. 이를 뒷받침해 주는 구절로서는 "形而上者謂之道 形而下者謂之器"를 들 수 있죠. 형이상자와 형이하자가 대비됩니다. 그러나 동북아 사유에서 탈물질적인 존재는 낯선 존재입니다. '기'를 초월한 존재는 없다는 것이죠. '리', '도', '천'天, '성'性 등이 '기'보다 상위의 개념들이라고 할 수 있지만, 그렇다고 이것들이 '기'를 초월해 있는 존재들은 아닙니다. 그래서 위의 구절에서도 '유'와 '무'는 모두 '기'를 뜻한다고 해석할 수 있으며, 다만 '무'로서의 '기', 즉 '태허'(무한한 잠재성)와 '유'로서의 '기', 즉 형, 질, 색을 띤 '기'가 구분된다고 할 수 있습니다.

---

5) 기는 현실성으로서는 무이다. 그것은 나무도 토끼도 다른 무엇도 아니기 때문이다. 그러나 기는 절대 무나 진공이 아니라 맥락에 따라서 그 어떤 것으로도 될 수 있는 잠재성이다. 달리 말해, 모든 것들이 실선이 아니라 점선으로 그려져 있고 유동하고 있는 잠재적 복수성이다.

동북아 사유에서 정말로 탈-물질적인 존재를 뚜렷이 사유한 것은 성리학(특히 주자학) 전통입니다.

> 무극이기에 곧 태극이고,
> 태극은 양의를 낳는다.
> 無極而太極 太極生兩儀

"無極而太極"은 "극이 없기에 태극이다"라고 번역할 수도 있습니다. 극이 있는 것은 구체적인 '유'죠. 그런데 태극은 무극이기 때문에 태극이에요. 뽀삐라고 하는 존재의 '기'는 '유'죠. 있는 것이죠. 그런데 뽀삐를 뽀삐이게 하는 뽀삐의 '리'＝태극 자체는 공간적 외연도 물질적 무게도 색깔도 없는 하나의 법칙성입니다. 법칙성 그 자체는 '유'가 아니라는 이야기죠. 아까 지구의 예를 들었는데, 지구는 '유'죠. '기'의 덩어리이고, 그래서 색깔이 있고, 무게가 있고, 감촉이 있죠. 구체적인 '유'예요. 태양도 '유'이고. 그런데 지구가 태양을 도는 법칙 그 자체에는 아무런 구체성이 없죠? '具體性'이라는 말 자체를 잘 음미해 보세요. 법칙 그 자체에 무슨 공간적 크기가 있고, 색깔이 있고, 무게가 있겠어요? 그런 의미에서 '무'이고 그래서 무극이라고 부릅니다. 그래서 무극이기에 태극이라고 하는 것이죠. 그 태극의 법칙성에 입각해서 양의가 나온다고 하죠. 여기서 양의는 음기와 양기를 말하는 것입니다. 정주학程朱學은 이런 논의 구도로 나갑니다.

그러나 태극의 의미를 달리 해석할 수도 있습니다. 정주학의 경우 태극은 구체적인 물질성을 다 떨어버린 완벽하게 추상적인 '리'로서 이해되지만, 궁극적인 것은 '기'라고 또는 '기' 외에 '리'나 '도' 등의 범주가 있지만 '리'나 '도'는 기가 표현되는 방식이라고(따라서 '기'에 내재해 있다고) 생각하는 입장이 있어요. 그렇게 볼 적에는 '무'는 없는 것이 아니고, 아직 무언가로서 구체적으로 분화되기 이전의 잠재성으로 볼 수 있는 것이죠. 표현되기 이전의 '기'는 카오스라고 할 수 있지만, 이것은 질서가 없는 것이 아니라 질서가 너무 많은 것이라고 할 수 있습니다. 질서가 없다가 갑자기 생기는 것이 아니라(이것은 사실 이해하기 쉽지 않은 생각이죠), 무수한 잠재적 질서가 섞여 있는 가운데에서 (일정한 상황/조건에 따라) 하나의 가닥이 현실화되는 것이라고 말할 수 있습니다. 즉, '사事·물物'의 세계, 형·색·질의 세계는 카오스에 기반하고 있다고, 카오스는 이런 세계가 붕괴된 차원이라기보다는 오히려 그보다 더 풍부한 잠재성을 띤 차원이라고 말할 수 있죠. 이렇게 될 때 태극은 순수 '기'이고, 그 순수 기가 처음으로 어떤 구체적인 존재 방식을 띠게 된 것이 음기와 양기라고 말할 수 있습니다.[6] 그리고 이 경우 무극이란 극이 없다는 뜻이라기보다는 극들이 잠재적으로 무수히 섞여 있어 어느 하나가 현실화되지 않았다는 뜻으로 이해할 수 있습니다. 그리고 이렇게 '기'가 표현되어 나가는 방식이 '도'인 것이죠.

그래서 서양 철학은 존재의 철학이고 동양 철학은 '무'의 철학이

---

6) '음'과 '양'의 개념은 그 성격이 매우 미묘하다. 음과 양은 실체가 아니다. 음기와 양기는 기의 두 존재 방식이지 두 종류의 기가 아니다. 그러나 음과 양이 기의 변양태들인 것은 아니다. 음과 양은 특정한 양태가 아니라 기의 변양 어디에서나 등장하기 때문이다. 음과 양은 스피노자적 속성들도 아니다. 스피노자의 속성들 ── 예컨대 정신-속성과 물질-속성 ── 은 실체 전체는 아니지만 그럼에도 실체이기 때문이다. 음과 양은 기의 운동[氣化]의 두 근본 방향이다. 기의 모든 운동에 동반되는 두 성격인 것이다.

라는 흔히 듣는 이야기는 섬세하게 논의되어야 할 문제입니다. 우리는 늘 "서양은……, 동양은……"이라는 식의 논법을 조심해야 합니다. '동양'이라는 것이 도대체 무엇인지(아프리카는 서양인가요 동양인가요? 남아메리카는 동양인가요 서양인가요? 동구는 서양인가요? 우리가 '서양'이라고 할 때 동구도 넣어서 말하는 것일까요? 오리엔트 사람들, 인도 사람들, 동북아 사람들, 중앙아시아 사람들…… 이들이 어떻게 모두 '동양'이라는 범주로 묶일 수 있는 걸까요?), 서양과 동양이라는 이분법이 정말 의미가 있는 것인지 생각해 볼 필요가 있습니다. '서양과 동양'이라는 이 이분법은 19세기 말 동북아 사회가 처음으로 서구인들을 만났을 때의 정서를 담고 있는 말입니다. 가급적이면 쓰지 않는 것이 좋죠. 어쨌든 동북아 사상사의 '무'──물론 이 말도 조심스러운 말입니다. 동북아의 개념들 역시 수천 년의 세월 동안 변해 왔기에 말이죠──는 서구 사상에서 말하는 '무'와는 전혀 개념이 다른 것이고, 따라서 이 둘을 표면적으로 동일시해서 "서양은 존재, 동양은 무" 하는 식으로 이야기하는 것은 자칫 오해를 불러일으킬 수도 있습니다.

'무'와 비슷한 개념으로는 '공'空을 들 수 있죠. 인도 사상에서의 'sunya'에 해당합니다. 이것도 기본적으로 '없음'을 뜻합니다. 그래서 불교가 동북아에 처음 들어왔을 때 흔히 불교를 노장사상에 기대어 번역하고 해석하곤 했죠. 즉, '공'을 '무'와 비슷한 것으로 이해했던 겁니다. 그러나 두 개념은 상당히 다른 개념입니다. 불교는 기본적으로 세계를 생성, 즉 연기적緣起的인 생성의 관점에서 보기 때문에 그 어떤 것도 자기동일성을 갖춘 것은 없습니다. 끝없이 연기적인 법칙에 따라서 움직이고 생성하기에 말이죠. 그것을 불교 용어로는 "자성自性이 없다"고 합니다. '자성'이라는 말은 현대어로 하면 자기동일성이라는 말이에요. 이것은 없다는 뜻이라기보다는 그 '무엇'이라고도 할 수 없다는 뜻입니다. 우리가 개별화해서 하나의 이름을 붙이는 그런 실체들은 존재의 피상적인 모습이라는 것이죠. 이것은 컵이고 이것은 종이라는 사실은 피상적인 인식입니다. 모든 것은 생성하는 것이고, 자기동일성이란 '마야'maya(환영)에 불과한 것입니다. 한 사물의 자기동일성을 이루는 경계는 시간 속에서 연속적으로 와해됩니다. 그런 의미에서 그 무엇도 '유'가 아니죠. '공'입니다. 이 점에서 불교의 '공'은 적어도 방금 우리가 말한 잠재성으로서의 '무'와는 맥락을 상당히 달리하는 개념이라고 할 수 있습니다.

요컨대 그리스 철학에서의 '무'와 동북아 사유에서의 '무', 그리고 불교적 맥락에서의 '공'은 각각 의미를 달리합니다. 쉽게 동일시하기 힘든 개념들이고, 따라서 그 차이를 분명히 이해하는 것이 필요합니다.

§3. 현대 존재론

이제 오늘날에는 존재론이 어떤 형국을 띠고 있는지 간략하게나마 살펴봅시다. 고대와 중세에는 대체적으로 형이상학적-존재론적 문제의식이 철학적 사유의 중심을 차지했었죠. 그러나 근대로 오면 존재 물음, 존재론적 관심이 희석되어버립니다. 그 대신 인식론적 관심과 정치철학적 관심이 중심을 차지합니다. 과학이 발달하면서 전통적인 세계관들이 퇴색했고, 그 대신 학문 방법론, 인식론이 그 자리에 들어서죠. 그리고 왕정이 무너지고 새로운 시민사회가 도래하면서 다채로운 정치철학들(및 사회-역사철학들)이 펼쳐집니다. 그리고 서구 근대 철학이 인식론 중심의 철학이라는 것은 또한 그것이 주체의 철학이라는 점을 함축합니다. 모든 논의의 출발점과 중심이 주체에 있는 것이죠. 말하자면 '최종 근거'가 신으로부터 인간으로 이동합니다. 그래서 좀 도식적으로 말하면 서구의 전통 철학이 '존재'의 철학이라면 근대 철학은 '주체'의 철학인 것이죠.[7] 그러니까 근대 철학에서 "있다"라는 말의 의미는 주체에 관계없이 그냥 있는 것이 아니라 바로 인식 주체의 '대상'이라는 뜻을 함축합니다. 주체가 표상하고 있는 것이 바로 '있는' 것이죠. 주체가 표상할 수 없는 것은 '없는' 것이거나 없는 것과 마찬가지의 것입니다. 경험주의 및 실증주의의 근거가 바로 이런 생각에 있죠. 표상은 독일어로 'Vorstellung'입니다. 의미심장하죠? 표상이란 바로 세계를, 대상을 내 앞에vor 불러와 세우는 것stellen이라는 뜻입니다. 그래서 대상Gegenstand이란 바로 인식 주체에 대對해서gegen 존재하는 것이죠. 서구 근대 철학에서의 존재는 항상 대상이에요. 주체가 사유하는 대상이 '존재'죠. 근대 철학이 인간중심주의, 주체중심주의인 것은 이런 점에서도 분명하게 드러납니다.

---

7) 'Representation' 개념의 변화는 이런 사상사적 변화를 함축하고 있다. 고중세에 이 말('미메시스')은 '재현'이었다. 현실세계가 초월세계를 재현하고 있다는, 모방하고 있다는 생각을 담고 있었다(특히 플라톤의 경우). 근대에 이르러 이 말의 일차적 의미는 '표상'이 된다. '대상'(주체에 '대'해서 있는 것)을 주체가 표상한다는 사유 구도를 함축하게 된다. 더불어 이 말은 '대의'(代議)라는 의미도 담게 되는데, 대의정치란 곧 의회가 국민의 '일반 의지'(volonté générale)를 대신하는 체제이다. 'Representation'이라는 말이 재현=미메시스로부터 표상 및 대의로 변한 과정은 서구 사상사의 흐름을 그대로 반영하고 있다(앞에서 언급했던 'idea'의 변화와 비교해 볼 수 있다).

Q 칸트에서 우리에게 인식 가능한 것은 어떤 차원입니까? 범주 아닙니까?

A 범주는 인식 가능한 것이 아니라 인식을 가능하게 해주는 것이죠. 인간이 무엇인가를 인식하기 위해서는 필히 작동시켜야 할 어떤 틀입니다. 인간 의식이 갖추고 있는 틀이죠.

인간에게 인식 가능한 차원은 바로 '현상'의 차원이죠. 현상은 인식 주체에게 나타난 차원입니다. 인식 주체에게 나타난[現] 무엇[象]이 현상입니다. 그러면 우리에게 나타난 차원이 세계의 전부일까요? 물론 아니죠. 우리에게 나타나지 않는 차원도 분명 존재하겠죠? 칸트는 이런 차원을 '물자체'物自體라고 말합니다. 칸트의 물자체라고 하는 개념은 전통 철학에서의 존재, 특히 형이상학적 차원을 인식론 중심적인 관점에서 파악한 개념입니다. 그런 차원은 분명 있기야 하겠지만 우리에게 의미 있는 것, 우리가 알 수 있는 것은 우리에게 나타난 현상세계일 뿐이라는 생각입니다. 현상을 넘어서는 세계에 대해서 사변적 이야기를 펼칠 때 결국 우리는 "이렇다"라고 단언적으로 말할 수 없는 상황, 즉 "A일 수도 있지만 비-A일 수도 있다"는 식의 논리에 빠진다는 겁니다. 예컨대 "신은 있다"는 주장과 "신은 없다"는 주장은 결코 어느 하나가 승리할 수 없는, 영원히 평행을 달릴 수밖에 없는 주장들인 겁니다. 칸트는 이런 식으로 정당한 인식의 범위를 현상계에 국한시키고 전통적인 의미에서의 형이상학을 비판합니다.

서구 철학에서 18세기와 19세기는 형이상학이 붕괴된 시기입니다. 18세기는 전통적인 종교와 형이상학이 부정된 시기이고, 19세기는 형이상학을 대신해서 과학과 기술이 서구 학문을 이끈 시대죠.[8] 20세기에 형이상학/존재론은 부활합니다. 물론 전통적인 형태는 아니죠. 존재론은 이른바 "존재에서 생성으로" 나아갑니다. 그리고 이런 흐름은 철학의 테두리 내에만 국한되었던 것이 아니라 자연과학의 성과들과 섞여서 진행되었습니다. 열역학, 진화론, 양자역학, 분자생물학, 복잡계 이론 등 굵직한 과학적 성과들이 세계의 지평을 끝없이 열어 주었고, 그런 성과들과 대화하면서 현대 형이상학이 전개됩니다. 아울러 새로운 문화적 경험, 역사적 경험 역시 존재론이 새로운 지평을 열어 가는 데 도움을 줍니다.

칸트는 현상계와 본체계(물자체의 세계)를 날카롭게 나누었고 현상계에 대한 인식은 우리 인식 주체의 의식의 틀에 입각한다고 보았죠. 그러니까 현상 그 자체는 아직 무엇인가로서 규정되지 않은 '인식질료'이고, 진정한 인식은 그 질료가 인간 의식의 틀('감성의 아프리오리한 형식'인 시공간 및 '오성의 아프리오리한 형식'인 4개 ──4개 각각이 다시 3개의 하위 범주들로 되어 있다 ──의 범주)에 의해 '구성'되어야만 성립합니다. 그러니까 칸트에서는 경험이 있고서 그 경험이 구성되어 인식이 된다기보다는 의식의 형식이 작동되어야, 즉 구성 행위가 시작되어야 비로소 경험이 있는 것이죠. 그러나 칸트의 생각은 근본적인 문제점을 내포하고 있습니다. 의식이 경험을 구성하는 것만이 아니라 **새로운**

---

8) 그러나 '형이상학'이라는 개념을 넓게 보면 19세기는 '역사형이상학'(歷史形而上學)의 시대였다고도 할 수 있다. 자연의 역사를 포함해서 모든 현상들을 시간축에 늘어놓음으로써 거대한 역사의 흐름을 잡아내고 거기에 의미를 부여하고자 한 사유들이 이어지게 된다. 헤겔을 기점으로 해서 콩트, 마르크스와 엥겔스, 스펜서 등이 대표적이다. 이들은 공간축을 중심으로 전개되던 서구 사유를 시간축으로 옮겨 놓았으며, (넓은 의미에서의) '진화' 개념을 핵으로 사유를 전개했다. 다윈, 니체, 베르그송은 이 '시간' 개념을 보다 급진화하기에 이른다.

경험을 통해서 **새롭게** 의식이 구성되는 것입니다. 다시 말해 우리 의식이 이러이러한 고정된 틀을 가지고 있어 그에 입각해 경험이 이루어지는 것이 아니라, 새로운 경험을 통해서 우리 의식의 틀이 변형되어 가는 것이죠.[9] 칸트의 철학은 우리 의식의 틀을 고정시켜 놓고서, 인식이란 그 고정된 틀에 입각해서, 그 고정된 틀을 현상에 투사해 현상을 구성함으로써 성립한다고 말합니다. 그것은 어떤 면에서는 인간 주체가 세계에 인식론적 폭력을 가하는 것이나 마찬가지죠. 주체를 고정시켜 놓고서, 주체를 중심에 놓고서 인식 및 다른 여러 행위들을 설명하는 이런 근대 주체철학은 이미 마르크스와 니체에 이르러 극복됩니다. 20세기 형이상학은 칸트의 이런 사유 구도를 극복함으로써 존재론의 새로운 시대를 엽니다.

20세기 존재론은 칸트가 물자체로 남겨 놓은 차원을 적극적으로 탐구해 들어갑니다. 알 수 있는 것과 알 수 없는 것을 날카롭게 갈라 그 경계선을 고착화한 칸트의 생각과는 달리 앎의 영역을 계속 넓혀 갔습니다. 또 경험을 구성하는 '선험적 주체'를 대신해서, 각종 경험들을 통해서 인간에 대한 이해 자체가 점차 변화를 겪어 온 것이죠. 진화론과 열역학을 시발점으로 해서 자연과학의 발달은 세계에 대한 새로운 경험

---

9) 때문에 이후 인식론은 과학의 역사를 토대로 전개된다. 이는 (앞에서 언급한) 공간축에서 시간축으로의 변화와 맞물려 있다고도 할 수 있다. 이런 배경에서 19세기 이후 '과학사'라는 분야가 발달하게 된다. 그러나 20세기 초에 활동한 메이에르송은 과학의 역사를 중시하면서도 긴 역사에서 항상적(恒常的)으로 등장하는 사유소(思惟素)가 있다고 보았다. 때문에 메이에르송은 과학의 역사에 대한 연구를 진행시키면서도 그 역사 속에서 늘 나타나는 아프리오리한 요소들에 주목했으며, 그것을 '역사적 아프리오리'(*a priori historique*)라 불렀다.

들을 계속 열어 주었고, 거기에 인류가 이전에 하지 못했던 역사적 경험들이 이어졌습니다. 또, 미술을 비롯한 여러 문화적 행위들도 사물에 대한 새로운 경험들을 열어 주었습니다. 20세기 철학은 근대 주체철학을 벗어나 이런 수많은 경험들을 종합하면서 세계와 인간에 대한 새로운 사유들을 구축한 것입니다.

그런데 20세기에 들어와 인간이 새롭게 경험한 내용들이 워낙 많다 보니까 대부분의 철학자들은 전통 철학자들에게서 볼 수 있는 폭넓은 시각을 상실하고 인간 경험의 어느 한 부분에만 집중하게 됩니다. 인간 경험에는 무수한 종류가 있지만, 기본적으로 우선 새로운 역사적 경험들이 있고, 거기에 학문이 밝혀내는 새로운 지식들, 그리고 문화적 창조를 통해 펼쳐지는 새로운 사물 이해나 문화적 환경이 있습니다. 이렇게 세 종류를 생각해 볼 수 있어요. 그런데 20세기의 존재론을 보면 대개 이 세 영역의 어느 하나에 초점을 맞추고 있을 뿐, 셋 모두를 포괄하는 철학은 드뭅니다. 최고의 철학자들로 손꼽히는 사람들도 마찬가지죠. 하이데거, 사르트르, 메를로-퐁티 등의 철학은 과학을 소화하지 못한 채 너무 '인문적' 테두리에 갇힌 사유를 구사했다면, 반대로 화이트헤드, 바슐라르, 비트겐슈타인, 콰인 등의 철학에서는 정치나 인간 실존에 대한 치열한 고뇌를 발견하기 힘듭니다. 마르크시즘, 프랑크푸르트학파, 구조주의, 푸코 등은 문화·정치·역사 등에 초점을 맞추고 있기 때문에 이들에게서 존재론적 심오함을 발견하기는 힘들죠(어떤 사상이 '철학'이라고 불리려면 역시 깊이 있는 존재론을 포함해야 합니다. 이들의 사상이 현실적으로, 정치적으로 뛰어난 공헌을 했지만 아무래도 '철학'으로서의 매력이 약한 것은 이들에게 이렇다할 뛰어난 존재론이 없기 때문이죠). 베르그송과 들뢰즈의 철학이 비교적 인간 경험을 포괄적으로 소화해내고 있는 철학들이라고 할 수 있지만, 베르그송에게는 이렇다 할 정치철학이 없고 반대로 들뢰즈는 과학적 측면이 상대적으로 약합니다.

인류가 20세기에 겪은 경험들은 이렇게 최고의 철학자들조차도 포괄적으로 개념화하지 못했을 정도로 거의 무한히 풍부합니다. 그러나 어쨌든 니체, 베르그송, 화이트헤드, 하이데거, 들뢰즈 같은 거장들에 의해 존재론의 새로운 지평이 활짝 열렸고, 이제 우리는 그 지평들을 소화한 위에서 이들이 개념화하지 못했던 경험들, 그리고 우리 자신이 지금 하고 있는 경험들을 개념화해야 할 것입니다. 게다가 20세기 철학의 거장들은 거의 태반이 유럽에서 배출되었죠. 그렇기 때문에, 사람에 따라 다르긴 하지만, 이들의 사유는 기본적으로 유럽인들의 경험을 많이 투영하고 있습니다. 그렇다면 이제 유럽 바깥의 사람들이 해온 경험들, 하고 있는 경험들이 철학적 사유에 적극적으로 녹아 들어가야 합니다. 그것이 오늘날의 존재론의 또 하나의 중요한 측면을 형성하고 있고, 바로 우리 자신이 적극적으로 공헌할 수 있는 측면이기도 하죠.

II. 실재, 실체, 본질

여러분들이 철학 책을 읽다 보면 실재reality, 실체substance, 본질essence 같은 말들을 자주 만나게 될 겁니다. 비슷한 말들이면서 매우 미묘한 관련을 맺고 있는 말들이죠. 이제 이 개념들을 정리해 봅시다.

실재, 실체, 본질은 단적으로 말해서 존재는 존재인데 그 앞에 '참된'이란 형용어가 붙은 것이라고 보면 됩니다. 진짜 존재, 참된 존재. 그러니까 진짜 사랑이 참사랑이고, 인간의 본질을 구현하고 있는 진짜 사람이 참사람인 것이죠. 우리말의 '참'이라는 개념의 뉘앙스가 실재, 실체, 본질에 해당합니다.

§4. 실재

인간이 어떤 사유를 하든 일정 정도의 존재론적 전제 위에서 움직이게 되어 있어요. 왜냐하면 모든 형태의 지적 탐구들은 암암리에 어떤 것이 '실재'인가에 대해 나름대로의 전제를 깔고 있기 때문입니다. 의학자들은 '병'이라는 것이 실재한다고 믿습니다. 사회학자들은 '사회'라는 것이 실재한다고 믿고, 물리학자들은 '소립자'라는 것이 실재한다고 믿죠. 그래서 '실재'라는 개념은 어떤 담론에 있어서나 매우 기본적인 개념입니다. 실재實在에 해당하는 헬라스 말은 'to ontôs on'이에요. 정말 'on'이라고, '존재'라고 할 수 있는 것이라는 뜻이죠. 이것에 해당하는 라틴어는 'realitas'이고 이것이 지금의 'reality'에 해당합니다. 과학, 예술, 철학,…… 등 다 따지고 보면 '리얼리티'를 찾는 행위들이죠. 가짜를 넘어 진짜를 찾는 행위들입니다. 사실 형이상학적 가치를 거부하는 사람들도 일정한 존재론적 전제 위에서 움직이는 것은 마찬가지입니다. 예를 들어서 "나는 본 것만 믿는다. 나는 일체의 형이상학을 거부한다"고 말하는 사람도 사실은 자신이 본 색깔, 모양, 움직임,…… 이런 것들이 실재한다는 것을 전제하는 것이죠. 형이상학을 거부한다는 사람조차도 자기도 모르게 어떤 특정한 실재를 전제하고 있는 거예요. 자신이 경험하는 것들이 '리얼한 것들'이라는 사실을 이미 전제하는 것이죠. 다만 자신의 사유의 바탕을 인식론적으로 반성해 보지 않은 것일 뿐입니다.

그런데 현대에 오면 변화가 나타납니다. 고대 이후 실재=리얼리티는 우리의 감각에 나타나는 것 또는 우리가 구체적으로 생활하는 현실이 아니라 그런 현실을 넘어서는 비가시적인 무엇으로 이해되었습니다. 이데아=형상이든 신이든 아니면 다른 무엇이든 실재는 감각적 현실을 넘어선 무엇이었습니다. 그런데 현대로 오면 올수록 이 실재=리얼리티에 대한 입장이 점점 현실에 가까워져요. 예컨대 실증주의positivism, 현상론phenomenalism, 현상학phenomenology, 실용주의pragmatism,…… 이런 현대적인 색깔을 띤 대부분의 사조들은 실재를 현상세계에서 찾습니다. 그래서 '리얼리티'라는 말의 의미가 현저하게 바뀌게 되죠. 우리말로 이 말을 번역할 경우, 고전적인 맥락에서는 '실재'가 어울리지만 현대적인 맥락에서는 '현실'이 더 어울립니다. 오늘날 "리얼하다"는 말은 현실적이라는 것을 뜻하지 현실을 넘어서는 실재임을 뜻하지는 않죠.

물론 그렇다고 고전적인 의미에서의 실재 개념이 사라진 것은 전혀 아닙니다. 물리학 같은 경우를 생각해 보면 됩니다. 우리 감각에 나타나는 갈색과 파란색의 차이는 물리학적으로는 '리얼한' 것이 아닙니다. 피상적인=주관적인 것에 불과하죠. 실재는 빛의 주파수, 파장,…… 등에서의 수학적 차이일 뿐이죠. 또, 우리는 탁자를 딱딱하고 무거운 것으로 느끼지만 물리학자들이 발견한 리얼리티에 따르면 수많은 미립자들의 소용돌이입니다. 물리학만이 아니라 오늘날에도 현실을 넘어서 실재를 찾는 지적 탐구들은 여전히 존재합니다. 그래서 결국 오늘날에는 '현실'에서 살아가는 사람들과 '실재'를 찾는 사람들이 나뉘어 있죠. 서로 다른 세계 속에서 살아간다고 할 수 있습니다. 그 간극을 메우는 것이 현대의 중요한 과제이고, 철학의 핵심 문제이기도 합니다.

현대에 와서 발생한 또 하나의 변화는 이 실재 개념을 아예 거부해버리는 경향이죠. 실재는 이런 것이다, 아니다 저런 것이다 하는 이런 식의 논의 방식 그 자체를 거부하는 거예요. 말하자면 존재론적 부담으로부터 벗어나는 것이죠. 이런 흐름을 다소 막연한 표현이지만 '포스트모더니즘'이라고 부릅니다. 건축에서 출발해 여러 문화 현상들로 퍼져 나간 사조죠. 왜 특정한 존재론적 설정ontological commitment을 거부하는가. 실재를 어떤 특정한 무엇으로 규정하는 것이 오히려 세계에 폭력을 가할 수도 있다는 것이죠. 이것은 1강에서 원리, 원인과 관련해 논의한 것을 기억하시면 이해될 겁니다. 이런 논의를 가장 깊이 있게 전개한 인물로는 현대 철학의 거장인 자크 데리다를 들 수 있습니다. 자크 데리다는 '형이상학'이라고 이름 붙여진 서구의 사유들이 어떤 문제점을 띠고 있는지를 낱낱이 '해체'함으로써 철학사에 거대한 분기점을 마련했습니다. 이렇게 함으로써 모든 형태의 '중심주의'(서구중심주의, 남성중심주의, 백인중심주의,…… 등)로부터 세계를 해방시키고자 했던 것이죠.

그런데 실재 개념 자체를 거부하는 것은, 그런 입장이 나온 배경은 충분히 이해할 수 있지만, 또 다른 문제를 야기합니다. 실재 개념을 고착화함으로써 생겨나는 문제 못지않게 큰 문제가 생기죠. 그것은 곧 비실재=가짜가 판치는 세상을 비판할 존재론적 능력을 상실하게 된다는 겁니다. 거대한 실재를 비판함으로써 사물들에 존재론적 평등을 가져온 것은 좋지만, 우리의 삶을 가득 메운 가짜=허위, 즉 비-실재를 비판할 근거가 없어지는 것이죠. 분명히 이 세계는 실재의 여러 층차를 보여 줍니다. 거짓말과 참말은 다르죠. 진짜 그림과 모방한 것은 다릅니다. 원본『삼국지』와 만화『삼국지』는 다르죠. 과학적 예측과 미아리 점쟁이의 예측은 다릅니다. 실재에 대한 탐구를 아예 거부해버리면 그것은 가치론적 아노미를 가져옵니다(존재론은 늘 가치론과 맞물려 있습니다). 실제 우리가 사는 세상이 그렇지 않습니까? 허구적인 이미지, 사진, 동영상의 모델들은 수억 원의 돈을 받지만, 공장에서 힘들게 일하는 노동자들은 생활고를 걱정해야 하죠. 실제 사물을 만들어내는 사람들과 허구적인 이미지를 만드는 사람들에 대한 극명히 대조되는 대접이 오늘날의 존재론적-가치론적 아노미를 뚜렷이 드러내고 있죠. 또, 수많은 사람들이 진실을 위해, 진리를 위해 죽었습니다. 그리고 진리/진실 아래에는 늘 실재에 대한 개념이 깔려 있죠. 그렇다면 이들의 죽음은 무의미한 것입니까? 많은 사람들이 그들의 목숨과도 바꾸었던 진실/진리, 실재, 참됨을 거부하는 것은 정말 곤란한 태도죠. 실재 개념 자체의 거부는 중심주의의 비판이라는 성과를 가져왔지만 그 성과보다 더 큰 문제를 야기하는 것으로 보입니다.

중요한 것은 실재 개념을 아예 포기하는 것에 있다기보다는 실재를 복수화하는 데 있습니다. 거대한 실재를 포기하는 데 요점이 있는 것이 아니라 수많은 실재들, 그리고 그것들 각각의 상이한 맥락들을 세심하게 밝혀 주는 데에 요점이 있는 것이죠. 진리는 없는 것이 아니라 매우 많은 것입니다. 궁극적 실재를 못박고 그로부터 세계를 연역하는 것이 아니라 실재의 복수성과 그것들 사이의 구체적 차이, 관계를 밝히는 것이 오늘날의 존재론의 모습입니다.

이 문제는 '세계'라는 개념과도 연관시켜 생각해 볼 수 있어요. 우리는 지금 우리가 사는 이 세계가 '실재'라고 생각하죠. 현실이 곧 실재라고 생각합니다. 그러나 플라톤으로 대변되는 전통 사상들의 상당수가 이 현실세계는 거짓된 세계, 가짜 세계라고 생각했습니다. 감각으로 확인되는 세계를 넘어서는 초월세계야말로 실재라고 생각했죠. 오늘날의 과학기술은 또 다른 의미에서 비현실적인 세계의 실재성을 말합니다. 자연과학자들이 말하는 미시세계는 일반인들에게는 낯선 세계이지만, 과학자들은 이 세계가 더 '실재'라고 말합니다. 예컨대 우리가 보는 색色은 광학적 메커니즘의 결과일 뿐인 것이고, 또 한 사람의 생김새는 DNA라는 미세한 물질이 특정하게 배열된 결과일 뿐이라는 겁니다. 그리고 요새는 '가상현실'이라는 또 하나의 '세계'가 생겨났죠? 이렇게 '세계'라는 개념과 실재 개념을 둘러싼 복잡한 문제가 존재합니다. 이 경우에도 어느 한 세계를 절대화해서 다른 세계들을 폄하하기보다는 이 각각의 세계'들'의 존재론적-가치론적 의미를 상대적으로 밝혀 주는 것, 각 세계의 의미를 살려 주는 것이 중요합니다.

요컨대 실재 개념을 둘러싼 철학사적 논쟁의 역사를 통해서 우리는 특정한 실재 개념의 절대화와 실재 개념이 없는 존재론적 아노미라는 양극을 피하고 실재 개념이 함축하는 다양한 측면들과 맥락들을 섬세하게 밝혀 주어야 한다는 것을 깨달은 겁니다.

§5. 실체·본질

실체도 실재와 비슷한 개념으로서 철학사에서 중요한 역할을 담당해 왔습니다. '실체'로 번역되는 'ousia'는 'einai' 동사(be 동사)의 여성분 사인 'ousa'의 명사형이죠. 중성명사가 앞에서 말한 'on'이고요. 영어 의 'being-ness'에 해당합니다. 그리스어의 일상 언어에서 'ousia'는 재산이죠. 후에 '실체'라는 의미를 부여받게 됩니다. 이 개념은 실재, 본질과 거의 같은 말이고, 플라톤에게서 여러 용법으로 쓰였는데 대 개 실재, 본질의 뜻으로 쓰였습니다.

이 실체 개념을 본격적으로 분석한 사람이 아리스토텔레스죠. 사 실 'ousia'라는 말은 아리스토텔레스의 전문 용어라고 할 수 있습니다. 실체란 일단 정말 있다고 할 수 있는 것, '존재한다'고 말할 수 있는 것 을 뜻합니다. 아리스토텔레스는 개체를 실체로 봐요. 사실 실체라는 말은 쓰지 않았어도 이전의 철학자들은 모두 실체를 찾았다고 할 수 있죠. 탈레스는 그것을 물로 보았고, 아낙시만드로스는 아페이론으 로 보았고, 데모크리토스는 원자로 보았습니다. 플라톤의 경우는 물 론 이데아죠. 그러나 아리스토텔레스는 특이하게도 개체들individual things이야말로 실체라고 생각합니다. 뽀삐, 저기 서 있는 소나무, 영 희, 하늘에 떠 가는 저 구름조각…… 이런 것들이 바로 실체들입니다.

그런데 어째서 이런 입장이 '특이한' 것일까요? 가장 상식적인 생 각이 아닐까요? 대부분의 사람들이 현실 속의 여러 사물들을 실체라 고 생각할 겁니다. 그런데 어떤 점에서 특이할까요? 그것은 아리스토 텔레스 이전의, 그리고 사실상 그 이후에도 상당 기간 동안 대부분의 철학자들이 현실 속의 사물들=개체들을 넘어서는 무엇을 실체라고 생각했기 때문이죠. 아페이론이든 원자든 이데아든 모두 개체들을 넘어서는 그 무엇이었던 겁니다. 그런데 아리스토텔레스는 바로 현실적 사물들을 실체로 본 것이죠. 그래서 거꾸로 아리스토텔레스가 '특이한' 경우를 형성하고 있는 것입니다.

그런데 아리스토텔레스 역시 그의 사유를 진전시키는 가운데 근본 실체는 개체가 아니라 형상eidos이 아닌가 하고 생각을 바꾸게 됩니다. 일차적으로는 개체들이 실체이지만, 개체들을 다시 분석해 보면 거기에서 질료적인 측면과 형상적인 측면을 구분해낼 수 있더라는 겁니다. 사람들은 어떤 사물이 일정한 요소들로 분석되면 그 요소들이 분석된 사물보다 더 근본적이라고 생각합니다. 아리스토텔레스도 개체가 질료와 형상으로 분석되는 한에 있어서 개체보다는 질료나 형상이 더 근본적이 아닐까 하고 생각한 것이죠. 그렇다면 어떤 문제가 발생합니까? 그 중에서도 질료가 더 핵심인가 아니면 형상이 더 핵심인가? 라는 문제가 발생하죠. 그래서 개체, 질료, 형상, 세 가지가 다각도로 분석됩니다.

어찌 보면 질료hylê가 좀더 실체인 것 같죠. 질료는 맥락에 따라서는 'hypokeimenon'이라고도 표현되는데, 이 말은 '밑에 깔려 있는 것'이라는 뜻입니다. 예컨대 철수의 표정이 밝든 어둡든, A회사에 들어가든 B회사에 들어가든, 어떤 일을 하고 있건,…… 언제나 남아 있는 것은 철수를 구성하고 있는 질료가 아닐까 하는 것이죠. 유리가 무슨 모양을 띠든 유리 아닙니까? 또, 지금 이 공간에 있는 책상, 칠판, 나, 여러분…… 이 모든 것이 다 와해瓦解되어도 이 모두를 구성하고 있는 물질적 바탕은 (아무 형상도 띠지 않은 채) 남지 않겠어요? 이렇게 생각해 보면 분명 질료가 더 실체 같아 보입니다.

　그런데 아리스토텔레스는 질료를 부차적인 것으로, 형상을 더 근본적인 것으로 봅니다. 왜 그럴까? 얼핏 보기에는 질료가 더 실체적인 것 같은데요. 그러나 아리스토텔레스는 질료는 그 자체로서는 알 수 없는 무엇이라고 봐요. 그 자체로서는 인식되지 않는 것이기 때문에 가장 근본적인 의미에서의 실체는 될 수 없다는 것입니다. 사실 우리는 질료를 그 자체로는 확인할 수 없습니다. 우리는 한 인간의 질료를 볼 수는 없습니다. 질료에 구현된 형상들을 확인할 뿐이죠. 우리는 영희의 체격, 얼굴 색깔, 성격,…… 등을 인식할 수 있지 그의 질료를 인식하지는 못하죠. 물론 우리는 의학적 지식들과 기구들을 이용해 철수의 몸 내부를 들여다볼 수 있습니다. 그러나 그때 우리가 확인하는 것 역시 어떤 규정성들이죠. 폐의 크기, 지라의 색깔, 간의 구조 등등, 이 모든 것들이 질료 자체가 아니라 결국 질료가 띠고 있는 규정성들일 뿐입니다. 질료는 늘 형상 아래에 깔려 있는 것이죠. 우리는 그 아래로 파고들 수 있지만, 그때 발견하는 것은 질료 자체가 아니라 질료가 띠고 있는 보다 심층적인 규정성들입니다. 우리가 인식하는 것은 늘 규정성들, 즉 형상의 구성 요소들이죠. 질료는 아닙니다. 아리스토텔레스는 우리가 명료하게 인식할 수 없는 어떤 것이 실체일 수는 없다고 보고 질료보다 형상이 더 근본적인 실체라는 결론을 내립니다.

　사실 이것은 현대에 와서도 마찬가지입니다. 설사 이야기를 매우 미시적으로 끌고 내려가도 마찬가지인 것이죠. 예컨대 양자역학 초기에 원자를 (퓌타고라스에서 유래하는) 천문학 모델을 가지고서 설명했었죠. 여러분들은 중고등학교 때 그렇게 배웠을 거고 지금도 가끔 그런 모델을 볼 수 있습니다. 가운데 원자핵이 있고 그 주위로 전자가 돌고 있는 모델이죠. 물론 지금은 무너진 모델입니다. 어쨌든 원자가 그렇게 생겼다고 칩시다. 하지만 우리가 보는 것은 물질 자체가 아니죠? 물질이 일정한 방식으로 띠고 있는 규정성들을 보는 것이죠. 규정성들을 형상의 요소들로 보는 한에서, 원자핵의 크기, 전자 궤도의 모양 등 이 모든 것들이 물질 자체가 아니라 물질'의' 형상(의 부분들)이죠. 물론 물리학은 더 아래로 내려갑니다. 그러면 이전에 '물질'이라고 생각했던 부분이 더 분명하게 드러나죠. 그러나 우리에게 드러난 것들 자체는 물질이라기보다는 규정성들입니다. 물질이란 언제나 규정성들 아래에, 그 규정성들을 띠고 있는 어떤 터로서 존재하는 겁니다. 이렇게 보면 "궁극적 물질을 발견한다"는 말은 사실 나이브한 표현입니다. 물질은 언제나 뒤로 물러가면서 형상의 터로서 스스로를 드러내죠. 물론 우리는 계속 탐구함으로써 이전의 물질보다 더 아래의 물질로 다가갈 수 있습니다. 아리스토텔레스는 최종적인 물질, 즉 그 어떤 형상도 띠지 않은 물질을 '제일 질료'라고 부릅니다. 물론 발견한 것이 아니라 이론적으로 상정想定한 것이죠. 질료 그 자체는 영원히 발견될 수 없는 무엇입니다.

　다시 돌아가서, 아리스토텔레스는 이렇게 "인식될 수 없는 어떤 것이 실체일 수 없다"는, 인식론과 존재론이 함께 결합되어 있는 명제에 입각해 질료보다는 형상을 근본 실체로 생각합니다. 그런데 그 이후에 나온 에피쿠로스학파나 스토아학파는 반대의 생각을 제시합니다. 두 학파 공히 우리가 처음에 했던 생각, 즉 영원한 실체는

'hypokeimenon'이 아닌가 하고 생각합니다. 유리가 컵도 되고 창窓도 되고 플라스크도 되는 것에서 알 수 있듯이, 질료야말로(더 정확히는 물질이야말로) 근본 실체라는 것입니다. 양 학파의 물질은 서로 다릅니다만, 이들은 이런 입장에서 공통으로 플라톤/아리스토텔레스의 형상철학을 비판합니다. 형상이 '질료'에 **구현되는** 것이 아니라 '물질'이 일정한 형상들을 띠는 것이죠. 이와 맞물려 인식론에서도 이들은 플라톤/아리스토텔레스적 가정을 거부하고 경험주의적/감각주의적 인식론을 펼칩니다.

우리가 '실체'로 번역하는 'substance'라는 말은 라틴어 'substantia'에서 왔습니다. 이 말은 아리스토텔레스의 'ousia'를 번역한 것이 아니라 'hypokeimenon'을 번역한 말입니다. 아리스토텔레스에게서는 개체, 질료, 형상 등이 우시아가 될 수 있고, 그 중에서도 특히 형상이 우시아였지만, 스토아학파와 에피쿠로스학파에게는 질료(가 아닌 물질)가 실체였고 그래서 'hypokeimenon'을 번역해서 'substantia'라는 말을 만든 것입니다. 특히 키케로가 이런 철학 용어들의 정착에 큰 역할을 했죠. 아리스토텔레스에게 '휘포케이메논'은 '우시아'가 될 수 있는 네 후보들 중 하나였죠. 하지만 키케로는 아예 '우시아=휘포케이메논'으로 보고서, 후자의 번역어인 'substantia'를 전자의 의미로 써버린 것이죠. 흥미로운 국면입니다.

오늘날 현대인들이 '실체'라고 말할 때는 아리스토텔레스적인 의미보다 유물론적 의미가 더 강해요. 현대인들이 '실체'라 하면 '리'理나 형상, 본질 등을 뜻하기보다는 물질을 뜻합니다. 'chemical substance', 즉 '화학적 실체'라는 표현도 쓰죠. 물질이라는 뜻입니다.

물론 꼭 그렇지는 않습니다. 보다 추상적이고 넓게 쓸 경우 우리가 확실하게 확인할 수 있는 것, 정확한 근거 등의 의미로 쓰기도 하죠. "이 사건의 실체가 뭐냐?" 같은 말을 씁니다. 사실 철학적으로 따지면 좀 모호한 표현입니다. 말하자면 정확히 손에 잡히는 그 무엇이라는 뜻이겠죠. "실체적 진실" 같은 (좀 정체불명의) 개념도 가끔 사용되는 것을 볼 수 있습니다. 그리고 "우리의 실체를 인정해라!" 같은 표현도 있는데, 이때의 실체는 오히려 '우시아'의 뜻이라고 해야겠죠. 그래서 우리말 '실체'는 오히려 아리스토텔레스적인 포괄성을 띤 말로서 사용되고 있다고 할 수 있습니다.

그런데 형상철학과 유물론의 대립을 1980년대에는 줄곧 '관념론과 유물론'이라는 대립 구도로 이해했습니다. 그러나 '관념론'이라는 말은 잘못 표현된 것이죠. 고대적 맥락에서의 'Idealism'에서 'idea'는 '이데아'지 '아이디어'가 아닙니다. 그래서 이 말은 '형상철학'으로 번역해야죠(지금의 주제는 아니지만, 사실 '독일 관념론'도 '독일 이념론'이 더 적절한 표현입니다). 형상철학과 유물론이 대립하는 것입니다('관념론'에 대립하는 것은 '실재론'입니다. 그리고 이 대립은 인식론적 대립이죠). 게다가 마르크스주의적 유물론이 아닌 모든 철학들을 '관념론'으로 부르는 폭력적인 범주화가 한 시대를 풍미했습니다. 그래서 동북아 사상사도 '기'만 이야기하면 무조건 높이 평가하고 '리'나 다른 어떤 것들을 이야기하는 철학들은 '관념론'이나 '형이상학'으로 매도되곤 했는데, 지금 생각해 보면 너무 거친 풍토였습니다. 물론 정치적 상황과 맞물려 있었다는 점을 염두에 두어야 합니다만.

그러나 어쨌든 현대에 오면 적어도 고전적인 형태의 형상철학이나 리학理學 등은 뚜렷한 한계를 가진 사상들이라는 것이 분명하게 밝혀집니다. 그 사이에 전통적인 철학자들이 '리'나 형상을 가지고서 이야기했던 내용과는 전혀 맞지 않는 현상들이 너무나 많이 발견되었기 때문이죠. 특히 가장 중요한 것 중 하나가 진화론이에요. 과거에는 생명체들의 본질=종種이 항구불변의 실체로서 존재했었습니다. 그러나 진화론은 생명계의 아프리오리한 질서를 거부하고 시간과 우연, 기계적 메커니즘들을 통해서 생명체들이 '진화'하는 과정을 상세하게 파헤칩니다. 본질철학은 무너질 수밖에 없죠. 나아가 기술의 발달은 예전에 존재했던 사물들의 개념을 무너뜨립니다. 아직 현실화되지는 않았지만 예컨대 사이보그 같은 것은 기계의 본질과 인간의 본질을 무너뜨리고서 성립하는 전혀 새로운 어떤 존재일 것이고, 그것은 전통적인 사유체계로는 담을 수 없는 존재인 것이죠. 그러나 이런 변화를 유물론은 얼마든지 수용할 수 있습니다. 세계의 질서가 물질을 초월해 따로 존재하는 것이 아니라 물질의 진화 과정이라고 보기에 얼마든지 수용할 수 있는 것이죠.

그러나 형상이라고 말하든, 법칙·구조라고 말하든, '리'·조직화라고 말하든, 이런 원리들을 부정할 수 있을까요? 물질성만을 가지고서는 이 세계를 설명할 수 없습니다. 여기에서 설명할 수 없다는 것은 물질 개념이 제약적이어서가 아니라(물질 개념을 정신까지 포함하는 넓은 개념으로, '기'로서 이해하면 이 문제는 간단히 해결됩니다. '존재론적 분절'을 어떻게 하느냐의 문제죠), 물질이 "이러이러하다"라고 말하려 할 때는 결국 위의 것들이 필요하기 때문이죠. 앞에서도 말했듯이 물질은 그 자체로서 보이고 들리는 것이 아니라 늘 어떤 규정성들을 통해서만 이해되기 때문입니다. 따라서 우리는 존재론적으로는 초월적 존재들을 거부하고 물질='기'의 철학을 추구할 수 있지만, 그 추구의 구체적인 내용들은 결국 형상이나 구조, 리, 법칙성, 조직화 방식 등인 겁니다. 존재론적으로 물질='기'의 철학을 강조하는 것은 출발점은 될 수 있지만 결론은 아닙니다. 물질='기'가 구체적으로 어떤 방식으로 존재하는가를 이야기하려면 결국 우리에게는 형상, '리', 법칙, 구조…… 등이 필요한 것이죠. 그래서 우리가 거부할 수 있는 것은 이런 것들의 초월성 및 아프리오리한 체계이지 그 존재 자체가 아닙니다. 이 점을 잘 음미해 보셔야 합니다.

다음으로 본질 개념에 대해 생각해 볼까요? 앞에서도 이야기했었지만(1강, §5) 'essentia'라는 말은 'to ti ên einai'라는 구句를 한 단어로 응축시켜 번역한 말입니다. 이 본질이라는 개념은 한 사물의 진짜 알맹이와 거기에 부속되는 측면들을 나누고 있죠. 그리고 이런 본질을 찾는 데 중점을 두는 철학을 본질주의 철학이라고 할 수 있습니다. 그리고 이 본질주의 철학은 윤리적으로는 아레테 개념과 굳게 결부되어 있어요. '~다움'이죠. 호랑이의 본질은 호랑이의 호랑이'다움'과 뗄 수 없는 관계에 있습니다. 음악가의 본질은 음악가'다움'과 하나를 이루죠. 그리고 이 두 항은 또 목적론적 사유체계와 뗄 수 없는 연관성을 가진다는 것을 짐작할 수 있을 겁니다. 그래서 본질주의는 기본적으로 그리스 문화의 산물이라고도 할 수 있습니다.

그러나 근대 이후 이 본질주의 사유에 관한 여러 방면에서의 비판이 등장합니다. 과학적 측면에서는 진화론이 결정적이라고 할 수 있어요. 진화론은 '종'eidos=species의 불변성을 부정하고 그 진화를 보여 줌으로써 전통적인 본질주의 철학을 붕괴시켰던 것이죠. 그러나 진화론을 다른 영역들에 너무 즉물적으로 적용하는 것은 늘 조심해야 합니다. 정말 우주가 진화해 왔는가의 여부에 관계없이, 오늘날 우리의 삶은 일정한 공간적 구조 속에 존재하니까요. 시간대를 매우 길게 잡았을 때 진화론을 인정한다 해도, 우리 삶의 짧은 시간대에서는 본질주의 철학이 여전히 유효한 측면들이 있다는 것이죠. 진화론적 사유를 너무 무차별적으로 적용하면 논리학적으로 '발생론적 오류' genetic fallacy에 빠집니다. 예컨대 "인간은 모두 물고기에서 진화했다. 그러므로 공자나 히틀러나 다 물고기의 자손일 뿐이다" 같은 생각이 전형적인 발생론적 오류죠. 한 사물을 그 발생으로 거슬러 올라가 생각하는 방식입니다. 정치나 역사에서도 흔히 '시원'으로 거슬러 가는 싸움을 하곤 하는데 대부분 우스꽝스러운 결론으로 가죠. 본질주의 사유와 진화론적 사유의 의미를 세심하게 구분해야 합니다.

철학적으로는 19세기 이래 본질주의 철학은 계속 난타 당합니다. 삶의 본질을 영원회귀에서 읽었던 니체, '생명의 약동'이라는 생각에 입각해 시간의 철학을 구축한 베르그송, "실존은 본질에 앞선다"(사르트르)고 역설했던 실존주의를 비롯해, 여러 사조들이 본질주의 철학을 비판합니다. 그러나 문화의 현상적인 다양성 아래에서 본질적 구조를 읽어낸 구조주의 사상, 라이프니츠의 가능세계론을 새롭게 해석해 본질 개념을 다시 사유한 크립키 같은 철학자도 있습니다. 생성과 본질은 여전히 쉽게 재단할 수 없는 묵직한 사유 틀을 형성하고 있습니다.

Q 실체는 자기의 존재원인을 자기 안에 가지고 있는 것이라고 했는데, 그것은 오늘
수업한 내용과 어떻게 연결이 되나요?

A 그것은 실체라고 하는 말에 대한 하나의 정의죠. 실체라는 개념을 정의
하는 몇 가지 방식이 있는데, 그런 정의는 특히 스피노자의 정의지요.
스피노자는 실체를 자기원인causa sui으로 정의합니다. 이런 정의는 아
리스토텔레스 이래 줄곧 내려온 정의라고 할 수 있습니다. 아리스토텔
레스가 "자체로서 존재하는 것"과 "타자에 의존해 존재하는 것"을 구
분하고, 전자를 'ousia'로서 후자를 'on kata symbebêkos'로서 정의한
것을 잇고 있습니다.

Q 그럼 지금은 많이 안 쓰이는 건가요?

A 물론 지금도 하나의 유효한 정의가 될 수 있겠죠. 다만 실체를 둘러싼
논의가 전통 철학에서처럼 열띤 관심사는 아니라고 할 수 있습니다. 그
렇지만 예컨대 과학적 개념들의 실재성 문제, 가상현실의 존재 문제, 물
질과 정신의 관계 등 구체적인 모양새는 다르지만 존재론적 논의들은
여전히 풍부하게 전개되고 있습니다.

Q 파르메니데스의 일자를 초월적 '리'로 볼 수 있나요?

A 일단은 아닙니다. 동북아 사유의 가장 기본적인 개념은 '역'易입니다. 파
르메니데스적 일자는 동북아 사유의 입장에서 보면 참으로 낯설고 이
해하기 힘든 개념이죠. 동북아 사유는 일단 '역'에서 출발한다는 점에
서 파르메니데스와는 이질적입니다.

파르메니데스와 달리 다자성과 운동을 인정할 경우, '초월적'이라는

말을 어떻게 이해하느냐에 따라 논의가 달라집니다. '초월적'이라는 말을 강하게 사용할 경우, '리'는 '기'를 초월한다고 할 수 없습니다. 강한 의미에서의 초월철학은 동북아에는 존재하지 않습니다. 그러나 이 말을 약하게 사용할 경우, 즉 '기' 바깥에 따로 존재할 수 있는 것은 아니지만 '기'가 품고 있는 우연성을 넘어 항구적인 법칙성으로서 '기'를 아프리오리하게 지배한다는 의미에서는 '리'의 초월성을 말할 수 있습니다. 즉, '기'와 '리'는 실재적으로는 구분되지 않지만 형식적으로는 구분되는 것이죠. 특히 주자의 경우에는 그렇습니다.

Q 그러면 '리 일원론'이라는 말은 없나요?

A 그런 말은 없습니다. 왜냐하면 '리'의 개념은 부정할 수 있어도 우리 현실을 채우고 있는, 우리 몸과 몸이 만나는 물질적 현실을 부정할 수는 없기 때문이죠. 그래서 '기 일원론'이라는 말은 써도 '리 일원론'이라는 말은 잘 쓰지 않습니다.

5강_ 하나와 여럿

하나와 여럿도 가장 기본적인 존재론적 원리라고 할 수 있습니다. 그리고 동일성과 차이, 연속과 불연속의 개념 쌍과 밀접한 관련을 맺고 있는 개념 쌍입니다. 그리고 우리가 전혀 철학적 개념으로 느끼고 있지 않은, 전형적인 개념-뿌리들이죠.

그리스어에서 하나는 'heis', 'mia', 'hen'에 해당합니다. 영어나 한글은 그렇지 않은데 유럽 언어를 배울 때 어려운 점들 중 하나가 성의 구분이죠. 그래서 하나라는 말에도 세 가지가 있습니다. 보통 중성명사인 'hen'을 대표적으로 사용합니다. 라틴어로 하면 'unum'이고, 이것이 오늘날 프랑스어의 'un', 영어의 'one'에 대응합니다.

하나라는 말에는 기본적으로 두 가지 의미가 있습니다. 하나는 '통일성'이고 다른 하나는 '단위'죠. 통일성이란 어떤 존재가, 그 안에 어떤 것들이 속해 있는가를 불문하고 하나로서 취급될 때 성립합니다. 이 교실에 여러 사람이 있지만, 이 교실을 하나의 전체로 볼 때에는 한 '클래스'죠. 즉 하나의 통일성으로 본다는 뜻입니다. 이럴 경우 하나라는 개념은 마술과도 같은 힘을 가집니다. 인사동에 수많은 건물이 있고 사람들이 있지만, '인사동'이라고 부르는 한에서는 하나의 동네죠. 하나는 이런 묘한 힘을 가지고 있습니다. 그리고 하나는 단위를 뜻하기도 합니다. 수학적 의미에서의 1이죠. 프랑스어에서는 혼동을 막기 위해서 후자를 'unité'로, 전자를 'unicité'로 구분해서 쓰기도 합니다.

하나라고 하는 개념은 기본적으로 연속성과 동일성을 함축하는 경우가 많습니다. 여기 있는 사람들을 한 사람 한 사람으로 보면 그 사이에는 불연속이 존재합니다. 그러나 이 교실 전체를 하나로 보는 한에서는 연속성을 띠게 되죠. 그리고 이 교실을 다른 교실들과 함께 생각할 때는 다시 불연속성이 성립하지만, 이 건물 전체를 생각할 때는 다시 연속성이 성립합니다. 그리고 이렇게 하나로 보는 한에서 그 하나 안에 포괄되는 여럿 사이의 차이는 무화無化됩니다. 그래서 하나, 연속성, 동일성은 흔히 같이 갑니다. 그런데 이 하나, 동일성, 연속성의 개념은 때때로 중요한 문제를 일으킵니다.

예컨대 지방에서 '서울 사람'이라고 하나로 보는 한에서 서울 사람 그 하나하나의 차이는 일단 무시됩니다. 마찬가지로 서울 사람들에게는 금산도 공주도 함양도 모두 '지방'입니다. 우리가 '유럽'이라는 하나의 말로 부르는 한에서 프랑스와 이탈리아, 독일, 헝가리 등의 차이는 접어두는 것이고, 서구 사람들이 '동양'이라는 말을 쓸 때는 오리엔트 지방, 인도, 중앙아시아, 동북아, 동남아 등의 차이는 염두에 없는 겁니다. 이렇게 서로 이질적인 것들을 하나로 통합해서 부를 때 그들 사이의 이질성은 사라져버리죠. 동일성과 연속성만이 존재하고 차이와 불연속성은 증발됩니다. 이런 메커니즘을 우리는 등질화等質化라고 부를 수 있습니다. 또는 '범주적 폭력'이라고도 부를 수 있습니다. 질적으로 다른 것들을 하나로 만들어버린다는 뜻이죠. 우리가 쓰는 언어라는 것은 근본적으로 이런 등질화의 메커니즘을 함축하고 있습니다. 화폐 역시 이런 등질화를 행하죠. 우리가 언어를 쓰는 한, 인간이 일반화/추상화하는 동물인 한 이런 등질화의 폭력을 피해 가는 것은 불가능합니다. 그러나 이런 사실을 가슴에 새기고 조심할 수는 있죠. 때로 등질화는 '동일성'과 통하죠. 현대 철학에서는 '동일성'이라는 개념이 함축하는 폭력을 비판하고 '차이의 철학'을 펼칩니다. 물론 일방적으로 가면 곤란하죠. 동일성과 차이, 하나와 여럿, 연속성과 불연속성은 어차피 서로 맞물려 있는 개념 쌍들이니까요. 사실 인간의 문명이란 동일성의 기반 위에서 이루어집니다. 짐승들은 자신들의 눈앞에 있는 나무들은 지각해도 '나무'라는 일반명사는 가지지 못하죠. 더구나 '생명체' 같은 더 추상적인 개념이 있을 리가 없습니다. 인간의 인간-됨은 이런 추상화=등질화가 있기에 가능했습니다. 다만 인간의 그런 능력이 때로 부정적인 방향으로 갈 수도 있는 것이죠. 어떤 개념도 좋다/나쁘다는 식으로 가치론적 실체화를 통해 고정되어서는 안 됩니다. 맥락에 따라 달라지는 것이라는 점을 명심해야 합니다.

독일어에 'Gift'라는 말이 있는데 재미있는 말이죠. 이 말은 선물이라는 뜻(또는 약이라는 뜻) 외에 독이라는 뜻도 함께 가지고 있어요. 추상적 사유는 인간에게 'Gift'입니다. 그것은 선물이자 독이죠. 인간은 추상적 사유를 할 수 있었기에 모든 위대한 문화들을 이룰 수 있었습니다. 그러나 추상적 사유는 개별적인 차이들을 등질화한다는 위험을 안고 있는 것이죠. 그런 점에서 추상적 사유란 인간의 영광이자 질곡이기도 합니다.

철학사적으로 보면 대부분의 전통 철학들—물론 이 표현도 등 질화를 내포하고 있습니다. '전통 철학'이라는 것이 한두 가지가 아닐 터이니까요—은 대체적으로 '하나'에 대한 열망, 궁극적 하나를 찾고 싶은 갈망, 모든 것을 하나로 정리하고 싶은 그런 욕망이 있었어요. 그에 비해서 현대 철학—물론 이 또한 여러 이질적 계열들을 포함합니다—은 대체적으로 전통 철학의 이런 경향을 비판적으로 바라봅니다. 다시 말해 여럿을 하나로 환원시키지 않고 그 자체로서 보고자 하는 것이죠. 그래서 현대 철학은 '복수성'의 철학이라고도 불립니다. 이 점에서 우리는 오늘날 철학적으로 매우 새로운 시대를 살고 있다고 할 수 있는 것이죠.

§1. 그리스 존재론

그러면 이제 하나와 여럿을 둘러싼 논의들의 철학사적 전개를 훑어보기로 합시다. 우선 퓌타고라스학파에서 이야기를 시작해 보죠. 퓌타고라스학파는 일一=Monas, 신神=Thêos, 선善=Agathon, 일자一者=Hen를 모두 동일시했습니다. 그리고 퓌타고라스에게서 '하나'는 이런 근원적인 존재로서의 일자라는 의미 외에 또 하나의 의미를 가지는데, 그것은 '단위'로서의 하나 즉 수학적 1이에요. 왜냐하면 모든 수는 1에서 시작한다고 보기 때문이죠. 퓌타고라스학파는 모든 것을 수를 통해서 이해하고자 했고 모든 것은 이 1로부터 만들어진다고 보았기 때문에, 자연히 단위로서의 1은 매우 중요한 의미를 띠었습니다.

퓌타고라스학파의 이런 생각을 우리가 조금 더 발전시켜서 생각해 본다면, 하나로부터 여럿이 만들어지는 방법에는 크게 대별해 보면 두 가지가 있을 것 같아요. 첫째로는 하나가 전체로서 주어진 후에 그것이 쪼개지는 경우가 있고, 둘째로는 하나가 계속 더해지는 경우가 있죠. 다시 말해 하나에서 여럿이 나오는 방법에는 전체를 쪼개 들어가는 방법이 있고 또 부분들을 더하는 방법이 있는 것이죠. 물론 이런 조작이 정확히 성립하는 경우는 부분들의 합이 정확히 전체와 합치하는 경우입니다. 대부분의 전통 철학들은 부분들의 합이 정확히 전체가 된다는 이 논리를 전제하곤 했습니다. 부분들 사이에 어떤 틈이 있다거나 겹친다거나 일탈이 있다거나, 아니면 전체에는 부분의 합으로 해소되지 않는 무엇인가가 있다든가 하는 생각은 비교적 나중에 나온 생각이죠. 그런데 부분들의 합이 정확히 전체가 되는 경우는 바로 기하학적 공간의 경우입니다. 부분과 전체가 아귀가 딱 맞는 것은 기하학적 공간에서 가장 잘 성립하죠. 이것을 좀더 추상화해서 논리학적으로 바꾸어 말한다면, 이 경우에 여럿은 그 상위의 하나에 복속되어 있다는 이야기가 됩니다. 하나의 동일성이 전제되고 그 아래에 여럿이 존재하는 것이죠. 이러한 사고는 예컨대 생물학적 계통학에서 분명하게 볼 수 있습니다. 상위 범주 아래에 하위 범주들이 정확히 아귀가 맞도록 포함되죠. 예컨대 동물은 척추동물과 무척추동물로 나누어집니다. 이런 사고는 현대에 들어와 여러 각도에서 비판받았습니다.

헤라클레이토스는 서구의 전통 철학에서 내내 '비주류'에 속해 있던 인물이지만, 서구의 철학이 "존재에서 생성으로" 방향을 튼 이후 새롭게 부활한 인물입니다. 헤라클레이토스는 수수께끼 같은 말들을 많이 남긴 것으로 유명한데, 그런 말들 중 하나로 "hen kai pan"이라는 말이 있죠. 영어로 번역하면 "One and All"이 됩니다. 'kai'라는 말을 어떻게 보느냐에 따라 이해가 달라집니다. 직역하면 '하나와 여럿'이지만, 헤라클레이토스 사상의 전체 맥락에서 놓고 보면 "하나 즉 여럿"이라고 번역할 수 있어요. 이후 많은 사람들이, 예컨대 17세기 철학자인 스피노자라든가 19세기 철학자 헤겔, 시인 횔덜린 등이 헤라클레이토스의 이 사상에 크게 매료되었습니다. 우주는 무한한 가능성과 모순과 대립, 운동을 품고 있지만 동시에 모든 것은 로고스에 의해서 다 꿰어지고 있다는 뜻이죠. 아무리 지식을 많이 쌓아도 로고스를 깨닫지 못하면 잡다한 지식들에 불과하다는 뜻도 되고(그래서 헤라클레이토스는 퓌타고라스학파를 경멸했죠), 더 나아가 세계의 존재방식 자체에 대한 통찰일 수도 있습니다. 스피노자는 단 하나의 실체가 무한한 양태들로 표현되는 존재론을 제시했는데, 헤라클레이토스의 영향을 느낄 수 있죠.

이제 파르메니데스 이야기를 해봅시다. 여러분들이 서구어로 되어 있는 책, 예컨대 영어로 된 책을 읽다 보면 'the One'이라는 표현을 가끔 만나게 됩니다. 전에도 말했지만, 이 말은 바로 '일자'라는 것으로 파르메니데스에게서 유래하는 개념이죠. 여기에서 '하나'라고 하는 것은 설명 원리가 아니라 세계 그 자체를 뜻합니다. 그러나 다자성과 운동을 배제한 일자로서의 하나예요. 세계를 설명하는 원리로서의 하나가 아니라 세계 자체가 '하나'인 것이죠. 이 점에서 굳이 말한다면 고유명사로서의 '일자'라고도 할 수 있을 것 같습니다. 파르메니데스는 다자성과 운동을 배제한 절대적 하나를 실상實相으로 봄으로써 다자성과 운동을 탐구하는 행위인 '자연철학'을 위기에 빠뜨렸고, 그 위기를 딛고서 다시 '후기' 자연철학(엠페도클레스, 아낙사고라스, 데모크리토스 등)과 형이상학(플라톤과 아리스토텔레스)이 서게 됩니다. 플라톤은 처음에는 파르메니데스의 다자성의 부정을 비판하는 대신 운동에 대한 부정은 받아들여 (부동의 실재와 생성하는 현상의) 이원론적 사유를 펼치다가, 말년에 이르러서야 (일정한 유보를 동반하고서였지만) 적극적인 자연철학을 제시합니다. 그에 비해 아리스토텔레스는 처음부터 자연철학과 형이상학이 통일되어 있는 사유를 펼침으로써 그리스 철학을 완성합니다.

어쨌든 파르메니데스의 사유는 그리스 철학의 흐름 전체에 깊은 영향을 끼치게 되는데, 그의 주장을 뒷받침하기 위해 제시된 것이 유명한 '제논의 역설'들이죠. 제논은 '귀류법'이라는 논증 방법을 사용해 스승의 논지를 옹호합니다. 만일 이 세상에 운동이 존재한다고 해보자, 그러면 이러이러한 불합리가 생긴다, 이런 식의 논리를 폅니다. 스피노자의 『에티카』도 이 논증 방법을 즐겨 사용하는 저작입니다.

파르메니데스는 절대적 일자를 이야기합니다. 절대적 일자는 유일한unique 것이죠. 절대란 대對를 끊는 것絶입니다. 자기 이외의 어떤 타자도 허용하지 않는 존재죠. 그런 배타적인 일자가 파르메니데스의 일자예요. 좀 우스꽝스러운 비유가 되겠지만, 이렇게 생각해 봅시다. 어떤 존재가 이 세상의 모든 것을 다 먹어치운다고 생각해 봅시다.[1] 그리고 먹는 만큼 커지면서 이 우주를 다 먹었다고 한다면 어찌 될까요. 결국 단 하나의 존재만이 있게 되겠죠. 그런 것이 바로 파르메니데스의 일자인 겁니다. 그러면 어떤 타자도 존재하지 않게 되겠죠. 어떤 타자도 허용하지 않는다는 것은 자기의 바깥이 없다는 것을 뜻합니다. 그리고 그 유일한 전체는 당연히 연속적이겠죠. 만약 그 일자의 어딘가에 불연속이 있다면 더 이상 일자가 아니라 둘이 될 터이니까요. 그래서 완전히 연속적입니다. 그리고 또 완전하겠죠. 왜냐? 모든 불완전성은 결국 어떤 제약에서 오는 것이고, 제약을 받는다는 것은 항상 타자를 전제할 때 일어나는 것이기 때문이죠. 자기 바깥에 어떤 타자도 존재하지 않는다면 제약을 받을 이유가 없습니다(이 논리는 훗날 스피노자의 『에티카』에서 중요한 역할을 합니다). 나아가 일자는 둥그렇습니다. 완벽한 구球인 것이죠. 이것은 물론 원圓이야말로 가장 완전하다는 생각을 깔고 있습니다. 완전한 형태를 계속 생각하다 보면 결국 원에 도달하게 돼요. 태극太極을 원으로 표상하는 데에도 이런 직관이 깔려 있다고 할 수 있습니다. 어쨌든 파르메니데스에게서는 여럿은 부정되며 오로지 하나 ― 무엇인가가 있고 그것의 수數로서의 하나가 아니라 유일한 존재로서의 하나 ― 만이 있을 뿐입니다.

그러면 파르메니데스와 플라톤의 차이는 무엇인가? 플라톤만이 아니고 그 뒤에 오는 대부분의 철학자들이 파르메니데스를 한편으로는 존중하면서도 극복하려고 했다고 했습니다. 파르메니데스를 존중했다는 것은 곧 실재란 자기동일적이고 영원하고 완전한 것이라는 믿

---

1) 우주가 무한하다면 이런 과정에는 끝이 없을 것이다. 파르메니데스에게 우주는 유한한 것으로 인식되었으며, 사실 르네상스 이전의 세계관은 대개 유한의 세계관이었다. 파르메니데스는 세계를 둥그런 구(球)로 생각했다. 그러나 그 구의 바깥은 존재하지 않는 것으로 이해되었다.

음이었죠. 그런데 우리가 사는 현실은 그렇지 않습니다. 그래서 파르메니데스의 일자만으로는 세계를 이해하기 어렵다고 생각했고, 따라서 자기동일적이고 영원하고 완전한 실재와 늘 타자화되며 시간 속에 있고 불완전한 현실을 함께 설명할 길을 찾게 됩니다. 그래서 서구의 전통 사유는 다음과 같은 논리 구조를 가지게 됩니다.

1) 우리는 현실세계에서 E라는 경험을 한다.
2) 근본적인 실재/실체는 S이다.
3) S는 M이라는 방식을 통해서 E를 낳는다.

예컨대 원자론은 S를 원자들로 보죠. 그리고 공허를 상정합니다. 그리고 M을 원자들의 무작위적인 충돌로 봅니다. 그 결과 우리는 E라는 경험을 하게 됩니다. 또, 엠페도클레스에게 S는 물, 불, 공기, 흙입니다. 그리고 이 네 가지가 양적으로 조합되어(이것이 M입니다) 우리가 경험하는 현상들(E)이 도래합니다. 이런 식의 사유 구도는 오늘날까지도 '과학적 사유'의 기본적인 형태를 이루고 있습니다.

플라톤도 물론 자기동일적이고 영원하고 완전한 실재를 제시합니다. 플라톤에 관련해 '이데아의 세계'라고 말하는데, 이렇게 말하면 오해가 생길 수 있죠. 마치 즉물적으로 저기 어디엔가 이데아 세계가 있는 것 같은 생각이 드니까요. 물론 플라톤 자신이 그런 식으로 말할 때도 있습니다만, 그것은 비유로 받아들여야 할 것입니다. 차라리 차원dimension이라는 말이 어떨까 합니다. 우리의 감각으로는 지각할 수 없지만 이성을 통해서 찾아낼 수 있는 그런 차원이 있다는 것이죠. 플라톤의 사유는 중세를 거치면서 신비화되는데, 사실 그의 생각은 지극히 상식적이고 설득력 있는 것입니다. 플라톤의 생각은 수학을 매개해서 생각하면 쉽게 이해됩니다. 여기에 공깃돌이 다섯 개가 있다고 합시다. 공깃돌의 모양, 색깔, 맛, 감촉…… 등은 우리의 오감으로 확인되죠. 그러나 '다섯'이라는 수는 오감으로 확인되지 않습니다. 물론 우리는 공깃돌을 보고 다섯을 알게 되죠. 그러나 다섯이라는 수 자체가 우리 눈에 보이지는 않습니다. 다만 우리 이성의 눈을 통해서 그 다섯을 확인해내는 것이죠. 이 생각은 조금도 이상할 것이 없고, 따라서 플라톤을 처음부터 너무 신비화해서 말하는 것은 곤란합니다. 중세를 거치면서 종교성이 가미되는 과정에서 그런 이해의 틀이 생겨난 것이죠. 다만 수학적 차원보다 한 차원 더 들어간 이데아의 차원이 존재하는가, 이데아의 차원이 현실차원보다 더 실재인가, 둘 사이의 관계가 무엇인가 등에 대해 논의할 수 있는 것이죠.

이렇게 플라톤은 파르메니데스의 논의를 따라가지만, 그러나 하나와 여럿의 문제에서 파르메니데스와 갈라집니다. 플라톤은 일자만 있는 것이 아니라 무수한 형상들이 있다고 봅니다. 말의 형상이 있고, 네모의 형상이 있고, 붉은색의 형상도 있습니다. 더 추상화해서는 큼의 형상도 있고 '~의 아버지'의 형상도 있죠.[2] 더 이상 파르메니데스

---

2) 큼의 이데아, 작음의 이데아 등은 문제를 야기한다. 어디까지부터 크고 어디까지부터 작은지를 말하기 어렵기 때문이다. 10,000은 1,000보다 크지만 100,000보다는 작다. 이 데아들은 불연속적일 때 분명하게 구분되며 자기동일성을 가진 이데아 역할을 할 수 있다. 그러나 큼과 작음은 연속성을 띠며 정도의 관계를 맺는다. 그 어디에서 자를 수 없는 연속성/정도를 이루기 때문에 이데아들로서 문제를 안게 되는 것이다.

의 일자에 머무는 것이 아니라 이데아들의 다多를 인정하는 것입니다. 물론 인간에게는 모든 것을 통일시켜 하나로 귀일歸一시켜 보고 싶은 경향이 있고, 그래서인지 플라톤도 모든 이데아를 감싸는 근본 이데아인 '태양의 이데아'를 말하긴 합니다. 그러나 이것은 그다지 중요한 것은 아니고, 또 일종의 비유라고도 할 수 있습니다. 이데아들의 복수성이 중요합니다. 물론 플라톤에게도 '하나'라는 이데아가 있습니다. 그러나 그것은 더 이상 파르메니데스의 일자가 아니라 가장 보편적인 것, 모든 것에 통용되는 것을 뜻하죠. 또 수에서의 단위 하나를 뜻하기도 합니다. 어떤 의미에서는 퓌타고라스적 의미로 복귀한 것이죠.

이제 아리스토텔레스로 가 봅시다. 아리스토텔레스는 늘 그렇듯 하나의 의미를 제시하기보다는 여러 가지 쓰임새를 열거해 줍니다.

우선, 하나는 연속된 것이라 할 수 있고 그런 점에서 기하학적인 개념이라고 봅니다. 그래서 대수와 대비되죠. 이 규정이 현대인에게는 이해하기 힘든 규정일 수도 있습니다. 이것은 (현대적으로 해석하면) '실수의 연속성'과 관련되죠. 실수를 직선으로 나타낼 경우 그 어디에도 불연속이 없습니다. 완벽한 연속이라는 것이죠. 이것이 실수의 연속성이에요. 만일 직선에 자연수를 표시한다면, 수들이 듬성듬성 있게 되고 그 사이는 모두 비겠죠. 다음에 정수, 유리수를 표시하면 그 사이들이 꽤 찰 겁니다. 그러나 빈 곳이 있습니다. 그 빈 곳이 바로 '무리수'에 해당하지요. 그런데 그리스 시대만 하더라도 무리수라는 개념이 없었어요. 없었다기보다 생각은 했지만 인정하기 힘든 수였죠. 그래서 '무리無理수'라는 이름이 붙습니다. $\sqrt{2}$, π, e(자연로그),……
이런 수들이 무리수죠? 이는 무엇을 뜻하는가? 그리스 사람들이 알았던 수로는 아직 직선을 완벽하게 채우지 못했다는 겁니다. 그런 점에서 직선에는 불연속이 포함되었죠. 그러나 그림으로는, 기하학적으로는 연속이죠. 기하학적으로는 하나의 직선이지만 대수로는 그 직선을 다 메우지 못한다는 이야기가 됩니다. 그런 점에서 연속성을 다루는 기하와 불연속성이 매개되는 대수가 대비되고 있습니다. 기하로는 연속적인 것이 대수로는 불연속을 포함한다는 이야기가 됩니다.

두번째 의미에서의 하나는 철학사적으로 상당히 중요한 겁니다. 통일성으로서의 하나죠. 이것은 아리스토텔레스의 예는 아니지만, 생물학적 맥락을 봅시다. 호랑이가 강한 이빨과 날카로운 발톱, 그리고 꿰뚫어보는 눈, 압도하는 목소리를 다 가졌는데 거북이처럼 느리게 걷는 발을 가졌다, 그러면 굶어죽을 수밖에 없겠죠. 기본적으로 신체기관의 어느 하나는 다른 하나를 이미 논리적으로 함축하는 거예요. 물고기가 꼬리지느러미도 있고, 물 속에서 살 수 있는 아가미도 있고, 그 외에 필요한 것은 다 있는데, 다만 앞의 얼굴이 네모나서 넓적하다, 그러면 물을 헤쳐 나가기가 상당히 힘들겠죠. 생명체라는 것은 이렇게 기관들의 통일성을 전제합니다. 그래서 생명체란 여럿이자 하나인 것이죠. 18세기까지만 해도 생물학이 물리학에 종속되어 기계론적으로 다루어졌지만, 19세기가 되면 생물학 고유의 논리를 개발하게 됩니다. 그때 등장한 중요한 개념이 있는데, 그것이 바로 '조직화의 도안'plan d'organisation이죠. 부분들이 전체의 목적에 맞게 다들 알맞게 조합되고 배치되어 있음을 뜻하는 말입니다. '통일성'으로서의 하나라는 개념은 이렇게 담론사에서 중요한 역할을 합니다.

또, 우주론의 맥락에서 본다면 통일성이란 곧 우주의 '조화'를 뜻하기도 합니다. '코스모스'라는 말 자체가 이미 조화 개념을 내포적으로 가지고 있습니다. 단지 외연적으로만 세계를 가리키는 것이 아니라 그 말 자체에 이미 내포적 의미로서 조화롭다는 뜻이 깃들어 있는 것이죠. 우리말의 '우주'라는 말도 마찬가지입니다. 우宇라는 말은 공간적 질서를 말하는 것이고, 주宙라는 말은 시간적 질서를 말하는 것이죠. 그래서 '宇宙'라는 말에도 이미 질서 잡혀 있다, 조화롭다 등의 내포적 의미가 깃들어 있습니다. 스토아철학에서도 이런 우주의 통일성이라는 생각은 중요한 역할을 하죠.

그리고 앞에서도 언급했지만 유와 종의 관계, 유가 정확히 일정한 종들로 나뉘고 종들의 합이 정확히 유가 되는 그런 관계에서도 통일성 개념은 중요한 역할을 합니다. 이렇게 통일성이라고 하는 개념은 전통 철학에서 상당히 중요한 역할을 했고 지금도 그렇습니다. 그러나 조금 후에 이야기하겠지만, 현대에 들어와 이런 식의 사고 양태는 극복되었다고 할 수 있죠.

다음 세번째 의미로서는 단위로서의 하나, 수로서의 하나가 있습니다.

네번째로, 하나라는 것은 '존재'와 더불어 모든 종류의 집합들에 대해 유비적으로 서술할 수 있는 것입니다.[3] 어떤 것이든 '있는' 것이

---

3) 여기에서 '유비적으로'라는 말을 쓴 이유는 범주들(실체, 질, 양, 관계,……)은 서로 통약 불가능한(incommensurable) 관계, 이질적인 관계를 맺고 있으며, 따라서 '존재'나 '하나'에서 갈라져 나온 것이 아니라는 점을 뜻한다. 즉, 이 범주들은 존재나 하나로 통합되지 않는다. 이들 사이에는 불연속이 있다. 다만 존재/하나와의 관계 하에서 유비적으로 (analogically) 관계 맺을 뿐이다.

죠. '존재하다'라는 술어는 그 어디에나 다 붙을 수 있어요. 마찬가지로 하나라는 것도 그 어디에나 붙을 수 있습니다. 처음에 그런 예 들었죠? 우리 하나하나도 하나고, 이 교실도 하나고, 인사동도 하나고, 종로구도 하나고, 서울도 하나고 하는 식으로 어떤 집합에도 다 붙일 수 있는 것이 '하나'라는 술어인 것입니다.

이제 마지막으로 하나라는 개념이 플로티노스에게서 어떤 역할을 하는가를 봅시다. 이 개념은 플로티노스에게 상당히 중요한 개념입니다. '一者'라고 하면 파르메니데스와 더불어 우선 플로티노스를 연상하게 되죠.

플로티노스의 철학을 흔히 '유출설'流出說이라고 합니다. 플라톤은 감성계와 가지계可知界를 날카롭게 나누었지만, 아리스토텔레스는 두 차원을 인식론적으로는 날카롭게 구분하면서도 하나의 차원으로 통합했죠. 이에 비해 플로티노스는 감성계와 가지계를 분명히 나누면서도 거기에 사다리를 설치해요. 딴 차원이지만 서로 연결되는 것이죠. 존재론적으로 말하면 가장 위의 일자로부터 조금씩 '타락'해서 맨 아래까지 내려오는 것입니다. 일자가 100점이라면 그 아래로 '이성'noûs, '영혼'psychê을 지나 쭉 가서 마지막에는 물질까지 내려갑니다. 플로티노스에게서는 일자로부터 물질에 이르기까지 연속성이 성립합니다. 이런 식의 사유에 따르면 인간이 육체를 벗어나 영혼의 세계로 올라가는 것이 대단히 중요하게 되죠. 마치 사다리를 타고서 올라가는 것 같습니다. 플로티노스가 살던 시대는 이렇게 종교적인 갈구, 육체를 벗어나서 초월을 지향하는 사상들이 유행했던 때죠. 신퓌타고라스학파라든가 그노시스학파 등이 그렇습니다. 이런 사상들이 날카로운 이원론의 성격을 띠고 있는 데 비해, 플로티노스는 일원론적인 사유를 제시했다는 점에 특징이 있습니다.

플로티노스의 사상을 왜 '유출설'이라고 부르는가를 생각해 봅시다. 일자는 사실 100점이 아니라 100점+α라고 할 수 있어요. 완벽함 그 이상인 것이죠. 그래서 넘쳐흐르게 됩니다. 넘쳐흘러서 마치 구룡폭포처럼 아래로 내려오는 것이죠. 그래서 '유출설'이라는 말을 쓰는 것입니다. 물론 아래로 내려옴에 따라 타락하게 되고 다른 존재로 변질됩니다. 이렇게 일자가 넘쳐흐름으로써 여러 가지 타자들을 산출하게 돼요. 사실 샘물은 자족적이죠. '시원'을 형성합니다. 그런데 그것이 자꾸 솟아오르다 보니까 넘쳐흐른다는 생각입니다. 플로티노스는 훗날 아우구스티누스를 거치면서 기독교 사상에 거대한 영향을 끼치게 되죠. 기독교 사상에 다음과 같은 문제가 있습니다. 신이 완전한 존재라면 왜 세계를 창조했느냐는 것입니다. 아까 그런 얘기 했죠? 절대적 일자는 타자를 허용하지 않는다. 왜? 자기 바깥에 뭔가가 있으면 그것에 의해서 제약받기 때문에. 이 이야기를 기독교에 적용한다면 유일신은 완전한데 왜 자기 바깥에 이 세계를 만들었느냐? 이 세계를 만들었다면 비록 자기의 피조물이라고 할지라도, 부모가 낳은 자식이지만 그 자식에 의해 부모가 제약받듯이, 그것에 의해 제약받을 텐데 무엇 하려고 세계를 창조했는가? 이런 물음입니다. 여기에 플로티노스의 철학을 가지고 들어오면, 신의 사랑이 너무나 넘치다 보니까 그것을 나눠주고 싶었다는 이야기가 됩니다. 그래서 세계를 창조했다는 것이죠. 그 사랑을 기독교에서는 '은총'이라고 합니다. 기독교적 정서를 담뿍 담고 있는 표현이 바로 'Amazing Grace'죠.

그런데 이렇게 플로티노스를 전격적으로 받아들이면 문제가 생깁니다. 플로티노스의 철학은 연속성의 철학이므로 피조물들이 사다리를 타고서 신에게 기어오르면 어떻게 되느냐 하는 것이죠. 여기에서 기독교는 신과 피조물 사이의 관계에 관련해 고민하게 됩니다. 완전히 단절시켜 놓으면 신과 피조물 사이의 관계 설정에 어려움이 있고, 아예 이어 놓으면 신과 피조물의 범접할 수 없는 거리를 축소해버리는 것이 되죠. 이런 딜레마가 생깁니다.

지금까지 그리스 철학사를 쭉 따라오면서 하나와 여럿의 문제를 보았는데, 그 사이에 이 문제가 동일성과 차이의 문제, 연속성과 불연속성의 문제와도 관련 있다는 것을 알아차렸을 겁니다. 퓌타고라스, 파르메니데스, 플라톤, 아리스토텔레스, 플로티노스로 내려오는 사유의 역사를 다시 한 번 정리해 보시기 바랍니다.

§2. 성리학

이제 유라시아 대륙의 반대쪽으로 가 봅시다. 동북아 사상사에서도 역시 하나와 여럿은 중요한 문제 틀을 형성해 왔습니다. 이 문제에 관련해, 그리스 철학이 대체적으로 순수 존재론에 무게중심을 두었다면, 동북아 사상사에서는 주로 철학적 논의와 정치적 논의가 섞인 채 다루어져 왔다고 할 수 있습니다.

우선 하나에 대한 강조가 뚜렷이 나타난 문헌으로 왕필王弼의 『노자주』老子注를 들 수 있습니다. 『도덕경』 42장에 대한 주가 대표적이죠. 이 장에는 유명한 다음 구절이 등장합니다.

도가 하나를 낳는다.

하나는 둘을 낳고, 둘은 셋을 낳는다.

그리고 셋은 만물을 낳는다.

道生一 一生二 二生三 三生萬物.

매우 추상적인 구절이죠. 존재론적인 언표들은 대개 추상적입니다. 존재론이라는 학문은 다른 모든 구체적인 지식들을 이미 전제하고서 전개되는 담론입니다. 그래서 대단히 추상적이고 어렵죠. 수학과 더불어, 인간이 하는 모든 사유들 중에서 가장 수준 높은 사유라고 할 수 있습니다. 여러분들이 어떤 분야를 연구하든 수준 높은 사유를 펼치려면 존재론적 토대가 있어야 합니다.

그런데 동북아 사상사에는 존재론이 그다지 발달되어 있지 않습니다. 동북아의 사상사는 인성론人性論이나 윤리·정치 문제를 중심으로 발달해 왔고, 본격적인 존재론·인식론은 빈약하죠. 그런 상황에서 예외적으로 주목할 수 있는 몇 개의 텍스트들 중 하나가 『도덕경』, 특히 왕필이 주석한 『도덕경』입니다. 지금 인용한 구절 같은 경우가 동북아 사유에서는 보기 드물게 추상적이고 존재론적인 구절입니다.

그런데 어떤 담론이 추상적이라는 것은 그 안에 구체적인 것들을 잠재적으로 내장하고 있다는 것을 뜻합니다. 때문에 그 추상적인 것을 구체적인 내용들로 풀어서 이해할 필요가 있죠. 문제는 그 구체적인 내용들이 어떤 것들인지 짐작하기 힘들 경우입니다. 『도덕경』이 그런 대표적인 텍스트입니다. 그럴 때면 수많은 '해석'들이 등장하게 됩니다. 그런 해석들 중 하나가 왕필의 해석입니다. 그런데 왕필의 해석은 다른 해석들과 달리 그 자체가 존재론적인 성격을 띤다는 점을 기억해야 합니다. 그래서 우리는 왕필의 해석을 다시 구체적인 내용들로 해석할 필요가 있죠.

일단 『도덕경』 자체 내에서 해석을 시도할 경우, 같은 책에 있는 다른 구절들이 도움이 됩니다. 인용한 구절 바로 다음 구절을 보면,

> 만물은 음을 이고 양을 안고 있으니,
> 충기로써 조화를 이룬다.
> 萬物負陰而抱陽 沖氣以爲和.

여기에서 음기와 양기를 위의 이二로 보고, 충기까지 합한 것을 삼三으로 볼 수 있습니다. 이럴 경우 일一은 양기와 음기가 나뉘기 전의 '기' 자체라고 할 수 있겠죠. 만일 이렇게 해석할 경우, 인용한 구절은 다음과 같이 고쳐 쓸 수 있습니다.

> '도'가 '기'를 낳고,
> '기'는 양기와 음기를 낳고,
> 음기와 양기는 (자신들과 더불어) 충기를 낳고,
> 세 기가 합하여 만물을 낳는다.

그런데 이렇게 해석할 경우, 1) '도'가 '기'보다 상위의 존재인가, 2) "낳다"라는 말을 어떻게 이해해야 하는가, 이런 두 가지 문제가 생깁니다.

앞에서도 여러 차례 거론했지만 '도'가 '기'를 초월해 그 위에 있는 것은 아닙니다. 도는 기와 더불어 함께 있습니다. 우리가 차를 마실 때, 찻잔, 차를 먹는 사람, 그 장소…… 등은 기이고 차를 먹는 행위는 기의 흐름입니다. 그러나 차를 먹는 방식은 기의 일정한 길을 보여 줍니다. 그래서 '다도'茶道라는 말이 있는 것이죠. 그리고 여기에는 물질적 측면에서의 길만이 아니라 정신적 수준에서의 길도 내포되어 있습니다. '무도'武道라는 말에는 칼을 쓰는 방식만이 아니라 무인이 걸어가야 할 길이라는 의미도 함께 들어 있죠. 기라는 물질적-생명적-정신적 바탕은 늘 도와 더불어 운동·변화하는 것입니다. 그렇다면 여기에서 '生'이라는 것을 어떻게 이해해야 할까요?

외적 인과와 내적 인과를 구분할 필요가 있습니다. 외적 인과는 결과가 원인의 바깥에 존재합니다. 예컨대 어떤 동물이 자식을 낳았다면 그 자식은 그를 낳아 준 부모의 바깥에 존재합니다. 이 경우 외적 인과가 성립하죠. 그러나 도가 기를 "낳았다"는 것은 도가 자기 바깥에 기를 내보냈다는 것을 뜻하지 않습니다. 다만 다도가 차를 마실 때의 기의 흐름을 낳았다는 것은 도가 기를 기 안에서 이끌었다는 뜻입니다. 여기에서 "낳았다"는 것은 낳은 존재와 낳아진 존재가 서로 바깥에 있지 않다는 점에서 내적 인과를 형성합니다. '생'은 이렇게 내적 인과의 맥락에서 이해되어야 합니다. 동북아 사유의 근간에는 이 내적 인과의 개념이 깔려 있습니다.

기가 양기와 음기를 "낳은 것"도 기 바깥으로 양기와 음기가 나오는 것이 아니라, 기가 때로는 양기로 때로는 음기로 표현表現되는 것입니다. 기 자체가 양기로서 존재하기도 하고 음기로서 존재하기도 하는 것이죠. 기 안에서 도가 때로는 양의 방향으로, 때로는 음의 방향으로 작동하는 것입니다. '낳는다'는 표현은 이렇게 '표현'으로서 이해되어야 합니다. 조심할 것은 이때의 '로서'는 스피노자에게서 실체가 때로 정신으로서, 때로 물질로서 존재한다고 할 때의 '로서'와는 뉘앙스가 다르다는 사실입니다. 스피노자의 경우 정신과 물질은 그 자체 속성으로서의 실체, 그 한 측면에서의 실체이지만, 양기와 음기는 서로 구분되는 실체들이 아니라 기의 존재방식을 뜻하는 것입니다. 양기라는 기와 음기라는 기가 따로 있는 것이 아닙니다. 존재하는 것은 기이고, 그 기가 때로는 양기로서 때로는 음기로서 존재하는 것입니다. 기가 존재하는 존재론적-가치론적 방식이 때로는 양이고 때로는 음인 것이죠. 스피노자의 속성들은 '실재적 구분'에 입각해서 구분되지만 (논쟁의 여지가 있는 문제입니다만), 음기와 양기는 다만 '형식적 구분'에 입각해서만 구분되는 것입니다. 이 점을 주의해야 합니다.[4]

내적 인과와 표현 개념을 전제할 때 '하나'의 철학이 도래할 수 있습니다. 예컨대 내 몸의 모든 표현들(웃음, 뜀박질, 잠자는 모습 등등)은 결국 내 몸의 표현이고 따라서 내 몸으로 귀일됩니다. 이 '귀일'歸一이라는 말의 뉘앙스를 음미할 필요가 있습니다. 이렇게 '하나'의 논리가 도래합니다. 이럴 때 이 '하나'가 만물을 포괄하는 보편성으로서의 하

---

4) 실재적 구분(real distinction)은 '실체적 구분'(substantial distinction)이라고도 한다. 예컨대 데카르트의 이원적 심신론에서 신체와 영혼은 실재적으로 구분된다. 신체에 속하는 것들은 영혼에 속하지 않고, 영혼에 속하는 것들은 신체에 속하지 않는다. 형식적 구분(formal distinction)은 '개념적 구분'(conceptual distinction)이기도 하다. 일원론적 심신론에서 몸과 마음은 실체적으로 구분되지 않으며, 다만 형식적으로만 구분된다.

나(예컨대 스피노자의 神=自然)일 수도 있고, 만물 중 하나이지만 만물
이 그에 귀일하는 하나일 수도 있습니다. 전자는 이른바 '일원론'의 철
학이지만, 후자는 어떤 중심을 놓고서 사유하는 철학입니다.

예컨대 왕필은 『도덕경』 42장을 주석하면서 "萬物萬形 其歸一也"
라고 말합니다. 여기에서 '일'一의 가능근거는 '무'無로서 이해됩니다
("何由致一? 由於無也"). '무'로부터 '일'이 유래되며, 만물은 이 '일'로
귀일한다는 것입니다. 이것은 어떤 중심을 놓고서 사유하는 경우입니
다. 하지만 그 중심이 다름 아닌 '무'로 이해되고 있다는 사실에 주목
할 필요가 있습니다. 매우 흥미로운 세계관이죠. 마치 바퀴에서 모든
바퀴살이 하나의 중심으로 모이고 그 중심으로 말미암아 작동하지만,
그 중심은 비어 있는 경우와 같습니다(정치적으로 해석하면 이 비어 있
는 중심이란 바로 '황제'를 뜻할 수 있습니다. 황제는 '무위'함으로써 만
물·만인을 그에 귀속시키고 있는 '일'인 것이죠).

왕필의 논리는 성리학적인 "一=無=理=太極"의 사유를 선취하
고 있습니다. 성리학 역시 '하나'의 사유죠(정치적으로 해석하면, '통일'
에 대한 열망이 깔려 있다고도 볼 수 있습니다. 성리학이 송대宋代에 생겨
났다는 것을 염두에 두어야 합니다).

성리학의 태두인 염계 주돈이는 전형적인 '하나'의 논리를 구사
합니다.

하나의 근본에서 만물이 갈라져 나온다.

一實萬分.

하나의 근본이 만물로 나뉘어 화생化生한다는 것을 뜻합니다. 근본적으로 하나인 우주가 무수히 많은 존재들로 나뉘는 것을 말합니다. 정이천도 비슷한 말을 합니다.

하나의 근본 리가 나뉘어 특수한 리들이 된다.
理一分殊.

'리'는 세계의 물질적 바탕인 '기'에 대비해서 그 조직화의 원리, 그리스적으로 말하면 형상을 뜻합니다. 그 형상이 전체와 부분들의 일사불란一絲不亂한 체계를 형성하고 있음을 말하고 있습니다. 진화론이 등장하기 이전의 사변적인 생물학을 떠올리면 될 것 같습니다. 예컨대 개에게는 개의 리=형상이 있고, 개나리에게는 개나리의 리=형상이 있습니다. 그런데 이 무수한 형상들은 일사불란한 위계를 형성하는 것이죠. '생명의 사다리'를 형성합니다. 사물들은 생물과 무생물로 나뉘고, 생물은 동물과 식물로 나뉘고, 동물은 척추동물과 무척추동물로 나뉘고…… 이렇게 딱 맞아떨어지면서 전체가 구성되어 있음을 말합니다. 우주의 통일성과 조화와 위계, 이것이 성리학적 사유의 근본 직관이죠. 토마스 아퀴나스의 세계관과 흡사합니다. 다만 초월적 주재자는 없습니다. 있다면 세계에 내재하지만 구체적인 세계를 초월해 세계 전체를 원융圓融하게 조직해 주고 있는 태극이라는 원리가 있을 뿐입니다. 성리학적 사유는 한마디로 존재론적으로는 '원융'의 사유요, 가치론적으로는 '본연'本然의 사유입니다. 세계는 궁극적으로 하나의 통일된 동그라미이고, 그로부터 만물이 조화롭게 갈라져 나옵니다. 이것이 원융의 세계관이죠. 그리고 이 세계의 본모습이 본연이고, '도'를 찾는다는 것은 바로 '기'——인욕人慾의 근거——에 의해 일그러 뜨려진 이 본연을 찾아가는 것이죠. 왕부지는 이렇게 말합니다.

천지가 만물을 낳고 성인과 더불어 일을 일으키니
오로지 하나로다.
天地之生物 與聖人之起事 一而己矣.

이상의 흐름을 보면 전통 철학, 특히 성리학은 다자성과 운동을 어떻게든 궁극적 하나로 모아서 정돈하고 위계화하려는 의지를 내포하고 있습니다. 원융의 세계관이죠. 이 점에서 이 원융한 세계관의 위기가 서구에서 도래한 진화론에 의해 야기되었다는 사실은 의미심장합니다. 방금 전에 생물학적 위계를 언급했지만, 원융의 세계관을 뒷받침하는 경험적 토대가 바로 생명계가 보여 주는 위계/사다리였던 것이죠. 그래서 그 붕괴 역시 진화론——여전히 생명의 사다리 개념을 함축했던 고전 시대의 진화론이 아니라 기계론적 메커니즘에, 더 근원적으로는 우발성에 근거하는 다윈 이후의 진화론——과 더불어 일어났던 겁니다.[5] 어쨌든 '원융한 하나'의 붕괴, 즉 연속성에서 불연속

---

5) 아이러니한 것은 이렇게 진화론이 봉건사회의 질서를 무너뜨렸음에도, 오히려 사회진화론은 근대 국민국가의 질서를 뒷받침했다는 사실이다. 우발성에 기반하는 진화론은 성리학의 원융한 세계를 와해시켰다. 그러나 역설적으로 동북아의 근대 국민국가를 건설했던 인물들의 상당수는 사회진화론에 입각해서 근대적인 국가들과 '국민들'의 위계를 창출해냈던 것이다.

성으로, 하나에서 여럿으로의 이행은 근대성 도래의 중요한 계기들이
라 할 수 있습니다.

§3. 근대 존재론과 정치철학

근대에 들어와서도 '하나'에 대한 철학자들의 갈망은 여전히 남아 있
었습니다. 현대 철학의 한 계기를 마련해 준 것으로 평가받는 스피노
자의 경우는 미묘합니다. 스피노자는 세계를 신=자연인 유일 실체로
파악하고 우리가 경험하는 구체적인 변화들은 모두 신=자연의 변양
變樣이라고 생각합니다.[6] 이 점에서 스피노자의 철학은 변양되는 일
자의 철학이라고 할 수 있습니다. 스피노자의 실체는 파르메니데스의
일자와 유사하지만, 운동·변화가 긍정된다는 점에서, 그리고 실체의
변양태들인 한에서의 다자성이 긍정된다는 점에서 다릅니다.

　그러나 변화가 중시된다는 점과 일정 측면 다자성이 인정된다는
점 말고도 스피노자의 일자와 파르메니데스의 일자 사이에는 거대한
차이가 있습니다. 하나는 스피노자의 신=자연은 무한하다는 것입니
다. 무한하다는 것은 열려 있다는 것과 통합니다. 따라서 유한하게 닫
혀 있는 파르메니데스의 경우와는 다릅니다. 스피노자의 철학은 일자

---

6) 신=자연이 구체적으로 띠게 되는 면면들이 '양태들'(modes)이다. 양태들이 변화하는 것
이 '변양'(modification)이다. 변양된 하나하나는 변양태이다. 우리 몸을 신=자연에 비
유하면, 얼굴이 밝아졌다가 어두워지고, 머리카락이 자라나고, 폐가 운동하는 등의 모든
변화는 곧 우리 몸이 변양되는 것이다. 스피노자에게 세계의 모든 변화는 유일 실체로서
의 신=자연의 변양이다. 세계의 모든 것들은 다 변양태이다.

의 철학이지만, 그 일자가 무한하기 때문에 열린 철학이라고 할 수 있습니다. 또 하나, 스피노자의 철학에서는 속성들 사이의 불연속이 중요한 측면을 형성합니다. 신=자연은 무한한 속성들로 스스로를 표현합니다(이 무한한 속성들 중 둘이 물질과 정신이죠). 그리고 각 속성들은 서로 전적으로 불연속을 이룹니다. 신=자연은 유일 실체이지만 그것이 표현될 때는 무한한 속성들로 동시에 표현되고, 그 속성들은 불연속을 이룬다는 것입니다. 여기에 실체의 일자성과 속성들의 다자성이 함께 공존하고 있습니다. 스피노자의 실체는 일자를 연상시키지만 다자성과 운동이 긍정되는 한에서의 일자인 것이죠.

홈과 칸트에 이르러 서구 철학은 대전환을 이루게 됩니다. 인간의 어떤 사유도 일정한 전제 위에서 이루어집니다. 그리고 시간이 흐르면 새로운 경험이 도래하게 되고 그 때문에 그때까지의 전제가 깨지고 새로운 사유가 도래하게 되죠. 서구 전통 철학의 대전제로는 여러 가지가 있지만, 그 중 특히 중요한 것으로 '존재와 사유의 일치'를 들 수 있습니다. 우리가 어떤 대상을 A라고 규정할 경우, 그리고 그 규정이 참일 경우, 그 규정은 A에 내포되어 있는 객관적인 규정성이라는 것입니다. 대상의 A임과 대상을 "A이다"라고 규정한 명제는 일치해야 합니다. 인식의 실제에서는 인식 주체의 한계 때문에 일치하지 않을 수 있지만, 원칙적으로 학문이란 이런 일치를 추구하는 것입니다. '진리' 개념도 이렇게 이해되었죠. '사물과 사유의 일치'로 이해되었습니다. "사과는 빨갛다"라는 판단은 사과가 실제 빨간색일 때 진리인 것이죠. 그러나 홈과 칸트에 이르러 이런 생각은 큰 전환을 겪게 됩니다.

예컨대 세계에 관련해서 우리는 '인과'라는 것을 생각하죠. 비가 내리면 땅이 젖습니다. 비가 온 것은 원인이고 땅이 젖은 것은 결과입니다. 그리고 그런 인과관계는 바로 **세계 내에 객관적으로 실재**한다고 봅니다. 그러나 흄은 만일 우리가 철저하게 경험주의의 입장을 취한다면, 즉 오로지 우리가 경험하는 것만 인정한다면, 그런 관계가 세계 자체에 내재한다고 말할 수 없다는 것입니다. 다만 인간이 오랜 경험 속에서 그런 관계를 계속 보아 왔고 그래서 그런 인과가 객관적으로 세계에 내재한다고 **믿을 뿐**이라는 것입니다(물론 이때의 '경험'은 지각[7]으로 한정된다는 점을 염두에 두어야 합니다. 이것이 이 사유의 한계라고 할 수 있죠. '경험'이란 훨씬 다채롭고 풍부한 의미로 받아들여질 수 있으니까요). 극단적으로 말하면, 내일 해가 동쪽에서 뜰지 100% 확신할 수는 없습니다. 다만 지금까지 그랬으니까 으레 그러려니 하고 믿을 뿐인 것이죠. 철저한 경험주의의 입장을 취한다면 형이상학적 원리들은 물론이고 과학적 '법칙'들도 믿음일 뿐입니다. 물론 수학은 매우 확실한 지식이지만, 그것은 내용이 없고 다만 형식만 있기 때문일 뿐입니다. 이렇게 흄은 고대의 소피스트들이 그랬듯이 우리 인식의 한계를 철저하게 비판함으로써 후대의 철학자들에게 새로운 도전거리를 물려주게 됩니다.

칸트 역시 흄처럼 존재와 사유의 일치라는 전통 철학의 전제를

---

7) 흄에게서 '지각'(perception)은 인간의 오감이 대상과 만나서 일정한 '인상'(impression)을 얻게 되는 과정으로 이해된다. 예컨대 우리 눈이 어떤 나무와 부딪쳐서 우리 마음속에 '녹색'이라는 인상이 생기게 되는 과정, 우리 귀에 어떤 소리가 들려 우리 마음속에 그 소리의 인상이 생기는 과정이 지각이다. 이때의 인상은 현대적인 어법으로는 '이미지'라고 할 수 있다.

무너뜨립니다. 우리가 인식할 수 있는 것은 현상계現象界 즉 우리가 감각으로 확인할 수 있는 차원뿐이고, 따라서 사물의 심층과 우리 이성을 잇던 끈은 잘립니다. 그러면서 인간은 유한한 현상계만을 인식할 수 있는 존재가 되고, 그 너머 사물의 본질세계 즉 본체계本體界는 인식할 수 없는 어두운 영역으로 남습니다. 인간을 무한으로 이어 주던 끈이 잘리게 되는 것이고, 무한으로부터 오던 빛이 차단되는 것이죠. 이렇게 인식 가능성을 현상계에 국한할 때 일단 흄의 결론을 피할 수가 없게 됩니다. 여기에서 문제가 생기죠. 흄의 비판에도 불구하고 분명 인간은 예컨대 뉴턴 역학처럼 '보편적이고 필연적인' 인식 성과를 이루어냈다는 사실입니다. 그러면 흄의 그 어디엔가 문제가 있다는 이야기가 되죠? 어떻게 해결해야 할까요? 칸트는 인간의 인식은 분명 주관적이라고 봅니다. 그런데 그 주관 자체가 보편적이고 필연적인 인식을 가능하게 하는 어떤 틀을 갖추고 있다고 봅니다. 우리 모두가 인과라는 개념을 보편적으로 갖추고 있고, 또 필연이라는 양상을 우리 인식의 틀로 갖추고 있다는 겁니다. 그래서 인간은 자신이 갖추고 있는 인식 틀을 현상에 투영함으로써 현상을 일정하게 **구성해낸다**는 결론에 이릅니다. 현상들은 그 자체로서는 '잡다'雜多에 불과합니다. 흄의 말처럼 객관적 법칙을 내장하고 있지 않습니다. 인간 주체가 현상들을 자신의 인식 틀로 구성함으로써 비로소 그 잡다가 '종합'되고, 그래야 현상들이 법칙에 입각해 인식된다는 것이죠.

이런 칸트의 생각을 유심히 보면 우리는 여기에도 '하나'의 논리가 작동하고 있다는 것, 그러나 이제는 이전의 맥락과는 전혀 다른 맥락에서 작동하고 있다는 것을 알게 됩니다. 칸트의 인식론에서 인식 주체는 현상들을, '잡다'를 종합합니다. '잡다'를 어떤 하나로 통일해야 하는 것이죠. 그래야만 보편적이고 필연적인 인식이 가능하게 됩니다. 여기에서 우리는 칸트에게서 하나는 더 이상 세계에서 존재론적으로 발견하게 되는 무엇이 아니라 (현상들/잡다를 하나의 통일적 인식으로) **종합하는 주체**에게서 인식론적으로 확인하게 되는 무엇이라는 것을 알게 됩니다. 칸트의 하나는 존재/세계의 하나가 아니라 주체의 하나입니다. **주체의 통일성**, 주체의 능력들(감성, 오성, 구상력 등)의 통일성이 바로 칸트에게서 나타나는 '하나'의 역할인 것이죠. 다시 말해 칸트는 존재와 사유의 일치를 보장해 주던 끈을 잘라버리고 인식을 현상계에 국한시켰으며 주체의 구성에 의해 인식이 성립한다는 생각을 제시함으로써 철학의 혁명을 가져왔지만, '하나'라는 것에 대한 집착은 여전히 가지고 있었던 겁니다. 이 점에서 오히려 흄보다 더 전통적인 요소를 많이 내장하고 있다고도 볼 수 있습니다.

헤겔은 칸트처럼 인식론 중심으로 가기보다는 전통적인 의미에서의 형이상학을 전개합니다. 헤겔 역시 '하나'에의 집착을 여전히 가지고 있습니다. 헤겔의 철학은 **내부화**의 철학입니다. 서로 불연속을 이루는, 나아가 모순을 이루는 두 존재 A와 B가 그것들을 포함하면서도 더 고양된 존재인 C로 내부화됩니다(이것을 '지양=Aufheben'이라고 하죠). 내부화한다는 것은 결국 다多를 일一로 포섭하는 과정입니다. '다'에서는 불연속과 바깥이 존재합니다. A와 B 사이에는 불연속과 바깥이 존재하죠. 그러나 C로 지양될 경우 바깥과 불연속은 사상됩니다. 내부화와 연속성이 도래하게 되죠(앞에서 성리학적 체계의 '연속성'을 상기하는 것도 좋을 듯합니다). 헤겔은 이런 생각을 정치와 사회의 문제에 접속시켜 사유했습니다. 그래서 정치에서도 지양, 통일성, 내부화의 논리가 중요한 역할을 하게 됩니다.

헤겔은 정치철학적으로 매우 중요한 구분을 하는데, 그것은 바로 시민사회와 국가의 구분입니다. 전통 시대에는 '시민사회'라는 개념이 없었죠. 국가만이 존재했고 사람들은 국가의 지배를 받는 '백성들'이었습니다. '사회'라는 개념 자체가 근대적 개념입니다. 사회라는 말은 처음부터 주어진 공동체, 처음부터 주어진 국가 내에서 자신의 정체성을 부여받는 백성들이 있을 때가 아니라, 개개인이 자율적인 주체로서 인정되고 그후 그들이 모여서 '계약'을 통해 하나의 공동체를 이룰 때 성립합니다. 과거의 국가나 공동체와 근대의 '사회'는 이렇게 전혀 다른 토대를 가지고 있습니다. 헤겔의 시대가 되면 이제 국가에 맞서는 '시민사회'라는 개념이 뚜렷하게 형성되게 되죠(물론 이때의 시민사회라는 것은 엄밀히 말하면 모든 사람이 아니라 부르주아 계급을 뜻한다는 함축이 강하죠).[8]

헤겔은 시민사회를 욕망과 복수성의 사회로 봅니다. '다'로서, 그리고 욕망으로서 봅니다. 시민사회란 매우 다채로운 집단들로 구성되어 있으며, 이성보다는 욕망이 지배하는 사회인 것이죠. 그런데 시민사회의 이런 한계를 넘어서는 것이 국가입니다. 국가라고 하는 것은

---

8) 부르주아라는 말은 원래 '시민'(市民)을 뜻했는데, 이것은 도시 이름들에 붙는 '~부르'(스트라스부르, 룩상부르 등등) 또는 '~부르크'(레겐스부르크, 함부르크 등등)에서 유래하며, 도시의 신흥 상업계층을 뜻했다. 그러나 오늘날 시민 개념은 일반화되어 모든 사람들이 시민이 되었으며, 부르주아 계급은 부유층을 뜻하게 되었다. 그러나 전문적인 맥락에서, 부르주아라는 개념을 마르크스의 용어법에 따라 사용하면 '생산수단을 소유한 계급'을 뜻한다.

바로 시민사회의 욕망을 제어해서 사람들을 이성으로 이끄는 것이고, 또 시민사회의 잡다성을 통일해서 하나의 가치로 이끌어 가는 것입니다. 헤겔은 이렇게 국가철학을 전개합니다. 국가야말로 시민사회의 다원성과 욕망을 극복함으로써 통일된 이성을 가능하게 하는 존재로 봅니다. 결국 시민사회의 '다'를 국가의 내부로 귀속시키는 철학이라고 하겠습니다. 여기에서도 우리는 내부성의 사유, '하나'의 사유를 확인할 수 있습니다. '하나'Einheit라는 개념은 이렇게 철학사에서 지속적으로 힘을 행사합니다.

마르크스는 시민사회를 국가에 포섭하기보다는 시민사회 자체의 성격을 문제 삼습니다. 국가라고 하는 것을 시민사회 ── 오늘날처럼 모든 사람들을 포괄하는 사회가 아니라 어디까지나 부르주아 계급의 사회 ── 가 프롤레타리아 계급을 지배하기 위해서 이용하는 기구로 본 것입니다. 그리고 근대 정치철학자들이 말하는 시민사회라고 하는 것은 진정으로 모든 사람들을 다 포괄하는 개념이 아니라 사실은 부르주아 계급을 대변하는 것에 불과하다는 것을 분명히 하죠. 국가나 법이라는 것은 기본적으로 지배 계급(부르주아 계급)의 이익을 뒷받침하는 것으로 봅니다. 마르크스의 시대가 되면 산업혁명이 발생하고 부르주아 계급이 기존의 귀족 계급을 밀어내고(엄밀히 말해, 귀족과 평민을 가르는 것은 '신분'이고, 부르주아와 프롤레타리아를 가르는 것은 '계급'입니다) 지배 계급으로 자리 잡았기 때문에, 마르크스는 부르주아 계급=(근대)시민 계급을 물리치고 노동자 계급이 주인 되는 세상을 추구했던 겁니다. 그리고 마르크스는 부르주아 계급과 프롤레타리아 계급의 '지양' 같은 것은 전혀 고려하지 않았고, 인간의 '존재'

그 자체가 계급에 따라 형성된다고 보았습니다.

그래서 마르크스에게서 '하나'의 사유는 종말을 고하게 됩니다. 마르크스는 데카르트의 '코기토', 칸트의 '선험적 주체', 헤겔의 '정신' 같은 주체들은 추상적이고 보편적인 주체일 뿐이라고 보았으며(사실 데카르트의 '코기토'는 칸트·헤겔보다 더 개인적이라는 차이는 있습니다), 실제 세계에 존재하는 것은 계급에 따라 형성된 서로 상이한 주체 '들'이라고 보았던 것이죠. 헤겔은 복수성이라고 하는 개념을 처음으로 예민하게 생각했음에도 결국은 일자로 통합해버렸지만, 마르크스는 부르주아 계급과 프롤레타리아 계급이 절대로 통일될 수 없는 둘이라고 생각함으로써 본격적인 '다'의 철학을 엽니다.

오늘날에는 이런 이분법만을 가지고서는 도저히 현대 사회의 복잡성을 표현할 수 없다고 볼 수 있고, 때문에 마르크스보다 더 다원적인 철학들이 성립하게 됩니다. '다'를 '일'로 통합하는 사유가 존재론적으로 더 이상 설득력을 가지지 못하게 되고, 또 정치적으로 위험한 것으로 밝혀지게 된 것이죠.

§4. 복수성의 사유

여럿을 중시하는 사유가 현대에 이르러 다채롭게 전개되어 왔는데, 현대 존재론의 기초를 놓은 베르그송이 이 문제에 관련해서도 역시 근본적인 사유를 전개했습니다. 베르그송은 양적/수적 복수성과 질적/내적 복수성을 구분합니다. 수적으로 여럿을 뜻하는 양적 여럿과 수적으로 하나면서도 여럿을 내포하는 질적 여럿을 구분하죠. 양적 복수성은 공간적으로 불연속을 형성하는 사물들에 근거하는 여럿이죠. 예컨대 이 방 안에 60명이 있다고 할 때의 여럿입니다. 이 경우 공간적으로 떨어져 있는 각 사람들, 불연속을 이루는 각 사람들이 형성하는 것이 수적 여럿이죠. 그리고 이 수적 여럿에서 각 개체들은 하나의 '단위'로서 등질화됩니다. 질적 차이가 제거된 채 세어지고 있는 것이죠. 각 개체의 차이들은 무시됩니다. 그렇게 하지 않으면 수적인 여럿이라는 것 자체가 성립하지 않기 때문이죠.

그러나 질적 여럿은 공간적 불연속과 사물들의 등질화를 토대로 성립하는 것이 아닙니다. 철수는 한 사람이죠. 그럼에도 철수는 무수히 많은 질적 차이들을 머금고 있잖아요? 머리카락 색깔, 얼굴 모양, 눈이 풍기는 분위기, 나아가 성격, 어투 등등. 이런 복수성은 질적 복수성입니다. 이런 것들은 공간적으로 갈라지지 않죠. 철수의 어투가 철수의 입과 갈라질 경우 그것들은 더 이상 철수의 어투나 입이 아닙니다. 철수를 공간적으로 가른다면 철수는 죽어버리겠죠. 이 점에서 이런 형태의 복수성은 어디까지나 하나이면서도 여럿인 것입니다. 여기에서의 여럿은 상호 침투해 있고 공간적으로는 하나를 형성합니다. 그래서 질적 복수성은 내적 복수성이라고도 할 수 있습니다. 이렇게 질적 복수성을 띠고 있는 존재를 '다양체'multiplicité라고도 부릅니다. 게다가 베르그송은 늘 시간에 중점을 두고서 사유합니다. 그래서 다양체 자체가 시간과 더불어 계속 변한다는 것까지 생각해야 합니다 (다양체는 궁극적으로는 하나의 '사건'입니다). 베르그송은 세계의 실상은 수학적으로 표현된 과학 법칙에 의해서가 아니라 바로 이렇게 질적 복수성, 게다가 시간에 따라 계속 변화하고 또 새롭게 창조되는 복수성에 의해서 파악된다고 봅니다. 이는 학문의 역사에서 획기적인 혁명을 가져온 생각입니다.

그런데 베르그송은 과학적 사유, 분석적=오성적 사유는 사물들을 외연의 논리로 보려 한다고 말합니다. 달리 말해, 질적으로 복합적인 것을 분석해서 공간에다 펼쳐 놓고 본다는 것이죠. 사물의 섬세한 운동이나 질적인 다양성 같은 것들은 일단 솎아내고, 가급적 공간적으로 표상되고 법칙화되는 그런 측면들만 포착한다는 것이죠. 어찌 보면 베르그송이라는 사람은 파르메니데스 이래로 내려오는 서양 철학 전체에 대해 근본적인 지평에서 문제를 제기하고 있다고 볼 수 있어요. 분석적 사유는 모든 것을 일반화하고, 법칙화하고, 기호화하고, 공간화하고, 기하학화하지만, 실재는 질적 복수성, 게다가 창조를 내포하는 복수성, 즉 '지속'durée이라는 것입니다.

베르그송은 세계의 근본 성격을 "절대적인 질적 풍요로움"이라고 표현합니다. 파르메니데스와는 완전히 반대죠? 파르메니데스의 일자는 다자성과 운동을 배제하는 절대 일자죠. 베르그송은 이 우주가 무한한 질적 풍요로움, 출렁이는 창조의 장이라고 말합니다. 플라톤주의에 입각할 때 실재는 영원하고 자기동일적인 것이어야 하며 그 실재가 "타락해서" 현실세계의 이런 질적 복잡함과 운동이 있다고 할 수 있습니다. 베르그송은 역으로 법칙이니 형상이니 구조니 하는 것들은 세계의 질적 풍요로움을 추상해서 공간적 뼈대만 잡아낸 것이라는 것이죠. 이 점에서 베르그송은 플라톤과 대극對極을 이루는 존재론을 제시했다고 할 수 있습니다. 플라톤과 베르그송은 서구 철학의 두 극을 형성한다고 할 수 있는 것이죠. 현대 철학은 기본적으로 베르그송적인 생각을 바탕에 깔고 있습니다. 그래서 (당대 베르그송과 쌍벽을 이루었던 과학철학자인) 브링슈비크는 이런 말을 하죠. "전통 철학자들이 모두 플라톤의 제자라면, 우리 모두는 베르그송의 제자다."

그러나 현대 철학이 베르그송적인 생성의 철학/생성존재론의 길만 간 것은 아닙니다. 현대판 플라톤주의라 할 만한 사유들도 나란히 진행되었습니다. 바슐라르 등의 합리주의 과학철학이 그렇고, 프레게 이후 세계의 '논리적 구조'를 찾았던 철학자들도 그렇습니다. 그리고 또 구조주의를 빼놓을 수 없죠. 보다 최근에는 르네 톰이라든가 알랭 바디우 등이 이런 경우입니다.

구조주의가 처음 등장했을 때에는 이른바 '통일 과학'을 꿈꿨습니다. 통일 과학이 뭡니까? 작은 법칙들, 즉 물리학자가 말하는 광학법칙, 역학법칙 등, 경제학자가 말하는 수요-공급의 법칙 등…… 다양한 영역들에서 발견해낸 법칙들을 통합해서 하나의 거대한 법칙을 구성해내려는 시도죠. 물리학의 경우에는 아인슈타인의 '통일장 이론'이 그 한 예입니다. 구조주의는 부르바키의 수학과 소쉬르의 언어학을 토대로 문화를 지배하는 법칙성을 발견하려고 합니다. 이 점에서 구조주의는 가시적인 질적 잡다성을 넘어 비물질적인 법칙성을 발견하려 한 플라톤 이래의 과학적 전통을 잇고 있습니다. 이 점에서 역시 '하나'에 대한 갈망을 품고 있는 사유죠.

그런 점에서 다원주의적 사유를 구사한 후기구조주의는 마치 파르메니데스 이후의 다원주의 자연철학자들의 철학과 흡사한 담론사적 위상을 가집니다. 푸코가 말하는 불연속의 역사, 즉 르네상스 시대, 고전시대, 근대, 현대로 가면서 일정한 시대마다 일정한 에피스테메가 등장하는 역사, 알튀세르가 탐구한 여러 '심급들' 사이의 '중층결정'의 구조 같은 것이 대표적인 예이죠. 거기에서 더 나아가 들뢰즈와 가타리의 '리좀학'/'다양체 이론'이라든가 데리다의 '탈구축주의', 리오타르와 보드리야르의 '포스트모더니즘' 같은 사유들로 가면 점차 다원성, 탈-중심성이 강해집니다. 동일성의 철학, 하나의 철학, 연속성의 철학 등이 철저하게 비판받는 시대가 도래하게 됩니다.

현대 철학에서는 모든 것을 어떤 하나로 환원하려는 사고를 위험한 것으로 봅니다. 국가든 종교든 형이상학적인 무엇이든 간에 '하나'에 대한 집착은 필연적으로 개별성, 다원성, 질적 다양성, 차이 등을 억압하기 마련이라는 것이죠. 사회적으로 말한다면, 남한테 피해만 주지 않으면 어떤 다양성도 용인하는 사회가 현대 사회라고 할 수 있습니다. 물론 남에게 피해를 줄 정도로 다르면 그건 곤란하겠지만 말입니다. 사회의 법, 규율, 윤리, 도덕, 정의 같은 범주들을 덮어놓고 낡은 것들로 매도하는 태도도 문제가 있습니다. 오히려 여럿을 전제하고서, 즉 여럿을 일차적으로 인정하고서 그후에 어떻게 서로간의 부딪침이나 소원함을 극복해 가야 하는가를 고민하는 것이 현대 철학의 기본 구도입니다.

또, 차이와 다양성만 강조하다 보면 얄궂게도 가짜 통일성, 빗나간 하나가 다시 도래한다는 것입니다. 부분들을 부분들로서 진정 가만 놔두면 좋겠지만, 엉뚱한 전체가 부분들을 지배할 수 있다는 것이죠. 예컨대 매스컴 같은 것이 대표적인 경우라 할 수 있어요. 사람들은 다 다르다, 서로 관계없다, 나는 나다, 이런 식으로 말해서 정말 사람들이 건전한 형태의 상대주의에 입각해 살아가면 좋겠지만, 그런 분열과 무관심의 사회는 결국 대중매체와 대중문화에 의해 지배받을 수밖에 없게 됩니다. 그래서 차이라든가 복수성 같은 가치들이 어찌 보면 현실세계를 실제 지배하는 거대한 힘들을 더 강화시켜 줄 수도 있다는 겁니다. 각자 자기 것만 신경 쓰는 사이에, 정의, 도덕, 이성…… 등 전통적 가치들이 따분하고 지겨운 것으로 매도되는 사이에, 사실상 사회의 네트워크를 지배하는 자들이 사람들의 뇌와 가슴을 지배하게 되는 것이죠. 그래서 "나는 나", "나는 내 감성을 믿어" 같은 말들은 참으로 무책임하고 위험한 말인 것입니다. 이런 말들이 다 따지고 보면 자본주의가 청소년들의 마음을 자극해서 그들의 주머니에서 돈을 꺼집어내려는 술책들이죠. 그래서 대중매체의 글이나 TV 선전에서 이런 문구들이 그토록 자주 등장하는 것입니다. 그래서 현대 철학자들은 차이와 복수성 같은 가치들과 사회 정의나 소통 같은 가치들을 함께 사유하고 있다고 할 수 있습니다.

현대 철학의 주요 주제들 중 하나인 '타자의 문제'를 이런 맥락에서 짚어 볼 수 있습니다. 여럿의 문제는 타자의 문제와 밀접하게 연결되어 있죠. 어떤 주체가 서면 반드시 그 주체의 타자가 성립합니다. 그 주체와 '다른 존재'가 성립하는 것이죠. 파르메니데스의 일자에는 그런 문제가 안 생기죠. 애초에 타자가 없으니까. 그러나 '다'가 있으면 늘 타자들이 존재합니다. 그런데 문제는 '다'에 있어 어떤 존재가 중심으로서, 주체로서 서면 그 외의 존재들은 그 주체의 타자가 될 수밖에 없다는 겁니다. 그래서 타자의 문제는 정치적 함축을 띠게 됩니다.

현대 철학은 여럿을 추구한다는 말을 했습니다. 존재론적으로, '하나'는 사물들의 구체적인 차이나 운동을 보지 못하게 하기 때문에 비판받죠. 그리고 정치적으로, '하나'는 그것이 제국주의적 맥락이든 국가라는 맥락이든 아니면 다른 맥락이든 여럿을 통합해서 억압하기 때문에 비판받습니다. 그래서 여럿으로 가야 합니다. 그러나 문제는 그 여럿이 평등하지 않다는 것이죠. 인간 사회란 모든 점에서 힘의 위계라는 것이 형성되어 있잖아요? 그러니까 여럿이 있을 때 그 여럿 중에 어느 하나가 중심에 서면 자연히 다른 것은 그것의 타자가 될 수밖에 없죠. 그래서 여럿만이 아니라 평등한 여럿이 문제가 됩니다.

예컨대 서울이 중심이 되면 다른 지역들은 서울의 타자가 될 수밖에 없는 것이죠. 한국의 작은 중소도시로 여행을 가 보면 실감이 납니다. 작년인가요, 동해안에 휴가를 갔어요. 원고를 빨리 보내야 했는데 컴퓨터가 없어서 곤란했습니다. 그러다가 마침 그 동네에서 PC방을 발견하고서 들어갔는데, 방이 꽤 넓더군요. 그런데 거기에서 사람들이 죽 앉아서 오락을 하고 있었습니다. 말이 PC방이지 사실상 오락실과 똑같았던 것이죠. 다만 컴퓨터로 한다는 차이만 있었던 겁니다. 놀라운 것은 거기에 10대만이 아니라 2, 30대, 심지어 40대로 보이는 사람들까지 앉아서 "뿅뿅"을 하고 있었던 거죠. 메일을 보내는 데 한참 고생했어요. 주인이 메일 보내는 용도로는 컴퓨터를 사용한 적이 없어 헤매다가, 결국 누군가를 불러서 겨우 해결했습니다. 그런 광경을 보고 있자니 가슴이 참 갑갑하더군요. 중소도시들에 변변한 도서관이 있나, 아니면 문화센터가 있나, 야구장이 있나, 그야말로 황량함 그 자체죠. 그 흔한 영화관조차 하나 없었으니까요. 그러니 PC방에서 오락만 하고 있는 아이들(과 어른들!)을 탓할 수도 없는 일이죠.

지역 간의 차이가 이토록 심해서는 안 되죠. 불평등한 차이의 단적인 예입니다. 그렇다고 다 서울처럼 복작대서도 안 되겠지요. 대도시, 중소도시, 농촌, 어촌…… 등 다 그 고유한 특성이 있을 것입니다. '평등'이라는 것이 다 같다는 것을 뜻하는 것은 아닙니다. '남녀 평등'을 한다고 여자도 군대에 보내야 하고, 남자도 귀고리를 하고 다녀야 한다는 것을 뜻하는 것은 아니죠. 평등이란 다 같다는 뜻이 아니라 모든 존재가 각자의 고유한 특성과 위치를 점할 수 있어야 한다는 뜻입니다. 남자는 남자이고 여자는 여자입니다. 어른은 어른이고 아이는 아이죠. 각자의 고유한 자리가 있습니다. 물론 그 '자리'가 본질주의를 근거로 고착화된다면 그것은 억압으로 화합니다. 여자이기 때문에 반드시 "~야 한다"고 강압하면 억압이 되죠. 한국 사회는 이런 억압이 너무 강했기 때문에 지금은 거꾸로 무턱대고 틀을 깨려는 경향이 더 강한 것 같아요. 각 존재의 고유한 본성이 존중되면서도 그 본성이 너무 고착화되어 억압이 되면 안 되죠. 각 사물에는 각자의 '도'가 있지만, 그 '도'는 상황에 따라, 시대에 따라 그리고 자율적으로 유연하게 추구되어야 하는 것이죠.

현대 철학은 한편으로는 다원성을, 다른 한편으로는 다원성 사이의 소통을 사유하고 있습니다.[9] 그리고 다원적이면서도 지켜야 할 윤리/도덕을 사유하고 있습니다. 다른 한편, 현대 철학은 사물들 사이의

---

9) 그러나 '소통'의 문제틀은 한계를 가진다. A와 B가 소통한다는 것은 A는 A이고 B는 B이며 단지 그 사이에 가교를 놓음을 뜻하기 때문이다. 이는 동일성들의 체계 즉 차이들의 체계(고착된 형태의 차이들의 체계는 곧 동일성들의 체계에 다름 아니다)를 전제할 뿐이다. 이런 구도가 극복되려면 보다 존재론적인 구도인 '되기'(becoming)의 구도, 즉 모든 존재들이 자체의 동일성을 변화시켜 나가는 구도로까지 나아가야 하며, 보편성의 지평에서 이 되기의 방향과 속도가 논의되어야 한다.

차이, 그러나 평등한 차이가 과연 무엇인가를 사유하고 있습니다. 모두 하나와 여럿에 관련된 문제들이죠. 여러분들도 이 문제를 잘 생각해 보시기 바랍니다.

Q '외연'이라는 개념을 좀더 설명해 주시겠습니까?

A 외연은 일정한 크기를 가진 공간, 또는 물질-공간이죠. 공간적으로 사물을 파악하는 것, 기하학적으로 파악하는 것은 곧 외연에 입각해 파악하는 겁니다. 흔히 말하는 길이, 넓이, 부피 같은 것이죠. 'extension'은 'ex-tension'이라고 보면 됩니다. 'ex'가 '바깥'이라는 뉘앙스를 띠죠? 일정한 크기를 가지고 있으니까 점에서 출발해 바깥으로 일정 크기로 넓혀 나간 것을 상상하면 되겠네요. 그래서 '외연'外延이라고 번역합니다. 때로 '연장'延長이라고 번역하기도 합니다.

반대말은 'intension'인데, 이 말도 'in-tension'으로 생각하면 됩니다. 외적인 크기가 아니라 내적인 밀도, 강도를 뜻합니다. 'intensity'라는 말과 비교해 보면 됩니다. 손의 외연은 손이 차지하는 공간/물질-공간의 크기이고, 손의 내포는 (글을 쓸 때, 밥을 먹을 때, 싸움을 할 때…… 각각 달라지는) 손의 강도라고 할 수 있습니다.

외연과 내포는 또 논리학에서도 사용됩니다. 논리학에서 외연은 한 개념이 가리키는 사물들의 집합이고, 내포는 그 개념이 함축하는 내용들입니다. 예컨대 '사과'의 외연은 생물학적으로 사과에 속하는 과일들의 집합이고, 그 내포는 "맛이 시다", "붉은색이거나 연두색이다"…… 같은 내용들의 총체인 것이죠.

Q 파르메니데스, 플라톤, 도가 사상을 볼 때, 파르메니데스는 도가 사상의 '유'有의 세계, 존재의 세계에 해당하는 이야기를 한 것이고, 플라톤은 거기에 '무'無를 도입해서 운동과 변화를 설명하고자 한 것으로 볼 수 있지 않을까 하는 생각이 듭니다.

A 도가 사상──물론 도가 사상에도 여러 측면들이 있거니와──에서의 '무'와 '유'는 그리스 사상에서의 무·유 개념과 용법이 다릅니다. 서구에서의 '유'는 있다는 것을 뜻하지만, 도가에서의 '유'는 차라리 어떤 사물이 구체적으로 존재한다는 뜻입니다. 형, 질, 색 등등을 띠고서 존재한다는 뜻이죠. 이에 비해 '기' 자체, 아직 특정한 방식으로 형, 질, 색 등등을 띠지 않은 '기'는 '무'입니다. 그러나 서구적 개념으로 하면 이것도 '유'이죠. 분명 있으니까요. 그리스에서의 '무'는 정말 없는 것, 또는 ~이 아닌 것입니다. 플라톤은 '무'가 없음만을 뜻하는 것이 아니라 아님도 뜻한다는 것을 밝힘으로써 운동을 설명할 수 있게 됩니다. A가 B가 되는 것은 '무'에서 '유'가 나오거나 '유'에서 '무'가 되는 것이 아니라(이것은 "무로부터 무엇인가가 나올 수는 없다"ex nihilo nihil fit는 원리에 위배됩니다) 다만 A가 A "아닌 것"이 되고 B가 "아닌 것"이 B가 되는 것일 뿐이라는 것이죠. '무'를 '없음'이 아니라 '아님'으로 읽음으로써 운동 설명이 가능하게 됩니다. 그러나 없음이든 아님이든 여기에서의 '무'가 동북아 사유에서의 '무'는 아니죠.

그리스 사유에서는 언제나 '유'에서 '유'가 나오지만, 동북아 사유에서는 '무'에서 '유'가 나온다고 보는 생각도 있습니다. 그리스 사유에 있어 '유'는 '유'에서 나오는 것이 사실입니다(사실 기독교 사유도 마찬가지입니다. 후자의 경우 "무로부터의 창조"를 말하지만 신이 미리 존재하니까 사실상은 이 경우도 유에서 유가 나온 것이죠). 그렇다면 동북아의 경우 무에서 유가 나오는가? 물론 그렇게 말합니다. 그런데 중요한 것은 이때의 무가 그리스적인 의미에서의 무가 아니라 사실상 그리스적 의미에서는 유라는 사실입니다. 무는 기이고(또한 도일 수도 있습니다. 기와 도를 함께 사유할 때에는 도가 상위 개념으로 간주되지만, 그러나 기를 초월한 것은 아니라는 것은 여러 번 말했습니다) 기에서 구체화된 물物들이 나온다는 것이므로, 이 경우 역시 그리스적으로 보면 유에서 유가 나오는 것일 뿐입니다. "서양은 유, 동양은 무" 같은 식의 설명은 피상적인 설명일 뿐입니다.

보다 본질적인 차이는 그리스의 유는 채움, 보다 완전함이라는 뜻을 함축하지만, 동북아의 무(그리스로 볼 때는 유)는 성격이 전혀 다르다는 점입니다. 동북아의 무는 무한한 잠재력인 동시에(이 점에서는 서구의 형상=이데아 등의 성격과 유사하죠?) 한없이 비워질 수 있는 것, 텅 비어 있는 것이라는 기이한 성격을 띱니다. 보자기가 한 예이죠. 우리는 보자기에 도시락, 책, 작은 가구들 등 무수한 것들을 담습니다. 그러나 보자기 자체는 텅 비어 있고 물건들을 빼내면 아무런 모양 없이 바닥에 가라앉습니다. 자신에게 확정된 모양이 없기 때문에 그 어떤 물건들도 다 쌀 수 있는 것이죠. 이런 것이 동북아적 무의 이미지이죠. 사실상의 유를 굳이 무라고 하는 것은 이 때문입니다. 건축을 할 때도 마찬가지죠? 벽돌을 쌓지만 사실 중요한 것은 벽돌을 쌓지 않은 부분들입니다. 예컨대 중정中庭은 텅 비어 있기에 모든 것을 담을 수 있고, 그래서 거기에서 숱한 사건들이 벌어질 수 있는 것이죠. 동북아의 기도 '하나'이지만, 그 하나는 모든 것을 포괄하거나 모든 것 위에 군림하는 하나가 아니라 오히려 무로서의 하나, 비움으로서의 하나입니다. 그럼으로써 모든 것을 가능케 해주는 그런 하나인 것이죠. "道生一 一生二"에서 '일'은 바로 이런 '무'이고 그래서 둘로, 또 그 이상으로 스스로를 표현할 수 있습니다. 많기 때문에가 아니라 없기 때문에 만물이 될 수 있는 무, 그것이 바로 무로서의 기인 것이죠.

6강_ 무한과 유한

'무한'이라는 개념은 참으로 형이상학적인 개념입니다. 좀 단적으로 말하면, 형이상학적 사유란 어떤 의미에서든 무한과 연관되는 사유라고 할 수 있습니다. 라이프니츠는 가장 어려운 철학적 문제로 '무한'과 '시간'을 든 바 있지요. 오늘은 이 무한, 그리고 그 대립 개념인 유한에 대해 이야기해 봅시다. 무한과 유한은 공간적 방향에서 이야기할 수도 있고, 시간적 방향에서 이야기할 수도 있습니다. 한 시간에 모두 이야기하기는 너무 벅차기 때문에, 오늘은 우선은 공간에 무게중심을 두고서 논의를 전개할 것입니다.

§1. 아페이론

'무한'이라는 말은 그리스어 'apeiron'을 번역한 말인데, 그리스 사유 전체에 관련해 매우 중요한 말입니다. 이 말은 '결정되지 않은', '규정되지 않은', '정해지지 않은' 등을 뜻하는 'apeirus'의 중성명사입니다.

이 말은 무한만을 뜻하지 않고 여러 가지를 뜻할 수 있습니다. 영어로 말한다면 'indefinite', 'indeterminate', 'undetermined' 등에 해당합니다(사실 출발점은 오히려 후자죠). 그래서 아페이론은 '무규정자', '무한정자', '미한정자', '비한정자' 등 여러 가지로 번역됩니다. 그러나 대표적인 뜻은 '무한한'과 '비일정한' 두 가지입니다. 무한의 뜻으로는 '무한정자'가, 비일정의 뜻으로는 '무규정자'가 적당할 듯합니다.[1]

무한하다는 것과 비일정非一定하다는 것은 다르죠? 무한은 끝이 없음을 뜻하고, 비-일정은 딱히 고정되어 정해져 있지 않다는 뜻입니다. 직선을 예로 들어 볼까요? 직선이 무한하다는 것은 유한한 존재로서는 도저히 쫓아갈 수 없도록 한정 없이 뻗어나감을 뜻합니다. 그러나 직선이 비-일정하다는 것은 직선이 1m 가다가 멈출지, 10m 가다가 멈출지, 아니면 100km 가다가 멈출지 정해져 있지 않다는 뜻입니다. 서로 전혀 다른 의미죠. 그런데 그리스어 아페이론에는 이 두 의미가 함께 들어 있었기 때문에 후대에 많은 혼란이 야기됩니다. 마치 'einai' 동사가 '있음'과 '~임'의 두 가지 뜻을 가지고 있어 커다란 존재론적 혼란이 야기된 것과 같습니다. 어쨌든 무한의 뜻이든 비일정의 뜻이든 아페이론 개념은 철학의 역사에서 중요한 역할을 합니다.

아페이론 개념을 이해하려면 우선 페라스peras 개념을 이해해야 합니다. 아페이론은 페라스를 부여받지 못한 것이라고 할 수 있습니

---

1) 단적인 '무한'(infinite)과 '무한정'(unlimited)을 구분할 수 있다. 전자는 즉자적 무한(무한 자체)으로서 중세적인 개념이며, 후자는 일정한 과정이 들어간 '끝이 없음'이라고 할 수 있다. 전자를 '현실적 무한'으로, 후자를 '잠재적 무한'으로 부르기도 한다. '비일정'(indefinite)은 아페이론에 아직 페라스가 주어지지 않아 규정되어 있지 않음을 뜻한다.

다. 페라스는 우리말의 경계, 극한에 해당합니다. 그리스 사람들은 극한limit을 부여받지 못한 존재가 극한을 부여받음으로써 비로소 어떤 일정한 질서를 갖춘 존재가 된다고 생각했습니다. 그리스 문화를 이해하는 데 매우 중요한 생각이죠. 만일 날씨에 극한이 주어지지 않는다면 어떤 한 계절(어떤 계절인지 딱히 말할 수 없는)만이 영원히 지속되겠죠. 그러나 날씨에는 극한이 주어집니다. 그토록 추웠던 겨울도 어느 시점에 가면 그 극한에 이르고 봄이 됩니다. 가을과 겨울 사이에 경계가 있고 겨울과 봄 사이에 경계가 있기에, '겨울'이라는 계절이 성립하는 것이죠. 우리가 '시간', '공간'이라고 할 때 왜 '간'間 자를 붙이는지 생각해 볼 필요가 있습니다. '간'이 없다면 사실상 무한히 등질적인 시·공만 있을 터인데, 그러면 구체적인 시간·공간이라는 것이 성립하지 않기 때문입니다. 하루, 한 달, 한 해 같은 시간의 매듭들, 그리고 우리 집, 백운산, 한강 같은 공간의 매듭들이 있기에 시공간이 의미가 있는 것이죠. 그래서 페라스=극한이라는 개념은 존재론적으로 핵심적인 역할을 하는 개념이라 할 수 있습니다.

이것은 음악을 생각해 봐도 그렇습니다. 기타를 칠 때 왼손(/오른손)으로 '코드'를 잡죠? 잡지 않으면 화음이 나오지 않습니다. 아페이론으로서, 무규정적인 것으로서의 줄 어딘가를 손으로 눌러 줌으로써 거기에 페라스를 주는 것이죠. 그래야 일정하게 규정된 소리가 납니다. 마찬가지로 나무에 페라스를 주어야 탁자가 만들어지고, 쇠에 페라스를 주어야 자동차가 만들어집니다.

그래서 앞에서 말한 'indeterminate', 'undetermined'라는 말도 음미해 볼 수 있습니다. 이런 말들을 유심히 보면 'term'이라는 말이 들어가 있습니다. 'Term'이란 일정한 시간대를 말하죠. 그리고 '터미널'이라는 말도 있습니다. 길이란 끝없이 이어진 비일정한 연속체인데, 거기에 '서울' 터미널과 '부산' 터미널이라는 페라스가 주어지면 '경부선'이라는 일정하게 규정된 길이 성립하는 것입니다. 이렇게 아페이론과 페라스라는 개념쌍으로 세계를 이해할 수 있는 것이죠.

지금까지 직관적으로 이해하기 쉬운 예들, 주로 공간적 예들을 들었습니다만, 페라스라는 말을 좀더 추상화해 고급한 용법으로 사용할 수 있습니다. 그럴 때 페라스는 '규정성'determination이죠. 규정성이란 한마디로 우리로 하여금 어떤 사물을 알아볼 수 있게 해주는 것들입니다. 여러분들이 매주 한 번씩 나를 보죠. 그런데 여러분들이 나를 보고서 누구인지 알아봅니다re-cognize. 그렇지 않다면 우리의 일상이 성립하지 않겠죠. 그런데 여러분들이 나를 알아보는 것은 무엇보다 우선 외모를 통해서죠. 머리 색깔, 몸의 형태, 얼굴 생김새, 목소리 등등을 통해 알아봅니다. 더 들어가서는 강의를 들으면서 내 생각과 감성이 여러분들에게 전달되면서 더욱 잘 알아볼 것입니다. 오랫동안 친하게 지내온 사람이라면 성격이라든가 다른 여러 측면들도 알아보겠죠. 이렇게 표피적인 것이든 심층적인 것이든 나를 나로서 **규정하고** 있는 것들, 그런 것들이 규정성들입니다. 좀더 잘 쓰는 말로는 성질, 특성, 범위, (문법적으로는) 술어(철수는 '~하다'라 할 때의 '~') 같은 것들이 있습니다. 만일 규정성이라는 것이 없다면 세계에는 아무런 질서도 없을 것이요, 서로를 알아볼 수도 없을 것이요, 어떤 차이들도 없을 것입니다. 그래서 규정성이라는 개념은 철학적 논의에서 매우 기초적이고 중요한 것이죠. 페라스는 바로 이 규정성을 뜻하기도 합니다. 내

키가 일정하게 규정되어 있고, 얼굴 생김새가 일정하게 규정되어 있고 해서 여러분들이 나를 알아볼 수 있는 것이죠. 이 규정성이라는 개념을 잘 알아 놓으시기 바랍니다.

앞에서 '기'氣 이야기를 할 때 잠재적 기(장횡거가 말하는 '태허')와 형, 질, 색 등을 띤 기를 구분했습니다. 바로 이 형, 질, 색 등이 기가 일정하게 규정됨으로써 성립하는 것들입니다. 기의 구체적인 규정성들이죠. 어떤 때는 '형'이라는 말로 규정성들 전체를 대변하기도 하고, 어떤 때는 형과 질을 구분해 주고, 또 어떤 때는 색과 질을 구분해 주기도 하는 등, 전통 문헌들에서의 용법이 일치하지는 않습니다. 유명한 "形而上者謂之道 形而下者謂之器"(형이상의 것을 일러 '도'라 하고, 형이하의 것을 일러 '기'라 한다)라는 구절에서도 형形 이상과 이하를 나누고 있습니다. 기 일원론(장재, 서경덕, 왕부지 등)의 경우에는 도道와 기氣를 일치시켜 쓰고 있다고 볼 수 있고, 구체적인 사물들은 형을 띤 것들, 형, 질, 색 등을 갖춘 것들로 이해되고 있습니다. 이 경우에는 이것들을 '기'器라는 말로 표현하고 있죠(유용성이라는 뉘앙스도 포함되어 있습니다). 어쨌든 형, 질, 색 등이 바로 규정성들입니다.

그런데 이런 생각을 해볼 수 있어요. 철수를 규정하고 있는 것들 아래에 존재하는 것은 무엇인가? 철수를 규정하고 있는 것들이 따로 놀지 않는 것을 보면, 그것들이 하나를 이루고 있는 것을 보면 분명 그것들을 보듬고 있는 뭔가가 있을 듯합니다. 그것은 무엇일까? 이에 대해 무수한 답이 있지만, 세 가지 대표적인 것만 살펴봅시다. 가장 기본적인 답은 '물질'이죠. 철수는 하나의 물질적 존재이고 그 물질이 여러 가지 규정성을 띤다는 생각입니다. 이때 물질이라는 말의 범위가 문제가 됩니다.

첫째, 물질이라는 개념의 범위를 좁게 잡고서 나머지 사항들은 물질의 운동·변화를 통해 이해하는 경우가 있죠. 예컨대 원자론 같은 경우가 그렇습니다. 원자들 자체는 크기, 모양, 위치만을 가지는 것으로 상정되고 나머지 모든 것은 원자들의 부딪침에서 파생하는 것으로 이해하는 생각이죠. 그러나 크기, 모양, 배열만을 가진 원자들이 도대체 어떻게 부딪치든 거기에서 생명체가 나오고 나아가 인간 같은 존재가 나올 수는 없다고 봐야 합니다. 생명이나 정신까지 갈 것도 없고 색色만 생각해도 그렇죠. 색이 없는 원자들이 어떻게 부딪치든 거기에서 (크기, 모양, 위치와는 전혀 성격을 달리하는) 색이라는 존재가 나올 수 있을까, 이런 의문이 듭니다. 소리도 마찬가지입니다. 원자론의 세계는 소리가 없는 세계죠. 소리가 없던 것들이 어떻게 부딪치든 거기에서 갑자기 소리라는 새로운 존재가 나올 리가 없습니다. 오늘날의 '입자들'을 가지고서 이야기해도 마찬가지입니다. 그래서 '물질'이라는 개념이 함축하는 내포적 의미를 점차 늘려 나가게 되죠. 예컨대 물질은 '에네르기'를 포함하고 있다, 나아가 생명체를 구성하는 물질은 '정보'를 포함하고 있다는 식으로 나아갑니다. 그래서 기계론 자체가 진화하게 되죠. 어쨌든 이런 설명은 근본적인 어떤 물질이 있고 우리가 경험하는 규정성들은 그 물질의 운동이 빚어낸 '파생물들'이라는 입장입니다.

이와 비슷하면서도 또 많이 다른 입장으로는 물질 자체가 우리가 경험하는, 나아가 경험할 수 있는 모든 것들을 애초에 내포하고 있다고 보는 입장입니다. 소리, 색, 맛, 냄새 같은 감각적 요소들은 물론이고, 그런 감각적 요소들을 느낄 수 있는 어떤 존재, 나아가 기억, 상상력, 감정, 나아가 이성적 기능까지 구사할 수 있는 존재, 요컨대 우리가 알고 있는 모든 존재들이 애초에 물질 속에 잠재적으로 들어 있다고 보는 입장입니다. 그러나 이렇게 생각할 경우 '물질'이라는 말의 의미는 '정신'의 반대를 뜻하는 것이 아니라 정신까지 포함해 모든 것을 함축하는 것을 뜻하게 되겠죠. 여기에서 용어상의 혼란이 생깁니다. 물질이라는 말에 과연 어느 정도의 내포들을 부여할 수 있겠는가 하는 것이죠. 이른바 '유물론'materialism은 물질 위주로 다른 모든 것을 설명하려는 입장입니다. 그러나 이 경우 물질이라는 개념의 외연이 지나치게 넓게 잡힌 것이라고도 할 수 있습니다. '기' 개념의 경우는 다릅니다. 기 개념은 애초에 이런 식의 용법으로 사용되어 왔으니까요. 기계론의 '물질'이라는 말이 크기, 모양, 배열이라는, 오로지 공간적-기하학적 규정만을 부여받았다가 점차 더 많은 내포들을 부여받아 온데 비해, 동북아의 기는 처음부터 경험적으로 존재하는 모든 것을 포괄하는 말로 사용되어 왔습니다. 이런 점에서 이 두번째 유형의 사고에서는 차라리 기 개념이 보다 적절한 뉘앙스를 띠고 있습니다. 멀리로는 『주역』, 『황제내경』으로부터 보다 가까이로는 장재, 서경덕, 왕부지 등을 거쳐 대진, 최한기에 이르기까지 전개되어 온 '기학'氣學의 전통을 (단순히 부활시키는 것이 아니라) 오늘날 새롭게 창조해야 할 필요성이 여기에 있는 것입니다.

세번째 입장은 플라톤과 아리스토텔레스로 대변되는 '형상철학'입니다. 그런데 형상철학은 위의 두 사고와 다릅니다. 형상철학은 규정성들과 그것들이 구현되는 터인 물질 ——이런 맥락에서는 '질료'라고 하죠──을 따로 떼어서 봅니다. 하나의 탁자를 생각해 볼까요? 한 탁자가 장방형, 갈색, 딱딱함 같은 규정성들을 띠고 있다고 합시다. 형상철학 또한 이런 규정성들 아래에 질료가 있다는 것을 말합니다. 그러나 형상철학은 방금 말한 규정성들이 질료로부터 나왔다고 보지 않고 질료와 독립해 따로 존재하는 것들이라고 봅니다. 즉 규정성들의 차원이 있고 그 차원이 질료의 차원에 '구현'되었다고 보는 것이죠. 그런데 규정성들 자체는 물질적 존재가 아닙니다. 갈색은 질료에 구현되었을 때에는 우리가 보는 그 물질적 갈색이지만, 질료에 구현되기 전에는 갈색의 **형상으로서** 존재합니다. 이 갈색의 형상이 질료에 **구현되었을 때** 우리가 보는 감각적 갈색이 됩니다. 그런데 플라톤은 모든 규정성들이 각각 형상들로서 존재한다고 보는 데 비해, 아리스토텔레스는 사물의 본질 ── 좁은 의미에서의 형상 ── 만이 따로 존재하고 (물론 초월해 있는 것은 아닙니다) 구체적인 규정성들은 본질이 질료에 구현되면서 생겨난다고 봅니다. 그래서 그런 규정성들이 따로 존재할 수는 없는 것이죠. 예컨대 플라톤에게는 붉은색의 형상=이데아가 따로 존재하고 그것이 꽃의 형상과 결합해서 붉은 꽃으로 구현되지만, 아리스토텔레스의 경우 꽃의 형상만이 존재하며 붉은색은 꽃의 형상이 질료에 구현됨으로써 비로소 존재하게 됩니다. 아리스토텔레스에게서 질, 양, 관계…… 등의 모든 범주들이 실체의 범주에 복속되는 것은 이 때문이죠.

그리스적 질료-형상설에는 이렇게 규정되지 않은 아페이론으로서의 질료에 일정한 규정성들(페라스들)이 구현되어 만물이 형성된다는 생각이 깃들어 있습니다. 이에 비해 원자론 등의 기계론적 사유들은 물질 자체가 일정한 최소한의 규정성들을 띠고 있고, 물질의 운동으로부터 다른 보다 고급한 규정성들이 파생한다고 봅니다. 그러나 기학을 비롯한 또 다른 사유 전통에서는 기 자체가 이미 무한한 규정성들을 내포하고 있고 그 가운데 일정한 측면들이 구체화되어 만물이 이루어진다고 봅니다. 규정성을 둘러싼 서로 다른 사유체계들인 것이죠.

Q 형상/리는 질료/기에 대해서 초월적입니까?

A 형상철학의 구도에서는 그렇습니다. 형상/리가 구체적인 사물로 화하려면 질료/기가 있어 그에 구현되어야 합니다. 인간의 형상만 있고 살, 뼈, 피 등등이 없다면 철수나 영희는 될 수 없습니다. 그러나 형상/리는 **논리적-존재론적으로** 질료/기 바깥에 존재합니다. 이 질료/기에 초월적으로 존재하죠. 그래서 질료에 '구현'되는 겁니다. 물론 형상/리는 질료/기에 구현되면서 질료/기에 의해 영향을 받습니다. 현실의 말[馬]은 말의 형상이 아니라 말의 형상이 질료에 구현된 것이고, 때문에 원래 말의 형상에 함축되어 있지 않은 규정성들——개별적 말들이 가지고 있는 세세한 특징들——이 존재하게 되는 겁니다. 인간을 예로 들어 본다면, 예컨대 영희의 '곱슬머리'는 인간의 형상에는 함축되어 있지 않은 것이고 따라서 영희의 질료에서 기인하는 것으로 보아야 하는 것입니다. 그러나 이렇게 질료/기의 역할이 분명히 있음에도 질료/기가 형상/리 자체를 바꾸어 놓지는 못합니다. 영희의 질료에서 유래하는 독자적인 특성들이 '인간'의 형상 자체를 바꾸어 놓는 것은 아닙니다. 이런 의미에서 형상철학적 구도에서 형상/리는 질료/기에 대해 초월적인 것입니다.

그런데 이런 초월성에도 강한 형태가 있고 약한 형태가 있습니다. 플라톤의 경우, 형상들은 질료들과 완전히 독립해서 별도의 차원을 형성한다고 보며 이 차원이 (감각으로 확인되는) 현실차원보다 더 실재라고 봅니다. 아리스토텔레스의 경우(주자도 거의 같은 형태입니다), 형상들은 어디까지나 질료와 더불어 이 세계 내에 내재합니다. 질료 바깥에 별도로 형상의 차원이 존재하는 것은 아닙니다. 그럼에도 아리스토텔레스의 형상이 질료에 대해 초월적이라고 말하는 것은 형상들의 본성 및 그것들이 형성하는 전체 체계는 질료에 의해 파괴되지 않기 때문이죠. 물론 앞에서 말했듯이 질료에 의해 세계의 여러 구체적인 세세한 차이들, 그리고 형상의 차원에 기입되어 있지 않았던 우연들이 발생하는 것은 분명합니다. 그럼에도 세계의 본질적 구조는 영원합니다. 철수, 영희, 앙드레, 미치코 등등의 세세한 차이, 그리고 시대에 따른 사람들의 변화에도 불구하고 '인간'이라는 형상 자체는 하나의 항구적인 본질인 것입니다. 그리고 이런 본질들의 전체 체계는 영원한 것이죠. 그래서 아리스토텔레스의 형상도 초월적입니다. 물론 플라톤과 대비한다면 상대적으로 내재적이죠. 그러나 예컨대 기학의 입장에 비하면 기학이 더 내재적이고 아리스토텔레스의 경우가 초월적입니다. 초월적-내재적이라는 개념 쌍은 이렇게 상대적으로 이해되어야 합니다.

형상철학은 본질주의 철학이죠. 그리고 대개 본질들의 체계가 '원융' 圓融한 세계를 이룹니다. 그래서 물질로부터 초월적입니다. 이런 예를 들 수 있어요. 어떤 대학의 철학과 건물이 불에 탔다고 해도 '철학과'라는 것이 없어진 것은 아닙니다. 한 대학의 체계(대학→문과계열→인문대학→철학과) 자체는 탈-물질적인 존재죠. 그리고 그런 탈-물질적 본질들과 그 체계가 건물들에 구현되어 있는 겁니다. 그리고 이 체계는 건물에 대해 초월적이고 바로 그렇기 때문에 철학과 건물이 불에 탔어도 '철학과'는 사라지지 않은 겁니다. 본격적인 진화론이 나오기 이전에는 생명계 전체가 바로 이런 식으로 이해되었습니다. 이런 생각에 따르면, 실제 이 세계에서 어떤 종이 멸종되어도 생명의 사다리, 생명의 계통수 자체는 상처를 입지 않습니다. 그리고 생명의 사다리에서 어떤 종이 실제 발견되지 않았다 해도 그 종에 해당하는 생명체는 틀림없이 있습니다. 다만 '아직' 발견되지 않았을 뿐이죠. 이렇게 생명계의 체계가 실제 생명체들을 초월해서 존재하는 것으로 이해되었습니다. 바로 성리학에서의 '理一分殊' 같은 것이죠. 그러나 이런 세계관이 깨지면서 이제 이런 초월적 본질들의 체계는 인정되지 않고 모든 것은 우리가 확인하는 '사실들'facts에 입각해 이해됩니다. 사실 이전에 존재하는 필연적인 어떤 질서는 없는 것이죠. 어떤 종이 **있어야/없어야 하는 것**이 아닙니다. 경험상 있으면 그냥 있는 것이고 없으면 그냥 없는 것이죠. 이전 강의에서도 등장했었지만 이런 양상을 가리켜 '우발성'이라고 합니다. 전통 사유와 현대 사유의 근본적인 차이점이 바로 이 우발성 개념에 있죠.

형상철학은 존재와 당위의 혼합이라는 또 다른 특징을 함축합니다. 이 세계가 사실에 입각해 "~하다"라고만 이해되는 것이 아니라 사실에 대해 초월적인 이법 체계를 통해 이해된다는 것은 만물이 **마땅히** '~해야 한다'라는 생각을 은연중에 내포합니다. 존재에 대한 이해에 당위의 뉘앙스가 깃들어 있는 것이죠. 세계가 마땅히 이러이러한 방향으로 가야 한다고 하는, 따라서 인간의 경우 역시 그가 우주에서 차지하는 본질=위치가 있고 그 본질=위치에 부합된 삶을 살아야 한다는 아프리오리한 이법이 전제되기 때문에, 세계의 세부적인 변화는 인정되어도 근본적인 변화는 인정되지 않는 것입니다. 전통 문헌들에 자주 등장하는 '망령됨'[妄]은 바로 이런 이법을 거스르는 행위에 붙여지는 말이죠. 때문에 존재와 당위가 혼합되어 있으며, 이런 생각은 바로 성리학에서 말하는 '본연'本然이라는 개념에 농밀하게 함축되어 있습니다. 본연이 존재하고 거기에 따라야 한다는 존재론적-가치론적 토대 위에 형상철학이 서 있는 것입니다. 요컨대 형상철학=본질주의는 '본연'의 인간과 '마땅히 해야 할' 행위를 함축하고 있는 것이죠.

이런 구도와 내재성의 구도는 다릅니다. 내재성의 구도는 물질성 위에 항구불변의 법칙성이 초월적으로 존재한다고 생각하지 않죠. 물질이 운동하는 방식 자체가 이법이라고 생각합니다. 기氣가 구체적으로 표현되는 모든 방식들이 리理인 것이죠. 그렇다고 기학적인 사유가 원융한 세계관의 틀을 벗어난 것은 아닙니다. 기의 변화가 원융한 것으로 이해된다면 실질적으로 리기 이원론과 크게 다르지 않으니까요. 왕부지가 주자의 이원론을 극복하고 일원론으로 나가려 했지만, 멀리에서 보면 성리학의 큰 틀은 거의 그대로 남아 있습니다. 중요한 것은 리가 초월적이냐 내재적이냐 하는 것보다는 오히려 리의 틀이 '理一分殊'와 같은 원융한 구조를 탈피했느냐는 것이죠. 이 점에 있어 동북아 사유는 서구의 사유를 만나기 전에는 그 틀을 거의 벗어나지 못했다고 볼 수 있습니다. 앞에서도 말했듯이, 진화론도 마찬가지입니다. 19세기 중엽 정도가 되어서야 '우발성'에 기반하는 현대적 의미에서의 진화론이 등장하게 되는 것이죠. 그 이전의 진화론들은 사실 생명의 원융한 틀, '생명의 사다리', 우주의 조화라는 관념에서 벗어나지 못했습니다. 요컨대 물질의 세세한 운동, 개체들의 차이, 구체적 변화 등등이 결국 어떤 틀 안에서 빙빙 돌 수밖에 없다고 생각하는 사유들, 즉 이법의 초월성을 전제하는 사유들은 그 세부적인 차이들에도 불구하고 전근대적 사유 틀을 벗어나지는 못했다고 보아야 합니다.

자, 규정성 이야기를 하다 보니까 질료-형상 개념을 이야기하게 되었고 그러다 보니까 이야기가 좀 길어져서 방향을 틀었던 것 같습니다. 그러나 어쨌든 방금 한 이야기들은 우리가 철학사의 전체 구도를 이해하는 데 매우 기본적인 내용들이니까 잘 음미해 두시기 바랍니다. 다시 무한/비일정에 대한 이야기로 돌아갑시다.

§2. 아페이론 개념의 역사

이제 무한 또는 비-일정에 관한 사유들의 역사를 간략하게나마 짚어 봅시다. 그런데 지금까지 논했거니와 전통 사유들에서 '아페이론'은 대개 비-일정의 뜻으로 쓰였습니다. 무한의 뜻으로 쓸 경우에는 대개 내적 무한, 즉 '무한 분할'과 관련되는 개념으로 쓰였죠. 외적 무한, 그러니까 한없이 크다는 뜻의 무한 개념은 전통 사유들에서는 희박했습니다. 이런 의미에서의 무한이 담론사에서 본격적으로 부각되기 시작한 것은 중세 시대입니다. 그리고 르네상스를 거쳐 17세기의 형이상학은 '무한의 형이상학'이라고 부를 수 있을 만큼 무한 개념을 중심으로 전개되었습니다. 어쨌든 고대 사유에서는 외적 무한 개념은 희박했습니다. 오늘날 우리가 당연하다고 생각하는 것들이 역사적으로 결코 당연한 것이 아니었음을 깨닫게 되는 경우가 많습니다. 그래서 역사 공부가 중요한 것이죠. 지금의 경우도 그 한 예입니다.

아페이론이라는 개념을 철학사에 등록한 사람은 아낙시만드로스라는 사람이에요. 아낙시만드로스는 스승 탈레스가 만물의 근원=원리를 물로 본 것을 비판하고 아페이론 개념을 제시합니다. 아낙시만드로스가 보기에 물은 불, 공기, 흙과 대등한 지평에 놓여 있습니다. 그런데 그 중에서 유독 물이 아르케가 된다는 것은 이해할 수 없다는 것이죠. 그래서 아낙시만드로스는 이 사원소보다 더 근본적인 어떤 것, 그로부터 사원소가 나오고 또 그리로 돌아가는 터라는 것을 생각하게 되고, 바로 그것을 아직 무엇인가로서 규정되지 않은, 즉 물이나 공기, 불, 흙 그 어느 것으로도 규정되지 않은 무엇으로서 제시하게 된 것이죠. 그래서 아페이론이라는 개념이 등장하게 됩니다.

결국 아낙시만드로스에서 아페이론 개념은 경험적으로 확인된 어떤 것이라기보다는 논리적으로 추론된 것입니다. 아페이론 자체는 경험적으로 확인되지 않습니다. 그러나 아낙시만드로스는 방금 말한 것처럼 탈레스의 생각을 비판적으로 바라보면 필연적으로 아페이론을 생각할 수밖에 없다고 보았던 것이죠. 경험적으로 확인할 수는 없지만 논리적으로 생각해 보면 반드시 있다고 할 수 있는 어떤 것, 그런 것이 아페이론입니다.

퓌타고라스학파도 아페이론을 중요하게 다룬 경우에 속합니다. 전에 이야기했지만, 퓌타고라스학파는 서로 대립하는 개념 쌍들을 정리했다고 했죠? 하나와 여럿, 밝음과 어두움, 남과 여, 연속과 불연속 등등 열 개의 대립 쌍들을 제시했는데, 그 중에서 가장 근본적인 것을 페라스와 아페이론으로 보았습니다. 규정되지 않은 것과 그것을 규정하는 것을 최고의 원리로 보았던 것이죠. 퓌타고라스학파가 만물의 근원=원리를 수로 본 것도 결국 무규정자가 수에 의해 규정됨으로써 우주의 질서가 성립한다고 보았기 때문입니다.[2] 퓌타고라스학파에서 '무리수'가, 그 이름 자체가 시사하듯이, 수로서 받아들여지지 않았던 것은 무리수는 아페이론이기 때문입니다. 그것은 질서가 주어지기 이전의 어떤 것이죠. 오늘날 우리에게 무리수는 엄연히 수이지만, 퓌타고라스학파에게는 수/극한이 부여되기 전의 어떤 연속체=아페이론이었던 겁니다. 앞에서 기타 이야기를 했습니다만, 퓌타고라스학파의 이런 생각은 '옥타브'라든가 '화음' 같은 개념들의 성립에 큰 역할을 했던 것이죠.

그런데 여기에서 잠깐 삽입되는 이야기입니다만, 우리는 현대 예술을 이런 맥락에서 조명해 볼 수 있습니다. 전통적인 의미에서의 예술은 다름 아닌 아페이론에 페라스를 주는 행위였죠. 인체의 비례 관계를 표현하는 것, 화음을 만들어내는 것, 구성을 짜서 드라마를 쓰는 것 등, 모두 아페이론에 페라스를 주는 것입니다. 공간에 금을 그어서 형태를 만들고, 소리 연속체에 매듭을 주어 화음을 만들고, 시간 속에서의 경험에 매듭을 주어 구성(플롯)을 짜고 하는 모든 것들이 결국

---

2) 그러나 퓌타고라스의 수는 자연수, 최대한 넓게 잡는다 해도 유리수이다. 퓌타고라스학파에게 무리수까지 완전히 채운 직선은 아페이론이다("無理數"라는 말의 뉘앙스를 음미해 보자). 완전한 연속성은 극한을 가지지 못한 것이고 따라서 규정된 것이 아니기 때문이다. 완전한 연속성은 무한/비-일정을 내포한다(후대의 '실수의 연속성'을 상기). 거기에 페라스=극한이 주어져야 비로소 질서가 도래한다. 그렇기 때문에 퓌타고라스의 수는 어디까지나 불연속적인 수들, 특히 자연수들이다. 이 문제는 이후 철학사와 수학사에 긴 그림자를 드리운 중요한 문제이다.

아페이론에 페라스를 주는 것이죠. 그런데 현대 예술은 오히려 기존의 페라스를 무너뜨리고 아페이론으로 다가갑니다. 인상파가 그린 자연의 흐름, 빛의 명멸이 그렇고(더 나아가서는 잭슨 폴록의 그림들을 연상할 수 있겠죠), 쇤베르크의 무조 음악 등이 그렇고, '기승전결'이 없는 현대 문학이 그렇습니다. 그리스 사람들이 보면 이런 예술들은 아직 예술로 다듬어지지 않은 것들, 흐릿한 연속체=아페이론, 아직 페라스가 주어지지 않은 것들이라고 하겠죠. 그러나 현대 예술은 기존의 페라스를 무너뜨리면서 오히려 이전에는 아페이론으로, 카오스로 여겨지던 차원으로 계속 내려갑니다. '현대 예술'이 포괄하는 범위가 매우 넓지만, 이런 흐름이 매우 중요한 한 흐름을 형성하고 있습니다.

자, 다시 돌아와 플라톤을 봅시다. 플라톤에게 우리가 사는 현실 세계는 생성의 성격을 띱니다. 그런데 생성이란 곧 연속성=아페이론의 성격을 띠고 있어요. 연속성이 전제되지 않으면 운동이 불가능합니다. 왜일까요? 만일 철수는 오로지 철수이고 밥은 오로지 밥이면, 운동이 성립하지 않죠. 철수와 밥을 가르는 불연속성이 무너지고 철수와 밥 사이에 연속성이 도래해야만 철수가 밥을 먹는 행위가 성립합니다. 사물들이 즉자적으로in itself 완벽하게 자기동일성을 유지하는 곳에 운동은 없습니다. 자기동일성이 무너지고 타자와의 섞임이 가능해야지 운동이 가능한 것이죠. 사람들의 관계를 생각해 보면 좋겠네요. 내가 오직 나이기만 하다면 어떻게 될까요? 내가 타인과 접촉하고 영향을 주고받고(내가 변화하고 타인을 변화시키고) 하기 때문에 '세상'이라는 것이 성립할 수 있는 것이죠. 그래서 운동은 연속성=아페이론을 전제합니다.

그런데 플라톤은 이런 현상세계는 실재세계의 그림자라는 겁니다. 실재세계는 각각의 형상들이 모두 영원한 자기동일성을 보존하면서 불연속으로 존재하는 세계입니다. 갈색의 형상, 네모의 형상, 나무의 형상, 탁자의 형상 등등이 즉자적으로 불연속적으로 존립하는 세계죠. 이런 형상들이 서로 관계 맺고(섞이는 것은 아닙니다), 또 질료에 구현될 때 생성하는 세계 속에서의 탁자가 성립합니다. 플라톤은 이렇게 변화하는 세계, 생성하는 세계를 넘어 사물들의 심층적 형상들을 발견하려 했습니다. 그것은 곧 고정불변의 페라스를 갖춘 형상들이 질료=아페이론에 구현됨으로써 생성의 세계에 빠졌다는 생각을 함축하죠. 그래서 그 생성의 세계를 뚫고서 본래의 형상들을 읽어내야만 진정한 인식이 성립한다는 겁니다. 생성의 상태는 인식론적으로 볼 때 그저 카오스일 뿐인 것이죠.

결국 참된 존재들을 발견하기 위해서는 생성의 외중에서 형상들을 발견해야 합니다. 이런 사고를 '합리주의'라고 하죠. 합리주의는 현상을 넘어 실재를 발견하고자 하며, 그런 발견의 능력이 인간에게 갖추어져 있다고 봅니다. 그것이 곧 '리'이고 '이성'이죠. 그런데 합리적 사유는 분석적 사유와 통합니다. 분석이란 바로 혼란스러운 것, 생성, 복잡한 것을 면밀하게 나누어 명료한 것, 본질적인 것, 간명한 것을 발견해내는 작업이기 때문이죠. 합리적/분석적 이성은 기본적으로 플라톤주의에 기반하고 있습니다. 의사들은 사람들의 몸을 분석하고, 생물학자들은 생명체들을 분석하고, 경제학자들은 경제 현상들을 분석하죠. 결국 아페이론으로서의 생성의 외중에서 일정한 페라스들을 발견하려는 행위들입니다. 감각세계를 뚫고서 본질세계, 즉 가지적 세계를 보려는 것이죠.

근대 합리주의의 개조開祖인 데카르트가 '분석'에 대해 상세히 분석한 것도 이 때문입니다. 데카르트는 자신의 시대에 번져 있던 아페이론적인 사유들을 비판합니다. 연속성과 유사성에 입각한 사유들을 비판하죠. 유사성의 사유는 엄밀히 구분되어야 할 것들을 마구 이어버립니다. 호두가 뇌처럼 생겼기 때문에 뇌에 생긴 병에 좋다고 생각했던 것이 그 한 예이죠. 문학적 은유도 마찬가지입니다. "길은 풀어진 넥타이처럼 구부러지고"라 한다면, 길이라는 자연의 한 부분이 넥타이라는 옷의 한 부분에 이어지고 있습니다. 그냥 시라면 문제가 없겠지만(오히려 시는 이렇게 해야 시답겠죠) 이런 식의 사유가 정식 인식에 관련된 담론들에서 유행한다면 곤란하겠죠. 유사성과 연속성의 사유는 비-분석적 사유입니다. 그래서 데카르트는 같음과 다름, 동일성과 차이를 분명히 하는 분석적 사유를 강조함으로써 근대 합리주의를 열게 됩니다. 훗날 19세기 말, 20세기 초를 휩쓸었던 '생성'의 사유, '지속'의 사유에 대항해서 합리주의를 재건하려 했던 바슐라르에게서 유사한 논의가 등장하는 것도 이런 맥락에서 이해할 수 있습니다. 이와 대조적으로 19세기 이래에는 이런 합리주의와 대결하는 사유들이 등장하게 됩니다.

이렇게 카오스, 연속성, 유사성, 흐름 같은 아페이론의 차원과 코스모스, 불연속성, 동일성과 차이, 분석적 요소들 같은 페라스의 차원은 늘 대립해 왔고, 탈-합리주의와 합리주의의 전선戰線을 형성해 왔습니다. 무규정성을 정복하고 규정성을 추구한 것이 합리주의적 학문들이라면, 현대에 와서는 오히려 무규정성을 적극적으로 사유하려는 경향들도 있는 것이죠. 여러분들이 이런 점을 염두에 두고서 현대의 문화를 유심히 보면 많은 것을 읽어낼 수 있을 겁니다. 존재론을 배우면 배운 만큼 사물들이 다른 모습으로 다가오게 됩니다.

Q '가지적 세계'란 무엇을 뜻합니까?

A 우리가 사는 현실세계는 감성적sensible 세계입니다. 감성이란 우리의 오감(눈, 귀, 코, 입, 피부/몸뚱어리)의 기능을 말하죠. 사물들의 모양새, 색깔, 냄새, 맛, 감촉 등으로 형성되어 있는 세계가 우리가 사는 현실세계죠.

그러나 현실세계가 존재의 전체는 아닙니다. 예컨대 5라는 수는 감성적 존재가 아니죠. 물론 우리는 칠판에 쓰인 '5'라는 수를 보곤 하죠? 그리고 백묵의 색깔, 냄새, 맛, 감촉도 느낄 수 있습니다. 그러나 이 감성적 '5'는 진짜 수/개념으로서의 5를 감성적으로 표현한 것에 불과하죠. 지금 이 글씨 '5'는 흰색으로 쓰여 있지만 진짜 5는 아무 색깔도 가지지 않습니다. 5는 우리의 이성으로 파악되는 존재입니다. 이렇게 이성으로 파악되는 존재들의 세계 — 오해의 여지가 있어 '차원'이 낮다고 했죠? — 가 바로 '가지적 세계'입니다. "A가 B이고 B가 C이면, A는 C이다" 같은 논리의 세계, 또 수학의 세계, 물리 법칙의 세계(물리세계는 현상세계이지만, 물리 법칙의 세계는 가지세계죠)…… 등이 가지적 세계를 형성합니다. 'Intelligible'은 일상어에서는 그냥 "알 수 있는", "이해할 수 있는"이라는 뜻이지만, 철학적으로 엄밀하게 사용될 때에는 바로 이런 의미로 사용됩니다.

조심할 것은 현실세계와 감각세계=감성세계는 좀 다르다는 것이죠.

예컨대 1, 2, 3…… 같은 기본적인 숫자들은 **감각적** 존재들은 아니지만 그럼에도 **현실적** 존재들이죠. 우리는 매일 가게에서 물건을 사면서 이런 수들을 다룹니다. 가지적 존재들도 그것들이 일반적으로 알려져 있고 우리 일상에서 늘 사용되고 있다면 현실세계를 구성하는 요소들이라 할 수 있습니다. 그래서 감각세계=감성세계라는 개념과 현실세계라는 개념은 같은 것이 아닙니다. 방금 논한 내용에서는 현실세계가 아니라 감성세계가 문제가 되고 있는 겁니다.

Q 장횡거의 '태허'太虛와 '객형'客形은 그리스 철학에서의 카오스와 코스모스와 비슷하다고 볼 수 있나요?

A 흔히 말하는 카오스를 염두에 두면 물론 아닙니다. 그러나 만일 카오스를 질서의 무가 아니라 무한한 질서로 보면 그렇습니다. 태허=카오스는 무한한 잠재성이죠. 아직 개별적인 존재들로 갈라지지 않은, 외적 복수성으로 현실화되지 않은 내적 복수성이고, 세계 자체, 우주 전체죠. 거기에서 규정성들이 갈라지고 시공간이 분화되고 해서 코스모스가 생겨납니다. 태허는 잠재성 상태, 즉 '인온'絪縕 상태죠. 그것이 현실화되면 객형들로 또 객감客感들로 화합니다. 객형은 코스모스라기보다는 사물들이라 하는 것이 더 좋을 듯합니다.

Q 내재성의 철학을 하는 사람들은 경험론자들과 같은 맥락에서 초월철학을 비판하는 것입니까?

A 내재성의 철학은 존재론적 입장이고, 경험주의는 인식론적 입장입니다. 경험주의는 우리가 경험한/할 수 있는 것들만 가지고서 논해야 한

다는 입장이기 때문에, 이런 입장을 단호히 밀고 나가면 '물질' 같은 개념도 거부하게 됩니다. 우리가 물질을 경험한 적은 없으니까요. 물론 오늘날 고도로 정밀한 실험 기구들을 가지고서 물질의 차원을 추적하고 있지만, 그런 기구들에 비친 이미지나 찍힌 그래프가 정말 '물질'이라는 것의 모습인가는 사실 어려운 문제죠. 과학철학의 전문적인 문제입니다. 어쨌든 경험주의의 입장 —— 조심할 것은 경험주의도 그 폭이 매우 가변적이라는 사실입니다. 경험을 '지각'에 한정하는 영국 경험론, 단순한 물리적 지각이 아니라 삶의 '체험'으로 사유를 확장하려는 딜타이 같은 사람의 해석학이나 후설 같은 사람의 현상학, 그리고 베르그송, 화이트헤드, 들뢰즈 같은 사람들의 매우 유연하고 성숙한 경험주의 등 여러 형태가 있다는 점을 염두에 두어야 합니다. 지금 말하는 것은 좁은 의미의 경험주의입니다 —— 을 취하면 존재론적/형이상학적 탐구 —— 현상세계의 경험을 넘어 세계의 근저를 사유하려는 행위 —— 자체가 거부됩니다. 그러나 내재성의 철학은 하나의 존재론적 입장입니다. 세계에 대한 적극적인 사유로서, 초월적 존재(예컨대 신)를 거부하는 철학, 나아가 세계의 아프리오리한 입법을 거부하는 철학이죠. 두 개념은 같은 선상에 놓고서 생각할 수 있는 개념들이 아니라 맥락이 다른 개념들이라고 할 수 있겠습니다.

§3. 유한에서 무한으로

이제 비일정/무규정으로서의 아페이론에서 무한으로서의 아페이론으로 넘어가 봅시다. 비일정을 둘러싼 논의들은 철학의, 특히 그리스 철학의 독특한 문제의식이라고도 할 수 있습니다. 물론 범위를 넓히면 어떤 논의에도 동반되는 기초적인 문제입니다만. 그러나 무한의 문제는 철학의 문제만은 아니고 수학, 물리학의 문제이기도 합니다. 또, 다른 영역들에서도 가끔 문제가 되기도 합니다. 물리학, 수학, 형이상학은 그 경계가 모호하고 복잡합니다. 예컨대 공간의 문제는 이 세 담론에서 모두 핵심적인 개념입니다. 무한의 문제도 마찬가지죠. 그래서 무한의 문제는 이 세 담론을 함께 아울러서 논해야 하고, 실제 그렇게 진행되어 왔습니다. 최근에는 세 담론이 거의 소통이 안 되고 이미 별도의 공간에서 무한론을 전개하고 있는데, 그래서 무한에 대한 통일적 논의는 찾아보기 힘듭니다.

우선 그리스 철학에서 무한을 볼까요? 아낙사고라스가 '종자=스페르마'를 이야기하고 데모크리토스가 '원자=아토마'를 이야기하는데, 이때 이들은 이 종자들이나 원자들이 "무한하다"는 말을 합니다. 그러나 이들이 과연 오늘날 우리가 (수학적 뉘앙스를 넣어서) 말하는 무한을 뜻했는가는 의문입니다. 다른 지역들은 말할 것도 없고 서구도 르네상스 시대 이전까지는 유한주의적 세계관을 가지고 있었죠. 그래서 '무한'이라는 말은 대개 어마어마하게 큰, 끝이 없을 정도로 큰 경우를 말하지 오늘날의 무한을 뜻하지는 않았을 거라고 짐작됩니다.

동북아 문헌에서도 '무량'無量이라든가 '무외'無外, 또 가끔은 '무애'無涯 같은 표현들이 나옵니다. 이 경우도 역시 대단히 크다는 뜻이지 무한을 뜻한 것은 아니었을 겁니다. '무한'에 가까운 표현들은 대개 불교적 맥락에서 등장하곤 했죠. 그러나 이 경우도 극히 많음을 뜻했던 것으로 보입니다.[3]

고중세에, 특히 그리스에서 무한이 논의되었다면 거의 외적 무한보다는 내적 무한에 관련된 것이었습니다. 바깥으로 한없이 큰 경우보다는 안으로 한없이 분절해 가는 경우가 관심의 대상이었죠. 이는 곧 무한 분할의 문제입니다.[4] 무한 분할과 관련해 가장 유명한 것은 물론 제논의 역설이죠. 다자성과 운동을 부정했던 스승 파르메니데스를 옹호하기 위해 제논은 여러 가지 역설들을 만들어냅니다. 가장 유명한 것은 역시 '아킬레우스와 거북'이죠? 제논은 '귀류법'歸謬法 즉 오류로 귀착시키는 방법을 사용합니다. 'Reductio ad absurdum'(reduction to absurdity)이라는 말이 보여 주듯이, A라는 주장을 논파하기 위해서 "만일 A가 맞다고 해보자"고 가정하고 거기에서 불합리를 도출해내는 것입니다. 예컨대 "운동이 존재한다고 해보자, 그러면 '아킬레우스와 거북'에서 볼 수 있는 불합리가 발생한다"는 것이죠. 'Para-doxa'라는 말은 두 개의 'doxa'(의견, 생각)가 평행을 달린다는 뜻입니다. 한편으로 경험에 입각하면 분명 아킬레우스는 거북을 추월합니다. 그러나 다른 한편으로 제논의 논리를 따르면 아킬레우스는 절대로 거북을 추월하지 못합니다. 이런 경우가 'para-doxa'를 형성합니다. 그런데 제논의 논리는 무한 분할을 전제하고 있고, 여기에서 무

---

3) 비교적 뚜렷한 형태로 무한을 논했던 예로는 에피쿠로스를 들 수 있다. 에피쿠로스는 원자의 수에 있어서나 공허의 크기에 있어서나 무한을 강조했다. 제자백가 중에서는 혜시(惠施)가 무한에 관련된 논의를 전개한 바 있다.

4) 수학에서는 에우독소스가 발명했다고 전해지는 '구분구적법'(區分求積法)의 기법이 무한 분할의 개념을 함축하고 있다. 아르키메데스는 그의 『방법』(1906년에 콘스탄티노플 정교회의 한 승원에서 극적으로 발견됨)에서 (근대적 개념과는 다른) 무한 개념을 써서 수학적 증명을 전개했다고 한다.

한 및 연속성(무한 분할은 선분의 연속성을 전제하죠?)의 개념이 문제가 됩니다.

　아리스토텔레스는 이 문제를 가능적 무한과 현실적 무한을 구분함으로써 해결하려 했습니다. 가능적 무한은 한限이 없이 끝나지 않는 운동(연산, 과정)에서 성립하는 무한이고, 현실적 무한은 (현대적으로 말해) 예컨대 '자연수의 집합' 같은 단적인 무한이죠. 말하자면 가능적 무한은 'illimitable'에 해당한다고 할 수 있지만, 현실적 무한은 'the infinite'에 해당한다고 할 수 있어요. 전자가 '리미트=극한'을 찾으려 하지만 끝없이 연기되는 경우에 성립한다면, 후자는 단적으로 존재하는 무한 자체인 겁니다.[5] 아리스토텔레스는 이런 관점에서 제논의 역설에 도전합니다. 아리스토텔레스에 따르면 현실적 무한은 불가능합니다. 가능적 무한만이 인정되는 것이죠.

　아리스토텔레스는 현실적 무한 개념을 비판하고 유한의 세계관을 수립합니다. 아리스토텔레스는 여러 각도에서 무한주의 세계관을 비판하죠. 첫째, 만일 무한한 물체가 있다면 이 물체 외에 또 다른 물체들이 있다는 것은 모순됩니다(물론 이 추론에서 세계는 다자성을 포함한 것으로서 전제되고 있습니다). 무한한 물체가 있고 또 다른 물체들이 있다면 무한한 물체는 결코 무한하지 않고 유한하다는 이야기가 됩니다. 왜냐하면 무한한 물체가 다른 물체들에 의해 제한될 것이기

---

5) 카프카의 『소송』에서 주인공 요제프 K는 티토렐리라는 화가를 찾아가 자문을 구한다. 티토렐리는 세 가지 길을 이야기해 주는데, 그 중 두번째가 '무한한 연기'이다. 이때의 '무한한'은 현실적 무한이 아니라 끝없는 연기로서의 무한정, 즉 'illimitable'을 뜻한다.

에 말이죠. 여러 물체들이 한꺼번에 무한한 경우는 더더욱 곤란합니다. 무한하다는 것은 바깥을 가지지 않는다는 것을 뜻합니다. 자신의 바깥을 가지는 것, 타자들의 존재를 허락하는 것은 무한할 수 없습니다. 단적으로 말해 다자의 세계에서는 무한이 성립하지 않는 것이죠.

그런데 아리스토텔레스의 이 이야기는 어딘가 이상한 느낌을 주죠? 그것은 오늘날 우리가 무한이라는 것을 생각할 때면 으레 무한한 공간을 떠올리기 때문입니다. 그러니까 우리는 무한에 대해 아리스토텔레스가 공간을 가지고서 논하기보다 물체를 가지고서 논하고 있다는 것에 주목할 필요가 있죠. 우리는 오늘날 텅 빈 공간이 먼저 있고 거기에 물체들이 자리 잡는다는 이미지를 가지고 있습니다. 이것은 뉴턴적 이미지이죠. 그러나 아리스토텔레스 — 그리고 사실상 대부분의 고중세 사상들 — 는 이런 생각을 거부합니다. 앞에서 논했지만, 아리스토텔레스는 참으로 존재하는 것(실체)과 그것에 부대해서 존재하는 것(성질들)을 구분합니다. 그리고 이 성질들 중 하나가 바로 공간이죠. 그래서 물체(실체) 이전에 공간이 따로 존재한다는 것은 아리스토텔레스에게서는 이해하기 힘든 생각입니다. 그것은 마치 어떤 표면이 존재하지 않는데 색이 존재할 수는 없는 것과도 같죠. 그래서 아리스토텔레스에게는 언제나 어떤 실체가 존재하고 그것에 부대해서 공간이 존재합니다. 정확히 말해 '공간'이라기보다는 '장소'죠. 아리스토텔레스의 공간론은 정확히는 장소론입니다. 이런 존재론적 배경을 염두에 두고서 방금 한 이야기를 이해해야 합니다.

또, 아리스토텔레스는 아낙시만드로스의 아페이론을 언급하면서 이것은 우리가 지각할 수 없는 것이기 때문에 물체로 볼 수 없다고 봅니다. 하나의 개념일 수는 있지만 존재하는 그 '무엇'이라는 의미에서의 존재라고는 할 수 없다는 것이죠. 그래서 무규정자/무한으로서의 아페이론 개념을 비판합니다. 굳이 아페이론이라는 말을 쓴다면 '무규정자'로서만 쓸 수 있을 뿐 '무한'으로는 쓸 수 없다는 겁니다. 경험을 초월하는 존재를 인정할 수가 없었던 것이죠.[6]

또 하나, 우주는 원환운동을 한다고 봤기 때문에 역시 무한할 수 없다고 보았습니다. 원환 개념이 이미 유한성을 함축하고 있죠? 물론 "끝이 없다"고는 할 수 있겠죠. 원은 유한하지만 끝은 없죠. 어디에서 끊을 수가 없잖아요?(나중에 아인슈타인의 일반 상대성 이론에서도 이런 생각이 문제가 됩니다) 이런 여러 생각에 입각해 아리스토텔레스는 유한주의의 세계관을 전개합니다.

방금도 말했지만, 현대인이라면 아리스토텔레스의 유한주의에 대해 어떤 반론을 제기할까요? 우주 바깥에 아무것도 없다 해도 공간은 있지 않겠는가? 하고 말하겠죠. 물론 어떤 면에서는 현대 우주론도 유한주의예요. 빅뱅 이론에 의하면 우주가 점점 커지고 있다고 하죠? 커지고는 있지만 일정한 테두리가 있는 것이죠. 점차 커져 가는 풍선 같은 것을 생각하면 되겠네요. 그런데, 스토아학파가 그렇게 생각했습니다만, 우주가 그렇게 커지기 위해서도 그 바깥에 공간이 있어야

---

6) 아리스토텔레스의 철학을 '사변적'이라는 이유로 비판하는 것은 과녁을 잘못 맞힌 것이다. 아리스토텔레스의 한계는 차라리 너무 경험적인 데에 있었다. 지각할 수 없는 것들의 '존재'를 거부했기에 그의 사유가 일정 한계 이상을 나아가지 못하고 상식적인 수준에 머문 것이다. 모든 뛰어난 이론들은 단순한 경험들을 넘어서는 것들이다. 과학은 '경험적'이어야 한다는 생각은 인식론적으로 매우 소박한 생각이다. 경험은 이론을 확증하는 한 과정인 것이다.

할 것 아닙니까? 그래서 물질은 없어도 공간은 있는 경우를 생각하게 되는 것이죠. 그러나 고중세 사람들에게는 무한한 공간이라는 개념이 없었던 겁니다. 그리고 이미 말했지만, 고중세 사람들에게는 사물이 있고 장소가 있는 것이지 사물이 없는, 즉 실체가 없는 공간은 생각하기 힘든 것이었던 겁니다. 그리고 우주 내부의 진공 또한 있을 수 없다고 생각했던 것이죠. 우주는 유한하고 그 유한한 한에서의 우주는 물질로 꽉 차 있다고 믿었던 겁니다.

아리스토텔레스가 현실적인 무한 개념을 거부하면서도 잠재적인 무한은 가능한 것으로 보았다고 했습니다. 제논의 역설에서 볼 수 있듯이 물체를 무한히 분할할 수 있다는 겁니다. 그러나 이것은 아프리오리한 추론이죠. 고대인들에게는 텅 빈 공간은 없고 물질로 차 있는 물질-공간만이 인정되었습니다. 그런데 공간은 논리적으로 무한 분할이 가능합니다. 공간이란 필연적으로 외연을 가지기 마련이고, 외연이 있는 한 분할이 가능하다는 것이죠. 아무리 작은 공간도 외연을 가지지 않을 수는 없고 따라서 분할이 가능한 것입니다. 물론 이것은 논리적으로 가능하다는 것이지 기술적으로 가능하다는 것은 아닙니다. 둘은 구분되어야죠. 이런 생각은 공간이라는 존재의 성격으로부터 추론된 것이지 실제 분할해 봐서 얻은 결론은 아닙니다.

중세가 되면 무한 개념의 위상이 달라집니다. 특히 플로티노스의 사상이 분기점이 되죠. 플로티노스는 플라톤주의에서 신비주의적 측면을 이어받아 보다 강화했는데, 그 과정에서 '일자'에게 무한의 성격을 부여하게 됩니다. 그리고 이런 생각이 중세 기독교에서 신의 '초월성'이라는 개념과 맞물리면서 정착하게 됩니다. 그런데 조심할 것은 그리스에서와 대조적으로 중세에 무한이 찬미되었다면, 그것은 무한을 외연의 관점에서가 아니라 내포/강도의 관점에서 이해했기 때문입니다. 즉, 중세의 무한은 공간적 무한이 아닙니다. 우주론에서는 여전히 유한주의가 견지되었죠. 그러나 '형상적形相的 무한', 즉 한 사물의 '완전도'에서의 무한, 권능에서의 무한은 이제 찬미의 대상이 됩니다. 그리고 수적 무한은 이런 신의 무한 앞에서는 유한에 불과한 것이 됩니다.

내적 무한의 맥락에서도 중요한 변화가 나타나는데, 특히 니콜라 오렘의 역할이 컸습니다. 오렘은 오늘날 우리가 즐겨 사용하는 '그래프'라는 것을 처음 창시한 인물입니다. 시간의 함수로서의 운동을 공간화해 그래프로 나타낸 것은 근대 과학의 초석을 놓은 것입니다. 다른 곳에서 여러 번 이야기했지만, 이 그래프라는 것만큼 분석적 이성의 특성을 정확히 보여 주는 것도 드물죠. 시간의 공간화, 사물들에서 양화量化 가능한 것들(즉 변수)에의 주목, 변수들 사이의 함수관계의 추적, 함수관계의 시각화(사물의 변화를 인식 주체의 눈길 아래에 "동시적으로" 놓는 것)를 단적으로 보여 주는 것이 그래프죠. 그런데 여기에서 중요한 것은 기하학적 도형은 연속량을 다룰 수 있게 해준다는 점이죠. 대수적으로는 무리수를 표현할 수 없습니다만, 선으로 표시하면 무리수가 얼마든지 표시되죠. 기하학적으로는 무리수가 더 이상 '무리수'無理數가 아닌 겁니다.

니콜라우스 쿠자누스는 오늘날 '극한'이라고 불리는 개념을 생각해낸 인물입니다. 쿠자누스는 일급의 수학자는 아니었지만, 수학적 발상을 신학에 적용한 것으로 유명합니다. 신을 일종의 극한으로 본 것이죠. 쿠자누스는 현실적 무한을 '부정적 무한'이라고 불렀는데, 이 때의 '부정'이라는 말은 '부정신학'否定神學에서의 '부정'의 뉘앙스와 같습니다. 한 원 안에 내접하는 다각형을 생각해 보세요. 삼각형의 경우보다 사각형의 경우가, 사각형보다는 오각형이 더 원에 가까이 다가가죠? 다각형의 각을 한없이 늘려 가면 점차 원에 가까이 갑니다. 그러나 원에 도달하지는 못하죠. 신은 이런 극한과도 같은 존재라는 겁니다. 훗날의 무한소미분/무한소해석에서 등장하게 되는 극한 개념의 씨앗이 보인다고 할 수 있습니다.

이렇게 무한 개념의 위상이 중세에 이르러 달라지고, 그후 르네상스 시대와 17세기에 이르러 무한의 형이상학이 활짝 꽃피게 됩니다. 어느 시대든 그 시대 사람들에게 각광받는 개념들, 별 검토 없이 거의 직관적으로 수용되고 찬미되는 개념들이 있기 마련인데, 르네상스 시대와 17세기는 바로 무한의 시대였습니다. 르네상스 시대에 우주의 무한을 주장함으로써 담론사에 큰 분기점을 가져온 인물은 조르다노 브루노였죠. 당시 대부분의 사람들(케플러, 갈릴레오 등)이 여전히 우주의 유한성을 믿고 있었을 때, 브루노는 우주는 무한하다는 것, 우주에는 절대적 중심 같은 것은 없다는 것을 비롯해 과감한 주장들을 펼치죠. 결국 교회의 미움을 사 화형 당하게 됩니다. 갈릴레오나 데카르트 같은 인물들이 평생 교회의 눈 밖에 나지 않으려 전전긍긍한 데 반해서(데카르트는 교회가 무서워 그의 우주론을 출판하지 않았죠.『성찰』의 서문에서는 교회에 노골적으로 아부합니다. 갈릴레오는 교회의 환심을 사려 늘 굽실댔습니다. 흔히 알고 있는, "그래도 지구는 돈다"고 하면서 교회에 맞섰다는 이야기는 나중에 제자가 꾸며낸 과장입니다), 브루노는 교회에 과감히 맞섰으며 죽음을 선고받을 때에도 "재판하고 있는 당신들이 재판받고 있는 나보다 더 무서워 떨고 있구려" 하고 말했다 합니다. 어쨌든 르네상스 말기가 되면 이제 우주의 무한이라는 개념은 널리 퍼지기 시작합니다. 과학혁명 연구로 유명한 알렉상드르 코이레의 저작에 『닫힌 세계에서 무한한 우주로』라는 저작이 있죠. 과학혁명의 의의를 잘 나타낸 제목입니다.

§4. 무한의 사유(17세기 철학과 수학)

17세기는 서구 사상사에서 가장 위대한 시기 중 하나라고 할 수 있을 거예요. 이른바 '천재들의 시대'라고 하죠. 이 시대에 무한 개념에 입각한 사유가 활짝 꽃피었는데, 특히 형이상학과 수학에서 꽃핍니다.

　　데카르트는 아페이론이라는 개념에 들어 있는 '무한'이라는 의미와 '비-일정'이라는 의미를 분명하게 구분합니다. '비-일정'은 인간 지성의 부족함에서 기인하는 모호함이지만, 무한은 명료하고 분명한 개념이라는 겁니다. 물론 이때의 무한은 현실적 무한을 가리킵니다. 좀 기이하죠? 무한이 명료하고 분명하다? 무한이 '본유 관념'이다? 현대인에게조차도 무한이라고 하면 일단 난해하고 신비한 그 무엇 아닙니까? 그러나 17세기 철학자들에게는 무한이란 매우 친숙한, 그래서 별 생각 없이 그냥 받아들이는 그런 개념들 중 하나였습니다. '신'이라는 개념과 더불어서 말입니다. 그래서 20세기 중엽에 활동했던 메를로-퐁티는 17세기 철학자들은 무한 개념에서 사유를 시작했다고 말합니다. 무한이란 설명되어야 할 것이 아니라 다른 것들을 설명해 주는 개념이었던 것이죠.

하나 짚고 넘어간다면, 명석한clear 것과 판명한distinct 것은 구분됩니다. 명석하다는 것은 어느 하나가, 한 개념이 어두운 구석 없이 깨끗하게 다 드러나 보인다는 것, 이해되지 않는 구석이 없다는 것을 말하고, 판명하다는 것은 둘 이상의 것, 둘 이상의 개념들이 서로 간에 뚜렷하게 구분된다는 뜻입니다. 명석함의 반대말이 애매함이고, 판명함의 반대말이 모호함입니다. 애매하다는 것은 어느 하나가 무슨 뜻인지 모르겠다는 것이고, 모호하다는 것은 둘 이상의 것들 사이가 명확히 구분되지 않는다는 뜻입니다. 어쨌든 무한이라는 개념이 명석하고 판명한 개념 즉 '본유 관념'이라는 데카르트의 생각에는 놀라운 구석이 있습니다. 그 시대의 '에피스테메'였던 것이죠.[7]

데카르트는 무한을 신의 속성으로 봅니다. 영혼과 물질은 유한 실체이고 신은 무한 실체이죠. 그런데 이 시대가 되면 유한주의적 세계관이 무너지고 무한을 토대로 한 세계관(우주론)이 이미 확립되었다는 사실을 기억할 필요가 있습니다. 우주론에서 무한은 외연적 무한입니다. 그렇다면, 즉 우주가 무한하다면, 신도 우주에 포함되는 것일까요? 흥미로운 문제죠? 과거에는 우주가 유한한 것으로 표상되었

---

7) '에피스테메'는 현대 철학자 미셸 푸코의 용어이다. 인간은 경험을 일정한 언어로 개념화한다. 푸코에 따르면, 이때 경험과 개념 사이에는 그 두 항을 일정하게 관계 맺어주는 형식이 존재한다. 비가 내리는 현상에 대해 그것을 기술하는 담론체계는 여러 가지이다. 경제학, 화학, 기상학, 물리학 등등은 각각의 패러다임을 가지고서 비를 서술한다. 나아가 푸코는 한 시대, 한 문화(예컨대 고전 시대의 유럽, 제자백가 시대의 중국 등등)는 사물들을 언어화하는 일정한 무의식적 코드를 가지고 있다고 본다. 이 코드를 그는 에피스테메라 부른다.

고 그 바깥에 신이 있는 것으로 여겨졌습니다. 그러나 이제 데카르트는 양적 무한과 질적 무한을 구분합니다. 양적 무한은 질적 무한에 비한다면 유한한 것에 불과하다는 것이죠. 양적=수적 무한은 신의 피조물입니다. 신의 질적 무한, 즉 권능에 비한다면 유한한 것이죠. 이렇게 좀 어중간하게 해결됩니다. 그리고 또 하나 실체가 세 개라는 것이 문제가 됩니다. 실체란 타자에 의해 제약받지 않는 것인데, 실체 바깥에 또 다른 실체가 있다는 것은 이해하기 곤란하다 해야겠죠. 그것도 엠페도클레스의 사원소들처럼 서로 대등한 실체들도 아니고, 무한 실체 하나에 유한 실체 둘이라, 좀 어색하죠? 그래서 스피노자는 데카르트의 이분법(신까지 감안하면 삼분법)을 비판하고 완전히 일원적인 형이상학을 구축하려 합니다.

스피노자에게서 신 바깥에는 아무것도 없습니다. 만일 신 바깥에 무엇인가가 있다면 신은 그 무엇에 의해 제약될 터이고, 신은 유한한 존재가 될 것입니다. A 바깥에 무엇인가가 있다는 것은 곧 A가 상대相對하는 무엇이 있다는 것이고, 따라서 A는 상대적인 존재가 됩니다. 정말 아무것도 '대'하는 것이 없는 경우, 즉 대를 끊는[絶-對] 경우는 그 바깥에 아무것도 없는 경우입니다. 오직 유일한 존재에게서만 절대가 성립하는 것이죠. 때문에 신 바깥에는 아무것도 없어야 합니다. 그래서 스피노자에게서 창조주와 피조물이라는 이분법은 사라지게 됩니다. 이것은 한편으로 세계를 초월해 있는 창조주의 개념을 거부하는 것이고, 다른 한편으로 세계를 만들어진 것, 피조물로 보는 생각을 거부하는 것이죠. 스피노자는 이렇게 이론적으로만 중세적 사유를 끝낸 것뿐만 아니라, 실천에서도, 삶에서도 불굴의 의지를 가지고서 시대에 저항했습니다. (앞에서 본 데카르트, 갈릴레오, 나아가 뉴턴, 라이프니츠 등 대부분의 당대 사상가들과는 달리) 시대와의 타협을 끝내 거부함으로써 고독하면서도 충만한 삶을 살았던 것입니다.

　스피노자에게는 신Deus=자연Natura=실체Substantia만이 존재합니다. 세계에서의 모든 변화는 다름 아닌 이 신=자연의 변양입니다. 변양이란 바로 신이 스스로를 표현하는 방식인 겁니다. 스피노자의 실체는 얼핏 파르메니데스의 일자처럼 보입니다. 그러나 스피노자는 다자성과 운동을 인정합니다. 우리 몸이 하나이면서도 동시에 수많은 것이듯이, 신=자연은 궁극적으로 하나이면서도 동시에 무한한 양태들로 스스로를 표현합니다. 그리고 양태들이 변해 가는 것이 변양인 것이죠. 바다의 파도, 생명체들의 생성과 소멸, 인간들 사이의 전쟁,…… 이 모든 것들이 신=자연의 변양인 겁니다. 그런데 이런 변양에는 일정한 갈래가 있습니다. 그 갈래들을 스피노자는 '속성'이라고 부릅니다. 예컨대 물질과 정신이 두 속성입니다. 파도가 치는 것, 비가 내리는 것, 생명체들이 태어나고 죽는 것 등은 물질-속성의 변양이고, 슬픔, 계산, 마음 바꾸기 등은 정신-속성의 변양인 것이죠. 우리가 아는 속성은 이 두 가지이지만, 스피노자는 사실상 무한한 속성들이 있다고 말합니다. 실체는 무한합니다. 무한한 속성들로 스스로를 표현하고, 또 각 속성들이 무한한 양태들로 스스로를 표현합니다. 물론 스피노자는 근대 특유의 결정론을 견지합니다. 세계는 완벽하게 결정되어 있는 것으로 이해됩니다. 그럼에도 신=자연이 가지는 무한이라는 성격이 그의 철학을 열린 철학, 풍요로운 철학으로 만들어 주고 있는 것이죠.

무한의 문제는 라이프니츠와도 각별한 연관을 가집니다. 그러나 라이프니츠 이야기를 하기 전에 17세기 무한론의 또 한 측면, 즉 수학적 측면을 언급할 필요가 있습니다. 그후 다시 라이프니츠 이야기로 돌아오기로 하죠.

무한과 연속성은 항상 같이 갑니다. 완벽한 연속성이 성립하는 곳에 내적 무한도 성립하기 때문이죠. 1 바로 옆의 수가 뭘까요? 큰 쪽으로 생각해 봅시다. 만일 자연수의 경우라면 당연히 2겠죠? 그러나 이렇게 대답할 수 있는 것은 1과 2가 불연속이기 때문이죠. 완전히 연속성이 성립하는 곳에서는 1 바로 옆의 수가 무엇인지 말할 수가 없게 됩니다. 정수, 유리수까지는 좋지만 무리수까지 포함된 실수의 경우에는 1 바로 옆의 수를 말할 수가 없죠. 다만 1에 "무한히 가까이 가는(가고 있는)" 수라고만 말할 수 있습니다. 반대 방향으로 생각해 보면 0.999……라는 수이죠. "……" 표시가 말해 주듯이 이 수는 끝낼 수가 없습니다. 이때 1은 '극한'limit으로서 성립합니다. 그리고 이 극한에 무한히 가까이 가고 있는 수가 0.999……인 것이죠. 그러니까 0.999……가 1"이다"라고 말할 수는 없지만, 0.999……의 '극한'이 1"이다"라고는 말할 수 있습니다. 이른바 '실수의 연속성'이 전제될 때 이런 경우가 성립합니다. 그래서 연속성의 파악, 즉 무한 분할의 파악에서는 극한 개념이 중요하게 됩니다. 이 극한을 다루는 담론을 '해석학'解析學=analysis이라고 하죠('analysis'를 '분석'으로 번역하지 않도록 주의해야 합니다). 현대 수학의 주요한 분야입니다. 이 해석학은 데카르트의 해석기하학, 갈릴레오를 비롯한 선구자들의 무한급수 연구(여러분들이 고교 수학에서 '수열'이라는 제목 하에서 배웠죠?), 그리고 라이프니츠와 뉴턴의 '미적분'(물론 보다 체계적으로 확립된 것은 베르누이 형제를 비롯한 18세기 수학자들에 의해서였습니다)을 거쳐 바이어슈트라스 등을 통해 모양새가 다듬어져 왔고, 오늘날에는 수학, 과학, 공학에서 핵심적인 담론을 형성하고 있습니다. 특히 공학에서는 가장 기본적인 교과를 형성한다고 볼 수 있죠.

17세기에 라이프니츠와 뉴턴은 '무한소미분'을 개발해냅니다(뉴턴의 경우 '유율법'流率法이라는 표현도 씁니다). 여러분들이 고교 수학에서 늘 배웠던 'dx, dy, dz' 같은 기호들을 떠올리면 되겠네요. 무한소미분을 둘러싼 여러 논의들은 그 자체로 한 권의 단행본을 필요로 할 정도로 풍부합니다. 매우 흥미로운 분야 중 하나죠. 여기서는 (라이프니츠 이해를 위한) 연속성 개념과의 관련만 봅시다. 여러분들이 고등학교 때 '도함수'라는 것을 배웠죠? 그리고 그것이 예컨대 물리학에 응용될 경우(사실상 뉴턴은 물리학적 관심사에서 유율법을 개발해냈습니다만) 어느 순간의 속도가 된다는 것을 기억할 겁니다. 예컨대 한 궤도가 $f(t) = t^3 - t$의 함수로 표시된다면, 이 함수가 그리는 그래프는 곧 독립변수 t의 변화에 따른 종속변수 $f(t)$의 변화를 나타내죠? 그런데 이 함수의 도함수, 즉 '$3x^2 - 1$'은 바로 변화율을 가리킵니다. 그래서 x의 값에 따라 그때그때의 변화율을 구할 수 있는 것이죠.

또 이 변화율이 0이 되는 순간을 구하면 $x = \pm\sqrt{\frac{1}{3}}$이 되죠? 이것은 속도가 0이 되는 순간, 즉 그래프가 마루/골에 도달한 순간을 가리킵니다. 표정들을 보아 하니 다들 잊어버리신 모양이네요. ……(웃음)…… 의미를 가르쳐 주지 않으면서 계산만 하라고 했으니 수학이 재미가 있었을 리 없죠. 무한, 연속성, 극한 등등 정말 너무나도 흥미진진한 개념인데(언젠가 한번 따로 강의해 드리겠습니다), **개념적 이해가** 없이 수식만 나열하니 흥미를 가질 수가 없었을 겁니다. 그러니 고등학교만 졸업하면 수학과는 영영 이별이죠. 한국 수학 교육의 병폐입니다(어디 수학만 그렇겠습니까만). 자, 그건 그렇고 이런 과정을 통해서 "어느 점에서나, 어느 순간에서나"(베르그송) 그때그때의 변화율을 구할 수 있습니다. 다시 말해 연속적 운동을 수학적으로 정복한 것이죠. 일상에서 "인사동에서 종로로 갔다"고 할 때 우리는 운동의 양끝만 말하는 겁니다. 그 과정은 필요 없죠. 그런데 만일 물리적으로 엄밀하게 그 과정을 서술할 수 있게 된다면 어떻게 될까요? 과거에 불가능했던 이 작업이 무한소미분을 통해 가능하게 된 겁니다. 운동과 시간의 연속성을 강조했던 베르그송이 무한소미분을 그토록 중시한 것도 이 때문입니다.

라이프니츠로 돌아가 봅시다. 라이프니츠 사유의 특징은 그에게 분석명제와 종합명제의 구분이 없다는 겁니다. "총각은 결혼하지 않은 남자이다." 이 명제는 분석명제죠. 주어를 분석하면 술어가 논리적으로-개념적으로 따라 나오죠? 그런데 "사과가 딸기보다 크다." 이것은 종합명제예요. 경험을 해봐야 하는 것 아녜요? 우리는 이런 구분을 당연하게 생각합니다. 모든 분석명제는 참이죠. 동어 반복이거나, 주어가 이미 술어를 함축하고 있기 때문이죠. 그런데 라이프니츠는 "모든 참된 명제는 분석적"이라고 말합니다. 이것은 놀라운 생각이죠. "사과가 딸기보다 크다"라는 명제가 분석명제라는 겁니다. 이해하기 힘든 이 생각을 논파하기 위해서 칸트는 분석명제와 종합명제의 구분을 중시한 것이죠. 그런데 라이프니츠의 '모나드'는 신이 설계한 겁니다. 그러니까 사과의 모나드 안에는 "딸기보다 더 크다"라는 술어가 이미 함축되어 있다는 겁니다. 카이사르라는 모나드(신체를 부여받기 전의 카이사르의 설계도) 안에는 "루비콘 강을 건너다"라는 술어 ── 라이프니츠의 용어로 '빈위'attribut ── 가 함축되어 있다는 것이죠.

그런데 이런 문제가 생깁니다. 모든 운동은 연속적이죠. 루비콘 강을 건너는 것도 세부적으로는 여러 단계가 있었을 겁니다. 그렇게 잘라 나가면 결국 다시 무한 분할의 문제에 부딪치게 됩니다. 따라서 라이프니츠의 생각을 받아들여 명제들을 분석한다 해도, 결국 앞에서 말한 '실수의 연속성'과 유사한 문제에 부딪칩니다. 무한 분석의 문제에 부딪치는 것이죠. 그래서 라이프니츠는 이 무한 분석은 신의 소관이라고 보았습니다. 말하자면 인간은 유리수까지 분석할 수 있을 뿐이고, 무리수 부분은 신만이 분석할 수 있다는 것이죠. 종합명제는 분석명제가 아닌 것이 아니라 단지 무한히 분석해야 할 분석명제인 것이죠. 카이사르를 무한히 분석할 수 있다면 "루비콘 강을 건너다"까지도 연역해낼 수 있다는 겁니다. 인간은 무한히 분석할 수 없기에 그것을 종합명제로 다루는 것입니다. 여기에서도 무한과 유한이 신과 인간에 할당되어 대비되고 있음을 알 수 있습니다. 결국 라이프니츠도 무한 개념에 입각해 그의 형이상학을 전개한 셈입니다.

§5. 무한론의 조락(凋落)

그런데 18세기가 되면 이제 무한의 형이상학은 퇴조해버립니다. 그러면서 철학에서의 무한론은 급격하게 쇠퇴하게 됩니다. 왜 그럴까요? 바로 경험주의의 대두 때문입니다. 경험주의는 인식의 범위를 경험에 국한시키는 입장이죠. 그런데 이 당시의 영국 경험론에 있어 '경험'이란 사실상 '지각'을 뜻했습니다. 데이비드 흄이 단적으로 말했듯이, 인식의 근거는 사물이 우리 몸과 부딪침으로써 마음속에 생겨나는 '인상'인 것입니다. 그렇다면 우리가 지각할 수 없는 일체의 것들은 사변적인 것들로 거부당하게 되죠. 사실 오늘날의 맥락에서 보면 경험을 '지각'에 국한시키는 것은 몹시 빈약한 인식론이죠. 그래서 그후 독일 이념론자들은 보다 '주체적'인 경험을, 딜타이 같은 사람은 역사적인 '체험'을, 또 후설, 제임스, 니시다 기타로 같은 사람들은 인간의 깊은 내면적 체험을, 실존주의자들은 인간에게만 고유한 실존적 고뇌를, 베르그송, 화이트헤드, 들뢰즈 같은 사람들은 다양한 종류의 경험들을 포괄할 수 있는 보다 확장된 경험론을 펼치게 됩니다. 그러나 18세기 당대에 경험주의는 과거의 사변적인 철학들을 날카롭게 비판하는 데 큰 공헌을 한 것이 사실입니다.

이 입장에 설 때 무한에 대한 형이상학적 사변은 단적으로 거부해야 할 대상이 되는 것이죠. 물리학도 그 사변적인 측면들에 대해서는 비판받게 됩니다. 다만 수학은 별도의 위상을 부여받게 되고 그래서 수학적 무한만이 인정받게 되죠. 그러나 예컨대 버클리 같은 사람은 무한소미분이 경험주의적으로 볼 때 인정하기 힘든 측면들을 포함하고 있다고 하면서 맹렬하게 공격합니다. 사실 근대 내내 경험주의(나중에는 실증주의)는 과학적-철학적 사변의 발목을 붙잡게 됩니다. 볼츠만이 통계역학이라는 혁명적인 사유를 제시했을 때, 마흐의 실증주의로 무장된 기성 교수들이 냉대했다는 사실은 잘 알려져 있죠? 칸트 같은 사람은 아예 우리가 알 수 있는 것과 알 수 없는 것을 날카롭게 갈라버리게 됩니다. 그러나 우리가 어디까지 알 수 있는가는 시간이 흐르면서 경험 속에서 계속 달라지는 것이라는 점에서, 칸트의 철학은 인간의 지적 모험을 아프리오리하게 막아버리는 편협한 인식론인 겁니다. 20세기가 되어서야 경험주의/실증주의의 한계가 뚜렷이 드러나면서 다시 형이상학적 사유가 전개됩니다. 화이트헤드는 이런 말을 하죠: "사변에 한계를 가하는 것은 미래에 대한 반역이다."

그런데 흥미로운 것은 경험주의, 비판철학, 실증주의의 발흥을 통해서 형이상학적 무한론이 한풀 꺾이게 된 바로 그 시점에서 수학적 무한론은 새로운 전기를 맞이해 활짝 꽃핀다는 사실입니다. 오일러, 크로네커, 코쉬, 데데킨트, 바이어슈트라스, 칸토어 등 근대 수학에서 현대 수학으로 넘어가는 길목에서 등장한 기라성 같은 인물들이 수학적 무한론을 새로운 수준으로 다듬어냅니다. 특히 칸토어의 작업이 핵심적이죠. 오늘날 무한 개념은 적어도 수학적으로는 상당 수준 해명되어 있습니다. 그러나 수학적 무한과 물리학적 무한, 또 철학적 무한,…… 등은 엄연히 다르며, 무한의 문제는 지금도 여전히 살아 있는, 참으로 매력적인 문제죠. 그러나 철학계에서는 이미 죽은 문제가 되어버린 듯합니다.

철학이라는 담론이 갈수록 연성화軟性化된다고 할까요, 본래의 깊이가 외면당하고 자꾸 일종의 '문화평론' 비슷한 것으로 전락하고 있다는 느낌입니다. 몸, 이미지, 감성, 욕망, 성性,…… 이런 주제들을 논해야 사람들이 모이고, 영화 해설을 하고, 디지털 장치를 동원하고, 그림들을 보여 주고,…… 해야 "장사가 되는" 시대이니 말입니다. 정치나 역사 같은 개념들조차도 "딱딱하게" 느껴지는 세상에 형이상학적·존재론적 개념들이야 오죽하겠습니까. 방금 말한 주제들이 중요하지 않다거나 잘못되었다는 것은 물론 아닙니다. 시대의 반영이겠죠. 다만 적어도 어떤 한 구석에서는 우연과 필연, 생명과 물질, 존재와 무, 연속성과 무한 등등 철학의 영원한 문제들을 붙들고서 씨름하는 일군의 학자들은 있어야 하지 않을까 하고 생각합니다. 그리고 사실 그런 깊이가 밑받침이 되어야 보다 현실적인 담론들도 제대로 될 수 있는 것이죠. 철학이 점점 문화를 해설해 주는 일종의 평론이 되고 있는 현상에 대해 한번쯤 깊이 반성해 볼 필요가 있습니다.

Q 스피노자의 신=자연을 말씀하셨는데, 자연의 물질성 자체를 신으로 봤다면 사실상 스피노자는 무신론으로 볼 수 있지 않나요?

A 스피노자가 인격신을 거부한다는 점을 생각하면, 그런 맥락에서는 분명 무신론입니다. 그래서 18세기 계몽사상 시대에 스피노자가 각광받았던 것이죠. 그러나 스피노자가 물질성을 신으로 본 것은 아닙니다. 물질성은 신의 한 측면이죠. 신의 한 속성입니다. 신은 물질성과 정신성을 대등한 두 속성으로 띠고 있기 때문에 물질적 존재는 아닙니다. 게다가 물질과 정신은 우리가 인식할 수 있는 두 속성이고, 그 외에도 무한한 속성들이 있다고 합니다. 바로 이 무한 개념 때문에 스피노자의 사유는, 그것이 근대적 결정론의 형태를 띠고 있음에도, 풍부하고 열린 철학의 성격을 띠게 됩니다. 요컨대 물질성은 신이 아니라 신의 무한한 속성들 중 하나일 뿐인 것이죠. 따라서 스피노자는 무신론자가 아니라 (굳이 말

한다면) 범신론자입니다. 스피노자를 무신론자로 보는 것은 일면적 해석이라 할 수 있습니다.

Q 자연에도 '정신'Geist이 존재한다고 본 건가요?

A 그렇죠. 정신만이 아니라 무한한 속성들이 존재합니다. 그런데 지금 질문 자체가 자연과 인간의 구분을 전제하고 있는 듯합니다. 자연과 인간을 구분한 상태에서 자연"에도" 정신이 있는 것이 아닙니다. 자연은 인간을 포함한 궁극의 세계 자체입니다. 그러니까 자연에 당연히 정신이 포함되죠. "포함된다"기보다는 자연의 한 측면(=속성)이 정신이라고 보면 됩니다. 'Geist'는 그후에 나온 헤겔의 용어이고, 스피노자의 경우는 'cogitatio'(사유작용)죠.

Q 고중세 사람들 사고에서 무한 개념이 없었다고 하셨는데, 인도에서 0(제로)을 발명했다는 것과 연관시켜 생각해 본다면 이 0이 없었기 때문에 무한 개념도 없었다고 할 수 있겠습니까?

A 무한 개념이 없었다기보다는 지금의 무한 개념과 비교한다면 사실상 매우 큼을 뜻했다는 것이죠. 고전 문화에서 '무량수전'無量壽殿 같은 표현들이 등장하죠? 여기에서 '무량'을 직역하면 셀 수 없다는 것이죠. 붓다가 예를 들 때 주로 갠지스 강의 모래알에 비유하죠? 그러나 굳이 현대적인 맥락에서 엄밀하게 말한다면, 갠지스 강의 모래알은 엄연히 셀 수 있죠. 그런 점에서 매우 많은 것과 무한은 다른 개념인 겁니다.

　0과 무한은 둘 다 수라기보다는 개념이라고 할 수 있어요. 특정한 '양'을 가리킨다기보다는 수의 체계 전체에서 특정한 기능을 담당하는 개념들이라 할 수 있습니다. 0은 일종의 축 같은 역할을 한다고 볼 수 있습니다. 만물은 돌지만 축은 안 돌죠. 0은 수의 체계에서 축과도 같은 역할을 한다고 볼 수 있는 것이죠. 그런데 0이 없었기 때문에 무한도 없었다는 것은 쉽게 연결이 되는 생각은 아닌 것 같네요. 0이 아주 작은 것이 아니듯이, 무한이 아주 큰 것이 아니라는 점에서는 서로 대칭적으로 통하는 면도 있는 듯합니다. 그러나 0 개념의 부재 "때문에" 무한 개념이 부재했다는 생각은 인정하기 힘든 생각인 듯합니다.

7강_ 범주

철학은 세계를 종합적으로 보려는 욕망을 가지고 있습니다. 과학은 어느 한 부분을 정확히 보려는 힘에 의해 이끌리고, 철학은 세계와 인간을 넓게 굽어보려는 힘에 의해 이끌리죠. 철학의 이런 성격을 잘 나타내는 개념들 중 하나가 '범주'範疇/category라는 개념입니다. 우리가 일상어에서도 "이게 어느 카테고리에 들어가는 거지?" 하고 물어 볼 때가 있죠? 범주라는 말은 일단 매우 커다란 분류와 관련됩니다. 책상은 '가구'라는 범주에 들어가고, 개나리는 '식물'이라는 범주에 들어가죠. 이런 생각을 세계 전체에 대해 행하는 것이 범주론입니다. 생물학에서 '분류학'이 중요합니다만, 범주론은 말하자면 '철학적 분류학'이라 할 수 있습니다.

여러분, 기자箕子라는 인물 들어 봤죠? 은殷이 주周에 의해 멸망했을 때, 은을 떠나 동쪽으로 갔다는 인물이죠. 어떤 사람들은 이 사람이 고조선을 건국했다고 하면서 '기자조선설'箕子朝鮮說을 주장하기도 하죠. 이 사람이 떠나면서 사람들에게 일상생활에 꼭 필요한 물품들의 전체 목록을 정리해 줍니다. 그 목록 이름이 '홍범구주'洪範九疇죠. 카테고리는 바로 이 말을 따서 '범주'라고 번역된 겁니다. 이 홍범구주는 훗날 오행五行 사상의 형성에도 중요한 영향을 끼칩니다. 어쨌든 범주라는 말은 커다란 분류와 관련되는 말입니다.

그리스어의 'katêgoria'라는 말은 "나는 단언한다"를 뜻하는 'katêgoreô'에서 나왔습니다. 이 말은 본래 법률 용어로서 "나는 고발/고소한다"는 뜻이에요. 고발은 '단언'을 필요로 하고, 그래서 이 말이 "나는 단언한다"로 이어졌을 것으로 추측됩니다. 사람을 고발하는데 단언으로 하지 않으면 곤란하겠죠. 단호하게 이야기해야지 "나는 이 사람을 고발할지도 모릅니다" 하는 식으로 말하면 곤란하고, 그래서 "단언한다"의 뜻이 되었을 겁니다. 그런데 "단언한다"를 좀더 부드럽게 표현하면 "나는 긍정한다/판단한다"는 뜻이 되죠. 그래서 이 말이 판단한다는 뜻이 됩니다. "I affirm"은 "I judge"라는 말과 통한다고 볼 수 있는 겁니다. 그래서 앞으로 보게 되겠지만 범주라고 하는 개념은 '판단'이라는 개념과 상당히 밀접한 관련을 가집니다.

§1. 최상위 유들

첫째로 '최상위의 유들'에 대해 생각해 봅시다. 우리가 사물들을 추상해서 뽀삐나 바둑이나 해피는 개이고, 개나 호랑이나 말은 동물이고,…… 이런 식으로 쭉 추상해 나가면 점점 보편적인 것으로 가겠죠. 그렇게 해서 마지막에 도달하게 되는 것이 최상위 유들이지요. 이 최상위 유들에 대한 논의가 범주론의 출발점입니다.

　'범주'라는 말을 본격적으로 사용한 인물은 아리스토텔레스이며, 그의 전집에서 가장 처음에 놓이는 책이 『범주론』*Categoriae*입니다. 그러나 그 전에 최초의 본격적인 범주론은 플라톤에 의해 이미 제시되었습니다.

　플라톤의 대화편들 중에서 말년에 쓴 『소피스테스』라는 책이 있는데, 상당히 흥미로운 책이죠. 『파르메니데스』, 『티마이오스』, 『필레보스』 등과 더불어 플라톤 존재론의 전모를 잘 보여 주는 후기의 걸작입니다. 그리고 이 대화편은 현대 철학을 이해하는 데에도 중요한 텍스트예요. 현대의 반反플라톤주의적 철학들과 플라톤을 비교해서 논할 때에도 이 대화편이 중심에 놓이기 때문이죠. 현대 철학은 플라톤적 경향도 있고 반플라톤적 경향도 있는데, 분석철학 전통이나 구조주의 등은 전자의 예이고, 니체와 베르그송, 하이데거 등의 철학은 후자의 예이죠. 그런데 이런 사람들이 플라톤을 논할 때 자주 다루는 책이 바로 『소피스테스』입니다. 그런 점에서도 상당히 중요한 고전이고 또 현대에도 의미가 있는 책입니다.[1]

　이 대화편은 처음에는 제목 그대로 '소피스트들'이란 도대체 어떤 사람들인가를 논하는 것으로 시작하지만, 논의가 진행되면서 조금씩 포인트가 바뀌어 점차 본격적인 존재론적 논의로 초점을 옮겨 갑니다. 소피스트들은 여러 가지로 규정됩니다. 그 중 한 가지로, 소피스트들이 낚시꾼으로 비유되기도 하죠. 하잘것없는 지식으로 돈 많은

---

1) 이 대화편에 대한 본격적인 논의는 『신족과 거인족의 투쟁』(한길사, 2008)에서 행한 바 있다.

젊은이들을 낚아서 돈 버는 사람들로 말이죠. 요새로 말하면 고액 과외 하는 것, 대중매체나 대중문화에 편승해 지식 장사꾼이 되는 것에 해당합니다. 더불어 여러 가지 방식으로 소피스트들을 묘사하는데, 그 중에서 철학적으로 눈길을 끄는 것은 소피스트들이란 지식"처럼 보이는 것"을 가지고 있을 뿐 정말 지식은 가지고 있지 못한 존재라는 지적입니다. 이런 규정이 등장하면서 중요한 문제가 제기되는데, 바로 '가짜'의 문제가 제기됩니다. 소피스트들은 가짜를 만들어내는 사람들이고 그 가짜(시뮬라크르)를 진짜처럼 속여 축재하는 인물들이라는 것이죠. 여기에서 가짜/진짜를 둘러싼 문제가 발생하게 됩니다.

그리스 철학에서 가짜/진짜를 둘러싼 가치론적 논의는 존재와 무, 그리고 실재(참된 존재)를 둘러싼 존재론적 논의와 한 덩어리를 이루고 있기에, 이제 논의는 존재론의 성격을 띠게 됩니다. 우리말도 그렇죠. 우리말의 '참되다'는 인식론적으로 '맞다'는 뜻도 되고, 존재론적으로 '진짜'라는 뜻도 되고, 가치론적으로 '옳다/좋다'는 뜻도 됩니다. '참되다'라는 말은 이것들을 다 포함합니다. 오늘날에는 이런 맥락들이 분열되어 있죠. 우리는 이런 의미들을 한 덩어리로 생각하기보다는 따로 떼어서 봅니다. 그런데 그리스 사람들은 이것들을 분열시켜서 생각하지 않고 한 덩어리로 생각했다는 것이죠. 그래서 진짜/가짜의 문제는 가치론적인 문제이자 동시에 존재론적이고 인식론적인 문제이고, 때문에 여기서부터 본격적으로 존재론적 논의가 시작되는 겁니다. 이후 전개되는 존재론적 논의는 플라톤 철학의 심장부를 형성할 뿐 아니라 현대 철학에도 중요한 문제들을 던져 줍니다.

그러면서 흉내내기/모방mimêsis의 문제, 시뮬라크르(이데아와 정반대되는 것, 즉 이미지, 사건처럼 감각적이고 순간적인 것)의 문제가 논의됩니다. 그리고 이런 문제들이 논의되는 과정에서 그리스 존재론사가 정리되죠. 그 과정에서 "신족과 거인족의 투쟁"(이데아를 인정하는 사람들과 그렇지 않은 사람들의 투쟁), 즉 요샛말로 하면 유물론자들(더 정확히는 현상론자들)과 형상철학자들의 싸움이 언급됩니다. 이런 논의들이 전개되는 과정에서 친부 살해, 즉 (플라톤의 사상적 아버지인) 파르메니데스의 극복이 천명됩니다. 그것은 곧 파르메니데스가 단적으로 부정했던 '무' 개념을 재평가하는 문제죠. 그리고 논의는 형상철학과 그 반대자들을 통합해서 세계의 본질을 재규정하는 작업으로 흘러갑니다. 결국 세계의 근원을 힘dynamis으로 보게 되죠. "참으로 있다"ontôs einai고 말할 수 있는 것으로서의 힘 개념에 귀결하게 됩니다.

대화편의 기본 구도만 간단히 요약했습니다만, 이런 논의 과정을 거쳐 플라톤은 '최상위 유들'의 문제에 도달하게 되는 것이죠. 그런데 '최상위 유들'이라는 이 말, '가장 커다란 보편자들'이라는 이 말을 오늘날의 표현으로 하면 바로 '범주'가 됩니다. '최상위 유들'에 대한 플라톤의 논의는 바로 범주론의 효시가 되는 것입니다.

플라톤은 최상위 유들로서 다섯 가지를 제시합니다. 존재/실재, 운동과 정지, 그리고 동일자와 타자(동일성과 차이), 이 다섯 가지를 제시하죠. '있다'라는 것이 최상위 유라는 것을 부정할 사람은 별로 없을 것 같습니다. 그러나 그 다음 최상위 유는 무엇이냐는 물음에 대해서는 사람들마다 생각이 다를 수밖에 없을 듯합니다. 플라톤은 일단 운동과 정지라고 말합니다. 무엇인가가 있다면, 그 다음에는 그것이 운동하고 있느냐, 정지하고 있느냐가 가장 기본적인 문제라는 것이죠

(조심할 것은 이때의 '운동'이 공간 이동만 뜻하는 것은 아닙니다. 넓은 의미에서의 운동을 뜻합니다). 그래서 운동과 정지가 최상위 유에 들어갑니다. 그 다음에는 동일자와 타자를 들고 있죠. 달리 말하면 동일성과 차이라고도 할 수 있습니다. 우리말로 하면 같음과 다름, 또는 같은 것과 다른 것이죠. 이 개념 쌍 또한 근본적인 개념 쌍입니다. 플라톤은 이렇게 다섯 개의 개념을 최상위 유들로서 제시하죠. 이 최상위 유들이 가장 보편적인 존재들이라는 겁니다. 플라톤에게 '존재론'(그에게는 이 말이 없었지만)이란 곧 존재/실재, 운동과 정지, 동일자와 타자를 다루는 담론인 것입니다.

플라톤의 논의는 아리스토텔레스를 거쳐 중세에로 이어졌으며, 'summa genera'(최상위 유들)의 이론으로 지속적인 영향을 끼치게 되지요.

§2. 아리스토텔레스의 범주론

두번째로 아리스토텔레스의 범주론을 이야기해 봅시다. '범주론'이라는 말은 아리스토텔레스의 이름과 결부되어 있어요. '범주론'이라고 하면 대개 아리스토텔레스와 칸트, 이 두 사람의 이름을 떠올리게 됩니다. 그만큼 아리스토텔레스의 범주론은 기본적인 범주론이죠. 아리스토텔레스의 초기 저작 제목이 『범주론』('오르가논'의 첫번째 권. 따라서 아리스토텔레스 저작들 중 제일 처음에 오는 저작)입니다. 이로부터 '범주론'의 역사가 시작됩니다.

범주란 개별적인 존재들에서 시작해 보편적인 존재들로 거슬러 올라갔을 때 더 이상은 환원되지 않는 최상위 유들을 뜻합니다. 개나 소나 말 같은 짐승들은 동물로 환원되죠. 그리고 동물은 생명체로 환원됩니다. 또 빨강, 노랑, 파랑 등은 색으로 환원되고, 네모, 세모, 동그라미는 모양으로 환원되죠. 이렇게 쭉 환원시켜 나가는 거예요. 그런데 더 이상 환원되지 않는 최상의 유들이 바로 범주들이라는 것이죠. 소크라테스, 오추마, 붉은 장미 등등은 모두 '실체'의 범주에 들어가죠. 그리고 빨강, 노랑, 파랑 등등은 '색', 네모, 세모, 동그라미 등등은 '모양', 단맛, 쓴맛 등등은 '맛'이고, 이와 같은 종류의 것들은 궁극적으로는 '질'로 범주화됩니다.[2] 거꾸로 이야기할 수도 있겠죠. 질에는 이러저러한 질이 있고, 그 중 감각적 성질에는 소리, 맛 등등이 있고, 맛에는 신맛, 짠맛 등등이 있고,…… 이런 식으로 쭉 내려갈 수도 있겠죠. 또, 양量/quantity이라는 범주도 있습니다. 아리스토텔레스는 이렇게 해서 10개의 범주를 제시하게 됩니다. 범주들 서로 간에는 더 이상 환원이 불가능합니다. 예컨대 빨간색과 3이라는 수, 종로라는 장소-범주와 어제라는 시간-범주 등은 그것들을 포괄하는 더 높은 범주로 추상되지 않습니다. 더 이상 환원이 불가능해요. "오늘 날씨가 어떻습니까?"라고 '질'의 범주로 물어 보았는데, "3입니다"라고 '양'의 범주로 답할 경우 대화가 안 되겠죠. 그러니까 우리는 일상 언어 속에서 이

---

2) 동북아 사유에서 세계의 실체는 '기'(氣)이다. 이 기가 어떤 규정성들도 띠고 있지 않을 때, 일정한 규정성들로 갇혀 있지 않을 때 '태허'(太虛) 상태가 된다(장횡거의 경우). 그리고 이 '기'가 일정한 규정성들을 띠게 될 때 '객형'(客形)의 상태에 있게 된다. 이때 기는 형, 질, 색 등을 띠게 된다. 'quality'를 '질'로 번역한 것은 이런 맥락에서이다. 생물학에서의 '형질'(形質) 같은 말도 이런 맥락에서 이해할 수 있다.

미 범주론을 구사하고 있는 거예요. 꼭 범주론을 공부하지 않아도 우리말 자체가 이미 그렇게 구성되어 있어요. 거꾸로 말하면 아리스토텔레스는 일상 언어를 모델로 그의 범주론을 구성했다고 할 수 있습니다. 방금 든 예에서처럼 엉뚱하게 대답할 경우 우리는 '범주 오류'category mistake를 범했다고 말합니다.

자, 그러면 아리스토텔레스의 범주는 구체적으로 어떻게 되어 있는가? 아리스토텔레스에게서는 우선 가장 근본적인 구별이 있습니다. 하나는 '자체로서 존재하는 것들'이고, 다른 하나는 '타자에 붙어서 존재하는 것들'이죠. 전자가 실체이고, 후자가 우유偶有 즉 우연한 존재들(우발적인 존재들)입니다. 실체는 그 자체로서 존재하는 것인데, 여기서 "그 자체로서"라는 말은 'kath'auto'를 번역한 말이죠. 라틴어로는 'per se'입니다. 여러분들이 영어를 비롯한 서구 문헌들을 읽다 보면 이탤릭체로 *per se*라고 쓴 표현을 가끔 볼 수 있을 겁니다. 바로 이 표현이 그리스어 'kath'auto'까지 거슬러 올라가는 말로, 지금 이야기한 존재론적 의미를 함축하고 있는 말이죠. 영어로는 'in itself'가 됩니다. 이와 달리 '우유'라는 것은 실체에 부대해서 존재하는 것으로 'kata symbebêkos', 라틴어로 'per accidens'죠. 여러분들이 유심히 볼 것은 여기서 '偶'라는 말의 뉘앙스는 이전에 이야기했던 '우발성'의 뉘앙스라는 사실입니다. 과학적 맥락에서의 '우연'이 아니라 (존재론적 맥락에서 필연과 모순되는) 우발성이라는 뜻에서의 '偶有'인 겁니다.

그런데 이 우유의 범주에는 9가지가 있어요. 실체를 감안한다면, 사실상 아리스토텔레스에게는 총 10개의 범주가 있는 것이죠. 그러면 이 범주들을 과연 어떤 과정에 따라 찾아내었는가? 결국 이 세계에 대해서 이야기하고 있는 모든 명제들을 검토해 봄으로써 가능했습니다. 이 세상에 존재하는 모든 것들은 결국 인간이 그들에 대해 이야기하는 명제들에 나타날 것이기에, 언어를 분석하면 세계를 이해할 수 있다는 생각입니다. 실체와 우유라는 구별 자체가 우리의 언어 구조에 입각한 것입니다. 존재론적으로는 실체와 우유이지만, 언어적으로는 바로 주어와 술어에 해당합니다. 존재론(과 논리학)은 언어학과 맞물려 있기 마련입니다. 언어란 세계에 대한 것이고, 따라서 세계는 언어에 그대로 반영되어 있으니까요. 일상 언어에서 주어를 'subject'라고 하죠? 그런데 주어는 기본적으로 명사(구)이고, 이것은 'subject'에 대응합니다. 바로 존재론에서의 'substance'와 같은 맥락에서 나온 말입니다. 술어predicate는 존재론적으로는 성질(형용사에 대응), 사건(동사에 대응)에 해당합니다. 그래서 주-술(S-P) 구조라는 논리학의 기본 형식은 그 아래에 이미 실체-성질이라는 존재론적 구도를 깔고 있는 거예요. 우리는 "소크라테스는 현명하다"고 하지 "현명하다가 소크라테스이다"라고는 하지 않습니다. 소크라테스라는 주어/실체가 현명하다라는 술어/성질을 거느리고 있는 것이죠. 이렇게 해서 실체 범주와 우유의 범주들이 구분됩니다.

그러면 우유에 속하는 범주들은 어떻게 성립하는가? 이 범주들은 술어에 들어가는 것들을 분류해 봄으로써 성립하게 됩니다. '소크라테스'는 실체/주어이고 "이러이러하다"고 하는 부분이 성질(또는 사건)/술어라 할 때, 이 술어에 오는 것들을 쭉 분류하는 것이죠. 그리스어 'katêgoria'가 라틴어로 번역되면서 'praedicamentum'이 되죠. 이 'praedicamentum'은 오늘날 영어의 'predicate'에 해당합니다.

그러니까 그리스어의 '범주'가 라틴어의 '술어'로 번역된 겁니다. 얼핏 생각하기에 'katêgoria'는 존재론적 개념이고, 'praedicamentum'은 논리학이나 언어학의 개념으로 생각됩니다. 그래서 전자가 후자로 번역되었다는 것은 얼핏 보아 좀 이상하게 느껴집니다. 그러나 범주를 만든 과정 자체가 술어들의 분류라는 것을 생각하면 이해가 갑니다. 그리고 이 개념들은 또한 '판단'이라는 말과도 밀접한 관련을 가지는데, 판단이란 다름 아니라 주어에 술어를 붙이는 행위입니다. 판단에 대해서는 조금 있다가 말씀드리기로 하죠. 우선 다음과 같은 판단들을 봅시다.

소크라테스는 못생겼다.

서울은 크다.

공깃돌이 다섯 개이다.

철수는 똘이의 아빠다.

어머니는 시장에 계신다.

……

이런 식의 명제들을 폭넓게 검토함으로써 우리는 범주들을 만들어 나갈 수 있는 것입니다.[3] 예컨대 "못생겼다", "크다" 등은 '질'로,

---

3) 그런데 모든 명제들이 이런 식으로 표현되지는 않으며, 때문에 모든 명제들을 이 구조로 환원시키려는 노력이 이어지게 된다. 포르-루아얄의 노력이 대표적이다. 또, 19세기 이래 드 모르간, 조지 불, 고트로프 프레게, 존 스튜어트 밀 등을 통해서 이 구조 자체를 넘어서 새로운 논리적 구조를 찾으려는 시도가 이어지게 된다.

그리스어	라틴어	영어	한글
ousia	**substantia**	**substance**	실체
poîon	qualitas	quality	(성)질
poson	quantitas	quantity	양
pros ti	relatio	ralation	관계
poiein	actio	action	능동(행위/행동)
paschein	passio	passion	수동(겪음)
echeîn	habitus	state	상태/습관
pote	quando	time	시간
poû	ubi	place	장소
keistai	situs	position	위치

"다섯 개이다"는 '양'으로, "~의 아빠다"는 '관계'로…… 범주화됩니다. 아리스토텔레스는 이렇게 해서 위의 표와 같은 10개의 범주를 얻어내게 됩니다.

자, 하나씩 검토해 볼까요? 실체에 대해서는 이미 이야기했습니다. (성)질을 뜻하는 'poîon'은 원래 "어떤?"이라는 의문형용사와 관련이 있습니다. 이것이 그대로 중성명사로 화한 형태가 'poîon' 즉 'qualitas'이고 그래서 우리말의 '어떠함'에 해당한다고 할 수 있죠. 저것은 이러이러하다, 즉 무엇(실체)인가가 "이러이러하다"고 할 때 이 '이러이러함'에 들어가는 모든 것들이 바로 질입니다. "소크라테스는 어떻습니까?"라고 물어볼 때 우리가 그에 답해서 언급하는 모든 것들이 질들인 것이죠. 그런데 누군가가 이렇게 물어 보면 아마 상대방은 "어떻다는 게 무엇이 어떻다는 겁니까?" 하고 답할 거예요. 왜 그럴까요? "어떻다"라는 것에는 매우 많은 종류가 있기 때문이지요. 즉, 이 물음은 소크라테스가 큰지 작은지(관계의 범주를 말하는 것인지),[4] 하얀지 검은지(색의 범주를 말하는 것인지), 기분이 좋은지 나쁜지(기분의 범주를 말하는 것인지) 등등 무수히 많은 경우들을 포함합니다. 그래서 (실체를 제외한) 아홉 개의 범주들 중에서 질은 다른 범주들에 비해 특히 다양한 것이 특징입니다. 질이라는 범주 자체가 그 아래에 색, 모양, 감촉, (마음의) 성격 등등 수많은 하위 범주들을 내포하고 있는 것이죠.

'Quality'라고 할 때 'qu'라는 어근은 인도-유럽어에서 보통 '겪음'의 뜻을 함축하고 있어요. 겪는다는 것은 주체가 타자들과 접촉함으로써 그 상태가 변함을 뜻합니다. 집 바깥에 나가면 바깥의 공기와 내 몸이 부딪치고, 그래서 내 몸에 변화가 오죠? 내 몸이 무슨 일인가를 "겪은" 것입니다. 이렇게 겪음으로써 주체가 일깨워지죠. 아무런 겪음도 없다면, 예컨대 캄캄한 방에서 아무런 변화도 없는 상태로 누워 있다면(천장도 보이지 않고, 마음에도 거의 변화가 없다면), 도대체 아무런 '질들'도 없을 겁니다. 타자와 부딪쳐야 주체가 일깨워지는 것이죠. 이 일깨워짐이 우리말의 '각'覺에 해당합니다. 감각, 지각, 통각 등에 모두 '각'이 들어가죠? 그래서 질들은 바로 인식 주체의 일정한 겪음을 통해 그의 상태pathos에 어떤 변화가 오고, 그때 인식 주체가 자신의 변화로서 받아들인 것들이라고 할 수 있습니다. 'quality'라는 말은 이런 흥미로운 어원적 내용을 담고 있죠. 스피노자가 말하는 '변양' 즉 양태들의 변화도 결국 이런 사유 모델에 입각해 있는 것입니다.

양을 뜻하는 'poson' 역시 양을 물어 보는 의문형용사가 중성명

---

4) 큼과 작음은 항상 상관적이기 때문에 관계의 범주에 속한다.

사화된 것입니다. 언어적으로 질이 '성질형용사'에 대응한다면, 양은 '수량형용사'에 대응한다고 하겠습니다. 우리는 보통 양이라는 것을 여러 범주들 중 하나로 보죠. 그러나 근대 이후의 과학은 양을 특권화합니다. 사물들에서 양적인 측면들에 주목하고, 변화하는 양들(수학적으로는 '변수'들) 사이의 함수관계를 추적하고, 그 함수를 사용해 미래를 예측합니다. 물론 양에 초점을 맞춘 함수이기에 예측 역시 양의 측면에서 이루어질 수 있죠. 과학의 '예측'을 과장하면 곤란합니다. 어쨌든 과학은 모든 것을 수학화하고자 하는 욕망에 의해 진행되며, 그래서 수학화되지 않는 것은 과학이 아닌 것으로 간주됩니다. 20세기 초의 과학철학자인 브렁슈비크는 양화=수학화가 있는 곳에 과학이 있다고 했습니다. 아리스토텔레스의 학문이 질에 초점을 맞춘다면, 근대 이후의 과학(특히 자연과학)은 양에 초점을 맞춥니다.

관계를 뜻하는 'pros ti'는 앞에서 'to ti ên einai'가 그랬듯이(1강, §5) 한 단어가 아니고 전치사 'pros'와 대명사 'ti'가 합쳐진 구입니다. "x에 관계해서"라는 부사구였으나, 라틴어로 번역될 때 아예 'relatio'라는 한 단어로 정착되었던 것이죠. 이 '관계' 역시 참 중요한 범주죠. 관계는 다자를 전제합니다. 그런데 다자가 각자의 완벽한 자기동일성을 보존한 채 불연속을 형성한다면, 관계라는 범주는 생겨나지 않겠죠. 사물들이 자기동일성의 성문을 열고 타자들과 연속성을 형성할 때 관계 범주가 성립합니다. 우리가 음식을 먹을 때, 음식과 우리 사이의 불연속이 깨지면서 음식이라는 타자가 우리 몸에 들어오죠. 그러면서 음식과 우리의 관계가 형성됩니다. 이렇게 관계는 다자와 운동이 전제될 때 성립합니다. 그런데 관계를 통해 사물들의 자기동일성이 변화되지만, 그 변화된 자기동일성은 다시 새로운 관계를 만들어 냅니다. 북한과 남한의 관계가 변하면 각각의 자기동일성에 변화가 오고 서로 다른 존재로 화하겠지만, 그때 남북의 관계 또한 다시 변하겠죠. 관계와 관계를 맺고 있는 주체들은 서로 맞물려 있습니다.

관계라는 범주는 그 존재론적 위상이 흥미롭습니다. 예컨대 친하던 사람들이 관계가 나빠져서 헤어졌을 경우, 존재했던 관계가 사라지죠. 그리고 다시 생겨날 수도 있습니다. 관계란 사물들 '사이'에 존재하고, 그래서 그 사물들의 존재와 맞물려 있습니다. 관계의 이 '외부성'exteriority은 매우 중요한 함의가 있죠. 고전적인 철학들일수록 관계를 '내부성'interiority으로 만들려 노력하곤 했습니다. A항과 B항이 있다면, 그 사이에 어떤 필연적인 관계를 놓고자 했던 것이죠. '인과' causality 개념이 대표적입니다. 데이비드 흄은 이런 내부성을 자의적인 것으로 보고 '관계의 외부성'을 강조한 대표적인 인물입니다. 그럴 경우 인과성이라든가 필연성 등등 고전적인 생각들이 무너지게 되죠. 흄이 서구 철학의 이단아가 된 까닭, 칸트의 말처럼 전통 철학의 "독단의 잠에서 깨어나게" 한 까닭이 여기에 있습니다.

하지만 추상적인 층위에서 생각해 보면 그 자체로서 일정하게 형성되어 있는 관계들도 있죠. 예컨대 "A는 B의 아들이다" 같은 관계는 A, B에 누가 들어가든 인류가 존속하는 한 지속되는 관계입니다. 또, "A가 B를 사랑한다"라는 관계 또한 인류사에서 항상 반복되어 나타나는 관계입니다. 이렇게 생각해 보면, 흄이 말하는 '관계의 외부성'도 절대적인 것은 아닙니다. 생각을 좀더 추상적인 수준으로 올릴 경우, 세계에서 반복적으로 나타나는 형식들이 있습니다. 논리학은 구체적인 인식 내용이 아니라 주로 이런 관계들, 형식들을 다루는 담론이죠. 이 세상에 가능성이라는 것이 존재하는 한, "만일 ~라면, 그러면 ~"이라는 논리적 형식들logical forms도 존재하겠죠. 이런 논리적 형식들만 따로 다루는 것이 논리학입니다. 흄적인 우발성과 함께 이런 논리적 관계들이나 형식들의 존속 또한 고려해야 합니다. 이뿐만 아니라 여러 측면들에서 관계라는 범주는 흥미로운 철학적 논의거리를 담고 있는 범주입니다.

다섯번째 범주인 능동(능동적 행동)과 여섯번째 범주인 수동(수동적 행동)은 쌍으로 이해할 수 있겠죠. 둘 다 동사가 명사화된 것입니다. 이미 플라톤은 작용을 가함(능동)과 받음/겪음(수동)을 중요한 개념들로서 다룬 바 있습니다. 조금 전에 이야기했듯이, 플라톤은 '존재/실재'를 힘(잠재력)으로서 정의합니다. 참고로 말하면 이 'dynamis'가 아리스토텔레스의 가능태, 스피노자의 역능potentia, 라이프니츠의 활력vis viva 등의 개념들로 전개되어 나가죠. 물론 그렇다고 이 개념들이 똑같은 것은 아닙니다. 개념들의 친연親緣 관계를 추적하면 그렇다는 이야기입니다. 존재/실재는 "타자에게 작용을 가하기도 하고 타자에 의해 작용을 받기도 하는/할 수 있는 힘을 가진 것"(『소피스테스』 247d-e)으로 이해됩니다. 세계의 실상은 정적이고 죽어 있는 무엇이 아니라 살아 있는 힘이며, 힘이 존재한다는 것은 곧 작용을 가함과 받음/겪음이 존재한다는 것을 뜻하는 것이지요. 이 개념 쌍은 철학사 전체를 관통해서 중요한 역할을 하게 됩니다.

상태를 뜻하는 'echeîn' 역시 본래 동사로서 '가지다'를 뜻합니다. 예컨대 우울한 사람은 우울한 상태를 가지고 있다는 생각이죠. 이 범주와 질 범주의 관계는 미묘합니다. 얼핏 생각하기에 상태는 질의 일종인 듯하기에 말이죠. 우리가 보기에 상태하고 질을 굳이 다른 범주로 구분할 필요가 있을까, 상태라고 하는 것이 질의 일종이 아닌가 하는 생각이 들죠? '우울하다'라는 것이 질의 범주일 수도 있고 상태의 범주일 수도 있는데, 굳이 둘을 구분한다면 질이 '어떠함'이라면 상태는 '어떠함을 가지고 있음'이라고 할 수 있습니다. 그러나 더 정확히 말해 이 말은 라틴어 'habitus'(영어의 'habit')가 잘 보여 주듯이 누군가가 지속적으로 가지고서 살아가는 것을 뜻합니다. "저 사람은 기분이 좋다"는 것은 질이지만, "저 사람은 평소 성품이 아주 명랑한 사람이야"라고 할 때는 지속적인 상태에 해당한다는 겁니다. 습관, 특성, 지속적인 성격 등을 뜻하는 것이죠. 그러나 이렇게 생각할 때에도 이것을 꼭 독립된 범주로 생각할 필요가 있는가라는 문제는 여전히 남습니다. 시간상 지속되느냐 일시적이냐라는 차이 때문에 과연 독립된 범주로 구분시켜야 하는 것인가는 여전히 의구심이 드는 대목이에요. 그래서 가끔씩 어떤 사람들은 아리스토텔레스의 범주론이 엉성하다고 비판을 하기도 해요.

지나가면서 하는 이야기이지만, 후기구조주의 사상의 중요한 인물들 중 한 사람인 피에르 부르디외는 이 '하비투스' 개념에 새로운 의미를 부여함으로써 그의 사회학을 구축할 수 있었습니다.

다음으로 시간과 장소 또한 범주들입니다. 'Pote'와 'poû' 역시 의문부사들이 중성명사화된 것들이에요. 여기에서 '공간'이 아니라 '장소'라는 점에도 주목할 필요가 있습니다. 아리스토텔레스에게서는 사물들이 존재하지 않는 텅 빈 공간 같은 것은 의미가 없어요. 의미 있

그리스어	라틴어	영어	한글
genos	genus	genre (프랑스어)	유/장르
eidos	species/forma	species/form	종
heteroion	differentia	difference	차이
idion	proprium	property	특성/특질
symbebêkos	accidens	accident (al being)	우유 (우발적 존재들)

는 것은 그런 텅 빈 공간이 아니고 장소입니다. 이 방을 보면 아무것도 없는 이 방 자체가 공간이고 거기에 사람들이 차 있다고 생각할 수도 있지만, 역으로 사람들이 있음으로써 자리가, 장소가 존재한다고 할 수 있습니다. 공간이라는 것은 추상화된 어떤 것이지만 장소라고 하는 것은 사물들이 이미 있는 그 상황에서의 위치들과 관계들인 것이죠(물론 일상 언어에서는 공간이라는 말이 매우 포괄적으로 사용됩니다만). 또, 장소와 위치가 구별된 것도 주목할 만합니다. 장소와 위치를, 설사 그 사이에 의미의 뉘앙스 차이가 있다고 하더라도, 굳이 다른 범주로 독립시켜야 하겠는가 하는 의문이 있어요.

아리스토텔레스의 범주론은 후대에 상당한 영향을 끼쳤습니다. 그러나 일면 불만족스러운 점도 있어, 그후 많은 사람들이 아리스토텔레스를 기초로 새로운 범주표를 작성하게 됩니다. 예컨대 포르퓌리오스는 위와 같이 수정된 범주표를 제시했습니다.

플로티노스의 제자였던 포르퓌리오스는 고대 철학과 중세 철학을 잇는 매개 고리가 되었던 사람인데, 이 사람은 유, 종, 차이, 특성, 우유, 이런 식으로 범주를 제시하죠. 아리스토텔레스의 표와 여러 가지로 다름을 확인할 수 있습니다. 이후로도 많은 철학자들이 각각 이전의 성과들을 비판하면서 상이한 형태의 범주표들을 제시해 왔습니다. 범주라는 것이 세계를 개념적으로 정리하는 것인데, 그것이 다 똑같을 수는 없겠죠.

Q 더 이상 환원되지 않는 것이 범주라고 했는데, 질, 양,…… 이런 큰 것들 말고 그 밑에 있는 색이나 모양,…… 이런 것들은 범주가 아닙니까?

A 그런 것들은 '하위 범주들'이라고 할 수 있죠. 아까 이야기했듯이, 질의 범주는 매우 포괄적입니다. 그래서 질의 하위 범주들로 간주되는 것들을 과연 질로 환원시킬 수 있는가라는 물음이 제기될 수 있습니다. 예컨대 색하고 맛은 어떤가? 우리가 느끼기에 이것들은 환원되지 않을 것 같잖아요? 그래서 어찌 보면 질의 범주는 더 나뉘어야 될 것도 같은 생각이 들죠. 모양, 색, 맛, 촉감 등을 다 질로 보는 것은 무리가 아닌가 하는 생각이 들기도 하지요. 그렇지만 이런 것들이 모두 우리의 오감으로 들어온다고 하는 공통성, 일상 언어에서 형용사로 표현된다고 하는 공통성, 그런 공통성 때문에 질로 묶인다고 할 수 있습니다.

Q 범주가 우리의 일상생활에서는 분명 중요한 의미가 있는데, 철학에서 범주를 나누는 것은 어떤 의미를 가지는 것입니까? 그리고 고대나 중세에는 이런 식으로 범주를 나누었겠지만, 과학이 발달하다 보면 범주들이 달라질 수 있잖아요. 이렇게 보면 철학은 과학이 점점 발달해야 따라서 발달한다는 논리가 생기는데, 제가 알고 있기로는 철학이 먼저 발달했지 과학이 먼저 발달한 것은 아니거든요. 이 문제를

어떻게 생각해야 할까요?

A 범주론이라는 것은 일상생활에서보다는 차라리 철학적 사유에서 중요하다고 해야겠죠. 철학이라는 담론의 성격이 세계를 거시적으로, 종합적으로 이해하려는 데 있기 때문에 범주론이 중요하게 됩니다. 말하자면 세계를 개념적으로 도식화해 보고 싶은 욕망이라고 할 수 있죠. 그래서 철학에 중요합니다. 물론 일상생활에서도 '카테고리'에 대한 감각이 중요할 때가 있죠. 하지만 일상생활에서는 비교적 소소한 카테고리들이 문제가 되고, '범주론'이라고 부를 만한 논의는 철학에서 흥미로운 주제라 하겠습니다.

두번째 질문은 매우 중요한 문제를 언급한 것입니다. 과학을 언급하셨지만, 꼭 과학만은 아니고 경험이라고 하는 것이 좋겠죠. 과학적 경험만 경험이 아니니까요. 우리는 시간 속에서 역사적 경험, 과학적 경험, 문화적 경험 등 많은 경험을 합니다. 이전에 하지 못했던 새로운 경험을 하게 될 경우 범주도 바뀌어야 하겠죠. 왜냐하면 이전에 우리가 가지고 있던 범주로는 이해가 되지 않는 그런 현상들이 나타나니까요. 어떤 특정한 범주체계를 고착시킨다는 것은 결국 우리가 이 세계에서 끝없이 새롭게 할 수 있는 경험의 가능성을 미리 막아버리는 결과가 돼요. 경험을 따라가면서, 경험과 맞물리면서, 경험을 끝없이 반영하면서 범주를 수정해 나가야 하는 것이죠. 이 이야기는 조금 있다가 다시 하게 될 것입니다.

과학과 철학의 선후는 정할 수 없어요. 물론, 역사적으로는 과학들이 철학에서 분화되어 나왔습니다. 본래 모든 학문이 다 철학인데, 17세기 정도에 자연과학이 분가해 나갔고 19세기 정도에는 사회과학이 분가해 나갔죠. 하지만 이미 다양한 과학들이 분화해 있고 철학도 학문의 일부가 되어버린 오늘날의 맥락에서 본다면, 과학적 발전이 이루어져 거기에 자극을 받아 철학적 발전이 이루어지기도 하고 또 어떤 과학적 성과가 함축하는 철학적 의미가 탐구되기도 한다고 해야 하겠죠. 물론 반대로 철학에서 힌트를 얻어서 과학적인 작업이 진행되기도 하지만, 오늘날에는 대체적으로 과학적 성과들이 먼저 이루어지고 철학이 그 것을 종합하고 극복하는(순수 철학적인 문제들을 다루는) 경우가 대부 분입니다. 사실 과학과 철학의 경계를 날카롭게 나누기도 힘들거니와, 어느 것이 먼저 오는지 아프리오리하게 애기할 수 없는 것이죠. 복잡하 게 얽히고설킨 것이라고 해야 합니다. 예술도 그렇고, 정치적 경험도 그 렇고요. 이런 것들에는 아프리오리한 선후라는 것이 없죠. 역사 속에서 복잡하게 관계 맺으면서 얽혀 나가는 겁니다.

§3. 선험적 주체의 범주들

아리스토텔레스와 더불어 '범주'라는 말에 굳게 결부되어 있는 또 한 사람의 인물은 칸트죠. 칸트 역시 아리스토텔레스와는 다른 범주표를 제시함으로써 범주론에 중요한 공헌을 했습니다. 그러나 아리스토텔 레스에서 칸트로 가면서 철학의 내용보다는 철학함의 구도 자체에서 근본적인 변화가 있었다는 점을 먼저 논해야 할 것 같네요. 어찌 보면 범주론 자체에 관한 이야기가 아닐 수도 있지만, 이제 지금 하는 이야 기는 서구 철학사 전체의 이해에 가장 핵심적인 사항들 중 하나라고 할 수 있습니다.

아리스토텔레스에게 있어 범주란 **존재의 범주**예요. 그것은 세계 자체의 구조인 것이죠. 그리고 언어로 표현된 범주는 객관적=존재론적 범주들과 상응하는 한에서 의미를 가집니다. 사물과 언어 사이에는 '동형성'isomorphism이 존재한다는 것이죠. 우리가 "눈은 희다"라고 말할 때, 이 말이 객관세계와 관계 없는 것이 아니죠. 진짜로 눈이 흰 것과 이 말이 일치해야 의미가 있는 것입니다. 사물과 언어가 일치해야 한다는 것이죠. 사실 깊이 들어가면 '일치한다'는 말이 간단한 것이 아니지만, 일단 이렇게 생각할 수 있습니다. 그래서 진리란 대상과 판단/명제의 '상응'으로서 정의되며, 여기에는 보다 근본적으로 '존재와 사유의 일치'라는 대전제가 깔려 있습니다. 서구 전통 사유의 대전제는 **존재와 사유의 일치**라는 이 테제에 있다고 볼 수 있어요.

이런 생각은 중세를 거쳐 이른바 '고전 시대'(17, 8세기)까지도 내려옵니다. 이런 일치를 가능하게 해주는 원리를 '자연의 원리', '자연의 빛'이라고도 말합니다. 존재와 사유의 일치는 're-presentation'이라는 말로 대변됩니다. 무엇인가가 다른 어떤 것에 그대로 다시 나타날 때 일치가 가능한 것이죠. 특히 고전 시대에는 사물과 관념과 기호의 일대일 대응을 추구했습니다. 어떤 장미꽃의 붉은색이 객관적으로 존재하고, 내가 그것을 지각해서 내 마음속에 그 색의 관념이 생기고, 또 그 꽃의 색을 지시하는 '붉은색'이라는 기호가 생깁니다. 그래서 이 삼자가 서로 일치할 때 진리가 성립하는 것이죠. 말하자면 사물과 기호와 관념이 거울처럼 서로가 서로를 비춰 주는 관계인 겁니다. 그런데 그런 일치가 성립하려면 그들을 꿰어 주는 빛이 있어야겠죠. 그래서 거울이라든가 빛이라는 은유가 서구의 진리 개념의 성립에 중요한

벨라스케스(Diego Velázquez)의
「시녀들」(Las Meninas, 1656).

역할을 합니다.

벨라스케스의 「시녀들」이라는 그림이 있죠? 이 그림은 흔히 고전 시대의 재현 개념을 잘 보여 주는 그림으로 언급됩니다. 화가가 있고, 화가가 그리고 있는 모델(공주)이 있고, 또 그림 속의 거울에 비친 왕과 왕비가 있습니다. 거울 속에 비친 사물을 통해 화폭 바깥의 존재를 화폭 안에 옮겨 놓는 기법은 이 시대에 흔히 사용되었던 기법이죠. 철학적으로 보면, 대상과 주체와 관찰자가 놀랍게도 한 화면에 함께 있어요. 그런데 중요한 것은 옆의 창문으로 빛이 들어와 삼자를 모두 비춰 주죠. 대상, 주체, 관찰자를 모두 비춰 주고 그들을 하나의 화폭 안에 공존할 수 있게 해주는 이 빛이야말로 고전 시대를 사로잡은 'lumen naturae', 즉 자연의 빛이라고 할 수 있겠죠.

이렇게 서구의 전통 사유는 존재와 사유의 일치라는 대전제 위에서 움직였습니다. 그런데 칸트에 이르러(이미 영국 경험론에서 그런 변화가 나타나지만), 이제 서구 철학의 이 대전제가 무너지고 전혀 새로운 사유 틀이 도래하게 됩니다.

이것은 우리가 대상에 대해 어떻다고 할 때, 그것은 따지고 보면 인간이 대상에 대해 일방적으로 이야기하는 것이 아닌가 하는 생각입니다. '객관성'이라는 것에 대해 의심하는 생각이죠. 우리가 대상을 바라보는 것은 결국 인식 주체의 일정한 조건에 입각해 보는 것이 아닌가라는 생각입니다. 현대 철학에서는 인식이란 어떤 일정한 인식 틀에 입각해 이루어진다고 봅니다. 특정한 논리적 틀, 개념적 틀, 도구들(현미경, 망원경 등)의 틀 등등 일정한 틀을 가지고서 본다는 것이죠. 하나의 사물을 보더라도 경제학자는 경제학적 틀을, 생물학자는 생물학적 틀을, 물리학자는 물리학적 틀을 가지고서 본다는 것입니다. 말하자면 어떤 일정한 인식 패러다임이 있고 결국 그 패러다임을 통해서 사물을 보는 것이죠. 그리고 하나의 패러다임이 다른 패러다임들을 명백히 극복하지 못하는 이상, 우리는 상대주의적 결론에 이를 수밖에 없습니다. 결국 우리는 대상 자체에 대해 이야기한다고 생각하지만, 그 모든 이야기는 우리가 가지고 들어가는 틀이 어떤 것이냐에 달린 것이라는 이야기가 됩니다. 존재와 사유의 일치라는 전제는 깨지고, 어떤 패러다임으로 사물을 보느냐의 문제가 되는 것이죠.

물론 칸트의 시대만 해도 아직 이렇게까지 가지는 않았습니다. 그러나 이미 근대의 철학자들은 전통적인 인식론의 대전제를 의심의 눈으로 바라보았으며, "우리가 대상에 대해 판단할 때, 대상 자체가 정말 그러한가 아니면 우리의 주관이 그렇게 볼 뿐인가?"라는 근본적인 문제를 재검토하게 됩니다. 이런 맥락에서 많은 인식론적 사유들이 전개되었죠. 서구의 고중세 철학이 존재론적 구도에서 이루어지고 인식론은 그 부속물의 역할을 했다면, 근대 철학은 대체적으로 인식론적 구도에서 이루어졌다고 할 수 있습니다.[5] 근대 철학은 인간이 사물의 '본질'을 알 수 있다는 생각을 거부하기에 이릅니다. 사물의 본질과 우리 이성의 일치라는 플라톤적 가설을 거부하게 되는 것이죠. 우리가 알 수 있는 것은 '현상계'일 뿐이라고 생각했습니다. 그러나 여전히 존재와 사유의 일치라는 대전제는 남았습니다. 현상계에 한해서라면 우리는 대상과 사유의 상응을 이야기할 수 있다는 것이죠. 이렇게 해서 경험주의 및 실증주의가 성립하게 됩니다.

칸트 역시 이런 입장에서 영국 경험론을 잇고 있다고 할 수 있어요. 그러나 칸트는 다시 한 발을 내딛습니다. 인식의 범위를 현상계에 국한시켰을 뿐만 아니라, 인식이란 기본적으로 대상과 사유의 **일치**가 아니라 사유가 대상을 일방적으로 **구성**하는 것이라는 생각으로 간 것이죠. 대상이 정말 그런 것이 아니라 우리가 어떤 틀을 대상에 투영해

---

5) 이 점에서 전통적인 철학과 칸트 철학을 쉽게 비교하는 것은 신중하게 이루어져야 한다. 주자와 칸트의 유사성을 역설하는 논의를 본 적이 있다. 그러나 주자의 기와 리가 칸트의 질료와 형식과 유사하다고 생각하는 것은 오해이다. 주자의 기는 세계를 이루는 객관적인 실재이지만, 칸트의 질료는 인식질료 즉 자료=데이터를 뜻하기 때문이다. 그리고 리가 세계를 구성하고 있는 객관적 실재라면, 칸트의 형식은 주체의 의식의 형식(감성의 아프리오리한 형식인 시공간과 인식질료들에 일정한 법칙성을 부여해 구성하는 오성의 아프리오리한 형식인 범주)이다. 두 사유는 상이한 '이론적 환경'/'이론적 장'(조르주 캉길렘)에 속해 있다.

서 그렇게 구성해낸다는 생각입니다. 이를 '구성주의'constructionism 라고 하죠. 이렇게 되면서 존재와 사유의 일치는 종언을 고하게 되고 (물론 이후의 철학사에서 종종 다시 등장하게 됩니다만) '주체철학'의 시대가 열리게 됩니다.

칸트는 자신의 시대에서 두 가지 모순된 흐름을 읽어냈어요. 만일 정당한 인식을 오로지 경험에 국한시킨다면,[6] 우리는 산만하고 불규칙한 현상들만을 주워섬기게 될 것입니다. 경험만이 인식의 근거라면, 경험이 풍부한 사람이 가장 위대한 학자겠죠. 경험주의는 이런 한계에 봉착할 수밖에 없으며, 칸트는 실제로 흄이 그런 한계에 다다랐다고 봅니다. 그러나 다른 한편 매우 연역적이면서도 동시에 비사변적인(전통 형이상학이 아닌) 과학, 즉 당대의 고전 물리학 체계가 존재했습니다. 이 두 사실을 어떻게 화해시킬 것인가? 경험주의 인식론의 결론과 실제 과학의 현실태가 서로 맞지 않았던 것이죠. 칸트가 고민한 것은 한편으로 경험에 기초하면서도 다른 한편으로 보편성과 필연성을 갖춘 과학이 어떻게 가능했을까? 하는 것이었습니다. 경험만을 밀고 나가면 보편성과 필연성이 나올 수 없죠. 경험이란 것은 사람마다 다 다른 것이고, 상황마다 다 다른 것이니까요. 그러나 보편성과 필연성이라는 가치만 추구해 추상적/형식적인 것만 추구하다 보면 경험에 와 닿는 인식 내용이 부재하게 됩니다. 그래서 칸트는 이 두 모순

---

6) 이미 언급한 바 있듯이, 조심할 것은 이때의 '경험'이란 '지각'과 거의 같은 뜻이다. 즉, 당시의 경험 개념은 매우 좁게 규정된 경험이다. 베르그송, 화이트헤드, 들뢰즈 등 현대 경험론자들의 작업은 바로 경험주의를 존중하면서도 '경험'이라는 말을 보다 넓은 지평으로 해방시키려는 노력이었다.

된 생각을 화해시키고자 했고, 당대의 인식 성과들을 이해 가능하게
해줄 조건, 즉 인식의 가능성의 조건condition of possibility을 탐구하기
시작합니다.

칸트는 보편성과 필연성이 세계 자체에 내재하는 것이 아니라 인
간 의식의 **구조**에서 연원한다고 생각했습니다. 이 생각은 과연 무엇을
함축할까요? 근대 과학(특히 뉴턴 물리학)이 보여 주는 보편성과 필연
성도 정말 사물 자체에 입각한 것이라고는 할 수 없다는 것이죠. 근대
과학은 경험에 입각해 있습니다(사실 이것은 잘못된 이해죠. 다른 기회
에 논했으면 합니다). 그런데도, 즉 경험에 입각할 경우 인식의 보편성
과 필연성이 보장되지 않는데도, 세계에 대한 보편적이고 필연적인
인식을 가져왔습니다. 그렇다면 이 보편성과 필연성의 근거는 어디
에 있을까요? 세계 자체 내에 있는 것도 아니고(본질의 세계가 보편성
과 필연성을 함축한다고 말할 수 없고), 현상 자체 내에 있는 것도 아니
라면(현상 자체는 우연적이고 잡다할 뿐이기 때문에), 도대체 그 근거가
어디에 있는 것일까요? 칸트는 인간 의식의 구조에 있다고 생각했습
니다. 인간은 단순하게 경험만을 끌어 모으는 것이 아니라 그렇게 모
인 인식질료(세계의 질료가 아닙니다)를 인간 의식이 가진 보편적이고
필연적인 틀을 가지고서 **구성**한다고 보았던 겁니다. 거기에서 보편성
과 필연성의 보장이 생겨나는 것이죠. 인식이란 감성(의 틀)을 통해 받
아들여진 인식질료를 인간의 오성(의 틀)이 구성해서 보편성과 필연
성을 부여하는 과정이라는 겁니다.

우리 오감이 이 세계와 접촉해서 인식질료를 만들어내죠. 현대
식으로 말하면 '데이터'를 얻어냅니다. 이 단계에서는 보편성과 필연

성이 성립하지 않죠. 그냥 산만한 경험의 덩어리들만 얻을 수 있을 뿐입니다. 칸트의 표현으로 하면 '잡다'雜多 외에는 얻지 못한다는 겁니다. 이 인식질료가 보편적이고 필연적인 인식이 될 수 있는 것은 인간 의식의 구조에 그 근거가 있습니다. 플라톤이나 아리스토텔레스에서처럼 영원하고 자기동일적인 형상들이 존재해서가 아니라 인간이 보편적이고 필연적인 틀을 가지고서 잡다를 구성하기 때문에 보편적이고 필연적인 인식이 이루어진다는 겁니다. 그런데 그 틀이 뭐냐? 바로 그것이 범주예요. 때문에 칸트에게 범주의 해명은 중요한 과제가 됩니다.[7]

정당한 인식은 오성Verstand/understanding에 의해 이루어지며,[8] 오성은 판단을 통해 기능합니다. 칸트는 이성을 세 가지로, 즉 감성, 오성, 사변이성으로 나눕니다. 감성은 인식질료를 만들어내는 기능이죠. 쉽게 말하면 보고 듣고 만지고…… 해서 감각자료들sense-data을 만들어내죠. 감성의 '아프리오리한 형식'은 시간과 공간입니다. 오성은 그렇게 생겨난 감각질료들(인식질료들)을 종합해서 구성합니다. '종합'이라는 말을 음미해 보세요. 잡다에 일정한 통일성을 부여해서 종합하는 것이 오성의 역할입니다. 잡다를 종합해서 일정한 인식의 수준으로 구성해내는 것이 오성인 것이죠. 바로 이 오성의 틀이 범주입

---

7) 결국 칸트에게서 인식의 '객관성'은 포기된다. 그 대신 보편성과 필연성이 구제된다. 현대에 이르면 칸트가 강조했던 보편성과 필연성은 무너진다. 인식은 보다 다원적인 지평에서 이해되고 있으며, 또 우연의 역할이 강조됨으로써 근대적 결정론이 무너지게 된다.

8) 정당하지 못한 인식은 사변이성에 의해 이루어진다. 그래서 칸트에게서 (넓은 의미의) 이성은 감성, 오성, 사변이성으로 나뉘며, 정당한 인식은 감성과 오성의 협력을 통해서 이루어지는 것으로 이해된다.

니다. 사변이성은 오성의 한계를 넘어서서 세계의 본질을 알려고 하는 인간의 경향을 대변합니다. 그런데 이런 경향을 통해 이루어지는 형이상학적 사변은 필연적으로 실패할 수밖에 없다고 합니다. 우주는 무한한가 유한한가, 신은 존재하는가 존재하지 않는가, 인간이 죽으면 영혼은 남는가 사라지는가, 과거의 형이상학자들이 이런 문제들에 관해 많은 이야기를 했지만 결국 경험적 바탕이 없기 때문에 아무런 성과도 가져오지 못했다는 겁니다. 그래서 칸트는 한편으로 전통적인 형이상학을 비판하고, 다른 한편으로 감성과 오성의 구조를 분석하는 데 집중합니다. 그래서 칸트의 철학은 인간이 무엇을 알 수 있고 무엇을 알 수 없는지를 밝히고자 한 철학이라고 할 수 있습니다.

그러면 오성은 어떤 방식으로 작동하는가? 판단을 통해서 잡다를 종합하는 것이 오성이에요. 인식 주체가 감각으로 받아들인 것을 종합하는 것입니다. 종합하는 과정이 판단하는 것이라고 할 수 있습니다. 비가 와서 땅이 젖었다고 합시다. 감성을 통해서만 이 사건들을 받아들일 경우, 두 사건이 연결되지 않죠. '잡다'만이 있을 뿐입니다. 그런데 인간이 일정한 사고의 틀을, 방금 든 예의 경우는 '인과'因果라는 틀을 가지고 있기에 "비가 왔기 **때문에 땅이 젖었다**"고 말할 수 있는 겁니다. 비가 온 것이 원인이고 땅이 젖은 것이 결과라고, 그렇게 두 사건을 연결시켜 이해할 수 있는 것이죠. 그렇게 함으로써 현상들을 오감으로 감각하기만 하는 것이 아니라 범주를 통해 개념화할 수 있고, 그래야 비로소 판단이 성립하고 인식이 성립하는 것입니다. 판단이란 주어와 술어를 결합시키는 것이죠. 때문에 아리스토텔레스에서와 마찬가지로 칸트도 범주표 구성의 실마리를 판단들의 분류에서

판단의 양(量)	전칭(全稱)판단 : 모든 S는 P이다. 특칭(特稱)판단 : 어떤 S는 P이다. 단칭(單稱)판단 : 이 S는 P이다.
판단의 질(質)	긍정(肯定)판단 : S는 P이다. 부정(否定)판단 : S는 P가 아니다. 미정(未定)판단 : S는 비(非)P이다.
판단의 관계(關係)	정언(定言)판단 : p는 q이다. 가언(假言)판단 : 만약 p이면 q이다. 선언(選言)판단 : p이거나 q이다.
판단의 양상(樣相)	개연(蓋然)판단 : S는 P일 수 있다. 실연(實然)판단 : S는 P이다. 필연(必然)판단 : S는 P이어야 한다.

찾습니다. 칸트에 따르면 판단들은 다음과 같이 분류됩니다(위의 표). 이것은 논리학에 기반한 분류라고 할 수 있어요.

판단의 양이 있고, 질이 있고, 관계가 있고, 양상이 있어요. 판단의 양은 주어의 양을 말합니다. 그래서 "모든 S는 P이다"(All S is P) 형식의 전칭 판단, "어떤 S는 P이다"(Some S is P) 형식의 특칭 판단, "한(또는 이) S는 P이다"(a S is P) 형식의 단칭 판단이 있습니다. 판단의 질에서는 중점이 주어에서 술어로 옮겨 가요. "S는 P이다", "S는 P가 아니다", "S는 비非P이다". 그 다음 관계는 명제들 사이의 관계에 초점이 맞추어집니다. 판단의 양과 질에서는 주어와 술어에 초점이 있죠. 그러나 관계들을 논할 때 소문자 p, q는 그 자체가 하나의 명제입니다. 즉 p가 곧 "S is P"라는 한 명제인 것이죠. 그러니까 여기에서의 관계는 항들 사이의 관계가 아닙니다. "p는 q이다"는 정언 판단으로서 "학교에 가는 것은 공부하러 가는 것이다"와 같은 예를 들 수 있겠죠. "만일 p이면 q이다"는 가언 판단으로서 "비가 오면 땅이 젖는다"를 예로

양	질	관계	양상
총체성	현실성	실체와 우유	가능성/불가능성
다수성	부정성	원인과 결과	현존/비현존
단일성	제한성	상호성	필연성/우연성

들 수 있습니다. "p이거나 q이다"는 선언 판단으로서 "내일 그가 오거나 오지 않는다"를 예로 들 수 있습니다. 마지막은 양상 범주인데, 양상이란 가능, 현실, 필연 같은 개념들, 즉 하나의 사태가 시간에 관련해 띠게 되는 성격을 뜻합니다. 개연 판단("S는 P일 수 있다")은 "철수는 병이 들 것이다(들 수 있다)" 같은 명제를 예로 들 수 있습니다. 실연 판단("S는 P이다")의 예로는 "철수는 병이 들었다(들어 있다)"를 들 수 있고, 필연 판단("S는 P이어야 한다")의 예로는 "철수는 반드시 병이 들 것이다"를 들 수 있습니다. 현실성은 구체적인 어떤 때에 그런 것이고, 가능성은 언젠가(과거와 미래 모두 포함해서) 그럴 수 있는 것이고, 필연성은 어느 때든 그런 것이죠. 이렇게 네 가지 종류, 열두 가지 경우의 판단 형식으로부터 칸트는 위와 같은 범주표를 만들어냅니다.

총체성, 다수성, 단일성. 양의 이 범주들은 우리말로 하면 모두, 여럿, 하나라고 할 수 있겠죠? 그 다음 질은 현실성, 부정성, 제한성인데, 각각 "~이다", "~이 아니다", "~은 아니다"에 해당합니다. 다음으로 관계의 범주들로서 실체와 우유, 원인과 결과, 상호성인데, 여기에서 흥미로운 것은 아리스토텔레스가 가장 근본적인 구별이라고 한 실체-우유의 구별이 칸트에게서는 12범주들 중 하나로 들어가 있다는 사실입니다. 칸트는 이미 근대 철학과 근대 과학을 거친 사람이기 때문에 실체와 우유의 구분을 더 이상 고중세 철학에서처럼 중시하지 않았다는 것을 보여 주는 대목이죠. 그리고 세번째가 상호성. 두 존재가 능동과 수동의 관계를 맺고 있는 경우라고 할 수 있습니다. 마지막으로 양상에서 가능성/불가능성은 "~일 수 있다"와 "~일 수 없다"에 해당합니다. 그리고 현존/비현존은 "있다"와 "없다" 또는 "이다", "아니다"에 해당합니다. 필연성/우연성은 "~이어야 한다"와 "~일 수도 있고 아닐 수도 있다"에 해당합니다(따라서 이때의 우연성은 사실 우발성입니다).

칸트는 이렇게 범주표를 제시하고 바로 이 범주의 틀에 따라 인식 주체가 현상들을 종합해서 구성한다고 말합니다. 칸트의 이런 생각은 사물의 본질과 인간의 이성 사이의 일치를 토대로 하는 플라톤적 인식론과도, 또 지각을 통해서 관념들을 얻게 된다는 경험주의적 인식론과도 다릅니다. 칸트의 구성주의 인식론은 그후 상당한 영향력을 행사하게 됩니다.

그러나 칸트의 인식론은 사실상 인간의 인식 가능성을 닫아버리는 인식론이라고도 할 수 있어요. 두 가지 측면에서 그런데, 우선 공간적인 측면을 봅시다. 사실 인식이라는 것이 물리학 같은 과학만을 모델로 할 수 있는 것은 아니죠. 그런 인식이 '고급 인식'일지는 몰라도 인식이라는 것을 그렇게 좁게 규정하는 것은 많은 것을 놓치게 합니다. 생물학, 나아가 특히 사회과학이나 인문학도 엄연히 인식인데, 이 여러 인식들이 칸트가 제시한 그런 범주표만 가지고서 이해되는 것은 아닙니다. 더 나아가 인식의 상대성을 생각해 볼 필요가 있습니다. 여성의 세계관과 남성의 세계관, 그리고 마르크스의 지적대로 부르주아적인 세계관과 프롤레타리아적인 세계관, 또 어른들의 인식과 아이들의 인식, 동양적 인식 틀과 서양적 인식 틀이 다르고, 나아가 '미개인'들의 인식 틀이 다릅니다. 더구나 지금 열거한 이 구분들 자체가 매우 도식적인 것 아닙니까? 무수히 다양한 인식의 맥락들이 존재하는 것이죠. 칸트의 인식론은 인식이라는 현상이 띠는 이런 다양성을 포용하기에는 턱없이 편협합니다. 칸트는 인간의 '의식 일반'을 이야기했고, 또 '보편성과 필연성'을 강조했지만, 사실상 그의 인식론은 유럽의 특정한 시대에 당대의 과학을 모델로 해서 만들어진 인식론에 불과한 것이죠.

시간의 측면에서도 마찬가지입니다. 칸트는 인간이 가진 범주를 고정시키고 인간이 바로 그렇게밖에는 인식할 수 없는 듯이 말하고 있지만, 사실 인간의 범주는 시간에 따라 변해 가는 것이죠. 인간이 인식 행위를 할 때 일정한 조건을 가지고 들어간다는 것, 일정한 틀을 가지고 들어간다는 것은 분명합니다. 그러나 인간이 가진 인식의 틀을 특정한 방식으로 고착시키는 것은 미래의 인식을, 인식의 새로운 가능성을 막아버리는 것이죠. 범주가 있어 경험을 하기도 하지만 시간대를 멀리 해서 보면 새로운 경험이 새로운 범주를 만들어내는 것입니다. 양자역학이라는 분야가 있죠. 드 브로이라는 사람은 '물질파' matter-wave라는 개념을 제시했습니다. 우리가 별개로 생각하는 물질 개념과 파 개념이 사실은 같은 것의 두 얼굴이라는 생각입니다. 이 경우를 칸트 식으로 어떻게 이해해야 할까요? 다른 다양한 분야들을 염두에 둔다면 더욱 그렇습니다. 더구나 앞으로도 인간은 새로운 경험들을 할 테고 그런 경험들은 우리로 하여금 새로운 범주들을 찾도록 만들 것입니다. 물론 범주란 가장 넓은 틀을 말하는 것이기 때문에 그런 경우가 그리 쉽게 오지는 않겠지만, 어쨌든 주체가 경험을 구성하기만 하는 것이 아니라 경험이 주체를 변화시키는 겁니다. 이렇게 보면 칸트의 인식론은 시간적 맥락에서도 닫힌 인식론이라고 할 수 있습니다.

Q 칸트가 말하는 범주가 인류 보편이라고 했는데, 칸트는 인도-유럽어족에 기초한 사유가 아닌가요? 그렇다면 우리 같은 언어권에서는 저런 범주를 적용하기 어렵지 않나요?

A 물론입니다. 언어적으로 인도-유럽어족에 기초한 것이 아니냐고 얘기할 수 있고, 꼭 그 맥락이 아니라 하더라도 '미개인'들은 과연 이런 범주로 사물을 보느냐? 이런 범주로 사물을 보지 않는다고 해서 '미개인'들은 인간이 아니냐? 또, 다른 문화 예컨대 동북아 문화 사람들은 이런 범주로 사물을 보느냐? 등등 여러 가지로 물을 수 있습니다. 이 점에서 그 한계가 명확한 것이죠. 칸트의 범주라고 하는 것은 18세기 말 19세기 초 유럽의 한 지식인이 만든 것이기 때문에 그것을 절대화할 필요는 없습니다. 인간이 세상을 바라보는 범주는 문화별, 나이별, 성별, 민족별,…… 로 다른 것이죠. 특히 지적하신 '언어의 틀'이라는 문제는 가장 핵심적인 것들 중 하나입니다. 사유와 언어는 뗄 수 없이 연관되어 있습니다.

그러나 세세한 상대성들을 들어서 '철학적 범주론'을 비판하는 것은 적절치 않습니다. 일상생활에서 카테고리는 매우 복잡하고 상대적일 수도 있지만, 철학적 범주론이란 '그럼에도 불구하고' 세계에 대해 보편적으로 적용될 수 있는 틀이 무엇이냐를 탐구하는 작업이니까요. 칸트의 범주론이 그 대표적인 것이라는 점은 분명합니다. 적어도 뉴턴 역학이 나온 이후의 계몽사상기의 빼어난 범주론인 것은 분명하죠. 그것에 대한 비판은 어떤 부분적인 것들이나 소소한 것들을 들고 나와서 "여기 안 맞는 곳도 있지 않느냐"라는 식으로 할 수 있는 것이 아니라 (이런 식으로 "비판"할 수 없는 이론은 없습니다. 하지만 이런 식의 이야기는 잘못하면 비판이 아니라 '트집'이 되어버리죠), 오히려 보다 포용적인 범주론을 적극적으로 구성해서 할 수 있는 것이죠. 사실 칸트 이후에 이런 수준을 갖춘 많은 범주론들이 등장하게 됩니다.

§4. 르누비에와 아믈랭의 범주론

칸트 이후에도 종종 새로운 범주론이 시도되었으며 여러 성과들을 낳았습니다. 그 중에서도 르누비에와 아믈랭의 범주론이 대표적이죠. 우선 르누비에의 범주표는 오른쪽 페이지의 위와 같습니다.

르누비에의 범주표는 우선 변증법, 특히 헤겔적인 변증법의 구도를 띠고 있습니다. 정립과 반정립, 그리고 이 둘의 종합을 이루고 있는 것을 볼 수 있죠. 그리고 가장 눈에 띄는 것은 실체라는 범주가 없다는 점이죠. 르누비에는 관계를 가장 근본적인 범주로 보았습니다.

르누비에에게 일차적으로 주어져 있는 것은 관계입니다. 관계는 한편으로 관련되는 각 사물들의 구분을 포함하죠. 그래야 그것들 '사이'에서 관계가 성립합니다. 그러나 다른 한편 각 사물의 동일화 identification 역시 함축되어 있습니다. 하나의 나무는 다른 사물들로부

범주	정립	반정립	종합
관계	구분	동일화	규정
수(數)	단일성	다수성	총체성
위치	점(點)	공간	연장
계기	순간	시간	지속
질(質)	차이	유(類)	종(種)
생성	관계	비관계	변화
인과율	행위	잠재성	힘
목적	상태	경향	열정
인격성	자아	비자아	의식

터의 구분과 더불어 하나의 사물로서 동일화를 함축하는 것이죠. 그리고 구분과 동일화가 종합될 때 규정이 성립합니다. 르누비에는 관계들의 망 속에서 한 사물이 어떻게 일정한 규정성을 갖게 되는가를 생각했던 겁니다. 그리고 수 범주는 칸트의 양 범주에 해당하죠. 르누비에는 수학자였고, 그래서인지 수 범주를 관계 범주만큼이나 중시합니다. 우리는 늘 똑같은 사물을 하나로도 여럿으로도 볼 수 있죠. 그리고 하나와 여럿의 통일이 총체입니다. 그래서 단일성과 다수성의 종합으로서 총체성이 성립합니다.

위치 범주와 계기繼起=succession 범주는 르누비에와 칸트의 차이를 잘 보여 줍니다. 칸트에서 시공간은 '감성의 아프리오리한 형식'이에요. 인식 주체가 사물들을 수용해서 인식질료를 만들어내는 과정은 이 형식에 의해 지배됩니다. 그러나 르누비에에서 위치와 계기는 다른 범주들과 나란히 제시됩니다. 이 점에서 칸트의 구도와 다르죠. 여기에서 르누비에의 용어법이 좀 혼란스럽습니다. 위치는 한 점과 관련되기보다는 일정한 연장을 가진 공간의 부분에 관련됩니다. 그리고 점은 하나의 점이라기보다는 어떤 양끝을 가리키는 극한limit을 구성하는 점이라고 할 수 있습니다. 그리고 공간은 둘 이상의 극한 사이를 채우는 간격이라 할 수 있습니다. 그리고 점과 간격이 종합될 때 일정한 연장延長이 성립하게 되는 것이죠. 그래서 "위치: 점-공간-연장"은 차라리 "자리(일정한 연장을 가진 위치): 점/극한-간격-연장"이라고 말하는 것이 더 좋을 듯합니다. 계기는 위치(/자리)와 유비적으로 이해됩니다. 점에 해당하는 것이 순간이죠. 예컨대 하루의 양 극한은 자정이 넘어가는 순간과 다음 날 자정이 넘어가는 순간입니다. 그리고 그 사이를 채우는 것이 시간입니다. 여기에서도 용어가 좀 혼란스러운데 우리는 시간이라는 말을 궁극적 개념으로 사용하고 있기 때문이죠. 지금 경우는 시간-간격이라고 해야 할 것입니다. 그리고 순간과 시간-간격의 종합이 (위치 범주에서의 연장에 해당하는) 지속입니다.

질의 범주는 어떤 사물의 구체적 규정성을 뜻합니다. 사물들의 규정성들은 차이를 통해서 드러나죠. 반대로 차이들을 무시하고 일반화할 경우 유가 성립합니다. "인간은 동물이다"라고 할 때 동물이 유에 해당합니다. 인간이라는 종은 동물이라는 유와 차이(=종차)의 종합으로서 성립합니다. 따라서 르누비에의 질 개념은 (우리가 흔히 생각하는) 개별적인 질들(어떤 사물의 색깔 등)이라기보다 하나의 종을 특징짓는 일반적인 질들의 집합임을 알 수 있습니다.

생성의 범주는 르누비에가 가장 일반적인 범주라고 본 관계와 관련이 있습니다. 생성이란 원래 존재와 비존재의 종합이죠. 그런데 르누비에는 존재를 관계와 동일시합니다. 따라서 비존재는 비관계가 되겠죠. 그러니까 르누비에에게서 생성은 사물에서 성립한다기보다는 관계에서 성립한다고 할 수 있습니다. 관계의 존재와 비존재가 종합된 것이 생성인 것이죠. 인과율의 범주는 행위-잠재성-힘으로 구성됩니다. 행위는 현실태죠. 그리고 현실태와 잠재태의 종합은 바로 힘입니다. 힘이야말로 잠재성으로부터 현실성으로 나아가게 만드는 존재니까요. 목적의 범주는 상태-경향-열정으로 구성됩니다. 한 상태에서 다른 상태로 나아가려는 경향이 있을 때 그 종합으로서 열정이 성립합니다. 르누비에에게서 인과와 더불어 목적이 범주로서 제시된다는 사실을 음미해 볼 만합니다. 근대 이후 인과(아리스토텔레스의 사원인이 아니라 운동인만을 인정하는 인과)만이 인정되어 왔으나, 르누비에는 이 세계에 목적이라는 것이 분명히 존재한다고 보는 것이죠. 그래서 르누비에의 범주에는 목적이 들어갑니다.

르누비에 범주론의 가장 두드러진 특징은 인격성에 있습니다. 칸트의 범주론은 근대 과학을 모델로 해서, 그리고 인식의 측면에서 성립한 범주론입니다. 그래서 세계의 모든 측면을 포괄하기에는 너무 편협한 범주론이라고 할 수 있죠. 르누비에는 보다 포괄적인 범주론을 시도했고, 그 차이는 특히 인격성 범주에서 나타납니다. 우주에는 인격성이라는 차원이 존재한다는 것이죠. 그래서 때로 르누비에의 철학은 '인격주의'personalisme라고도 불립니다. 자아는 하나의 극한입니다. 이것은 자아는 인식 속의 내용이 아니라 그 내용의 극한에 서 있는 존재임을 함축합니다. 그리고 비-자아는 자아와 자아 사이에 있는 간격이라고 할 수 있겠죠. 자아와 비-자아의 통일이 의식입니다. 의식은 비-자아를 자신의 내용물로 담고 있는 자아라고 할 수 있기 때문입

관계	정립	반정립	종합
수(數)	단일성	다수성	총체성
시간	순간	시간 간격	지속
공간	점(點)	거리	직선
운동	정지	위치 이동	변위(變位)
질(적 변화)	긍정	부정	규정
변화	존속	변질	변환
종화(種化)	유(類)	차이	종(種)
인과	원인	결과	행위
목적	목표	수단	체계
인격성	자아	비자아	의식

니다. 르누비에는 이렇게 칸트 범주론의 테두리를 벗어나 보다 포괄적인 범주론을 시도했습니다. 다만 용어 사용이 좀 혼란스러운 점이 있고, 칸트 경우보다 비체계적이라고 할 수 있겠습니다.

아믈랭은 르누비에를 잇되 그의 범주표를 위와 같이 변형했습니다. 아믈랭은 범주표를 공간적-구조적으로 배열하기보다는 시간에 따른 변화 과정으로서 배열했다는 점이 특징이에요. 아믈랭도 르누비에를 따라 관계에서 시작하죠. 더구나 르누비에에게서 관계는 첫 번째 범주이지만, 아믈랭에서는 범주 자체가 바로 관계의 범주입니다. 아믈랭의 범주는 수에서 시작하죠. 그리고 수가 시간으로, 시간과 공간이 운동으로, 운동과 성질이 질적 변화로, 질적 변화와 종화種化 =spécification/'특화'가 인과로, 인과와 목적이 인격성으로 이행해 가는 과정을 보여 주고 있습니다. 그리고 범주의 마지막이 역시 '인격성'이라는 것도 눈여겨볼 필요가 있습니다.

아믈랭의 범주론은 르누비에를 거의 잇고 있지만 각 범주들 사이의 연관 관계가 비교적 명료하고, 또 범주 전체가 르누비에의 것보다 더 체계적이라고 할 수 있겠어요. 그리고 용어 사용도 덜 혼란스럽습니다. 아믈랭에게서 특히 두드러지는 것은 그의 범주가 공간적 도식으로 주어진 것이기보다는 시간적인 발전 과정으로서 주어진 것이라는 사실이죠. 즉, 수에서 시작해 궁극적으로는 인격성에 이르는 변증법적 과정이 제시되어 있다고 할 수 있는 것입니다.

르누비에와 아믈랭 이후에도 가끔씩 범주론이 시도되곤 했죠. 현대에 들어와서도 퍼스와 르네 톰을 비롯해 여러 사람들이 범주론을 시도했습니다.[9] 범주론은 세계 전체를 도식화하는 것이기 때문에, 그것이 구체적 내용으로 채워지지 않을 경우 마치 지도를 보면서 세계 전체를 여행한 것처럼 착각하는 것과 같은 유의 착각을 가져올 수도 있어요. 도식이라는 것이 원래 그런 위험을 내포하죠. 그래서 범주는 결코 고착화되어서는 안 되며, 세계에 대한 경험이 풍부해지면 그에 따라 늘 수정되어야 하는 것입니다. 그러나 어쨌든 인간에게는 세계 전체를 개념적으로 정리해 보고 싶은 지적 욕망이 있는 법이고, 그런 한 범주론은 앞으로도 계속 시도될 것입니다.

---

9) 퍼스의 경우 다음을 보라. 찰스 샌더스 퍼스, 『퍼스의 기호 사상』, 김성도 편역, 민음사, 2006, 「부록」.

8강_ 인식, 진리

이제 이번 학기 마지막 강의로 인식과 진리에 대해 생각해 보려 합니다. '인식'이라든가 '진리' 같은 개념은 학문적 관심사가 있는 사람들이라면 한번쯤 깊이 생각해 보게 되는 개념들이죠. 철학의 기초적인 개념들에 속합니다. 그런데 인식과 진리에 관해 사유한다는 것이 도대체 무엇인지 한번 생각해 볼 필요가 있어요. '인식론'認識論=epistemology이라는 분야가 도대체 무엇을 하는 분야인가 하는 것을 이해하는 것 자체가 간단치가 않습니다.

우선 "어떤 것이 인식인가" 또는 "어떤 것이 진리인가"라는 문제와 "인식이란 무엇인가", "진리란 무엇인가"라는 질문은 전혀 다른 종류의 질문이라는 것을 이해할 필요가 있습니다. 인식론에서 논하는 인식과 진리의 문제는 예컨대 사람들이 때로 묻듯이 불교가 참된 인식/진리인가 기독교가 참된 인식/진리인가 식의 물음이 아닙니다. 사람들이 이렇게 물을 때, 바로 그때 그 '인식'이니 '진리'니, '참'이니 하는 개념들이 정확히 무슨 뜻이냐를 탐구하는 것입니다. 다시 말해, 인식론적 물음은 어떤 대상에 대한 직접적 물음이 아니라 대상에 대한 물음에 대한 물음입니다. 이런 성격을 '메타적'이라는 말로 표현합니다. 인식론은 '1+1'이 2인가, 아니면 3인가를 다루는 것이 아니라(그것은 수학에 속하죠), '1+1=2'를 "맞다"고 할 때, '1+1=3'을 "틀렸다"고 할 때, 그 '맞다', '틀렸다'는 말의 뜻이 무엇이냐는 겁니다. 마찬가지로 지구가 태양을 어떤 법칙에 따라 도느냐 하는 것은 물리학의 문제이지만, '법칙'이라는 것이 과연 세계를 객관적으로 포착해 줄까라는 물음은 메타적=인식론적 물음입니다. 또, 수요-공급 곡선을 그려 가격을 예측하는 것은 경제학의 문제이지만, 사회 현상들이 과연 수학적으로 온전히 표시될 수 있을까? 하고 묻는 것은 인식론적 문제인 것이죠. 인식론적 물음이 어떤 성격을 가진 물음인지 아시겠죠? 인식론이라는 담론은 기본적으로 메타적인 성격을 띠는 담론인 것입니다.

이런 메타적인 물음이 근본적 물음이거니와, 그 다음으로 중요한 물음은 어떤 것이 과연 인식, 진리의 자격이 있는가 하는 물음입니다. 이 물음은 물론 방금 말한 근본 물음, 즉 인식/진리라는 것이 도대체 무엇인가라는 물음과 맞물려 있습니다. 즉 인식이란 이런 것이다, 고로 이러한 것이 인식이다라는 논법을 쓰게 되는 것이죠. 예컨대 "인식이란 우리가 지각을 통해 얻는 것이다, 그러므로 내가 지금 저 나무를 보고서 그 형태와 색 등을 얻고 있는 것, 이런 것이 바로 '인식'이라는 것이다" 같은 주장이 있을 수 있습니다(이런 입장을 '경험주의'라 하죠). 또는 논리적으로 하자가 없는 것이 인식/진리이다, 사물의 생성을 직관적으로 포착하는 것이 인식/진리이다 등 여러 인식론들이 있을 수 있습니다.

아울러 또 하나, 인식과 진리에 도달하려면 어떤 방법을 취해야 하는가 하는 물음도 있습니다. 이것을 '방법론'方法論이라고 하죠. 위의 두 물음이 인식론의 근본 물음들이라면(사실상 하나로 맞물려 있습니다), 방법론은 인식/진리에 대한 개념을 일단 세워 놓고서, 그러면 보다 구체적으로 들어가 그런 인식/진리에 도대체 어떻게 도달할 것인가를 생각하는 분야입니다. 'Methodology'에서 'method'는 그리스어의 'meta hodos'에서 온 것이죠. '길을 따라서'라는 뜻입니다. 어떤 길을 따라가야 인식/진리에 도달할 것인가를 다루는 담론이 바로 방법론인 것이죠.

또, 인간이 얻을 수 있는 인식과 진리의 한계는 어디까지인가 하는 물음도 매우 중요한 물음입니다. 인간이 과연 세계를 남김없이 알 수 있는가, 아니면 인간에게 세계를 이해할 수 있는 능력은 일정하게 한정되어 있는가. 이것이 또 하나의 중요한 문제이죠. 대체적으로 고중세의 철학은 인간 이성에 대한 전적인 신뢰에 입각해 사유했으며, 세계를 총체적으로, 근원적으로 논하는 담론들을 제시했습니다. 그러나 근대에 들어와 인간 이성의 한계에 대한 인식론적 반성[1]이 흥성하게 되었고, 이른바 '비판철학'kritische Philosophie의 흐름이 등장하게 됩니다. 이런 흐름은 지금도 인식론, 과학철학 등의 형태로 다루어지고 있죠.

---

1) 여기에서 '반성'(反省=reflection)이란 도덕적 반성을 뜻하는 것이 아니라 자신의 인식 행위를 되돌아봄을 뜻한다. 인식 행위를 행할 때 우리의 시선은 바깥을 향하지만, 그 시선을 안으로 되구부려 인식하고 있는 자신을 검토해 본다는 뜻이다.

철학의 초기에 인식론은 철학의 핵심을 차지하지 않았어요. 세계에 대한 궁극적이고 보편적인 이해를 도모했던 형이상학/존재론, 그리고 인간에 대한 이해와 삶의 방향을 논했던 윤리학/정치철학이 철학의 전경前景을 차지했었습니다. 그러나 탐구가 진행됨에 따라 점차 인식론적 문제들의 비중이 커지기 시작했지요. "당신의 말은 그럴듯하다. 그런데 당신은 어떻게 그것을 알았는가?" "그 말은 진리라고들 한다. 그런데 그 '진리'라는 게 정확히 무슨 뜻인가?" "1+1=2는 맞다. 그런데 '맞다'라는 말은 무엇을 뜻하는가?" "우리는 과연 어디까지 알 수 있을까?" "우리가 안다고 생각하는 것들이 과연 객관적으로 그러한 것인가, 아니면 결국 우리의 주관에 불과할 뿐인가?" "언어는 세계를 있는 그대로 표상할 수 있는가?" 등의 문제들이 생겨난 것이죠. 밭을 갈다가 때로 곡괭이 자체를 점검해야 하듯이, 철학적 탐구는 인식론적 반성을 통해서 그 날을 날카롭게 다듬을 수 있습니다. 때문에 사유의 역사가 진행되면서 조금씩 인식론적 반성이 깊어지게 됩니다. 소크라테스의 비판철학을 거쳐 플라톤과 아리스토텔레스에 이르러 수준 높은 인식론적 탐구가 이루어지게 됩니다. 이 과정에서 소피스트들의 회의주의가 큰 자극제가 되었다고 할 수 있겠죠.

소크라테스 이전 철학자들은 치밀한 인식론적 반성 없이 자연 전체를 논하곤 했습니다. 소크라테스는 이런 경향을 비판하고, 인식을 밑바닥부터 치밀하게 검토해 나가는 새로운 방식의 사유를 선보였습니다. 그리고 소크라테스가 닦아 놓은 길을 플라톤과 아리스토텔레스가 이어 갔다고 할 수 있겠죠. 그러나 플라톤식의 인식론이 전면적으로 비판받으면서, 근대의 경험주의와 칸트식의 구성주의가 등장합니다. 물론 그후 20세기에 와서는 경험주의/실증주의나 구성주의의 한계가 뚜렷하게 나타나고 다시 합리주의적 시도가 등장하게 됩니다. 바슐라르 같은 인물이 대표적이죠. 그리고 최근에는 과학의 역사성이 강조되는 추세에 있습니다.

동북아 사유는 인식론적 반성의 희박함을 특징으로 한다고 할 수 있어요. '~왈曰'이라는 서술 방식이 주를 이루었으며, 메타적 반성의 차원이 거의 희박했다고 할 수 있습니다. 인도 철학의 경우 논리학과 인식론이 매우 발달했으며, 고도로 정치한 논변들이 성립했습니다. 그러나 인식론적 반성이 철학의 전경을 차지하게 되는 것은 근대(특히 영국 경험론)에 이르러서라고 해야겠죠. 근대 철학은 인식론적 성격을 띠게 되며, 20세기에 이르러서야 다시 베르그송과 더불어 존재론적 전회가 이루어지게 됩니다.

§1. 감각, 지각

인간이 인식을 할 수 있는 것은 인간에게 인식을 가능하게 하는 능력들이 구비되어 있기 때문이죠. 그 대표적인 것들로는 감각/지각, 상상력, 기억, 오성/이성, 조작력(도구를 조작할 수 있는 능력) 등을 들 수 있습니다. 이 중에서 가장 원초적인 것이 감각이죠.

감각을 뜻하는 그리스어 'aisthêsis'는 오늘날 'athlete'(운동선수), 'aesthetics'(감성론, 미학) 같은 말들에 남아 있습니다. 이 말의 라틴어 번역어가 'sensus'이고, 오늘날의 'sense'에 해당합니다. 'aisthêsis'는 감수성感受性을 뜻하기도 하고, 감성(작용)/감각(작용)을 뜻하기도 합니다. 오늘날의 'sensitivity'와 'sensibility'를 함께 뜻하는 것이죠. 두 개념은 본래 같은 뿌리에서 나온 것이지만, 전자가 한 인간의 성격에 주안점을 둔 개념이라면 후자는 보다 인식론적 개념이라고 할 수 있습니다. 'Sensibility'는 이전에 나왔던 'intelligibility'(가지성可知性)와 정확히 대칭되는 개념입니다. '감각 가능성' 또는 '가감성'可感性이라고 번역할 수 있을 것입니다. 시각 중심적인 표현이긴 하지만 '가시성'可視性이라는 말이 일반적으로 사용되죠.

'감'感이라는 말을 음미할 필요가 있어요. 이 우주 안에 의미와 가치, 마음과 정情, 기쁨과 슬픔 등이 존재할 수 있는 것은 기본적으로 '감'이라는 작용이 존재하기 때문이죠. 책상 위에 연필이 있어 그 둘이 접촉하고 있어도 '감'이라는 작용은 없습니다. 다만 물리적 작용이 있을 뿐이죠. 때문에 아무 일도 벌어지지 않습니다(물론 역학적 힘이나 전자기적 힘조차도 '감'의 범위에 포함시킨다면 좀 다르겠지만 말입니다). 그러나 대지에 뿌리박고 있는 식물은 대기와 물, 햇빛 등을 나름대로의 방식으로 느끼며, 그 느낌을 통해서 그것들과 상호 작용하고 살아 나간다고 할 수 있을지 모릅니다. 느낌이라는 말을 무생물이나 식물에 적용할 수 있을지는 다분히 논의의 여지가 있는(더 정확히는 각자의 직관에 따라 다른) 문제일 것입니다.

이에 비해 동물들은 분명 추위를 느끼고, 적의 살기殺氣를 느끼며, 새끼들에 대한 사랑을 느낍니다. 인간은 이런 느낌들 이외에도 인간 특유의 느낌들을 가지죠. 직립해서 저녁노을의 아름다움을 느끼고, 음악의 감동을 느끼고, 동물적 이기심을 초월한 숭고한 사랑을 느낍니다. 나아가 아름다운 수학 공식, 위대한 철학서에서도 감동을 느끼죠. 느낌의 폭과 깊이가 다르다는 것, 아마도 여기에 인간-됨의 행복이 있을 것입니다. 인간이라는 존재가 존재하지 않는다면, 방금 든 느낌들은 이 우주에 존재하지 않을 테니까요.

'감'이라는 것이 존재함으로써 모든 고차원적인 존재들과 작용들이 가능해집니다. '감'이 존재하지 않는다면 우주는 죽은 물질 덩어리일 뿐이며, 어떤 의미도 가치도 존재하지 않을 터이니까요. '감'은 우주를 살아 있게 만듭니다. 우주가 죽어 있는 존재가 아니라 '감'을 내포하고 있는 존재라는 것, 여기에 '존재' 자체의 축복이 있습니다.

아울러 감각에서의 '각'覺의 의미 또한 음미해 볼 필요가 있습니다. 감각을 통해서 처음으로 우리의 의식이 일깨워지는 것이죠. 어떤 것을 볼 때 우리 눈이 일깨워지고 동시에 마음도 일깨워집니다. 어떤 소리가 귀에 들려오면 우리의 귀와 마음이 일깨워집니다. '각'은 이 일깨워짐을 뜻하죠. 시'각'을 통해 '본다'는 것이 성립하고, 청'각'을 통해 '듣는다'는 것이 성립합니다. '각'이라는 작용이 없다면 보이는 것, 들리는 것, 만져지는 것, 냄새, 맛도 없을 것입니다. '감'과 더불어 '각' 또한 이런 중요한 인식론적 함축을 띠고 있는 것이죠. '감각'感覺이라는 말의 뜻을 이렇게 음미해 볼 필요가 있습니다. 철학적 사유의 출발점은 우리가 전혀 모르는 어떤 것을 배우는 데 있다기보다는 늘 사용하면서도 분명하게 음미해 보지 못한 의미들, 캐물어 들어가면 의외로 깊은 함축이 있는 개념들을 잘 **음미해 보는 것**이죠. 이 강의의 첫머리에서도 말했지만, 철학적 개념들은 단순한 일상 언어도 아니고 전문가들만 사용하는 전문 용어도 아니라고 했습니다. 일상에서도 사용하지만 캐들어 가면 끝없이 심오한 개념들, 그런 개념들이 '철학적 개념들'

이라 했습니다. 이 점을 염두에 둘 때, 우리가 일상적으로 사용하면서도 사실상 깊은 함축을 띠고 있는 개념들을 차근히 음미해 보는 것이 철학적 사유의 출발점이라는 사실을 알 수 있습니다.

그리스 인식론의 밑바탕에 깔려 있는 근본적인 생각들 중 하나는 "같은 것이 같은 것을 알아본다"(아리스토텔레스, 『영혼론』, 2부, 5장)는 생각입니다. 눈과 보이는 것, 귀와 들리는 것, 신체와 만져지는 것, 혀와 맛보아지는 것, 코와 냄새 맡아지는 것은 각각 대응한다는 것이죠. 즉 내 눈과 저기 저 장미의 붉은색, 내 귀와 저기 들리는 종소리 등등은 각각 대응한다는 겁니다. 감각을 통해 이 세계는 형태, 색, 맛, 촉감, 냄새, 소리 등등이 존재하는 풍요로운 세계가 됩니다. 감각이 없다면, 설사 대상들이 존재한다 해도 느낌이라는 것이 가능하지 않겠죠. 이렇게 보면 우주에 감각이라는 것이 있다는 것, 특히 인간이 이렇게 섬세하고 풍요로운 감각을 가지고 있다는 것이 세계의 풍요로움을 가능하게 하는 인식론적 조건이라 할 수 있겠습니다. 인간의 몸은 단순한 물질이 아니라 살입니다. 살은 살아 있는 것이고, 감각이 있는 것이죠. 인간은 살로 되어 있지 물질로 되어 있지 않습니다. 살은 감각을 가진 존재이죠. 감각을 통해 풍요로운 세계가 열립니다. 때로 삶이란 정말 힘겹기도 하지만, 근본으로 돌아가 생각해 보면 우리가 감각을 가진 존재라는 것 자체만으로도 삶에서 많은 의미를 찾아낼 수 있는 것입니다.

감각sensation과 지각perception의 차이는 미묘합니다. 서구 철학에서는 감각보다는 지각이라는 개념을 더 중시하는데요, 감각이란 단적으로 하나의 감각기관이 그에 상응하는 하나의 '감각되는 것'을 포착하는 것을 뜻합니다. 예컨대 눈은 빨간색을 감각하고, 귀는 종소리를 감각하는 것이죠. 그러나 지각은 감각들의 종합적 작용을 뜻하며, 그 종합적 작용을 통해서 하나의 **대상이 포착되는 과정** 전체를 가리킵니다. 예컨대 눈은 둥그렇고 위가 쑥 들어간 형태, 붉은색 등을, 혀는 약간 신맛을, 코는 향긋한 냄새를, 손끝으로는 맨들맨들한 느낌을, 귀로는 아무 소리 없음을 감각할 때, 그것들 전체가 종합적으로 작용함으로써 '사과'라는 하나의 대상을 지각하게 됩니다. 이 점에서 지각은 감각보다 고차적인 인식이라고 할 수 있습니다.

어떤 면에서 지각은 감각과 개념적 수준의 인식 사이에 위치한다고도 볼 수 있어요. 감각이라는 것이 원초적=생리적 느낌의 차원이고 인식이 개념적 수준의 포착이라면, 지각은 감각과 인식 사이의 과정을 가리킨다고 볼 수 있습니다. 서구어 'per'는 주로 과정[經]이라는 의미를 함축하는데, 'per-ception'이라는 말을 이런 맥락에서 음미해볼 수 있습니다. 감각으로부터 인식으로 가면서 대상을 파악하는 것, '대상'이라는 것을 구체적으로 형성시키는 것이 바로 지각인 것이죠. 그래서 인식론에서 지각은 가장 기본적인 개념들 중 하나입니다.

§2. 이성

인식론적 맥락에서 볼 때, 인간은 도구를 제작한다는 점과 이성적 사유를 한다는 점에서 다른 동물들과 구분됩니다. 도구 제작은 물론 인간의 생존 자체에 관련해서도 극히 중요한 의미를 함축하지만, 인식론적으로도 중요한 의미를 띱니다. 현미경, 망원경 같은 초보적인 기계들로부터 오늘날의 분광기分光器, 사이클로트론 등에 이르기까지 기계들의 발명이 인식을 위해 중요한 역할을 했던 것이죠. 고대에는 인식을 위해 기계를 사용하는 경우는 드물었습니다. 그래서 도구 제작은 '테크네'의 일종으로서, 즉 제작술로서 다루어졌던 것이고, 인식론적 맥락에서는 중요시되지 않았던 거예요. 플라톤은 기하학적 논증을 위해 기계를 도입하는 것에 대해 분개하기까지 했습니다. 그리스 학문은 'thêoria'(관조)였고 사물의 본질/형상에 대한 지적 인식이 문제가 되었을 뿐 사물의 조작은 별개의 문제였기 때문이었죠(다만 아리스토텔레스에서는 일정 수준에서의 실험을 볼 수 있습니다). 그러나 근대 이후 인식이란 (인식을 위한) 도구들의 제작과 뗄 수 없는 문제가 되었고, 도구들을 통해 경험의 지평이 점차 넓혀져 갔습니다. 오늘날에는 그야말로 거대한 실험들이 실시되고 있죠? 입자 가속기 같은 것은 엄청난 예산 때문에 국회에서 심의를 거쳐야 할 정도가 되었습니다. 과거에는 그저 인간의 맨눈으로 대상을 관찰하는 정도였지만, 이제 각종 기구들을 통해서 인간의 신체로는 지각하지 못하는 차원들을 지각하고 있는 것이죠.

그런데 인식이라는 말의 범위를 어디로 잡아야 하느냐 하는 것이 또 하나의 중요한 문제입니다. 이에 대해 여러 가지 생각들이 있습니다만, 적어도 본격적인 수준의 인식은 역시 언어로 표현된 것이어야 하겠죠. 언어로 개념화되고 그것을 타인이 확인할 수 있어야 본격적인 의미에서의 인식이라고 할 수 있을 것입니다. 인간은 신체를 통해 세계를 지각하고 또 도구들을 통해서 신체적 지각의 차원 이상을 지각하지만, 그것만으로 인식이 이루어지는 것은 아닙니다. 결국 그렇게 얻어낸 자료들을 분석하고 개념화하고 법칙화해야 인식이 되는 것이죠. 이때 인식이란 늘 단순한 지각의 차원 이상의 것을 함축하게 됩니다. 인간은 감각을 통해서는 포착되지 않는 차원을 포착할 수 있는 이성을 갖추고 있다는 것이죠. 물이 흐를 때, 우리는 물의 색깔, 흐르는 모양, 그리고 손에 와 닿는 감촉, 그리고 물의 냄새와 맛을 느낍니다. 그러나 동시에 인간은 물의 양(예컨대 100리터), 물의 속도, 더 나아가 물의 화학식까지도 인식합니다. 이런 차원들은 우리의 오감으로는 느낄 수 없는 차원들로서 오로지 이성을 통해서만 포착되는 차원들이죠. 물론 기구들을 사용해 보다 심층적인 차원을 지각하기도 합니다만, 거기에서도 역시 그 지각 결과를 해석하고 개념화하는 것은 이성입니다. 결국 인식의 주안점은 이성의 개념화에 있는 것이고, 지각은 그 개념화의 근거로서 작용한다고 보아야 하는 것이죠. 실험도 이미 이론이 전제되어야 가능합니다. 온도계를 보고서 온도를 읽는 극히 단순한 행위조차도 이미 상당 수준의 이론(예컨대 팽창률 개념)을 깔고 있어야 성립하는 것입니다. 인식은 이성만으로는 성립되지 않고 반드시 지각적/경험적/실험적 근거가 있어야 하지만, 인식 과정을 이끌어 가는 주인공은 분명 우리의 이성인 겁니다. 기구들의 제작 자체가 이미 어떤 이론적 맥락을 전제하고서 이루어집니다. MRI 같은 기구들은 이미 특정한 의학 이론을 배경으로 깔고서 제작된 것이죠.

이성을 통해 감각을 넘어서는 인식을 이룩할 수 있다는 것은 분명 인간의 대단한 능력이라고 해야 합니다. 아주 단순한 경우, 예컨대 어떤 사람을 '한 사람'이라고 파악하는 경우('하나'라는 것은 보이지도 들리지도 않죠?)로부터 고도의 이론체계(예컨대 베르그송의 사유)나 함수체계(예컨대 슈뢰딩거 방정식)에 이르기까지 인간은 오감을 넘어

(다른 존재들은 결코 파악할 수 없는) 세계의 또 다른 차원을 인식할 수 있는 것입니다. 우리가 직접적으로 접촉하는 것은 감각적 존재들이지만, 그 감각적 존재들을 어떻게 이해할 것인가, 어떻게 변형시킬 것인가, 어떤 의미를 부여할 것인가 등을 판단하는 것은 결국 이성이죠. 그래서 인식에 있어 이성만큼 중요한 것은 없습니다. 또 지금은 주로 인식의 측면만을 이야기했지만, 이성의 역할이 인식에만 국한되는 것은 아니죠. 도덕적 판단, 미적 판단도 이성의 기능, 어떤 면에서는 더 중요한 기능입니다. 이 점에서 이성적 사유 능력이야말로 인간만이 가지고 있는 능력, 거의 신비에 가까운 능력이라고 할 수 있습니다.

이성 개념은 단지 세계에 대한 합리적 파악 능력만을 뜻하는 것은 아니며, 타인과 더불어 삶을 지혜롭게 영위해 나갈 수 있는 도덕적-윤리적 능력, 그리고 사물에게서 수준 높은 미적 차원을 읽어내거나 스스로 그런 미를 창조하는 능력까지 포함합니다. 그러나 현대에 이르러 이성의 이런 측면들이 분열되어 흩어졌으며, 합리적인 지능/지식, 정치적인 '이데올로기', 매우 주관적인 감성 등으로 파편화되었다고 할 수 있습니다. 본래적인 형태의 포괄적 이성이 그저 사물을 분석하고 계산하고 조작하는 '합리적/분석적 이성'의 측면만으로 이상 발달한 것이죠. 진정한 의미에서의 이성이 결여된 채 한쪽에서는 말초적인 감각만이, 다른 한쪽에서는 (자본주의적 욕망 및 군사 작전과 결탁된) 고도의 지능/테크놀로지 문명만이 발달하고 있는 것이 지금의 풍경인 것이죠. 이성의 본연의 모습을 회복하는 것보다 더 큰 과제는 없을 것입니다.

역사적 맥락을 한번 살펴봅시다. '理性'은 그리스어 'logos'의 번역어죠. 로고스는 매우 다의적인 말로서, 한자의 말씀 언(言) 변이 들어가는 대부분의 말이 로고스와 통한다고 볼 수 있겠습니다. 그러나 로고스의 가장 일차적인 특성은 역시 말하는 것, 언어 능력에 있다고 해야 하는데, 이것은 로고스라는 말이 '말하다'를 뜻하는 'legein'에서 유래했다는 사실에서도 간파할 수 있습니다.

우리는 생명체에 관련해 여러 가지 경험을 하죠. 생명체와 싸울 수도 있고(호랑이와 무송의 격투), 서로 사랑할 수도 있으며(강아지와 어린이의 사랑), 양식으로 쓸 수도 있는(식탁에 올라오는 고기들) 등 다양한 경험을 합니다. 그러나 생명체를 일정한 방식으로 존재하게 만드는 보편적인 이법을 포착해서 그것을 언어로 표현할 때에만, 즉 생명체를 로고스를 통해서 인식할 때에만 바이오-로고스, 즉 바이올로지bio-logy가 성립한다고 할 수 있는 것이죠. 이성을 통해서 생명체를 인식할 때 비로소 생물'학'이 됩니다. 'psycho-logy', 'archaeo-logy', 'geo-logy'…… 등도 모두 마찬가지죠. 인간의 영혼/심리를, 유물들을, 땅을, **로고스를 가지고서** 인식할 때에만 심리'학', 고고'학', 지질'학'…… 이 성립하는 것입니다.

그러니까 예컨대 동물들을 무척 좋아한다고 해서 동물'학'을 하는 것은 아닙니다. 동물학은 동물이라는 존재를 일정한 방식으로 존재하게 해주는 보편적 이법을 발견하는 행위이죠. 마찬가지로 어떤 종교를 믿는 것과 종교학을 하는 것, 기 수련을 하는 것과 기학을 하는 것은 전혀 별개의 문제입니다. 가끔 자신의 개인적인 체험을 내세워서 어떤 대상을 안다고 생각하는 경우가 있는데, 그렇게 아는 것과 학문적으로 아는 것은 다른 종류의 앎이라 해야 하겠죠. 학문이란 우리의 감각을 초월해 있지만 그럼에도 우리의 이성을 통해서 발견할 수 있는 이법들을 탐구하는 행위입니다. 그리고 사물들을 이렇게 이성을 통해서 파악하려는 태도를 우리는 '합리合理주의'라 부릅니다. 로고스의 라틴어 번역어가 'ratio'이며, 이 말로부터 'rationalism'이라는 말이 성립했던 것이죠. 조심할 것은 좁은 의미의 합리주의 즉 분석적 이성에의 신뢰와, 넓은 의미에서의 합리주의 즉 이성에의 신뢰는 다르다는 사실입니다. 후자 즉 넓은 의미에서의 이성에는 당연히 따라야 하겠지만(이성 자체를 포기하는 것은 더 이상 인간이기를 포기하는 것이죠), 전자의 이성 즉 분석적 이성에 대해서는 태도가 다를 수 있습니다. 합리주의를 좁은 의미로 사용할 때에는, 탈-합리주의적 입장도 얼마든지 가능한 것이죠.

　오늘날 우리는 도구적 이성으로 전락한 합리주의가 빚어낸 현대 문명의 폐단들을 잘 알고 있죠. 그리고 이런 이유로 이성을 비판하려는 태도들도 자주 보입니다. 그러나 이것은 이성이 좁은 의미의 합리주의, 즉 과학적 합리주의로 축소되었기 때문이고 또 과학적 합리주의가 기술 및 자본주의와 결탁해 많은 병폐들을 낳았기 때문이지, 인간 이성 자체의 문제는 아닙니다. 만일 인간이 이성을 부정한다면 갈등이 생겼을 때 주먹다짐, 나아가서는 총싸움을 해야 할 것이고, 싫어하는 사람을 죽이려 하겠죠. 이성의 부정은 인간임을 부정하는 것입니다. 사실 지금까지 이성을 부정한 철학자는 없죠. (좁은 의미에서의) 합리주의를 비판한 것일 뿐입니다(가끔 현대 철학자들이 이성을 부정한다고 말하는 사람들이 있는데 엉뚱한 이해입니다). '비판'이란 부정이 아니라 더 좋은 길을 찾으려는 적극적 행위입니다. 이성은 늘 자기비판을 통해서 성장하는 법입니다. 스스로를 비판하지 않는 이성은 곧 표면상으로만 이성일 뿐 사실상 비이성적인 무엇으로 전락해버립니다. 비판은 이성(참된 이성)에 내재적인 행위입니다.

아리스토텔레스는 로고스의 의미를 1) 상위의 인식(능력), 2) 추론, 3) 개념으로 정의했습니다.(『명제론』, 4장) 그리고 로고스라는 말로부터 'logikos'(논리학), 'logismos'(추론), 'logistikon'(이성의 하위 부분) 같은 말들이 형성되기도 했습니다. 마지막의 '로기스티콘'은 'aretê'와 비교해 볼 만합니다.

'理性'이라는 번역어는 성리학적 번역어죠. '性理'를 거꾸로 쓴 것이 '理性'입니다. '理'는 세계에 내재해 있는 이법이며, 그 이법이 개별 존재들에게 내재화될 경우 '性'이라고 할 수 있어요. 세계 전체로 이야기하면 리이고, 개별 존재들의 경우를 따로 이야기하면 성입니다. 성리학적 사유체계(특히 주자)와 플라톤, 아리스토텔레스, 스콜라철학의 형상철학은 유사한 사유 구조를 가지고 있으며, 이런 맥락에서 '理性'이라는 번역어가 채택되었다고 볼 수 있겠습니다.

그런데 플라톤과 아리스토텔레스는 위의 세 의미 중 첫번째 의미에서의 로고스를 특화시켜서 'noûs'로 불렀죠. 'Noûs'라는 말은 존재론적으로는 하나의 실체, 즉 정신을 가리킵니다. 'Psychê'가 라틴어 'anima/animus'에 해당하고 주로 '영혼'靈魂으로 번역된다면, 'noûs'는 라틴어 'spiritus'에 해당하며 주로 '정신'精神으로 번역된다고 할 수 있어요. 그러나 이 말은 이런 존재론적 맥락에서보다는 주로 인식론적 맥락에서 사용되었다고 보아야 합니다. 이 말의 라틴어는 'intellectus'이며 바로 오늘날의 'intelligence'에 해당하는 것이죠.

로고스도 이성이라는 뜻으로 사용되지만, 인식론적으로 보다 특화되어 전문 용어로 사용된 것이 이 'noûs'라고 할 수 있습니다. 고차적인 인식 능력/작용을 뜻하므로, 우리말로는 '순수이성'이라 번역할 수 있습니다.

이 말은 본래 'noos'였어요(이오니아 방언). 여기에서 'no'란 곧 생각, 사유, 사고를 가리키는 말입니다. 이 말로부터 인식(작용), 특히 고차적이고 이론적인 인식(작용)을 뜻하는 'noêsis'(그리스어에서 '(s)is'로 끝나는 말들은 '작용'의 뉘앙스를 띠죠?)가 나왔습니다. 이와 짝을 이루는 'noêma' 또는 비슷한 말로서 'noêton'은 '사유된 것'을 뜻합니다. 노에시스는 라틴어 '코기토'cogito 또는 '코기타치오'cogitatio에 해당하며, 노에마와 노에톤은 '코기타툼'cogitatum에 해당하죠. 즉 감각이 아닌 이성적 능력이 노에시스고, 바로 그 이성적 능력에 의해 발견되는 객관적 존재가 노에마입니다. 그리스 인식론은 감각의 작용에 감각적 대상이 대응하고, 이성의 작용(노에시스)에 이성만이 발견할 수 있는 대상(노에마)이 대응하는, 말하자면 대응의 이중 구조로 되어 있습니다.

감각과 이성 사이에 여러 종류의 인식 능력들이 포진해 있죠. 기억, 상상력, 판단력 등이 대표적이라고 할 수 있겠네요. 2부 강의에서 '영혼의 능력들'을 논하면서 이 주제들을 다시 만나게 될 것입니다.

§3. 인식의 등급

감각/지각과 이성이라는, 인식 능력의 가장 기본적인 두 항을 알아봤는데요, 이제 논의의 물꼬를 바꾸어서 인식의 수준/등급에 대해서 이야기해 봅시다. 인식의 수준/등급을 나누는 것은 고전적인 철학자들의 주요 관심사들 중 하나였죠. 사실 지금도 그렇습니다. 우리가 무엇인가를 '안다'라고 할 때, 이 '안다'라는 말은 매우 여러 종류의 인식 행위를 함축하죠. 그런데 여러 종류의 인식들은 그 수준의 측면에서 어떻게 다른가, 그것들 중 어떤 것이 진짜 심층적인 인식일까 하는 문제가 철학의 중요한 문제들 중 하나를 형성해 왔습니다.

헤라클레이토스는 "박식함이 정신(의 존재)을 증명하는 것은 아니다"라고 하면서 일반적인 지식들과 정신/누스(에 의한 인식)를 구분했습니다. 아무리 많은 지식들을 긁어모은다 해도 누스를 통한 인식의 수준에는 미치지 못한다는 것이죠. 이 말은 퓌타고라스학파를 겨냥한 것이라고도 할 수 있습니다. 퓌타고라스학파의 박학博學 전통을 비웃은 것이죠. 이런 생각, 즉 일반적인 의미에서의 지식들 나아가 과학적 지식들을 최종적인 지식으로 보지 않고 그것들보다 상위의 지식을 상정하는 방식이 철학사의 오랜 전통이 되어 왔습니다. 잡다한 '정보'하고 과학적 '지식'은 다르죠. 잡다한 정보는 인터넷에 가면 얼마든지 찾을 수 있습니다. 과학적 지식은 그런 정보들을 지배하는 법칙성을 발견하는 것입니다. 그러나 또한 과학적 지식과 철학적 지혜는 구분됩니다. 철학은 지식을 근거로 하지만 지식은 아닙니다. 철학은 인류가 이룩한 다양한 지식들을 종합하되(이 종합의 행위는 반드시 메타적 비판을 동반합니다), 그 종합을 통해 결국 인간의 자기 이해 및 삶의 가치를 사유하고자 합니다. 때문에 철학은 상식과도 과학과도 다른 종류의 인식이라고 할 수 있는 것이죠.

퓌타고라스는 인식의 수준을 누스에 의한 인식, (개별)과학적 인식, 경험적 인식(의견), 감각작용으로 나누었는데, 이런 구도는 훗날 플라톤에 의해 정교화됩니다. 플라톤의 대화편인 『국가』(폴리스론)에서 이 사분법이 상세하게 논의되죠.

플라톤에게서는 일단 이분법이 기본적입니다. 자주 이야기했던 '감각적인 것들'과 '이성적인 것들'의 이분법이죠. 인식 주체의 측에서 말한다면 감각적인 것들은 의견doxa의 대상들이고, 이성적인 것들은 순수사유noêsis의 대상들입니다. 그래서 진정한 지식과 경험적 지식이 나뉩니다. 전자는 우리의 지성에 의해 파악되는 것이고, 후자는 감각에 의해 파악되는 것이죠. 단순히 감각으로 지각해서 아는 것들과 이성적 원리들을 통해 아는 것들이 구분되는 겁니다.

그런데 이 각각도 다시 두 부분으로 나뉩니다. 감각으로 아는 것들 중에서도 보다 일시적이고 환각적인 것들이 있는데, 이것은 그림자, 이미지, 영상 등등을 통해 아는 것들이죠. 이런 것들을 '시뮬라크르들'이라 합니다. 어떤 사물이 물에 비친 모습을 지각하는 경우를 생각하면 되겠네요. 이런 사물들에 대해서는 다만 상상하고 짐작할 수밖에 없습니다. 이런 것들을 'eidôlon'이라고 하는데, 오늘날의 '아이돌'[偶像]이라는 말이 여기에서 나왔습니다. 요컨대 가장 하위의 인식은 '상'像에 대한 인식이라고 보면 됩니다. 다른 하나는 감각을 통한 지식이기는 하지만 오랜 세월 동안의 경험과 숙련을 통해 어느 정도 신빙성을 얻은 지식입니다. 이런 지식의 예로는 오늘날의 경험과학들을 생각하면 되겠네요. 의학이 대표적이라 하겠습니다. 현대식으로 말한다면 귀납적 학문들이라고도 할 수 있겠죠(플라톤 같으면 이 경우는

'학문'이라 부르지 않겠지만). 오늘날의 경영학이라든가 신문방송학 같은 담론들을 떠올려도 좋을 듯합니다. 다만 지금은 경험과학들도 여러 가지 방법들을 사용해 상당히 정교한 수준에 도달했지만, 플라톤 시대에는 아직 초보적인 형태의 경험과학들만 존재했다는 것을 염두에 두어야 합니다.

다음으로 이성=순수사유를 통한 지식도 두 가지로 나뉩니다. 하나는 수학적 지식이죠. 수학을 사용한 '추론적 사고'dianoia가 세번째 지식입니다. 그러나 플라톤은 처음 두 가지 지식과 이 세번째(와 네번째) 지식 사이에는 큰 단절이 있다고 봅니다. 전자의 둘은 감각적 지식들이지만 후자의 둘은 이성적 지식이니까요. 물론 이성적 지식에도 감각적 지식이 동반되죠. 보통 기하학적 증명을 보다 용이하게 하기 위해서 그림을 그리죠? 그러나 그 그림이 좀 삐뚤어도, 또 백묵의 색깔이 녹색이든 푸른색이든 도형 자체의 본질에는 하등의 영향을 끼치지 않습니다. 때문에 플라톤은 수학이야말로 형상의 차원으로 가기 위한 핵심적인 과정이라고 봅니다. 물론 마지막의 최고의 지식은 형상들=이데아들에 대한 지식이죠. 이에 대해서는 '순수사유'noêsis, '순수인식'epistêmê이라는 표현을 씁니다('epistemology=인식론'이라는 말이 여기에서 나왔죠). 존재의 최고 원리들을 다루는 지식, 원리들 자체를 파고드는 지식이 이 최종 단계의 지식입니다. 좁은 의미에서의 철학이라고 할 수 있죠.

이 사분법은 이후 많은 영향을 끼칩니다. 이와는 좀 다르지만 대체적으로 보아서는 플라톤을 잇고 있는 것이 스피노자의 경우죠. 스피노자는 우리가 사물들을 직접적으로 지각해서 얻게 되는 지식들을 일차적인 차원에서의 지식으로 봅니다. 우리가 지각을 통해 얻게 되는 것은 사물들의 심층적 실재가 아니라 표면의 이미지들이죠. 그래서 우리의 일차적 인식 행위는 'imagination'에 의해 이루어집니다. 이 말을 직역하면 '이미지작용'이죠. 조심할 것은 이 말을 오늘날의 맥락에서 읽음으로써 '상상'想像으로 번역하면 다분히 주관적인 맥락으로 바뀐다는 사실입니다. 오늘날의 어법으로 하면, 우리가 사물들의 이미지를 지각해서 마음속에서 그 이미지들을 조작해 보는 것이 상상이죠. 스피노자의 경우도 이런 상상이 포함되지만, 그러나 주관적인 상상이라는 뉘앙스보다는 사물들에 대한 지각이라는 뉘앙스가 더 강합니다. 개인의 주관으로 멋대로 생각한다는 뜻이 아니라, 우리 신체가 사물들의 표면을 지각해서 그에 대한 일정한 관념이 생기는 과정, 객관적인 인식 과정을 뜻합니다. 그래서 '상상'의 뉘앙스보다는 '이미지작용'이라는 뉘앙스를 띠는 것이죠. 물체들(스피노자에서는 우리 신체를 포함한 매우 넓은 의미로 사용됩니다)은 서로 접촉해서 서로를 변양시킵니다. 물체들의 양태가 바뀌는 것이죠. 양태가 바뀐다는 것은 곧 한 물체의 이미지가 다른 물체에 각인된다는 것이고, 그로부터 관념이 생겨난다는 것입니다.[2] 내가 붉은 장미를 보면(장미와 내가 접촉

---

2) "그로부터"라는 말은 다소 오해의 소지가 있다. 스피노자의 경우 물체적 변양이 발생하고 그 결과로서 관념이 생긴다기보다는 물체적 변양과 관념의 변양은 동시에 발생한다. 모든 사물의 두 속성 —정신속성과 물질속성— 은 언제나 동시에 발생한다. "관념의 순서 및 결합은 사물의 순서 및 결합과 동일하다." 달리 말하면 실체=자연은 물질과 정신(그리고 다른 무한한 속성들)으로 동시에 표현된다. 모래 위에 새겨진 (반지름 1인) 원과 "$x^2+y^2=1$"이라는 방정식(관념)이 한 실체의 두 표현인 것과 같다.

하면) 장미의 붉은색이 내게 각인되고 그를 통해 내가 변양됩니다. 그러면서 붉은색의 관념이 생기게 되죠. 이런 지각 과정이 스피노자에서는 일차원적인 인식입니다.

이보다 상위의 인식은 사물의 표면을 지각하는 데 그치지 않는 인식, 즉 사물들에 대한 적합한 관념을 가짐으로써 성립하는 인식입니다. 이것은 곧 사물들의 표면적인 현상들에 대한 인식이 아니라 그런 현상들을 일으킨 인과에 대한 정확한 인식을 말해요. 그런데 사물들은 복잡하게 서로 관련 맺고 있다는 것은 분명하잖아요? 그래서 이런 인식은 어떤 한 사물에 대한 인식이라기보다는 세계 전체를 주재하고 있는 원리/원인에 대한 인식입니다. 스피노자는 이런 경우에 우리가 '공통 사념(notion)'을 가진다고 말합니다. 이때에만 우리는 사물들을 "명석하고 판명하게" 인식하는 것이죠. 그런데 이런 공통 관념들이란 대개 공간적-수학적 성격을 띤 것들(연장, 운동=공간이동, 크기, 모양, 위치 등등)이죠. 요컨대 보다 상위의 인식이란 곧 과학적 인식을 말하는 겁니다.

스피노자는 세번째이자 최고의 인식을 '직관지'直觀知라고 합니다. 그런데 스피노자가 말하는 직관지는 데카르트처럼 '제일 원리(들)', 그로부터 모든 것들이 연역되는 (수학에서의 공리들과도 같은) 원리(들)에 대한 직관지가 아닙니다. 오히려 세계 전체에 대한 종합적 인식을 뜻합니다. 여기에서 플라톤과 다소 다른 차이가 나타납니다. 플라톤에게서 과학적 지식, 즉 분석적-연역적 지식을 넘어서는 (좁은 의미에서의) 철학적 지식은 주로 원리들에 대한 메타적 분석, 현대식으로 말하면 선험적transcendental 지식을 말한다면(예컨대 1 더하기 1

이 왜 2가 되어야 하는가 등을 파고드는 메타적 분석), 스피노자에게서
철학이란 세계의 부분들에 대한 지식이나 세계의 법칙들에 대한 인
식을 넘어 세계 전체에 대한 지식, 그 안에서 인간이라는 존재가 차지
하는 위상, 삶의 의미 등에 대한 성찰까지 포괄하는 총체적 지식입니
다. 사실 철학이 가진 메타적 분석의 측면과 창조적 종합의 측면은 서
로가 서로를 암암리에 전제합니다만, 무게중심이 서로 다르고 또 때
로는 화합하지 못하는 측면도 있습니다. 플라톤이 전자에 무게중심을
둔다면, 스피노자는 후자에 무게중심을 둡니다. 훗날의 칸트, 현상학,
분석철학, 과학철학 등이 플라톤에 가깝다면, 헤겔, 베르그송, 화이트
헤드, 들뢰즈 같은 사람들은 스피노자에 가깝습니다. 물론 날카롭게
양분하기는 힘들고 주안점의 차이라고 해야 하겠죠.

　　플라톤과 스피노자 두 사람을 보았습니다만, 경험주의의 등장으
로 인해 전통 형이상학의 거부라는 근대적 현상이 나타나기 이전에
는 대체적으로 상식적-경험적 지식, 과학적-분석적-오성적 지식, 그
리고 철학적 지식이라는 삼분법(또는 사분법)이 일반적인 견해였습니
다. 그러나 경험주의가 등장한 이래 근대 철학은 형이상학을 거부했
으며, 따라서 이제 이런 삼분법은 해체됩니다.

　　콩트는 고전적인 인식론과는 전혀 상이한 인식론을 제시했습니
다. 콩트는 인류의 지식이 신학적 단계, 형이상학적 단계, 실증적 단
계를 겪어 왔다고 보죠. 그런데 콩트에게서 나타난 매우 중요한 한 가
지 특징은 그가 인식의 문제를 탈-역사적인 공간에 놓고서 본 것이 아
니라 역사적 흐름에서 보았다는 사실입니다. 이것은 매우 중요한 공
헌이죠. 이후 인식론은 인식의 역사, 즉 과학사를 전제하고서 이루어

집니다. '신학적 단계'라는 말은 단지 중세 스콜라철학이라는 좁은 의미의 신학을 가리킨다기보다는 종교적-신화적 단계를 뜻합니다. 그 후 추상적 원리들을 통해서 사물들을 거시적으로 보는 형이상학이 나타났고, 콩트 자신의 시대(19세기 초중엽)에 이르러서야 실증적 지식들이 도래했다는 겁니다. 여기에서 형이상학은 이제 과학을 넘어서는 근본적 담론이 아니라 오히려 아직 과학에 이르지 못한 두루뭉술한 담론으로 전락하게 됩니다. 지금도 (철학적 교양이 없는) 대다수의 과학자들은 '형이상학'이라는 말을 이렇게 경멸적으로 사용하죠.

그러나 형이상학은 베르그송에 이르러 새롭게 부활하게 되고 그 현대적인 형태를 얻게 됩니다. 이렇게 되면서 인식의 등급에 대한 논의도 다시 새롭게 다루어지게 됩니다. 그런데 베르그송에 이르면 인식의 '등급'에 대한 날카로운 의식이 약화되고 단지 여러 인식들 간의 '종류'가 문제가 됩니다. 또 하나 중요한 것은 콩트가 기존의 인식론자들과는 달리 인식의 역사성을 중시했다면, 베르그송은 아예 더 시야를 넓혀 인식이라는 것을 우주론적-진화론적으로 바라본다는 점입니다. 인식이라는 것을 "순수한" 어떤 것으로 보기보다 인간이 우주 안에서 진화하면서 살아남기 위해 개발해낸 어떤 것으로 보는 것입니다. 이것은 전혀 새로운 형태의 인식론이라고 할 수 있습니다.

베르그송은 인식을 생물학적 지평에서 보는데, 이때 기본적으로 본능과 지능이 구분됩니다. 본능은 어떤 하나의 일을 기막히게 잘 하지만(꿀벌이 집 짓는 것을 생각하면 되겠죠?), 지능은 사물들을 일반화하는 데에 능합니다. 사람은 아무 교육도 받지 않은 채 특정한 집을 잘 짓지는 못하지만, '집'이라는 개념을 일반화해서 무한히 다양한 형태의 집들을 짓죠. 본능이란 신체 자체가 본래부터 특정한 일에 코드화되어 있는 것이지만, 지능은 사물들을 공간화/추상화해서 다양한 형태로 조작하는 능력입니다. 또 본능에는 현실태만이, 시간의 한 갈래만이 작동하지만, 지능은 "만일 ~라면"이라는 형식으로 시간의 여러 갈래를 생각합니다. 때문에 어느 하나에 대한 타고난 능력은 약하지만, 무한히 다양한 가능성들을 더듬을 수 있게 됩니다. 이 밖에도 여러 가지 차이들이 본능과 지능 사이에 존재합니다.

베르그송은 고전적인 철학자들이 '순수 학문'이라고 보고 높이 평가했던 분석적/과학적 사고라는 것은 사실상 지능의 행위에 해당하는 것이며, 그것은 곧 인간이 사물들을 조작해서 자신에게 유리한 방식으로 다루려는 행위에 뿌리를 두고 있기에 궁극적으로는 인간의 생존에 관련된다고 봅니다. 그렇다면 사물의 진상眞相은 무엇인가? 사물의 진상은 과학적/분석적 지능이 보여 주는 바대로가 아니라 시간에 따라 흘러가는 운동성이요(따라서 '분석'이란 늘 인간중심적인 것이죠), 무한한 질들이 출렁이는 다질성이요(따라서 질들을 부정하고 모든 것을 양으로 환원하는 태도 역시 인간중심적인 것입니다), 또 절대적인 의미에서의 창조인 것입니다(여기에서 '창조'란 기존의 어떤 것이 다른 것으로 바뀌는 것도 아니고, 기독교에서와 같은 외적인 창조도 아닙니다. 세계 자체 내에서 발생하는 창조, 이전에는 세계에 전혀 존재하지 않았던 어떤 것이 생겨나는 절대적 창조죠). 그래서 베르그송에서는 이야기가 완전히 역전되는데, 기존의 순수 학문들이 사실상 매우 인간중심적인 것이 되는 것입니다.

여기에서 세번째 종류의 인식이 등장하는데, 베르그송은 이것을

'직관'이라고 부릅니다. 이것은 형식적 체계에 대한 직관(수학적 직관)도 또 개념들이 매개되지 않은 직접적 지각(칸트에서의 '직관'이죠)도 아닙니다. 그것은 바로 방금 말한 우주의 진상을 깨닫는 것을 뜻합니다. 시간의 관점에서, 질적 풍요로움의 관점에서, 그리고 창조의 관점에서 사물을 보는 것이 직관입니다. 직관은 본능과도 다르고 지능과도 다른 관점에서 사물을 대합니다. 직관은 본능처럼 섬세하지만 특정한 상황에 대한 즉물적 반응이 아니라 우주의 진화 자체에 대한 인식이며, 지능처럼 수준이 높지만 공간적-분석적-추상적 사고가 아니라 시간적-질적-창조적 사유죠. 베르그송에게서 지속의 존재론과 직관의 인식론은 서로 맞물려 있습니다. 지능은 과학의 인식 방식이고 직관은 형이상학의 인식 방식이죠. 베르그송은 이런 구도를 통해 형이상학을 새로이 정초했다고 할 수 있습니다.

§4. 현대 인식론의 유형들

인식론의 역사를 몇몇 매듭들만 살펴봤는데, 오늘날 인식론에는 어떤 구도들이 있는지 전체적으로 개괄해 봅시다.

첫째, 심리학적 인식론이 있습니다. 영국 경험론과 칸트의 인식론은 오늘날로 보면 심리학적 인식론에 해당한다고 해야 하겠죠. 물론 칸트는 인식론과 심리학을 명확하게 구분하고서, 이전의 경험론자들과 자신을 구분했습니다. 심리학적 메커니즘은 말하자면 자연적인 어떤 과정이지만, 인식론적 분석은 그런 과정의 '가능성의 조건'을 밝히는 선험적 작업인 것이죠. 그럼에도 어쨌든 칸트의 인식론도 인간 '의식'을 문제삼고 있으며, 지각의 과정을 탐구한다는 점에서 넓은 의미에서는 이 부류에 들어갑니다. 이런 유의 탐구는 20세기에 들어와서는 예컨대 피아제 같은 심리학자-철학자에게로 이어지고 있죠. 흔히 '발생적 인식론'이라고 합니다. 인식의 논리적 구조나 역사를 탐구하는 것이 아니라 지각 과정에서 인식 과정에 이르기까지의 발생적 메커니즘을 탐구한다는 뜻이죠. 영국 경험론에서 피아제에 이르는 인식론적 탐구는 인식을 지각, 경험, 의식 등의 차원에서 다룬다는 점에서 발생적 인식론입니다.

이런 유형의 인식론은 오늘날 두 갈래로 나뉘어 이어졌습니다. 그 한 갈래는 좀더 자연과학화된 인식론으로서 인지과학, 인공지능 같은 탐구들에로 이어지고 있습니다. '심리학'이라는 차원을 넘어 뇌 연구, 컴퓨터와 지능의 관계에 대한 연구, 신경과학 등을 비롯한 무수한 자연과학적 담론과의 관련 하에서 이루어지고 있는 것입니다. 그런데 이런 유의 인식론은 심신론mind-body problem과도 밀접한 관련을 가진다고 할 수 있어요. 몸과 마음의 관계라는 문제와 맞물려 있는 것이죠. 이런 탐구는 오늘날 미국과 일본을 중심으로 이루어지고 있으며, 철학보다는 오히려 자연과학에 더 가까운 탐구가 행해지고 있다고 해야 합니다. 그런데 심리학적 유형의 인식론에는 방금 말했듯이 칸트적인 선험적 계기도 내포되어 있습니다. 인식 과정=메커니즘에 대한 자연주의적 분석만 인정하느냐, 그것을 넘어 인간의 의미, 가치, 또 의식의 고유성, 인간 실존의 문제 등과 같은 차원으로 나아가느냐 하는 것이 오늘날 문제가 되는 지점입니다. 이상적으로는 메커니즘들에 대한 구체적인 이해 위에서 인간 인식/실존의 특수한 측면까지 이해해 나가는 것이 가장 좋겠죠. 그러나 두 차원이 쉽게 화합하지 않고 갈등 관계를 형성한다고도 할 수 있습니다.

바로 후자의 측면에 중점을 두는 다른 인식론이 두번째 갈래로서 현상학적 인식론입니다. 현상학적 인식론은 칸트를 이어받고 있으면서도 그 '선험적' 차원을 좀더 집중적으로 이어받고 있습니다. 물론 현상학 역시 심리학과 밀접한 관련을 가지고 있지만, 현상학은 특히 '의미'라는 차원에 초점을 맞춤으로써 인식 '메커니즘'보다는 의미론에 주안점을 두고 있습니다. 현상학은 우리의 자연적 경험과 (사물의 의미를 포착하는) 선험적 경험을 구분합니다. 우리는 선험적 경험을 통해 사물의 본질을 파악한다는 것이죠. 그런데 이때의 '본질'이란 고대 존재론에서와 같은 본질이 아니라 의미로서의 본질입니다. 붉은 장미를 보고서 그 사물의 가장 본질적인 의미를 파악하는 것이 곧 '현상학적 환원' 과정이죠. 그런 과정을 통해서 사물의 본질=의미(노에마)를 파악하고자 하는 것이 현상학입니다. 그래서 현상학은 넓은 의미에서의 심리학적 인식론에 속하지만, 오히려 철저하게 인문학적인 성격을 띠게 됩니다. 의미와 가치, 행위의 문제에 초점을 맞추게 되고, 그래서 기존의 '인식론'이기보다는 차라리 인간 실존에 대한 독특한 분석으로 나아가게 되죠. 현상학이 실존주의로 이어진 것은 어떤 면에서는 필연적입니다. 현상학적 인식론은 출발점은 인식론이지만, 그것이 '의미'를 다루는 한 결국 인간 실존에 대한 이해로 나아가지 않을 수 없었던 것이죠.

발생적 인식론과 전혀 성격을 달리하는 것으로는 우선 논리학적 인식론을 들 수 있습니다. 논리학적 인식론은 인식론의 대상을 '마음'

이나 그와 유사한 차원에 두는 것이 아니라 어디까지나 외재화한 언어, 일정하게 담론으로서 형성된 결과에 둡니다. 과학적 논리의 분석에 두는 것이죠. 예컨대 이런 유형의 인식론에서 어떤 과학자가 사물을 어떻게 지각하고 그의 마음속에서 무슨 일이 일어났는가 등의 문제는 인식론과는 별개의 문제입니다. 그가 창출해낸 어떤 이론 체계, 법칙/공식, 텍스트 등 이미 외재화된 결과들을 두고서 그 논리적 구조를 분석하는 것이죠. 앞에서 말한 '발생론적' 인식론과는 대비됩니다. 오늘날 좁은 의미에서의 인식론이라 하면 이 두번째 유형의 인식론을 말하죠.

현대 인식론의 대표적인 입장들 중 하나는 실증주의positivism입니다. 실증주의는 과학적 인식은 반드시 감각자료sense data에 바탕을 두어야 한다는 입장입니다. 그리고 과학적 법칙이란 감각자료를 "경제적으로"(에른스트 마흐) 정리한 것이라는 입장이죠. 'Data'는 라틴어 'datum'의 복수인데, 이 'datum'이라는 말은 '주어진 것'이라는 뜻입니다. 한자어로 번역해서 '소여'所與, 즉 '주어진 바'라고 번역하기도 합니다. 베르그송의 첫번째 주저의 제목이 『의식의 직접적 소여에 관한 시론』[3]이죠. 이를 풀어 말하면 『의식에 직접 주어진 것들에 관한 시론』이죠. 실증주의는 외적으로 관찰한 데이터들=자료들에 입각해 법

---

3) 흥미로운 것은 실증주의도 소여에 입각해 있고 베르그송 철학도 소여에 입각해 있음에도, 두 사유는 대조적이라는 사실이다. 그것은 실증주의는 주로 **외적 소여**에 초점을 맞추는 반면, 베르그송은 (적어도 이 책에서는) **내적 소여**에 초점을 맞추고 있기 때문이다. 실증주의가 외적으로 지각한 것에 근거한다면, 베르그송은 의식/내면에 대한 관찰에 근거하고 있다. 공히 '주어진 것'에 근거하지만 서로 반대 방향에서 사유를 전개하고 있다.

칙을 구성합니다. 법칙이란 자료들에 있어 "규칙적으로 반복되는"(콩트) 측면을 수학적으로 정식화한 것이죠. 따라서 법칙이란 어디까지나 명목적인 것입니다. 실증주의는 존재론적으로는 우리가 지각하는 세계가 참된 세계라는 '현상론'phenomenalism에 입각해 있고, 언어철학에서는 보편 개념들은 개별자들을 서술해 주는 언어일 뿐 객관적으로 실재하지는 않는다는 유명론=명목론에 입각해 있습니다.

그러나 실증주의 인식론은 인식의 실제를 충분히 설명해 주지 못합니다. 그 대표적인 예가 볼츠만의 통계역학이죠. 볼츠만은 열적 계(예컨대 뜨거운 보일러를 생각하면 되겠습니다)에 관련해 기체(가스) 입자들의 운동을 통계적으로 고려하는 '통계역학'이라는 새로운 분야를 개척했습니다. 아주 간단한 예로서, 어떤 열적 계가 "뜨겁다"는 것은 그 안의 기체 입자들이 격렬하게 운동해 서로 부딪치고 또 계의 표면을 때린다는 것을 뜻합니다. 이런 식으로 볼츠만은 이전의 열역학thermodynamics, 즉 한 열적 계의 온도, 부피, 압력 등을 연구하는 분야를 혁신시켰고, 열역학을 미시적으로 정초했다고 할 수 있습니다. 훗날 열역학의 공식들이 통계역학적 공식들의 한 '경우'라는 것이 밝혀짐으로써[4] 볼츠만의 생각은 확고한 근거를 얻게 됩니다. 그러나 당대의 과학자들은 마흐의 실증주의에 경도되어 있었기 때문에 볼츠만의 이론은 "형이상학적인" 것으로 거부되었습니다. 이 사건은 실증주의의 한계를 잘 드러냅니다. 사실 과학이든 철학이든 또 예술이든 모든 위대한 사유들은 실증하기 어려운 것들입니다. 물론 경험과 어떤 식으로든 닿아야 하겠죠. 아예 닿을 수 없는 것들은 공허한 사변으로 그칠 터이니까요. 그러나 '실증'이라는 테두리에 사유를 가두는 것은 금물이죠. 대부분의 뛰어난 사유들은 그렇게 즉물적으로 실증할 수 있는 것들이 아닙니다. 위대한 사유들은 상상력과 직관을 통해서 실증성의 테두리를 넘어 비상합니다. 다만 끈 떨어진 연鳶이어서는 안 되겠죠. 경험/현실과 끈을 잇고 있어야 합니다.

실증주의의 한계가 드러나면서 19세기 말, 20세기 초에 이르면 인식론의 역사가 합리주의로 선회합니다. 통계역학, 상대성 이론, 양자역학, 세포 이론, 유전학…… 등 혁명적인 새로운 인식들이 속속 등장해서 세계에 대한 이해를 바꾸어 놓고 있었을 때 실증주의 인식론으로는 그런 상황을 이해하기 힘들었던 것이죠. 그래서 쿠르노, 푸앵카레, 뒤엠, 메이에르송을 비롯한 많은 과학철학자들은 합리주의 인식론――그러나 우주를 합리적으로 완벽하게 포착하는 것이 불가능하다는 것을 역설했던 베르그송을 거치면서 이른바 '비판적 합리주의'라는 이름을 가지게 됩니다――을 전개했으며, 이런 흐름은 가스통 바슐라르라는 거장에 의해 완성됩니다. 합리주의는 과학을 1) 현상계를 넘어 실재의 세계를 발견하려는 행위로 보며, 2) 인간에게는 'sense

---

4) 바슐라르는 과학이 "발전한다"고 말할 수 있는 논리적 구조로서 이런 경우들의 예를 들었다. 예컨대 에우클레이데스 기하학은 리만 기하학에서 곡률(curvature)이 0인 경우이고, 뉴턴의 공식은 아인슈타인의 공식에서 운동체의 속도가 매우 느린 경우에 해당하며, 푸코가 생각한 타자들은 마르크스의 타자(프롤레타리아)를 포함하면서 보다 넓게 '일반화'된 타자들이라 할 수 있겠다. 바슐라르는 뒤에 나온 이론이 앞에 나온 이론을 그것의 한 '경우'로서 포괄할(envelopper) 때 과학적 이론이 발전한 것이라 생각했다. 물론 완벽한 포괄의 경우는 드물다. 아인슈타인의 이론이 수학적으로는 뉴턴의 이론을 포괄하지만, 그 밑바탕에 깔려 있는 시공간 개념은 전혀 다르고, 또 푸코가 타자들에 관련해서는 마르크스를 포괄하지만 다른 측면들(예컨대 자본주의에 대한 정치경제학적 분석)에서는 더 빈약하기 때문이다.

data'를 넘어 세계의 합리적 구조를 파악할 수 있는 능력이 있다고 보며, 3)'사유와 존재의 일치'(예컨대 수학 공식과 세계의 숨겨진 구조의 일치)의 전통을 잇고 있는 사유입니다. 물론 합리주의 자체 내에서도 여러 형태들이 있죠. (법칙, 구조 등이 이데아처럼 실재한다는) 플라톤적인 입장, 그렇게 단정할 수는 없지만 그런 실재에 점차 다가갈 수 있다는 입장, 법칙들이란 기계들을 통해 밝혀낸 현상들(예컨대 현미경으로 본 현상)을 제대로 "서술할 수 있게" 해주는 개념적 장치들일 뿐이라고 보는 입장…… 등 여러 가지 입장들이 있습니다.

논리학적 인식론은 오늘날에도 다채롭게 전개되고 있는데, 바슐라르 이후 "과학이란 무엇인가?" 등의 일반론보다는 매우 구체적인 방식으로 행해지고 있습니다. 수학의 철학, 물리학의 철학, 경제학의 철학 등등과 같이 개별화된 논의들이 풍성하게 논의되고 있죠. 때로 인식론이 아니라 과학철학으로 불리기도 합니다. 이 분야가 너무 방대하다 보니 오늘날에는 과학철학은 아예 일반적인 철학과 분리되어 별도의 전공을 형성하고 있다고도 하겠습니다. 그래서 어떤 철학 사전은 아예 '철학 일반'과 '인식론=과학철학' 분야로 나누어 서술하고 있는 것을 본 적이 있습니다. 얼마 전에 프랑스 뤼옹에 갔을 때 그 도시에서 가장 큰 책방에 들렀습니다. 그런데 이상하게도 과학철학 분야의 책들은 없더군요. 뜻밖이라고 생각했는데, 나중에 알고 보니 과학철학 분야의 책들은 이공계 코너의 한 부분에 들어 있었습니다. 나도 한때 과학철학에 관심이 많았고 지금도 일정 부분은 그렇습니다만, 그 코너를 보니 도대체 뭘 사야 될지 엄두가 나지 않더군요. 그만큼 이 분야는 별도로 분리되어 어마어마한 분야를 형성하고 있습니다. 미국과 일본의 경우도 아마 마찬가지일 겁니다. 중요한 것은 세부적인 담론들과 일반적인 담론들 사이에 연결 고리들이 풍부하게 만들어짐으로써 사유의 소통과 종합이 포기되는 사태로 나아가지 않는 것이겠죠. 그런 노력들을 많이 해야 할 것입니다.

세번째로 이와 달리 과학사적 인식론은 인식이라는 것을 어디까지나 역사적 지평에 두며 과학'의 역사'에 대한 메타적 분석이 인식론의 본령이라고 봅니다.

과학사적 인식론은 방금 말한 논리적 인식론과 서로 맞물려 있습니다. 역사를 일정하게 해석하려면 어차피 이론적 틀이 필요하고, 또 이론적 틀의 구성은 반드시 역사를 토대로 해야 하기 때문이죠. 그래서 과학사와 과학철학은 서로 순환관계를 형성합니다. 과학사적 인식론의 토대는 콩트에 의해 놓여졌습니다. 콩트는 칸트와는 달리 인식론을 과학사에 근거해 전개합니다. 물론 18세기 계몽사상가들 중에도 이런 작업을 시도했던 선구자들이 많습니다만, 명확한 형태로 역사적 인식론을 체계화한 인물은 콩트죠. 그후 인식론(특히 프랑스의 인식론)은 반드시 과학사를 전제하고서, 즉 과학사에 대한 일정한 해석으로서 전개됩니다.

바슐라르는 특히 중요한데, 콩트로부터 메이에르송에 이르기까지 전개된 과학사적 인식론을 크게 바꾸어 놓았기 때문이죠. 메이에르송에 이르기까지 과학의 역사는, 여러 인식론자들 사이에 구체적인 차이들이 있긴 하지만, 대체적으로 일정하게 발전해 가는 역사, 차곡차곡 축적해 가는 역사로 이해되었습니다. 그러나 바슐라르는 과학사에 다자성과 불연속을 도입합니다. 바슐라르는 '과학'the Science이 아

니라 '과학들'the sciences에 대해 말하고, 또 과학사를 혁명적인 변화
에 의해 불연속을 겪는 과정으로서 파악합니다. 이런 사유는 훗날 조
르주 캉길렘, 토머스 쿤, 루이 알튀세르, 미셸 푸코 등의 인물들에 의해
계승되어 보다 구체적으로 연구됩니다(토머스 쿤은 바슐라르보다는
오히려 과학사가인 알렉상드르 코이레의 연장선상에서 작업했습니다).
오늘날에는 과학사라는 담론 자체가 전문화되어 역시 철학 일반과 유
리된 거대한 분야를 형성하고 있습니다.

마지막으로 별도의 어떤 인식론이라기보다는 특정한 형이상학
자의 전반적인 체계 내에서의 인식론이 있습니다. 즉 일정한 형이상
학 체계를 전제하고서 그에 부속되어 있는 것으로서의 인식론이 있는
것이죠. 이는 고대 철학의 구도를 그대로 이어받고 있는 인식론입니
다. 독창적인 형이상학자는 한 세대에 한 명 나올까 말까 하기에, 이런
유형의 인식론은 물론 많지 않습니다. 독자적으로 인식론적 탐구를
행하는 것이라기보다는 한 철학자의 사유 전체의 한 부분으로서 인식
론이 존재하는 경우라고 할 수 있겠죠. 앞에서 보았던 베르그송의 경
우가 대표적입니다. 그 외에도 화이트헤드, 하이데거, 들뢰즈 등을 이
런 철학자들로 볼 수 있습니다.

이들의 인식론은 각 철학자들의 전체 사유체계 내에서만 정확히
이해될 수 있는 인식론들이며, 한 사람 한 사람이 철학사의 거대한 봉
우리를 이루고 있는 인물들이니만큼 이들의 사유 각각을 포괄적으로
이해할 필요가 있습니다. 베르그송, 화이트헤드는 당대의 과학들과
구체적으로 소통하면서 사유를 전개한 인물들이기 때문에, 앞에서 언
급한 논리학적-과학사적 인식론과 보다 밀접하게 연결됩니다. 그에

비해 니체와 하이데거는 인문적인 테두리 내에서 사유한 사람들이며 따라서 현상학 및 해석학과 보다 밀접히 연결되어 있습니다(니체에게는 과학철학적 면모도 일정 부분 있습니다). 들뢰즈는 두 측면을 다 가지고 있는 종합적인 인물이라 하겠습니다. 어쨌든 이들의 형이상학-존재론적 인식론도 각각 매우 흥미로운 내용들을 담고 있으며, 오늘날 여전히 연구되고 논의되는 사유임에 틀림없습니다.

제2부

9강_ 영혼, 정신

자, 새 학기가 되었습니다. 지난 학기에 뵈었던 분들은 다시 봐서 반갑고, 새로 오신 분들도 좀 계신 것 같은데 반갑습니다. 지난 학기에 이어 이번 학기에도 철학의 기초 개념들을 강의합니다. 지난 학기에는 주로 이론철학에 속하는 개념들을 살펴봤는데, 이번 학기에는 주로 인성론의 개념들, 그리고 윤리학, 정치철학 등 실천철학에 속하는 개념들을 살펴볼 생각입니다.

이번 학기 강의의 전체 구도를 보면, 우선 영혼에 관한 이야기가 처음 두 강을 차지합니다. 이것은 곧 '인성론'人性論에 관한 논의죠. 인간이라는 존재의 특수성에 대한 논의로서, 영혼과 정신(마음, 의식)이라는 존재(즉 인간을 인간으로서 만들어 주는 존재)와 이 영혼/정신의 구체적 기능들(즉 능력들)에 관한 논의라고 할 수 있습니다. 이 두 강의에 기초해서 다음으로는 덕德에 관한 이야기가 전개됩니다. 덕은 영혼을 가진 존재로서의 인간의 잠재력과 사회-역사라는 객관적 장이 만나는 접점에 존재합니다. 인간은 영혼을 가지고서(또는 영혼이라는 존재로서) 사회 속에서 행위하죠. 그래서 덕과 행위라는 문제는 한 주체와 그 주체가 살아가는 객관적 장의 접면에 존재하는 중요한 문제입니다. 다음으로 인간의 모든 행위는 늘 가치를 동반한다는 점에 주의할 필요가 있습니다. 그래서 12강에서는 '선과 악'의 개념을 다룰 생각입니다. 그러고 나서 인간적 삶의 구체적 조건, 즉 국가와 법을 다룰 생각입니다. 국가와 법에 대한 논의에 이어 인간 공동체의 가장 기초적인 가치라고 할 수 있는 정의의 문제를 다룰 것입니다. 마지막으로 인간의 삶을 인간 고유의 삶으로 만들어 주는 만듦=기예의 문제, 즉 문화적 삶의 문제를 다루겠습니다.

이렇게 이번 학기 강의는 실천철학의 전체적인 구도에 따라 '인간이라는 존재', 그리고 '인간적 삶의 **조건들**', 그리고 '인간적 삶에서의 **가치**'의 순서로 논의를 진행할 것이고, 각각에 관련되는 기초 개념들을 논할 것입니다. 그럼 우선 영혼의 문제를 다루어 봅시다.

§1. 영혼의 개념

지난 학기에는 주로 이론적인 철학, 즉 존재론(과 인식론)에 관련된 이야기를 했다면, 이번 학기에는 인간과 인생이라는 주제에 초점을 맞춥니다. 인간은 매우 특수한 존재죠. 한편으로 사실상in fact 다른 존재들과 구분되는 측면들 —— 생각하고 말하는 존재, 가치와 의미를 따지는 존재, 유희하고 창조하는 존재 —— 에서 특수하지만, 다른 한편으로 지금 이렇게 자기 자신에 대해 논할 수 있다는 점에서도 특수합니다. 사실 우리가 그 어떤 것에 대해 논하든 그 모두는 결국 우리 인간이 이러쿵저러쿵하는 것이죠. 최근에 인간중심주의를 비판하는 것이 일반적 경향입니다만, 역설적으로 그렇게 비판하는 것마저도 사실상 인간이죠. 인간이라는 존재에게서 가장 놀라운 것은 자기 자신에 대해 생각하고 논한다는 사실입니다.

그런데 인간을 이렇게 특수한 존재로 만들어 주는 것은 무엇인가? 이에 대해 전통적으로 영혼, 정신이라든가 의식, 마음, 이성, 주체 같은 개념들이 제기되었습니다. 모두 뉘앙스가 다릅니다만, 어느 것이든 그런 독특한 차원이 존재하지 않는다면 생명체로서의, 나아가 인간으로서의 삶이 성립하지 않을 것이라는 생각을 담고 있습니다. 이번 학기의 주제가 실천철학인데, 왜 그 첫머리에 ‘영혼, 정신’의 개념을 다루는가? 이런 차원이 전제되지 않는다면 인간의 윤리나 가치의 문제는 아예 제기되지도 않을 것이기 때문입니다. 인간이 가치나 윤리의 문제에 대해서 사고할 수 있는 것은 인간에게 이런 차원이 있기 때문에, 다시 말해 인간이란 물체이자 생명체/신체인 동시에 또한 정신, 영혼, 마음 같은 것들을 가지고 있는 존재이기 때문이라는 겁니다. 그래서 우선 영혼, 정신 등을 다루는 것이고, 바로 이 개념들이 일반존재론과 인간존재론·실천철학의 매듭에 존재하는 개념들이라고 할 수 있습니다.

우리말 ‘영혼’은 헬라스 말의 'psychê'에 해당합니다. 영혼을 둘러싼 논의에는 대체적으로 세 가지가 있는데, 그 하나는 물론 “영혼이란 무엇이냐?”라는 물음입니다. 영혼이라는 개념의 규정 문제, 나아가 그것이 철학적 사유 전체에서 차지하는 위상 등에 관한 물음입니다. 다음으로는 영혼과 신체의 관계에 대한 물음이에요. 몸과 마음의 관계죠. 간단히 심신론心身論이라고 합니다. 인간의 신체도 분명 하나의 개체, 생명체이지만 영혼이라는 측면과 함께 존재하기 때문에 인간 신체는 다른 물체들, 생명체들과는 현저하게 다른 특성을 띱니다. 그렇다면 '심'과 '신'의 관계가 무엇이냐는 문제가 발생합니다. 마지막으로는 영혼의 능력들dynamis, 즉 영혼의 기능들faculties에 관한 논의가 있습니다. 여러분들이 예컨대 칸트를 읽다 보면 '판단력'Urteilskraft이라는 말을 만나게 될 텐데, 이때 이 'Kraft'가 곧 힘을 뜻하죠. 그래서 '판단력'이라고 번역합니다. 이 말은 곧 '판단하는 능력'이라는 뜻입니다. 인간 영혼이 가지는 기능, 힘이 바로 '능력'인 것이죠. 그 외에도 이성, 감성, 오성, 감정, 기억, 상상력 등 영혼의 능력에는 상당히 많은 종류가 있습니다. 이런 능력들에 대한 논의는 인성人性에 관한 논의라고 할 수 있습니다. 이상의 문제들이 영혼 개념을 둘러싼 주요한 문제들이죠.

우리 강의에서는 셋 중에서 두번째인 심신론은 접어둘 예정입니다. 시간상 세 문제 모두에 한 강씩을 할애하는 것이 어려울 것 같아요. 심신론은 매우 중요하고 또 어려운 문제로서 언젠가 별도의 강의를 마련해 드리겠습니다. 다만 우리 강의에서 '영혼'이라고 할 때는 신체와 날카롭게 대비되는 어떤 것이 아니라 신체의 기능들도 함께 결부되어 있는 것을 뜻한다는 점을 미리 말해 둡니다. 강의 주제를 정신, 의식, 마음이 아니라 굳이 (사실상 지금은 별로 쓰이지 않는 말인) '영혼'으로 잡은 것도 이 때문입니다. 이 점에 대해서는 강의가 진행되면서 자연스럽게 이해하실 수 있으리라 봅니다.

아리스토텔레스 이론철학의 핵심 저작들로는 『형이상학』, 『자연철학』,『영혼론』이 손꼽히는데, 아리스토텔레스가 영혼이라는 주제를 따로 떼어 한 권을 할애했을 정도로 영혼 개념은 비중이 큰 문제입니다. 그런데 그리스어에서 '프쉬케'라는 말은 오늘날의 '영혼'이라는 말보다 더 큰 외연을 띠었습니다. 오늘날에는 영혼이라는 말이 잘 안 쓰이죠. 과거의 고전적인 철학들에서 자주 사용되던 말이 오늘날에는 잘 사용되지 않는 경우가 많은데, 영혼이라는 말도 그런 경우입니다. 일상어나 문학어로서는 가끔 쓰입니다만 학술어로서는 이미 죽은 말이죠. 그리스 문화에서 이 '영혼'에 해당하는 '프쉬케'라는 말은 오늘날처럼 인간의 고유한 어떤 것이라는 의미보다는 오히려 '생명'이라는 뜻으로 사용되었습니다. 살아 있다는 것은 곧 영혼을 가지고 있다는 것이었죠. 반대로 죽은 것은 '영혼이 없는 것'이었습니다. 우리가 오늘날 어떤 사람에 대해 "저 사람은 영혼이 없어"라고 말한다면, 그것은 말하자면 인간미人間美가 없다는 뜻이죠. 아니면 정신적 가치, 형이상학적 가치를 결한 인간이라는 뉘앙스입니다(반대로 '맑은 영혼의 소유자'라면 인간미가 넘치고 도덕적으로 순결한 사람이라는 뜻입니다). 그렇지만 그리스어에서 이 말은 바로 죽은 사람에게 쓸 수 있는 말이었습니다. 물론 현대에도 이런 뉘앙스의 흔적이 어느 정도 남아 있습니다. 오늘날 누군가에 대해 "영혼이 없다"고 말한다면, 그것은 그 사람이 도덕적/정신적으로 죽은 것이나 마찬가지라는 뜻이겠죠.

잠깐 삽입하는 이야기입니다만, 전통적인 어떤 철학체계들에서는 영혼 개념을 특이하게 사용한 경우가 있습니다. 우리가 '영혼'이라고 할 때 그것은 이미 어떤 개체를 전제하는 것입니다. 그것이 사람이든 동물이든 아니면 식물이든 어떤 개별화된 존재, 개체를 전제하는 것이죠. 영혼이란 곧 그 개체의 영혼을 말하는 겁니다. 그런데 어떤 사유체계들에서는 영혼이라는 말이 때로는 세계 전체의 영혼, 우주의 영혼이라는 맥락에서 사용되기도 했어요. 그런데 이런 생각은 무엇을 전제하고 있을까요? 우주 자체가 하나의 생명체라는 것을 전제하겠죠. 그래야 그것의 영혼을 이야기할 수 있을 테니까요. 그럴 때 'psychê toû kosmou'(또는 'psychê toû pantos'), 즉 '세계영혼'世界靈魂이라는 말이 사용되었습니다. 번역하기에 따라서는 '우주영혼'宇宙靈魂이라고도 할 수 있겠죠.

어쨌든 영혼이라는 말은 이렇게 주로 생명을 뜻하다가 점차 그 의미가 바뀌어 갑니다. 이제 그 역사를 추적하면서 이 개념의 복잡한 의미론적 층차層差들을 짚어 봅시다.

§2. 영혼의 발견

영혼이라는 말이 처음에는 고차원적인 정신활동을 뜻하기보다는 생명을 뜻했다는 이야기를 했습니다. 그런데 그 생명 개념조차도 처음에는 지극히 조잡한 개념이었어요. 호메로스에게서 그 용례를 찾을 수 있는데, 다음 구절을 볼까요?

> …… 파트로클로스는 그[사르페돈]의 가슴에 한 발을 얹고 몸뚱이에서 창을 빼냈다. 그러자 창과 함께 횡경막도 따라나왔다.
> 그러니 그는 그의 영혼과 창끝을 동시에 빼낸 셈이 되고 말았다.
> (『일리아스』XVI, 503~505)

파트로클로스가 누구죠? 아킬레우스의 죽마고우竹馬故友죠.『일리아스』전체가 아킬레우스의 분노를 다루고 있는데, 그의 분노를 폭발하게 한 것은 바로 자기가 가장 사랑하는 친구인 파트로클로스가 트로이의 왕자 헥토르에게 죽었던 사건이죠. 그런데 그 전에 파트로클로스에게 죽은 트로이의 전사가 다름 아닌 사르페돈입니다. 파트로클로스가 헥토르의 전우인 사르페돈을 죽이고, 그러자 헥토르가 아킬레우스의 전우인 파트로클로스를 죽이고, 그러자 다시 아킬레우스가 분노해서 헥토르를 죽이는, 말하자면 싸움의 강도가 점점 커지는 구도를 띠고 있습니다. 지금도 싸움을 다루는 소설이나 영화 같은 것을 보면 처음에는 졸개들이 싸우다가 점점 센 자들이 나오고 마지막에 주인공 둘이 싸우잖아요? 그런 구도인 것이죠. 사르페돈은 제우스의 아들이죠. 제우스가 살리고 싶어했지만 살릴 수 없었던 아들입니다. 이것은 지난 학기 강의에서 논한 개념들 중 무엇과 관련됩니까? 바로 '운명=모이라'와 관련되는 이야기입니다. 그리스적 운명 개념의 특징은 그것이 신들보다 더 근원적인 것이라는 점에 있다고 했습니다. 신들마저 어쩔 수 없는 것이 바로 운명이죠. 그런 경우의 예로 들 수 있는 것이 바로 이 대목입니다. 제우스가 최고의 신인데, 그런 제우스조차도 어쩔 수 없는 운명이 있다는 것이죠.

그런데 호메로스의 표현을 보면 현대인으로서는 이해하기 힘든 부분이 있습니다. 파트로클로스가 사르페돈의 가슴에 한 발을 얹고 몸뚱이에서 창을 빼냈는데, 그때 창과 함께 횡경막도 따라나왔다고 했죠? 그 다음 말이 흥미롭습니다. "그러니 그는 그의 영혼과 창끝을 동시에 빼낸 셈이 되고 말았다." 영혼이 창끝에 걸려 나왔다는 것이죠.

이 표현에 주목할 필요가 있습니다.

이 표현에는 몇 가지 의미가 함축되어 있습니다. 우선 영혼이라고 하는 것이 물질적인 어떤 것으로 이해되고 있습니다. 오늘날 영혼은 육체와 대비되는, 비물질적인 것으로 이해되고 있는데, 그것을 창 끝에 걸려 나온 것으로 묘사하고 있는 것이죠. 하나의 추측으로는 영혼이 심장과 동일시되었을 수 있습니다. 심장이 나온 것을 보고 영혼이 나왔다고 말했을 수도 있겠죠. 한자 문화권에서도 '心'은 생물학적인 심장의 뜻과 '마음'의 뜻을 동시에 가지죠. 다음으로, 영혼을 물질적인 것으로 봤을 뿐만 아니라 물질적인 것 중에서도 비교적 조잡한 것으로 봤다는 사실입니다. 물질이라 하더라도, 영혼의 개념에 보다 가까이 가는 것들이 있죠. 예컨대 물, 공기, 불 같은 것들은 손으로 잡을 수가 없는 것들입니다. 동북아 문헌들에 흔히 등장하는 표현으로는 '영묘'靈妙한 것들이죠. 영혼을 물질로 본다 해도 극히 영묘한 것이라고 해야 할 것입니다. 예컨대 훗날 유물론 철학을 펼친 루크레티우스는 영혼을 원자들의 집합으로 그리고 있습니다만, 영혼의 원자들을 다른 원자들과 구분해 극히 영묘한 원자들로 묘사하고 있습니다. 그런데 "창끝에 걸려 나왔다"고 했으니까 물질 중에서도 비교적 조잡한 것을 뜻했다는 것을 알 수 있습니다.

『일리아스』에서 전사들이 싸우다가 죽는 장면을 묘사하는 방식이 여러 가지가 있습니다. 대표적인 것으로 "어둠이 그의 눈을 가렸다"는 표현입니다. 멋진 표현이죠? 그런데 그런 표현들 중 하나가 바로 "사지四肢가 풀어졌다"는 표현입니다. 이때 영혼은 바로 사지를 묶어 주는 끈 같은 것으로 이해되고 있습니다. 팔과 다리가 십자가 형태로 교차하고 있다 할 때 영혼은 그 중심을 묶어 주고 있는 끈 같은 것으로 이해되었던 것이죠.

이렇게 영혼이 물질적인 것으로, 더구나 (후세의 이해와 비교할 때) 매우 조잡한 방식으로 이해되었다는 것을 알 수 있습니다. 또 다른 맥락에서는 영혼이 오늘날의 '고스트'와 같은 것으로 이해되기도 했습니다. 이 경우는 영혼이 다분히 탈물질화된 것으로 이해되는 경우지만, 이때도 사실 완벽하게 비물질적인 것으로 이해되고 있는 것은 아녜요. 예컨대 5라는 숫자나 플라톤이 말하는 이데아=형상 같은 것들은 완벽하게 비물질적인 것이죠. 그런데 우리가 흔히 유령이라고 부르는 것은 어떻습니까? 그것은 물질은 아니지만 (그림이나 영화 같은 데에서 흔히 묘사되듯이) 뿌옇게 뭔가 있기는 있는 것이죠?『오뒤세이아』를 보면 오뒤세우스가 하계下界에 내려가서 아가멤논 등을 만나는 장면이 나옵니다. 그런데 영혼들=유령들이 완벽하게 탈물질적인 존재라면 오뒤세우스가 그들을 볼 수 없었을 터이고, 또 그들과 말을 나눌 수도 없었겠죠. 그러니까 이때의 영혼은 탈물질적인 것이긴 하지만 완전히 탈물질적이지는 않은 존재로 묘사됩니다.

또 하나 언급할 만한 것은 호메로스가 'psychê'와 'thymos'를 구분했다는 사실이죠. 전자가 생명, 영혼에 해당한다면, 후자는 정신, 마음에 해당한다고 할 수 있어요. 영혼이라는 것은 일종의 실체입니다. 자연적 실체인 것이죠. 그에 비해서 마음이나 정신은 자연적 실체가 아니라 인간 고유의 그 무엇입니다. 물론 호메로스에서는 이렇게까지 명확하게 구분되지는 않았지만, 영혼이 아직 탈물질화되지 않은 어떤 자연적 실체인 반면 마음은 자연적 실체가 아니라 인간만이 가지고 있는 어떤 고유한 차원인 것으로 이해되고 있는 대목들이 나옵니다. 이런 구분, 즉 자연적이고 불사의 것인 '영혼'과 인간적-사회적이고 죽은 후 사라지는 '정신/마음'의 구분은 담론사에서 이후 계속 보존됩니다. '정신/마음'은 인간 고유의 차원, 특수한 기능이기에 그것을 가진 사람이 죽으면 없어지겠죠. 철수가 없는데 철수의 마음이 어디에 있을 수 있겠어요. 그러나 영혼은 죽어도 남는 겁니다. 어떤 형태로든 남는 것으로 이해되었죠. 그러므로 죽는다는 것은 영혼이 한 개체로부터 떠나는 것이지 소멸하는 것은 아니었습니다. 그것은 **자연적 실체**이기에 영원히 소멸되지 않는 무엇이었던 것이죠.

어떤 존재가 살아 있다는 가장 생생한 증거는 그것이 숨 쉬고 있다는 것이죠. 누가 죽었나 살았나를 알려고 할 때 우리는 어떻게 합니까? 코에 손을 대 보거나 가슴에 손을 얹어 보죠. 숨을 쉬나 안 쉬나 확인해 봅니다. 이런 맥락에서 영혼이 왜 때로 호흡과 또는 그것의 상관항인 공기와 동일시되었는가를 이해할 수 있습니다. 프쉬케는 생명, 영혼도 되지만 동시에 호흡/숨도 됩니다. 우리말에 "숨이 끊어졌다"는 말은 죽었다는 것을 뜻하죠? 숨이 끊어졌다는 말은 곧 생명이 끊어졌다는 말과 똑같은 말이기 때문이죠. 그리고 호흡한다는 것은 곧 공기를 호흡한다는 것이기에 프쉬케라는 개념은 또한 공기하고도 통하는 말임을 알 수 있습니다. 호메로스에서는 물론이고 이후의 자연철학자들에게서도 이런 이해가 발견됩니다. 아낙시만드로스와 아낙사고라스는 영혼을 공기에 연결시키곤 했습니다.

그렇다고 이 사람들을 '유물론자들'이라고 부를 수는 없어요. 왜냐? 유물론이라는 생각은 물질이 아닌 것이 있다는 주장이 있을 때 그것에 반反해 "아니다, 궁극적으로는 물질만이 있다. 물질만이 진정한 실체이다"라고 주장할 때 성립하는 개념이기 때문이죠. 하지만 이때 당시의 사람들은 물질이 아닌 뭔가가 있다는 생각을 아예 한 번도 경험해 보지 못한 사람들이에요. 더 정확히 말해, 이들이 꼭 후대에 '물질'이라고 규정된 무엇을 사유한 것도 아니었습니다. 담론사의 초기를 장식한 사람들에게는 물질/비물질이라는 구분 자체가 아직 뚜렷이 존재하지 않았던 것이죠. 그러니까 가장 근원적인 것(아르케)을 물, 불…… 등으로 말했다고 해서 이 사람들이 **의식적으로** 유물론을 주장한 것은 아닙니다. 그런데 영혼이라는 것은 매우 영묘한 것이라는 생각이 조금씩 자리 잡으면서 (아직 물질과 완전히 단절되지는 않았지만) 물질과는 구분되는 어떤 것을 생각하게 된 것이죠. 그때 이런 기준에 맞는 것으로 포착된 것, 즉 모든 물질 중에서 가장 가볍고, 가장 투명하고, 가장 순수하고, 가장 존귀한 물질인 공기가 영혼으로서 이해되었던 겁니다. 전통 사상에서도 기氣의 청탁淸濁을 말하죠? 기가 얼마나 맑으냐 또는 탁하냐가 중요한 문제입니다. 거칠고 무겁고 조잡하고 탁한 기가 있고(장횡거 같은 사람은 '조박'糟粕 등의 표현을 쓰죠), 부드럽고 가볍고 영묘하고 맑은 기가 있죠. 물이 대표적이고 그보다 더 청淸한 것이 공기입니다. 영혼이 아직 물질성 위주로 이해되었을 시대에는 공기가 그것과 가장 가까운 것으로, 때로는 아예 같은 것으로 이해되었던 겁니다. 방금 말했듯이, 이런 이해는 후대의 원자론에 의해 보다 세련화됩니다.

어쨌든 자연철학 시대에 영혼은 물질적인 것들 중에서 가장 영묘한 것으로 이해되었습니다. 그런데 소크라테스의 시대에 이르러 영혼에 대한 완전히 다른 개념이 등장합니다. 이제 영혼이란 영묘한 물질이 아니라 물질적인 것과는 완전히 대조되는, 물질적인 것과는 범주가 아예 다른 어떤 존재로 파악되기 시작해요. 특히 소크라테스는 영혼이라는 개념에서 자연주의적 이해를 벗겨 버리고 거기에 새로운 뉘앙스를 부여합니다(소크라테스의 철학 전체가 그의 영혼 개념을 떠나서는 이해하기 힘듭니다). 자연주의naturalism라는 사유는 자연과 문화를 날카롭게 나누는 이분법에 반대해서 인간과 문화도 궁극적으로는 자연과의 연속선상에 있는 것으로 이해하려는 입장을 가리킵니다. 물론 거듭 이야기하지만, 소크라테스 이전의 철학자들이 의식적인 자연주의자들인 것은 아닙니다. 아직 자연과 문화의 이분법이라는 사고를 한 번도 겪어 보지 못한 사람들이죠. 소크라테스 시대에 와서야 비로소 자연(퓌지스)의 세계와 관습/법(노모스)의 세계가 날카롭게 구분되죠. 인간이 스스로를 자연 바깥에 위치시키기 시작했다고 할 수 있습니다. 그러면서 영혼 개념도 달라지기 시작했던 것이죠. 소크라테스는 영혼 개념에서 조잡한 유물론의 성격(물론 이것은 현대적 관점에서의 판단입니다만)을 벗겨 버리고, 오늘날 우리가 말하는 이분법적 사고, 즉 물질, 신체와 대비되는 영혼, 정신이라는 개념을 명확하게 제시합니다. 물질이 아닌 어떤 차원을 이야기하게 된 것이죠. 프쉬케 개념에 현대식으로 말해 '정신의 힘', '사유의 힘'이라는 뉘앙스를 부여했던 겁니다.

소크라테스는 "너의 영혼을 돌보라"epimeleia heautou라는 말을 자주 했다고 합니다. 소크라테스의 사유가 단적으로 함축되어 있는 말이죠. 인간이란 존재를 평균적이고 일반적인 관점에서 보면 영혼을 추구하는 존재로 보기는 힘들죠. 피상적인 쾌락을 찾는 존재라고 해야 할 겁니다. 사람들이 대화하는 것을 유심히 들어 보면, 거의 대부분이 돈 이야기, 권력(넓은 의미) 이야기, 또는 스포츠, 연예…… 등 감각적 쾌락에 관련된 이야기죠. 대중적 삶이란 결국 이 세 가지를 둘러싸고 전개됩니다. 그러나 소크라테스는 인간의 진정한 본성 —— 차라리 잠재력 —— 은 영혼에 있다는 것, 영혼이란 이전 철학자들이 '퓌지스'의 범주에서 다루었던 존재들과는 전혀 판이한 어떤 것이라는 것, 그리고 우리의 삶에서 영혼을 갈고 닦는 것이 중요하다는 것, 자신의 영혼을 더럽히지 않는 것, 고결한 영혼으로 사는 것이야말로 가장 소중하다는 것을 가르쳤습니다. 소크라테스는 평생 그런 가치를 추구했고, 그래서 "너의 영혼을 돌보라"라는 말을 자주 했을 것입니다. 현대의 철학자 미셸 푸코가 마지막으로 쓴 책은 『성의 역사』라는 연작인데, 그 세번째 권이 『자기에의 배려』로 번역되어 있습니다. 이 책은 바로 소크라테스의 "너의 영혼을 돌보라"라는 말을 둘러싸고 전개되고 있죠. 자기-돌보기에 관한 책입니다. 돌보기는 돌아보기와 통합니다. 그래서 자기-돌보기는 또한 자기-돌아보기이기도 하죠. 푸코는 소크라테스의 이 말에서 그리스 정신의 중요한 한 측면을 읽어내려 했습니다.

또, 소크라테스는 "너 자신을 알라"는 델포이의 신탁을 늘 음미하곤 했다고 합니다. 그런데 사람들이 이 말을 자주 오용하죠. 누군가가 잘못을 범하거나 잘난 척하면 "너 자신을 알라"라고 말하는데 이것은 엉뚱한 해석(?)입니다. "너 자신을 알라"는 말은 "네가 얼마나 대단하고 소중한 존재인가를 알라"라는 뜻이에요. 당신이 얼마나 위대한 존

재인지, 얼마나 큰 잠재력을 가지고 있는지를 알라는 뜻입니다. 그것
은 곧 "당신은 미천한 존재가 아니라 영혼을 가진 존재이다"라는 뜻이
에요. 당신은 단순한 돌멩이도 나무도 개도 아니다, 당신은 영혼을 가
진 인간이다, 이성적 인식을 할 수 있고 도덕적 판단을 내릴 수 있고
심미적 기쁨에 젖을 수 있는 존재이다, 이런 뜻입니다. 바로 그렇죠. 인
간은 사유할 수 있고, 글을 쓸 수 있고, 아름다운 대화를 나눌 수 있는
위대한 존재인데, 그리고 인생이란 단 한 번밖에 없는 것인데, 왜 당신
의 인생을 그렇게 보내고 있는가라는 뜻인 것이죠. 소크라테스의 시
대에 '프쉬케'라는 말에 이런 뉘앙스를 넣어 이야기하는 경우는 아직
드물었습니다. 그래서 당대 사람들이 소크라테스의 말을 잘 알아듣지
못했던 것이죠. 이렇게 "너의 영혼을 돌보라"라는 말과 "너 자신을 알
라"는 말은 서로 통하는 이야기입니다.

　사실 이런 이야기는 우리에게는 이미 상투화되어 있습니다. 교과
서에서 익히 배운 이야기이고 누구나 그런 말 자체는 알고 있죠. 때문
에 영혼에 대한 이런 인식이 인류 역사에서 처음 도래한 사건이라는
것을 염두에 두고서 가슴 깊이 느낄 필요가 있습니다. 영혼을 자연적
실체로서만 보던 이전의 전통을 깨고 처음으로 이런 생각을 했던 거
예요. 그 느낌으로 되돌아가 추체험追體驗해야만 그 감동을 느낄 수 있
습니다. 여러분들이 철학사를 배울 때는 늘 각 시대로 돌아가 깊이 음
미해 보아야 합니다. 모든 감동적인 이야기들이 시간이 흘러가면 상
투화되고 기성 사실화되면서 처음에 있었던 감동은 사라지기 때문입
니다. 그저 교과서에서 듣는 이야기가 되어버리죠. 그래서 우리가 건
성으로 알고 있는 이야기들을, 자신이 사실상 잘 모르면서 이미 알고

있다고 생각하고 있는 그런 이야기들을 그 역사적 맥락과 철학적 깊이로 들어가 끝없이 다시 음미해 볼 필요가 있는 것이죠. "日新 日新 又日新"이 중요한 겁니다.

그런데 지금 이야기를 지난 학기 강의에서 논했던 자연철학과 비교해 볼 필요가 있어요. 플라톤 이전에 '퓌지스'라는 말은 만물을 포괄하는 전체 또는 만물의 근원, 곧 '自然'이었죠. 그런데 소피스트들, 소크라테스, 플라톤 등이 등장하면서 퓌지스라는 말의 외연이 좁아지게 됩니다. 과거에는 인간을 포함한 우주 전체가 퓌지스였다면, 이제는 인간과 문화에 대비되는 것, 세계의 절반이 되어버린 것이죠. 물론 지금보다는 덜했지만, 소피스트들의 시대에 이르게 되면 '자연과 문화'라는 이분법이 뚜렷이 등장하게 됩니다. 이 이야기를 지금 맥락과 연결시켜 보세요. 소크라테스는 인간의 영혼을 자연의 한 측면, 자연 중에서 특별한 어떤 것이 아니라 자연에 대비되는 개념으로 이야기하고 있는 거예요. 이런 **논리적 연관**을 잘 포착하는 것이 철학적 사유에서 중요합니다. 그러니까 같은 이야기가 자연 개념이 문화에 대비되는 반쪽으로 재규정되었음(그리고 "만들어진" 것으로 화했음)을 뜻할 수도 있지만, 그러나 동시에 인간이 자연으로부터 떨어져 나와 자신의 독특한 정신적 잠재력을 분명하게 깨닫게 되었음을 뜻한다고도 볼 수 있는 겁니다. 같은 사태의 양면이라고 할 수 있죠. 전자는 다소 부정적인 뉘앙스로 말한 것이고, 후자는 긍정적인 뉘앙스로 말한 겁니다.[1]

사실 오늘날에는 오히려 인간과 자연의 통합이 논의되고 있습니다. 인간이 자연으로부터 지나치게 떨어져 나왔고 고대에 퓌지스로서 이해되었던 자연이 이제는 전적으로 인간이 조작하는 재료, 이용하는 도구가 되어버렸죠. 그래서 지금은 인간과 자연 사이에 놓인 깊은 골을 다시 메우는 작업이 시도되고 있습니다. 이것은 자연 개념 자체의 재검토라는 측면(자연철학), 인간 속의 자연 개념 또는 바꾸어 말해 자연과의 연속선상에 있는 인간 개념의 재규정(인간존재론), 또 환경이나 생명공학 등에서 야기되는 문제들의 검토라는 보다 실제적인/실천적인 측면(윤리학) 등 다양한 얼굴을 가지고 있습니다.[2]

그러나 사상의 역사에서는 액면 그대로 과거로 되돌아가는 법도 없고, 또 이전의 위대한 성과가 무화되는 법도 없습니다. 철학사에서의 위대한 성취는 그후 전개된 사유의 흐름을 무시한 채 그대로 영원한 진리로 굳어져서도 안 되고, 또 동시에 고리타분한 것으로 파기되어서도 안 됩니다. 위대한 철학사적 성취는 자체로서는 영원하지만, 그 의미는 구체적인 맥락에 따라 달리 자리 매겨져야 하는 것이죠. 시사적인 문제, 당장 눈앞에서 시끌벅적하게 회자되는 문제들만 다루는 담론은 인기는 있을지 몰라도 진정한 사유의 깊이는 없습니다. 반면 역사적 변화를 무시한 채 어느 한 사상체계를 절대화해서 신봉하는 태도는 시사적 태도보다 더 나쁩니다. 지금 우리가 공자를 논한다

---

1) 인간은 자연과 불연속이 됨으로써 문화의 세계, 이화세계(理化世界)를 구축할 수 있었다. 그래서 윤리와 정치, 학문과 예술의 차원을 누릴 수 있었다. 그러나 동시에 자연과 불연속이 됨으로써 인간의 모든 고뇌가 시작되었다. 자연과 연속이 되어도 또 불연속이 되어도 고뇌에 처할 수밖에 없는 것이 인간이라는 존재의 기이한 운명이다.

2) 그러나 이와 반대 방향의 논의도 필요하다. 예컨대 문화의 차원, 의미의 차원을 자연으로 단순히 환원시키려는 사회생물학, 유전자 결정론/환원주의를 비롯한 조잡한 유물론/자연주의에 대해서는 오히려 인간의 차원, 의미의 차원의 독자성을 옹호해야 할 것이다. 따라서 진정 필요한 것은 인간을 자연에 단순 통합시키는 것이 아니라 그 복잡 미묘한 관계들을 명료화하는 것이다.

면, 그것은 공자 이후 지금까지 전개된 세계사적-담론사적 변화를 전제하고서 이루어져야 합니다. 지금 우리가 마르크스를 논한다면, 마르크스 이후 지금까지 100년 이상 전개된 역사 및 담론사를 전제하고서 이루어져야 합니다. 푸코나 들뢰즈조차도 그들의 사후 지난 20여 년 동안 이루어진 세계사적-담론사적 변화들을 매개해서 읽어야 합니다. 역사의 변화를 무시한 채 과거의 한 담론을 그것 자체로 신봉해서는 곤란하죠. 그래서 철학사 없는 철학은 얄팍하고 철학 없는 철학사는 고루한 것입니다. 철학과 철학사가 통합되었을 때에만 정말 깊이 있으면서도 생생하게 살아 있는 사유가 나올 수 있는 것이죠. 오늘날 자연과 인간의 통합이 논의된다고 해서 소크라테스의 위대한 업적이 기각되는 것은 전혀 아닙니다. 어느 시대이든 그 시대의 철학적 고투는 이전 시대 전체를 그 안에 아우른다는 전제 위에서 성립하는 것이기 때문입니다.

§3. 초월과 내재

플라톤과 아리스토텔레스가 소크라테스 이전 자연철학자들의 거시적이고 심오한 관심사와 소피스트들과 소크라테스에 의한 인문주의적 계몽을 통합한 철학사의 거장들이라는 사실은 잘 아실 겁니다. 자연철학은 학문적으로 심오하기는 하지만 인간의 고유한 실존이나 정치적 현실을 외면하기 쉽고, 인문주의는 현실성은 있지만 결국 철학적인 깊이를 느끼기는 힘들죠. 이것은 현대에서도 마찬가지입니다. 자연과학을 가지고서 인간과 문화까지도 설명하려 드는 담론들은 대개 조잡하기 짝이 없고, 또 과학적-철학적 토대 없이 당장의 사회 현상들만을 논하는 담론들은 학문적 깊이를 느끼기 힘듭니다(모든 논의들은 결국 인간이란 무엇인가? 세계를 어떻게 이해해야 하는가? 나아가 안다는 것 자체가 무엇인가? 등의 물음들에 부딪치기 마련입니다). 담론사적 거장들이란 바로 이 쉽게 통합되지 않는 두 측면을 통합적으로 논의할 수 있는 정신적 크기를 가진 인물들입니다. 그 중에서도 플라톤과 아리스토텔레스의 사유는 서구 철학의 최고의 고전을 형성하고 있죠.

영혼을 비물질적인 것으로 파악하려는 경향은 퓌타고라스, 엠페도클레스 등에게서 이미 그 싹이 나타나거니와 소크라테스와 플라톤에 이르러 명확하게 표명됩니다.[3] 퓌타고라스학파는 어떤 종교와 밀접한 관련이 있었던가요? 바로 오르페우스교죠. 여러분들이 신화를 통해서 잘 알고 있을 겁니다. 오르페우스와 에우뤼디케 이야기 잘 아시죠? 지옥에 끌려간 에우뤼디케를 찾으러 오르페우스는 하데스의 나라까지 내려가고 페르세포네의 도움으로 에우뤼디케를 구해서 나오게 됩니다. 그러나 거의 다 나왔을 때 뒤를 돌아보는 바람에 에우뤼디케가 다시 지옥으로 떨어지잖아요(이런 이야기는 늘 반복되는 '신화소'神話素죠. 히브리 신화에 나오는 소돔과 고모라에서도 소금 기둥이 되는 여인이 등장하고, 최근에 나온 만화영화인 「센과 치히로의 행방불명」

---

3) 그러나 소크라테스의 경우와 플라톤의 경우에는 차이가 있다. 소크라테스가 영혼을 삶에서 나타나는 그대로의 모습으로 이해하려 한 반면, 플라톤은 그것을 일종의 종교적-형이상학적 실체로 확립한다. 소크라테스가 삶 자체 속에서 영혼을 사유한 반면, 플라톤은 거대한 형이상학 체계를 세워 영혼을 실체화했다고 할 수 있다.

에도 나옵니다. 이 만화영화의 경우는 '해피엔딩'이지만 말입니다). 바로 그 오르페우스와 결부된 종교가 오르페우스교죠. 이 오르페우스교의 두드러진 특징들 중 하나가 바로 영靈과 육肉을 철저하게 구분하는 이원론입니다.

퓌타고라스학파는 바로 이 오르페우스교의 영향을 받아 역시 극단적인 이원론적 사유를 전개했습니다. 자연철학 시대에는 대체적으로 영혼 역시 일종의 물질(물론 매우 특수한 물질)로서 탐구되었는데, 그에 비해서 물질적인 것과 물질을 초월한 것을 날카롭게 나눈 집단이 바로 오르페우스교와 퓌타고라스학파죠. 이 이원론적 사유는 나중에 플로티노스의 신플라톤주의 철학이라든가 기독교 사상에도 깊은 영향을 미치게 됩니다. 특히 기독교의 일파였으나 후에 '이단'으로 단죄된 그노시스학파가 극단적인 이원론을 대변합니다.

이런 이원론은 플라톤과 훗날의 데카르트에게서도 발견됩니다. 플라톤은 영혼에서 불사의 부분과 가사적可死的 부분을 나누었습니다. 흔히 알려진 바에 따르면 플라톤은 '영혼불멸설'을 주장했고, "육체는 영혼의 감옥"이라고 말한 것으로 되어 있죠. 하지만 좀더 들어가서 보면 영혼에서 불사의 부분과 가사적 부분을 나누었다고 할 수 있어요. 가사적 부분은 신체를 움직이게 하는 자연적 원리이고, 불사의 부분은 인간에게 고유한 차원입니다(플라톤은 자연철학적 영혼 개념과 종교적 영혼 개념을 통합하고 있다는 것을 알 수 있습니다). 그래서 죽음에 이르렀을 때 가사적인 부분은 신체와 더불어 죽는 것이고 불사의 부분만 남아 있게 됩니다. 후자의 영혼은 영원한 존재라는 점에서 그 자체 하나의 형상이라고 할 수 있습니다. 그리고 이 형상은 데미우르고스=조물주에 의해 인간에게 불어넣어졌으며 이 때문에 인간은 형상들을 인식할 수 있게 됩니다. 이런 사유 구도는 훗날 데카르트에게서 거의 그대로 재현되죠. 신이 영혼을 먼저 만들고 이 영혼을 몸에다 넣어 주었다고 합니다. 그렇기 때문에 인간은 경험을 하기 전에 이미 영혼 속에 진리의 씨앗들을 품고 있게 되는 것이죠. 이 씨앗들이 바로 유명한 '본유本有 관념들'입니다. 그리고 우리가 본유 관념들을 가지고 있기 때문에 현상계를 넘어 실재를 인식할 수 있다는 것입니다.

이런 사유 구도는 서구적 초월철학의 전형적인 구도라고 할 수 있어요. 첫째 조물주/신이 등장하고, 둘째 신이 탈물질적인 것을 먼저 모방하거나(플라톤) 만들어내고(기독교),[4] 그 다음 그 탈물질적인 것을 물질에 '구현'具顯합니다. 이것이 초월적 존재론의 기본 구도죠. 그다음 심신론으로 넘어가, 영혼과 육체가 날카롭게 구분되고, 탈물질적인 것들 중 하나인 영혼이 육체에 구현된 것으로 봅니다. 우주의 구조가 각 개체들(특히 인간)의 구조와 유비적이죠. 그 다음 인식론으로 넘어와, 인간은 영혼을 가지고 있기 때문에 (육체에 상응하는) 세계의 외피外皮를 뚫고서 실재(존재론적 표현)/진리(인식론적 표현)를 발견할 수 있다고 말합니다. 결국 인간의 영혼은 존재론적으로는 인간에게 들어와 있는 초월성(달리 말해 인간을 초월세계로 이어 주는 사다리)의 역할을 하고, 인식론적으로는 탈물질적 차원을 인식할 수 있는 근거

---

4) 기독교의 경우 신이 탈물질적인 것들(형상들)을 만들었다기보다는 더 정확히 말해 관념들로서 가지고 있다고 할 수 있다. 즉, 신의 오성 속에 들어 있는 관념들이 다름 아닌 형상들이다.

가 되는 겁니다. 서구의 전통적인 초월철학들은, 세부적인 사항들을 무시하고서 말한다면, 기본적으로 이런 구도 위에서 움직입니다.

영혼의 능력들에 관련해 플라톤은 삼분법을 시도했는데, 불사의 부분은 이성logos이고 가사의 부분은 감정thymos과 욕망epithymia이에요. 조심할 것은 이때 '감정'이라고 번역한 말은 넓은 의미에서의 감정 모두를 가리키기도 합니다만, 특히 '용기'라고 하는 좁은 의미를 뜻할 때가 많습니다. 어떤 분들은 '기개'氣慨로 번역하기도 해요. 또, '의지'라는 뉘앙스를 띠기도 합니다. 특히 호메로스에게서 중요한 개념입니다. 『일리아스』, 『오뒤세이아』에 등장하는 '영웅들'(바실레우스들)의 최고 덕목이 바로 용기죠. 'Andreia'라는 말도 씁니다. 『전쟁과 평화』에 나오는 안드레이 볼콘스키 공작을 떠올리면 되겠네요. 욕망의 경우, 현대 철학에서는 욕망에 긍정적인 뉘앙스를 많이 부여하려고 합니다만 플라톤에게서는 영혼의 저급한 부분을 가리킵니다. 밑 빠진 독처럼 채워도 채워도 채워지지 않는 것이 욕망이죠. 이런 삼분법은 그후 오래도록 영향을 미치게 됩니다. 이 구분이 정치철학으로 넘어가면 각각 폴리스의 머리(지도자 계층), 가슴(전사 계층), 하체(생산자 계층)에 상응하게 됩니다. 영혼의 부분들을 그대로 국가의 계층들과 대응시키고 있어요.

덧붙이는 말입니다만, 오늘날에는 인성론과 정치학이 별개의 분야를 형성하고 있죠. 인성론은 철학에 속하지만, 정치학은 사회과학에 속하는 개별 과학입니다. 그래서 서로 연결이 잘 되지 않습니다. 고대적인 사유의 매력은 오늘날 우리가 따로 분리시켜 사유하는 주제들이 한 덩어리로 얽혀 있다는 점이에요. 물론 바로 그렇기 때문에 어떨 때는 두루뭉술하고 또 경우에 따라서는 황당하기까지 하지만, 그러나 또한 동시에 현대 학문에서는 느낄 수 없는 사유의 맛을 느낄 수 있기도 합니다. 현대 학문은 이미 철두철미 분과화되어 있어 학자들은 오로지 자기가 훈련받은 자기 분과의 언어, 방법, 분위기, 문제의식……에만 갇혀서 사유하게 됩니다. 그렇게 해서 어느 한 부분이 매우 정교하게 탐구되는 것은 사실이지만 또한 동시에 자기의 '전공'(게다가 이 '전공'이라는 것이 항상 학문적인 맥락에서만 구분되는 것이 아니죠. 시대적 분위기, 우연한 사건들, 사람들 사이의 이해관계 등 여러 비학문적인 요소들이 얽혀 있는 경우가 많습니다)에 갇히게 됩니다. 때문에 종합적이고 균형 잡힌 것이어야 할 사유를 왜곡시키는 측면이 많죠. 그리고 때로는 정말 심각한 결과까지 불러옵니다. 고대의 포괄적인 사유를 늘 가까이 하면서 공부해야 하는 것은 이 때문입니다. 지금 인성론과 정치학을 연결시키는 이 플라톤의 논의도, 물론 일면 견강부회의 느낌도 있지만, 현대 학문에서는 보기 힘든 사유의 맛을 보여주고 있습니다.

그 다음 아리스토텔레스로 넘어가 봅시다. 아리스토텔레스는 영혼을 세 종류로 나누고 있어요(이 삼분법은 이미 플라톤에게서 보입니다). 우선 식물적 영혼은 (넓은 의미에서의) 신진대사를 하고 또 시간에 따라 성장합니다. 그 다음 동물적 영혼은 감각-운동적 영혼이죠. 감각작용을 하고 또 운동할 수 있는 영혼이 동물의 영혼입니다. 마지막으로 인간만이 가지고 있는 이성적 영혼, 영혼에는 이렇게 세 종류가 있죠. 식물들은 식물적 영혼 하나만 가지고 있고, 동물들은 식물적 영혼에 감각-운동적 영혼을 곁들여 가지고 있고, 인간은 그 두 개의 영혼에 다시 이성적 영혼을 가지고 있다고 보는 것이죠. 이 생각은 그후 큰 영향을 끼쳐 왔고 오늘날까지도 상식적으로 받아들여지고 있습니다.[5]

이런 생각은 꽤 매력적인 측면이 있어요. 왜냐하면 프쉬케라는 개념에서 '생명'의 의미와 좁은 의미에서의 영혼, 즉 정신/이성의 의미를 하나의 체계 속에 통합하고 있기 때문이죠. '학문적 매력'이라는 것을 무엇으로 보느냐는 사람마다 생각이 다를 수 있지만, 따로 떨어져 있던 생각들을 어떤 보다 큰 개념 틀 속에 통합해 보여 주는 것도 분명 빼놓을 수 없는 요소입니다. 아리스토텔레스는 자연철학적 맥락에서의 영혼 개념과 인간 고유의 영혼 개념을 보다 넓은 사유의 틀 속에서 조리 있게 통합하고 있죠. 그런 점에서 의미가 있습니다. 생명과 정신(인간의 영혼)을 연속선상에 통합하고 있으면서도 다시 거기에 차이를 주고 있죠. 인간의 정신/이성은 자연과 단절되어 있는 것이 아니라 생명의 최고 형태인 겁니다. 이런 생각은 훗날 베르그송에 의해 계승됩니다만, 베르그송은 이 구도를 전혀 다른 구도로 발전시킵니다.

아리스토텔레스는 심신론에 관련해 이전의 전통과 다른 생각을 제시하고 있습니다. 퓌타고라스-플라톤 전통에서는 "신체sôma는 무덤sêma"(『고르기아스』, 493a)이라고 말합니다. 조심할 것은 신체가 무덤이 되는 경우는 불사의 영혼 부분에 있어서라는 점입니다. 가사적인 영혼의 경우 신체는 그 필수적인 짝이죠. 죽을 운명의 영혼은 신체

---

5) 베르그송은 아리스토텔레스의 이런 생각을 비판적으로 논한다. 식물적 영혼, 동물적 영혼, 이성적 영혼은 뒤로 갈수록 좀더 포괄적인 영혼인 것이 아니라 서로 다른 길을 가는 경향들이다. 세 가지 서로 다른 갈래를 형성하는 생명의 경향성들(tendances)인 것이다.

와 갈등 관계가 아닙니다. 신체와 맞물려 있어야 기능할 수 있기에 신체가 없으면 의미가 없으니까요. 이에 비해 불멸의 영혼은 초월적인 것이죠. 초월적인 것이기에 몸이 감옥이 되는 것입니다. 불사의 영혼은 죽을 경우 신체와 분리되는 실체라고 해야 합니다(그에 비해 가사적 영혼은 신체의 죽음과 더불어 해체됩니다). 그러나 아리스토텔레스는 영혼과 신체가 결합된 개체의 실체성을 강조하고 있으며, 개체라는 존재에 있어 영혼과 신체가 서로 뗄 수 없이 결합되어 있는 것으로 봅니다. 신체와 영혼이 결합된 그대로의 개체를 긍정하는 것이죠. 아리스토텔레스는 영혼을 신체의 '현실태', 목적인으로 봄으로써 새로운 시각을 보여 줍니다. 신체는 잠재태이고 영혼은 현실태죠. 즉 영혼을 육체를 이끌어 가는 목적인으로서 파악합니다. 잠재태와 현실태는 두 실체가 아니라 한 실체의 두 측면입니다. 그런 점에서 아리스토텔레스는 신체와 영혼을 독자적 실체들로 보기보다는 한 실체의 서로 분리될 수 없는 두 측면으로 보는 셈입니다. 그렇지만 실체론에서 개체와 형상이 제일의 자리를 놓고서 다투었듯이, 영혼론에서도 개체를 있는 그대로 긍정하는 측면과 영혼의 독자적 가치를 중시하는 측면을 동시에 보여 줍니다. 후자의 측면은 플라톤과 가까워지는 측면이라고 할 수 있겠죠.

이후 서구 철학에서는 영혼을 초월적으로 사유하려는 경향과 내재적으로 사유하려는 경향이 줄곧 이어지게 되지만, 전체적으로는 초월적 사유로 이어져 갔다고 할 수 있겠습니다. 다만 스토아학파와 에피쿠로스학파는 영혼을 물질 —— 물론 특별한 물질 —— 로 사유하려는 경향을 보입니다. 그러니까 스토아학파와 에피쿠로스학파는 의식적인 유물론 철학을 전개한 학파들이라 할 수 있겠죠. 이미 플라톤과 아리스토텔레스의 형상철학을 거친 후 등장한, 즉 그들을 염두에 둔 유물론자들이라는 뜻입니다. 그러나 전체적으로 볼 때 플로티노스, 교부철학, 스콜라철학, 그리고 17세기 형이상학 —— 데카르트, 라이프니츠, 말브랑슈 등 —— 에 이르기까지 서구 철학의 전통은 퓌타고라스-플라톤-아리스토텔레스의 사유 노선을 이어 갔다고 할 수 있습니다. 중세 철학에서는 영혼이 신과 인간을 이어 주는 사다리 같은 것으로 이해되었습니다. 영혼이란 다른 동물들에게는 없는 인간 고유의 것이며, 따라서 신과 인간을 이어 주는 매체가 되어 주었던 것이죠. 이런 생각은 17세기까지도 이어집니다. 다만 17세기에 이르면 가상디 같은 유물론자나 스피노자 같은 독창적인 인물도 등장하게 됩니다.

헬라어 'psychê'는 오늘날 'psychology' 같은 말에 흔적이 남아 있죠? 또, 때로는 영어식으로 읽어 '싸이키'가 되기도 합니다. 언어의 변천이라는 것이 참 묘해서 영묘靈妙한 처녀로 상징되던 프쉬케가 싸이키 —— 우리말로 하면 '또라이'죠 …(웃음)… —— 라는 이상한 의미로 바뀌었어요. 'Psychê'는 라틴어로는 'animus/anima'로 분화되어 번역되었습니다. 하나의 말이 여러 가지로 분화되어 번역되는 경우도 있고, 여러 말이 하나로 통합되어 번역되는 경우도 있죠? 예컨대 '개체/개인'individuum이라는 말과 '원자'atomum라는 말은 둘 다 그리스어 'atoma'를 번역한 것이에요. 'Individuum'은 "나눌 수 없는 것"이라는 뜻을 가지고서 번역한 것이고, 'atomum'은 그대로 음역한 것이지요. 또, '대상'objectum과 '문제'problema 역시 그리스어 'problêma'를 분화시켜 번역한 겁니다. 'Objectum'은 "앞에 던져져 있는 것"이라는 뜻을 가지고 번역한 것이고, 'problema'는 그대로 음역한 것입니다. 그러니까 오늘날 우리가 말하는 '개체/개인'과 '원자', 그리고 '대상'과 '문제'는 원래 한 단어였던 겁니다. 'Animus'는 직접적으로는 'anemos'(바람, 공기)에서 유래했고, 프랑스어의 'âme'에 해당합니다 (영어의 'soul', 독일어의 'Seele'에 해당하죠). 여성형 'anima'는 역시 공기, 호흡, 생명, 바람 등을 뜻했고 때로는 'animus'와 동의어로 쓰였습니다. 오늘날의 '애니메이션' 같은 말에 그 용법이 남아 있죠? 이에 해당하는 라틴어 'spiritus' 역시 공기, 호흡, 생명을 뜻했습니다. 프랑스어의 'esprit', 영어의 'spirit', 독일어의 'Geist'에 해당하죠. 아니무스/아니마에는 '능력들'이라는 함축이 들어가지만, 스피리투스는 주로 자연철학적 용법으로 사용되었습니다. 우리말의 '정기'精氣에 상당히 가깝죠. 둘 다 영혼 또는 정신이라고 번역할 수 있습니다. 아니무스와 아니마를 구분한다면, 아니무스는 'mind', 'consciousness'에 가깝고 아니마는 'soul', 'spirit'에 가깝다고 할 수 있죠.

Q "너 자신을 알라"는 소크라테스의 말은 소피스트들의 무지에 대한 반박으로 한 말이 아닌가요?

A 그 말은 소크라테스가 직접 한 말이라기보다는 델포이의 신전에 새겨져 있던 말입니다. 나아가 소크라테스가 글을 남기지 않았기 때문에 앞에서 한 이야기는 물론 내 해석입니다. 소크라테스에 관련된 글들(플라톤, 크세노폰, 아리스토파네스, 아리스토텔레스 등)을 전반적으로 감안해 소크라테스의 사상 전체를 그려 볼 때 그런 해석이 가장 적절하다는 것이죠. 그러나 소피스트들을 겨냥한 말로도 충분히 해석할 수 있습니다.

그럴 경우 이 말(에 대한 소크라테스의 해석)은 모르면서 안다고 생각하는 사람들의 무지, 특히 소피스트들의 무지를 겨냥한 말이라고 볼 수도 있습니다. 소크라테스의 '무지의 지'나 '에이로네이아'(아이러니)와 연관되는 말로도 볼 수 있습니다. 그러나 이런 해석은 개연성이 높은 해석은 아닙니다.

그리고 또 달리 해석한다면, 이 말은 외부세계(자연)에만 관심을 두지 말고 너 자신, 즉 인간을 탐구하라는 뜻으로 볼 수도 있습니다(물론 이런 생각 자체가 이미 자연을 외부로서 이해하고 있음을 전제합니다). 그러나 이 경우 이 말은 소크라테스와 직결되는 말은 아닙니다. 왜냐하면 소피스트들 역시 이전의 자연철학자들이 자연에만 관심을 가졌을 뿐(더 정확히 말해 인간조차 자연철학적으로만 설명했을 뿐) 인간에는 관심이 없었다고 비난했으니까요. 퓌지스에만 국한되었던 사유를 인간이라는 존재에 대한 관심으로 돌린 것, 즉 "퓌지스에서 노모스로"의 전환은 그 시대의 일반적인 경향입니다('nomos'란 법이라는 뜻을 가집니다만, 보다 넓게 해석하면 관습, 문화, 제도…… 등을 모두 뜻합니다). 어떤 사람들은 이것을 스핑크스의 물음에 결부시키기도 해요. 오이디푸스 왕이 고향인 테베로 돌아오다가 스핑크스를 만나 수수께끼를 풀었다는 이야기 잘 아시죠? "아침에는 네 발로 걷다가 점심 때는 두 발로 걷다가 저녁 때는 세 발로 걷는 것"이 무엇이냐라는 물음에 '인간'이라고 답해 그 물음을 풉니다. 이 에피소드가 때로 그리스 문화에서의 인문주의적 전회로 결부되어 이해되기도 하죠.

이렇게 세 가지 정도로 해석할 수 있습니다만, 어쨌든 소크라테스 사상의 맥락에서는 특히 인간이란 존재의 잠재력에 눈뜨라, 자신이 위대한 가능성을 가진 존재라는 것을 깨달으라, 그대가 아름다운 존재라는 것을 왜 모르는가 등을 뜻하는 것으로 이해할 수 있습니다. 그리고 이런 생각을 응축했던 개념이 바로 소크라테스가 새롭게 의미 부여한 한에서의 '영혼' 개념이었던 것이죠.

Q 우주가 영혼이라고 말할 때, 한 개체[우주] 안에 영혼이 스며들어 가 있다는 것인가요? 아니면 우주 자체가 영혼이라는 뜻인가요?

A 우주가 영혼 자체인 것은 물론 아니죠. 우주가 생명체라는 말입니다. 즉 단순히 죽어 있는 물체가 아니라 그 자체가 거대한 하나의 생명체라는 뜻입니다. 그러니까 당연히 그 안에 영혼이 깃들어 있다는 이야기가 되는 것이죠.

Q 플라톤 이야기를 하시면서 데카르트의 본유 관념들을 언급하셨는데요. 칸트의 묘비에 새겨졌다고 하는 "밤하늘에 빛나는 별, 내 가슴속의 도덕률"이라는 말과는 어떻게 연관될 수 있나요?

A 오늘 강의 후반부에서 할 이야기인데, 칸트 정도에 오면 자연적 실체로서의 영혼은 이제 낡은 개념이 됩니다. 플라톤에서 라이프니츠까지 이어져 온 형이상학적 실체로서의 영혼 개념이 거부당하게 되는 것이죠. 그러면서 '영혼'이라는 말 자체가 이미 낡은 개념으로 전락하게 됩니다. 그러나 인간이 정신활동을 한다는 것은 부정할 수 없는 사실입니다. 그래서 이 시대에 오면 이제 형이상학의 일부로서의 '영혼론'이 '마음' mind 또는 '의식'Bewußtsein의 기능에 대한 인식론적 논의로 전환됩니다. 형이상학적 실체로서의 영혼이 아니라 인식론적 능력/기능으로서

의 마음/의식이 문제가 됩니다.

그런데 이렇게 크게 변했음에도 불구하고 물질적인 것과 비물질적인 것이라는 이분법은 여전히 남아 있었는데, 그것이 칸트에게서는 기계론에 의해 지배되는 자연세계와 목적의 왕국인 정신세계로 표현됩니다. 바로 지금 인용한, 칸트의 묘비에 새겨져 있다고 하는 말이 이 점을 잘 나타내고 있죠. 자연은 이제 퓌지스가 아닐 뿐 아니라 목적론적 함축을 띤 풍요로운 존재조차 아닙니다. 그저 기계일 뿐이죠(그러나 『판단력 비판』에 등장하는 생명체들에 대한 논의는 훨씬 미묘합니다). 그러나 그것과 구분되어 정신세계는 자유의 세계, 목적의 왕국으로 이해됩니다. 그래서 칸트에게서 '순수이성'과 '실천이성'이 구분되는 것이죠. 칸트는 데카르트의 이원론을 이어받으면서도(조심할 것은 데카르트의 사유는 기계론을 빼면 17세기 후반과 18세기 내내 거부당했다는 사실입니다. 칸트에 의해 비로소 부활된 것이죠) 코기토 개념을 정교화하고(『순수이성비판』), 데카르트에게 결여되어 있는 도덕철학을 세웠다고 할 수 있습니다(『실천이성비판』). 그리고 보다 중요한 것은 이 두 영역을 이어주는 '판단력 비판'이 등장한다는 사실입니다.

칸트에게서는 인식의 내용을 담고 있는 본유 관념들은 없습니다. 그에 대신해 인간의 의식 일반이 갖추고 있는 '능력들', 인간을 '선험적 주체'로 만들어 주는 인식 기능/틀이 등장합니다. 본유 관념들을 갖추고 있는 영혼이 아니라 선험적인 인식 능력들을 갖추고 있는 의식이 문제가 되는 것이죠.

흥미로운 것은 '정신'에 해당하는 독일어가 'Geist'인데, 이 말도 이 시대엔 이미 어느 정도 낡은 뉘앙스를 띠게 됩니다. 이 시대가 되면

'Bewußtsein'이나 'mind'라는 말이 확립되고, 'Seele'나 'Geist' 같은 말들은 좀 구닥다리 같은 느낌이 드는 말이 되는 것이죠. 그런데 헤겔의 주저 제목이 다름 아닌 『정신현상학』*Phänomenologie des Geistes*이죠. 헤겔은 의식적으로 'Geist'라는 말을 썼다고 할 수 있어요. 그것은 바로 헤겔 사유의 주요 동기가 17세기 이래의 기계론적이고 감각주의적인 세계관(계몽주의적 세계관)을 넘어 다시 고중세적인, 아리스토텔레스-기독교적인 세계관을 복구하려는 것이었기 때문입니다. 말하자면 오늘날 전통 사유를 되살리려는 의도를 가진 사람들이 '기'라든가 '도' 같은 개념들을 의식적으로 사용하는 것과 같은 것이죠. 어떤 개념을 선택하느냐가 이미 그 사람의 담론사적 입장을 함축하고 있는 겁니다.

Q 지금 강의하신 이원론에 관한 언급과 직접적인 관계는 없을지 모르겠습니다만, 물리학에서는 빛을 파동과 입자로 분리해 보다가 지금은 동일한 것으로 보지 않습니까? 이원론/일원론이라는 철학적인 구분과 어떻게 연결이 되나요?

A 맥락이 다르긴 한데요. 드 브로이가 말하는 물질-파 개념이 이전의 물질 개념과 파 개념 ── 존재론적으로 전혀 다른 두 개념 ── 을 하나로 통합하고 있다는 점에서 (불교에서 자주 등장하는 표현인) "不一而不二"(하나가 아니지만 둘도 아니다)라는 생각과 같은 '논리적 구조'를 가지고 있다고 말할 수 있습니다. 또, 스피노자의 물질과 정신도 근본적으로는 하나인 실체=자연의 두 얼굴이죠(이런 구도는 베르그송과 메를로-퐁티에게로 이어집니다). 일원론과 이원론이 통합되어 있는 경우들입니다. 다만 논리적 구조(또는 사유문법)에서 통하는 것이지 내용상으로 같은 것은 전혀 아닙니다.

§4. 영혼과 정신

동북아 사상사에서도 '靈魂', '精神'은 중요한 역할을 했습니다. 그래서 'psychê'라는 말을 '영혼' 내지 '정신'으로 번역합니다. '靈'은 글자를 잘 보면 비 우雨, 세 개의 입 구口, 무당 무巫로 되어 있죠. 그래서 비를 내려 달라고 빌고 또 비는 무당을 뜻하는 것으로 해석할 수 있습니다. 종교적이고 초월적인 존재가, 그리고 그런 존재와 현실 세계를 잇는 중간적 존재가 함축되어 있다고 할 수 있겠죠. 특히 은殷 문화에서 '무'는 중요한 역할을 담당했는데, '무'는 결국 '自然'(더 정확히는 '天地')을 담당하는 존재였습니다. 그런데 전통 사회에서 자연과 인간이 맺는 가장 중요한 관계는 농사에 있었다고 할 수 있고, 또 농사에서 자연과 맺는 가장 중요한 관계는 역시 비였다고 할 수 있습니다. 결국 '무'의 가장 중요한 임무는 바로 비를 예측하는 것, 비를 내리게 하는 것이었던 것이죠. 역易이라는 말이 '蜴'(척)에서 나왔다는 사실은 잘 알려져 있는데, 이때 '蜴'은 도마뱀, 즉 파충류를 뜻해요. 그런데 파충류는 물, 습기, 비와 매우 밀접한 관련이 있죠? 그래서 '무'巫는 파충류와도 밀접한 관련을 가집니다. 복희와 여와를 그린 그림을 보면 위는 사람인데 아래는 뱀으로 그려져 있죠. 같은 맥락입니다. 결국 '무', 파충류, 비, '점'[6] 농사 등이 모두 밀접한 관련을 가지고 있었던 거예요.

---

6) '占'은 '복'(卜)과 '구'(口)를 합친 말이다. 거북 배 껍질에 약간 길게 구멍을 뚫은 후 그것을 불에 굽는다. 그러면 퍽! 소리가 나면서 '卜' 모양이 생긴다. 이 모양을 보고서 거기에 입으로 사(辭)를 붙여 앞날을 예측하는 것이 '占'을 치는 것이다.

그리고 이런 맥락이 바로 '靈'자에 잘 응축되어 있는 것입니다.

이 말과 밀접한 관련이 있는 말이 혼魂과 백魄입니다. 흔히 둘이 짝을 이루어 '혼백'으로 이야기되죠. 지금은 거의 쓰이지 않는 말이 되었습니다. 프쉬케와 마찬가지로 어떤 존재를 살아 있게 만드는 것이 바로 '혼백'이에요. 그러니까 프쉬케라는 말의 고층대의 의미와 통한다고 할 수 있겠죠. 어떤 신체가 있을 때 이 신체를 죽은 것이 아니라 살아 있는 것으로 만들어 주는 것이 프쉬케이듯이, 혼백은 어떤 신체를 살아 있게 만들어 주는 것이죠. 따라서 그 존재가 죽으면 혼백은 빠져나옵니다. 양기인 혼은 위로 올라가고, 음기인 백은 아래로 내려간다고 하죠. 위로 올라간 혼은 신神이 되고, 아래로 내려간 백은 귀鬼가 됩니다. 따라서 귀신鬼神은 그 몸은 잃었으되 비물질적인 동일성은 상실하지 않은 어떤 것입니다. 물질성을 잃어버렸는데 그럼에도 남아 있는 어떤 것, 그런 것이 귀신이죠. 라이프니츠가 말하는 '모나드', 그리고 어떤 면에서는 「공각기동대」에 나오는 '고스트'와 상당히 비슷합니다. 물론 동북아 사유에서는 그 어떤 것도 초월적 존재에 의해 "만들어진/제작된" 것이 아니라는 것을 잊으면 곤란합니다. 대중문화에서 접하는 바와는 달리, 귀신이라는 개념은 동북아 사유에서 매우 중요한 함축을 띠고 있는 개념이에요. 『주자어류』도 귀신에 한 장을 할애하고 있죠. 처음에 '리'와 '기'에 대한 이야기가 나오고 곧바로 3장에서 귀신에 대한 이야기가 나와요. 그만큼 비중이 큰 내용이고, 서구의 초월철학에서 형상이니 신이니 이데아니 하는 것들이 차지하는 위상과 유사한 위상을 차지했다고 할 수 있습니다. '신'은 상대적으로 좋은 뉘앙스를 띠고 있고 '귀' 하면 좀 부정적인 뉘앙스를 띠고 있죠.

이 '鬼'의 상형문자는 여자가 머리를 마구 풀어헤친 모양을 본뜬 거예요. 그래서 '신'과는 뉘앙스가 좀 다르죠. 내가 학부 다닐 때 당구를 자주 쳤는데, 항상 4명이 함께 모여서 당구를 쳤어요. 그런데 네 사람의 별명이 각각 당귀撞鬼, 당마撞魔, 당선撞仙, 당신撞神이라고 해서 '사대천왕'四大天王이라고 불렸죠. 그 중에서 당귀와 당마는 매너가 아주 엉망이었어요. ……(웃음)…… 신선神仙과 마귀魔鬼가 사실 철학적으로는 같은 유형의 개념들인데, 가치론적 뉘앙스는 판이하죠.

영혼은 신체를 주재主宰하는 존재로서 보다 영묘한 성격을 띱니다. '靈妙'라는 말도 쓰고 또 다른 맥락에서는 '神妙'나 '玄妙'라는 말도 쓰죠. '玄'이라는 말은 주로 도가/도교 계통에서 쓰는 말입니다. 그래서 영혼은 신체의 해체 이후에도 존속하죠. 그러나 동북아 사유에서는 혼백, 귀신이 모두 '기'를 초월한 것들이 아니에요. 따라서 신체와 혼백의 이분법, 혼과 백의 구분, 귀와 신의 구분 등이 얼핏 플라톤적 초월철학이나 이분법을 상기시킨다 해도, 전체적으로는 내재적 사유의 구도 내에서 논의되는 내용들이라는 사실을 잊으면 안 됩니다.

'정신'精神이라는 말 역시 중요합니다. '정신'에서의 '신'은 위에서 말한 '귀신'에서의 '신'이라는 뜻도 있지만, 보다 넓게는 인간의 인식 범위를 넘어갈 정도로 놀라운 방식으로 작용하는 양기陽氣를 뜻합니다. 우리는 평소 알고 있는 일상적-과학적 법칙성을 벗어나는 현상을 보고서 "야, 참 신기神奇하다"고 합니다. 원래 '신'이라는 말은 이런 뉘앙스를 띠고 있어요. 그래서 『주역』「계사전」에서는 "陰陽不測之爲神"이라 했던 겁니다. 모든 것은 음양의 조화에 의해 발생하는데, 그런 예상을 벗어나는 신기한 현상, 즉 음양을 파악하기 힘든 경우를 '신'이라고 했던 것이죠.

그리고 혜강 최한기는 "無限功用之德 …… 之曰神"이라고 했습니다. (11강에서 이야기하겠지만) 그리스의 'aretê' 개념이 '덕'으로 번역되기는 하지만 그 안에 힘(영혼의 힘)이라는 뜻을 담고 있듯이, 이 문장에서의 '덕' 역시 도덕적 인품을 가리키는 것이 아니라 힘=역능力能을 가리킵니다. 그런데 혜강은 "無限功用之德"이 바로 '신'이라고 말하고 있는 것이죠. '공용'功用이라는 말은 영어로 번역하면 'activity' 또는 'function'이라 할 수 있을 정도의 개념인데, 그 공용이 무한한 경우가 '신'이라는 겁니다. 사물들에는 일정한 방식의 공용이 있기 마련인데, 그래서 어느 정도 그 사물의 활동 방식, 기능이 있기 마련인데, 도무지 예측할 수 없을 정도의 무한한 공용이 '신'이라는 것이죠. 동북아의 '신'은 이런 뉘앙스를 띠고 있고, 서구의 'gods=dieux'가 '신神들'로 번역된 것이 이 때문이라는 것을 알 수 있습니다.

이에 비해 '정'精은 서구어의 'essence'에 해당돼요. 이 경우에는 본질이라는 뜻이 아니라 정수精髓라는 뜻으로 사용된 에센스죠. 유럽이나 미국의 주유소에 가서 기름 좀 넣어 달라고 할 때 '에센스'를 달라고 합니다. 기름이 에센스예요. 화학적으로 복합적인 것들에서 정수만 뽑아 놓은 것이 바로 에센스=기름인 것이죠. '정'이라는 말은 그런 의미에서의 에센스의 뉘앙스와 통합니다. 순수 에네르기를 듬뿍 담고 있는 기氣가 바로 정기精氣죠. 우리 몸의 신장腎臟에 있는 것이 정기입니다. 신기腎氣는 생명의 근원으로 꼽히고, 그래서 『황제내경』에서도 신장이 우선적으로 언급됩니다. 그리고 정기는 때로 신기神氣와 대비되어서 사용됩니다. 정기는 농축된 음기이고, 신기는 몸을 돌아다니면서 작용하는 양기죠. 그래서 '정신' 개념은 한의학적 맥락에서도 중요한 용어로 사용되었습니다. 아니, 본래 한의학적 개념이라고 해야 하겠죠. 『동의보감』에서도 인체를 정精·기氣·신神으로 보았다는 것을 잘 아실 겁니다. 그래서 정신이라는 말은 오늘날에는 서구어 'the mental'이나 'Geist', 'esprit' 등에 상응하는 개념이지만, 그 고층대의 의미로 거슬러 올라가면 자연철학적/한의학적 '정'精과 '신'神을 뜻했던 것이죠. 그리고 이 두 용법은 일정 부분 겹칩니다. "정신이 말짱하다"는 말에는 두 가지 뉘앙스가 섞여 있다고 할 수 있습니다.

오늘날 영혼, 정신 같은 개념들은 자주 쓰이는 말은 아니죠('psychê', 'spiritus' 같은 고대의 말들이 '영혼', '정신'으로 번역되는 것은 이 때문입니다). 서구에서도 'soul'이나 'spirit' 같은 말들은 일상어에서는 자주 사용되지 않죠. 사용될 경우 이런 말들은 상당히 고풍스럽고 문학적인 뉘앙스를 띠게 됩니다. 우리도 마찬가지인 것 같아요. 영혼, 정신이라는 말은 일상어에서 자주 쓰이는 말들은 아니잖아요? 그런데 이 말들이 과거의 의미를 일정 정도 보존하면서도 그 뉘앙스를 달리 해서 쓰이고 있기도 합니다. (보다 일반적인 말인) '마음' 가운데에서 '영묘'한 부분, '신묘'한 부분을 뜻하기 위해서 사용되죠. 예컨대 '예술혼', '고귀한 영혼', '민족정신' 같은 표현들을 들 수 있습니다. 또 전혀 반대의 뉘앙스로 사용되는 경우도 있는데, '상혼'商魂 같은 개념이 그 예이죠. 현대 사회, 특히 한국 사회를 한마디로 특징지어 주는 단어가 바로 '상혼'이죠.

'정신'이라는 말은 전통에서 내려온 개념으로서의 뉘앙스와 일상적인 뉘앙스가 함께 얽혀서 쓰이기도 해요. "정신 좀 차려라", "정신이 나갔다", "정신이 돌아왔다", "정신이 번쩍 난다" 같은 경우처럼, 의식을 살아 있게 만드는 무엇으로, 즉 한의학적 뉘앙스로 여전히 쓰이고 있으면서도 동시에 일상적으로도 자연스럽게 사용됩니다. 정신이 나간 것을 "기절氣絶했다"고 하죠. 기가 끊어지면 정신이 나갑니다. 역시 한의학적 뉘앙스가 담뿍 들어 있으면서도 일상적으로도 자연스럽게 사용되는 경우입니다. 그리고 또 어떤 경우에는 신체적 가치와 대립하는 뉘앙스로도 사용됩니다. '정신적 가치' 같은 말이 대표적이죠. 영혼도 그렇고, 정신도 그렇고, 담론사적 두께가 두텁게 쌓여 있는 개념들이라는 것을 알 수 있습니다.

§5. 실체에서 주체로

서구 근대철학에 오면 영혼, 정신 개념은 전경前景에서 서서히 물러가게 되고, 'mens'(정신, 마음), 'mind'(마음), 또는 의식(독일어 'Bewußtsein', 영어 'consciousness', 프랑스어 'conscience') 같은 개념들이 그 자리를 대체하게 됩니다. 이제는 영혼, 정신에 대한 형이상학적 논의 대신 마음, 의식에 대한 인식론적–심리학적 논의가 주요 흐름을 이루게 되는 것이죠. 일정한 **실체**로서의 영혼/정신이 아니라 인식론적–심리학적 **능력/활동**으로서의 마음, 의식이 문제가 됩니다. 이것은 바로 서구 근대 철학이 형이상학보다는 인식론을 중심으로 전개되었다는 사실과 밀접한 관련을 가진다는 것을 눈치챌 수 있을 거예요. 여러분들이 서양 철학사를 배울 때, 고중세 철학이 형이상학/존재론 중심이었다면 근대 철학에 와서는 인식론/역사철학 중심이 된다는 말을 자주 들었을 거예요. 바로 그런 흐름과 맞물려 발생한 것이 영혼, 정신 개념으로부터 마음, 의식 개념으로의 이행인 것이죠. '실체'(더구나 때로는 초월적 실체)로서의 영혼/정신이 아니라 실제 현실에서 작동하고 있는 어떤 기능/능력, 활동으로서의 마음, 의식이 논의의 중심을 차지하게 된 겁니다.

데카르트, 스피노자, 라이프니츠는 여전히 전통 형이상학의 연장선상에서 사유했다고 할 수 있습니다. 우선 한 가지 잠시 언급하고 지나갈 것은 이 철학자들의 철학사적 위치라는 문제입니다. 보통 (헤겔을 따라) 데카르트를 '근대 철학의 아버지'라고 하죠? 이것은 일면 사실이지만 좀 비판적으로 검토해 보아야 할 내용입니다. 데카르트가 철학서를 쓰면서 '나'je=I라는 말을 주어로 내세운 최초의 인물이고, 또 유명한 "코기토"(나는 생각한다)라는 개념을 제시함으로써 근대적 주체성의 씨앗을 뿌린 것은 사실입니다. 그러나 전체적으로 보면 데카르트가 근대 철학의 아버지라기보다는 차라리 라이프니츠를 중세 철학의 마지막 거장이라고 보는 것이 나을 것입니다. 사용하는 용어나 사유 전체의 구도를 비롯해 모든 점에서 이들의 사유는 중세와 근대의 과도기에 있는 것으로 보입니다. 이들은 무한을 사유한 철학자들, 그리고 '존재와 사유의 일치'라는 대전제 위에서 사유한 철학자들이죠. 이 대전제가 깨질 때 비로소 본격적인 근대 철학이 도래한다고 할 수 있습니다. 그리고 또 하나 중요한 것은 지금 논의의 맥락에서 볼 때 데카르트의 'res cogitans'는 어디까지나 'res', 즉 실체라는 사실입니다. 이 점에서도 데카르트 사유는 전통 형이상학의 테두리 내에 있습니다. 데카르트의 진정 급진적인 측면은 차라리 기계론에 있다 하겠습니다.

데카르트는 영혼âme과 물질을 날카롭게 구분했습니다. 데카르트, 스피노자, 라이프니츠에게 영혼이란 여전히 하나의 실체이죠. 데카르트에서 영혼은 인간과 신을 이어 주는 연결선입니다. 또 영혼의 본질을 감정이나 욕망이 아니라 "코기토"로 보았다는 점에서도 전통적입니다(단, 조심할 것은 코기토 개념에는 감정이나 욕망의 작용도 일정 부분 들어가 있다는 사실이죠. 이 개념을 "나는 생각한다"로 번역하고는 있습니다만, 사실 "코기토"는 넓은 의미에서의 '정신활동'이라고 할 수 있습니다). 라이프니츠의 철학 역시 비물질적인 모나드를 실체로 보고, 또 그것을 정신적 원리로 삼았다는 점에서 형상철학의 한 변형이라고 할 수 있습니다. 라이프니츠에게 영혼/모나드란 신이 구체적 개체를 만들기 전에 일단 만들어 보는 설계도인 것이죠. 이 철학자들에게 영혼 개념은 여전히 형상철학적 구도 위에서 움직이고 있습니다. 그러나 데카르트의 경우 코기토 개념에는 '나'의 사유라는 근대적 발상이 들어 있고, 또 라이프니츠의 경우 모나드 개념에는 근대 수학(라이프니츠 자신이 그 창시자인 무한소미분)과 근대 물리학(라이프니츠의 유명한 'vis viva')의 맥락이 깃들어 있다는 점에서, 이들의 영혼 개념이 이미 일정 부분 근대적 요소들을 도입하고 있는 것은 사실입니다.

스피노자는 전통적인 초월철학을 내던지고 내재적 사유로 전환하는 결정적인 발걸음을 내디뎠다고 할 수 있습니다. 스피노자에게 실재는 유일무이한 실체, 즉 신=자연입니다. 지난 학기 2강에서 자연에 대해 공부했는데, 스피노자의 자연(Natura)은 곧 그리스적 의미에서의 퓌지스라는 것을 아시겠지요? 스피노자는 영혼이나 물질은 바

로 이 신=자연의 두 '속성들'이라고 봅니다. 그렇다고 실체와 속성이
외적으로 구분되는 것은 아닙니다. 실체의 여러 측면들이 곧 속성들
이지요. 스피노자는 일즉다 _卽多_의 논리를 구사하고 있습니다. 그래
서 그의 '사유작용'cogitatio 역시 (인식론적 능력이라는 의미가 상당히
보강되었음에도) 여전히 실체입니다. 근대 인식론에서 말하는 인식 능
력이 아니라 어디까지나 실체(의 한 측면)인 것이죠. 스피노자는 무한
한 속성들을 이야기하는데, 그 무한한 속성들 가운데 우리가 알 수 있
는 것은 사유-속성인 'cogitatio'와 연장-속성인 'extensio' 이 두 가
지죠. 그래서 스피노자의 'cogitatio'는 영국 경험론이나 칸트에서와
같은 인식 기능, 작용, 능력이 아닌 것입니다. 그러나 'mens'라는 용어
의 사용이 이미 함축하듯이 스피노자의 'cogitatio'는 근대 인식론적
요소들이 가미된 개념이라 할 수 있습니다.

　　본격적인 변화는 영국 경험론에서 시작됩니다. 영국 경험론은
'soul'이나 'spirit'가 아닌 보다 일상적인 개념인 'mind'를 가지고서
논의를 전개했으며, 마음을 일종의 실체로서 보기보다는 인식론적으
로 전제되는 일종의 기능으로 보았고, 또 '본유 관념'을 거부함으로써
초월적 인식론의 구도를 파기했다는 점에서 본격적인 근대를 열었다
고 할 수 있어요. 데카르트의 경우, 신이 인간의 영혼에 진리의 씨앗들
을 넣어 주었고 그 씨앗들의 성격은 명석하고 판명하다는 점에 있다
고 했습니다. 그리고 우리는 이 본유 관념들을 가지고서 세계를 인식
하기에 '사유와 존재의 일치'가 보장된다는 것이죠. 그러나 로크는 본
유 관념이라는 개념을 파기했고, 인식의 유일한 근거는 경험이라고
생각했습니다. 그래서 이제 분석할 것은 경험을 통해 인식을 형성해

가는 마음의 기능이었던 겁니다. 그 연장선상에서 칸트는 '의식'을 분석의 대상으로 삼았다고 할 수 있죠. 영국 경험론에 비해 경험에서의 주체성의 역할이 강조됩니다. 영국 경험론에 있어 경험이란 사실상 '지각'에 거의 가까운 개념이고 비교적 수동적 개념으로 이해된 것에 비해, 칸트는 경험에서의 주체의 역할을 강조함으로써 '구성하는 주체'라는 보다 근대적인 개념으로 나아갔죠. 이제 영혼이라는 형이상학적 실체는 낡은 개념이 되고 어디까지나 인식 주체인 어떤 활동성이 논의 대상이 됩니다.

그후 헤겔, 딜타이로부터 후설, 베르그송, 제임스, 니시다 기타로 등을 거쳐 화이트헤드, 들뢰즈 등에 이르기까지 많은 철학자들이 경험을 중시하는 입장을 이어받으면서도, 경험을 지각으로 좁게 규정하는 데서 탈피해 점차 그 지평을 넓혀 갑니다. 충실한 인식을 추구하려면 경험에 근거해야 하지만 영국 경험론이나 칸트처럼 경험을 너무 좁게 규정하면 사유의 지평이 닫혀버리죠. 경험이란 사물에 대한 단순한 지각이 아니라 보다 넓은 사회-역사적 지평에서 이루어지는 것이고, 또 경험의 한계를 계속 넓혀 주는 여러 기구들과 관련되며(현미경, 망원경 등), 더 나아가 시적 경험, 종교적 경험 등 여러 형태의 특수한 경험들이 존재합니다. 나아가 경험의 지평을 넓혀 갈 수 있는 잠재력 자체가 바로 인간의 두드러진 특징인 것이죠. 그래서 열린 경험론, 성숙한 경험론이 필요합니다.

어쨌든 영국 경험론과 칸트 이후, 의식이라는 존재가 중요한 인식론적-심리학적 개념으로 부각됩니다. 아울러 영혼, 정신에 눌려 늘 보조적인 역할을 해왔던 신체의 위상이 점차 부각되는 점도 한 특징이라고 할 수 있어요. 인간은 설사 추상적으로 생각한다 해도 영혼과 신체의 결합체인데, 초월철학에서 육체는 지극히 낮은 위상을 부여받았던 것이죠. 형상적인 것, 정신적인 것이 먼저 전제되고 물질적인 것, 신체적인 것은 이들이 '구현'되는 터 같은 것으로 이해되었던 겁니다. 인식론 역시 이런 구도를 전제하고서 전개되었죠. 사실 인식이란 인간의 모든 측면들이 협동해서 이루어지는 것입니다. 나아가 인식이란 (헤겔, 마르크시즘 등이 강조하듯이) 사회적-역사적 지평 위에서 성립하는 것이고, (바슐라르 등 현대 과학철학자들이 밝혀냈듯이) 기구들 및 수학의 발전과 밀접히 연관되는 것이고, (과학사 연구 전통 및 구조주의 이후의 사유들이 강조하고 있듯이) 언어를 비롯한 인식 주체의 다양한 조건들과 맞물려 진행되는 것인데, 근대 인식론은 대개 '의식'이라는 추상적인 존재에만 초점을 맞추어 인식을 논했던 겁니다. 그후의 인식론들에서는 그런 점이 점차 지양되고 신체를 비롯한 다른 여러 맥락들이 종합적으로 논의되는 길을 밟아 가게 되는 것이죠.

마음이나 의식에 해당하는 한자어는 '心'이죠. 그러나 '심'은 정신적 차원만을 가리키는 말이 아닙니다. 흔히 동북아 사유는 데카르트적인 이원론이 아니라는 말을 자주 하는데, 그 좋은 근거가 '심'이라는 말이에요. '심'은 한편으로는 심장이라는 기관(더 정확히는 한의학적 의미에서 장부의 하나)의 의미를 가지며, 또 한편으로는 마음(또는 현대적 의미에서의 정신)이라는 의미를 동시에 가집니다. 서구어에서는 'heart'라는 말이 이런 이중성을 갖고 있죠. '心身'이라는 말에서처럼 '심'과 '신'이 구분되기도 하지만, '심'이라는 개념 자체가 몸과 마음의 불가분리성을 잘 나타냅니다. 나아가 '심' 개념이 인식론적 맥락으로 배타적으로 추상되는 경우는 동북아에서는 보기 힘듭니다. 그래서 서구의 근대 철학이 (인식론이라는 맥락으로 추상해서) 마음, 의식에 초점을 맞추었다면, 동북아 사상은 보다 포괄적인 뉘앙스를 띠는(신체와 분리되지도 않고, 인식론으로 추상되지도 않는) '심' 개념에 대해 논해 왔던 것입니다.

사상가와 학파에 따라 '심'에 대한 규정은 다양하게 나타나지만, 평균적으로 말해 '심'의 두 차원은 '성'性과 '정'情입니다. 어떤 사람의 정신적 특성을 가리킬 때 '성정'이라는 말을 많이 썼어요. 전통 왕조 시대에 신하들이 모여서 뭐라고 합니까? "폐하의 성정이 저러하시니 낸들 대체 어찌하란 말이오?" 폐하의 사람됨이 저러니 어쩌면 좋겠냐는 것이죠. '성'이라는 말 앞에 '리'를 붙이면 '이성'이죠. 또 '정'이라는 말 앞에 '감'을 붙이면 '감정'이 됩니다. 결국 '성'과 '정'은 오늘날의 개념으로는 이성과 감정을 말합니다. 물론, 이미 맹자와 고자의 논쟁이 있었거니와, '성'을 형이하학적으로 파악하는 입장도 있어요. 형이상학적 이성을 아예 부정하는 입장도 있습니다. 인간의 '성'이란 곧 식색食色이라는 것이죠. 또 '성'이라는 말은 이성으로 좁게 규정되는 경우도 있었지만, 보다 포괄적인 의미로 사용되기도 했습니다. 그러나 어쨌든 이른바 '도통'道統으로 표현되는 주류 유교의 흐름에서는 대개 '성'과 '정'의 차이를 인정하고 그 관계를 찾았습니다. 한국 철학사에서 등장하는 사단칠정론四端七情論이 그것이죠. 사단四端은 네 개의 성, 즉 인의예지仁義禮智이고, 칠정七情은 일곱 개의 정, 즉 희로애락애오욕喜怒哀樂愛惡慾 ―― 사람에 따라서는 '욕'慾 대신에 '구'懼를 들기도 하죠 ―― 입니다. 네 가지 이성과 일곱 가지 감정을 따지는 것이 바로 인성론人性論이죠.

　　그래서 '성'은 '심'의 형이상학적 측면으로서 사단이라는 이성을 나타낸다고 할 수 있습니다. 그에 비해 '정'은 '심'의 형이하학적 측면으로서 칠정이라는 감정을 나타내지요. 이성과 감정이라는 큰 구분은 대체로 서구와 일치합니다. 두 문화 공히 인간을 이성과 감정으로 보았던 겁니다. 차이가 있다면 마음/의식에 대한 논의가 서구 근대 철학에서는 대개 인식론으로서 발달한 데 비해(지금은 다루지 못하지만 정치철학적 맥락에서의 주체론도 중요합니다), 동북아에서는 줄곧 형이상학-윤리학적으로 발달했다는 사실이죠. 그러니까 동북아에서는 '인의예지'가 함께 다루어진 데 비해, 서구에서는 '인의예'와 '지'가 구분되었고, 특히 '지'에 상대적으로 큰 비중을 두었다는 말입니다(더 정확히는, 동북아의 '지'와 서구에서의 'knowledge'의 내용 자체가 같지 않습니다). 물론 이것은 근대의 경우이고 고중세나 현대를 염두에 두면 이렇게 간단하게 도식화할 수 없지만 말입니다.

　　18세기 말, 19세기 초에 활동했던 멘 드 비랑 이후 이른바 '반성 철학'이 전개되면서 이제 주체라는 것을 인식론적으로만 보기보다는, 또 이성주의적으로만 보기보다는 (현대식 표현을 써서) '실존'實存으로서 보기 시작합니다. 인간이 자기 스스로를 반성하고(일상어에서처럼 도덕적 반성을 뜻하는 것이 아닙니다. 인간이 외적 대상을 바라보던 자신의 눈길을 '안으로 구부려're-flect 스스로의 존재를 성찰한다는 뜻입니다. 그래서 '反-省'입니다) 자신의 실존적 측면을 탐구하게 되었습니다. 19세기에 이르러 과학이 극도로 발달한 결과 이제 인간도 과학적 방식으로 보게 되죠. 인간의 모든 측면이 측정되고 분석되고 함수화되고 그래프화되기에 이릅니다. 그러나 반성철학 계열의 철학자들은 인간을 객관화/사물화해서 보는 것을 거부하고 인간 고유의 측면에서 바라보려 합니다. 그래서 신체, 습관, 기억, 감정, 욕망, 의지, 내면,…… 등 인간의 섬세하고 고유한 측면들이 논의되기 시작했습니다. 그후 20세기에 들어와 후설에 의해 '현상학'이라는 방법론이 제시되었고, 그래서 반성철학의 흐름은 이때부터 현상학적 방법을 쓰게 됩니다. 이로써 주체는 단지 이성적이고 인식론적인 존재임에 그치지 않고 실존적 삶을 살아가는 매우 구체적이고 생동감 있는 존재로 화하게 됩니다. 그 단적인 형태는 바로 실존주의가 말하는 주체죠.

이상과 같은 과정을 통해서 고중세적인 '영혼'은 근현대적인 '주체'에게 자리를 내주게 됩니다.

§6. '영혼'의 부활

근대 이후의 사상들은 영혼, 정신을 신체와 구분되는, 나아가 신체에 대해 초월적인 어떤 실체로 보는 생각을 버리고 마음, 의식의 '주체성'에 초점을 맞추었습니다. 다시 말해서, 영혼이나 정신을 형이상학적–자연철학적으로 파악하는 대신 의식이나 마음을 인식론–반성철학적으로 파악하는 전통을 세우게 된 것이죠. 그러면서 이전에 신 같은 존재에게 붙었던 '초월성'이라는 말이 이제 의식/주체성에 붙게 됩니다(사르트르 같은 경우가 대표적입니다). 의식/주체성은 결코 사물화할 수 없다는 생각에서 나온 표현이죠. 따라서 마음이나 의식을 대상화하고 분석하는 것은 그릇된 사유로 치부되었습니다. 근대의 철학을 주체의 철학이라고도 할 수 있는 이유가 여기에 있습니다.

그러나 최근에 이르러 다시 한 번 사상사의 새로운 지도리가 도래한 듯이 보입니다. 현대로 오면서 거꾸로 인간의 인식작용이나 감정이나 내면까지도 자연철학적으로 파악하려는 경향이 부활하고 있다고 할 수 있는 것이죠. 근대 이후의 기계론적 경향에 대한 반동으로 후설의 현상학이나, 베르그송의 형이상학, 윌리엄 제임스, 니시다 기타로 등의 내적 체험에 대한 사유 등이 나왔고(이 네 사람의 사유는 그들의 당대에 대한 매우 유사한 이해에 근거하고 있고, 사유의 전개 양식도 상당히 근접합니다), 실존주의 등이 그 뒤를 이었죠.[7] 반反과학주의적 철학이 19세기 이래 철학의 주조主調를 형성합니다(물론 상반되는 흐름도 나란히 진행되어 왔습니다). 그러나 이제 다시 새로운 시대가 도래한 것이죠. 말하자면 반-과학적 인간 이해로부터 과학적 인간 이해로 다시 돌아선 것입니다.

이런 변화의 배경에는 20세기 후반에 이루어진 생명과학의 놀라운 발전이 있습니다. 분자생물학, 인공지능, 사이버네틱스, 뇌과학, 면역학, 컴퓨터과학, 신경생리학, 정보이론, 디지털 기술, 로봇공학, 인지

---

7) 베르그송은 한편으로는 이런 흐름 속에 있는 철학자이지만, 다른 한편으로는 근대적 주체철학/반성철학의 흐름을 넘어 보다 넓은 형이상학적-자연철학적 지평을 열어젖힌 인물이다. 최근에 베르그송이 다시 읽히는 것도 이런 맥락에서이다. 또, 헤겔과 마르크스를 이어 인간의 주체성을 현상학적 방식이 아닌 사회적-역사적 방식으로 파악하려는 흐름도 꾸준히 내려온다. 이 입장에 따르면, 현상학이 인간 주체성을 "구체적"으로 파악하는 것처럼 보이지만 사회-역사적 맥락에서 유리된 주체를 논한다는 점에서 주체에 대한 또 하나의 추상적 파악일 뿐이라고 해야 한다. 사르트르와 메를로-퐁티가 후기의 사유에서 실존주의와 마르크시즘의 결합을 시도하게 되는 것도 이런 맥락에서 이해할 수 있다.

과학,…… 등 다채로운 지식들과 기술들이 놀라울 정도로 증폭된 것이죠. 어쩌면 지난 반세기 동안 이루어진 과학적-기술적 발달은 그 전까지 인류가 이룩한 과학-기술 발달을 전부 합친 것보다 더 클지 모르겠습니다. 물론 이런 과학들이 충분히 성숙하지는 않았어요. 아직은 설익은 부분들이 많습니다. 그러나 이 과학들이 새롭게 열어젖힌 지평들은 정말 대단한 것이죠. 인간의 몸과 마음을 둘러싼 인성론적-인식론적 논의가 오늘날 이런 담론들을 충분히 섭취하지 않는다면 그것은 구시대의 유물로 전락할 것입니다.

그러나 과학이 철학적 문제를 해결해 주지는 않습니다. 과학은 과학이고 철학은 철학이죠. 과학적 성과들이 철학자들이 사유하는 주제들의 해명에 큰 도움을 주는 것은 사실이지만, 과학적 지식으로부터 철학적 사유가 직접적으로 연역되는 것은 아닙니다. 그렇게 하려는 시도들도 많지만 대부분 조잡한 사유들에 그치죠. 과학자들이 철학적 주제들을 다루는 경우가 많이 있습니다만, 거친 결과에 그치는 경우가 대부분입니다. 근자에 와서 의미, 가치, 문화, 감정, 윤리,…… 등등 인간의 섬세한 측면들이 자연과학적 방식으로 단순화되어 다루어지는 것을 볼 수 있습니다. 철학이 사유하는 주제들은 과학적 지식들과는 전혀 다른 성격을 띠고 있다는 사실을 이해하지 못하기 때문이죠. 그래서 방금 말한 담론사적 성과들을 흡수하는 것 못지않게 철학의 고유한 문제들을 파고 들어가는 것 또한 중요합니다. 때문에 근대의 주체철학들이 파헤쳐 놓은 사유들을 파기해야 하는 것이 아니라 오히려 적극적으로 이어받아야 하는 것입니다. 물론 이것은 오늘날의 현실을 구성하고 있는 담론사적 성과가 소화된다는 전제 하에서입니다. 현재를 거부하고서 되돌아가야 하는 것이 아니라 현재를 소화하고서 다시 재음미되어야 하는 것이죠. 둘은 전혀 다른 것입니다.

　나아가 철학의 고유한 측면이 구체적으로 무엇인지 자체도 과학들과의 연관 속에서 밝혀집니다. 철학의 고유한 문제가 무엇인지는 일반적으로 잘 알려져 있죠. 세계의 종합적 이해, 근본 개념들의 검토, 인간의 실존과 윤리, 사회 정의 등에 대한 성찰이 그런 것들입니다. 그렇지만 이런 문제들의 **구체적 형태**는 역사 속에서 **바뀌어 갑니다**. 진화론이 나오기 이전의 인성론과 이후의 인성론이 같을 수가 없고, 자본주의 성립 이전의 사회철학과 이후의 사회철학이 같을 수가 없죠. 철학의 고유한 문제들이 구체적으로 무엇인가라는 것 자체가 항상 역사의 맥락 속에서 성립하는 겁니다. 오늘날 사유하는 사람이 20세기 후반의 담론사적 성과에 무지하다면, 오늘날의 철학의 문제가 무엇인지 그 자체를 파악할 수 없는 것입니다. 인간에 관련해 앞으로 나올 뛰어난 철학이 있다면, 그것은 방금 말한 현대 과학들의 성과를 충분히 소화하고 있으면서도 동시에 철학사에서 이어져 온 고유한 철학적 고뇌를 그 안에 담고 있는 그런 사유일 것입니다. 우리에게 현재 필요한 인성론은 곧 지난 반세기 동안 이루어져 온 생명과학의 성과들을 소화하고 있으면서도 동시에 전통적인 인성론(동북아의 인성론, 반성철학의 주체론, 사회-역사철학적 인간관 등)의 섬세한 인간 이해를 적극적으로 이어받고 있는 인성론일 것입니다.

　바로 이런 배경 하에서, 매우 낡은 개념이었던 영혼이라는 개념을 새롭게 음미해 볼 필요가 있지 않나 싶습니다. 아리스토텔레스에 따르면, 영혼이란 바로 신체를 조직해 주는 것입니다. 내가 책상과 다른 존재인 것, 즉 이성, 감정 등을 가지고 있는 것은 영혼을 가지고 있기 때문이죠. 이 점에서 영혼은 일차적으로는 생명과학적 개념입니다. 영혼 개념이 오늘날 새로운 뉘앙스를 띠고 다시 논의해 볼 만한 개념이 된 것은 바로 이 때문이죠. 과거에 사람들이 영혼이나 정신이라고 불렀던 존재 —— 본래 생물학-의학 등과 결부되어 있었으나 근대에 와서 이런 맥락과 절연되어버린 존재 —— 가 생명과학의 발달과 더불어 다시 소생하고 있는 것이죠. 그런데 아리스토텔레스 영혼론의 매력은 이런 맥락과 더불어 인간 고유의 맥락까지 함께 포괄하고 있다는 점에 있다는 말을 했었죠? 방금 이야기했듯 자연과학적 토대와 인문학적 섬세함을 함께 함축하고 있는 것이 아리스토텔레스의 영혼론입니다(물론 전자에 훨씬 더 무게중심이 있고, 그래서 후자의 측면이 보완되어야 하겠지만). 그래서 우리 맥락에서 시사적입니다. 현대 심신론은 전반적으로 유물론적인 방향으로 가고 있지만, 인문학적 내용이 보완되어야 할 필요가 있습니다(그리고 자연과학적 성격과 인문학적 성격을 동시에 띠고 있는 한의학적 사유, 더 넓게는 기학적 사유가 우리에게 중요한 것도 이 때문입니다). 내가 이미 낡은 개념인 '영혼'이라는 개념을 부활시켜 다시 논한 것은 바로 이런 맥락에서였습니다.

어쨌든 오늘날은 인간의 개념이 전면적으로 바뀌고 있는 시대이며, 그 어느 시대보다도 종합적인 안목이 필요한 시대이죠. 생명과학 시대에 새로운 뉘앙스를 띠고서 부활한 영혼 개념, 전통 한의학에서의 정신 개념, 근대 주체철학이 전개한 의식/주체 개념, 전통 인성론에서 논의했던 성정性情 개념, 사회-역사적 주체성 개념 등을 포괄적으로 아울러 인간에 대한 보다 종합적이고 균형 잡힌 사유를 전개하는 것이 21세기 사유의 과제입니다.

Q 요즘 생명철학이라든가 환경철학이 많이 논의되고 있는데, 이 분야들은 지금의 담론 구도에서 어디쯤 위치하는 건가요?

A '생명철학', '환경철학', '생태철학' 등 여러 가지 말들이 있는데, 사실 이 말들이 정확하게 무엇을 가리키는지가 아직까지 명확히 규정되어 있지 않아요. 생명과학[8]이 있는데 굳이 생명철학이라는 말을 써서 정확히 무슨 일을 하겠다는 것인지, 생태철학/환경철학이 무엇을 하는 담론인지, 생태학과 생태철학의 차이는 무엇인지 등등이 아직 명확하게 규정되어 있지 않습니다. 아마도 생명과학의 다양한 성과들을 종합적인 안목으로 바라보면서, 과학으로만 접근하기 힘든 문제들을 이야기하는 것이 생명철학이라고 할 수 있을 것 같습니다. 그리고 환경철학이나 생태철학은 생명철학을 기초로 하되 조금 더 직접적으로 윤리적인 문제, 법적인 문제까지 다루는 분야라고 할 수 있을 것입니다.

Q 영혼의 개념이 말이나 행위까지도 포함하는 개념인가요?

A 말이나 행위는 영혼의 능력들 중 하나예요. 영혼의 구체적 활동들 중에

---

8) 일본에서는 '생물과학'과 '생명과학'을 구분한다. 생물과학은 전통적인 분과 학문으로서의 생물학이며, 생명과학은 최근에 새롭게 도래한 종합에의 열정을 담고 있는 개념이다. 생물학을 핵으로 철학, 기호학 등등 다른 분과들을 종합해서 생명에 대한 보다 종합적인 이해를 도모하려는 경향이 최근에 봇물처럼 솟아오르고 있다. 이런 맥락에서 생물과학과는 구분되는 생명과학의 개념이 등장했다.

말, 행위 등이 포함되는 것이죠. 물론 말과 행위는 좀 다른 위상을 가집니다. 아리스토텔레스에 따르면, 행위는 동물적 영혼만으로도 가능하지만 말은 인간의 영혼에서만 가능합니다. 다음 강의가 바로 영혼의 능력들에 관한 강의니까 그때 더 이야기하기로 하죠.

Q 영혼에 대해 말할 때 우리는 언제나 어떤 사람의 도덕성과 관련시켜서 이야기하는 것 같은데요, 오늘 강의에서는 도덕적 논의가 빠져 있다는 생각이 들었어요.

A 우선, 영혼이라는 개념에는 이미 도덕성이 함축되어 있습니다. 적어도 인간의 영혼을 말할 때는 그렇죠. 지적, 도덕적, 심미적 능력이 인간의 고유한 능력이고 곧 영혼의 능력이니까요. 그리고 도덕에 관련해서는 11강에서 덕에 대해 논하면서 이야기할 겁니다. 9강은 영혼이라는 존재, 10강은 영혼의 인식 능력들, 11강 이하에서는 도덕을 비롯한 실천 철학적인 능력들을 다룹니다.

Q 현대에 와서 다시 부활했다고 하신 과학적인 '영혼' 개념은 본래의 영혼 개념에서 도덕성의 개념을 사상捨象시킨 개념이 아닌가요?

A 그렇죠. 정확히 보셨어요. 그런 뉘앙스는 이제 없는 것이죠. 그렇다면 이제 그런 문제를 어떻게 해결해 나갈 것이냐? 그런 것이 지금의 화두인 거죠. 현대적 의미에서의 영혼 개념을 탐구하면서도 과학적 논의에는 결여되어 있는 인간의 지적 능력, 윤리/도덕, 심미성 같은 측면들을 어떻게 이해할 것인가? 나아가 인간의 실존적 존재양식 등을 비롯한 철학 고유의 문제들은 어떻게 사유해 갈 것인가? 이런 점들에 현대 철학의 화두가 있는 것입니다.

10강_ 인성

지난 시간에는 영혼 자체, 영혼이라고 하는 존재에 대해서 이야기했다면, 오늘은 영혼을 채우고 있는 내용들에 대해서, 더 정확히는 영혼이 활동하는 방식에 대해서 공부하겠습니다. 이런 탐구는 전통적으로 '인성론'人性論이라고 불렸어요. 동북아에서는 '인성론'이라고 하는데 서구에서는 딱히 하나의 단어가 있는 것은 아닙니다. 왜냐하면 서구에서는 인성이 여러 분야로 나뉘어 논의되어 왔기 때문이죠. 그래서 하나로 부르는 말이 없습니다. 아마도 칸트적 의미에서의 '비판'Kritik이 가장 가까운 말이라 할 수 있을 것입니다. 그후 논의의 성격이 바뀌면서 19세기 이후에는 이른바 '반성철학'이라는 범주로 이야기되어 왔습니다. 지난 강의에서 이야기했듯이(9강, §5. 실체에서 주체로), 'reflexion'이라는 말은 구부리는 것을 뜻하죠. 여기에서 구부린다는 것은 바깥의 대상에 대한 시선/관심을 구부려서 자기 자신을 들여다보는 것, 자기 자신의 존재, 삶을 반추反芻해 보는 것을 뜻합니다. 그래서 반성철학입니다. 동북아에서 쓰는 인성론이라는 개념과 반성철학이 정확히 일치하지는 않아요. 또, 영국 경험론에서 말하는 인성론 역시 반성철학이나 동북아 인성론과 정확히 일치하지는 않습니다. 그러나 어쨌든 인간은 자기 자신을 이해하고 싶은 갈망을 가지고 있고, 인성론은 그런 갈망에 육박해 들어가는 담론입니다.

인간이 다양한 측면을 내포하는 존재인 만큼, 인성론 역시 그 범위가 넓습니다. 그러나 오늘 인성론 강의에서는 인성(human nature)에 대한 모든 논의를 할 수는 없고, 주로 영혼의 능력들, 특히 인식론적 맥락에서의 능력들에 초점을 맞추려 합니다. 다른 측면들(예컨대 윤리적-미적 측면들)은 11강 이하에서 다루어질 것입니다.

§1. 영혼의 능력들

인간은 영혼/정신을 가진 존재이기에, 일차적으로 생명체이지만 단지 생명체로서만이 아니라 그 이상의 존재로서 삶을 영위하지요. 이런 맥락에서 제기되었던 중요한 한 주제가 바로 영혼의 본성이라는 주제였습니다. 영혼의 본성이란 또 다른 말로 하면 영혼의 능력들이라고 할 수 있습니다. 영혼이란 생명체로 하여금 살아 있게 만드는 것, 활동할 수 있게 하는 것, 지각할 수 있게 하는 것……인데, 바로 이런 능력들에 대한 고찰이 지금의 주제라고 할 수 있습니다. 그래서 영혼의 활동 방식이 문제가 됩니다. 'Nature'라는 말이 두 가지 뜻을 가진다는 것을 상기할 필요가 있습니다. 하나는 '자연'이라는 뜻이고 또 하나는 '본성'이란 뜻이죠. 인간이 자연적으로 가지게 되는 특성, 인위적으로 조작해낸 무엇이 아니라 자연으로부터 부여받은 것, 그것이 본성이에요. 그래서 'human nature'라는 표현을 쓰죠. 이제 우리가 탐구하려 하는 것이 바로 인간의 본성(들 중 일부)입니다.

성리학에서 특히 많이 썼던 말로 '본연'本然이라는 말이 있죠. 본 성이라는 말보다 당위當爲의 뉘앙스가 더 강합니다. 즉, 자연적 본성에 도덕적 당위의 뉘앙스가 깃들어 있는 개념입니다. 지금도 "네 본연의 모습을 찾아라" 같은 표현에 이 말이 남아 있죠. 본래는 대단히 묵직한 말입니다. '원융'圓融 개념과 더불어 성리학적 사유의 특성을 단적으로 응축하고 있는 개념이라고 할 수 있겠죠. 성리학적 인성론에서는 이 본연 개념이 중요한 역할을 합니다. 오늘 강의에서는 본연에 관한 논의로까지는 나아가지 않을 것이고, 주로 인식론적 능력들에 대해서, 특히 그 기초 개념들에 대해서 다룰 것입니다.

철학에서 가장 중요한 문제들 중 하나가 자연 또는 본성과 작위作爲의 문제예요. 인간은 자연과 연속적이면서도 불연속적입니다. 먹어야 하고, 자야 하고, 생식을 통해 자식을 낳고, 죽어야 하고…… 이 모든 점에서 자연과 연속적이지만, 또한 도시를 건설하고, 언어를 구사하고, 각종 형태의 문화를 창조하고…… 이 모든 점에서 자연과 불연속적이죠. 이로부터 자연과 인간의 동이同異를 둘러싼 각종 담론들이 등장하게 됩니다. 바로 본성과 작위의 문제라고 할 수 있겠죠. 지금도 생물학적 결정론을 주장하는 사람들은 문화의 모든 것을 자연으로부터 설명하려고 하죠. 그러나 인간을 사회적 동물로 보는 사람은 이런 관점을 일종의 이데올로기로 봅니다. 우리가 자연이라고 말하는 것조차도 상당 부분 사회적인 것이라는 것이죠. 이런 대립은 늘 볼 수 있는 대립이고, 어떤 면에서는 결국 '전공'에 의해 좌우되는 대립이라고도 볼 수 있습니다. 자연, 본성은 **주어진 것**이죠. 그에 비해 작위는 인간이 **만들어 가는 것**입니다. 주어진 것과 만들어 가는 것, 우리의 삶에서 전자에 해당하는 것은 어떤 것이고 후자에 해당하는 것은 어떤 것인가를 섬세하게 파악하는 것이 결국 "인간이란 어떤 존재인가?", "어떻게 살아야 하는가?"라는 근원적 물음을 추구하는 데 초석이 된다고 할 수 있습니다. 어쨌든 여기에서는 인간 본성이라는 개념을 영혼의 능력들이라는 측면에서 이야기해 봅시다.

영혼의 능력이라는 개념과 정신의 능력이라는 개념에는 뉘앙스 차이가 있지요. 앞서 이야기했지만(9강, §1. 영혼의 개념, §2. 영혼의 발견), '영혼'이라는 말에는 생명이라는 자연철학적인 뜻이 묻어 있어요. 이 점에서 정신과 다릅니다. 정신이라는 말에는, 적어도 인성론적인 맥락에서는, 주로 정신 자체의 독립성(즉 신체와의 변별성)이 전제되기 때문입니다. '정신적 능력'이라는 말은 그 자체가 '신체적 능력'이라는 말과 대비되어 사용됩니다. 정신이라는 말을 쓸 때는 신체적, 생물학적 차원과 대비되는 인간 고유의 차원이라고 하는 뉘앙스가 강하지만, 영혼이라 할 때에는 인간 고유의 차원과 더불어 살아 있는 존재에 공통되는 생명을 함께 가리킵니다. 그래서 '이성적'이라는 변별적 수식어가 붙어 '이성적 영혼'이라고 해야 인간의 영혼임이 분명해지죠. 그런 차이가 있어요. 그런 점에서 동물에 대해서, 나아가 식물에 대해서까지도 이들이 영혼의 능력을 가지고 있다고 말할 수 있지만, 이 존재들이 '정신적 능력'을 가지고 있다고 말하는 것은 좀 어색하죠.

그러니까 인간에서의 정신적 능력을 논하는 것보다 영혼의 능력을 논하는 것이 보다 외연이 광범위하다고 해야겠죠? 그리고 영혼의 능력에 대한 논의는 신체를 전제합니다. 물론 정신적 능력도 신체가 없이는 현실 속에 구현될 수 없겠지만(수학 문제를 푸는 경우조차도 신체적 조작이 필요합니다), 특히 영혼이라는 것은 신체가 없으면 허깨비 같은 것이 됩니다. 영혼은 생명 개념을 함축하기에 말이죠. 그렇다면 영혼과 신체의 관계는 무엇일까요? 매우 미묘한 문제입니다.[1] 영혼의 능력에 대한 논의는 신체를 보다 중요하게 전제하는 생물학적인 맥락으로부터 인간에게만 가능한 고도의 정신적 능력에 이르기까지 다양한 능력들이 포함됩니다. 인간이 영혼의 능력들을 논하기 위해 만들어낸 개념들은 대단히 많고 또 복잡해요. 뉘앙스가 미묘하고 사람마다 사용하는 방식에 차이가 있습니다. 객관적인 대상은 비교적 오해의 소지가 덜하지만, 인간이 자기 자신을 묘사하는 것은 매우 미묘하고 복잡한 일이기 때문이죠. 세부 사항들은 접어 두고 굵직한 상위 항들만 얼핏 생각해 봐도 감각, 지각, 기억, 상상, 욕망, 감정, 용기, 신념, 판단, 이해, 추측, 의지, 추론, 직관, 지혜 등 대단히 많습니다. 게다가 예컨대 감정이라는 것의 하위 항들에는 두려움, 기쁨, 슬픔을 비롯해 다양하기 이를 데 없는 것들이 포함되죠. 스피노자의 『에티카』 3부 전체가 감정에 할당되어 있지 않습니까? 더구나 때로 이런 개념들의 포함 관계가 다르게 이해되기도 해요. 정말 복잡한 문제입니다.

---

1) 아리스토텔레스는 영혼과 신체는 개념상으로만 구분된다고 보았다. 후대의 표현으로 하면 '형식적 구분'만이 가능하다. 모든 생명체들은 영혼과 신체의 두 측면을 가진 하나의 통일체이다. 영혼과 신체가 합쳐져 된 것이 아닌 것이다. 영혼은 신체의 현실태이고 신체는 영혼의 가능태이다. 영혼과 신체의 관계는 앞으로도 논의되어야 하겠지만, 아리스토텔레스의 생각은 지금도 일정한 매력을 잃지 않고 있다.

감각, 지각, 기억, 상상 같은 것들은 넓게는 인성론의 개념들이지만 또한 좁게는 인식론의 개념들이기도 하죠. 인간의 인식을 이야기할 때 감각, 지각, 기억, 상상, 판단, 추론, 직관 등을 이야기하기 때문이죠. 그리고 욕망, 감정, 용기, 신념, 의지, 지혜 등은 윤리학적인 개념이기도 합니다. 그래서 인성론은 인식론과 겹치기도 하고 윤리학과 겹치기도 합니다. 인간이라는 존재가 바로 인식 능력을 갖춘 존재이기도 하고 또 윤리적 존재이기도 하니까요. 전통 철학에서는 인식론, 인성론, 윤리학 등이 모두 보다 넓은 형이상학적-존재론적 구도에서 포괄되어 논의되었죠. 그러나 근대 이후 철학조차도 분과화가 되면서 이런 분야들이 갈라지게 됩니다. 이전에도 한번 언급한 적이 있지만, 고중세의 철학이 정교성은 떨어지지만 차라리 철학적 맛이 더 우러나는 것은 이 때문입니다. 나누어서 하면 각각은 정교해지지만 전체를 굽어보는 시야는 상실되기 때문이에요. 더구나 철학이 (현대적 의미, 좁은 의미에서의) 철학과 세세한 개별 과학들로 갈라진 오늘날에는 더욱 그렇습니다. 어찌 보면 이런 상황에서 (인간의 자기 이해를 추구하는 가장 근본적이고 중요한 담론인) 인성론이 '사각지대'가 되어 조락했다고도 볼 수 있습니다. 인식론, 윤리학, 심신론…… 등으로 나누어 논의될 뿐 이들을 포괄하는 인성론은 오히려 찾아보기 힘든 상황이 되어버린 것이죠.

인식론적인 맥락에서 인성을 크게 대별할 때는 흔히 감성과 이성으로 나눕니다. '감성'은 '感'이라는 말에서 알 수 있듯이 대상과의 직접적=신체적 접촉을 통해 이른바 '감각자료들' 또는 '인식질료들'을 얻어내는 능력이죠. 예컨대 나무를 보고 녹색이라는 색깔을 지각하고, 탁자를 보고 네모난 모양을 지각하는 능력입니다. 이에 비해 '이성'은 '理'라는 말에서 알 수 있듯이 순수 정신적 차원을 가리킵니다. 수학적 추론을 할 수 있고, 논리적 사유를 할 수 있는 것이 인간이죠. 이성은 인간만이 가지고 있는 차원이고, 감성은 동물과 인간의 공통된 부분이에요(물론 인간의 감성과 동물의 감성은 여러 면에서 차이가 있습니다. 그리고 동물들도 지능을 가지고 있죠). 인식은 감성과 이성이 힘을 합칠 때 가능하게 됩니다. 그래서 전통적으로 인식론은 감성과 이성을 둘러싸고 논의되었죠.[2] 물론 지난 학기 강의에서 이야기했지만(1부, 8강), 지금은 인식론의 성격이 많이 달라졌습니다. 또 윤리학적 맥락에서, 삶의 맥락에서 인성을 대별할 때는 이성과 감정으로 대별합니다. 스피노자 『에티카』의 2부, 3부도 대체적으로 이 양자에 할당되어 있고, 조선 철학사를 수놓은 '사단칠정론' 또한 이성과 감정의 문제죠. 결국 때로 감성과 이성이, 때로 감정과 이성이 대별됩니다. 그런데 일상생활에서는 대개 감성이라는 말을 감정의 뜻으로 쓰죠? "감성이 풍부하다"는 말은 "감정이 풍부하다"는 말과 거의 같은 뜻으로 사용됩니다. 그러나 철학에서는 이런 식으로는 잘 쓰지 않죠(이런 뜻으로 쓰는 말은 '감수성'입니다). 감성이라는 개념은 오성/이성과 대비되는 인식론적 개념으로 사용된다는 점을 주의하시기 바랍니다.

----

2) 칸트에서 넓은 의미에서의 이성은 감성, 오성, 사변이성으로 나뉜다. 이 경우에는 감성이 이성에 포함되어버린다. 그러나 일반적인 맥락에서 이성은 칸트에서의 오성(과학적 인식 능력)과 사변이성(형이상학적 사유 능력)을 가리킨다고 보아야 한다. 칸트에서 인식은 감성과 오성의 협력을 통해 이루어진다. 때문에 『순수이성비판』의 주요 부분이 '감성론'과 '분석론'(=오성론)으로 양분되어 있다. 감성론은 'Ästhetik'이거니와 이 말을 '미학'으로 번역하면 곤란하다.

자, 이제 본격적인 이야기로 들어가서 인간 영혼의 능력들을 하나하나 살펴봅시다. 그런데 그 전에 우선 우리 논의의 전체 구도를 잡아 두고서 시작하기로 합시다.

§2. 변양과 감응으로서의 삶

영혼을 가지고 있는 존재는 살아 있는 존재이며, 살아 있는 한에서 '감'의 능력을 가진다고 할 수 있습니다. 뭔가를 보고 알아차리고, 소리를 듣고, 추워하기도 하고 또 더워하기도 하고, 아파하기도 하고 기뻐하기도 하는 이 모든 것들이 다 '감'의 작용이죠. 살아 있는 존재들은 다 이 '감'을 가지고 있어요. 극단적으로 생각하면 꽃을 꺾을 때도 그 안에 이미 '아픔'이라는 것이 발생한다고 말할 수 있습니다. "살아 있다"는 것을 규정하는 데는 여러 가지 방식이 있지만 인성론적인 맥락에서 말할 때에는 바로 '감'이 작용한다는 것을 뜻하는 것이죠.

그리스어에서 '感'에 해당하는 말은 'pathos'입니다. 이 말에는 몇 가지 뜻이 있어요. 그 중에서 우선 이 말은 '수동'이라는 의미를 가집니다. 오늘날의 '능동'action에 대립하는 'passion'에 해당하죠. 이런 맥락에서 파토스는 또한 '겪음'이라고도 할 수 있어요('겪다'의 그리스어는 'paschein'입니다). 바람이 불어서 이 책상이 그것을 맞았을 때 이 책상이 바람을 '겪는다'고는 하지 않죠. 물론 은유적으로는 그렇게 말할 수 있겠습니다만. '겪는다'라는 것은 바로 그 겪는 존재가 살아 있다는 것을 전제하는 겁니다. 살아 있는 존재이기 때문에 늘 무엇인가를 겪는 것이죠. 그것이 '감'이고 또 파토스입니다. '감'과 파토스의 일차적

인 의미는 바로 "겪을 수" 있다는 거예요.[3]

영혼을 가진 존재들, 특히 동물들은 운동합니다. 그런데 식물 같은 경우는 좀 모호하죠. 식물도 분명 살아 있지만 식물이 어떤 일을 '겪는다'는 표현은 좀 어색합니다. 써서 어울릴 것 같기도 하고 안 어울릴 것 같기도 하고, 미묘하죠. 예컨대 장미가 바람에 흔들린다, 그러면 장미가 바람을 겪는다고 할 수 있을까요? 아니면 사람이 자기 감정을 투영하는 것뿐일까요. 어떤 말의 적용 범위 ── 그 개념의 의미론적 외연 ── 를 어디까지 잡느냐는 각 사람의 언어 감각에 따라 다릅니다. 시적 감정을 가진 사람은 꽃이 아프다고 생각할 터이지만, 과학적 합리성을 가진 사람이라면 그야말로 난센스라고 하겠죠. 그러나 어쨌든 식물적 영혼이라는 개념을 받아들인다면, 극히 미약하게나마 식물에도 겪음이 존재한다고 해야 할 겁니다.

운동한다는 것은 타자와 신체적으로 접촉한다는 것이죠. 새가 하늘을 나는 것이든, 두더지가 땅을 파는 것이든, 물고기가 헤엄을 치는 것이든, 포유류가 뛰어 달아나는 것이든 간에 운동한다는 것은 **타자와 접촉하는 것이에요.** 동물들은 먹지 않으면 죽습니다. 먹는다는 것 자체가 이미 타자와 접촉하는 것이죠. 은유적으로 생각하면, 식물도 먹죠. 이산화탄소도 먹고, 물도 먹고, 태양 에네르기도 먹으니까요. 어쨌든

---

3) 'Pathos'라는 그리스어에는 (1부 6강에서 논했던) 아페이론을 통해서 받아들인다/겪는다는 뉘앙스도 포함되어 있다. 술을 마실 때 언제서부터 취한 것이고 언제까지가 취하지 않았던 것인지 날카롭게 자를 수 없다. 이렇게 연속적으로/아페이론적으로 겪는 경우 파토스가 성립한다. 합리적-분석적 지성으로 볼 때 '겪'이라는 것이 늘 모호한 뉘앙스로 다가오는 것은 바로 이 때문이다. 분석적 지성이 볼 때, 모호함은 연속성에서 오고 분명함은 불연속성에서 온다.

먹지 않으면 죽는다는 것을 철학적으로 표현하면 어떤 존재이든 타자와 관계를 맺지 않을 수 없다는 겁니다. 타자와 신체적으로(인간의 경우는 정신적으로도) 접촉하지 않고 사는 것은 불가능하다는 말입니다. 모든 존재는 타자에게로 열려 관계를 맺어야만 살 수 있습니다. 절대적 동일성은 논리적으로만 가능할 뿐이죠. 여기에서 '접촉'을 너무 촉각적으로 생각할 필요는 없습니다. 멀리에서 산을 보는 것도 역시 타자와 접촉하는 거예요.

이렇게 운동하고 또 타자와 접촉할 때 그 접촉의 주체들은 변양變樣됩니다. 일상어로 잘 쓰이지는 않지만 '변양된다'는 표현은 철학적으로 매우 중요한 표현입니다. 인성론적 사유를 전개할 때 가장 기본적인 개념들 중 하나입니다. 변양된다는 것은 양태樣態=mode가 변한다는 것이죠. 그래서 'modification'이라고 합니다. 예컨대 건물의 색깔을 다시 칠하면 그 건물의 양태가 바뀌죠. 그것이 'modification' 아닙니까? 일상어에서도 자주 쓰는 말이죠. 또 기계를 보면 '모드'라는 것이 있잖아요. 예컨대 하나의 기계가 냉풍기 '모드'로 하면 찬바람이 나오고 온풍기 '모드'로 하면 뜨거운 바람이 나오죠. 더 인상 깊은 예로, 아이들 장난감을 보면 자동차 모드였다가 조작을 하면 로봇 모드가 되잖아요? 이런 것이 모드=양태의 개념입니다. 분명히 한 사물이지만 그 한 사물의 '태'態가 바뀌는 것이죠. 이 '態'라는 말을 잘 음미해보시기 바랍니다. 언어에서도 똑같은 행위가 '능동태'로 표현될 수도 있고 '수동태'로 표현될 수도 있죠?

양태라는 말은 상태, 성질 같은 개념들과도 통합니다. 양태라는 말은 규정하기가 상당히 까다로운 개념인데, 풀어서 말한다면 어떤 존재가 처해-있는-방식이죠. 생명체가 살아 있다는 것은 항상 어떤 상황에 처해 있다는 거예요. 난로 옆에 앉으면 몸이 더워집니다. 몸의 양태가 변한 것이죠. 또 찬 것을 만지면 손이 아리죠. 역시 손의 양태가 변한 겁니다. 고개를 돌리면 눈에 비치는 이미지들이 달라지죠. 이것 역시 양태가 변한 겁니다. 내 귀에 어떤 소리가 들려오는 것 역시 양태가 변하는 것입니다. 결국 살아 있다는 것은 운동을 통해 타자들과 끝없이 접촉한다는 것이고, 그것은 다름 아니라 한 주체가 끊임없이 무엇인가를 겪음으로써 그 결과 변양되어 가는 것이죠. 이것이 무엇인가가 '살아 있다'는 말의 가장 원초적인 의미입니다. '산다'는 것은 관계, 겪음, 변양을 뜻하는 것입니다.

양태라는 말과 통하는 말로는 'affect'라는 말이 있습니다. 일상어에서 'affect'라는 말은 주로 동사로서 사용되죠. 무엇인가에 영향을 끼친다는 뜻이고, 심리적으로는 감동을 준다는 것을 뜻합니다. 마음을 움직인다는 뜻이죠. 그러나 철학적 맥락에서는 주로 명사로 씁니다. 양태와 쌍을 이루는 말이 'affect'죠. 그런데 양태라는 말이 주로 외적 측면을 말한다면, 'affect'라는 말은 주로 내적 측면을 이야기해요. 그러니까 찬 물을 마시면 내 몸의 양태가 바뀌듯이, 아름다운 음악을 들으면 내 마음의 'affect'가 바뀌는 것이죠. 물론 몸과 마음이 함께 간다는 것을 생각하면 둘은 항상 함께 움직입니다. 찬 물을 마실 때, 내 몸의 양태도 바뀌지만 "아, 차가워"라는 내 마음의 양태(즉 'affect')도 함께 바뀌는 것이죠. 그래서 'affect'라는 말은 우리말의 감정感情 —— 한자어를 음미해 봅시다 —— 에 비교적 가까운 말입니다. 그러면 'modification'에 대응하는 말은 무엇일까요? 바로 'affection'

이 되겠죠. 일본 사람들은 그래서 이 말을 '정동'情動이라고 번역합니다. 좋은 번역이죠. 그렇다면 음악을 들을 때, 그림을 볼 때 사용하는 '감동'感動이라는 말도 바로 이런 철학적 토대를 가지고 있는 말이라는 것을 아시겠죠? 음악을 들으면 내 마음의 감정이 바뀌고 그것이 바로 '감동'인 것이죠. 한자어를 잘 음미해 보세요. '변양'과 운을 맞춰 번역하면 '변감'變感, '변정'變情이라고도 할 수 있겠습니다만, 안 쓰는 표현이라서 좀 어색하죠? 또, '감응'感應이라는 번역어도 가능해요. 어떤 변화에 따라 감정이 응하는 것이죠. 이 또한 절묘한 뉘앙스를 띤 말입니다. 현대 사유를 이해하는 데 결정적인 단어들 중 하나예요. 'Affection'은 정동이나 감응으로, 'affect'는 감정이나 감응태로 번역할 수 있습니다. 이 '변양'과 '정동/감응'을 중요한 용어로 사용한 인물은 스피노자입니다. 『에티카』를 읽을 때 꼭 알아야 할 개념쌍이죠(단, 스피노자의 경우 지금 내가 정리한 용어법과 약간의 차이가 있다는 점을 염두에 두고서 읽으시기 바랍니다).

그래서 '파토스'라는 말의 또 하나의 의미는 내적인 겪음, 즉 감정 변화입니다. 내적인 겪음만을 따로 뜻할 때 이 말을 쓰기도 하죠. "저 사람은 파토스가 좀 강해"라는 말은 저 사람은 타자와의 접촉을 통해서 감정이 변화하는 폭이 좀 크다는 뜻입니다. '정'情——전통 철학으로 말하면 칠정——의 움직임이 크다는 겁니다. 조심할 것은 영혼의 내적 변양이 꼭 정동/감응만 있는 것은 아니죠. 생각도 내적 변양입니다. 생각한다는 것은 다름 아니라 우리 영혼을 채우고 있는 관념들이 계속 변양되는 것입니다. 이것은 고전적인 인식론에서 중요한 문제인데, 방금은 감정에 포인트를 두고 이야기했던 겁니다.

감정의 변화는 또한 기분氣分의 변화와도 통하죠. 인간이 어떤 식으로든 늘 특정한 상황에 처해-있을 수밖에 없다는 것은 곧 인간은 늘 특정한 분위기雰圍氣 속에서 살아간다는 것을 뜻합니다. 그리고 각 사람은 분위기를 똑같이 수동적으로 받아들이는 것이 아니라 각자가 타고난 기질氣質에 따라 받아들이죠. 어떤 사람은 시끌벅적한 도심의 분위기를 좋아해 시골에 가면 심심해 못 견디지만, 어떤 사람은 전원적 분위기를 좋아해 북적대는 도심에서는 정신을 잃어버립니다. 그리고 분위기와 기질, 즉 외적인 처해-있음과 타고난 경향이 부딪쳐서 일정한 기분을 만들어냅니다. 분위기와 기질의 경계선을 따라가면서 기분은 계속 변하는 것이죠. 산다는 것은 끊임없이 변하는 기분을 겪는 것입니다. 바로 앞에서 변양 및 정동/감응을 가지고서 한 이야기를 기학적氣學的으로 변환시켜 할 수도 있는 것이죠. 우리는 살아 있는 이상 끝없이 변양되고 또 감정의 변화를 겪습니다. 그것을 달리 말하면 인간은 살아 있는 한 계속 기분의 변화를 겪는다는 것이죠. 다만 변양, 감응/정동을 가지고서 한 이야기와 분위기, 기질, 기분을 가지고서 한 이야기 사이에는 논의 구도에서 몇 가지 차이가 있습니다. 어떤 차이가 있는지는 여러분들이 검토해 보시기 바랍니다.

그런데 인간이 늘 수동적으로 무엇인가를 겪기만 하는 것은 아니죠. 인간은 스스로를 변양시킬 수 있습니다. 늘 바깥에서 부딪쳐 오는 상황들에 처하면서 살 수밖에 없지만, 동시에 각자의 주체성에 입각해 자신의 삶을 만들어 나갈 수 있습니다. 삶이란 이렇게 수동성과 능동성이라는 양면을 띠고 있죠. 자신에게 주어지는 것들과 자신이 만들어 나가는 것들, 객체성과 주체성, 이 두 힘의 갈등과 화해의 과정이 삶입니다.

이상 논한 것이 인성론을 전개하기 위해 일단 염두에 둘 기본적인 논의 구도라고 할 수 있습니다. 인간의 삶이란 방금 말한 구도를 원초적인 조건으로 한다고 할 수 있는 것이죠. 이제 영혼의 능력들을 하나하나씩 점검해 봅시다.

§3. 감각, 지각

영혼의 능력들 중 가장 기본적인 양태는 감각 내지 지각이라고 할 수 있습니다. 감각感覺은 하나의 신체가 다른 신체들(넓은 의미)과 접촉해 변양되는 것을 뜻하죠. 무엇인가를 볼 때 그 색이 우리 시각을 변양시키고, 또 무엇인가를 맛볼 때 그 맛이 우리 미각을 변양시킵니다. 지각知覺은, '感'과 '知'의 차이에서 간파할 수 있듯이, 그런 변양을 통해서 영혼이 무엇인가를 알게 되는 (매우 초보적인 앎의) 과정, 즉 영혼이 일깨워지는('覺'의 뉘앙스를 음미) 과정을 뜻합니다. 어찌 보면 감각은 감정과 보다 밀접한 관련을 가지고, 지각은 이성과 보다 밀접한 관련을 가진다고도 할 수 있겠죠. 감각은 신체적 변양만을 가리키지만(물론 감각을 통한 우리의 감정 변화, 기분 변화도 어느 정도 함축합니다), 지각은 신체의 변양이 영혼의 변양으로 넘어가 인식의 자료로 화한다는 뜻이 함축되어 있습니다. 때문에 인식론에서는 주로 지각의 개념을 사용합니다.

그리스 철학에서는 감각과 지각이 구분되지 않았으며, '감각(작용)'으로 번역되는 'aisthêsis'만이 존재했습니다. 사유(작용)를 뜻하는 'noêsis'와 대조되는 개념이죠. 오늘날 'aesthetics'(감성론, 미학), 'aesthophysiology'(감각생리학) 같은 말들에 그 흔적이 남아 있죠. 감각과 지각은 신체 없이는 이루어질 수 없습니다. 감각과 지식은 신체의 변양에 결부되어 있습니다. 방금 말했듯이, '감각'에서의 '각'에 대해서 생각해 볼 필요가 있습니다. '각'이라는 말은 (일)깨움이죠. 사물을 접하면 사물의 모양, 색 등이 내 눈을 깨우고, 소리가 내 귀를 깨우고, 맛, 냄새, 촉감은 내 입과 코와 피부를 깨웁니다. 감각은 하나의 신체가 다른 신체들과 접촉해 변양되는 것을 뜻하는 것이죠. 여기에서 신체란 넓은 의미로 이해되어야 합니다. 인간 신체만이 아니라 신체 일반을 뜻합니다. 물체와 신체는 다릅니다. 물체에는 감각이 없죠. 신체만이 감각을 가집니다. 서구어로 감각은 'sensation'이고 지각은 'perception'이죠. 이에 비해서 개념을 가지고 판단하고 사유하기에 이르면 '인식'cognition이라고 합니다. 비교가 미묘하기는 한데, 대체적으로 'sensation'은 생리학적인 뉘앙스를 풍기고, 'cognition'은 전적으로 개념화해서 판단하고 사유하는 것을 뜻한다면, 'perception'은 그 사이의 과정을 뜻한다고 할 수 있겠습니다.

갓난아기도 감각작용을 하죠. 하지만 아직 지각은 못해요. 갓난아기의 눈을 보면 초점이 없잖아요. 사물을 아직 지각하지 못하는 것인데(그러나 엄마의 신체는 예외입니다. 갓난아기는 엄마의 신체만은 지각한다고 할 수 있을 것입니다), 한 달 정도 지나고 나면 눈의 초점이 모아지면서 대상을 지각해요. 그렇다고 아기가 판단을 한다고는 아직 말하기 어렵죠. 대상을 포착해서 알아보긴 하는데 아직 명확하게 개념화하지는 못하는 그런 중간 과정이 지각이라고 할 수 있습니다. 그래서 지각이라는 개념은 모호성을 띠고 있다고 할 수 있어요. 감각과 본격적 인식(즉 개념적 인식) 사이에 있는 것이 지각이며, 물리적 차원에서 정신적 차원으로 넘어가는 중간 단계가 지각입니다. 요컨대 지각은 신체적 감각과 개념적 인식 사이에서 전개되는 과정을 가리키는 개념이죠.

여기에서 지각을 둘러싼 논의를 잠깐 살펴봅시다. 지각 단계를 '인식'이라고 할 수 있는가, 이 문제를 둘러싼 철학적 논의가 있습니다. 지각은 인식으로 간주되지 않거나, 간주되는 경우라 해도 전前개념적preconceptual 차원의 인식, 즉 불충분한 의미에서의 인식으로서 저급한 위상을 부여받아 왔던 것이죠. 그러나 20세기 중엽의 메를로-퐁티 등은 지각의 차원에서 이미 의미가, 즉 '전前코기토적 의미'가 형성되어 있다고 보며, 그후 그것이 개념적 인식으로 추상된다는 새로운 입장을 제시하기도 했습니다. 이럴 경우 지각은 인식론적으로 매우 중요한 위상을 부여받게 되죠.

이 생각을 칸트와 비교해 볼까요. 근대 인식론은 인식 대상과 인식 주체라는 두 항을 가지고서 논합니다. 물론 메를로-퐁티도 이런 논의 구도의 연장선상에 있죠. 우리가 철학자들 사이의 관계를 살펴볼 때 두 사람이 같은 논의 구도 내에서 다른 이야기를 하고 있는가 아니면 논의 구도 자체가 다른가 하는 것을 유심히 봐야 합니다. 논의 구도가 같을 경우 서로 입장이 반대된다 해도 비교가 용이합니다. 그리고 서로 대립함에도 불구하고 같은 인식론적 장場 안에, 소통의 네트워크 안에 들어 있다고 볼 수 있죠. 하지만 사유의 **구도 자체가** 다르면 문제가 다릅니다. 이 경우에는 두 구도를 동시에 볼 수 있는 사람만이 두 구도를 넘어 뭔가 의미 있는 이야기를 할 수 있습니다. 그러나 현실적으로는 어느 한 구도를 고집하는 경우가 대부분이죠. 대화가 되지 않는 경우가 많습니다. 이질적인 여러 구도—예컨대 현상학과 구조주의, 분석철학과 도가, 유교와 인도 철학—를 동시에 볼 줄 아는 사람은 대단히 뛰어난 지적 안목을 가지고 있다고 할 수 있어요. 어쨌든 이렇게 볼 때, 메를로-퐁티와 칸트는 일단은 같은 논의 구도 안에 들어 있다고 해야 합니다. 그래서 서로 쉽게 비교해 볼 수 있습니다.

인식 주체에게서 대상에 보다 직접 부딪치는 부분은 바로 신체겠죠. 신체가 대상을 감각적으로 받아들입니다. 신체가 대상을 지각함으로써 받아들이게 되는 것을 '인식질료'라고 합니다. 여기에서는 자연철학적인 의미에서의 질료가 아니라 인식론적 맥락에서의 질료죠. 조금 더 과학적인 뉘앙스로 말하면 바로 '자료=데이터'라고 하죠. 더 정확히는 '감각자료'입니다. 그런데 칸트에서 이 단계, 즉 인식 주체가 지각을 통해 감각자료를 가지게 된 단계는 그 자료가 아직 인식으로 화하지 못한 단계예요. 말하자면 인식론적 카오스일 뿐이죠. 이것이 인식으로 화하려면 우리 오성이 갖추고 있는 개념적 틀이 이 자료를 '구성'해야 합니다. 조금 거칠게 비유하자면, 밀가루 반죽에 모양 틀이 찍혀야 새, 고양이, 강아지 같은 결과가 나오는 것과 같습니다. 모양 틀이 찍히지 않으면 그냥 밀가루 덩어리일 수밖에 없는 것이죠. 그것은 그저 인식질료일 뿐이고 아직 인식은 아닙니다. 인식이란 의식에, 인간 주체에(지난 강의에서도 말했지만, 근대 인식론은 인간 주체를 의식과 동일시합니다) 속하는 작용이에요. 개념적 틀—바로 지난 학기 7강에서 배웠던 '범주'—이 자료(=인식질료)를 구성해야 비로소 인식이 성립합니다.

　메를로-퐁티는 지각에 칸트와는 다른 의미를 부여합니다. 신체가 대상과 접촉해서 가지게 되는 것, 즉 지각을 통해서 가지게 되는 것은 이미 그 안에 의미를 품고 있다고 보는 것이죠. 더 정확히 말해 메를로-퐁티에서는 신체와 대상이 서로 떨어져 있지 않습니다. 서로 떨어져 있다가 관계를 맺는 것이 아니라는 뜻이죠. 둘은 "언제나 이미" 포개져 있다고 해야 합니다. 낯선 두 존재가 서로 관계 맺는 것이라기보다는 차라리 서로 구분되기는 하지만 실질적으로는 포개져 있는 하나라고 해야 합니다. 그리고 그렇게 포개져 있는 차원에서 이미 의미의 씨앗이 자라고 있는 것이죠. 그 씨앗이 자라나 비로소 명료하고 분명한 인식이 성립하게 되는 것입니다. 주체와 대상이 분리되었다가 관계 맺는 것이 아니라 하나의 주름을 이루고 있는 현실을 두 개로 분석하면 대상과 주체가 성립한다는 겁니다. 그렇게 포개져 있는 차원은 바로 (주체 측에서 보면) 신체의 차원이고 (대상 측에서 보면) '체험되는 세계'입니다. 그런 차원/세계가 의식에 의해 반성되고 추상화되고 개념화되면서 보다 개념적이고 분석적인 생각, 이론적인 인식이 나온다고 보는 겁니다. 칸트와는 상당히 다르죠. 근대적 인식론은 인간의 의식을 딱 떼어서 그것을 주체인 것처럼 이야기하는데, 메를로-퐁티는 그 전에 이미 신체 자체가 주체로서 활동하고 있다는 것입니다. 세계와 떨어져서 존재하는 의식이 그것(세계)을 대상화하는 것이 아닙니다. 우리 신체는 이미 세계와 더불어 살고 있는 것이죠. 그리고 그런 삶 속에 이미 의미의 씨앗이 들어 있다고 보는 겁니다. 메를로-퐁티는 이런 코기토를 '전前반성적 코기토'라고 부릅니다.

좀 단순한 예를 든다면, 우리가 길을 가다가 무심코 간판을 피할 때가 있죠? 피하려고 마음먹은 것이 아니라 몸이 '판단'을 해서 간판을 피하고, 그후에 돌아보고서야 아차 다칠 뻔했구나 하고 깨닫습니다. 신체는 그저 정신의 명령을 수행하는 껍데기가 아닌 것이죠. 그래서 메를로-퐁티는 지각의 차원이라고 해서 아무 의미 없는 인식질료가 형성되어 있는 차원에 불과하다고 보는 생각을 거부합니다. 의식이 구성해야만 인식이 성립한다는 칸트의 사유를 거부하는 것이죠. 지각의 차원 자체에 이미 의미와 주체성과 가치가 묻어 있다는 것입니다. 그리고 그 차원이 이후의 모든 이성적 행위들, 즉 고도의 반성, 추상화, 개념화, 이론화 등의 토대라는 것이죠. 이렇게 되면 진리의 근원은 초월적 형상도 아니고 구성하는 주체도 아니게 됩니다. 우리의 몸이 전前반성적으로 살아가고 있는 지각의 차원이 진리의 근원이 되는 것이죠. 메를로-퐁티는 지각의 차원에 높은 가치를 부여하는 대표적인 사유입니다.

Q 고스트는 몸은 없고 혼만 있는 것인가요?

A '고스트'라는 말은 서양 사람들이 신체가 없는 영혼을 가리킬 때 쓰는 말이에요. 우리말의 '유령', '귀신'에 해당하죠. 엄밀히 말하면 고스트는 신체가 없기 때문에 타자를 볼 수도 없고 대화를 나눌 수도 없는데, 『햄릿』 같은 작품도 그렇고 「전설의 고향」 같은 이야기들을 봐도 그렇고 고스트와 인간이 서로 소통하고 심지어는 칼싸움까지 하죠? 소설에서는 가능하지만, 철학적으로는 쉽게 인정할 수 없는 이야기입니다.

Q 메를로-퐁티의 생각은 운전을 예로 들어도 좋을 것 같은데요. 운전을 할 때, 일일이 생각하지 않아도 몸이 알아서 하는 경우가 많지 않습니까? 그런데 그럴 때 메를로-퐁티가 말하는 전반성적 코기토와 무의식은 어떻게 다른 것인가요?

A 무의식이라는 말은 유래가 복잡하고 여러 가지 의미로 사용되는 개념입니다. 오늘날에는 대개 정신분석학의 전문 용어로 사용되고 있죠. 이 경우는 우리 맥락과 큰 관계는 없습니다. 그런데 무의식이라는 말을 투명한 의식은 아니지만 그 아래에 존재하는 또 다른 차원의 의식이라는 뜻으로 말한다면, 우리가 논하는 내용은 무의식과도 밀접한 관련을 가진다고 할 수 있습니다. 이럴 경우의 무의식은 정신분석학 계열에서의 무의식이 아니라, 라이프니츠, 베르그송, 메를로-퐁티로 이어져 온 무의식이라고 할 수 있습니다. 베르그송의 경우 이 문제는 기억, 습관…… 등의 문제와 연결되죠. 메를로-퐁티의 경우는 신체-주체와 연결됩니다. 신체-주체가 투명한 의식 이전의 일종의 무의식을 형성하고 있다고 볼 수도 있겠습니다.

이렇게 말할 수도 있습니다. 내 신체와 사물들은 물리적으로는 분명 구분되지만 현상학적으로는 하나를 이루고 있다고 말입니다. 운전할 때, 늘 다니던 길은 아무 생각 없이 가지만 처음 가는 길은 신경을 많이 쓰게 되죠? 신경을 많이 쓴다는 이야기는 내 행위와 행위 사이에 정신/의식을 매개시킨다는 뜻입니다. 그런데 자주 다니는 길은 내 몸과 함께, 말하자면 'coordinate'되어 있는 거예요. 내가 판단하지 않아도 그 길이 이미 내 몸에 각인되어 있고, 역으로 말해 내 몸이 이미 그 길을 감지하고 있는 겁니다. 이 '感知'라는 말이 참 좋은 말이네요.

Q 기분을 이야기하면서 마음의 '기'를 말씀하셨는데, '기'라는 것에는 마음의 '기'뿐만 아니라 몸의 '기'도 있지 않습니까? 앞에서는 마음의 '기' 한 가지만 말씀하고 계셔서요.

A 좋은 지적입니다. 몸의 '기'도 있고 마음의 '기'도 있는데('身氣'와 '心氣'), 우리가 보통 기분이 좋다/나쁘다고 할 때는 일단 마음의 기에 초점이 있죠. 그러나 몸의 기와 마음의 기가 따로 있다고는 볼 수 없을 겁니다. 물론 몸의 기와 마음의 기는 일단 구별됩니다. 몸 상태가 안 좋은데 기분은 좋고, 또 몸 상태는 좋은데 기분이 좋지 않은 경우도 물론 있습니다. 그렇기 때문에 몸과 마음은 일단 구분되죠. 그러나 대부분의 경우 몸과 마음은 함께 간다고 보아야 합니다. 동북아 사유에서는 원래 날카로운 이분법이 거부되죠. 그러나 기분이 좋다/나쁘다고 할 때 그 말 자체는 역시 심기心氣에 포인트가 있다고 봐야겠죠. 분명 보다 깊은 곳에서 몸이라는 차원과 연결되어 있겠지만, 기분 좋음/나쁨은 우선은 우리 마음이 느끼는 것이니까요. 요컨대 몸과 마음은 깊은 뿌리에 있어서는 하나이지만, 현실적으로는 일단 구분된다고 보아야 합니다. 따라서 기분도 어떤 경우에는 몸과 마음이 구분되지 않는 근본적 차원에서 발생한다고 보아야겠지만,[4] 보다 일차적/일상적으로는(예컨대 대화 중 상대방이 불쾌한 말을 했을 때) 우리 마음이 느끼는 것이라고 할 수 있겠습니다.

---

4) 이것은 이미 형성된 기분을 마음이 아직 깨닫지 못하는 경우에 뚜렷이 알 수 있다. 마음이 아직 자신의 기분을 포착하지 못할 때에도 몸-마음을 포괄하는 심층의 우리는 일정한 기분에 젖어 있을 수 있다. 그리고 그 기분이 어느 순간 의식의 표면으로 떠올라 우리로 하여금 빙그레 미소 짓게 하거나 불쾌한 표정을 짓게 한다.

Q 메를로-퐁티는 신체가 인식한다고 보는 겁니까?

A 그렇습니다. 결국 문제는 '인식'이라는 말의 범위를 어디까지 적용할 수 있느냐의 문제인데, 사람마다 그 입장이 조금씩 달라요. 어떤 사람들은 '인식'이라는 말은 정확하게 개념화되고 언어화된 것에만 쓸 수 있다고 보죠. 개념화, 언어화되지 않았는데 무엇인가를 안다는 것이 말이 되느냐라는 입장입니다. 이에 비해 개념화되고 언어화되지는 않았지만 뭔가 아는 경우가 있다는 생각도 있습니다. 메를로-퐁티의 입장은 "인식이란 말은 그렇게 국한될 수 있는 것이 아니다. 이미 내 몸이 알고 있다"고 말할 수 있다는 거예요.

메를로-퐁티의 생각은 상당히 흥미롭고 일리 있는 이야기입니다. 그러나 과연 지각의 차원이 진리의 근원이고 존재론적으로 '실재'인가라고 묻는다면, 그것은 아니라고 해야겠죠.

사실 "안다"라는 말에는 여러 가지 의미가 있어요. "안다"라는 말을 너무 지식에 국한시키는 것은 편협한 생각입니다. 우리는 어떤 '정보'를 알 때 흔히 "안다"는 말을 쓰죠. 그러나 예컨대 자전거를 탈 줄 "아는" 것도 아는 것이고, 피아노를 칠 줄 "아는" 것도 아는 것이죠. 또 음악을 "안다"고 할 때는 그 음악에 대한 '정보'를 아는 것도 포함되지만 (예컨대 어떤 곡이 몇 년에 씌어졌다는 것) 그것과는 전혀 다른 종류의 앎, 즉 그 음악을 듣고서 마음으로 느끼는 것(내가 가끔 쓰는 말로 "세포 하나하나의 떨림으로 느끼는 것")도 그 음악을 "안다"라고 할 수 있습니다. 그리고 또 우리가 "저 사람은 뭘 좀 알아"라고 할 때의 "알아"라는 말은 또 다른 의미에서의 "안다"죠? 몇 개의 예만을 들었습니다만, "안다"라는 말을 정보, 또는 개념적 앎에만 적용하는 것은 너무 좁은 생각입니다. 여러 형태의 앎이 존재하죠.

메를로-퐁티가 말하는 신체적 인식도 또 한 종류의 인식이라고 할 수 있습니다. 다만 그 인식을 특권화하는 것은 정보나 개념적 인식을 특권화하는 것과 마찬가지로 부당한 것이죠. 우리가 지각하는 차원이 실재라는 생각은 존재론적으로 매우 소박한 생각입니다. 또 그 차원이 진리의 근원이라고 보는 것도 현대 인식론(예컨대 바슐라르)과 비교하면서 검토해 봐야 합니다.

Q 영혼과 신체에 대한 논의는 사람을 대상으로 삼고 있는 것이잖아요. 그런데 로봇 같은 경우는 원시적이지만 지각을 하고 판단해서 작용을 하잖아요? 지금의 공상과학영화나 만화를 보면 사이보그를 영혼이 없는 물체로서 보는데, 만약 이것이 인간화되어버린다면 철학은 어떻게 흘러가야 하는 건가요?

A 로봇이라든가 사이보그 같은 존재들에 대한 논의는 우리가 지금 하고 있는 인성론과 밀접한 관련이 있습니다. 이런 존재들은 결국 인간을 닮는 것이 목적이잖아요? 그러니까 이런 존재들을 만들어 가는 과정은 곧 인성론에서 보다 저급한 능력에서 보다 고급한 능력들로 논의를 이행해 가는 과정과 정확히 일치합니다. 즉, 로봇을 더 고급화하는 과정은 (흔히 단순한 능력에서 시작해 점차 고급한 능력에 대한 논의로 이행하는) 인성론의 장章들을 넘어가는 것과 흡사합니다.

과거에는 로봇이 그저 기계였고 사물을 감각하지는 못했죠. 그러나 현 단계에 이르러서는 '센서'가 부착됩니다. 로봇이 앞으로 가다가 앞에 뭔가가 있으면 피해 가잖아요. 아직까지 인간만큼 정교한 센스를 가지고 있지는 못하지만, 점점 가까이 가겠죠. 그 다음이 기억 능력입니다. 컴퓨터의 기억 능력은 놀랍죠. 인간보다 더 뛰어납니다. 물론 기억의 성격이 다르죠. 체험해서 내면에 쌓인 기억이 아니라 정보의 기억이니까요. 그 다음 단계가 상상력 단계인데, 이 단계가 로봇으로서는 아직까지는 넘기 힘든 단계예요. 새로운 뭔가를 상상하고 창조해낸다는 것은 인간의 놀라운 능력이고, 아직 로봇이 넘보기 힘든 영역입니다. 그러나 기술이 고도로 발달하면 어떻게 될지는 아무도 모르죠. 바로 이렇게 기계가 발달하는 과정은 곧 인성론의 논의 구도와 같아요. 지금 우리가 하는 강의의 흐름과 같죠? 그래서 로봇 등에 대한 논의는 단순한 흥밋거리가 아니라 철학적으로 상당히 중요한 함축을 띱니다.

그리고 사이보그를 영혼이 없는 물체로 본다고 했는데, 그것은 좀 이상하네요. 사이보그는 'cyber'와 'organism'을 합친 말입니다. 즉 유기체에 컴퓨터를 장착시킨 것이 사이보그예요. 물론 그 유기체 자체조차도 아예 처음부터 만들어낸 것인 경우도 생각할 수는 있습니다. 그러나 어쨌든 사이보그라는 개념에는 유기체라는 개념이 반드시 함축되어 있고, 그래서 영혼이 어떤 식으로든 미리 존재한다고 보아야 합니다. 앞에서 영혼의 한 의미를 "신체를 조직해 주는 것"으로 봤죠? 유기체라는 개념 자체가 영혼 개념을 함축하는 거예요. 물론 애초부터 컴퓨터 공학만으로 사이보그를 만든다면 문제가 좀 다릅니다. 그때에는 사이보그의 영혼이란 전뇌電腦를 뜻하는 것이겠죠.[5]

그리고 이상의 문제들은 현대 인성론에 관련해 흥미진진한 문제들입니다. 바로 지난 시간 강의 말미(9강, §6. '영혼'의 부활)에서 이야기했듯이, 방금 말한 로봇, 사이보그 문제만이 아니라 분자생물학, 뇌과학, 인공지능을 비롯해 최근에 크게 발달하고 있는 과학기술들은 여러 가지 철학적 문제들을 야기합니다. 사물의 개념, 인간이라는 존재의 의미, 기술사회가 불러일으키는 윤리적 문제들 등 여러 문제들을 야기하는 것이죠. 이런 문제들을 붙들고 사유하는 것이 미래 철학의 핵심적인 한 갈래가 될 것입니다. 그런데 이런 문제들을 영화나 만화를 통해 접근하는 것은 좋은 것이 아닙니다. 흥미 위주의 공허한 내용들이 많기 때문이죠. 다만 가끔씩 등장하는 사이버펑크 걸작들은 철학적으로 음미해 볼 필요가 있습니다.

§4. 기억, 상상력, 지능

영혼의 보다 고급한 능력으로는 기억과 상상력을 들 수 있습니다. 기억은 영혼의 핵심적인 능력들 중 하나죠. 기억이 존재하지 않는다면 시간에는 현재만이 있을 수 있습니다. 만약 인간이 기억을 가지고 있지 못하다면 인간은 그저 매 순간을 살아갈 수 있을 뿐이고 '나'라는 정체성을 가지지 못할 것입니다. 기억이 존재하기 때문에 인생이란 것이 존재하는 것이죠. 의식이 있어도 기억이라는 것이 존재하지 않

---

5) 이럴 경우 묘한 문제가 생긴다. 컴퓨터 자체의 하드웨어를 신체로, 소프트웨어를 전뇌로 볼 수 있다면(컴퓨터의 중국어 번역어가 '電腦'이다), 다시 사이보그의 영혼을 생각할 이유가 어디에 있는가? 사이보그가 애초에 컴퓨터로 되어 있다면, 그리고 컴퓨터의 내용 자체(즉, 그 소프트웨어)가 컴퓨터의 영혼이라면, 다시 그 컴퓨터"의 영혼"을 따로 생각할 이유가 어디에 있는가? 이럴 때 컴퓨터의 영혼을 따로 생각할 필요가 없다는 결론을 내리거나, 소프트웨어와는 별도의 의미에서의 영혼을 규정해야 한다. 전자의 경우 컴퓨터와 사이보그의 차이가 없다는 결론이 나오기 때문에 문제에 봉착하게 되고, 후자의 경우 이 별도의 영혼이 과연 무엇이냐라는 어려운 문제에 봉착하게 된다.

는다면 매 순간의 현존現存만이 존재하게 될 것입니다. 그리고 또 하나, 보다 고급한 기억 능력을 가진 생명체일수록 보다 긴 시간을 영위할 수 있습니다. 꼭 수명이 길다는 뜻이 아니라 보다 긴 시간을 체험한다는 것이죠. 생물학적 맥락에서 보면 진화 역시 그런 관점에서 볼 수 있어요. 생명체가 '진화'한다는 것은 보다 큰 시간(과 공간)을 영위하는 생명체가 된다는 겁니다. 인간에 도달하면 마침내 무한한 시간과 무한한 공간까지 생각하게 되죠. 지난 학기 강의(1부 6강)에서 형이상학적 담론들은 어떤 식으로든 무한의 문제를 대면하게 된다고 했던 것 기억하시나요? 인간이 형이상학적 동물이라는 것은 바로 인간이 무한한 시간(과 공간)을 대면하게 되었다는 것을 뜻하는 것이죠. 아니, 어떤 면에서 무한은 시공간의 극한, 나아가 시공간의 초월과 관련됩니다. 인간은 무한을 사유함으로써 진화의 한 결과에 그치는 것이 아니라 어떤 면에서는 진화 자체를 초월하는 존재가 되었다고도 할 수 있습니다.

어떤 동물이 보다 발달했다는 것은 그만큼 기억장치가 발달했다는 것을 뜻하기도 합니다. 사람을 봐도 그렇잖아요. 아기들은 금방 잊어버립니다. 엄마가 다른 방으로만 가도 울죠. 그러다가 점차 엄마가 아주 나가는 것과 집 안에서 움직이는 것을 구별하게 됩니다. 시간의 매듭들을 이어서 기억하게 되는 것이죠. 오로지 현전現前만을 지각하다가 이제 지각하는 시간의 폭이 넓어지는 겁니다. 그러다가 어느 순간 자신의 삶 전체라는 시간대를 생각하게 되고, 더 나아가서 세계 자체의 시간대를 생각하게 되죠. 의식하는 시간대가 커진다는 것은 그만큼 큰 삶의 가능성을 함축하지만 동시에 그만큼 큰 실존적 고뇌도 함축합니다. 만일 우리가 아픈 과거를 잊을 수 있다면, 그리고 불안한 미래를 잊을 수 있다면 삶이란 좀더 편안한 무엇이 되겠죠. 물론 동시에 그만큼 단순한 무엇이 될 것입니다. 한 존재의 기억의 폭이 클수록 그것은 그만큼 복잡한 존재가 됩니다. 과거 기억의 능력은 미래 상상의 능력과 맞물려 커지죠. 그러면서 죽음에 대한 두려움, 삶 자체에 대한 불안, 잊은 듯하면 다시 솟아올라 마음을 어지럽히는 기억들을 비롯한 여러 실존적 고뇌도 증폭합니다. 시간의 폭을 크게 영위한다는 것은 그만큼 의미 있는 삶의 폭이 커진다는 것을 뜻하는 동시에 그만큼 복잡하고 힘겨운 삶을 살게 됨을 뜻하기도 합니다.

더 나아가 기억은 한 존재의 정체성 문제와 관련됩니다. 기억이란 인식론적으로도 상당히 중요하지만 인성론적으로 보면 한 인간이 자기 자신의 존재, 즉 정체성을 깨닫게 되는 과정과 관련되는 것이죠. 기억을 떠난 '나'라고 하는 것은 의미가 없는 것입니다. 나를 나이게 해주는 가장 고유한 것이 뭘까 하고 생각해 볼 때, 다른 무엇보다도 내가 가진 기억들을 생각하게 됩니다. 특히 나만이 가진 기억들. 나만이, 또는 우리 가족만이, 우리 세대만이…… 가지고 있는 고유한 기억들이 결국 그 사람, 가족, 세대……의 정체성을 형성하고 있는 것이죠. 기억은 매 순간 발생하는 사건들 하나하나의 층위에서 성립하기 때문에 추상적 법칙성으로 결코 포착되지 않는 개별성을 형성합니다. 그 사건들 하나하나는 일반화해서 이야기할 수 없는 것이기에 그것들 하나하나를 공유하지 않는 존재는 알 수 없는 고유한 정체성을 형성하는 것이죠. 정체성은 고유한 사건들로, 더 정확히 말해 그 사건들의 계열화——때로 역동적인 복잡성을 동반하는 계열화——로 이루어지는 기억을 떠나서는 성립하지 않습니다. 기억을 통해 시간에, 즉 사건들에 연속성이 성립할 수 있는 겁니다(물론 여기에는 시간이 먼저 존재하고 그 안에서 사건들이 벌어진다고 생각하기보다는, 사건들이 발생함으로써 시간이 성립한다고 보는 입장이 전제되어 있습니다). 이런 연속성이 성립하지 않는다면 순간만이, 순간적 현존들만이, 고립된 사건들만이 있겠죠.

기억은 정보information 개념과도 관련되어 있어요. 기억 — 보다 단순한 의미에서의 기억 — 은 정보의 집적체라고 할 수 있습니다. 지하철 티켓의 자기선(마그네틱 선)에도 일정한 정보가 기억되어 있죠? 예컨대 티켓을 끊고 탄 지 3시간이 지나면 효력이 없어지죠. 이것은 곧 지하철 티켓 마그네틱 선에 정보가 입력되어 있음을 뜻합니다. 그리고 여러분이 사용하는 기억장치들이 있잖아요. 녹음기, 책, CD 등 다 기억장치들이죠. 정보를 입력해 놓고 필요할 때 그것을 끄집어 내는 장치들이죠. 가장 기본적인 기억장치는 인간의 뇌이고, 이런 기억장치들은 뇌를 흉내 내서 만든 장치들입니다. 컴퓨터는 그 가장 놀라운 성과물이죠. 기억을 보다 좁은 의미로 쓰면 인간의 심리, 내면의 특징으로 말할 수 있지만, 넓은 의미로 쓰면 무수한 종류의 기억장치들이 있는 것이죠. 인간은 자신이 모든 정보를 일일이 기억할 수 없었기에, 각종 기억장치들을 만들면서 오늘날에까지 이르렀습니다. 인류 역사가 기억장치의 발달 과정이라고 해도 과장은 아니에요. 옛날에는 시인이 이야기mythos를 다 외웠죠. 호메로스 같은 사람이 나오기 전에는 대부분 이야기를 일일이 외워서 노래로 불렀던 겁니다. 한국의 경우 얼마 전까지만 해도 판소리를 기계로 녹음할 수 없었기에 소리하는 분들이 특정한 사람을 찾아가 개인적으로 사사받곤 했습니다. 곡 전체를 일일이 외웠던 것이죠. 그렇게 해서 사람과 사람 사이로 이어져 왔던 겁니다. 지금처럼 모든 것을 기계가 하고 사람은 단추만 누르는 세상과는 전혀 다른 세상을 상상해야 돼요. 지금은 인간의 기억 능력이 현저하게 저하되었죠. 기계적 장치들이 많아지니까, 안 외우니까요. 요새 학생들은 계산도 잘 못하고 글씨도 잘 못 쓴다고 하더군요. 계산기로, 자판으로 다 하니까요. 그리고 또 한편에서는 기억에 대한 지나친 집착증까지 있죠. 모든 것을 다 비디오니 뭐니 하는 영상 장치들로 찍어 놓곤 하죠. 모든 것을 다 기억해 놓으려 하니까요. 하지만 그런 식으로 하면 더 이상 '소중한 기억'이 아니죠.

기억이라는 말을 넓게 쓰면 생명체가 생명을 이어 가는 것 또한 기억입니다. 근본적인 의미에서의 기억이죠. 생명체의 기억은 기계장치를 통한 기억보다 훨씬 더 유연한 형태를 보여 줍니다. 생명이라고 하는 것은 살아 있음을 뜻하고, 또 삶을 유지하려 한다는 것을 뜻합니다. 죽지 않으려고 하는 것이 생명체인 것이죠. 그러나 사실상 그 어떤 개체도 영원히 존속될 수 없기에, 이에 대한 하나의 대응으로서 나타나는 것이 있습니다. 나라는 개체가 죽는 대신에 나의 정체성을 세계에 남겨 놓는 것이죠. 그것이 생식입니다. 생명체가 자기와 닮은 자식을 낳는 것은 나=개체는 죽지만 나와 너무나도 닮은 내 자식을 후세에 남김으로써 생명의 연속성을 이어 가는 것입니다. 우리 꼬맹이 백일 사진을 보면 머리 헝클어진 것까지 나랑 똑같아요. ……(웃음)…… 내 백일 때 사진과 함께 놓고 보면 어느 것이 내 사진이고 어느 것이 꼬맹이 사진인지 분간이 안 됩니다. 생명체는 그런 식으로 자기 정체성을 없애지 않고 남기는 것이죠. 플라톤의 말을 빌리면 영원에 참여하는 것입니다. 그렇게 함으로써 매우 긴 기억, 생명 자체의 기억은 꺼지지 않고 이어지는 것이죠.[6]

베르그송은 『물질과 기억』에서 독특한 기억론을 전개합니다. 대부분의 일상적 기억은 유용성과 맞물려 있습니다만, 베르그송은 유용성에 응답하는 기억 이상의 기억을 논했죠. 유용성에 응답하는 기억은 우리가 늘 활용하는 기억입니다. 여러분들이 수업 끝나고 집에 가려면 버스 정류장에 갈 겁니다. 이때 필요한 것이 바로 이 기억이죠. 만일 우리가 그런 기억을 가지고 있지 않다면, 매번 정류장이 어디 있는지 찾아야겠죠. 그러나 기억을 보관하고 있다가 현재 필요할 때 끄집어낼 수 있는 것입니다. 그런데 베르그송은 현재의 유용성에 따라 끄집어내어지는 기억이 아니라 기억 그 자체를 위한 기억, 순수한 기억을 이야기하고 있어요. 가끔 누워서 옛일 같은 것을 자세하게 기억할 때가 있죠? 어떤 상황, 사람들의 표정, 말씨, 그런 것들이 풍기는 분위기…… 등을 기억해 보죠. 추상화된 어떤 것이거나 유용한 어떤 것이 아니라 섬세하기 이를 데 없는 것들(나는 이런 것들을 '감성적 언표

---

6) 영원에 참여하는 또 하나의 방식은 문화적 업적을 남기는 것이다. 자연세계에서 생식을 통해 생명이 이어지듯이, 문화세계 속에 남긴 문화적 업적 또한 하나의 생명으로서 이어진다. 사라지는 기억들도 있다. 개인의 고유한 기억들은 사라진다. 그러나 그런 기억들도 상당 부분 공통 기억들(타자들과 더불어 경험한 것들이 남기는 기억들)이며 역시 문화를 통해 보존된다. 극히 개인적인 기억들만이 사라진다. 그러나 그런 기억들도 미래의 다른 사람에게서 유사하게 반복될 수 있다(물론 다른 영혼에게서 반복되는 것이지만). 한 인간에게 극히 고유한 것들, 따라서 그가 죽으면 영원히 사라지는 것들은 생각만큼 많지 않다.

들'이라 부릅니다)을 일일이 떠올리는 것이 이미지-기억들이에요. 시골 고향에 있던 우물, 닭장, 대나무숲……의 광경들, 팔을 끼고 시위할 때의 친구들의 몸짓들, 해변가에서 아들과 수영할 때의 행복한 느낌들…… 이런 것들, 그 사건 하나하나, 표정들 하나하나, 눈빛들 하나하나를 떠올릴 때가 있습니다. 마르셀 프루스트의 『잃어버린 시간을 찾아서』는 바로 이런 기억들을 뛰어나게 묘사하고 있죠. 실용적인 의미에서의 기억과는 전혀 다른 심층적 기억입니다.

한 가지만 더 이야기한다면, 기억이라는 것이 인간에게 매우 소중하고 인간의 정체성을 가능하게 해주는 것이지만, 어떤 현대 철학자들은 기억이 가진 부정적인 특징을 이야기하기도 한다는 것입니다. 그래서 '반反기억'counter-memory 을 이야기합니다. 이때의 기억은 우리를 옭아매는 동일성을 뜻합니다. 새로운 차이를 소화하지 못하고 무엇인가를 자꾸 기억한다는 것, 기억에 얽매인다는 것은 어떤 특정한 동일성에 묶이는 거예요. 새로운 길로 뚫고 나가려면 기억의 동일성으로부터 벗어나야 하는 것이죠. 그런데 기억이 동일성 ─ 서구어 'identity'가 우리말로는 '동일성'과 '정체성'으로 분화되어 번역된다는 사실을 기억하시기 바랍니다 ─ 을 형성하다 보니, 즉 시간을 소화해내지 못하다 보니 자꾸 과거에 집착하고 기억의 지배를 받습니다. 그래서 기억이란 동일성에 집착하는 것으로 이해되어 비판의 대상이 되기도 합니다. 지난 학기 강의에서 언급했던 「메모리스」는 기억의 이런 성격을 잘 묘사해 주고 있죠. 인간이 동일성/기억에 집착할 때 어떤 결과를 낳는가를 과거, 현재, 미래의 3부작으로 표현하고 있습니다. 동일성은 시간을 거부하는 개념이죠. 때문에 문제가 생깁니다. 그러나 정체성은 다릅니다. 정체성은 시간과 더불어 변해 가면서도 상실하지 않는 그 무엇이죠. 시간을 껴안지 못할 때 정체성은 동일성으로 화하고 그 동일성에 집착할 때 문제가 생깁니다. 시간과 차이를 껴안을 수 있는 정체성이 중요한 것이죠.

기억과 더불어 상상력 또한 영혼의 능력들 중 핵심적인 것입니다. 상상(작용)은 'imagination'이며, 이는 곧 이미지의 운동을 말합니다. 상상(작용)을 뜻하는 그리스어는 'phantasia'죠. 발음 그대로 하면 '판타지아'인데, 지금의 뜻과는 뉘앙스가 다소 다르죠. '나타남'(출현) 또는 '나타난 것'(광경) 또는 (예컨대 몸짓에서처럼) '나타내는 행위' 등을 뜻했던 말입니다(그런데 마음속에 무엇인가를 나타낼 수도 있고, 이 경우가 오늘날의 '상상'의 의미와 통합니다). 오늘날 판타지아는 흔히 '환상'幻想을 뜻하는데, 환상이란 없는 것을 있는 것으로 착각하는 것이죠. 그런 점에서 상상 개념과 통합니다. 상상도 없는 것을 있는 것처럼 그려 보는 것이니까요. 다만 환상 개념에는 병리학적 뉘앙스가 들어가는 데 비해 상상에는 오히려 능동적이고 창조적인 뉘앙스가 들어갑니다. 또 요즈음은 '판타지 문학' 같은 표현에서 볼 수 있듯이 없는 것을 있는 것처럼 묘사해서 사람들에게 상상적 쾌락을 제공하는 경우를 뜻하기도 합니다. 『반지의 제왕』 같은 책을 생각하면 되겠습니다. 어쨌든 상상은 환상을 포함해서 보다 넓은 개념이라고 보면 됩니다.

이 말과 관련되는 'phainein'은 "나타나게 하다"를 뜻하며, 그 수동태(정확히는 중간태) 'phainestai'는 "나타나다"(스스로를 나타내다)를 뜻합니다. 중성형 분사인 'phainomenon'은 '나타난 것', 즉 현상을 뜻하죠. 좀 멋지게 표현하면 "빛 아래에 선 것"입니다. 독일어의

'Erscheinung'의 뉘앙스를 음미해 보시면 되겠네요. 그리고 오늘날 흔히 쓰이는 'image'란 말의 직접 연원은 표상/재현, 흉내, 초상화 등을 뜻하는 라틴어 'imago'입니다.

'Phantasia'는 우선 외관 또는 이미지를 뜻하며, 실재가 아니라 그 실재의 그림자, 시뮬라크르를 뜻합니다. 원래 'phantasia'라는 말은 사물이 아닌 이미지, 즉 원본인 형상=이데아의 이미지, 그림자 같은 것이죠. 우리말로는 '상'像에 해당합니다. 맥락에 따라서는 '상'의 운동, 즉 상상想像을 뜻하기도 합니다.

이미지라는 말은 이중적인 뜻을 가지고 있어요. 한편으로는 객관적인 어떤 것, 사물들의 겉모습, 예컨대 어떤 책상의 색깔, 누군가의 표정, 어떤 동물의 목소리…… 같은 것들을 뜻하죠. 그러나 다른 한편으로 이미지는 우리 마음속에 있는 무엇으로도 이해됩니다. 마음속의 이미지는 객관적인 사물이 아니죠. 이때는 '심상'心像이라고 할 수 있습니다. 그런데 때로는 객관적인 존재로서든 마음속의 존재로서든 이미 무엇인가가 존재하고 인간이 그것을 어떤 식으로든 복제한 것을 이미지라고 하기도 하죠. 그림이 대표적입니다. 또 어떤 장면을 찍은 영상도 마찬가지죠. 이렇게 이미지라는 말은 매우 복잡한 뉘앙스를 품고 있어요.

베르그송은 우리가 객관이니 주관이니 하는 식으로 분석해서 사유하기 이전에, 우리가 눈을 뜨자마자, 귀를 열자마자 우리에게 가장 원초적으로 주어지는 것들이 이미지라고 합니다. 아직 물질적인 것the material으로도 정신적인 것the mental으로도 규정할 수 없는 어떤 원초적인 소여所與, 그것이 이미지이죠. 요컨대 이미지는 인식 주체와 인식 대상이 갈라지기 이전의 차원에서 열리는 원초적인 것들이고, 또 경우에 따라서는 인간이 그것들을 복제한 것들이라고 할 수 있습니다.

그런데 이미지 자체보다 이미지의 운동이 중요합니다. 특히 마음 속에서 이미지를 운동시킬 수 있는 능력이 인간의 독특한 능력이죠. 실제 금강산을 두 쪽 낼 수는 없지만 우리 머릿속에서는 그렇게 할 수 있습니다. 즉 실제 사물이 아니라 그 사물의 심상, 또는 그것을 그린 그림 등은 우리 마음대로 조작할 수 있습니다. 그것이 'imagination', 이미지작용입니다. 번역을 '想像'으로 해서 그렇지 사실상 기호작용signification, 감각작용sensation, 개념작용=개념화conception 같은 말들과 똑같은 유형의 말이죠. 기호, 감각, 개념, 이미지의 운동이 각각 기호작용, 감각작용, 개념작용=개념화, 이미지작용=상상인 겁니다.

아리스토텔레스는 상상을 감각 및 사고와 구분합니다. 그에 따르면 상상이란 감각작용으로부터 태어나는 운동입니다. 재미있는 말인데, 사실 우리가 단 한 번도 본 적이 없는 것을 상상하는 경우는 거의 없는 것 같아요. 어떤 식으로든 이미 본 것을 가지고 그것을 이리저리 굴려 보는 것이죠. 진짜 완벽하게 본 적이 없는 것을 상상하는 경우가 있는지 없는지는 어려운 문제인데, 아마도 거의 없는 것 같습니다. 어떤 식으로든 내 마음에 들어온 이미지들을 갖가지 방식으로 조작해 보는 것이죠. 그래서 아리스토텔레스는 상상을 감각작용으로부터 태어나는 운동이라고 했던 겁니다. 감각작용에서 태어나지만 거기에 운동이라는 계기가 부가된다는 뜻이죠. 그리고 그렇게 할 수 있는 능력이 바로 상상력이죠.

'상상'은 두 가지 뜻을 동시에 가집니다. 하나는 인식 주체가 대상과의 접촉을 통해서 이미지를 가지게 되는 과정이고, 다른 하나는 그렇게 가지게 된 이미지를 운동시키는 과정이죠. 우리 마음에 상像이 맺히는데 이 과정을 'imagination'이라 할 수 있고, 또 그렇게 맺힌 상들을 가지고 다양한 조작을 해보는 것을 'imagination'이라 할 수 있습니다. 우리는 일상적으로 보통 후자를 상상이라고 하죠. 조심할 것은 전통적인 철학 문헌들을 읽어 보면 전자도 'imagination'으로 씁니다. 오히려 전자를 더 많이 씁니다. 어떤 대상을 지각해서 이미지를 가지게 되는 과정이 'imagination'이에요. 이런 맥락에서는 'imagination'과 'representation' 또는 'perception'은 거의 같은 말이죠. 물론 '표상'이라는 말에는 보다 다양한 내용들이 포함되어 있지만, 가장 원초적인 의미에서의 표상, 즉 사물들을 감각해서 그 감각적 대응물 — 장미꽃 자체가 우리 눈으로, 나아가 마음으로 들어올 수는 없습니다. 우리 눈에, 마음에 장미의 대응물이 형성되는 것이죠 — 을 가지게 되는 과정으로서의 표상은 다름 아닌 이미지작용이죠. 오늘날에는 표상과 상상은 상당히 다른 개념이지만(표상은 지각에 가깝지만, 상상은 지각한 것을 마음속에서 운동시키는 것이니까요) 본래는 비슷한 뜻이었던 겁니다. 'imagination'이라는 단어의 이 두 가지 뜻을 분명하게 알지 못하면 전통 철학서들을 읽는 데 상당한 어려움을 겪게 됩니다.

　'Phantasia'라는 그리스어에는 일정 정도 부정적인 함의가 들어있어요. 가짜, 환상, 우리를 속이는 이미지 같은 뜻을 내포하고 있습니다. '환상'이라는 현대어가 그런 함축을 이어받고 있거니와, 전통적으로 상상이라는 활동은 다분히 부정적인 뉘앙스를 띠곤 했습니다. 거짓이라는 뉘앙스, 좀 나은 경우에는 표피적이라는 뉘앙스, 인식론적으로는 자의적이라는 뉘앙스가 부가되어 있었습니다. 흥미롭게도 오늘날에는 상상력을 높이 평가하죠? 상상력이 풍부한 사람이 되어야 한다, 상상력을 키우자…… 등, 늘 듣는 이야기죠. 그러나 본래의 뉘앙스는 다릅니다. 실재하는 사물을 있는 그대로 사유하는 것이 아니라 자의적으로 사유하는 것을 뜻하기 때문이죠. 상상이란 인식 주체의 자의성이 강하게 들어가는 행위로 이해되었습니다. 그러다가 점차 상상력이 가진 역능이 파악되면서 그 뉘앙스가 달라지게 되죠. 더 나아가 '환상'이라는 개념조차도 일정 정도 긍정적인 뉘앙스를 띠게 됩니다. 어떤 면에서 현대인들은 진실을 사랑하는 것이 아니라 환상을 사랑하죠. 따분한 진실보다는 달콤한 환상을 더 사랑합니다. 여기에는 물론 환상을 키워야 흥미진진한 문화상품들을 만들 수 있고 그래서 대중들로 하여금 주머니에서 돈을 꺼내게 만들 수 있는 자본주의의 메커니즘이 작동하고 있습니다. 영상, 인터넷, 게임…… 등 현대의 '문화산업'들은 다름 아닌 환상을 만들어 파는 산업인 것이죠. 실물을 파는 산업보다 환상=이미지를 파는 산업의 부가가치가 더 높은 시대가 되었습니다.

스토아학파는 'phantasia'를 'phenomenon'에 대비시켜서 '외관'이라는 뉘앙스를 부여했습니다. 'Phenomenon'은 사물이 있는 그대로 나타난 것인 데 비해 'phantasia'는 왜곡된 이미지라는 뜻을 가집니다. 환각적 표상은 사물의 왜곡된 모습——예컨대 공기의 흐름에 의한 상像의 왜곡——을 함축한다면, '포착적捕捉的 표상'은 사물의 있는 그대로의 모습을 전달해 준다고 보았던 것이죠. 스피노자를 비롯한 고전 시대의 철학자들이 생각했던 'imagination'도 (지금의 의미와는 달리) 사물의 표면적 성질들이 그대로 인식 주체의 관념으로 형성될 때, 또는 양자가 일치할 때 성립하는 것이었습니다(사물의 표면과 관념의 일치가 바로 'representation'이죠). 여기에서 "표면적"이라는 수식어가 중요해요. 우리가 태양을 볼 때 그것은 몇십 미터 떨어진 곳에 있는 둥글고 노란 쟁반 같은 것으로 보이죠? 이런 인식이 'imagination'이고 따라서 방금도 말했듯이 'representation'이나 'perception'과 거의 같은 것을 의미했다고 할 수 있습니다. 그에 비해 오늘날 우리가 흔히 말하는 상상은 아까 보았던 아리스토텔레스의 규정에 더 가까운 것이죠. 상상은 기억을 전제하는 거예요. 기억이라는 바탕 위에 상상이 있는 것이죠. 지각을 통해 형성된 이미지들이 기억으로 보존되고 그렇게 보존된 이미지들에 운동이 가해질 때 상상이 성립되는 것입니다. 그리고 이런 의미에서의 상상은, 사람에 따라 다르기는 하지만, 대체적으로 오늘날과 같은 높은 위상을 부여받지 못했던 겁니다.

현대에 들어와 상상의 문제를 철학적으로 파고든 대표적인 인물은 가스통 바슐라르죠. 바슐라르는 상상에 대한 사유에 기초해 과학철학과 예술철학을 전개했습니다. 물론 바슐라르가 생각하는 상상은 현대적 의미에서의 상상입니다. 바슐라르의 상상 이론은 실증주의로부터 합리주의로의 이행과 밀접한 관련이 있습니다. 오늘날의 과학은 객관세계의 실증적인 측면을 그대로 반영하는 문제가 아니라 우리에게 지각되지 않는 심층세계를 파악하는 문제와 관련되기 때문이죠. 물리학이나 천문학은 극미의 세계와 극대의 세계를 연구하잖아요? 상상력이 없으면 안 되는 것이죠. 과거에는 과학이란 말과 상상력이라는 말은 잘 안 어울리는 쌍이었어요. 이성적 사유에서 상상력은 오류로 이끌어 가는 통로였던 것이죠. 그러나 현대 과학은 지각의 세계에서는 전혀 상상도 할 수 없는 것들을 연구하게 됩니다. 예술도 마찬가지죠. 과거의 예술은 사물을 있는 그대로 재현하는 것이었고, 이런 대전제는 사실상 인상파 예술에서도 관철되고 있습니다. 그러나 현대에 이르러 예술가들은 지각된 세계를 벗어난 세계, 말하자면 일종의 '가능세계'를 찾고 있습니다. 현대 회화가 '추상 회화'로 불리는 것은 이 때문이죠. 여기에서도 마찬가지로 상상력이 중요한 역할을 합니다. 바슐라르가 상상 개념에 주안점을 두고서 과학철학과 예술철학을 전개한 것은 이 때문이에요.

　　기억, 상상력과 더불어 또 하나 결정적인 개념은 지능이죠. 지능은 인간에게 특히 고유한 능력입니다. 물론 다른 동물들도 지능이 있지만, 동물들에게 특히 발달한 것은 본능이죠. 동물들은 배우지 않고도 어떤 한 가지, 또는 몇 가지 일을 기가 막히게 잘 합니다. 그러나 그 일을 일반화하고 응용하고 변형시켜 나가지는 못하죠. 때문에 동물의 세계는 분명 '진화'하기는 하지만 '발전'한다고 말하기는 어색합니다. 반면 인간은 별다른 본능이 없습니다. 어찌 보면 참 허약한 존재죠. 사슴들은 태어나서 얼마 안 있어 걷고 먹이를 찾지만, 어린 아기들은 돌이 넘어야 걷고 또 몇 년씩이나 부모가 밥을 먹여 주죠. 그러나 인간은 지능을 통해 자신의 경험을 일반화하고 응용하고 변형시켜 나갑니다. 그 중 특히 중요한 것은 분석하는 능력이죠. 사물의 현실태만을 지각하는 것이 아니라 그것을 자신의 사유공간, 추상공간 속에 옮겨다 놓고서 갖가지 방식으로 조작해 보는 능력이야말로 인간이 세계를 정복할 수 있었던 비결이죠(이 능력은 상상 능력과 일정 부분 겹칩니다. 그러나 상상이 비교적 자유롭게 이리저리 이미지를 운동시키는 것이라면, 분석은 과학적 지능을 가지고서 사물들을 분석하는 것이므로 일정한 차이를 드러냅니다). 사물들의 등가물을 인간 특유의 추상공간에서 조작하고 또 그 조작한 결과를 가지고서 현실 사물들을 변형시켜 나감으로써 오늘날의 '문명'이 성립한 겁니다. 변형을 위한 설계가 '디자인'이고 따라서 인간 문명의 모든 것은 기본적으로 다 디자인된 것들이죠. 오늘날에는 사람의 몸까지도 디자인하고 있습니다.

　지능은 이성과 다릅니다. 지능은 합리적 이성, 분석적 이성, 기하학적 이성이라고 할 수 있죠. 이성이라는 개념에는 보다 넓은 함축이 들어갑니다. 그래서 합리적 이성을 비판하는 것과 이성 자체를 비판하는 것은 대단히 다른 맥락이라고 해야 합니다. 엄밀히 말해 '비판'이라는 행위는 매우 이성적인 행위죠. 그 '비판'이 진정한 비판이 아니라 사실상 감정적인 매도나 유치한 공격이 아니라면 말이죠. 따라서 "이성을 비판하는 것"과 "이성을 부정하는 것"은 전혀 다른 행위입니다. 이성 비판을 후자의 의미로 받아들인다면 『순수이성비판』을 쓴 칸트도 이성을 부정한 사람이 되겠네요. 특히 최근의 이성 비판을 '이성의 부정'으로 보는 그릇된 생각이 적지 않게 퍼져 있는데, 이는 현대 철학에 대한 심각한 오해입니다. 이성의 비판은 늘 이성을 사용해서 이성을 비판하는 '자기비판'입니다. 때때로 분석적 이성을 비판하는 것을 두고서 "이성을 부정한다"는 식으로 매도하는 경우를 보는데, 이는 이성이라는 말의 넓고 복잡한 의미 연관을 잘 몰라서 나오는 말이라고 해야 합니다. 지능과 이성은 분명하게 구분되어야 합니다.

§5. 감정, 이성

인간 영혼의 가장 고급한 능력은 감정과 이성에 있습니다. 감정은 감성, 욕망, 의지 같은 개념들과 밀접하게 관련되어 있고, 이성은 지성, 지혜, 합리성 같은 말들과 관련되어 있죠. 이런 개념들은 대단히 복잡해서 사람마다 사용하는 용법도 다르고 부여하는 의미도 달라요. 분류 방식이나 포섭 관계도 대단히 복잡합니다. 매우 섬세하게 이해해야 할 대목입니다.

영혼의 능력에 있어 전통적으로 감성과 이성이 대별되어 왔죠. 그러나 이 말들의 의미 또한 간단하지 않습니다. 감성은 영어의 'sensibility'에 해당하는데, 이 말은 어떨 때는 이성에 대립하는 모든 인성을 가리키기도 하지만 또 어떨 때는 인식론적 의미로 한정되어 사용되기도 하죠. 인식론적 맥락에서의 감성이라는 말은 인식 주체가 대상과의 접촉을 통해서 인식질료들을 얻어내는 과정을 뜻합니다. 그러나 일상생활에서는 감정이라는 말과 대체적으로 같은 뜻으로 사용되기도 하죠. 어떤 사람이 "감정이 메말랐다"는 말과 "감성이 메말랐다"는 말은 거의 같은 말입니다. '감성 세대'라는 말도 이런 뉘앙스를 띠고 있죠? 그러나 철학에서는 감정과 감성이 전혀 다른 개념이며, 감성이라는 말은 대체적으로 인식론적으로 사용되는 개념입니다.

칸트는 감성과 오성을 대비시키면서 자신의 인식론을 전개하고 있죠? 감성은 수용능력이에요. 인식 주체가 대상과 접촉해서 인식질료를 만들어내는 과정이 지각이고, 그렇게 사물을 지각할 수 있는 능력이 감성이죠. 오성은 그렇게 수용한 인식질료를 본격적인 인식으로

서, 개념적 수준의 판단으로서 구성하는 능력이죠. 순수하게 경험만
으로는 인식이 이루어지지 않는다는 겁니다. 잡다한 자료들만으로는
인식이 성립하지 않고, 그 자료들에 일정한 형식이 부여되어 종합의
작용이 가해져야 인식으로 화한다는 것이죠. 그래서 『순수이성비판』
의 핵심 부분을 보면 감성론과 분석론으로 대별되잖아요. 분석론은
오성 —— 방금 말한 지능에 가까운 개념입니다 —— 을 다루는 것이고,
감성론은 감성을 다루는 것이죠.

　　좁은 의미에서의 인성론에서는 감성이 아니라 감정이 중요합니
다. 감정은 '정'情이 '감'感하는 것이죠. '정'은 희, 로, 애, 락, 애, 오, 구라
는 칠정七情으로 이해됩니다. 순수 '기'의 상태(장횡거가 말하는 '태허')
에서는 아직 '정'이 구체화되어 있지 않습니다. '정'이 구체화되려면
'감'이라는 문턱을 넘어야 해요. 그래서 장횡거는 태허로부터 객형客
形과 객감客感이 분화되는 과정을 이야기합니다. '감'이라는 운동이 성
립해야 비로소 '정'이 '희로애락애오구'로 구체화되는 것이죠. "인간
적인" 삶이란 바로 이 칠정을 둘러싸고 벌어집니다.

　　칠정은 사단과 대립해요. 인, 의, 예, 지가 사단이죠. '인의예지'는
이성적인 것이고 '희로애락애오구'는 감정적인 것이죠. 이 두 가지가
좁은 의미에서의 인성을 구성합니다. 전통 사회에서는 흔히 어떤 사
람의 '성정'性情이라는 말을 하는데, 바로 그 사람의 성=사단과 정=칠
정을 말하는 겁니다. 흥미로운 것은 공자가 핵심적으로 의미를 부여
했던 인仁은 사랑인데, 우리는 보통 사랑을 감정으로 분류한다는 점입
니다. 그러나 전통 사상에서는 '인'을 '정'에 넣지 않고 사단, 즉 성에
포함시켰던 것이죠. 이때의 인이라는 것은 애욕愛慾이 아닌 것입니다.

애욕 이상의 박애적인 사랑이 인이고, 따라서 인은 감정의 개념이라기보다는 윤리적인 개념(정확히는 도덕적인 개념), 성과 관련되는 개념인 것이죠. 물론 이런 인 개념을 거부하고 인을 어디까지나 애욕에 불과한 것으로 보는 입장도 있습니다. 『맹자』에 등장하는 고자告子 같은 사람의 생각이 대표적인데, 그래서 고자와 맹자의 대립은 인성론에서 매우 중요한 대립을 형성하고 있다고 할 수 있어요.

전통 철학들에서 감정은 대체적으로 부정적인 방식으로 이해되는 경우가 많았습니다. 우리말에 "감정에 휘둘린다"는 말도 있듯이, 감정이란 인간을 비이성적인 상태로 몰아가기 때문입니다. 특히 기독교나 성리학 같은 근엄한 문화에서는 감정이라는 것을 상당히 위험한 것으로 이해했습니다. 앞에서 파토스 이야기했었죠? 서구 담론사에서 파토스라는 말의 번역어인 'passion'은 대개 이성적이지 못하고 감정에 휘둘린다는 뉘앙스를 띠어 왔어요. 이런 뉘앙스에서는 이 말을 '정념'情念이라고 번역합니다. 정념은 스스로를 제어하지 못하고 감정에 휘둘리는 인간의 모습을 함축하는 것이죠. 파토스를 다루는 학문이 'pathology', 즉 '병리학'입니다. 이 말이 파토스라는 말의 전통적 뉘앙스를 잘 전달해 주고 있습니다. 파토스가 강한 것은 일종의 병인 것이죠. 그리고 대문자 'Passion'으로 쓰면 예수의 수난을 뜻합니다. 가시 면류관을 쓰고 두 손에 못이 박힌 채 죽어간 예수의 '수난'을 뜻하죠.

그런데 19세기 낭만주의가 도래하면서 크게 달라져요. 서구 문화사에서 낭만주의는 매우 큰 의미를 띱니다. 세계를 바라보는 눈을 크게 다르게 만든 사조죠. 예컨대 밤은 과거에는 매우 어둡고 두려운 무엇이었습니다. 낮은 건강하고 도덕적이고 좋은 것이지만, 밤은 어둡고 무섭고 두려운 것이었죠. 악마, 뱀파이어, 드라큘라 등이 출현하는 것이 밤입니다. 그런데 낭만주의가 도래하면서 밤을 멋있게 묘사하는 작품들이 등장하죠. 문화사에서의 이런 변화를 잘 보여 주는 것이 바로 이 'passion'이라는 말의 의미 변화예요. 그 전에는 위험하고 고통스럽고 병적이라는 뉘앙스를 띠었던 이 말이 이제 '정념'(또는 '수동')이 아니라 '열정'熱情으로 바뀝니다. 그러면서 긍정적인 뉘앙스가 깃들게 되죠. 지금의 문화도 그 연장선상에 있죠? "열정을 가져라", '차가운 열정'…… 등 열정이라는 말을 멋있는 것으로 받아들이는 표현들이 많습니다.

더불어 'pathétique'라는 말도 전에는 괴로운 고통, 고뇌를 뜻했지만 이제 '로맨틱'한 뉘앙스가 부여됩니다. '고뇌'苦惱라는 말이 고통스러우면서도 동시에 낭만적인 체험을 뜻하게 되죠. 베토벤의 「비창」 소나타나 차이코프스키의 「비창」 교향곡을 상기하면 될 듯합니다. 베토벤이나 차이코프스키의 「비창」을 잘 들어 보면 비애감이 서려 있으면서도 동시에 감미롭죠. 고뇌에 차 있으면서도 뭔가 낭만적인 것, 이런 식으로 의미가 묘하게 바뀌죠. 어찌 보면 현대 대중문화는 19세기 낭만주의 — 더 정확히는 그 속화된 형태인 감상주의感傷主義 — 를 잇고 있다고 할 수 있어요. "그대 떠난 자리에 비는 내리고……" 같은 식이죠. ……(웃음)…… 현대 대중문화를 지배하는 정서의 뿌리는 19세기의 감상주의에 있다고 할 수 있습니다. 어쨌든 파토스의 의미는 이런 큰 변화를 겪습니다.

감정과 밀접한 연관성을 가진 개념들 중 하나가 욕망입니다. 어떤 사람들은 욕망을 감정의 하위 개념으로 보기도 하고(예컨대 '희로애락애오욕' 같은 표현에서 그렇습니다), 또 어떤 사람들은 감정과 욕망을 대등한 개념들로 보기도 하죠. 욕망은 그리스어 'epithymia'에 해당합니다. 플라톤에게 욕망은 이성, 기개와 더불어 영혼의 세 부분들 중 하나죠(9강, §3. 초월과 내재). 플라톤은 폴리스의 구성을 이성-머리-지배계층, 기개-가슴-군사계층, 욕망-배(하체)-생산계층으로 나누어 봅니다. 이 경우 감정보다는 욕망과 기개가 뚜렷하게 개념화되고 있어요.

감정 개념과 마찬가지로 욕망 개념 역시 그다지 좋은 대접을 받지 못했습니다. 욕망은 영혼의 가장 저급한 부분이라는 것이죠. 플라톤은 욕망을 '빔'으로 이해했습니다. 비어 있으니까 채워야겠죠. 그런데 플라톤은 욕망을 밑 빠진 독에 비유해요. 채워도 채워도 채워지지 않는 것이 욕망이라는 것이죠. 스피노자 등의 예외도 있지만, 이런 식의 이해는 그후로도 계속됩니다. 20세기 후반에 활동한 인물들인 들뢰즈와 가타리는 욕망 개념을 다각도로 분석하면서, 욕망 개념의 의미-갈래들 중 하나에 창조적인 약동躍動이라는 뉘앙스를 부여합니다. 욕망을 비어 있는 무엇, 결여, 채워야 할 무엇으로 이해하는 것이 아니라 창조적인 에네르기, 차이를 만들어내는 원동력, 생명의 약동으로 이해해요. 비어 있기 때문에 채워야 할 것이 아니라 이전에 없던 무엇을 만들어내는 것을 욕망이라고 보았습니다. 특히 그런 관점에서 정신분석학의 욕망 개념을 비판하죠.

플라톤과 달리 아리스토텔레스는 욕망을 보다 큰 범주인 욕동慾動의 세 부분 중 하나로 보았습니다. 플라톤은 욕망을 큰 범주로 보았는데, 아리스토텔레스는 욕동을 큰 범주로 보고(욕동, 감각, 이성이 큰 범주를 형성합니다) 욕동 아래에 욕망, 기개, 의지가 있다고 보았죠. 복잡하죠? 이런 미묘한 개념들은 사람마다 생각이 달라 그 분류가 복잡해요. 인지人知가 발달할수록 사람들은 경험을 더욱 세분하게 되고 따라서 개념도 더욱 세분되죠. 아리스토텔레스만 해도 플라톤보다 더 세밀하게 인성을 분류하고 있습니다.

플라톤에서는 의지 개념이 뚜렷하지 않죠. 다만 기개가 의지와 통한다고 할 수 있습니다. 그러나 아리스토텔레스에서는 뚜렷하게 개념화되어 구분되고 있죠? 의지라는 개념은 근대에 와서 좀더 큰 위상을 부여받게 됩니다. 이성은 차분하고 분석적이지만(물론 곧 다루겠지만 이성이라는 개념의 의미는 폭이 매우 넓습니다), 의지는 굳세고 때로 맹목적입니다. '志'라는 말에는 '굳셈'이라는 뉘앙스가 들어 있죠. 의지 개념은 19세기 이후 많이 논의되었습니다. 멘 드 비랑은 "코기토"("나는 사유한다")에 대해 "볼로"volo("나는 의지한다")라고 했고, 쇼펜하우어는 『의지와 표상으로서의 세계』를 썼습니다. 니체는 지금까지도 논의되고 있는 '힘에의 의지'(또는 역능의지)라는 개념을 제시했죠. 또 리쾨르 같은 사람의 의지에 대한 연구도 있습니다. 어떤 사람은 의지의 일종이 욕망이라고 보기도 하고, 또 어떤 사람은 욕망의 일종이 의지라고 보기도 하죠. 미묘한 문제입니다.

마지막으로 철학자들이 영혼의 능력들 중 가장 훌륭한 것으로 본 것은 이성理性입니다. 특히 그 중에서도 형이상학적 지혜는 인성에서 가장 높은 가치를 부여받은 부분이죠. 이성 역시 사유, 지혜, 현명함, 과학적 지성 등 여러 개념들과 복잡 미묘한 관계를 맺고 있어요. 아리스토텔레스는 형이상학적 지혜를 최상의 지적 뛰어남으로 보았고 이를 'phronêsis'와 구분했습니다. 'Phronêsis'는 구체적인 지혜를 말하는 겁니다. 낯선 사람을 만났을 때는 먼저 상냥하게 대하는 것이 현명한 것이고, 친구와 싸웠을 때는 먼저 화해를 청하는 것이 지혜로운 것이죠. 이런 식으로 개별적이고 구체적인 지혜들, 일상에서의 현명함은 'phronêsis'이고, 보다 근본적으로 우주를 관조하는 현자가 되는 것은 'sophia'입니다. 그래서 프로네시스를 '실천적 지혜'로 번역하기도 하죠. 둘 다 지혜지만 종류가 좀 다르다고 해야겠죠. 스토아학파 역시 현자賢者=sophos가 되는 것을 최고의 이상으로 삼았죠.

과학적인 지식은 'epistêmê'예요. 과학적 정확성을 가지고서 분석적으로 사물을 인식하는 것이 '에피스테메'입니다. 그런데 그리스 사유에서는 지금처럼 과학적 지성과 철학적 지성이 날카롭게 구분되지 않았습니다. 지금은 과학자의 이미지와 철학자의 이미지가 전혀 다르죠? 과학자 하면 실험실에서 작업하고 복잡한 수식을 계산하는 사람이 떠오르고, 철학자 하면 주로 윤리적이고 정치적인 문제를 고민하는 사람이 떠오릅니다. 그러나 그리스 문화에서는 그런 구분이 없었습니다. 과학과 철학의 구분 같은 것은 존재하지 않았죠. 에피스테메는 과학적 지식이자 철학적 지혜의 소산이었던 것이죠. 진선미가 분열되지 않고 통일되어 있었고, 지식인=철학자는 이 모두를 구비한 인물이었던 겁니다.

근대에 이르게 되면 형이상학적 지혜가 부정당합니다. 과학이 진眞을 담당하게 되고, 철학은 선善에 주력하게 되고, 예술은 미美를 담당하게 되죠. 칸트의 작업은 이런 삼분법을 잘 보여 줍니다. 순수이성, 실천이성, 판단력이라는 삼분법을 사용하여 과학적 지식 및 그것에 대한 인식론, 도덕적 지혜, 그리고 심미적 능력을 인성의 세 부분으로 보았던 것이죠. 이런 삼분법은 지금도 일정 정도 영향을 주고 있다고 할 수 있어요. 그래서 고중세의 구도와 근대의 구도는 다르다고 할 수 있습니다.

마지막으로 덧붙인다면, 고전적인 철학에서 인성론은 매우 큰 비중을 차지했어요. 그러나 근대 이후 인성론은 인식론이 되어버렸고 윤리학에서만 인성론을 논하게 됩니다. 인성론에 윤리학과 인식론이 포괄되는 것이 아니라 윤리학에 인성론이 포괄되게 된 것이죠. 원래 철학에서는 인성론의 비중이 상당히 큰 것이었습니다. 이상하게도 현대로 올수록 인성론이 퇴락해버린 감이 있습니다. 특히 분석철학이나 구조주의, 마르크시즘 등 대체적으로 외향적인 사유들이 전경을 차지하고 인간에 대한 섬세한 관심은 희박해졌습니다. 현상학 전통이 비교적 인성론에 큰 비중을 두고 있다고 할 수 있겠죠. 또 심리학이 발달하면서 인간도 자연과학적인 분석의 대상이 되었고, 때문에 인간의 고유하고 섬세한 측면들은 이해되지 못하고 있습니다. 어떤 면에서는 정신분석학이 인간에 대한 깊이 있는 이해를 준다고 할 수 있지만, 정신분석학은 환자들에 대한 병리학적 이해를 인간 일반에 대한 이해로 너무 쉽게 확장한다는 점에서 문제를 노출하고 있습니다. 요컨대 철학에서든 심리학에서든 포괄적이면서 섬세한 인성론적 탐구가 부족한 것이죠. 동북아의 인성론 전통이나 불교 전통이 있지만 현대적 맥락에서 재사유되기보다는 문헌학적 연구 대상으로서만 다루어지고 있죠. 인성론의 부활이 절실히 요청되는 시대입니다.

Q 이성과 오성의 차이점에는 어떤 것이 있을까요?

A 고대철학에서는 이성과 오성의 구분이 없어요. 이성과 오성의 구분은
근대철학에 와서 'reason'과 'understanding'을 구분하면서 나타나죠.
'Reason'은 칸트로 말하면 'Vernunft'에 해당하고, 오성은 'Verstand'
에 해당합니다. 이 용어들의 이해도 사람마다 큰 편차가 납니다. 그러나
대체적으로 오성은 좀더 합리적이고 분석적이고 과학적인 이성을 가
리키고, 이성은 보다 넓은 철학적 이성을 가리킨다고 할 수 있겠죠. 그
러나 지금은 이런 구분이 그다지 자주 사용되지 않습니다. 오성이란 말
은 근대 철학에서 많이 쓰였던 말이라고 할 수 있습니다.

Q 기억 능력과 회상 능력이 어떻게 다른가요?

A 그것도 미묘한 문제인데, 회상이라고 하면 아까 말한 순수기억에 가깝
다고 보아야 돼요. 아까 기억을 정보와 유용성으로 설명한 부분이 있
었죠. 그러나 그에 대비되는 순수기억을 이야기했는데, 이 순수기억에
가까운 것이 회상이라고 할 수 있겠습니다(단, 베르그송의 'souvenir'를
'회상'으로 번역하면 안 됩니다. 베르그송의 경우는 이 말이 하나의 단일한
기억을 뜻하죠).

Q 계몽주의와 낭만주의의 연관성에 대해서 좀 설명해 주세요.

A 계몽주의는 기본적으로 이성주의, 합리주의를 표방하는 사조였습니다.
그리고 계몽주의가 꼭 유물론일 필요는 없지만 실제 18세기의 계몽주
의는 유물론적인 형태를 띠었고, 합리주의적-기계론적인 뉘앙스를 함
축했어요.

계몽사상이라고 하는 것도 대체적으로 두 시기로 나뉩니다. 첫째 시기는 우리가 이른바 '필로조프들'philosophes이라고 총칭하는 사람들인데, 철학자들이라기보다는 지금으로 말하면 넓은 의미에서의 지식인들이죠. 생시몽, 라메트리, 푸리에, 돌바크…… 이런 사람들입니다. 이 사상가들은 대개 기계론자들, 감각주의자들, 과학주의자들이었고, 또 유물론자들이었죠. 이에 비해 같은 계몽주의로 이해되지만 루소, 칸트, 헤겔, 그리고 문학의 괴테, 쉴러 이런 사람들은 전자의 사람들과 상당히 다른 사상들을 전개합니다. 그런데 이 후기 계몽사상을 전기 계몽사상과 구분해 주는 중요한 한 측면이 바로 후기 계몽사상에는 낭만주의적 요소들이 나타난다는 것이죠. 사상적으로 보다 성숙한 생각들이 펼쳐집니다. 전자의 인물들이 대개 인식론적으로는 감각주의, 존재론적으로는 기계론에 입각한 사유들을 펼쳤다면, 후자의 인물들에서는 근대적 사유에 고중세적인 요소들이 가미되어 보다 중후한 사상들이 펼쳐집니다. 그러나 정치적으로 볼 때는 오히려 전자의 사람들이 급진적이었던 데 비해 후자의 사람들은 다소간 보수화된 사람들이었다고 해야겠죠. 후자의 인물들은 모두 '반동'反動의 시대에 활동했던 사람들이고(루소나 칸트는 시대적으로 좀 앞섭니다만) 그런 보수성이 이들 사유에도 상당히 스며들어 있습니다.

그러나 '낭만주의'라는 말도 의미의 층차가 매우 복잡하기 때문에 각 담론에 따라 보다 세분해서 이해할 필요가 있습니다.

11강_ 덕

이번 학기 첫 시간에는 영혼에 대해, 정신에 대해 논했습니다. 지난 학기에는 철학의 일반적인 지평을 이루고 있는 존재론/형이상학에 대해 이야기했었고, 이번 학기에는 우리 자신, 즉 인간에 대한 이야기로 넘어온 것입니다. 인간 고유의 측면들을 논하고 있는 것이죠. 그런데 그 첫머리에서 영혼, 정신을 논했던 것은 영혼/정신이 바로 우주 전체에서, 세계 전체에서 인간이라는 존재를 특수한 것으로 만들어 주는 일차적인 차원이기 때문이죠. 말하자면 영혼/정신의 문제는 일반존재론에서 인간존재론으로 넘어가는 매듭에 위치하고 있는 문제인 겁니다. 그래서 이번 학기 강의의 첫머리에 놓은 것이죠. 그리고 지난 시간에는 영혼/정신의 내용, 즉 인성에 대해서 알아봤습니다. 인간이란 존재는 다른 존재들에 비해 상당히 복잡한 존재인데, 그것은 감각, 지각으로부터 감정, 이성에 이르기까지 매우 다채로운 능력들을 갖추고 있기 때문에 그렇습니다. 그렇다면 인성이 도달할 수 있는, 즉 인간이 갖추고 있는 잠재력이 도달할 수 있는 가치는 무엇일까? 이제 논의의 방향을 이쪽으로 틀어 봅시다. 말하자면, 지난 두 시간 동안에는 "인간이란 무엇인가?"에 관련해 논했다면, 이번 시간에는 "인간이란 무엇이 될 수 있는가?"에 관련해 논하는 것이죠. 이제 우리 논의가 가치와 목적의 영역으로 진입하는 것입니다.

인성은 거대한 잠재력을 품고 있죠. 인성이란 복잡하고도 다채로운 잠재력을 내포하고 있습니다. 돌멩이, 나무나 꽃, 달팽이, 호랑이, 인간…… 이 무수한 존재들은 그 잠재력에 있어서 많은 차이를 보여 줍니다. 특히 인간은 다른 존재들과는 비교할 수도 없을 정도의 큰 잠재력을 보여 줍니다. 현대 사상은 대체적으로 인간중심주의를 비판적으로 보기 때문에, 인간을 너무 대단한 존재로 묘사하는 것은 어쩌면 시대의 분위기에 맞지 않을지도 모르겠네요. 그러나 인간이 다른 존재들에서는 불가능한 것들을 (긍정적 형태로든 부정적 형태로든) 행할 수 있는 존재라는 것은 분명한 경험적 사실입니다. 그것은 인간을 좋아하느냐 싫어하느냐, 혐오하느냐 찬양하느냐의 문제가 아니죠. 가치 이전에 경험적으로 그렇습니다. 인간중심주의가 비판받는 것은 인간들이 '인간'이라는 이름으로 하도 나쁜 짓을 많이 하고 추한 모습을 많이 보이다 보니까 그런 것이죠. 그러나 긍정적인 방향에서 인간의 잠재력이 무엇인가를 논하는 것도 중요합니다. 그리고 가치의 문제에 들어가서도, 인간중심주의를 비판하는 방향 못지않게 인간만이 가진 위대한 가능성을 강조하고 펼쳐 나가는 것 또한 중요합니다. 인간은 주어진 잠재력이 클 뿐만 아니라 잠재력을 키워 나갈 수 있는 잠재력 또한 가지고 있기 때문이죠.

한 존재의 잠재력이 가장 환하게 피어나는 경우를 상상할 수 있죠? 흔히 '개화'開花라는 말로 비유합니다. 씨앗은 아직 피어나지는 않았지만 필 수 있는 잠재성을 품고 있다는 점에서, 봉오리는 막 피어나려고 한다는 점에서 우리에게 미래에의 희망을 던져 줍니다. 그러나 한 존재의 잠재력이 가장 활짝 피어날 때가 바로 그 존재의 잠재력을 현실적으로 확인할 수 있는 때입니다. 창공을 날아가는 새, 숲을 배회하며 뭇짐승들을 호령하는 호랑이가 그렇죠. 첫 시집을 받아들고 기뻐하는 시인, 홈런을 친 또는 삼진 아웃을 잡은 야구선수, 첫아기를 낳은 새색시, 높이 솟은 대나무…… 이 모든 존재들이 자신의 잠재력을 활짝 피운 존재들입니다. 그런데 이런 생각을 해봅시다. 시인이나 야구선수, 또는 새색시나 학자, 상인, 군인…… 으로서의 개화가 아니라 인간 자체로서의 개화, 다시 말해서 특정한 규정성을 떠나서 **인간으로서 활짝 피어난 경우는** 어떤 경우일까요? 달리 말해, 특정한 직업, 영역…… 등에서 훌륭한 것이 아니라 인간 자체로서 훌륭하다고 할 수 있는 것은 어떤 경우일까요? 이에 대해 어떤 답들이 제시되든 그 답들을 총칭해서 '덕'德이라고 부릅니다. 가장 인간다운 인간, 인간으로서의 잠재력을 가장 뛰어나게 실현한 인간, 그런 인간을 우리는 덕 있는 인간이라 합니다. 그렇다면 덕이란 무엇인가? 덕 있는 인간이란 어떤 인간인가? 이런 물음은 매우 중요한 물음이고, 그렇기 때문에 철학사에서 줄곧 중요한 위상을 부여받아 논의되어 왔습니다.

　인성론은 인간의 본성을 논하는 존재론적-인식론적 담론이지만, 덕론德論은 인성이 어느 방향으로 가야 하는가를 다루는 가치론적 담론입니다. 인성의 긍정적인 형태가 '덕성'德性인 것이죠. 덕과 더불어, 그와 비슷한 개념이 있다면 '선'善을 들 수 있습니다. 그 다음 하나 더

든다면 '행복'이 있죠. 인간이 궁극적으로 도달하고자 하는 상태가 행복(한 상태)입니다. 모든 인간은 행복하기 위해서 살죠. 선은 덕에 비해서 상대적으로 객관적인 —— 인간의 마음 상태, 존재 방식에만 국한된 것이 아니라 주관 바깥에 존재하는 —— 것이지만, 덕은 어떤 형태로든 마음/영혼을 전제합니다. 그런 점에서 본다면 덕이 보다 인성론적인 개념이라고 할 수 있겠습니다. 오늘은 덕에 대해 논하고, 다음 시간에는 선(과 악)에 대해서 논합니다. 행복과 덕 사이에도 미묘한 차이가 있습니다. 그 차이를 단적으로 나눠서 얘기할 수는 없지만 덕이 원인에 더 가깝다면 행복은 결과에 더 가깝다고는 할 수 있겠습니다. 물론 미묘한 문제죠. 덕이 있기 때문에 행복하다고도 할 수 있지만, 보다 현실적으로 보면 행복하기 때문에 덕이 있다고도 할 수 있으니까요. 물론 일단은 덕 개념과 행복 개념의 의미를 분명히 하는 것이 중요할 것입니다.

지난 학기 강의에서도 말했듯이(1강, §3), "X는 무엇인가?"라는 물음과 "무엇이 X인가?"라는 물음은 맞물려 있습니다. 그래서 "덕이란 무엇인가?"라는 개념 규정의 문제와 "어떤 것이 덕인가(덕스러운 것인가)?"라는 구체적 물음도 서로 맞물려 있습니다. 이제 철학사적 흐름을 따라가면서 이 물음들을 던져 봅시다.

§1. 아레테

우리가 덕으로 번역하는 그리스어는 'aretê'입니다. 이 말의 어원에 대해서는 여러 가지 이견이 있죠. 어떤 사람은 이 말을 전쟁의 신인 아레스와 연결시키기도 합니다. 라틴계 신으로는 마르스죠. 마르스는 어떤 민족이 제일 좋아하는 신인가요? 바로 로마죠. 로마의 군대가 섬기는 신이 마르스입니다. 그래서 '덕'이라고 하는 말은 힘, 용기, 기개, 씩씩함, 무력, 전투,…… 이런 것들하고 관련됩니다. 또 남성, 용감함을 뜻하는 'arsên', 훌륭함을 뜻하는 'aristos', 명령하다, 힘을 가지다 등을 뜻하는 'archô', 씨를 뿌리다, 수확을 얻다 등을 뜻하는 'arô' 등의 말과도 통합니다. 그래서 덕의 원래 뜻은 지금 우리가 덕이라는 말로 떠올리는 것과는 상당히 거리가 있고, 어떤 면에서는 대극적이기도 합니다.

우리가 지난 학기와 이번 학기 강의에서 배우는 개념-뿌리들은 아주 오래전에 그리고 상당히 이질적인 여러 문화적 배경 하에서 배태된 말들이고 또 수천 년의 역사 속에서 굴곡을 겪어 온 말들입니다. 그렇기 때문에 각 개념들이 그 안에 상당한 복잡성을 품고 있어요. 우리가 같은 뜻을 통해 인식하고 있고 그래서 상호 번역하는 말들이라 해도 그리스 문화, 동북아 문화, 인도 문화,…… 등에서 모두 다른 뉘앙스를 띠고 있었고, 같은 문화 안에서도 상당한 변화를 겪었던 것이죠. 그리고 비교적 중성적인 의미를 가진 말들의 경우에는 덜하지만 기초적이고 중요한 말들에는 늘 가치론적 판단이 들어가기 마련이죠. 그래서 상황이 더 복잡해집니다. 똑같은 말에 전혀 상반되는 느낌을 부여해 말하는 경우도 비일비재하죠. 그렇기 때문에 이런 말들을 가지고서 이야기할 때는 **대화의 윤리학**이 필요합니다. 자기를 내세우기보다는 남의 말을 들어 주고, 또 각 사람이 개념들을 어떤 식으로 사용하는지 조심스럽게 주목할 필요가 있습니다. 특히 중요한 것은 타인을 넘겨짚지 않는 것입니다. 사람들은 흔히 타인을 넘겨짚죠. 대화를 하면서 늘 그런 것을 느낍니다. 자신의 주관을 타인에게 투영해 엉뚱하게 넘겨짚지 않는 것이 중요한 것이죠. 우리는 흔히 외국인과 이야기할 때 언어에 극도로 민감하고 조심스럽게 되죠. 하지만 같은 나라 말을 사용하고, 같은 도시에서 같은 공기를 호흡하면서 사는 사람들 사이에서도 사실 어느 정도의 조심성이 요구되는 것입니다. 개념의 사용에 세심하게 주목할 필요가 있죠. 인간관계가 나빠지는 중요한 요인들 중 하나가 바로 타인의 말을 오해하는 것에 있습니다.

지금 이야기하고 있는 덕 개념도 참으로 복잡한 층차를 품고 있는 개념이죠. 현대인들은 이미 덕 개념에 대해 막연하게나마 이해를 가지고 있습니다. 그러나 현대인들이 어떤 개념에 대해 가지고 있는 이해는 그 개념이 역사 속에서 겪어 온 의미들 가운데 어느 하나를 염두에 두고서 형성된 것이기 마련이죠. 한 개념의 복잡한 의미론적 층차들 중 어느 하나만 알고 있는 경우가 많습니다. 그래서 한 개념의 역사를 이해하는 것이 중요합니다. 덕 개념은 개념사적 지식 없이 이해할 때 착잡한 오해를 불러일으키는 대표적인 개념입니다.

그리스어 'aretê'에 해당하는 라틴어는 'virtus'예요. 라틴어 'virtus' 역시 오늘날 우리가 사용하는 'virtue'라는 개념의 뉘앙스보다는 '힘'이라는 뉘앙스가 더 일차적인 개념이죠. 라틴어로 힘이 바로 'vis'입니다. 흔히 어떤 가수가 '비르투오소 창법'을 구사한다는 말을 하죠? 옛날 가수 중에 카루소라는 사람이 있었어요. 아마 여러분들은 잘 모를 것 같은데, 아주 유명한 사람이었습니다. 이 사람의 창법이 비르투오소 창법의 대표적인 예죠. 이 경우에도 역시 'virtus'는 힘, 남성 등등의 의미를 띱니다. 남자가 라틴어로 'vir'죠. 바로 'virtus'와 통합니다. 그래서 'virtue'라는 말의 가장 일차적인 뜻은 바로 '힘'입니다.

여러분들이 서양의 고전을 읽다 보면 가끔 'virtue of bamboo' 같은 표현을 만나게 됩니다. 이런 표현을 보고서 "참 이상하다. 못된 대나무가 있고 착한 대나무가 있나?" 하고 놀랄 수 있습니다. 그런데 이때의 'virtue of bamboo'는 '대나무의 효능'이란 뜻이죠. 대나무의 힘인 것이죠. 대나무라는 약초가 가지고 있는 힘이 대나무의 'virtue' 예요. 그래서 의학책을 보면 이런 식의 표현이 많이 나옵니다. 여기에서도 'aretê'='virtus'의 일차적 의미는 힘이라는 것을 알 수 있습니다.

그런데 이때의 힘은 단순한 물리력이 아닙니다. 최소한 생명체, 더 본격적으로는 정신적 존재에게서 덕 개념이 성립하죠. '대나무의 덕'이라는 개념은 성립하지만, '폭포의 덕'이라는 개념은 쓰지 않습니다. 그런데 9강에서 그리스어 '프쉬케'는 오늘날의 정신/마음만이 아니라 생명까지 포괄하는 개념이라고 했죠? 이 점에서도 짐작할 수 있지만, 덕이란 기본적으로 영혼의 덕입니다. 어떤 존재의 덕은 기본적으로 그 존재의 영혼의 힘입니다. 덕의 가장 일차적인 의미는 힘인데 여기에서 힘이란 생명력, 정신력의 의미에서의 힘을 가리키기 때문에, 결국 덕의 가장 일차적인 의미는 **영혼의 힘**인 것입니다. 특히 정신으로서의 영혼의 힘이 바로 덕입니다. 그런데 영혼의 힘은 구체적으로 어떤 것인가? 영혼의 힘은 특히 뛰어난 인간에게서 볼 수 있습니다. 빼어난 인간에게서 배어 나오는 힘이 바로 고귀한 영혼의 힘이죠. 그렇다면 문제의 장소가 옮겨 갑니다. 이제 문제는 도대체 어떤 인간이 뛰어난 인간인가 하는 것이 되죠.

어떤 인간이 뛰어난 인간인가? 이 물음에 어떤 답을 하느냐가 한 인간의 가치관, 한 사회/문화의 가치관을 핵심적으로 특징짓습니다. 우리 모두는 마음속에 뛰어난 인간의 이미지를 일정하게 그리고 있죠. 그리고 한 사회는, 물론 그 사회를 구성하는 집단들에 따라 달라지겠지만, 막연하게나마 뛰어난 인간의 이미지를 가지고 있습니다. 뛰어난 인간의 이미지가 보다 일정하게 규정되는 사회가 보다 통합된 사회이고, 그 이미지가 보다 다원화된 사회일수록 그만큼 다원적인 사회라고도 할 수 있겠죠. 부모들이 흔히 아이들에게 "이 다음에 커서 훌륭한 사람이 되어야 해" 하고 말하죠. 그런데 이때 '훌륭한 사람'이라는 것이 뭔지는 각 부모에 따라 다 다릅니다. 어떤 부모에게는 벤츠 타고 다니는 사람을 뜻하고, 어떤 부모에게는 의사, 변호사, 판사, 교수 등등 전문가들을 뜻하고, 또 (극히 드문 경우이긴 하지만) 어떤 부모에게는 인간미 넘치는 다정한 사람을 뜻하기도 합니다. 이렇게 '훌륭한 사람'의 개념이 다 다르죠. 요새는 연예인이나 스포츠 선수가 '훌륭한 사람'이죠. ……(웃음)…… 그런데 이렇게 '훌륭한 사람'의 개념이 다 다르지만, 자세히 보면 거의 대부분이 돈과 권력을 뜻한다는 것을 알 수 있습니다. 즉, 한국 사회에서 '훌륭한 사람'은 바로 돈과 권력이 있는 사람인 것이죠. 이렇게 한 사회가 가지고 있는 '훌륭한 사람'의 이미지가 언제나 존재합니다. 그런데 과거에 상인들이나 광대들을 훌륭한 사람이라고 하지는 않았죠. 그러나 지금은 돈 많이 버는 사람들이 "훌륭한 사람들"로 대접받습니다. 그래서 '훌륭한 사람'이라는 개념은 실체적으로 존재하는 것이 아니라 역사 속에서 늘 변한다고 할 수 있는 것이죠. 이 점이 중요합니다.

그리스 문화에서도 역시 덕의 개념은 계속 변해 갔습니다. 바로 이 변화가 그리스 문화의 성격 변화를 함축하고 있는 것이죠. 아레테라는 말은 훌륭함의 뜻과 더불어 수확의 뜻도 포함하고 있었기 때문에, 거기에는 한 인간의 훌륭함, 뛰어남 외에도 그런 훌륭함, 뛰어남이 가져오는 좋은 결과라는 뜻도 들어 있었습니다. 요컨대 아레테는 훌륭함과 그 훌륭함의 성과를 동시에 뜻했던 것이죠. 상고 시대에 덕이라는 말의 일차적인 의미는 '용기'였습니다. 용기는 그리스어 'andreia'에 해당하죠. 그러니까 청동기 시대, 즉 전사=바실레우스들(후대의 개념으로 하면 '영주들' 정도에 해당합니다)의 시대에는 용기 있는 인간이 가장 뛰어난 인간이었던 것이죠. 그래서 『일리아스』나 『오뒤세이아』에서는 전사들의 용기를 묘사하는 구절들이 심심찮게 등장하죠? 처음에는 용기, 그것도 주로 싸움터에서 도망가지 않는 전사의 용기를 가리켰던 것이죠. 그리고 보다 고급한 의미가 등장하면서 이제 용기는 운명에 맞서는 힘을 뜻하게 됩니다. 호메로스의 서사시에서는 이런 의미에서의 덕이 주된 흐름을 이룹니다. 바로 귀족-전사들의 덕입니다.

내게도 똑같은 운명이 마련되어 있다면 나도 꼭 그처럼
죽은 후 누워 있을 것입니다. 하나 지금은
훌륭한 명성을 얻고 싶습니다. (아킬레우스)

하나 이제 운명이 나를 따라잡았구나.
하지만 내 결코 싸우지도 않고 명성도 없이

죽고 싶지는 않으니, 후세 사람들도 전해 듣게 될

큰일을 하고 죽으리라.(헥토르)

그러나 후대로 갈수록 용기는 덕 자체가 아니라 덕의 한 부분이 됩니다. 다시 말해 그리스인들은 용기만이 뛰어난 인간의 표상이 아니라는 점을 점차 깨닫게 된 것이죠. 그래서 덕이라는 개념은 보다 포괄적인 의미를 가지게 되었고, 용기는 그 의미의 한 부분을 차지하게 됩니다. 플라톤은 덕들 중에서 전사가 가져야 할 덕, 즉 전사의 영혼의 힘이 용기라고 보았고, 아리스토텔레스는 여러 중용들 중에서 용기를 비겁함과 무모함의 중용으로서 제시했던 겁니다. 개념들의 이런 식의 변화, 즉 동일시되던 두 개념들 중 어느 하나가 상위 개념으로 올라가고 다른 하나가 그 하위 개념으로 포섭되는 변화 과정도 눈여겨볼 필요가 있습니다. 내가 어릴 적에는 '조미료'라는 일반명사와 '미원'이라는 고유명사가 동일시되었어요. 조미료라고는 미원밖에 없었기 때문이죠. 그러다가 미풍, 다시다 등이 나오면서 조미료는 상위 개념이 되고, 미원은 그 하위 개념이 된 것이죠. 그리고 내가 국민학교(초등학교)에 다닐 때는 '대통령'이라는 일반명사와 박정희라는 고유명사가 동일시되었습니다. ……(웃음)…… 나이가 들어서 처음으로 박정희가 아닌 사람이 대통령이 될 수 있다는 사실을 알았을 때, 그게 참 신기하게 느껴지더군요. 내 의식 속에서는 대통령은 늘 박정희가 하는 것이라고(말하자면 옛날의 '임금' 같은 개념이죠) 생각되었기 때문이죠. 그만큼 독재가 길었습니다. 어쨌든 개념들 간 관계의 이런 식의 변화는 담론사에서 종종 등장하는 변화 과정입니다.

퓌타고라스는 신체와 건강의 관계는 영혼과 덕의 관계와 같다고 보았습니다. 덕이란 영혼의 건강함인 것이죠. 이런 생각은 오늘날에도 어느 정도 남아 있죠? 어떤 사람을 가리켜 마음이 건강하다, 영혼이 건강하다는 말을 합니다. 나 역시 '영혼의 건강'이라는 개념을 믿는 사람들 중 하나예요. 어떤 사람을 볼 때 사람들마다 주목하는 바가 다릅니다만, 나는 특히 그 사람의 영혼이 얼마나 건강한가를 봅니다. 인생에서 가장 중요한 것은 마음이 건강한 인간으로서 살아가는 것이라고 생각하기 때문이죠.[1] 그런데 건강 개념은 힘 개념과 통하죠. 힘 개념이 여러 의미론적 층차를 띠는데, 건강도 그 중 하나가 될 수 있습니다. 그래서 영혼의 건강이라는 개념 역시 영혼의 힘이라는 개념의 한 변주로 볼 수 있겠죠.

§2. 소크라테스와 덕의 문제

덕이라는 것 자체를 본격적으로, 하나의 철학적 테마로 주제화해서 다룬 것은 소피스트들과 소크라테스였습니다. 이전의 철학자들이 'physis'를 탐구한 데 비해 이들은 'nomos'를 탐구했다고 하죠. 요새로 말하자면 자연과학적 관심사에서 인문학적 관심사로 옮겨 갔다고 할

---

1) 몸의 건강은 개인의 의지나 노력을 비켜가는 경우가 많다. 신체적 건강을 위한 노력이 상당 부분 역할을 하지만, 불쑥 찾아오는 병은 한 인간의 능력으로서는 속수무책인 '운명'일 수밖에 없다. 그에 비해 영혼의 건강, 마음의 건강은 한 개인의 의지와 노력을 통해 높여 갈 수 있다. 물론 타고난 기질, 성정의 힘이 무척 강하지만, 자연으로부터 받은 조건들을 넘어서 스스로의 영혼을 닦아 갈 수 있다는 것이 인간이라는 존재가 가진 가장 소중한 가능성인 것이다.

까요?[2] 이전의 철학자들이 자연, 실재, 실체 등등을 탐구했다면, 이 사람들은 법, 규범, 관습, 사회 등등을 탐구했어요.[3] 영혼이라는 개념은 바로 그 가교의 역할을 한 개념입니다(그래서 이번 학기 강의 첫머리가 영혼론이었던 겁니다).

'Nomos'라는 말은 법, 관습을 뜻합니다. 그런데 일반적으로 '법'과 '법칙'은 다른 개념으로 이해되죠. 법칙은 자연과학에서 쓰는 말이지만, 법은 사회과학에서 쓰는 말입니다. 자연법칙은 인간의 의지와 관계없이 주어지는 세계의 입법이고, 법은 인간이 만드는 것이죠. 이렇게 보면 그리스 사유는 법칙의 탐구에서 법의 탐구로 넘어갔다고 할 수 있습니다. 그러나 법칙과 법이 오늘날 우리가 가진 느낌에서처

---

2) 그러나 자연철학의 발생 자체도 순수 과학적 맥락에서만 성립한 것은 아니다. 철학은 애지(愛智=philo-sophia)이거니와, 소피아=지혜는 본래 그리스 사회에 계층 간 갈등이 형성되었을 때, 즉 정치적 사유가 요청되었을 때(BC 7세기경) 본격적으로 등장했다. 소피아는 순수 사변으로서 등장한 것이 아니라 투쟁과 더불어, 정치적 담론의 가능조건으로서 등장했던 것이다. 지혜의 여신 아테나=미네르바는 제우스의 머리에서 완전 무장한 채로 태어났다. 철학은 투쟁과 더불어, 정치와 더불어 태어난 것이다. 이런 배경은 자연철학자들의 사유 내용에까지 스며들어 있다. 예컨대 아낙시만드로스는 "원소들[地水火風]은 [자신들의] 잘못(不正義)에 대한 정의(dikê)와 보상을 시간이 정해 주는 순서에 따라 서로에게 지불한다"고 했는데, 여기에는 우주의 질서 개념과 사회적 정의 개념이 중첩되어 있다. 그리고 새로운 정치의 등장과 맞물리는 우주적 질서에 대한 통찰은 페르시아를 비롯해 당시 헬라스세계를 위협하던 주변 강국들에 대한 헬라스세계의 대항이라는 의미도 함축한다고 볼 수 있다(전제정치에 대한 민주정치, 종교에 대한 과학).

3) 엄밀히 말하자면 '사회'라는 개념은 근대에 이르러 등장한 개념이다. 한 인간이 그 전에 이미 전제되어 있는 어떤 공동체(가족, 마을, 지역, 국가 등)의 한 부분으로 태어나는 것이 아니라 '천부인권'을 부여받은 한 '개인'으로서 태어난다는 것, 그리고 (적어도 논리적으로) 자율적 개인들이 서로 모여서 비로소 집단이 생겨난다는 것이 전제될 때 '사회'라는 말이 성립한다. 일본인들이 'society'라는 단어를 번역할 때 애를 먹은 것은 일본에는(사실상 대부분의 전통 문화에서는) 그런 개인의 개념이 존재하지 않았기 때문이다.

럼 날카롭게 대립했던 것은 아닙니다.[4] 고대 사회에서는 '노모스'를 발견한 이 시대에 있어서조차도 '자연과 문화'라는 이분법이 지금 우리처럼 강하지 않았으니까요. 그래서 노모스라는 말이 법칙을 뜻하기도 합니다. 경제학을 'economics'라고 하죠. 이때 '~nomics'라는 말이 'nomos'에서 온 말이에요. 또 천문학은 'astronomy'라고 하는데, 'astro'는 별이니까 '별의 법칙'을 탐구하는 학문이 되죠. 학문의 끝에 'nomics'가 들어가는 경우가 많은데, 이때 이 말은 법칙을 뜻합니다.

어쨌든 소피스트들의 시대가 되면서 "퓌지스에서 노모스로"의 이행이 일어났다는 것은 분명합니다. 이렇게 되면서 이제 철학자들의 관심사는 자연이 아니라 인간과 정치가 됩니다. 이런 흐름과 더불어 등장한 것이 덕에 대한 탐구였죠. 이 사실이 무엇을 함축하느냐? 만약에 한 사회가 "덕이 무엇인가?" 그리고 "어떤 것이 덕인가?"라는 물음에 대해서 모든 사람이 공통적으로 동의하는 해답을 가지고 있다면, 그 사회에서는 덕이라는 것이 아예 탐구 대상이 되지 않겠죠. 모든 사람들이 너무나 당연하게 "덕은 …… 이런 것이야"라고 알고 있다면, 덕이라는 것을 굳이 머리 아프게 탐구할 필요가 없지 않겠어요? 그렇

---

4) 법칙과 법의 날카로운 대립은 근대적 사유를 함축한다. 전통 사회에서 자연의 법칙과 사회의 규범은 연속적으로 이해되었다. 자연의 법칙도 사회의 규범도 모두 '명'(命), '섭리'(攝理)였기 때문이다. 자연법칙은 주어진 것이고 사회 규범은 만들어 가는 것이라는 생각은 근대가 도래해서야 분명해지기 시작했다.
구조주의 사유는 어떤 면에서는 근대적 사유를 비판하고 고대적 사유로 회귀한 것이라고도 할 수 있다. 이는 구조주의 사유의 탄생 지점이 바로 민족학/인류학이었다는 사실과도 관련된다. 법칙과 법이 구별되지 않는 미개인들의 삶을 모델로 형성된 구조주의 사유가 (만들어 가는 것을 다루는) 정치적 사유를 담지 못했던 것도 이 때문이다.

다면 당시에 덕이 문제가 되었다는 것은 덕에 대한 그런 암묵적 동의가 깨졌기 때문이었음을 짐작할 수 있습니다. 모든 진리 탐구는 불화不和에서 시작되는 것이죠. 기존 사회가 당연한 것으로 전제했던 그런 덕 개념이 깨졌기 때문에 "그렇다면 도대체 뭐가 덕이지?"라고 물어보게 되었던 것이죠. 그런데 우리 역시 그런 문화 속에 살고 있다는 사실에 주목해야 합니다. 조선 시대에는 삶의 '모범답안'이 어느 정도는 존재했었죠. 그리고 이 땅에서 매우 많은 변화가 일어났지만 지금부터 2, 30년 전만 하더라도 어느 정도는 일반적인 가치관이 있었던 것 같아요. 그런데 오늘날은 전혀 그렇지 않죠. 아주 혼란스럽습니다. 무엇이 정말 가치 있는 것이고, 어떤 사람이 덕이 있는 사람인지가 불투명해졌습니다. 이 점에서 우리 시대 또한 덕을 비롯한 가치의 탐구가 절실한 시대라고 할 수 있습니다.

소피스트들과 소크라테스는 가치를 둘러싼 문제들에 대해 서로 상반되는 태도를 취했습니다. 소피스트들은, 물론 소피스트가 아니라 소피스트'들'이기에 사람마다 입장이 다르다고 해야겠지만, 기본적으로 상대주의적 입장을 취했던 사람들입니다. 상대적인 세계를 있는 그대로 긍정했던 사람들이에요. 덕이란 무엇인가? 무엇이 덕인가? 소피스트들은 이 물음들에 대해 정답은 없다고 보았습니다(사실 이 문제에 대한 소피스트들의 생각은 대단히 복잡한데 여기에서는 다룰 수 없습니다). 대표적인 생각이 프로타고라스가 제시했다고 하는 "인간은 만물의 척도"라는 생각이죠. 조심할 것은 이 말은 인간 전체가 만물의 척도라고 주장하는 것이 아니라는 점이죠. 인간 전체, 집합적 인간이 만물의 척도라는 것은 칸트적인 생각이에요. 객관성은 인정하지 않지만 보편성은 인정하는 입장이죠. 그러나 프로타고라스의 말은 각 개 개인이 자기 스스로에게 있어 만물의 척도라는 뜻입니다. 이것은 오 늘날의 정조情調와 통하죠. 오늘날에는 철저한 개인주의적인 생각이 팽배하고 있으니까요. 전통 사회를 떠받치던 공동체주의(특히 서구에 비하면 동북아 세계에는 이런 성격이 많이 남아 있습니다)와 오늘날 도 래한 상대주의, 개인주의가 충돌하고 있죠. 소피스트들의 생각은 오 늘날의 이런 분위기와 맞아떨어진다고 할 수 있습니다.

소피스트들이 가치의 상대성, 철저한 개인주의, 허무주의, 회의주 의 같은 쪽으로 사고를 밀고 나갔다면, 반대로 소크라테스는 어떤 근 거나 기준을 찾아가는 사람이었습니다. 소크라테스가 자주 한 말로서 "그대의 영혼을 돌보라"라는 말이 있습니다. 그런데 이 말을 뒤집어서 보면 사람들이 자기의 영혼을 돌보지 않았다는 뜻이죠. 당대의 분위 기에 대한 소크라테스의 비판이 들어 있습니다. 사람들이 자기의 영 혼을 돌보는 데 정성을 쏟는 것이 아니라 영혼이 아닌 것들을 돌보는 데 온갖 정성을 쏟고 있었다는 뜻입니다. 평균적 인간(대중)이 가지는 세 가지 원초적인 욕망이 있죠. 부에 대한 욕망(물질적 풍요로움에 대 한 욕망), 권력에 대한 욕망(타인의 위에 서고 싶은 욕망), 감각적 쾌락 에의 욕망(짜릿하고 신나는 것들에 대한 욕망)이 있습니다. 그에 비해 소크라테스는 내가 한평생 추구할 만한 가치는 나의 영혼이라고 보았 던 거예요. 내 영혼을 아름답고 건강하고 고귀하게 만드는 것이 중요 하다는 겁니다. 9강(§2)에서도 말했듯이, 소크라테스는 영혼=프쉬케 라는 말의 의미를 과거처럼 자연철학적인 방식으로 이해하기보다 인 간만이 가지고 있는 매우 영묘한 무엇으로 이해합니다. 지금으로 말하면 '정신'에 가깝죠. 소크라테스는 인간이란 존재는 다른 존재가 가지고 있지 않은 정신적 차원을 가지고 있다고 생각했고, 그 차원을 영혼이라고 불렀던 겁니다. 그런데 덕이란 영혼의 힘이라고 했습니다. 결국 "그대의 영혼을 돌보라"라는 말은 "그대의 덕을 키우라"라는 말과 통한다고 하겠습니다. 그런데 사람들은 자신들을 즐겁게 해주는 사람을 좋아하지 뛰어나게 해주는 사람을 좋아하지 않습니다. 여자들은 농담 잘 하는 남자를 좋아하지 철학적 진리를 이야기해 주는 남자를 좋아하지 않고, 남자들은 섹시한 여자를 좋아하지 착한 여자를 좋아하지 않습니다. 그래서 소크라테스는 괴짜 취급을 당했는데, 소크라테스 자신이 스스로를 아테네의 '등에'라고 불렀죠. 사람들을 성가시게 하면서 그들의 영혼이 잠들지 못하도록 하는 존재라는 뜻입니다.

붓다, 공자, 예수도 그렇습니다만, 소크라테스 역시 저작을 남기지 않았죠. 이들의 사상은 모두 후대에 제자들에 의해 언어화됩니다. 그래서 소크라테스의 사상도 우리에게 남겨진 여러 문헌들을 종합적으로 참조하면서 재구성하는 수밖에 없습니다. 그렇게 재구성된 '소크라테스의 사상' 중에서 핵심적인 한 가지는 지행합일론知行合一論입니다. 오해하지 말아야 합니다. 여기에서 소크라테스가 말하는 지행합일은 너의 지식과 너의 행위를 일치시키라고 하는 요구, 즉 우리가 흔히 말하는 이론과 실천의 합일을 말하는 것이 아닙니다. 물론 그런 뉘앙스도 들어 있지만 핵심적인 내용은 그보다 더 근본적인 내용입니다. 일치시켜야 한다는 것이 아니고 지식과 행위는 일치할 수밖에 없다는 겁니다. 다시 말해 이 명제는 당위론적 명제라기보다는 차라리 존재론적 명제인 겁니다. 소크라테스가 말하고자 하는 것은 이것이죠.

“당신이 정말로 알면, 진짜 지식을 가진다면, 당신은 덕스러운 인간일 수밖에 없다.” 또는 반대로 말해서 “만일 당신이 덕스러운 인간이라면, 당연히 당신은 진짜 지식을 가지고 있는 것이다.”

그런데 이 생각은 우리에게 당혹스러운 명제로 다가옵니다. 우리는 실제 경험을 통해 그렇지 않다는 것을 잘 알고 있죠. 첫째로 지식이라는 것을 일반적인 의미에서 받아들일 때, 과연 지식과 덕스런 행위가 일치하는가? 덕이라는 것에 대해서 단 한 번도 생각조차 해보지 않았고, 덕에 대한 철학책을 단 한 권도 읽어 보지 않았음에도 덕스러운 사람들이 있잖아요? 내 주변에도 거의 공부도 하지 못했고, 심지어 중학교도 나오지 못했지만 덕스러운 사람들이 있습니다. 반면 하버드에서 박사학위를 받은 지식인이지만 인간적으로는 볼품없는 그런 사람들도 많잖아요? 공부를 하면 좋은 사람이 되는가? 이것은 내가 평소 고민하는 문제들 중 하나인데 딱히 답을 내리기가 힘듭니다. 어떨 때는 공부를 많이 한 인간들일수록 환멸감만 주는 인간들이라는 생각이 들고, 어떨 때는 역시 사람은 공부를 해야 한다는 생각이 듭니다. 참 쉽게 판단하기 어려운 문제인 것 같아요. 어쨌든 공부와 인간성이 합치하지 않는 많은 경우들이 있는 것은 분명합니다. 둘째, 지식이라는 것을 실천적 지혜로, 즉 윤리적 지식으로 이해하면 좀더 잘 납득이 가지만 이 경우에도 문제가 있습니다. 도덕과 윤리를 이야기하지만 그 자신은 전혀 그렇지 않은 사람을 자주 보죠? 위선적僞善的인 사람들이 너무나도 많습니다. 나는 교수사회에서 그런 사람들을 참 많이 봤습니다. 이렇게 보면 지식이라는 말을 무엇으로 이해하든 ‘지행합일’이라는 개념은, 이 말을 당위의 강조라는 의미로 이해하지 않는 한, 쉽게 납득하기 힘든 명제인 것이죠.

아리스토텔레스는 소크라테스의 이 명제를 어떤 가치에 대한 올바른 인식만이 올바른 행위를 가져다준다는 주장으로 이해했습니다. 그리고 바로 그 점을 비판했죠. "우리는 건강이 무엇인가를 알고 싶어하기보다는 건강하게 되기를 바라고, 용기가 무엇인지 알고 싶은 것이 아니라 용감하게 되기를 원하며, 정의가 무엇인가를 알고 싶은 것이 아니라 정의롭게 되기를 원하기" 때문입니다. 다시 말해서 아리스토텔레스가 볼 때 소크라테스는 이론철학과 실천철학을 혼동했다는 거예요. 이론철학은 '앎'에 최종 목적이 있죠. "그렇구나! 세계는 이런 것이구나!" 하는 것이 이론철학이죠. 그러나 실천철학에서는 앎이 궁극 목적이 아니죠. 실천철학의 궁극 목적은 '됨'입니다. 내가 이런 존재 또는 저런 존재가 되기 위해서 철학을 하는 것이죠. 용기란 무엇인가?라는 물음에 대한 답을 얻는 것은 앎이죠. 그것은 이론철학의 과제입니다. 그에 비해 실천철학은 내가 어떻게 실제 용기 있는 존재가 될수 있을까를 고민하는 것이죠. 그런데 소크라테스는 우리가 용기란 무엇인가를 정확히 알면 진짜 용감해진다는 겁니다. (플라톤이 전하고 있는) 소크라테스의 이야기를 유심히 보면 늘 어떤 질문을 던집니까? "What is ~?"라고 물어보죠? 아름다움이란 무엇이냐, 용기란 무엇이냐, 정의란 무엇이냐 라고 물어보죠. 『에우튀프론』이라는 대화편을 보면, 에우튀프론이 자기 아버지를 고발하러 가는 장면에서 이야기가 시작됩니다. 자기 아버지가 노예를 죽였기 때문에 고발하러 가던 도중에, 법정 앞에서 소크라테스를 만났어요. 소크라테스는 늘 그렇듯이 에우튀프론을 붙잡고서 토론을 벌입니다. "경건敬虔이란 무엇인가?"에 대해서. 소크라테스는 늘 이런 식의 질문을 던지죠?

그런데 이 물음에 대해 답을 얻었다고 합시다. 그래도 역시 방금 제시한 의문은 사라지지 않습니다. 경건이라는 개념을 이론적으로 알았다고 내가 경건해지느냐? 아무리 생각해도 그것은 아닌 것 같죠? 누군가가 용기에 대해 많은 연구를 하고 아주 좋은 정의를 내린다고 해서, 그 사람이 정말 전쟁터에서 남보다 용감해지겠느냐는 것이죠. 물론 어느 정도 그럴 수도 있겠지만, 반드시 그럴 것 같지는 않습니다. 그래서 아리스토텔레스는 소크라테스를 비판했던 것이죠. 이것은 또한 소크라테스가 인성人性을 너무 주지주의적主知主義的으로 보았음을 함축하기도 합니다. 인간의 영혼을 지나치게 이성 위주로 봄으로써, 누군가의 이성이 채워졌을 때 자동적으로 그가 덕스러운 사람이 되는 것으로 이야기했던 것이죠. 그렇지만 인간이 과연 그렇습니까? 머리가 기가 막히게 좋다고, 윤리나 도덕에 대해 유창하게 논변한다고 그 사람이 꼭 덕스럽지는 않잖아요? 인간이란 존재는 모순투성이인데, 정말 알기 힘든 것이 인간인데, 소크라테스는 지나치게 인간을 주지주의적이고 낙천적으로 보았다고 할 수 있는 것이죠.

그러나 소크라테스의 입장에서 보면, 지혜를 동반하지 않은 덕들은 사상누각에 불과합니다. 물론 지혜를 동반하지 않고도 용기 있을 수 있고, 겸손할 수 있고, 인자할 수 있습니다. 그러나 소크라테스가 볼 때 그런 경우들은 토대가 약하다는 것이죠. 지혜를 동반하면서, 즉 맹목적으로 용기 있는 것이 아니라 적어도 내가 용기가 있다는 것이 뭔지 알면서, 왜 용기를 추구하는가에 대해서 스스로 확고한 신념을 가지고서 용감해야 한다는 겁니다. 진정으로 그런 지혜를 가지고 있지 못하면서 어떤 상황이나 기질 같은 것으로 그리 될 수도 있다는 것이죠. 그럴 때 그것은 불완전한 덕이라는 겁니다. 참 미묘하죠? 소크라테스가 볼 때 이런 경우들은 표피적으로 아는 것이지 자기 영혼으로 진짜 아는 것이 아니라는 겁니다. 그래서 알면서도 악을 행하는 사람은 피상적인 앎을 가지고 있는 것이며, 그런 행동이 자신의 영혼을 더럽힌다는 사실을 진정으로는 알고 있지 못한 것입니다. 자기의 영혼으로 진정한 앎을 가지고 있는 사람은 나쁜 일을 할 수가 없다는 것이죠.

그런데 이런 질문을 던질 수 있어요. 나쁜 인간이 잘 살고, 착한 사람은 늘 손해를 보고 사는데 왜 그런가? 하는 물음이죠. 우리는 늘 이런 윤리적 모순에 부딪힙니다. 그러나 소크라테스는 나쁜 인간이 잘 사는 것은 진정으로 잘 사는 것이 아니라고 봅니다. 정말 잘 산다는 것은 깨끗한 영혼을 가지고 사는 것, 확고한 도덕적 신념을 가지고 사는 것이죠. 피상적인 쾌락과 영혼의 행복은 다르다는 것입니다. 그런데 사실 이런 소크라테스의 생각에 가장 잘 맞는 사람은 소크라테스 자신이죠. 일반 사람들에게는 잘 먹히지 않는 생각이라고도 할 수 있습니다. 냉소적인 사람들은 이렇게 말할 것입니다. "그래, 내 영혼이 좀 더럽혀진들 어떠하리. 잘 먹고 잘 사는 것이 중요하지. 영혼이 밥 먹여 주나?" 소크라테스의 생각은 여전히 이런 문제를 야기합니다.

그런데 우리가 알고 있는 소크라테스는 플라톤의 각색을 거친 소크라테스입니다. 그래서 "What is x?"라는 소크라테스의 물음은 지금까지 우리가 해석한 것처럼 주지주의적인 물음이 아닐 수도 있습니다. 그래서 이제 다음과 같이 새롭게 이 문제를 생각해 보기로 합시다.

"안다"는 말이 매우 여러 종류의 뜻을 가진다는 것을 언급했었죠? 그래서 소크라테스가 말한 앎이라는 것이 과연 어떤 개념을 정확하게 규정하는 것, 어떤 개념을 확고하게 인식하는 것을 뜻했던 것이었을까?라고 물어볼 필요가 있습니다. "안다"라는 것, 어떤 개념의 의미를 안다는 것이 무엇을 뜻할까요? 현대 철학은 의미론을 다양하게 발전시켜 왔습니다. 20세기 철학을 그 이전의 철학사와 비교할 때 가장 두드러진 측면들 중 하나가 언어철학의 부각, 의미론의 활발한 전개였다고 할 수 있습니다. 우리는 소크라테스의 사유를 의미론적으로 생각해 볼 필요가 있어요.

현대 의미론에는 여러 가지 종류가 있습니다. 한 개념의 의미를 기호와 그 기호가 지시하는 사물의 관계로 보는 생각(실증주의, 합리주의), 또 기호들이 서로 간에 맺는 관계들의 체계가 의미를 낳는다는 생각(구조주의, 기호학), 의미란 경험을 통해 인간의 의식('선험적 의식')이 구성해내는 것이라는 생각(현상학) 등 여러 가지가 있죠. 그리고 의미를 보다 실천적이고 정치적으로 보는 입장(화용론, 마르크시즘, 푸코와 들뢰즈/가타리 등), 역사성을 중시하는 입장(해석학 등) 등 다양한 입장들이 있습니다. 이런 입장들을 유심히 보면 어느 하나가 맞고 다른 것들이 틀리다기보다는 의미라는 복잡하기 이를 데 없는 존재의 여러 측면들을 포착해 주고 있음을 알 수 있습니다.

그런데 최근에 나는 개념의 의미에 대해 새로운 생각을 하게 되었어요. 의미에도 강도强度=intensity가 있다는 생각이죠. 내가 최근에 작은아이를 낳아서 이제 아이가 둘입니다. 큰아이는 초등학교 1학년 사내아이고 작은아이는 이제 돌도 지나지 않은 귀엽기 그지없는 딸입니다. 그런데 밤이 되어 잠이 들 때는 서로 떨어져 있었는데 아침이 되면 꼭 같이 붙어서 자고 있는 거예요. ……(웃음)…… 아주 다정하게 새근대면서 자는 둘의 모습을 보면 참 행복하죠. 낮에도 서로 잘 놉니다. 나이 차이가 많이 나고 성性이 달라서 잘 안 통할 것 같은데 그게 아녜요. 큰애가 자기가 만들어 놓은 장난감 도시를 아기가 자꾸 부순다고 불평하지만, 그러면서도 둘이 어울려 잘 놉니다. 작은애는 "어빠 어빠(오빠를 어빠라고 해요)" 하면서 오빠를 잘 따릅니다. 큰애도 자기 동생이라고 귀여워해 주고요. 그런 모습을 보면서 나는 비로소 '오누이'라는 말의 뜻을 알았어요. 물론 이전에도 '오누이'라는 말을 알았죠. 그러나 그 전에 나는 단지 '오누이'라는 기호를 알았을 뿐 그 말을 진정으로 이해하지는 못했던 겁니다. 다시 말해서 어떤 말을 그저 하나의 기호로, 건성으로 아는 것과 **체험을 통해 진정으로 아는 것**은 상당히 다르다는 것이죠.

이것을 이론적으로 정식화한다면, 한 개념에 대한 이해는 대안代案 ─ 안다 "또는" 모른다 ─ 의 문제가 아니라 정도의 문제라는 겁니다. 우리는 한 개념을 알거나 모르는 것이 아니라 일정한 정도로 안다는 것이죠. 물론 아예 모르는 것도 있습니다. 예컨대 (면역학에서 등장하는) MHC(주요조직적합복합체) 같은 말은 아마 여러분 대부분이 난생 처음 들으시는 말일 겁니다. 그러나 우리가 늘 쓰는 말들, 즉 용기, 아름다움, 선善…… 등을 비롯한 수많은 말들은 대부분의 사람들이 다 "알고" 있는 말입니다. 그러나 방금 '오누이'라는 말에 대해 이야기했듯이, 우리는 진정 이런 말들을 알고 있는 걸까요? 여기에서 문제를 "안다/모른다"가 아니라 "얼마나 아는가"로 바꾸어 봅시다. 그럴 경우 우리는 **앎의 강도, 의미의 강도**에 대해 말할 수 있습니다. 우리는 한 개념의 의미를 알거나 모른다기보다는 차라리 일정한 강도로 알고 있는 것이죠. 나 자신도 그랬거니와, '오누이'를 체험해 보지 않은 사람은 사실 이 말을 잘 모르는 겁니다. '오누이'라는 기호를 매우 낮은 강도로 알고 있을 뿐인 것이죠. 전쟁을 겪어 보지 않은 사람이 아는 '전쟁'이라는 말=기호와 겪은 사람이 아는 '전쟁'이라는 말=기호는 엄청나게 다른 것입니다. 의미란 체험으로부터 나오는 것이고, 체험의 강도에 따라 상이한 정도로 이해되는 것입니다.

그렇다면 앎/의미의 강도는 무엇을 통해서 나타날까요? 앎/의미의 강도를 확인할 수 있는 것은 무엇을 통해서일까요? 소크라테스와 연관시켜 생각해 봅시다. 앎의 강도는 그 앎이 한 인간의 영혼을 얼마나 변화시켰느냐를 통해 나타납니다. 진정한 앎이란 무엇인가? 소크라테스적 의미에서의 앎이란 무엇인가? 그에게 앎이란 정보도 아니고, 이론도 아니고, 테크네=기예를 통한 숙련도 아닙니다. 소크라테스에게 앎이란 영혼을 변화시키는 과정입니다. 그리고 영혼의 변화는 행위의 변화로 나타납니다. 진정한 앎을 통해서 영혼이 고양된 인간은 그만큼 고귀하게 행동합니다. 소크라테스의 영혼은 신체와 유리된 정신이 아닙니다. 영혼이란 한 인간 그 자체죠. 때문에 영혼의 고양과 행동의 고양은 같은 것입니다. 이렇게 이해했을 때 소크라테스의 '지행합일'이라는 생각을 비로소 이해할 수 있다고 봅니다. 소크라테스에게 진정한 '지'知란 영혼의 변화, 즉 행위의 변화와 직결되는 개념인 것이죠. 그리고 이런 변화는 변화 "했다/하지 않았다"라는 대안의 문제가 아니라 "얼마만큼 변화했느냐"는 정도의 문제인 것입니다.

따라서 소크라테스에게 정말 중요했던 것은 개념을 규정하는 것이 아니라 영혼을 변화시키는 것이었습니다. 플라톤이 주지주의적으로 변형시킨 소크라테스와 다른 소크라테스를 생각할 필요가 있는 것이죠. 공자도 마찬가지입니다. 『논어』를 읽어 보면 사실 잡다한 이야기들을 산만하게 묶어 놓은 것일 뿐이라는 생각이 듭니다. 오늘날 누군가가 이런 식으로 책을 써서 출판하면 아마 '철학 책'의 범주에 포함되지도 못할 겁니다. 그러나 공자에게 중요했던 것은 지금 자기 앞에 있는 사람, 그 사람의 영혼을 변화시키는 것이었습니다. 때문에 공자가 남긴 모든 단편들은 그 이야기가 있었던 상황, 그리고 그 상황에 참여했던 인물들을 고려해서 이해되어야 하는 것입니다. 공자는 어떤 추상적인 명제나 보편적인 이론을 제시한 것이 아닙니다. 자기 앞에서 자기와 이야기하고 있는 어떤 영혼을 고양시키려 했던 것이죠. 현대적인 학문 개념을 가지고서 이런 인물들에 접근할 경우 핵심을 놓치기 쉽습니다.

§3. 플라톤과 아리스토텔레스

이제 플라톤과 아리스토텔레스의 덕론으로 넘어가 봅시다. 소크라테스가 덕을 삶 자체에서 구현하려고 했다면, 플라톤은 덕에 대한 담론을 체계화했다고 할 수 있습니다. 플라톤은 특히 『국가』(IV, 429e-441c)에서 영혼의 힘(플라톤도 덕에 대한 가장 일반적인 규정을 공유하고 있습니다)과 사회 계층이라는 두 가지 기준에 근거해 세 가지의 덕을 구분했습니다.[5]

　　그 전에 우선 이야기할 것은 플라톤 사유의 기본 성격입니다. 플라톤의 사유를 특징짓는 중요한 한 요소가 '~다움'이라는 개념입니다. 아버지다움, 선생다움, 여성다움,…… 이런 것들이죠. 플라톤에게 'aretê'가 곧 '~다움'이에요. 현대 철학에서는 이런 사유를 비판적으로 보죠. 왜냐하면 "~답다"라는 개념이 본질주의를 내포한다고 보기 때문입니다. 요새 여성들에게 "왜 그렇게 여자답지 못하냐"고 했다간 시대에 뒤처진 인간으로 비난받기 십상이죠. 현대 철학은 이런 상황을 반영하고 있습니다. 본질주의적인 생각은 "~한 존재는 ~한 본질을 가지고 있기에 꼭 ~해야 한다"는 생각입니다. 이 본질주의 문제가 현대 문화와 윤리에 핵심적인 논쟁거리입니다. 조선 시대를 지배했던 사상은 성리학이었죠. '분수'分殊라는 말이 성리학적인 말입니다. 이 세계의 사물들은 우주 전체의 위계적 구조, 즉 '분'分의 질서에서 어떤 특정한 자리, 즉 '수'殊를 차지하고 있다는 생각이죠. 서구 중세를 대표하는 토마스 아퀴나스의 사상과 매우 유사합니다. 이런 사상이 조선 시대의 신분질서와 은연중에 맞물려 있다는 것은 쉽게 눈치챌 수 있죠? 따

---

5) 플라톤의 덕론은 매우 복잡한 양상으로 전개되었다. 『파이돈』에서는 퓌타고라스적인 영육 이분법이 강하게 나타난다. 그러나 『국가』에 오면 이전에 모두 육체에 전가되었던 부정적 가치들이 이제 영혼의 성격으로 이전된다. 그러면서 영혼 자체가 복잡한 성격을 가진 것으로 파악된다. 영혼에서 이성과 욕망이 구분되면서도 (매우 미묘한 성격을 띠는, 오늘날의 '의지'나 '열정'에 가까운) 'thymos'(기개, 용기, 격정 등 다양하게 번역됨)가 등장한다. 게다가 『국가』, 8권 이후의 논의에 가면 영혼론에 다시 변화가 와, 튀모스가 어떤 면에서는 이성의 보조 역할을 하지만 또 어떤 면에서는 욕망 편에 서는 두 얼굴의 존재로 파악되고, 또 욕망이 이성적 판단을 겸비할 때도 있다는 날카로운 통찰도 등장한다(오늘날로 말해서, 자본주의적 욕망이 고도의 합리성과 결합되어 있음을 상기하면 되겠다) 나아가 『티마이오스』 등에서는 영혼론의 또 다른 측면들도 등장한다. 여기에서는 플라톤 영혼론의 기초적인 측면만 살펴본다.

라서 본질주의와 그것에 대한 비판은 우리로서는 바로 조선 시대로부터 이어져 내려온 삶의 질서와 오늘날 새롭게 도래한 에토스(한 시대, 한 집단의 습관적-무의식적 윤리의식) 사이에서 빚어지는 갈등과 관련되는 겁니다. 우리 시대는 바로 기존의 가치와 새로운 가치가 부딪치면서 갈등이 증폭되는 몸살을 앓고 있는 시대이죠. '본질주의' 하면 어렵게 느껴지죠? 그러나 이렇게 어렵게 느껴지는 철학적 개념이 바로 우리가 매일매일 부딪히는 현실과 직결되고 있는 것이죠. 이런 연관성을 포착하는 것이 중요합니다.

어쨌든 '~다움'이라는 플라톤적 사유 구도는 본질주의를 함축합니다. 그런데 이 '~다움'은 영혼의 종류와 연결되죠. "~한 영혼을 가진 존재의 '다움'은 바로 ~한 것이다"라는 식의 논리가 성립합니다. 뒤에서 이야기할 공자의 '정명론'正名論과 통하죠. 플라톤에게는 영혼의 세 가지 힘이 존재합니다. 하체에 위치하고 있으며 먹고 마시는 것, 잠자는 것, 성적 욕망을 채우는 것 등을 주재하는 '욕망'epithymia이 있고, 어깨에 위치하고 있으며 오늘날로 말하면 의지, 열정의 삶을 살게 하는 '기개'thymos, 즉 "가치들을 향한 자발적인 약동"이 있고, 머리에 위치하고 있으며 지적 삶을 주재하는 '이성'logos이 있습니다(그런데 이런 세 종류의 영혼이 있는 것인지, 아니면 영혼의 세 측면들이 존재하는 것인지에 대해서는 여러 논의들이 있습니다). 그리고 욕망을 담당하는 계층은 생산자 계층이고, 기개 내지 용기, 의지를 담당하는 계층은 전사 계층이고, 이성을 담당하는 계층은 지도자 계층입니다. 물론 이 구도는 오늘날의 관점에서 보면 지나치게 간단하다는 생각이 들죠. 지도자와 전사는 그렇다 해도 나머지를 모두 모아서 생산자로 일괄하는 것은 오늘날의 복잡한 세계를 고려한다면 너무 단순한 구도라 할 수 있겠습니다. 그러나 플라톤이 살던 시대, 특히 폴리스를 머리에 떠올려야 할 것입니다.

그래서 영혼의 조화와 사회의 조화는 우선 세 가지 덕을 필요로 합니다. 욕망을 담당하는 생산자 계층의 덕은 절제sôphrosynê죠. 물론 욕망이 없으면 그것은 죽은 존재겠죠. 욕망이란 것은 생명/삶을 이끌어 가는 힘이기에 말이죠. 그러나 여기에서 플라톤이 말하는 욕망은 그것이 '하체'에 할당된 점에서도 짐작할 수 있듯이 다분히 부정적인 뉘앙스를 띤 욕망입니다. 이런 의미에서의 욕망이 너무 강렬하면 그것에 휘둘리게 되죠. 욕망의 포로가 되어서 그것에 질질 끌려가게 됩니다. 그후에는 반드시 후회가 뒤따르죠. 그래서 욕망을 적당히 조절하는 것이 절제라고 할 수 있습니다. 그 다음 전사 계층의 덕은 용기입니다. 지금도 용기 없는 군인은 경멸의 대상이 됩니다. 그 다음, 지도자 계층의 덕은 지혜sophia죠. 철학을 'philo-sophia'라 하는데, 이 말은 바로 '애지'愛智를 뜻합니다. 따라서 지도자 계층은 철학과 연관됩니다. 그러나 이때의 철학이란 오늘날 대학의 철학과에서 하는 철학이 아니고(철학과에서 하는 작업은 주로 고전적인 사유들을 전문적으로 연구하는 일입니다) 넓은 의미에서의 지식인 계층이 마땅히 가져야 할 지혜를 말합니다. 전문가 계층이라고 해도 되겠죠. 이 점에서 플라톤에서의 지도자 개념은 공자가 말한 '군자'君子 개념과 통합니다. 그러나 공자가 군자의 제일 조건으로 '인'仁을 제기한 데 비해, 플라톤은 지혜를 제기하고 있죠. 서로 이상적 지식인에 대해 가지고 있는 상像이 달랐다고 할 수 있습니다.

이렇게 세 계층이 가져야 할 덕이 절제, 용기, 지혜입니다만, 마지막에 가장 중요한 것이 있습니다. 이 세 가지 덕을 모두 전제하면서 동시에 그 세 가지를 통일적으로 조화시켜 주는 것이 마지막 네번째 덕으로서 바로 정의dikaiosynê인 것이죠. 특정한 영혼, 특정한 계층이 아니라 영혼의 모든 측면에, 그리고 사회의 모든 계층에게 필요한 것이 바로 정의입니다. 플라톤은 이렇게 세 개의 특수한 덕(절제, 용기, 지혜)에 하나의 일반적 덕(정의)을 추가해 덕론을 전개했는데, 그래서 이를 플라톤의 '사주덕'四主德이라 부릅니다.

고전적인 철학자들이 즐겨 했던 작업들 중 하나가 바로 덕들의 목록을 제시하는 것이었죠. 세 개 혹은 네 개, 어떤 사람은 다섯 개 등으로 덕들을 제시하곤 했습니다. 이런 생각이 대중화되고 보편화된 것이 바로 가훈家訓, 교훈敎訓, 사훈社訓 같은 것들이죠. 사실 대부분의 사람들이 이런 것들에는 별 관심도 없이 지나치곤 합니다. 어떤 사상이든 상투적인 것이 되면 본래의 힘과 매력을 상실하게 되죠. 그러나 우리가 흔히 열거하는 덕들의 의미가 정말 무엇인지 한번 곱씹어 볼 필요가 있습니다. 그럴 때면 자기가 얼마나 거칠고 생각 없이 살아가고 있는가가 느껴지죠. 고전을 읽는 것은 참으로 중요합니다. 우리를 처음으로 돌아가서 다시 생각하게 해주곤 하기 때문이죠.

아리스토텔레스의 윤리학은 『니코마코스 윤리학』에서 전개됩니다. 아주 좋은 책이죠. 꼭 읽어 보시기 바랍니다. 아리스토텔레스에게 덕이란 "의지를 통해서 획득되는 경향hexis"입니다. 아리스토텔레스의 이 정의는 상당히 중요한 정의입니다. 이에 따르면 덕이란 타고나는 것이 아니라 노력에 의해 얻는 것이며, 경향이라는 점에서 고정된 무엇이 아니라 변해 가는 것이라는 점을 알 수 있습니다.

　우선 주목할 것은 첫째 덕이란 감정이나 이성 또는 욕망의 짝이 아니라 의지의 짝이라는 것이죠. 흥미로운 지적입니다. 인간이 애초에 높은 덕을 타고난다면 그야말로 좋겠지만 불행하게도 그렇지 않죠. 인간의 자연적 성향에는 어두운 구석이 많습니다. 폭력성, 편집증, 아집, 경쟁의식, 열등의식, 나태, 냉소주의, 저열한 욕망 등등 많은 어두운 구석들이 있죠. 설사 맑은 영혼을 가지고 태어난 사람이라 해도 사회 속에서 저열한 인간들과 부딪히다 보면 어쩔 수 없이 탁한 구석을 가지게 됩니다. 덕이란 그런 것들과 싸워서 얻는 것입니다. "획득된다"는 것은 노력이 필요하다는 것을 뜻하죠. 누구나 기질이나 성격을 타고납니다. 특정한 영혼으로서 태어나죠. 그러나 인간은 노력을 통해 자신의 영혼을 만들어낼 수 있습니다. 그것이 인간의 인간다움이죠. 그리고 그렇게 하려는 마음의 힘이 의지입니다. 그래서 아리스토텔레스는 덕을 의지에 의해 획득되는 것이라고 한 것입니다.

　그런데 이런 의지도 개인에게만 상관적인 것이 아니라 사회 전체의 분위기와 맞물려 있는 것 같아요. 즉 덕을 쌓는 것은 사회라는 객관적 장에 상관적이지 개인의 노력에 의해서만 되는 것은 아니라는 뜻입니다. 누구나 덕스러운 사람이 되고 싶어 하죠. 능력이나 상황이 허락하지 않아서 그렇지, 이 세상에 "나는 못된 인간이 될 거야"라고 생각하는 사람은 없습니다. 그렇게 생각한다면 그것은 이미 그 사람이 도덕이나 윤리를 포기했기 때문이겠죠. 그렇지 않은 사람들에게는 자기 영혼이 더럽혀지는 것은 참 비참하게 생각됩니다. 자기가 어떤 행동을 했는데 그렇게 한 자기가 너무 싫을 때가 있죠? 나는 왜 이 정도의 인간밖에 안 되나 하는 자괴심自愧心 같은 것이 들죠. 그래서 그렇게 하지 않으려 애씁니다. 그런데 그런 노력을 사회의 평균적인 분위기가 받쳐 주지 않을 때 회의가 들죠. 어느 순간에 "내가 왜 이렇게 고민하고 애를 써야 하지?" 하는 생각이 드는 것이죠. 남들은 다 저렇게 이기적으로 살아가는데, 세상을 보면 대부분 저열한 인간들일 뿐인데, 굳이 내가 왜 이 고생 하면서 꼭 윤리적으로 살아야 할까 하는 생각이 들죠. 그러다 보면 자신도 점차 사회의 평균치에 자신의 가치 의식을 맞추게 됩니다. 그러면서 사회에 '적응'하게 되고, 이제 이런 고민 자체가 점차 희석되어 나중에는 아예 그런 생각을 잊어버리게 됩니다. 평균치에 스스로를 완전히 적응시키게 되는 것이죠.

윤리의 양극을 생각해 봅시다. 예를 들어 밥도 못 먹고 구박받는 어린아이들을 보면 눈물을 흘리면서 슬퍼하고, 자기 재산을 거의 다 팔아서 그런 아이들을 도와주면서 사는 사람이 있다면, 그런 사람은 성인군자聖人君子라 할 수 있겠죠. 그와 대조적으로 그런 아이들을 이용해서 돈을 번다거나 아주 심할 경우 죽여서까지도 자신의 이익을 챙기는 인간이 있다면, 그런 자는 천인공노天人共怒할 사람입니다. 그러나 이 세상에 이런 양극은 사실 거의 없습니다. 대부분의 사회는 이런 문제들에 대해 일정한 윤리적 평균치를 가지고 있습니다. 대부분의 사람들은 평균치 이상에 대해서는 "내가 무슨 특별한 사람이라고" 하면서 그 이상으로 행동하려 하지는 않지만, 동시에 평균치 이하에 대해서는 "저렇게 살고 싶지는 않다"면서 역시 그 이하로 내려가려고 하지는 않습니다. 바로 그런 평균치가 모호하게나마 존재하는 것이죠. 그것이 그 사회의 '에토스'(평균적인 윤리의식, 윤리적 관행)라고 할 수 있습니다.

　예전에 프랑스의 어느 관료가 우리 돈으로 500만 원인가 하는 돈을 받아먹었다가 결국 자살했다는 소식을 들은 적 있죠? 그런데 우리나라는 전혀 다르죠. 5억, 50억 받고도 눈 하나 깜짝하지 않잖아요. ……(웃음)…… 이런 것이 바로 한 사회의 평균치이죠. 도덕이나 윤리에서 중요한 것은 선과 악, 성인군자와 악한 인간 등이 아니라 그 사회의 평균치입니다. 그 사회의 전체 분위기이죠. 한 사회의 대중大衆이 가지고 있는 평균적인 에토스가 그 사회의 분위기를 결정합니다. 그래서 덕이란 궁극적으로는 개인의 문제이지만 사회 전체의 분위기를 떠나서는 성립할 수 없는 것이기도 합니다.

　그 다음 '경향'이라는 말에도 주목할 필요가 있습니다. 덕이라고 하는 것은 실체가 아니에요. 한 인간이 살면서 드러내는 일정한 경향입니다. 다시 말해 실체가 아니라 운동성인 것이죠. 덕에 대한 일반적인 정의가 영혼의 '힘'이라는 것을 상기하시기 바랍니다. 덕스러운 사람이라고 해서 항상 덕스러운 것은 아닙니다. 인간인 이상 결함이 있고 실수도 하고 흔들릴 때도 있죠. 또, 평소 덕스럽지 않았던 사람이 무슨 마음을 먹었는지 좋은 일을 할 때도 있습니다. 그래서 덕이란 어떤 고정된 실체가 아니라 한 사람이 살아가는 전체 과정에서 나타나는 경향이라고 할 수 있는 것이죠. 때문에 덕이란 있다/없다의 문제가 아니라 정도의 문제이고, 각 사람의 덕의 정도는 삶의 과정에서 계속 흔들립니다. 그러면서도 한 인간의 전체적이고 평균적인 경향이 존재하는 것이죠. 경향이란 '기울어짐'과 '향함'과 관련됩니다. 한 사람이 어느 쪽으로 기울어지는가, 방향을 잡는가가 경향입니다. 바로 그것이 그 사람의 '인격'입니다. 한 인간의 사람됨, 인격은 이렇게 그 사람의 인생이 보여 주는 평균적인 경향으로서 이해할 수 있습니다.

아리스토텔레스가 강조한 것들 중 하나는 '습관'이에요. 'Hexis'는 '습관'으로 번역할 수도 있습니다. 그러니까 헬라어로는 경향과 습관이 한 단어인 것이죠. 덕스러운 수준은 덕에 대한 이론을 안다고 해서 도달할 수 있는 것도 아니고, 갑자기 무슨 결심을 해서 되는 것도 아닙니다. 그렇게 될 수 있다면 덕스러운 인간이 되는 것이 참 쉽겠죠. 아리스토텔레스는 "한 마리의 제비가 왔다고 봄이 온 것은 아니다"라고 말합니다. 덕은 오랜 시간에 걸쳐 꾸준히 노력해서 조금씩 만들어지는 것입니다. 덕이 습관이 되어야죠. 몸에 배어야 해요. "몸에 밴다"는 것이 참 중요하죠. 마치 꾸준히 운동을 해서 몸을 건강하게 하듯이 영혼의 힘, 즉 덕도 꾸준히 노력해서 습관으로 굳어져야 하는 겁니다. 몸에 배어야 하는 것이죠.

아리스토텔레스는 지적인/관조적인 덕과 윤리적인 덕을 나누었는데, 인식론에서는 전자가 중요하고 윤리학에서는 후자가 중요합니다. '윤리적 덕'êthikê은 몇 가지의 특징을 가지고 있죠. 우선 윤리적 덕이란 이성적으로 획득된 실천/행위praxis로서 선=좋음을 가져오는 것입니다. 윤리적인 덕이란 한순간의 감정 같은 것이 아니라 이성적으로 또는 의지에 의해서 "이런 것이 옳은 것이다"라 생각해 실천하는 것이고, 그렇게 해서 얻게 되는 선=좋음인 것이죠. 방금 말했지만 덕은 의지적인 것입니다. 노력의 대상, 숙고를 동반한 선택의 대상proairesis입니다. 우리가 인생을 살면서 숙고해야 할 상황에 자주 부딪히게 되는데, 그 숙고와 고민을 통해서 얻게 된 선택의 대상이 윤리적 덕인 것이죠. 아리스토텔레스에게서 신중함phronêsis이 핵심적인 덕이 되는 것은 이 때문입니다.[6] 신중함만이 덕은 아니지만 모든 덕은 신중함을 동반해요. 그렇지 않으면 윤리적 덕이 성립하지 않습니다. 아리스토텔레스는 그 밖에도 용기, 절제, 넉넉함, 너그러움, 고결함, 부드러움, 조심스러움, 정의 등을 덕목들로서 듭니다. 플라톤보다 더 다원적이고 유연한 감이 있죠?

아리스토텔레스에서 덕의 중요한 원리는 중용中庸입니다. 적절한 측도mesotês로서의 중용은 모자람과 넘침을 피하고 적절한 균형을 유지하는 힘입니다. 예컨대 절제는 낭비와 인색의 중용이고, 용기는 만용과 비겁의 중용이죠. 동북아 사상사에서도 중용은 특히 강조되죠. 중용을 지킨다는 것, 균형을 잡는다는 것은 사실 대단히 어려운 일입니다. 수학처럼 정답이 있는 것도 아니고요. 많은 경험과 시행착오와 고민을 겪어 가면서 조금씩 균형을 잡아 가게 되는 것이죠. 중용이란 이론의 문제라기보다는 오랜 세월 동안 터득해 나가는 지혜인 것 같습니다. 나는 대학 시절부터 지금까지 줄곧, 사람들이 타인을 불편하게 대하고, 서로 싸우고, 세상이 팍팍하고 거친 이유가 전체를 보지 못하기 때문에, 편협하기 때문에 그렇다고 생각해 왔습니다. 물론 그 외에 다른 이유들도 많습니다만. 편협함은 타인에 대한 오해, 왜곡, 비교,

---

6) 아리스토텔레스에게 신중함=프로네시스는 실천적 덕이고, 지혜=소피아는 이론적 덕이다. 소피아는 궁극의 진리들 즉 형이상학적 원리들에 대한 앎으로서 순수이성(노에시스)의 행위 및 최고의 지식들(에피스테메)의 획득을 포괄한다. 프로네시스는 경험적이고 실천적인 덕으로서 개별적인 상황들에 처해서 이성을 올바르게 사용하는 덕을 뜻한다. 프로네시스가 보다 일상적인 덕이라면 소피아에는 신적인 측면이 존재한다고 한다.

경쟁의식을 낳습니다. 그리고 이런 것들은 아집, 열등의식, 우월감, 질시, 견제를 낳습니다. 그래서 내가 가장 적극적으로 주장하는 가치들 중 하나가 중용입니다. 그런데 중용은 우선 **시야의 넓이를 전제합니다.** 넓게 보아야 거기에서 진정한 중용을 취할 수가 있죠. 애초에 시야가 편협하다면, 그 편협한 시야 내에서 취한 중용은 사실상 치우침일 수 있습니다. 그래서 **사유의 넓이, 삶의 넓이**가 매우 중요합니다. 넓다는 것이 전제되고 그 위에서 중용을 취할 때 든든한 중용이 성립하는 것입니다. 좁은 지평에서 취한 중용은 자의적일 수 있습니다. 남이 볼 때는 치우쳐 있는데 자신은 중용을 지킨다고 고집할 수도 있으니까요. 또, 중용이라는 가치는 좀 싱겁다고도 할 수 있습니다. 나쁘게 말해서, 똑 부러지는 이야기가 아니라 늘 적당히 균형을 잡으라는 정도의 이야기밖에는 되지 않으니까요. 그럼에도 중용은 참 중요합니다. 특정한 상황에서는 특정한 방향으로 치우쳐야 한다 해도, 바로 그 치우침 자체가 제대로 되기 위해서도 평소에 중용을 갈고 닦는 것은 중요한 것이죠. 중용의 잠재력을 갖추고 있어야 특정 상황에서 어디로 치우쳐야 할지도 분명하게 보이는 것입니다.

인식의 절정에 다다른, 세상사에 초연한 현자賢者가 가지는 덕은 'dianoêtikê'라 불리는데, 이것은 조금 특수한 덕이죠. 일상사에서의 덕이 아니라 현자가 지닌 덕입니다. 이런 경지에 다다랐을 때 현자는 세계를 지적으로 관조할 수 있게 됩니다. 우리가 '이론'理論으로 이해하는 'thêoria'란 말은 원래 이런 뜻이에요. 아리스토텔레스는 이런 상태를 최상의 행복으로 보고 있습니다. 다시 말해 현자의 반열에 오르는 것을 최상의 행복으로 보고 있죠.

§4. 도(道)와 덕(德)

이제 '도'와 '덕'의 의미를 생각해 봅시다. '덕'이라는 말은 '悳'(덕)에서 왔어요(『설문통훈정성』說文通訓定聲). 이 글자에서 '直' 부분은 '得'과 통하기 때문에, '悳'은 마음[心]이 얻은 바를 뜻합니다. '悳'의 이런 의미 때문에 '德'은 때로 '얻음'으로 번역되기도 합니다. 흥미로운 것은 이 점에서 헬라어 'Aretê'가 영혼의 힘을 뜻한 것과 통한다는 점이에요. 'Aretê'가 영혼의 힘이라고 한다면, '悳'은 마음이 얻어서 결실을 맺은 바를 말합니다. 굳이 차이를 이야기한다면 그리스의 개념이 조금 더 실체론적이죠. 힘이라고 하면 주어진 것, 어떤 것의 느낌이 강하고, 얻음은 일정한 과정, 길이라는 느낌이 강하죠(그러나 힘은 고정된 실체가 아니라 운동성, 작용이기 때문에 이 차이를 과장할 필요는 없습니다). 지난 학기 강의(1부 1강 각주 3)에서도 언급한 적이 있지만, 서구의 전통 사유가 대체적으로 무엇, 어떤 것, 즉 실체를 둘러싸고 전개되었다면, 동북아의 전통 사유는 대체적으로 어디에로, 어떻게라는 길＝道를 둘러싸고 전개되었다고 할 수 있어요. 'Aretê'＝'悳'＝'德' 개념도 이런 차이를 보여 줍니다.

그런데 마음으로 얻은 바는 몸으로 표현되어야 합니다. 어떤 사람이 마음으로만 가지는 덕은 사실상 무력한 것이죠. 마음속으로 어떤 덕을 가지고 있다고 하더라도 그것이 몸으로 표현되지 않는다면 아무런 소용이 없죠. 어떤 행동을 하지도 않고서 "나는 그렇게 생각했었어"라고 말한다면, 물론 그 사람의 그런 생각 자체는 존중되어야 하겠지만, 사실상 큰 의미가 없습니다. 덕이란 타인과의 관계에 있어 성립하는 것이고, 그래서 내가 나를 정당화할 수 있는 것이 아니라 타인과의 관계 속에서 정당화되는 것이기 때문입니다. 물론 덕의 원천은 마음입니다. 마음이 덕스럽지 않은 사람이 덕스러운 행동을 할 리 만무하니까요. 그러나 마음에서 그치면 곤란하고 그것이 겉으로 표현되어 타인과의 관계 속에서 실현되어야 진짜 덕이 되는 겁니다. 그리고 아까 아리스토텔레스를 이야기했지만, 그런 실천이 습관화되어 이제 생각이나 마음을 경유하지 않고도 내 몸 자체에 그런 덕이 각인되어 자연스럽게 우러나와야 하는 것이죠. 그래서 '덕'이란 어떤 사람의 **영혼의 힘이 몸으로**(타인과의 관계를 통해) **표현되는 것**을 뜻한다고 할 수 있습니다. 그래서 덕 개념을 영혼의 힘으로만 정의하면 좀 부족하고, 거기에 반드시 타인과의 관계, 몸으로의 표현이라는 계기가 들어가야 합니다.

일상적인 예를 든다면 '너그러움' 같은 것을 생각해 볼 수 있겠습니다. 타인이 자기에게 불쾌한 이야기를 한다거나 좋지 못한 행동을 할 적에 그것을 너그럽게 받아들일 수 있는 힘, 이런 것이 덕입니다. 따라서 이것은 몹시 화가 나면서도 참는 것과도 좀 다르고, 화가 나지는 않았지만 불쾌한 기색을 드러내는 것과도 다릅니다. 덕은 일차적으로 힘이기 때문이죠. 영혼 자체가 그런 것을 소화할 수 있는 힘을 내포할 때 그것이 덕인 것이죠. 일반적으로 말하는 "착하다"는 것과는 조금 뉘앙스가 달라요. 덕이란 일종의 힘입니다. 덕이 때로 영어로 'power'로 번역되는 것도 이런 이유 때문이에요. 이때의 'power'는 '권력'이 아니라 '역능'입니다. 고귀한 힘인 것이죠. 그리고 그런 힘이 겉으로 자연스럽게 우러나오는 것이 덕입니다.

『석명』釋名에서는 덕을 얻음[得]으로 풀이한 후, 다시 얻음을 일이 잘됨[事宜]으로 풀었습니다. 이것을 그리스 사유에서의 '~다움'과 관련시켜 생각해 볼 필요가 있죠. 흔히 공자가 '정명론'正名論을 이야기했다고 보는데, 이 생각은 '~다움'의 생각과 통합니다. "君君臣臣父父子子"라는 구절이 있죠. 흔히 군주는 군주답고 신하는 신하다워야 하며, 아버지는 아버지답고 아들은 아들다워야 한다고 풉니다. 예컨대 아버지가 아버지답기 위해서는 '아버지'라는 이름만 가지고 되는 것은 아니죠. 그럴 수 있다면 '~다움'의 문제는 참 쉬운 것이 될 거예요. 문제는 대부분 '아버지'라는 이름을 가지고 있지만 아버지답지 못하다는 것입니다. 그런데 이 문제를 영혼의 힘 개념과 연관시킬 수 있어요. 즉, '아버지'라는 이름을 가진 사람이 정말 아버지다운 사람이 될 수 있는 것은 바로 아버지-영혼의 힘이에요. 보통 화가의 영혼을 '화혼'畵魂이라고 하죠. 이때 화혼이라는 말은 화가의 화가다움을 뜻합니다. 그런데 이 말은 또한 한 사람의 화가가 화가로서 가장 자신의 일을 잘 한다는 것, '사의'事宜를 뜻할 수도 있습니다. 아버지-영혼의 경우도 마찬가지입니다. 즉, '~로서' 일을 가장 잘 할 수 있는 것이 바로 영혼의 힘이고 덕인 것이죠. 결국 덕이란 외적인 힘(권력)도 아니고, 그렇다고 안에 숨겨져 있는 힘도 아닙니다. 덕이란 영혼의 힘이 객관화되는 것이고 그래서 '사의', '~다움'과 통하게 되는 것입니다.

『예기』禮記의 「악기」樂記에서는 "덕이란 성의 실마리/끄트머리"(德者 性之端者也)라고 했습니다. 여기에서 '端'(단)이라는 글자는 이후 동북아 사상사에서 줄곧 문제가 되는 개념이거니와, '실마리'로 번역할 수도 있고 '끄트머리'로 번역할 수도 있습니다. 실마리로 이해한다면 한 인간의 덕(겉으로 나타나는 힘)으로부터 추적해 그의 본성을 알 수 있다는 뜻이 되죠. 달리 말해 덕에서 출발해 일정한 '성'性이 성립하는 것이라고 할 수 있습니다. 반면 '끄트머리'로 이해한다면 한 인간의 본성이 덕으로서 나타난다는 것을 뜻하게 됩니다. 우리가 지금까지 논의해 온 흐름으로 본다면 후자가 적절하다는 것을 알 수 있겠죠? 그런데 이렇게 해석할 경우 '성'을 실체화하게 됩니다. '성'이 일정하게 존재해서 그로부터 덕이 성립한다는 이야기가 되어버리죠. 반대로 해석할 경우, 덕을 통해, 어디까지나 겉으로 확인되는 행동을 통해서 '성'을 이야기할 수 있다는 이야기가 됩니다. 후자로 해석할 경우 '성'을 실체화하지 않고 '덕'을 경험적으로 이야기할 수 있는 장점이 있습니다. 그러나 전자의 맥락에서도 '성'을 실체화하기보다는 영혼의 힘으로서 이해한다면, 우리 논의의 흐름에서 보다 적절히 이해할 수 있습니다. 힘이란, 물론 일정 정도 실체이기도 하지만, 운동성, 길='도'와도 연결되기 때문이죠. 어쨌든 누군가가 덕스러운 성(영혼의 힘)을 가졌기 때문에 덕스러운 행동을 하는 것인가, 덕스러운 행동을 하는 것을 보고서 덕스러운 영혼을 가졌다고 말할 수 있는 것인가, 매우 미묘한 문제입니다.

지금까지는 주로 덕 개념의 의미를 살펴봤는데, 이제 동북아의 대표적인 사상들인 유가와 도가에서 덕과 도를 어떻게 보았는지 살펴봅시다.

공자는 "정치를 할 때 덕으로써 해야 한다"(爲政以德)고 했죠. 유명한 구절입니다. 이것은 군주가 권력이 아닌 매력으로 통치해야 함을 뜻한다고 볼 수 있습니다. 사람이 타인과 관계 맺을 때 개입되는 힘에는 권력이 있고 매력이 있다고 할 수 있어요. 권력은 일종의 강제력이고, 매력은 일종의 흡인력입니다. '인기'人氣가 이 개념과 통하죠. 사람에게서 뻗치는 '기'가 타인을 움직일 때 매력이 성립합니다. 그런데 매력이 부족할수록 권력을 휘두르게 되죠. 매력이 있어 타인들을 자발적으로 움직이게 할 수 있다면 권력을 휘두를 필요가 없죠. 덕이 있는 군주는 그 영혼에서 뻗치는 힘으로 사람들을 편안하게 해줄 수 있습니다. 그래서 그런 덕은 "북극성에 비유할 수" 있다고 하죠. 왜냐하면 "이 별이 제자리에 있기만 해도 뭇별들은 그와 함께하기 때문"(譬如北辰 居其所 而衆星共之)입니다.[7]

정말 덕이 있는 군주는 굳이 많은 일을 할 필요가 없습니다. 왕이 자기 자리에 앉아 있기만 해도 된다는 것이죠. 이것은, 공자보다는 노자 식의 표현입니다만, 왕은 실용적인 일에 종사하는 '有'가 아니라 '유'를 가능하게 하는 '無'라는 것입니다(물론 이런 논리가 왕권을 약화시키고 신권臣權을 강화하려는 사람들에 의해 제기되기도 했습니다). 지금으로 말하면, 왕과 대통령을 동일시하는 것은 그 자체 봉건 시대를 현대에 투영하는 것이어서 그다지 좋지 않은 비유입니다만(권력에 민감한 매스컴들이 흔히 이런 비유들을 쓰죠?), 권력이 아닌 매력으로 다스리는 대통령은 있는 듯 없고 없는 듯 있는, 그런 존재여야 한다는 뜻

---

7) 동북아의 현실 정치에서는 '덕'이 왕(또는 황제)의 자격, 왕이 왕일 수 있는 아이덴티티를 뜻했다. 이때 왕의 자격은 사실상 매력만으로는 성립하기 어려웠고 현실적인 힘, 또 때로는 운(예컨대 홍수나 가뭄도 왕의 덕에 연관되어 해석되었기 때문에)까지도 포함하는 개념이었다. "과인이 덕이 없어서,……"라는 표현은 왕의 복합적인 맥락에서의 '힘'에 대해 언급하는 것이었다고 보아야 한다.

입니다. 그 사람이 청와대에 앉아 있기만 해도 사람들이 안심이 되고 나라가 잘 돌아간다는 것이죠. 우리는 그런 사람을 한 번도 보지 못했습니다. 그리고 사실 이런 이상론은 현실화되기 어렵습니다. 이번에 비교적 매력이 있는 노무현 씨가 대통령이 됐는데, 그 양반이 한국 정치사에 한 획을 그을지 아니면 "혹시나 했더니 역시나"가 될지 지켜봐야 하겠습니다. 인간이라는 존재는 구조의 지배를 받기 때문에 어떤 구조에 들어가느냐가 그 사람을 결정합니다. 물론 인간이 구조를 변화시키기도 합니다. 그러나 구조의 힘은 참 강하죠. 한 인간은, 대통령이 아니라 설사 그보다 더 강력한 존재라 해도 쉽게 구조를 바꾸지는 못합니다. 노무현 대통령이 한국을 바꾸느냐 아니면 한국이라는 이 괴물이 노무현이란 한 인간을 삼켜버리느냐를 5년 동안 지켜봐야죠. 그래서 대중들의 지원이 중요합니다. 한 인간이 구조를 바꾸지는 못하지만 단결된 인간들은 구조를 바꿀 수 있습니다. 장기를 둔 적이 있는 분들은 알겠지만, 졸이나 병은 약한 존재이지만 이들이 일렬로 묶일 때 무서운 힘을 발휘합니다. 바둑돌들의 경우에는 더 그렇고요. 대중들이 노무현 대통령을 채찍질하면서도 애정을 가지고서 도와준다면, 한국 사회도 조금은 바뀌지 않을까 하는 희망을 가져 봅니다.

그런데 사실 군주의 덕=매력을 강조하는 것은 전통 사회가 바로 군주가 누구냐에 따라 그 행불행이 결정되는 구조였기 때문입니다. 전통 사회는 왕권과 신권이 대립하는 구조였기에, 왕이 백성들 편에 서서 기득권 세력들을 제어할 수 있었을 때 비교적 안정되고 윤택한 시절이 도래하곤 했습니다. 오늘날도 마찬가지죠. 대통령이 국민들 편에 서서 기득권 세력과 싸울 때 사회가 더 좋아집니다.[8] 그러나 더욱 중요한 것은 대통령이 누가 되느냐에 따라 달라질 것이 별로 없는 사회가 좋은 사회라는 점이죠. 좋은 대통령을 바라는 사회가 좋은 사회가 아니라, 대통령이 누구인가가 그다지 중요하지 않은 사회가 좋은 사회입니다. 사회 구조가 탄탄하게 자리를 잡고 있고, 각 시민사회들이 확고한 도덕성 위에서 활기차게 돌아갈 때, 사실 정부의 개입, 기성 정치인들의 개입은 별로 필요 없습니다. 시민사회가 허약하기 때문에 그만큼 정부의 힘을 요청하게 되는 것이죠. 대통령 한 사람의 매력/권력에 의존하는 사회(한국은 그 전형적인 경우입니다), 국민 모두가 정치에 촉각을 곤두세우는 사회는 그만큼 미성숙한 사회죠(TV 토론의 90% 이상이 정치 토론이나 시사 토론입니다. 한국 사회의 특성을 잘 보여 주죠). 물론 이것은 하나의 이상에 불과합니다. 현실적으로 우리는 대통령제 하에서 살고 있고, 또 정부에 기대할 수밖에 없는 일들이 너무나 많은 사회에서 살고 있기에, 여전히 기성 정치인들에 대한 미련을 버리지 못하고 있는 것이죠.

정치에서 정말 중요한 것은 대중입니다. 대중이라는 존재는 외연은 일정하지만('大衆'이란 문자 그대로 대다수의 사람들, 평균적으로 이

---

8) 일반적인 용어이기 때문에 쓰긴 했으나, '국민'이라는 표현은 이토 히로부미가 메이지 유신 때 왕정복고를 단행하면서 주요하게 제시한 용어들 중 하나이기 때문에 어감이 좋은 표현이 아니다. 덧붙여 이야기한다면, 한국 사회는 "국민 타자", "국민 가수", "국민 영화", "국민 드라마",…… 같은 표현이 자주 사용되는 나라이다. 이것은 좋게 생각하면 민족적 동질감이나 문화적 응집력을 뜻한다고 볼 수도 있지만, 달리 보면 한국 사회가 얼마나 획일화되고 군중화되는 사회인가를 잘 보여 준다. 더구나 더 중요한 것은 그러한 획일화, 군중화가 대개 대중매체들과 대중문화들에 의해 조작되는 것들이라는 점이다. '국민'이라는 말로 군중들을 휘몰아가는 이런 풍토는 한국 사회가 몹시 병적인 사회라는 것을 잘 보여 준다.

해된 다수입니다), 내포적 의미에 따라서는 여러 가지로 구분됩니다. 민중(인민), 우중, 군중일 수도 있고, 다중일 수도 있습니다. 민중/인민 은 억압받고, 불쌍하게 생활하고, 권력에 억눌리는 사람들이죠. '민초' 民草라는 말도 씁니다. 우중愚衆은 자본주의, 대중매체, 대중문화, 테크 놀로지 등의 분위기에 휘둘리는 사람들, 현대 사회를 비판적으로 보 지 못하고 그런 분위기에 젖어서 살아가는 사람들이죠. 현대 사회는 우중의 사회입니다. 사람들이 내적으로 우중이라기보다는 사람들을 둘러싸고 있는 분위기가, 즉 현대 사회가 그들을 우중으로 만드는 것 이죠. 그런 분위기는 물과 공기처럼 우리를 휘감고 있기 때문에 누구 도 그로부터 자유로울 수가 없어요. 군중群衆은 격렬하게 흘러가는 대 중의 움직임이죠. 스포츠 경기장에서 응원하는 사람들이나 영화를 보 고서 쏟아져 나오는 '인파'人波 같은 것을 생각하면 되겠네요. 파시즘 시대의 대중이 전형적인 군중입니다. 특히 화난 군중이나 열광하는 군중은 아무도 못 말리죠. 월드컵 볼 때 좀 두렵더군요. 수십만 명이, 그것도 붉은 옷을 입고 '대~한민국'을 외쳐 대는 광경은 정말 섬뜩했 습니다.

그리고 다중多衆이라는 개념도 있는데, 이 말은 사람에 따라 상당 히 다른 의미로 사용하기 때문에 세심히 봐야 할 개념입니다. 첫째, 다 중이라는 말은 대중이라는 말과 거의 동의어로 사용됩니다. 둘째, 다 중과 대중을 구분해서 사용할 수 있는데, 이 용법은 일반화되어 있지 는 않지만 나로서는 추천하고 싶은 용법입니다. 대중은 비교적 등질 적인, 거대한, 익명적인 사람들의 전체라면, 다중은 수많은 집단들로 쪼개진, 나름대로의 '코드'를 가진, 일정한 '입장'을 가진 그런 사람들의 전체라고 볼 수 있습니다. 예컨대 "한국의 대중은 얼큰한 맛을 좋아한다"고 할 때는 '대중'이라는 말이 어울리지만, "다중의 다양한 취미와 직업과 계층……"이라고 말할 때는 '다중'이라는 개념이 더 어울리는 것이죠. 요컨대 대중은 평균치의 개념이고 다중은 모자이크의 개념입니다. 셋째, 이 용법은 최근——네그리와 하트의 『제국』이 번역된 이후——에 등장한 용법입니다만, 네그리와 하트가 말하는 의미에서의 'multitude'(멀리로는 스피노자에서 연원하는 개념입니다)의 번역어로서 '다중'이 쓰이고 있습니다. 그런데 이런 의미에서의 다중이란 두번째 의미에서의 다중 개념에 보다 적극적인 의견 개진, 정치적 실천, 코뮌적인 동질감이라는 뉘앙스가 깃든 것이라고 보면 될 듯합니다. 요컨대 대중과 가까운 말로서의 다중이 아니라 정치적으로 긍정적 뉘앙스를 부여받은 한에서의 다중 개념인 것이죠. 세번째 의미를 구분해 줄 때는 '실천적 다중', '의식화된 다중', '비판적 다중' 같은 표현들을 쓰면 좋을 듯합니다.

우리가 살아가고 있는 오늘날의 한국 사회는 점차 이 다중의 시대로 옮겨 가는 사회라고 할 수 있겠습니다. 오늘날의 대중은 더 이상 궁핍한 인민/민중도 아니고, 와르르 몰려다니는 군중도 아니고, 어리석기만 한 우중도 아닙니다. 물론 그런 측면들도 여전히 존재합니다. 아직도 헐벗은 사람들, 무허가 주택에 살면서 고통받는 사람들, 외국인 노동자들,…… 등 '인민/민중'이라는 개념이 적절한 사람들도 있죠. 그리고 현대의 대중은 어느 정도는 모두 우중입니다. 특히 대중매체와 대중문화를 벗 삼아 살아가는 대다수의 사람들은 우중이죠. 그리고 월드컵이나 영화, '국민 드라마' 등에 열광하는 군중의 모습도 존

재합니다. 그러나 이제 새로운 형태의 대중이 서서히 모양새를 잡아
가고 있다고도 볼 수 있어요. 각자의 코드를 가지고서 무수한 집단들
로 분열되어 살아가는 다중이 조금씩 형성되고 있습니다. 물론 한국
사람들은 민족주의가 강하고 또 유난히 뜨거운 사람들이기에, 또 정
치적 비판의식은 강한 편이지만 문화적 비판의식은 미약한 사람들이
기에, 다중의 형성, 나아가 비판적 다중의 형성은 그렇게 쉽게 이루어
지기 힘들 것이라고 예상해 봅니다. 그러나 어쨌든 그런 현상들이 조
금씩은 나타나고 있다고 할 수 있습니다.

　　한국 사회는 우선 다중이 형성될 필요가 있습니다. 한국 사람들
은 주관적이어서 정情이 많아 좋지만, 그 때문에 사회적 정의에 대한
의식이나 공정성에 대한 고려는 많지 않습니다. 분위기에 많이 좌우
되는 민족이죠. 또, 각각의 개성과 가치관을 존중하기보다는 남들이
하는 식으로 해야 한다는 의식이 강하죠. 나이가 들어 시집/장가를 못
가면 무슨 죄 지은 사람처럼 살아야 합니다. ……(웃음)…… 너무 "튀
는" 것도 좋은 것은 아니지만, 대체적으로 남의 눈치를 너무 많이 보
는 민족이죠. 그러다 보니 정말 성숙함에서 오는 "튀는" 문화가 아닌,
대중문화에 의해 상업적으로 조작되는 딴따라식의 "튀는" 문화가 설
치게 됩니다. 한국에서는 진정한 의미에서의 개인주의가 성숙하지 않
았습니다. 상업적-자본주의적 개인주의만이 있을 뿐이죠. 진정한 의
미에서의 다중의 형성이 절실합니다. 개인주의는 사회주의 ── 넓고
느슨한 의미 ──를 전제합니다. 왜냐하면 사회 정의를 비롯해 사회적
인 차원이 건강해야 그 안에서 개개인의 의미도 살아나기 때문이죠.
역으로 개인주의가 전제되지 않는 사회주의는 전체주의에 불과합니

다. 때문에 얼핏 느껴지는 것처럼 개인주의와 사회주의가 대립하는 것이 아닙니다. 사실상 서로를 전제하죠. 한국 사회는 늘 전체주의적 경향을 띤 사회 구조(유교, 제국주의, 파시즘,…… 등)를 띠어 왔기 때문인지 오늘날에는 말초적인 개인주의가 판을 치고 있습니다. 정의, 공공성, 예의,…… 등 사회적 가치들이 채 성숙하기도 전에 시야에서 사라진 셈입니다.

이런 현상은 사회가 나아갈 방향에 대한 보편적인 담론을 요청합니다. 그런데 보편성에 대한 담론의 불필요성을 말하는 사람들도 있습니다. 보편성이란 다양성을 억압하는 매우 해로운 개념이라는 것이죠. 실제 그런 경우가 많습니다. 그러나 문제는 보편성이란 것이 아예 없으면 상관이 없거니와(그럴 경우 각자는 자기 일만 생각하면서 살면 됩니다. 남에게 해만 끼치지 않으면 되는 것이죠) 사실 모든 보편성이나 객관성을 거부해버린 사회에서는 나쁜 보편성이 판을 친다는 것입니다. 자본의 논리라든가(신자유주의는 시장 보편주의를 설파하지만, 사실상 선진국들이 개발도상국들을 억누르려는 거대한 음모에 불과한 겁니다) 대중매체, 대중문화 등이 자본주의적 보편성 —— 오늘날 전 세계적으로 가장 보편적인 것은 아마도 자본주의일 것입니다 —— 과 연계되어 사람들을 지배한다는 것이죠. 그렇기 때문에 남에게 해만 끼치지 않으면 된다는 소극적 윤리는 자기도 모르게 그런 세계질서를 강화하는 데 일조하는 것입니다. 개개인의 욕망, 다양한 집단의 권익이 존중되어야 하지만, 세계 전체의 공동선共同善이라는 문제를 끊임없이 성찰해야 하는 이유가 여기에 있습니다.

이 점에서 2002년이라는 해는 한국사에서 대단히 중요한 연도라 할 수 있습니다. 월드컵은 파편화된 다중이 어느 계기를 통해서 불꽃처럼 응집되는 현상을 보여 주었습니다. 물론 두 가지를 주의해야죠. 한국 사회는 본래 기질적으로 그렇게 응집될 수 있는 사회라는 점입니다. 꼭 다중이 성숙해서 응집된 것이 아니라 상당 부분 민족적 기질 때문이라는 점입니다. 걸핏하면 '국민 x'라는 표현이 등장하는 것도 한국적 현상이죠. 또 하나, 월드컵은 전 세계를 지배하고 있는 다국적/초국적 자본이 세계 제패를 위해 벌이는 놀이라는 사실입니다(기묘한 것은 그 놀이를 추동하는 가장 기본적인 에네르기는 국민국가적 정서라는 것이죠. "대~한민국"이라는 구호가 불러일으키는 정서를 생각해 보면 될 것입니다). 축구를 즐기는 것은 좋지만(사실 오늘날 우리가 즐기는 대부분의 문화는 직간접적으로 자본주의의 세계 제패 시나리오와 관련됩니다. 그렇게 생각하면 사실상 마음 편하게 즐길 수 있는 것은 거의 없죠), 이런 놀이가 함축하는 정치경제적 의미를 잊으면 곤란합니다. 그런데 기이한 것은 그런 열기가 대통령 선거와 촛불시위로까지 이어졌다는 사실입니다. 방금 말한 두 가지 점에서 한계가 있긴 하지만, 그리고 이런 전화轉化에는 우연이 상당 부분 개입한 것이 사실이긴 하지만, 2002년은 한국 사회에 다중이라는 존재를 뚜렷이 부각시킨, 다시 말해 우리가 본격적인 현대 사회로 진입했음을 보여 주는 해라고 할 수 있는 것입니다.

그래서 오늘날 필요한 것은 군주의 매력이 아니라 대중의 매력인 것이죠. 자본주의와 테크놀로지에 휘둘리고, 대중문화, 대중매체에 휘둘리고, 말초적 욕망에 휘둘리면서 살아가는 우중이 아니라 비판적 다중으로서의 대중, 이런 대중의 매력이 사회를 진정으로 변화시키는 것입니다. 그럴 경우 대통령이 누가 되든, 대통령이 있건 없건 그 사회는 흔들림 없이 발전해 나갈 수 있는 것이죠. 따라서 북극성이 중심이 되어 뭇별들이 도는 것이 아니라, 중심에는 아무것도 없어야 합니다. 마치 광장에는 집들이 없는 것과도 같죠. 그러나 광장의 빔, 광장의 '무'가 그것을 둘러싸고 있는 건물들을 가능하게 하는 것입니다. 중심은 늘 비어 있어야 합니다. 중심에는 누구도 앉지 말아야 합니다. 그 빈 중심, 중심의 '무'가 모든 '유'들을 가능하게 하는 것이죠.

이제 도가의 덕을 살펴보면, 노자의 '덕'은 공자에 비해 보다 형이상학적입니다. 공자가 사람과 사람 사이의 위爲로서의 덕을 말했다면, 노자는 '무위'無爲로서의 덕을 말했다고 하죠. 그러나 사실 무위는 '위'의 한 방식입니다. 노자의 무위는 여러 가지 방식으로 해석되는데, 가장 무난한 해석은 작위作爲로서 행위하기보다 자연스러운 방식으로 행위하는 것으로 보는 것입니다. 예컨대 집안에서 아버지가 너무 '위'에 치중하면 집안이 혼란스러워지죠. 아버지는 가능하면 무위로 처신해야 합니다. 아버지가 사사건건 나서서 아이들을 단속하고 집안일에 일일이 참견하면 그 집은 화목한 집이 못 됩니다. 아버지가 해야 할 위가 곧 무위인 것이죠. 그래서 무위가 아무것도 하지 않는 것은 아닙니다. 무위를 행함으로써 자신에게 가장 적절한 일을 하고 있는 것이죠. 따라서 공자와 노자가 도식적으로 대립하는 것은 아닙니다. 공자가 사람이 해야 할 바를 적극적으로 개진하고 있다면, 노자는 하지 말아야 할 바를 적극적으로 개진하고 있는 것이죠.

공자가 덕에 관련해 현실적 대안들을 제시했다면, 노자는 덕을 존재론적으로 정초했다고 할 수 있겠어요. 노자의 사유에 대해서는 해석이 구구한데, 그것은 노자의 언어가 존재론적 언어이기 때문입니다. 존재론적 언어는 개별적인 경우들을 포괄하는 추상적 언어이기 때문에 늘 해석을 요하죠. "有는 無에서 나온다", 이 구절만 가지고도 몇 가지, 아니 몇십 가지의 해석이 나올 수 있습니다. 물론『도덕경』전체의 구도를 비롯해 갖가지 근거들을 통해서 '진의'에 어느 정도는 가까이 갈 수 있겠지만, 노자의 사유는 기본적으로 여러 가지 해석을 가능하게 하는 다의적인 텍스트라고 할 수 있습니다.

이미 이야기했듯이, 도가 길이라면 덕은 힘입니다. 웨일리라는 학자는 덕을 'power'로 번역했거니와, 이 번역은 바로 덕이 힘이라는 것을 감안한 것입니다. 그러나 이 힘은 스피노자의 구분을 사용한다면 '권력'potestas이 아니라 '역능'potentia입니다(영어에는 이런 구분 — 프랑스어의 'pouvoir'와 'puissance'에 해당 — 이 없어 모두 'power'로 번역됩니다. 이 점을 조심해야 합니다). 물론『도덕경』을 해석하기에 따라서는(특히 법가사상의 뉘앙스로 해석할 경우에는) 오히려 권력이라는 뉘앙스가 적절한 측면도 있습니다. 이 경우는『도덕경』을 일종의 제왕학으로 보는 경우입니다. 어쨌든 'power'라는 번역어는 덕을 힘으로서 포착하고 있는데, 문제는 (방금 전에도 말했듯이) 덕이라는 말은 영혼의 힘, 내면의 힘만을 말하는 것이 아니라 그것이 겉으로 드러나는, 즉 다른 사람들과의 관계에 있어 **표현되는** 과정을 뜻한다는 사실입니다. 이런 뉘앙스를 표현하기가 무척 힘들고, 그래서 덕은 번역이 어려운 말입니다.

도는 기가 표현되는 모든 방식입니다. 도 중심으로 해석하면, 도란 기를 이끌어 가는 원리이죠. 도는 잠재성으로서의 무라 할 수 있고,

이 무로부터 유가 나옵니다. 여기에서의 잠재성은 물질성을 포함한 것으로 볼 수도 있고, 탈물질적인 '이법'으로 볼 수도 있습니다. 즉 기와 혼연일체가 되어 있는 잠재력으로 볼 수도 있고, 기와 적어도 논리적으로는 구분되는 것으로 볼 수도 있습니다. 전자의 경우 도와 기는 하나죠. 장횡거가 말한 '태허'太虛에 해당합니다. 만일 물질성과 구분해 그것의 원리로 이해할 경우(이 경우는 '리'를 뜻합니다), 자연과학의 법칙이나 플라톤의 이데아와 유사한 무엇으로 볼 수도 있습니다. 동북아 사유의 전반적 성격으로 볼 때는 전자의 해석이 무난하죠. 물은 기이고 물의 운행은 도입니다. 별개의 것이 아니죠. 단지 개념적으로만 구분됩니다. 그래서 전통 문헌들을 보면 아예 도를 기의 의미로 쓰는 곳들도 있습니다.

이렇게 볼 때 기의 운동을 통해 도가 드러난다고도 할 수 있고, 또 도의 운동을 통해 기가 표현된다고도 할 수 있습니다. 그렇다면 덕은 무엇일까요? 덕은 기가 드러나는 하나의 양상이라고 할 수 있습니다. 덕은 한 사람의 영혼의 힘이 밖으로 나타나는 것이라고 했는데, 이때 바깥으로 나타난다는 것은 바로 기의 운동, 기의 표현을 뜻합니다. 이 강의에서도 내 기가 여러분들에게 전달되고 있습니다. 우리가 연주회장에 가고 공연장에 가고 운동장에 가는 것도 기를 느끼기 위해서죠. 사람과 사람 사이의 만남도 마찬가지입니다. 타인과 맺는 관계에는 여러 가지가 있지만, 특히 그 사람을 만났을 때 느끼는 기가 중요한 것이죠. 누구는 만나기 싫고 누구는 만나고 싶은 것에는 여러 가지 이유가 있겠지만, 특히 그 사람과 내가 맺는 관계가 어떤 기로 표현되는가가 중요합니다. 한 사람이 표현하는 기, 특히 윤리적 문제에 있어 표현하는 기가 바로 그 사람의 덕입니다. 즉, 우리는 한 사람의 덕에서 그 사람의 영혼의 힘을 감지感知할 수 있는 것이죠.

노자의 덕은 개개의 일상적 덕이 아니라 '玄德', '上德', '常德', '功德'입니다. "현묘한 덕은 깊고 멀어서 세상사의 저편에 있다네"(玄德深矣遠矣 與物反矣). 이것은 해석하기 쉬운 구절이 아닙니다. 일단 덕이란 사람들 사이의 관계로서의 유有를 세우는 것이 아니라 오히려 "마음을 비우는 것"(虛其心)임을 뜻한다고 볼 수 있습니다. 사람들 사이의 관계를 일정한 방식으로 조직하는 것, 유를 세우는 것은 유가사상의 핵심이죠. 그런 유有가 구체화된 것이 바로 '예'禮입니다. 그런데 노자가 볼 때 예는 하덕下德입니다. 진짜 덕은 마음을 비우는 것에 있는 것이죠. 우리 일상에서도 이 표현을 많이 쓰죠? 그런데 마음을 안 비운 사람들이 하도 이 말을 많이 써서 그 의미가 인플레이션이 되었죠. 돈만 인플레이션이 되는 것이 아니라 언어도 인플레이션이 됩니다. 그래서 남용되는 말일수록 원래의 느낌으로 돌아가서 깊이 느끼는 것이 중요해요. 일정한 유를 세울 때가 아니라 마음을 비울 때 오히려 타인들이 그 빈 공간에서 편안함을 느끼게 됩니다. 그것이 '무위'의 중요한 한 의미죠. 그래서 장자는 "바깥으로 그 덕을 드러내려는"[外立其德] 양주나 묵적을 비판한 것입니다.

§5. 유위(有爲)와 무위(無爲)

이제 유위와 무위에 대해 조금 더 이야기해 봅시다. '카오스'라는 말이 있죠. 이 말은 어지러움, 질서가 없음 등을 연상시키는 말입니다. 그러나 이 말의 어원인 'cha~'는 원래 하품을 뜻합니다. 하품을 하면 입이 벌어지죠. 그래서 카오스는 벌어진 틈, 공동空洞을 뜻합니다. 현대 사상가 자크 라캉을 읽다 보면 'béance'라는 말이 나오는데, 이 말이 바로 이 벌어진 틈, 카오스라는 뉘앙스를 띤 말입니다. 그런데 벌어진 틈이란 여러 사물들이 거기에 채워질 수 있는 곳, 좀더 적극적으로 생각하면 여러 사물들이 거기에서 생성할 수 있는 곳입니다. 그래서 노자의 다음 구절을 음미할 필요가 있습니다.

> 하늘과 땅 사이는 풀무와 같아,
> 비어 있되 무궁해서 한없이 자아내고
> 天地之間 其猶橐籥乎, 虛而不屈 動而愈出

하늘과 땅 사이는 풀무(탁약橐籥)처럼 비어 있습니다. 방금 말했듯이 카오스의 본래 뜻은 바로 이런 의미에서의 '虛'입니다. 그러나 그 '허'는 없음이 아니라 차라리 무궁한 있음인 것이죠. 그래서 그 빔으로부터 한없이 많은 것들이 생성해 나옵니다. 이것은 바로 카오스='무'가 그저 아무것도 없음이 아니라 모든 것을 담을 수 있음, 더 나아가 모든 것이 그곳에서 생성함이라는 적극적 의미를 띠고 있음을 말합니다. 1부(5강, §4)에서 보자기의 예를 든 적이 있죠. 보자기는 텅 비어 있습니다. 땅에 펼치면 완전히 펴져(面이 되어) 아무것도 없게 되죠. 그러나 보자기는 그 안에 모든 것을 담을 수 있습니다. 노자의 '무'는 없는 것이 아니라 바로 이렇게 모든 것을 포용하는 무인 것이죠. 그런데 이 빔을 사물들이 채우는 방식이 아니라, 이 빔으로부터 사물들이 생겨나는 방식으로, 즉 무가 '기'로 차 있다는 보다 적극적 가설로 나아갈 때, 무=카오스는 질서-없음이 아니라 무한한-질서가-요동침이 됩니다. 다른 곳에서 내가 여러 차례 이야기했던 "무질서는 무한한 질서"라는 생각은 이렇게 노자와 만나게 됩니다. 그리고 이렇게 이해된 무는 역시 앞에서 여러 차례 이야기했던 태허와 통하는 것이죠.

노자가 말하는 무위란 바로 이런 맥락에서 이해할 수 있습니다. 무위 개념은 매우 여러 가지로 해석됩니다만, 바로 비움으로써 채움, 보자기처럼 자신은 무이기 때문에 모든 것을 포용할 수 있음을 뜻한다고 볼 수 있습니다. 무엇인가를 규정하는 것이 아니라 오히려 자신이 무가 됨으로써 모든 규정성들을 가능하게 하는 것, 그런 것이 무위입니다. 이런 무는 바로 장자가 말하는 '제동'齊同으로서의 무이기도 합니다.[9] 은유적으로 말해, 무는 존재의 안감입니다. 모든 존재들은 그 아래에서 무가 받치고 있기 때문에 유로서 존재합니다. 마치 보자기의 빔이 모든 것을 포용하는 것과도 같죠. 태허의 맥락에서 본다면, 모든 일정한 규정성들은 태허에서 태어나 태허로 돌아가며, 그런 점에서 제동을 형성합니다. 그래서 태허는 아무런 규정성도 띠지 않았다는 점에서 무이지만, 모든 것을 가능하게 한다는 점에서 무가 아닌 것이죠.

---

9) 왕필의 노자 해석은 장자의 제동 개념과는 다른 방식의 무 개념을 포함한다. 왕필에게서 무는 중심의 의미, 만물이 그에 귀의하는 일(一)의 의미를 띠며, 이것은 정치적으로는 황제의 존재를 함축한다(1부, 5강, §2). 따라서 이때의 무는 우리가 해석한 형태의 무와는 다르다. 『도덕경』은 충분히 그렇게 해석될 수 있는 텍스트이지만, 우리는 다른 방향에서 의미를 부여했다.

이런 생각을 플라톤으로 대변되는 형상철학과 비교해 볼 필요가 있습니다. 플라톤에게서도 노자의 무를 연상시키는 존재가 등장합니다. 바로 '코라'chôra죠. 플라톤의 코라 개념은 논의가 분분한 개념들 중 하나인데, 대체적으로 물질-공간으로 이해됩니다. 공간이지만 텅 빈 공간이 아니라 물질(질료)로 꽉 차 있는(그래서 'plenum'이라고 하죠. 프랑스어의 'plein'을 연상하시면 됩니다) 공간입니다. 코라는 그 무엇으로도 규정될 수 있는 존재죠. 지금 이 자리에 있는 탁자를 다른 곳으로 옮기고 의자를 놓을 수 있습니다. 코라는 탁자도 의자도 또 다른 어떤 것도 모두 받아들이는 존재입니다. 그런데 코라는 생성과는 구분됩니다. 코라는 생성이 아니라 생성이 그곳에서 일어나는 바탕/터인 것이죠. 그래서 플라톤은 코라를 생성의 '어머니' 또는 '유모'에 비유하기도 하고, 또 때로는 '그릇'에 비유하기도 합니다. 플라톤이 이렇게 비유를 많이 쓰는 것은 코라가 이성으로는 파악하기 힘든 존재, 단지 '사생아적 이성'만으로 파악할 수 있는 존재이기 때문이죠. 생성의 터이기 때문에 데카르트 식으로 말해서 "명석하고 판명하게" 파악되지 않습니다. 그런데 1부(4강, §5)에서 아리스토텔레스가 실체의 후보들 중에서 질료를 점지하지 않은 이유가 (플라톤의 영향을 받아) 질료는 그 자체로서는 인식하기 힘든 존재로 봤기 때문이라고 했던 것을 기억할 필요가 있습니다. 바로 그런 이유로 플라톤은 코라를 형상에 비해 하위 존재로 간주합니다.

흥미로운 것은 코라는 형상을 받아들임으로써, 더 정확히 말해 데미우르고스가 코라에 형상의 흔적을 각인함으로써 일정하게 규정된(1부 6강에서 논했던 '아페이론' 개념을 상기하시기 바랍니다) 사물이 됩니다. 그런데 코라는 형상을 온전하게 받아들이지 않아요. 그렇기 때문에 형상의 완벽함이 코라에 의해 손상되고 세계에는 불완전성이 도래하게 되는 것이죠. 플라톤은 이 과정을 남성인 이성noûs이 고집 센 여성인 코라를 잘 달래서 질서를 각인하는 이미지로 표현합니다. 그래서 페미니스트들이 가장 많이 사용하는 e메일 주소들 중 하나가 바로 'chôra'예요. ……(웃음)…… 우리 식으로 말해 코라는 무입니다. 존재하지 않음이 아니라 아직 무엇으로도 규정되지 않음으로서의 무죠. 그러나 뒤집어 말하면 무엇이든 될 수 있는 무입니다. 데미우르고스는 거기에 유를 각인합니다. 유로서의 형상을 각인하죠. 이렇게 보니 참 흥미롭죠? 플라톤의 경우 일차적인 것은 명확히 규정된 존재, 플러스/포지티브로서의 존재인 형상입니다. 코라는 이 유가 그곳에 각인되는 마이너스/네거티브로서의 무이죠. 이렇게 본다면 논의의 구도만 놓고 볼 때 사실 노자와 매우 비슷하고, 무는 존재의 안감이라고 했던 우리 생각과 매우 비슷합니다. 그러나 부여하는 의미와 가치는 정반대이죠. 노자가 플라톤을 읽었다면 코라야말로 자신이 생각하는 무이고 무위이고 '곡신'谷神이고 물이라고 생각할 겁니다. 현대 주석가들이『도덕경』에서 페미니즘을 읽어내는 것도 플라톤과 대비해 볼 때 좀더 잘 이해가 됩니다. 또, 코라를 '기'로 볼 때 기화氣化가 질서를 낳는 동북아적 사유와 '리'/형상의 규정에 입각해 기화가 성립하는 주자-플라톤적 사유의 차이도 한눈에 들어옵니다. 노자의 무와 플라톤의 코라는 무 중심의 사유와 유 중심의 사유의 대조를 선명하게 보여 주죠.

여기에서 유위와 무위의 차이, 그리고 덕 개념에서의 차이도 분명하게 파악할 수 있습니다. 플라톤에게서 덕은 유위로서의 '~다움' 입니다. 그런데 이 '다움'을 존재론적으로 밑받침하는 것이 본질입니다(1부에서 이야기했듯이, 이때는 '본질'이라는 말은 아직 없었습니다만). 한 사물의 본질에서 그 사물의 '~다움'이 도출되는 것이죠. 이것은 곧 한 사물의 역할/힘은 그 사물에 주어지는 유로서의 형상에 입각해 성립함을 말합니다. 이것은 국가철학에 있어 분업의 논리와 철저한 역할 분담론으로 이어지죠. 그리고 최상의 가치인 정의는 이 유들의 조화로운 체제로서 이해됩니다. (내가 해석한 한에서의) 노자의 경우 덕은 무위로서의 비움입니다. 그리고 이 비움을 가능하게 하는 것은 바로 장자가 말하는 '제동'인 것이죠. 아페이론으로서의 코라야말로 만물의 근본이 되는 것입니다. 이것은 또 위에서 형상=모양틀로서 주어지는 국가장치들이 아니라 아래에서 웅얼거리는 작은 목소리들, 태허와도 같은 대중의 소망에 입각한 정치철학을 암시하기도 합니다. 유가 무에 찍히는 것이 아니라 무로부터 유가 자생적으로=자기조직적으로 생겨나는 정치를 생각할 수 있는 것이죠. 덕은 유를 각인하는 힘이 아니라 유를 비울 수 있는 힘이고, 그 빔을 통해 타인들의 또는 민중의 유가 스스로 구성될 수 있도록 하는 힘입니다.

§6. 도덕과 윤리

다음으로 도덕과 윤리의 관계를 살펴봅시다. 흔히 'morality'를 '도덕' 으로, 'ethics'를 '윤리'로 번역하지만, 이 개념 쌍들의 의미가 정확히 일치하는 것은 아닙니다. 서구어에서도 그렇고, 우리말에서도 그렇고,

사람들마다 이 말들의 쓰임새가 미묘하게 다르고, 또 이처럼 번역어
로서 일대일 대응시켰을 때 더욱 복잡한 뉘앙스의 변화가 있습니다.
그러나 대체로 도덕이 가치의 형이상학적 토대에 입각한 사유라면,
윤리는 현실적 차원에 입각한 사유라 할 수 있습니다. 단적으로 말해,
도덕이 옳음과 그름의 문제라면 윤리는 좋음과 나쁨의 문제라고 할
수 있습니다. 일상어에서는 이렇게 분명하게 구분되지 않지만, 우리
논의의 맥락에서는 옳음-그름 쌍과 좋음-나쁨 쌍을 분명하게 구분해
야 합니다.

　도덕과 윤리의 차이는 칸트와 스피노자 사이에서 분명하게 나타
납니다. 서구 문화에서 도덕이란 '옳음'과 '그름'의 문제이며 어떤 초
월적 가치에 따라 행해야 할 '의무'와 밀접한 관련을 가집니다. 이 점
에서 기독교적 가치들과 긴밀하게 연관되어 있다고 볼 수 있죠. 그리
스 문화에서 기독교 문화로 넘어감은 곧 윤리에서 도덕으로 넘어감
을 함축합니다. 기독교에서 중요한 것은 좋음과 나쁨이 아니라 옳음
과 그름입니다. 현세적 행복보다 신에 대한 의무가 중요시됩니다. 좋
아도 그릇된 것이 있고, 나빠도 옳은 것이 있는 것이죠. 좋음과 나쁨만
을 기준으로 행위하는 것은 현실적인 생각이고, 옳음과 그름을 기준
으로 행위하는 것은 어떤 초월적인 가치의 기준을 전제하는 생각입니
다. 미셸 푸코가 말년에 몰두했던 문제들 중 하나가 이것이죠. 즉 그리
스에서 로마, 기독교, 근대로 넘어가는 역사적 과정을 밟으면서 도덕
과 윤리의 문제를 파헤치는 것이었습니다.

　칸트는 보다 철학적인 방식으로 도덕을 이야기했습니다. 칸트는
기독교의 권위가 추락된 현실에서 그 가치를 인간 주체에로 옮깁니

다. 도덕을 이야기하되 초월적인 신을 근거로 하기보다는 인간 주체 그 자체를 도덕의 근거로 세웁니다(이것은 '독일 이념론'의 일반적인 성격입니다). 그러기 위해서는 인간 자체가 초월적 존재가 되어야겠죠. 그래서 칸트는 '선의지'善意志와 책임감을 갖춘 주체의 의식에서 도덕의 근거를 찾습니다. 그런데 선의지란 곧 도덕법칙을 따르려는 의지죠. 선의지를 가진 자아는 경험적 자아(현실 속에서 온갖 일들에 휘둘리는 자아)가 아니라 선험적 자아인데, 이는 자연의 세계와 자유/가치/목적의 세계를 양분함으로써 가능합니다. 자연의 세계와 그 자연의 세계를 초월해 있는 또 다른 세계, 즉 인간의 목적/가치/자유의 세계를 설정함으로써만 칸트적인 의미에서의 도덕을 이야기할 수 있습니다. 이것은 또한 18세기 계몽사상에 의해 사망선고를 받은 신을 교묘하게 부활시키려는 한 전략이기도 하죠. 칸트에서는 현실의 자연 세계 너머에("너머에"라고 해서 존재론적으로 초월적인 영역이 있는 것은 아닙니다. 인식론적 의미에서 현상 너머를 말합니다) 물자체의 차원이 있는데, 이 물자체의 차원이 바로 자유의지, 목적, 도덕의 차원으로서 파악되는 것이죠. 요컨대 칸트의 생각은 인식의 맥락에서는 현상―그런데 이 '현상'의 차원은 기계론적 차원, 근대 과학적 범주를 통해 인식되는 차원이라는 점이 중요합니다―너머를 알 수 없지만, 가치의 맥락에서는 그 너머를 목적의 왕국으로, 신에 의해 보장되는 자유의 영역으로 '요청'해야 한다는 것입니다. "그렇다"라고 말할 수는 없지만, 그렇게 요청/가정함으로써 우리 행위의 근거를 정초할 수 있다는 이야기가 됩니다.

스피노자는 칸트와는 전혀 다른 방식으로 그의 사유를 펼치는

데, 그의 사유는 도덕이 아니라 윤리를 이야기합니다. 지난 시간에(2강) 이야기했던 '변양'이라는 개념 기억하시죠? 우리는 스피노자 사유를 변양 개념에서 출발해 이해할 수 있습니다. 변양을 통해서 사물들의 양태과 감응이 바뀌죠. 그리고 표면적인 접촉(예컨대 만남, 바라봄 등)만이 아니라 심층적인 섞임(예컨대 어떤 액체를 마시는 것 등)도 있습니다. 이때 사물들 사이의 좋은 만남과 나쁜 만남이 이루어지게 됩니다. 달리 말해 조성造成=compositio 즉 좋은 만남과, 와해瓦解=decompositio 즉 나쁜 만남이 발생하게 됩니다. 길을 가다가 빚쟁이를 만났을 때와 오랫동안 못 만났던 죽마고우를 만났을 때, 전혀 다른 감응이 찾아오죠. 몸에 좋은 물을 마셨을 때와 해로운 물을 마셨을 때, 전혀 다른 결과가 발생합니다. 이렇게 어떨 때는 조성이, 어떨 때는 와해가 발생합니다. 그래서 스피노자에게서 중요한 것은 우리가 삶에서 어떻게 좋은 만남, 조성을 이룰 것인가 하는 것입니다. 따라서 초월적 가치에 대한 준거는 필요 없죠. 삶 자체라는 내재적 장 속에서 어떻게 행복을 추구할 것인가가 문제가 됩니다. 스피노자의 'ethica'는 이런 함축을 띱니다.

일반적으로 형이상학자로 분류되는 스피노자가 윤리를 말하고, 대조적으로 비판철학자로 분류되는 칸트가 도덕을 말하는 것은 좀 기이하게 느껴집니다. 묘한 엇갈림이 있는 것이죠. 그러나 경험론자들이 초월적 가치를 말하는 것은 철학사에서 흔히 발견됩니다. 인식의 차원에서는 철저하게 경험주의적 입장을 취하기 때문에, 인식이 아닌 차원에서는 아예 별도의 논리를 동원해 마음 편하게 초월을 이야기할 수 있습니다. 반대로 합리주의적 성향을 지닌 사람들은 가치를 비롯한 모든 차원을 어떻게든 이성으로 설명하고자 합니다. 때문에 경험론자들에게서 나타나는 이원론이 허용되지 않죠. 그래서 얼핏 형이상학적 성격을 띤 사상가로 보이는 사람들이 더 철저한 정신의 소유자들일 때가 많습니다. 예컨대 자연과학자는 교회에 갈 수 있지만, 진정한 철학자는 교회에 가지 않는 법이죠. 철학의 생명은 **지적 정직함, 정신적 올곧음**에 있는 것입니다. 물론 자신의 철학체계 내에 초월성을 위치시키는 형이상학자들도 많습니다. 또, 철저한 경험론자로서 이원적인 태도를 거부하는 사람들도 많죠. 사람마다 다 다릅니다. 스피노자의 형이상학은 철저한 내재적 사유의 전형입니다. 그의 사유에서는 신의 초월성도 주체의 초월성도 설 자리가 없습니다. 그래서 만일 우리가 '형이상학'이라는 말을 초월성에 대한 이론으로 규정한다면 스피노자는 사실상 형이상학자가 아닌 것입니다. 칸트와 스피노자 사이의 묘한 엇갈림은 이렇게 이해할 수 있습니다.

그런데 'ethica'를 '윤리학'으로 번역할 때에도 미묘한 뉘앙스의 엇갈림이 있습니다. 동북아에서의 '윤리'와 스피노자의 'ethica' 또한 뉘앙스가 상당히 다르기 때문이죠. '倫'이라는 글자는 고전 문헌들을 뒤져 보면 '類', '輩', '伍', '等' 같은 말들과 통합니다. 모두 무리, 집단의 뉘앙스를 띠고 있죠. '윤'이라는 말은 사람 '人'과 "차례를 정하다"를 뜻하는 '侖'으로 구성되어 있습니다. 즉, '윤'은 사람들 사이에서 성립하는 질서를 뜻하는 것이죠. 그래서 사람들 사이에서 지켜야 할 '도리', '도의'를 뜻하기도 합니다(일본에서 윤리학을 '道義學'이라 부른 적도 있습니다). 사실 서구어 'ethos'도 거의 같은 의미이죠. 집단의 규범, 관습을 뜻합니다. 그런데 이미 이루어진 에토스=윤리와 새롭게 이루어져 가고 있는 에토스=윤리를 구분할 필요가 있습니다. 이미 이루어진 윤리=에토스는 사람들에게 강제적으로 부과되는 어떤 틀로서 존재하는 것이고, 새롭게 이루어지고 있는 윤리=에토스는 사람들 사이의 관계를 통해 생성하는 윤리=에토스죠. 전자의 경우, 긍정적으로는 오랜 세월 동안 실험을 거쳐 사람들의 삶을 붙들어 주는 안정된 행위의 규범을 뜻하지만, 부정적으로는 사람들로 하여금 어떤 회로에 따라 살도록 하는 억압적 기제일 수도 있습니다. 전통 사회에서의 윤리=에토스는 이미 이루어진 윤리=에토스입니다. 그러나 오늘날의 윤리는 오히려 만들어져 가고 있는 의미에서의 윤리입니다. 따라서 스피노자의 에티카는 전자의 의미에서의 윤리학이 아니라 후자의 의미에서의 윤리학으로 이해되어야 합니다. 우리에게 필요한 것은 스피노자적 의미에서의 에티카, 즉 생성하는 윤리학이죠. 그러나 우리가 '윤리'라는 말을 쓸 때는, 전통 사회에서 중시된 '五常' 개념처럼 '常'의 뉘앙스가 강합니다. 관계의 열림, 상황의 변화, 사람들 사이의 상대성 등이 전제되면서 좋은 만남을 만들어 간다는 뜻보다는 어떤 정해진 틀이 있고 거기에 따라야 한다는 뜻이 강한 것이죠. 이제 우리가 추구해야 할 윤리는 이런 윤리가 아니라 좋은 만남을 만들어 가는 지혜로서의 윤리인 것입니다.

§7. 현대 사회와 윤리

마지막으로 오늘날 우리 시대에 있어 덕의 의미를 간단히 짚어 봅시다. 우선 현대의 윤리론, 덕성론에서 중요한 것은 덕에 관련해 '영혼의 힘'이라는 고전적인 의미를 다시 성찰하는 것입니다. 지난 강의들에서 이야기했지만, 이때의 영혼은 물질/신체와 독립해 존재하는, 독립적으로 실체화된 영혼은 물론 아닙니다. 이런 영혼 개념은 오늘날 이미 다각도로 비판받았기 때문에 거의 논외입니다. 그러나 내가 말하는 영혼은 유물론적이고 과학주의적인 영혼도 아닙니다. 사회생물학을 비롯한 과학주의, 또는 조잡한/극단적인 유물론에서 말하듯이 인간의 정신적 가치나 마음, 영혼의 아름다움과 추함 같은 개념들이 무의미한 개념들이라고는 생각하지 않습니다. 다만 이런 개념들을 어떻게 세련된 유물론으로 다듬어 나가느냐가 문제죠. 눈물을 아무리 화학적으로 분석해 봐도 '슬픔'이라는 개념이 나오지는 않습니다. 눈물을 인과적으로 추적해 들어가도 마찬가지입니다. 우리가 발견하는 것은 늘 어떤 물질적 현상들일 뿐이죠. 의미와 가치가 그렇게 간단히 거칠게 이해되어서는 곤란하죠. 우리가 말하는 영혼은 한편으로는 뇌과학, 로봇학, 분자생물학 등을 비롯한 현대 자연과학을 흡수하고, 다른 한편으로 인문학적 섬세함을 흡수한 그런 영혼 개념입니다. 이런 의미에서의 영혼을 사유하는 한에서, '영혼의 힘'으로서의 덕 개념을 사유하는 것은 현대 실천철학에서 매우 중요합니다.

이 문제에 빛을 던져 주는 사람들 중 하나가 스피노자죠. 물리적인 것과 정신적인 것을 근원적으로 하나인 존재의 두 측면으로 생각하는 것입니다. 눈물과 슬픔이, 분노와 얼굴의 일그러짐이, 사랑과 호르몬의 변화가, 정의와 사람들의 생리학적 상태가,…… 근본적인 한 존재의 두 표현방식인 것이죠. 마치 시각적으로 그린 원이 대수로 표시된 수학 공식과 같은 것과도 같습니다. 어쨌든 한편으로 사물들에 대한 과학적-유물론적 분석이, 다른 한편으로 전통적이고 인문적인, 또 "동양적"인 담론들이 가진 섬세함이 포용되는 그런 영혼 개념을 존재론적으로 수립하고, 그런 영혼 개념에 입각해 '영혼의 힘'으로서의 덕 개념을 정립하는 것은 우리 시대의 핵심적인 한 과제라고 생각합니다.

두번째로, 오늘날은 상대주의의 시대이고 모든 기존 가치들이 요동치는 매우 역동적인 시대인데, 이 시대에 걸맞은 윤리는 어떤 것인가 하는 문제입니다. 우리 시대는 초월적 기준을 전제하는 도덕론보다는 관계를 통해 좋은 만남을 만들어 가는 스피노자적 윤리론이 필요한 시대일 것입니다. 보편성을 주장하는 기존 담론들이 어떤 폐해를 가져왔는지는 이미 여러 현대 사상들에 의해 상세하게 파헤쳐졌습니다. 종교전쟁 같은 것을 생각하면 되겠죠. 각각의 종교는 자신들이 보편적이고 절대적인 진리를 알고 있다고 믿지만, 떨어져서 보면 모두 상대적인 생각들에 불과합니다. 그런데도 그런 상대성을 깨닫지 못하기 때문에 스스로를 절대/보편으로 주장하는 상대적 존재들의 싸움이 벌어지곤 하는 것이죠. 그렇기 때문에 우리에게는 상대주의적 교양이 필요합니다. 개인, 집단, 문화, 시대 등이 얼마나 상대적인 것인가를 깨닫는 것이 윤리의 기초입니다. 이 세계의 모든 것이 얼마나 상대적인가를 깨닫는 것이 모든 윤리의 출발점인 것이죠. 그러나 귀결점은 아닙니다. 모든 것이 상대적이지만, 그 상대적인 존재들이 함께 살아야 하니까요. 따라서 상대적 존재들이 함께 살 수 있는 구체적 방식을 제시하는 것이 오늘날의 윤리학의 핵심이 되어야 할 것입니다. 따라서 오늘날의 윤리학은 예컨대 우리가 '국민윤리' 등을 통해서 주입받는 일방적 가치 같은 것과는 판이한 것이어야 합니다. 때문에 덕 개념도 이제 과거의 덕 개념과는 판이한 것이어야 할 것입니다.

12강_ 선, 악

9강에서 영혼을 이야기했고, 10강에서는 영혼의 내용인 인성에 대해서 이야기했습니다. 그리고 지난 시간에는 영혼의 힘으로서의 덕을 이야기했죠. 영혼의 존재, 그리고 인간 영혼의 활동 방식을 이야기한 후, 영혼에 가치론적인 맥락을 도입해서 덕을 이야기했습니다. 이제 본격적인 가치론적 논의로 들어가야 하겠습니다. 그래서 이번 시간에는 선과 악이라는 개념 쌍에 대해서 이야기해 봅시다.

§1. 옳음과 그름, 좋음과 나쁨

만일 인간세계에 가치라는 것이 없다면 어떻게 될까요? 아마 세상은 지금 우리가 사는 곳과는 전혀 다른 무엇이 될 것입니다. 인간세人間世와 자연세계를 가르는 분기점에 존재하는 것이 '의미'와 '가치'입니다. 조금 더 현상적으로 보면 사유라든가, 언어라든가, 문명이라든가 인간의 독특함을 나타내는 특징들은 많습니다만, 보다 심층적으로 볼 때 결국 인간은 의미와 가치의 문턱을 넘어섰을 때 비로소 인간만의 독특한 세계를 형성합니다. 인간이라는 존재는 항상 의미의 지평에서, 가치의 지평에서 살아가는 존재죠. 우리가 자연세계에 있다고 생각하는 의미와 가치도 사실 따지고 보면 인간이란 존재가 자신의 의미와 가치를 투영해서 만들어내는 것입니다. 사물 자체가 정말 그런 의미와 가치를 가지고 있다는 생각은 의심스러운 데가 있죠. 의미를 생각하고, 가치를 판단하고, 의미와 가치를 두고서 논쟁하고, 의미와 가치를 추구하는 것이 인간입니다. 우리가 'ontology'를 '존재론'이라고 하고 'epistemology'를 '인식론'이라고 하듯이, 'axiology'라는 말은 '가치론'이라고 합니다(이 말은 "가치 있는"을 뜻하는 'axios'와 'logos'를 결합한 말입니다). 이제 가치론의 영역으로 들어가 봅시다.

사람들은 늘 어떤 것이 옳다 아니다 그르다, 좋다 아니다 나쁘다, 아름답다 아니다 추하다, 멋있다 아니다 볼품없다,……라고 말합니다. 여러 방식으로 늘 가치를 판단하면서 살아가죠. 우리는 매일 가치를 두고서 논쟁합니다. 어떤 사실을 두고서도 논쟁하지만, 가치를 두고서 논쟁할 때가 더 많습니다. "어제 비가 왔다", "아니다, 안 왔다"의 문제를 가지고서도 논쟁하지만, "비라고 하는 것이 사람을 우울하게 만들어서 싫다", "아니다 비가 오면 로맨틱해서 좋다"는 식으로 가치에 대해서 끝없이 논쟁을 합니다. 그리고 자기가 생각하는 가치를 계속 추구하는 것이 인간이죠. 그래서 '선'과 '악'의 개념이 등장합니다. 만일 인간의 세상에 가치라는 것이 없다면 선이나 악도 없는 것이죠. 어떤 방식으로든 가치를 추구하기에 선과 악이 성립합니다. 가치가 없어도 생물학적 존재로서의 인간은 성립하지만[1] 인생人生은 성립하

지 않죠. 인생이란 기본적으로 순수 인식의 문제가 아니라 의미/가치
와 행위의 문제이니까요.

　　모든 가치론적 논의에서 가장 기본적으로 사용되는 개념이 선과
악입니다. 그런데 이 선과 악이라는 개념 쌍은 혼동을 일으키는 면이
있어요. 이 말은 한편으로는 옳은right/그른wrong이라는 뉘앙스를 띠
고 있고, 다른 한편으로는 좋은good/나쁜bad이라는 뉘앙스를 띠고 있
기 때문이죠. 물론 일상어에서는 옳음의 반대를 나쁨으로 이야기하기
도 하죠. "그것은 그릇된 행동이야"라고 말하기도 하지만 똑같은 의미
로 "그것은 나쁜 행동이야"라고도 얘기하잖아요? 그래서 일상어에서
는 옳음/그름과 좋음/나쁨이 정확히 구별되지 않습니다. 사실 이런 경
우들이 많죠. 예컨대 합리적이라는 것과 이성적이라는 것은 일상 언
어에서는 혼용되지만 철학적으로는 전혀 다른 의미입니다(예컨대 베
르그송은 비합리주의자이지만 비이성적인 사람은 전혀 아니죠. 비이성
적인 사람은 네로나 히틀러 같은 사람들입니다. 때로 철학 전문가들조차
도 이 차이를 구분하지 못하고, 현대 철학이 이성을 매도하는 것으로 엉뚱
하게 이해하곤 합니다). 그래서 일상어의 용법과 철학적 용법을 정확히
구분해서 독서하는 것이 매우 중요합니다. 철학적 언어 사용에 있어,
옳음의 짝은 그름이고 좋음의 짝은 나쁨이라는 것을 명심하시기 바랍
니다.

---

1) 그러나 가치라는 말을 넓게 볼 경우, 생물학적 존재 양식이 이미 가치를 함축한다. 어떤
　생명체가 본능적으로 송이버섯과 독버섯을 구분할 때, 그 생명체는 한 사물이 자신에게
　띠는 가치를 이미 감지하고 있는 것이다. 주체성이 성립하는 차원에서는 어떤 식으로든
　가치가 작동하고 있다고 보아야 한다.

선과 악은 이렇게 양의적으로 이해됩니다만, 두 경우는 매우 다른 내용을 뜻합니다. 옳음/그름은 초월적 가치 기준과 의무 개념을 함축하지만, 좋음/나쁨은 내재적 가치 기준과 행복/기쁨의 개념을 함축하기 때문이죠. 옳음/그름은 왜 초월적 가치 기준을 전제하느냐? 철수가 영희에게 거짓말을 했다고 합시다. 순수하게 내재적으로만 보면 영희가 그 거짓말 때문에 기분이 좋아질 수도 있고 나빠질 수도 있습니다. 영희가 새로 산 옷이 철수가 보기에는 영 아닌데 그렇다고 진실을 이야기했다간 그날 분위기를 완전히 망치겠죠. 그럴 때는 거짓말을 해야 합니다. 그런데 도덕의 관점에서 보면 "거짓말은 그른 것"이라고 해야 합니다. 그래서 도덕적 판단은 철수와 영희 사이의 내재적인 지평 바깥에 어떤 초월적인 기준이 있다는 것을 전제합니다. 바로 그렇기 때문에 우리는 "거짓말하지 말아야 한다"고 합니다. 다시 말해 도덕적 판단은 "~하지 말아야 한다" 또는는 "~해야 한다"는 의무의 개념을 함축하고 있어요. 반면에 좋음/나쁨을 느끼는 것은 철수와 영희 당사자들이죠. 무언가에 비추어서 옳고 그른 것이 아니라 내가 좋으면 좋은 것이고 나쁘면 나쁜 것이죠. 그리고 남과 나의 사이가 좋아지면 좋아지는 것이고 나빠지면 나빠지는 것입니다. 술과 나, 또는 친구와 나 둘의 관계일 수도 있고, 술과 나와 친구 셋의 관계, 또는 술과 나, 친구,……의 여럿의 관계일 수도 있습니다. 어쨌든 핵심은 좋음/나쁨은 사람과 사물, 사람과 사람 사이의 내재적 관계의 문제라는 것입니다.

예컨대 마약은 도덕적 가치에선 나쁜 것이죠. 그래서 마약을 하지 말"아야 하는" 것입니다. 그러나 마약을 먹은 당사자로서는 기분이 좋잖아요. 그러면 그 사람한테는 일단 좋은 것입니다. 그러나 윤리적으로도 마약을 하지 말아야 한다면, 그것은 마약이 한 순간을 짜릿하게 해줄지는 몰라도 결국 한 인간을 파멸시키기 때문이고, 또 더 중요하게는 마약을 먹은 사람들이 다른 사람들에게 해를 끼치기 때문입니다. 그런 내재적 좋음/나쁨의 근거 위에서 선악의 판단이 서는 것이죠. 미묘한 경우도 많죠. 예컨대 어떤 음악가가 마약을 먹고 뛰어난 곡을 써냈다면, 그 경우 그 사람은 망가지지만 그 음악을 듣는 사람들은 행복해지니까요. 윤리적 지평에서는 판단하기가 상당히 어려운 문제입니다.

'선'에 해당하는 그리스어는 'agathon'으로서, 형용사 'agathos'의 중성명사형입니다. 그런데 이 말은 기본적으로 '좋음'을 뜻합니다. 그리스 사람들의 가치는 기본적으로 도덕보다는 윤리의 성격을 띠고 있다는 것이 일상어 자체에서 확인됩니다. 이 말의 최상급, 즉 '최선'은 'to ariston'입니다. 정치철학에서 'aristocracy'라는 말이 나오죠? 'Democracy'가 '민주정'이고 'aristocracy'는 귀족정이죠. 그런데 예컨대 플라톤의 경우 이런 번역이 큰 오해를 낳을 수도 있어요. 왜냐하면 플라톤이 말하는 'aristocracy'라는 말은 우리가 생각하는 세습적 '귀족'을 말하는 것이 아니고 차라리 '가장 뛰어난 사람'을 가리키기 때문입니다. 지적으로나 도덕적으로나 가장 훌륭한 사람들에 의해 행해지는 정치가 'aristocracy'예요. 그런 점에서 공자의 '군자'의 정치와 통하죠. 그러면 훌륭한 사람들은 어떤 근거 위에서 훌륭하다고 판단되느냐? 플라톤은 교육 과정을 통해 그런 가치를 판단할 수 있다고 보았고, 그래서 『국가』에서 교육론이 그렇게 큰 비중을 차지하는 겁니다. 그런데 우리가 생각하는 귀족은 그냥 운이 좋아서, 왕족이나 부잣집의 아들로 태어나서 엄청나게 비싼 옷을 입고 번쩍이는 차를 타고 다니면서 소일하는 사람들이죠. 매일 무도회만 여는 사람들 말입니다. 그러나 플라톤의 'aristocracy'는 그런 귀족정과는 전혀 성격이 다른 것이죠. 정확하지 않은 번역어 하나가 한 사람의 사상을 얼마나 오해시킬 수 있는가를 잘 보여 주는 예이죠. 그래서 '최선자 정치'라는 번역이 무난합니다. 라틴어로 '선'과 '최선'은 각각 'bonum'(프랑스어의 'bon'), 'summum bonum'입니다. 프랑스어를 보면 'bon'이 들어간 말이 많잖아요? 다 "좋다"는 뜻을 내포하는 단어들이죠. 'summum bonum'은 '지고한 선', 즉 '지선'至善으로 번역할 수 있습니다.

선을 처음으로 명확하게 말한 것은 퓌타고라스였다고 합니다. 퓌타고라스는 사물들의 위계 꼭대기에 선을 놓았고, 이를 '신', '정신', '일자'와 동일시했습니다. 전통적인 형이상학들이 흔히 그렇듯이 존재론적 맥락과 가치론적 맥락이 합일해 있다는 것을 알 수 있죠. 우리말에서도 "참되다"라는 말은 '진짜'라는 뜻도 되고, "맞다"라는 뜻도 되고, "옳다"라는 뜻도 되고, "좋다"라는 뜻도 되고, 다 되죠. 현대인들은 존재와 당위 사이의 큰 균열에 익숙해 있지만, 근대 이전의 철학들에게서는 존재와 당위가 늘 함께 있어요. 존재와 당위 사이의 불일치와 간극에 대한 심각한 고민이 그다지 없습니다. 선을 신, 정신, 일자와 동일시한 퓌타고라스에게서도 그런 경향을 볼 수 있습니다. 나아가 '미', '진리', '행복', '존재', '사유' 같은 개념들도 선 개념과 관련되었고, 또 때로는 동일시되곤 했습니다. 이런 좋은 개념들을 줄줄이 나열하는 것이 전통적인 사유에서 많이 눈에 띄죠. 현대적인 눈길로 보면 좀 싱겁고 나이브하기도 합니다. 반대로 말하면 현대인들은 세상을 그렇게 편하게 보기에는 이미 영혼이 피곤하고 어둡다고도 할 수 있겠죠. 때로 선은 이런 가치들 중에서도 최고의 가치로 다뤄지기도 했습니다.

§2. 그리스적 선=좋음

그리스인들은 대체로 악보다는 선에 민감했습니다. 그리고 그리스적 '선', 즉 'agathon'은 옳음이 아니라 좋음입니다. 그리스 민족은 '좋음'을 추구한 민족이죠. 중세 기독교 문화로 가면 악이 상당히 민감한 문제가 되죠. 그런데 그리스인들은 대체적으로 낙천적인 민족이라서 그런지 악보다는 선에 대해 훨씬 더 민감했던 것 같습니다. 그러나 물론 악의 문제도 논의되었습니다. 하지만 그런 경우에도 논의의 방식은 상당히 주지주의적이었습니다. 예컨대 덕을 논하면서 소크라테스의 '지행합일'에 대해 이야기했지만, 소크라테스는 악의 문제에 있어서도 악은 반드시 무지에서 나온다는 입장을 견지했던 것이죠. 알면서 나쁜 짓 하는 사람은 없다는 겁니다. 누구도 자발적으로 부정을 저지르지는 않는다는 것이죠. 이런 생각은 우리를 조금 갸우뚱하게 만들죠. 나쁘다는 것을 알면서도 자기 이익을 위해서 악을 행하는 사람들을 많이 보잖아요? 이 문제에 대해서는 지난 강의에서(11강, §2) 길게 이야기했습니다. 소크라테스에게서 진정한 인식이 무엇인지, 그리고 그런 생각이 어떤 의미론을 함축하는지에 대해 논했었죠? 어쨌든 소크라테스의 지행합일설은 선에 대해서도 또 악에 대해서도 동시에 성립합니다.

다음은 플라톤으로 가 봅시다. 플라톤은 선에, 선의 이데아에 최대의 가치를 부여했어요. 이데아들 중의 이데아, 최고의 이데아가 선의 이데아입니다. 이에 대해 'hyperousia'라는 말을 쓰죠. 'Ousia'라는 말은 '실체' 또는 '실재'로 번역되는데, 훗날 아리스토텔레스에 의해 핵심 용어로 채택됩니다. 그런 뜻의 'ousia'라는 말 앞에 'hyper'가 붙어 있죠. 'Hyper'라는 말은 "~을 넘어서"라는 뜻이에요. 경우에 따라서는 '최고의'를 뜻할 수도 있죠. 'Ousia'들 중에서도 'hyperousia'라 할 수 있는 것이 선의 이데아입니다. 그래서 선의 이데아는 정의로움과 아름다움의 근거로 제시됩니다(『국가』, 517c). 플라톤이 선의 이데아를 태양에 비유하는 것은 이 때문입니다. 이 감각세계, 현실세계에서의 최고의 선이 뭐냐? 바로 태양입니다. 태양이 없어진다면 그것으로 지구의 모든 것은 끝이죠. 그런데 말하자면 이데아계의 태양이 바로 선의 이데아인 것입니다. 플라톤은 진리를 찾아가는 과정, 사다리를 타고 올라가는 것과도 같은 과정을 '변증법'이라고 불렀는데, 그 변증법의 마지막에 발견하게 되는 것이 바로 선의 이데아입니다. 우주의 태양은 감각세계를 주재하고, 이데아계의 선은 진리와 지성의 세계를 주재하는 것이죠. 선의 형상은 변증법적 사다리의 끝인 것입니다. 그래서 선의 이데아는 절대적으로 완전하고 또 모든 존재들을 능가합니다. 선의 이데아는 다른 이데아들 위에 있는 것입니다. 사다리라는 표현을 썼습니다만, 우리는 선의 이데아를 개념으로는 규정할 수 없고 차라리 영혼의 상승anabasis을 통해서만 도달할 수 있습니다. 플라톤은 유명한 「제7 서한」에서 언어가 사물의 진정한 모습을 있는 그대로 전달할 수 없다고 말합니다. 그래서 선의 이데아는 오로지 직관할 수밖에 없는 것이죠. 즉 선의 이데아는 언어를 통해서는 규정될 수 없으며, 우리는 오로지 영혼의 직접적인 상승을 통해서만 그에 도달할 수 있다는 겁니다.

플라톤에 따르면, 인간의 모든 행위는 선=좋음을 겨냥해서 이루어집니다. 선=좋음이 존재하지 않는다면, 우리가 가진 모든 것이 쓸모없어진다는 것이죠. 나쁘게 되려고 뭔가를 하는 사람은 없을 것입니다. 자포자기해서 자학하는 사람도 그 자학을 통해 자기가 처한 상황을 마조히즘의 방식으로 해소하려 하는 것이고, 자살하려는 사람도 자살을 통해 자기가 처한 막다른 골목에서 벗어나려는 것입니다. 결국 우리 행위의 기본 원리는 좋음=선인 것이죠.

그런데 플라톤의 이런 생각 아래에는 선=좋음에 대한 좀더 근본적인 가정이 깔려 있습니다. 인간이란 선=좋음을 위해 살아가는 존재라는 당연한 생각 아래에는 세계 자체에 대한 존재론적 가정이 깔려 있는 것이죠. 1부(2강, §2)에서 논했듯이, 플라톤의 세계관은 제작적 세계관이고 따라서 세계를 제작자가 어떤 일정한 목적을 가지고서 제작한 것으로 이해합니다. 결국 세계 자체가 목적론적으로 되어 있는 것이죠. 그래서 세계도 목적론적이고 인간도 목적론적입니다. 때문에 플라톤에서는, 사이사이에 복잡성이나 간극이 매개되기는 하지만, 전체적으로 볼 때 세계와 인간이 하나의 목적론적 체계 내에서 이해됩니다. 삶의 가치와 세계 인식이 정합적으로 이해되고 있는 것이죠. 이는 칸트와 비교해 볼 때 뚜렷하게 이해됩니다. 칸트의 경우 세계(자연 세계)는 기계론적이지만, 인간은 목적론적 존재입니다. 더 정확히 말해 인간은 자연세계라는 기계론적 세계와 '목적의 왕국'이라는 목적론적 세계가 접합해 있는 기이한 이중체입니다. 데카르트의 구도를 그대로 이어받고 있죠. 칸트에게서는 이렇게 이원론이 성립하고, 그래서 이원론을 메우려는 시도가 이어지게 됩니다. 이와 같은 삼원 구도에서 씌어진 것이 유명한 삼대 비판서입니다. 고대 철학과 근대 철학의 중요한 차이가 여기에 있습니다.

또 하나 플라톤은 선=좋음을 최고의 원리로 놓음으로써 진리와 미에 대한 선=좋음의 우위를 제시했다고도 볼 수 있겠습니다. 물론 흔히 말하듯이 진선미의 일치도 헬라스 사유의 특징을 이루고 있습니다. 그러나 진과 선과 미를 가리키는 말이 각각 따로 있다는 사실 자체가 어쨌든 이들이 구분되었다는 것을 뜻합니다. 그런데 플라톤은 진리나 미보다는 선과 (사회로 말하면) 정의를 더 우월한 가치로 제시했던 것이죠. 그래서 플라톤에게서는 공부를 하는 것도 어디까지나 선하게 되기 위한 것입니다. 동북아 문화도 그렇죠. 특히 유교가 그렇습니다. 지금은 물론 그렇지 않습니다. 선하게 되기 위해서 공부하는 사람은 없다고 말하면 좀 냉소적인 이야기가 될지 모르겠습니다만, 사실 선한 인간이 되기 위해서 공부하는 사람이 과연 얼마나 될지 모르겠습니다. 지식을 통해서 남에게 인정받고, 전문가가 되고, 더 노골적으로 말하면 연봉을 많이 받기 위해서 공부를 하는 것입니다. 마치 짐승들이 발톱과 이빨, 달리는 속도와 지구력으로 우위를 겨루듯이, 인간은 시험으로 우위를 겨루는 것이죠. '학벌'이라는 것이 계층 구분의 잣대 역할을 하는 것입니다. 얼마 전까지만 해도 이렇게까지 심하지는 않았는데, 요 2~30년 사이에 너무 심해졌죠. 그러다 보니 '지식산업'이라는 말이 더 이상 어색하지 않게 되었고, '경영 마인드' 같은 말이 대학의 화두가 되고 있습니다. 심지어 유치원 아이들도 과외를 받는 세상이 되었죠. 그러나 고전적인 철학자들의 입장에서 본다면, 앎이란 기본적으로 '수신'修身하기 위한 것이었습니다. 플라톤도 그렇게 보죠. 지식도 아름다움도 결국 선=좋음에 복속됩니다. 물론 과거에도 액면 그대로 이런 가치가 통하진 않았죠. 과거에도 많은 사람들에게 글을 읽는다는 것은 '입신양명'立身揚名을 위한 것이었으니까요. '순수한 지식'이란 사실 그리스 철학의 일정 부분이 인류에게 남긴 독특한 유산인 것입니다. 그러나 어쨌든 지식을 도덕에 복속시키는 것은 전통 철학의 중요한 한 특징입니다.

이런 생각은 예컨대 전통 미술의 경우에도 잘 나타납니다. 마음을 먼저 닦아야 좋은 그림을 그릴 수 있다고 하죠. 선비가 되어서 학문이 깊고(여기에서 '깊은 학문'이라는 말에는 이미 도덕이 들어가 있습니다) 인품이 뛰어나야 좋은 그림이 나온다는 겁니다. 그러나 현대적 관점에서 보면 그렇지 않죠. 어떤 사람이 얼마나 도덕적이냐의 문제와 얼마나 뛰어난 예술가이냐의 문제는 서로 다른 것 아닙니까? 사실상 도덕과 예술은 오히려 상극일 경우가 많죠. 이런 모순은 아쿠타가와 류노스케芥川龍之介의 「지옥변」地獄變 같은 작품에 인상 깊게 묘사되어 있습니다. 그러나 오늘날에는 이런 고뇌 자체도 사라진 것 같습니다. 예술가들은 대체적으로 윤리나 도덕, 정치, 실천 같은 문제에는 그다지 관심이 없습니다. 이것은 학문의 경우도 마찬가지죠. 오늘날 학문이란 '전문 지식'의 문제이지 인격의 문제는 아닙니다. 학생들도 누군가의 인격을 흠모해서 그 사람의 강의를 듣는 경우는 별로 없을 겁니다. 자기가 필요한 정보를 얻기 위해서 들을 뿐이죠. 선생과 학생이 몇 년 동안 얼굴을 보면서도 서로 대화 한번 하지 않는 경우도 많습니다.

전통 사회와 현대 사회에서의 진, 선, 미는 상당히 다른 뉘앙스를 띠고 있는 것이죠.

한 가지 흥미로운 사실은 플라톤은 소크라테스와는 달리 악이 무지에 의해서만 일어난다고 보지는 않았다는 점이죠. 신성한 정의에 의해 심판받아야 할 타락한 영혼도 존재한다는 겁니다(『파이돈』, 108b-c). 플라톤이 볼 때는 반드시 무지하기 때문에 악한 것만은 아닙니다. 모르기 때문이 아니라 진짜 악해서 악행을 하는 영혼도 있다는 것이죠.

플라톤의 선=좋음은 초월적인 것이기 때문에 현실의 선=좋음과 거리가 있다고 할 수 있습니다. 너무 고원高遠하다 보니까 현실적인 선=좋음과는 거리가 있는 것이죠.[2] 그런데 유심히 보면 초월적 가치에 대한 낙관주의는 대개 현실에 대한 비관주의를 숨기고 있습니다. 초월적 가치에 대한 낙관적인 믿음을 가지고 있는 사상들은 그 배면에 현실에 대한 깊은 비관주의를 감추고 있기 마련이죠. 현실을 비관적으로 보기 때문에 그것에 대한 극복으로서 초월적 낙천주의를 제시하는 것입니다. 플라톤은 그리스가 멸망에 직면했을 때 활동했던 사람이죠. 플라톤이 이상국가를 꿈꾸었던 것은 실제 현실이 전혀 이상적이지 않았기 때문이었습니다. 현실이 행복하다면 이상적인 국가를 꿈꿀 이유가 없는 겁니다. 바꾸어 말해 현실의 비관주의를 극복해 나갈 수 있는 힘을 주는 것이 초월적 낙관주의라고도 할 수 있습니다. 꿈이

---

2) 그러나 이런 성격이 플라톤 철학의 전모는 아니다. 플라톤 철학은 매우 다변적인 사유이며, 그의 사유에서는 현실적 선=좋음 역시 적극적으로 논의된다.

있을 때 현실도 움직이니까요. 플라톤의 철학은 바로 그런 꿈과도 같은 철학입니다. 그것을 받아 더 극단화한 것이 기독교이죠.

아리스토텔레스에서도 선=좋음은 원동자原動者, 필연적인 존재, 원리, 순수 사유, 신 등과 동일시됩니다. 이성적인 의지의 일차적인 대상은 선입니다. '이성적인 의지'라는 말을 잘 봐야 합니다. 당시 헬라스 사람들은 '이성'과 '의지'를 대립시켰거든요. 그런데 아리스토텔레스는 '이성적인 의지'라고 했습니다. 지난 시간에 '덕'을 이야기할 때 '의지' 이야기가 나왔었죠? 의지에는 이성이 동반되지 않는 의지도 있죠. 이성이 동반되지 않은 채 의지만 있는 경우는 문제가 심각해지죠. 돈이나 권력, 쾌락에의 의지 같은 것들이 그렇습니다. 그렇다면 이성을 동반한 의지가 지향하는 것이 뭐냐? 바로 덕입니다. 지금 맥락에서는 선이고요. (『니코마코스 윤리학』의 도입부에 나오듯이) 모든 학문과 기술/예술은 선을 지향합니다. 그리고 개인에게서든 국가에게서든 최고선이 최종적인 목적이 됩니다. 이것은 개념적으로 당연하지요. 최종적인 목적이 곧 최고선이겠죠. 그런데 최고선은 실체에 있어서는 신과 정신(영혼)으로 나타납니다. 신과 정신을 다른 것들과 변별하고 그에 높은 의미를 부여하는 것은 서구 전통 철학의 일반적 경향이죠. 그리고 질에서는 여러 덕들이, 양에서는 중용이 최고선의 위치를 차지합니다.

때로 최고선은 행복eudaimonia과 동일시되기도 해요. "인간에게 고유한 선=좋음은 덕에 부합하는 영혼의 활동이다." 인간에게 고유한 선은 무엇이냐? 새에게 고유한 선/행복은 창공을 훨훨 나는 것이겠죠. 두더지에게 최고의 선/행복은 땅을 신나게 파는 것이겠죠. 마찬가지

로 인간에게 최고의 선은 뭐냐? 인간에게 최고의 선/행복은 덕에 부
합하는 영혼의 활동이라는 겁니다. 아리스토텔레스에게 선/행복이란
"우리 자신에게서 가장 완전한 부분에 따라 사는 것"이며, 그것은 곧
관조적 이성epistêmonikon의 신성한 원리입니다. 우리에게 새의 날개,
두더지의 발톱에 해당하는 것이 바로 이성인 것이죠. 아리스토텔레스
는 인간이 자신의 본질인 이성을 최대한으로 발현하면서 사는 것이
최고의 행복이라고 생각했던 겁니다.

§3. 내재적 가치와 초월적 가치

헬레니즘 시대는 흔히 윤리와 종교의 시대라고 하죠. 수준 높은 철학
적 사유보다는 보다 직접적인 실천이 선호되었던 시대이고 또 '구원
에의 갈구'가 지중해세계를 감쌌던 시대입니다. (당시로서는 신흥 종교
였던) 기독교를 비롯해 무수한 종교들이 명멸했던 시대이기도 했죠.
이 시대가 되면 그레코-로망(그리스-로마)적인 사유인 에피쿠로스-
스토아학파의 현실주의와, 동방적=오리엔트적 사유인 플로티노스-
기독교 사상의 초월주의가 대립하게 됩니다. 이 점은 선악의 문제에
서도 분명하게 드러나지요.

　　에피쿠로스학파와 스토아학파는 그리스적 낙관주의를 견지하면
서도 플라톤, 아리스토텔레스보다 현실적인 사유를 펼칩니다. 낙관적
인 것은 마찬가지이지만 훨씬 더 현실적이고 유물론적인 사유를 펼치
죠. 에피쿠로스에게 최고의 선은 쾌락/기쁨입니다. 최고선이 신 또는
그와 가까운 가치들이 아니라 쾌락/기쁨인 겁니다. 유심히 볼 것은 신

이나 영혼 등은 어떤 '존재'이지만, 에피쿠로스가 말하는 기쁨/쾌락은 어떤 '상태'라는 사실입니다. 이 점에서도 알 수 있듯이, 에피쿠로스학파에게는 존재론적 관심이 희박합니다. 물론 에피쿠로스학파에 의해, 특히 훗날의 루크레티우스에 의해 체계적인 원자론이 전개되긴 했지만, 그것도 순수 과학적 관심에서 나온 것이라기보다는 어디까지나 실천철학을 위한 복선에 불과합니다. '실재 탐구'를 최고의 철학적 행위로 보았던 이전의 철학 전통과는 대비되지요. 또 하나 조심할 것은 이들이 말하는 'hêdonê'가 우리가 말하는 일상적 의미에서의 쾌락은 아니라는 점이에요. 일상어에서 '쾌락'이라는 말은 주로 말초적인 즐거움들을 연상케 하죠. 사실 말 자체만 놓고서 보면 '快樂'은 좋은 말인데, 현대에 들어와 이런 뉘앙스를 띠게 됩니다. 에피쿠로스학파의 '헤도네'는 '쾌락'보다는 차라리 '기쁨'으로 번역하는 것이 더 좋을 때가 많아요. 'Plaisir d'amour'를 '사랑의 기쁨'으로 번역해야지 '사랑의 쾌락'이라고 번역하면 엉뚱한 의미가 되죠. 그래서 개념들의 미묘한 뉘앙스를 이해하는 것이 중요합니다.

　쾌락/기쁨을 뜻하는 그리스어 'hêdonê'는 라틴어 'voluptas'에 해당하죠. 흥미로운 것은 현대어 'volupté'는 주로 관능적 쾌락을 뜻한다는 사실입니다. 중세를 겪으면서 에피쿠로스와 스토아의 유물론 철학이 기독교에 의해 철저하게 폄하됩니다. 그래서 상당 부분 왜곡되죠. 이것은 계몽 시대에 이르러 역으로 기독교가 폄하되고 에피쿠로스와 스토아의 철학이 선호된 것과 대조됩니다. 어쨌든 'voluptas'라는 말은 이런 과정을 겪으면서 지금 우리말의 '쾌락'의 뉘앙스를 띠게 된 것이죠. 육체적인 쾌락을 뜻하게 된 것입니다('肉'이라는 한자의 뉘앙스가 함축하듯이, '육체'라는 말 자체가 폄하적인 뉘앙스를 품고 있습니다. 신체적인 것, 물질적인 것에 대한 폄하의 뉘앙스죠).

그런데 이 개념은 변양태들/정념들과 밀접하게 연관됩니다. 10강에서 '파토스'에 대해 이야기했던 것을 기억해 주세요. 이를 순수 우리말로 하면 '겪음'이라고 했죠? 사물과 사물이 부딪히면서 서로가 서로를 변화시키는 것, 서로의 양태들을 변화시키는 것으로, 'modification'이 이런 뜻을 함축한다는 것을 언급했습니다. 그런데 이런 변양과 더불어 감응affection에서의 변화도 온다고 했죠. 'affectus'에서의 변화죠. 바로 감응에서의 변화들 중 하나가 쾌락/기쁨이에요. 그리스인들에게 쾌락/기쁨은 기본적으로 "겪는" 것이었습니다.

바로 그렇기 때문에 쾌락/기쁨은 그렇게 좋은 것으로 이해되지 않았어요. 쾌락/기쁨 역시 정념情念 가운데 하나예요. 슬픔도 나를 막 휘두르지만 쾌락/기쁨도 마찬가지로 나를 가만히 안 놔두고 휘두른다는 것이죠. 그래서 이것도 일종의 정념입니다. 'Passion'이라는 말은 낭만주의가 등장하면서 로맨틱한 뉘앙스를 갖게 된 것이지 그 전에는 부정적인 뉘앙스를 띠었다는 말을 했었죠? 왜 그런가. 쾌락/기쁨은 다소 변덕스럽고 단편적인 것으로 간주되었기 때문입니다. 여러분들도 가끔 그럴 때가 있나요? 기분이 아주 좋을 때가 있잖아요. 별일이 있는 것도 아닌데 기분이 너무 좋아서 나도 모르게 노래를 부르고 그럴 때가 있죠. 그럴 때면 어떤 생각이 드는가 하면, 이런 상태가 조금 나눠지면 좋을 텐데, 기분 나쁠 때와 지금 이렇게 기분 좋을 때가 잘 배분되었으면 좋을 텐데 하는 생각이 들어요. 왠지 모르게 우울할 때도 많기 때문이죠. 감정의 지나친 기복은 그다지 좋은 것이 아님니다. 물론 너무 밋밋한 감정도 재미없지만 말이죠. 그리고 기분이 너무 좋아서 실수할 때가 많습니다. 기분이 좋으면 침착성을 잃어버려서 그만 실수를 하곤 하죠. 그래서 기분이 너무 좋을 때 오히려 조심해야 합니다. 휘파람 불면서 가다가 넘어져 코를 깨곤 하죠. ……(웃음)…… 하지 말아야 할 말을 자기도 모르게 하기도 하고요. 그래서 한의학에서도 기쁨/쾌락을 좋은 것으로 보지 않습니다. 복권 당첨되고서 죽는 경우를 생각해 보면 되겠네요.

이런 맥락에서 나온 것이 에피쿠로스의 쾌락주의예요. 에피쿠로스는 '정념'으로서의 기쁨/쾌락이 아니라('정념'이라는 개념에 "휘둘린다"는 뉘앙스가 들어간다는 것은 앞에서 지적했습니다) 안정적이고 지속적인 쾌락/기쁨을 강조했습니다. 한순간 일어났다가 곧 사그라드는 정념이 아니라 파토스로부터 해방된 'apatheia'의 경지를 말한 것이죠. 에피쿠로스가 추구한 쾌락주의는 어찌 보면 우리가 생각하는 '쾌락'과는 정반대되는 것이라고 해야 할 겁니다. 플라톤은 쾌락이 고통을 동반하는 것으로 묘사했습니다만(『파이돈』, 60b),[3] 에피쿠로스는 신체적 고통이나 도덕적 문제가 개입되어 있지 않은 쾌락/기쁨을 최고선으로 보았던 겁니다. 고요하면서도 기쁨이 가득 차 있는 경지를 말하

---

3) 그러나 플라톤이 쾌락/기쁨을 전면적으로 부정한 것은 아니다. 『필레보스』(59c~66a)에서는 쾌락/기쁨과 지혜(phronêsis)를 비교하고 있으며, 둘이 적당히 혼합된 삶이 논의된다. 이런 생각은 맥락을 바꾸어 『티마이오스』에서 '이성'과 '아낭케'의 혼합으로 이어진다. 물론 아낭케는 쾌락/기쁨보다 상대적으로 부정적인 뉘앙스를 함축한다. 쾌락/기쁨은 좋은 것이지만, 아낭케는 '어쩔 수 없는 것'이기 때문이다. 아울러 플라톤에게서는 측도와 비율이 중요한 의미를 띠게 된다. 삶의 많은 문제에 있어 좋다/나쁘다의 이분법보다는 측도/비율을 어떻게 가져갈 것인가가 중요하기 때문이다.

고 있습니다. 부처님의 얼굴을 떠올리면 되겠네요.

스토아학파의 경우도 기본적으로는 에피쿠로스학파와 통합니다만, 세부적으로는 여러 가지 중요한 차이가 있습니다. 시간 관계상 여기에서는 에피쿠로스학파만 논했습니다. 스토아학파에 대해서는 내가 이전에 쓴 책(『사건의 철학』, 2부)을 참조하시기 바랍니다.

플로티노스와 기독교는 에피쿠로스, 스토아와는 상반되는 철학을 전개했습니다. 그런데 플로티노스나 기독교는 악의 문제에 특히 민감했습니다. 당시만 해도 기독교는 신흥 종교였죠. 그런데 기독교에는 무수한 분파들이 있었습니다. 퓌타고라스학파와 연계되는 그노시스파, 플로티노스와 연계되는 '정통파'를 비롯해 다양한 분파를 형성했었죠. 우리는 기독교에 대해 원래 가톨릭이라는 하나의 흐름이 있다가 나중에 루터교, 칼뱅교 등 여러 신교들로 갈라졌다고 생각하지만, 거꾸로 거슬러 올라가면 반대로 생각해야 합니다. 사실은 무수한 분파들이 있다가 나중에 가톨릭이 하나의 '정통'으로 자리 잡은 것입니다. 불교도 그렇죠? 붓다가 입적한 후에 엄청나게 복잡한 '부파불교들'이 등장합니다. 이렇게 갈라지는 이유들 가운데 하나는 붓다도 그렇고 예수도 그렇습니다만 책을 쓰지 않았기 때문입니다. 소크라테스, 공자도 마찬가지입니다. 책을 썼다 해도 그에 대한 해석이 같지 않을 터인데, 하물며 아예 책을 남기지 않았기에 이들의 사상에 대한 무수한 해석들이 난무하게 되었던 것이죠.

기독교는 예수에 의해 창시되고 체계화된 것이 아닙니다. 예수가 이미 죽은 후, 그것도 한참 후에 바울을 비롯한 다른 사람들이 예수교를 만든 것이죠. 전해 내려오는 예수 이야기를 재료로 해서 여러 종파들이 형성되었던 겁니다. 그러니까 이 종파들은 예수 이야기를 근거로 한다는 것을 뺀다면 사실상 매우 이질적인 것들이었던 것이죠. 그러다가 기독교가 현실적인 힘을 획득하면서 이제 무수한 종파들을 정리해서 '정통'orthodox 기독교, 즉 가톨릭이 성립하게 된 것입니다.

초기 기독교 분파들 중에서 상당히 강력했던 한 분파가 그노시스파=영지주의靈知主義였습니다. 특히 사해문서死海文書가 발견되면서 이 분파에 관한 여러 가지 사실들이 밝혀지게 됩니다. 그런데 이 분파는 철저한 이원론의 입장을 취했습니다. 그노시스파로 대변되는 이원론자들은 물질적인 것을 악으로 보았습니다. 영육 이원론은 특히 퓌타고라스파와 오르페우스교의 전통이에요. 퓌타고라스파와 오르페우스교는 극단적인 이원론의 사유를 펼쳤었죠. 그노시스파는 이들의 영향을 받았고, 우리가 흔히 알고 있는 정통파는 플로티노스의 영향을 받았습니다. 서구 사상사에서 '악'이라고 하는 말이 강한 뉘앙스를 가지게 된 것은 바로 이 시기의 일입니다. 그 전까지 악은 그냥 '나쁜 것' 정도의 뉘앙스를 띠었습니다. '싫은 것', '추한 것' 정도의 뉘앙스죠. 그런데 이 시대에 들어와 악이라는 단어에는 극히 강한 내포가 들어가게 되죠. 기독교라는 종교를 유심히 보면 상당히 어두운 면이 나타나잖아요? 그런 정서는 특히 이 시대에 형성된 겁니다. 이 시대에 들어와 악이라는 말에 극히 무거운 뉘앙스가 부여되었던 것인데, 어찌 보면 오늘날 우리가 가지고 있는 악의 개념은 우리 전통 문화에서 연원하는 악 개념이 아니고 차라리 기독교적인 악 개념이에요. 현재 한국의 일반 대중이 가지고 있는 악 개념은 기독교적인 악 개념이라고 보아야 합니다. 대중문화에서 묘사하는 악의 이미지들이 대개 그렇죠.

그런데 물질적인 것이 악이라고 한다면, 인간에게 있어 악한 것, 즉 인간에게 있어 물질적인 것은 무엇일까요? 바로 신체, 몸이죠. '肉體'라는 뉘앙스에서의 몸입니다. 그래서 인간의 경우 신체는 극단적인 악으로 이해되었습니다. 동북아 문화에는 그런 특징이 거의 없다고 봐야 하는데, 서구 문화에는 몸, 신체에 대한 두려움 내지 기피 같은 정서가 있죠. 물론 유교(특히 성리학)도 어느 정도 그렇기는 합니다. 그런데 유교가 그런 태도를 취한 것은 존재론적 이유에서였다기보다는 사회 질서를 염두에 둔 것이었다고 해야 합니다. 몸 그 자체를 악으로 본 것은 아닙니다. 그러나 그노시스파 등은 극단적인 이원론을 전개했고, 따라서 그들에게 신체는 악이었던 겁니다. 때문에 이들은 자연스럽게 신체를 벗어 던지고 영혼만이 존재하는 세계로 가기를 희구했으며, 이런 전통은 그후 서구 세계에서 일정한 갈래로 지속됩니다. 원래 영혼들만 있는 세계가 있다, 그런데 그 세계가 타락해서 물질화된 것이다, 이렇게 생각하는 흐름이 이어져 내려옵니다. 그래서 이 사람들의 목표는 몸을 없애 버리고 영혼의 세계로 돌아가는 것이죠. 하나의 거대한 영혼만 있는 세계로 가는 겁니다. 그것이 그노시스파의 최고 목표죠.

바로 이 그노시스파를 배경으로 한 유명한 애니메이션이 안노 히데아키의 「신세기 에반겔리온」입니다. 영지주의라는 배경을 모르면 이해하기 힘든 애니메이션이죠. 이 애니메이션은 1995년에 개봉되었는데, 그 해가 어떤 해죠? 바로 옴진리교에서 지하철에 사린가스를 살포했던 해입니다. 일본 사회의 묵시록적 분위기가 한껏 고조되었던 해죠. 그 해는 바로 "살아라!"고 외쳤던 미야자키 하야오의 「모노노케

히메」가 개봉되었던 해이기도 합니다. 두 애니메이션이 삶과 죽음에 대한 대조적인 이야기를 펼치고 있지만 묵시록적 분위기는 공통됩니다. 또, 칸딘스키나 몬드리안을 비롯해 현대의 상당수의 추상주의 화가들이 바로 영지주의자들이었습니다. 물질을 초월하고자 갈망했기에 '추상'의 길을 걷게 되었던 것이고, 또 전쟁이 모든 것을 싹 쓸어가고 그 위에서 새 세상이 펼쳐지리라는 묵시록적 세계관을 가졌던 사람들이죠. 영지주의, 악, 묵시록 등은 이렇게 서로 밀접하게 연결되어 있습니다.

반면 '정통' 기독교는 악에 대해서 다른 입장을 취하죠. 정통 기독교의 기본 골격을 만든 사람이 아우구스티누스입니다. 아우구스티누스는 기본적으로 플로티노스의 영향을 받았죠. 정통 기독교가 볼 때 가장 골치 아픈 것이 악의 문제입니다. 왜냐? 신은 전능하고 선한 존재인데 왜 세계에 악이 있느냐 하는 겁니다. 전능한 신(一者=神=善)[4]의 '은총'으로, 'Amazing Grace'로 만들어진 세계에 왜 악이 창궐하는가. 그래서 기독교는 훗날 라이프니츠가 만든 말을 쓴다면 '변신론' 辯神論에 몰두하게 됩니다. 변신론적 논의들 중에서 자주 등장하는 것은 바로 위僞-디오뉘시우스에게서 연원한 것으로 알려져 있는 '부정 신학'적인 논의죠. 이에 따르면 악이라는 것은 실제로는 없다는 겁니

---

4) '선'을 이야기할 때, 대문자 선과 소문자 선의 관계가 문제시되었다. "신은 선하다"라고 할 때와 "그레고리우스는 선하다"라고 할 때 '선하다'라는 말은 같은 것을 의미하는가 하는 문제이다. 이는 존재에 관련해서도 제기되었는데, "신은 존재한다"라고 할 때와 "그레고리우스는 존재한다"라고 할 때 '존재한다'가 같은 것을 의미하는가라는 문제이다. 존재의 일의성(univocity)과 다의성(equivocity)을 둘러싼 논쟁이 전개되었으며, 이에 대한 한 해결책으로 '유비'(analogy)의 사유가 전개되기도 했다.

다. 이는 플로티노스가 제기한 '결여'privatio의 논리를 응용한 것이라고 봐도 됩니다. 정말 존재하는 것은 선뿐입니다. 다만 선이 결여될 경우 그 결여가 우리에게 악으로 나타나게 된다는 것이죠. 악이란 자체로서 존재하는 것이 아닙니다. 다만 선의 결여가 바로 악인 것이죠.

어쨌든 서구 문화가 기독교 중심으로 넘어가면서 선과 악이라는 말의 뉘앙스가 매우 무거워지고 강해졌다고 할 수 있습니다. 악이라는 말에는 몹시 어두운 어감이 들어가게 되며 오늘날 일상어에서의 '악', 특히 대중문화에서의 악은 이런 뉘앙스를 이어받고 있습니다(대중문화에서 이런 악의 이미지들이 유난히 판치는 이유는 대중문화란 대중의 심리를 가능한 한 강하게 자극해야만 돈을 벌 수 있기 때문입니다). 또, 중요한 것은 선과 악은 그리스 문화에서는 좋음과 나쁨의 문제였으나 그것이 기독교를 거치면서 옳음과 그름의 문제로 바뀐다는 사실입니다. 기독교 문화에서 선과 악이 옳음과 그름의 문제라는 것은 굳이 말할 필요도 없겠죠. 즉 윤리의 문제에서 도덕의 문제로 바뀐 것입니다. 이런 전통은 서구 근대 철학에 이르기까지 지속됩니다.

§4. 선(善)과 불선(不善)

이제 동북아 전통으로 가 봅시다. '善'이란 말의 원래 글자 모양을 보면, '羊'을 한가운데 놓고 말씀 언言 변이 양쪽으로 있는 모양새입니다. 여기에서 '羊'이 무엇을 의미하는가는 해석이 분분합니다만, 대개 양을 사이에 놓고서 두 사람이 말을 해서 좋은 결론을 낳는 모양을 가리킨다고 봅니다. 이 말은 '美'와도 통하죠.(『설문』說問) 이 말에도 역시

'羊'이 들어가 있습니다. 아래에 클 대大가 있는데, 그렇게 보면 살지고 먹음직스러운 큰 양이 바로 아름다움을 뜻했다고 볼 수 있겠네요. 흥미로운 것은 서구의 전통 문화에서도 '선'과 '미'가 동일시되는 경우가 많은데, 동북아에서도 그렇다는 사실입니다. '좋음'이 선과 미로 동시에 나타나는 것이죠. 이렇게 보면 선도 또 미도 처음에는 매우 소박한 의미로 사용되었음을 짐작할 수 있습니다.

동북아 문헌에서의 선악은 그리스적 뉘앙스에 가깝습니다. 악이라는 말이 단독으로 쓰이면서 현대적인 뉘앙스를 풍기는 경우는 드물다고 해야죠. '악'은 대개 "싫다", "나쁘다", "서툴다" 등의 의미로 쓰였고('오'로 발음해야 할 때가 많죠?), 또, 악이라는 말보다는 '불선'不善이라는 말이 더 많이 쓰였던 것 같아요. 도덕적/윤리적 맥락에서는——동북아 사유는 초월성을 애초에 인정하지 않았기 때문에 도덕의 뉘앙스와 윤리의 뉘앙스가 서구에서처럼 첨예하게 대립하지 않았습니다——대개 '선과 불선'의 개념이 쓰였습니다. 그래서 빛과 어둠이라는 이원론이 없어요. 선이 정도의 문제로 파악되었다고 할 수 있겠죠. 이것은 동북아 사유 특유의 낙천주의를 반영합니다.

노자는 세상 사람들이 선과 미로 간주하는 것들에 대해 비판적인 언급을 제시했습니다.

세상 사람들이 모두 아름다움의 아름다움 됨을 알고 있으나,

그것은 사실 아름답지 못한 것이고,

세상 사람들이 모두 좋음의 좋음 됨을 알고 있으나,

그것은 사실 좋지 못한 것이다. (『도덕경』, 2장)

天下皆知美之爲美, 斯惡已,

皆知善知爲善, 斯不善已.

이 구절은 천하 사람들이 가지고 있는 통념을 비판하고 있는 홍미로운 구절입니다. 또, '미'의 대립어로 '추'醜가 아니라 '오'惡가 쓰였다는 것도 홍미롭죠. 여기에서 '오'는 '추'와 같은 것을 뜻한다고 봐야 합니다. 현대와는 다른 악 개념의 뉘앙스를 확인할 수 있습니다. 그리고 '선'의 대립어로 '악'이 아니라 '불선'을 썼다는 점이 확인됩니다. 이 구절에 대해서는 왕필의 주를 보는 것도 좋을 듯합니다.

아름다움이란 사람의 마음을 기쁘게 해주는 바이고,

추함이란 사람의 마음을 슬프게 해주는 바이다.

아름다움과 추함은 즐거움과 성남과도 같고,

선함과 선하지 못함은 옳고 그름과 같다.

즐거움과 성남이 같은 뿌리에서 나오는 것이고

옳음과 그름이 한곳에서 나오는 것이니,

과연 한쪽에 치우쳐 좋다 할 수 있을 것인가.

美者 人心之所進樂也, 惡者 人心之所惡疾也.

美惡猶喜怒也 善不善猶是非也.

喜怒同根 是非同門 故不可得而偏擧也.

적어도 왕필의 생각에 따른다면, 아름다움과 추함이란 사물의 성질이 아니라 사물과 사람의 관계에서 발생하는 것, 사람의 마음[人心]

의 즐겁고 슬픈 감정과 관련되는 것입니다. 이 점에서 근대에 이르러서야 주관주의적 미학으로 돌아선 서구의 전통과 대비되지요. '선'은 부사로서 "잘"에 해당합니다. 선용善用은 잘 사용하는 것이죠. 그에 비해 잘 되지 않는 것, 엉뚱하게 가는 것은 '불선'입니다. 왕필이 선과 불선을 '시是와 비非'에 상응시킨 것은 바로 잘 되는 경우가 '그렇다'고 할 수 있고, 잘 되지 않는 경우가 '아니다'라고 할 수 있기 때문이라고 볼 수 있습니다. 요컨대 여기에서는 모든 사유가 어떤 존재, 실체를 둘러싸고 벌어지는 것이 아니라 운동, 기능, 감정, 활동과 관련해 전개되고 있습니다. 명사-형용사 중심이 아니라 동사 중심이죠. 이런 특징을 음미해 볼 필요가 있습니다.

그런데 핵심적인 것은 즐거움과 성남이 같은 뿌리에서 나오는 것이고, 옳음과 그름이 한곳에서 나온다는 생각입니다. 이것은 전형적인 '불이'不二의 사고입니다. 일반적으로 서로 대립하는 것으로 알고 있는 양자가 심층적으로는 같은 것이라는 생각이죠. 통념적으로 대립시키는 것들을 같은 뿌리로 소급시키는 것은 곧 현실세계에서 통용되는 善과 惡의 구별의 피안에 서는 것을 말합니다. 이것은 'para-doxa'의 사유이기도 합니다. 현실에서 우리는 특정한 'doxa', 즉 통념을 가지고 살아가지만, 'para-doxa'의 차원은 대립하는 통념들이 '불이'의 세계를 형성하고 있는 차원입니다. 이것은 곧 우리가 의미라고 생각하는 것만이 아니라 무의미non-sens라고 생각하는 것까지 동시에 긍정되는 세계이기도 합니다. 노자의 세계에서 '도'라는 것은 바로 이 역설(파라-독사)과 농-상스의 성격을 띱니다. 그래서 도를 특정한 도로서 규정할 때 이미 그것은 본래의 도가 아니라는 논리가 성립합니다.

이것이 "*道可道非常道*"의 의미죠.

　그런데 이런 '불이'의 사유는 몇 가지 의미를 함축합니다. 우선, 둘을 부정하는 이 사유 자체가 대립자들을 놓고서 이루어진 사고라는 점이죠. 그러나 대립자들 사이 또는 그 바깥은 문제가 되고 있지 않습니다(현대 사상의 핵심들 중 하나가 바로 대립자들의 사유에서 대립자들 **사이**와 **바깥**의 사유로 이행한 점에 있습니다). 둘째, '불이'의 사유는 현실적으로 대립하는 선과 악을 초탈하는 사유라는 점입니다. 헤겔의 변증법도 마찬가지죠. 다만 '불이'의 사유는 대립자들의 아래로 내려가 그 공통의 뿌리를 보는 사유라면, 헤겔의 사유는 위로 올라가 그것들을 통합하는 사유입니다. 두 경우 모두 현실적인 대립을 넘어서려는 사유죠. 하나Einheit를 지향하는 사유입니다. 셋째, 현실적인 갈등을 해결하는 두 길을 소요의 길과 투쟁의 길이라 할 때, '불이'의 사유는 소요의 길을 제시하고 있습니다. 그러나 소요의 길은 현실적인 문제를 정신적 차원에서 초탈할 수는 있지만 객관적 차원에서 해결할 수는 없습니다. 도가사상과 불가사상의 한계가 이 점에 있다 하겠습니다. 근원적 하나를 강조함으로써 현실적 다자성의 의미를 극소화할 수 있지만, 그것이 어떤 의미에서는 현실적 여럿 사이에 존재하는 불평등과 갈등을 승인하는 것이 될 수도 있기 때문이죠. 한 걸음 더 나아가 헤겔적 뉘앙스를 도입한다면, 현실적 여럿을 하나로 통합하는 국가철학적 또는 제국주의적 논리가 될 수도 있습니다. 이렇게 해석할 경우 노자의 소요는 현실적인 선악의 문제를 해결하는 것이 아니라 피해 가는 것이 되고, 관점에 따라서는 제국적 논리를 통해 해소하는 것이라고도 할 수 있습니다.

그런데 왕필처럼 '불이'의 논리로서가 아니라 상보적 대립자들의 논리로 해석할 여지도 있습니다. 선과 악이 근본적으로 하나라는 뜻이 아니라 둘, 더구나 서로 대립적인 둘로 보이지만 사실상은 서로가 서로를 가능하게 하는 상보성을 갖춘 대립자들이라는 뜻이죠. 이 해석은 뒤에 이어지는 "故有無相生 難易相成 長短相較 高下相傾 音聲相和 前後相隨"라는 구절과 더 잘 조응합니다. 이 경우 번역을 조금 바꿀 필요가 있습니다.

> 세상 사람들이 모두 아름다움의 아름다움 됨을 알고 있으나,
> 그것은 사실 아름답지 못함 때문이고,
> 세상 사람들이 모두 좋음의 좋음 됨을 알고 있으나,
> 그것은 사실 좋지 못함 때문이다.

앞의 해석에서는 아름답지 못한 것"이고", 좋지 못한 것"이다"로 번역했지만, 뒤의 해석에서는 아름답지 못함 "때문이고", 좋지 못함 "때문이다"로 번역했습니다. 앞의 해석은 동일성에 입각한 것이고, 뒤의 해석은 둘 사이의 인과(상호 인과)에 입각한 해석입니다. 앞의 해석과 뒤의 해석은 상당히 다르죠. 앞의 해석은 대립자들을 하나로 해소시키고 있습니다. 그런데 이 '불이'의 경지는 어떤 구분도 없는 경지이고 불교적으로 말해 '분별심'分別心을 초탈했을 때 드러나는 경지입니다. 그런데 그 어떤 것도 "아니다"라는 것은 사실상 아무것도 "없다"는 것과 마찬가지입니다. 무엇인가가 있는데 그것은 그 어떤 것도 아니라는 것은 거의 없는 것과 마찬가지죠. 그래서 동북아 사상사에는

'무'에 대한 논의가 집요하게 이어져 오게 됩니다. 니시다 기타로 등에 의해서 현대적으로 부활하기도 하죠. 그러나 후자의 해석은 두 대립자를 인정하는 것입니다. 세계의 구조가 두 대립자로 되어 있다는 것을 전제하는 것이죠. 그런데 피상적으로 대립하는 것으로 보이는 그것들이 사실상 서로가 서로를 가능하게 하는 관계라는 것입니다. 이 경우에는 대립자를 일종의 순환관계로 갈무리하고 있다고 할 수 있습니다.

이런 논리들은 존재론적으로 매우 흥미로운 논리들이고 여러 맥락에서 구체화될 수 있는 논리들입니다만, 정치적 맥락에서는 그다지 긍정적인 역할을 하지 못했다고 볼 수 있습니다. 현실적인 차별화를 넘어 근원적 하나로 육박할 때, 그것은 곧 현실적인 차별화를 현실 자체 내에서 해결하기보다 다른 어디엔가로 도피해버린다는 것을 뜻합니다. 물론 현실적인 해결책이 도저히 불가능할 때, 고통 받는 사람들을 정신적으로 구제하는 역할을 한다고도 볼 수 있겠죠. 불교 같은 종교의 역할이 여기에 있습니다. 나아가 정치로써 해결할 수 있는 문제가 아닌 문제들에 대한 보다 근본적인 해결책을 제시했다고도 할 수 있습니다. 두번째 해석은 어떨까요? 이 경우 역시 적대하는 대립자들의 상보적 성격을 강조함으로써 그 적대의 현실이 주는 긴장감을 누그러뜨리는 결과를 낳게 됩니다. 이러한 논리는 '화해'和解라는 위대한 결과를 가져오는 경우도 있지만 문제 자체를 희석시키는 결과를 가져오기도 합니다. 맥락에 따라 다른 의미 부여가 가능할 것입니다.

어쨌든 노자의 선악 개념은 상식의 선악 개념을 비판하고 선악에 대한 다른 이해에로 이끌어 가는 논법의 선구라고 할 만합니다. 그러나 적어도 위의 두 가지 해석에 입각할 경우 상식의 비판으로부터 열린 'para-doxa'로 나아가기보다는 '하나'의 형이상학(1부 5강에서 그 문제점을 언급한 바 있습니다)으로 나아갔다는 점에서 정치적 맥락에서는 악용될 소지를 안고 있기도 합니다.

다음으로는 유교에서 말하는 선과 악/불선에 대해 이야기해 봅시다. 유교에서 선악의 문제라 하면 가장 먼저 떠오르는 것은 맹자와 순자의 대립이죠. 널리 알려져 있듯이, 맹자는 인간을 선한 존재로 보았고, 한편으로는 그것을 형이상학적으로 밑받침하고 다른 한편으로는 정치철학으로 확대해 나갔다고 볼 수 있습니다. 형이상학적 밑받침이란 곧 '天'과 '命'에 의해 삶이 근거지어져 있음을 뜻합니다.

> 마음을 다하는 사람은 자신의 성을 안다.
> 성을 안다는 것은 즉 하늘을 안다는 것이다.
> 盡其心者 知其性也. 知其性 則知天矣.

마음을 다한다는 것은 마치 거울의 때를 닦아 거울의 본래 깨끗함에 다가가는 것과 같습니다. 즉, 때가 끼어 더러워진 현실의 마음을 닦아서 마음의 본래 모습으로 다가가는 것이죠. 현실적인 '心'에서 본연의 '性'으로 다가가는 것입니다(바로 이 선한 '본래'/'본연'이 있다는 생각이 유교적 낙천주의의 근본입니다). 그때 우리가 발견하게 되는 것은 곧 '천'입니다. 또는 '천명'이죠. 반대 방향으로 말하면, 우리의 '성'은 바로 하늘에 의해 근거지어져 있는 것이지만 현실을 살다 보면 때가 끼어 현실적인 마음으로 화한다는 이야기가 됩니다. 맹자는 현실

세계에서의 고통에 둔감하지는 않았습니다. 전국시대를 살았던 사람이 어떻게 악에 둔감할 수가 있었겠습니까? 그럼에도 맹자는 '낙천'의 사상을 가졌고 성선설을 제창했던 것이죠. 자, 이럴 경우 어떤 실천철학이 귀결될까요? 바로 더러워진 마음을 닦아내는 것, 즉 '수양', 다시 말해 도덕적 노력이 중요하게 될 것입니다. 그래서 "군자는 법을 행하며 그로써 명을 기다릴 따름이다"(君子行法 以俟命而已矣) 같은 구절에서의 '법'은 일반적 의미에서의 법이 아니라 도덕법칙을 말하는 것으로 이해되어야 합니다. 맹자는 도덕적 노력의 개념을 확대해서 '인의'仁義에 입각한 정치를 외쳤던 것이죠.

순자는 이와 대조적입니다. 순자는 인간을 악한 존재로 봅니다. 즉 인간을 선한 존재로 근거지어 주는 하늘 같은 것은 없습니다. "하늘은 오로지 일정하게 운행할 뿐, 요를 살리지도 않고 걸을 죽이지도 않는다"(天行有常 不爲堯存 不爲桀亡) 같은 구절에서 단적으로 알 수 있죠. 순자가 노자 및 법가와 가지는 연계성은 최근에 거의 상식이 되었는데, 이 구절을 "天地不仁"에 연관시켜 보는 것도 좋겠습니다. 요컨대 자연과 문화 사이에는 단적인 불연속이 있다는 것이죠. 이는 달리 말하면 자연은 맹자적 의미에서의 '천'이 아니라 그저 오늘날의 의미에서의 자연일 뿐이라는 이야기입니다. 그런데 '天人之分'의 테제로부터 성악설이 연역될까요? 꼭 그렇지는 않습니다. 하늘과 인간이 별개라고 해서 거기에서 인간이 악하다는 결론은 나오지 않죠. 맹자의 존재론으로부터는 성선설이 유추되지만, 순자의 존재론으로부터는 반드시 성악설이 유추되는 것이 아닙니다. 이 점을 잘 볼 필요가 있죠. 따라서 순자의 성악설은 경험적 관찰에 근거한 것이 아닐까 생각합니다. 그래서 순자는 인간을 선하게 하기 위해서는 (존재하지도 않는) 맹자적 '성'性을 찾아야 하는 것이 아니라, '예'禮로써, 즉 후천적으로 노력해서 선한 존재가 되어야 한다고 보았던 것입니다.

이후 유교에서는 맹자를 '정통=도통道統'으로 보았고 특히 성리학에 이르러 꽃핀 후대의 유교는 맹자의 생각을 밑에 깔고서 전개됩니다. 성리학에서 가장 기본적인 두 개념이 '본연'과 '원융'입니다. '본연의 성'이 있다고 하는 낙천주의적 생각과 우주의 조화와 선함을 믿었던 원융의 생각이 계속 내려왔고 20세기의 현대 유가에서조차 그대로 확인됩니다. 이런 믿음이 삶/인간에 대한 강한 긍정과 정치적 부조리에 대한 굳센 투쟁이라는 '선비정신'을 낳았다고 할 수 있습니다. 그러나 그 형이상학적 기초는 오늘날 받아들여지기 쉽지 않은 것이 되었죠. 우리에게는 이런 정신을 이어받되 어떻게 보다 근거 있는 존재론을 통해 그것을 뒷받침할 수 있겠는가라는 과제가 맡겨졌다고 하겠습니다.

선악의 문제에 관련해 무척 흥미로운 한 예가 신란親鸞의 예입니다. 신란에게는 세계/삶이 악이라고 하는 사실에 대한 고뇌 어린 깨달음이 있죠. 그러나 신란은 그노시스파의 악 개념이나 기독교의 '원죄설' 같은 형이상학적 구도에서 악에 민감했던 것은 아닙니다. 신란은 오로지 현실적인 삶 자체를 깊이깊이 응시했을 때 도저히 부정할 길 없는, 몸서리쳐질 정도로 선연한 악이 보인다고 했던 것입니다. 인간이 태어나 살다 죽는 이 모든 일들을 정직하게 응시할 때 견딜 수 없는 비애 같은 것이 있다는 생각입니다. 사실 불교는 애초에 삶의 비애/꿈에서 출발하는 종교이거니와 신란의 경우는 극히 예민하게 세계의 악을 감지했다고 해야겠죠. 그러나 신란은 이 생각을 영원의 지평에 서서 세계의 본질로 보기보다는 역사의 지평에 서서 당대에 도래한 현실로 파악했습니다. 즉 자신의 시대를 '말법'未法의 시대로 파악한 것이죠. 그야말로 '오탁악세'五濁惡世라는 겁니다. 흥미로운 것은 신란은 바로 이 말법의 시대에는 (일반적으로 불교의 핵심으로 간주되는) 자력의 깨달음이 아니라 타력의 구제만이 가능하다고 보았다는 것이죠. 이것이 신란의 정토진종淨土眞宗의 핵심입니다.

　　그런데 잘 생각해 보면 자력의 깨달음과 타력의 구제는 상당히 다릅니다. 자력의 깨달음에는 각 개인의 '능력'이 함축됩니다. 그러나 타력의 구제에서 피구제자들은 구제의 주체(석가모니)가 차별을 하지 않는 이상(물론 차별할 리가 없습니다) 사실상 동등합니다. 이것은 결국 개개인의 능력을 옆으로 제쳐 놓고서 만인이 타력으로 구제받을 수 있다는 생각입니다. 사회적 맥락에서 볼 때, 이것은 가마쿠라 막부 시대에 도래한 새로운 사회 변동(헤이안적 귀족사회로부터 가마쿠라 시대로의 변동)과 맞물려 있습니다. 가마쿠라 시대는 나중에 '사무라이' 계층으로 발전할 명주층名主層이 조금씩 세력을 불려 갈 때이고, 또 민중들의 의식과 그들에 대한 관심이 새로운 시대적 분위기로서 도래한 때입니다. 그런데 생명을 중시하는 불교, 그래서 '비정성불론' 非情成佛論에 입각했던 당시의 불교('非情'이란 '有情' 즉 인간과 대비되는 존재들입니다)는 하층민들을 포섭하기 힘든 면이 있었습니다. 날마다 소, 돼지, 늑대,……를 잡아야 하는 백정들, 사냥꾼들, 날마다 남자들을 상대해야 하는 창녀들, 날마다 생명체들을 지지고 볶아야 하는 요리사들, 날마다 사람을 죽여야 하는 칼잡이들,…… 이들은 구제의 길이 원천적으로 막혀 있는 자들이 아닙니까? 요컨대 하층민들의 경우 그들의 객관적인 삶 그 자체가 악으로 물들어 있는 것입니다. 바로 이로부터 유명한 '악인정기설'惡人正機說이 등장합니다. 악인"조차도", 아니 좀 강하게 해석하면(불교의 '자비'에 입각할 경우) 악인"이야말로" 타력갱생의 대상이라는 겁니다. 신란의 절대 평등주의야말로 정토진종의 핵심이고, 그래서 지금도 일본 최대의 불교 분파를 형성하고 있는 것입니다.[5]

마지막으로 혜강 최한기에게서의 선과 악을 살펴봅시다. 잘 알려져 있듯이, 혜강은 일체의 초월적 사유를 거부하고 기 중심의 내재적 사유를 개진한 철학자죠. 때문에 혜강의 선/악(또는 선/불선)도 좋음/나쁨 또는 잘-됨/잘-안됨, 맞음/틀림이라는 내재적이고 상식적인 의미로 사용됩니다. 그런데 혜강의 선악론에서 중요한 점은 그의 선악 개념은 철저하게 객관적인 근거 위에서 판정된다는 점입니다. 우주의 '기'의 활活·동動·운運·화化에 비추어 천인운화天人運化를 밝혀 나갈 때(여기에서 '천'은 초월적 하늘이 아니라 '세계'를 뜻합니다), 그 조리에 비추어 좋은 것이 선이고 나쁜 것이 악입니다. 그래서 혜강에게서 선과 악은 그 어떤 초월적 근거에서 논의되는 것도 아니고, 또 인간의 주관적인 판단이나 감정의 문제도 아닙니다. 그것은 세계의 객관적 법칙성에 근거했을 때 좋은 결과를 낳는가 나쁜 결과를 낳는가의

---

5) 신란의 '악인정기설'은 (이미 신란 당대에서부터) 심각한 후유증을 낳기도 했다. 악인"이야말로" 구제의 대상이라면, 구제받기 위해서는 열심히 악을 행해야 한다는 기이한 논리가 등장했던 것이다.

문제일 뿐입니다. 그래서 혜강은 "덕에 영원한 스승이 있는 것이 아니다. 운화가 스승일 뿐이다. 선에 영원한 주인이 있는 것이 아니다. 운화가 주인일 뿐이다"(德無常師 運化爲師, 善無常主 運化爲主)라고 말합니다.(『기학』, II, §66) 그래서 혜강에게서 선악은 자연히 강한 사회성을 띠게 되는데, 왜냐하면 선악이란 기의 객관적 움직임에 근거하는 것이고 누구도 그 움직임을 완벽하게 파악할 수 없다면 타인과의 공동 작업은 필수적인 것이 되기 때문이죠. 그래서 혜강의 선악은 초월적인 것도 개인적인 것도 아니고 기의 객관성에 근거하는 것이자 사회적으로 증험證驗해 나가야 하는 것입니다. 뒤에서 스피노자 이야기를 하겠습니다만, 혜강의 선악론을 스피노자의 그것과 비교해 보는 것도 흥미로운 작업이 될 것입니다.

Q 선악을 이야기하면서 옳음/그름과 좋음/나쁨을 말씀하셨잖아요. 그 중에서 옳음/그름의 맥락에서 볼 때, 도덕적 가치판단에서 "이것이 선이다, 이것이 악이다"라고 말할 수 있게 해주는 초월적 척도, 요컨대 어떤 것이 선임을 보증할 수 있는 절대적 척도가 될 수 있는 것이 있습니까?

A 어려운 문제죠. 그래서 옳음/그름보다는 좋음/나쁨의 문제로 가야 할 것입니다. 그런 척도가 강하게 주어져 있는 시대에는 도덕론이 어느 정도 설득력이 있어요. 예를 들어서 중세 기독교 사회나 유교 사회에서는 옳고 그름이 명확하게 정해져 있잖아요. 그러나 지금은 어떤 가치 기준도 그런 강제력을 가질 수 없는 시대입니다. 그래서 우리 시대는 좋음/나쁨을 따지는 윤리의 시대인 것이죠.

Q 아리스토텔레스의 관조적 이성과 에피쿠로스학파의 쾌락주의는 통하는 바가 있

　　는 것 같습니다.

A 아리스토텔레스의 관조적 이성은 기본적으로 매우 지적인 것입니다.

　　세계의 원리를 훤히 꿰뚫어 아는 것이죠. 말하자면 지적인 포만감 같은

　　뉘앙스를 품고 있죠. 이에 반해서 에피쿠로스에게는 그런 이론이 필요

　　없습니다. 복잡한 이론도, 책도, 또 사물에 대한 탐구도 필요 없다는 것

　　이죠(물론 '규준학' 같은 인식론적 작업이라든가 자연철학적 작업도 있긴

　　합니다만). 차라리 우리 식으로 말하면 수양 같은 것, 불교적 깨달음 같

　　은 것이죠. 그래서 에피쿠로스에게는 아리스토텔레스와 같은 거대한

　　지적 작업이 없습니다.

Q '선'도 고정적인 것이 아니라 운동하는 에너지로 이해해야 하는 겁니까?

A '운동하는 에너지'라는 표현은 너무 자연과학적인 표현이네요. 그러나

　　선을 고정된 무엇으로 보기보다 운동/변화하는 것으로 보는 것은 가능

　　합니다. 이것은 달리 말하면 '좋음/나쁨'의 개념이 영원한 규정성으로

　　서 존재하는 것이 아니라 역사적으로 변해 간다는 것을 뜻합니다. 시

　　대에 따라 좋음의 내용도 달라지기에 말이죠. 게다가 문화에 따라서도

　　상당히 다릅니다. 한 문화에서 좋음이 다른 문화에서 나쁠 수도 있죠.

　　또 같은 문화에서도 좋음/나쁨은 계층에 따라, 성별에 따라, 나이에 따

　　라,…… 다르게 인식되기도 합니다. 그래서 선은 매우 다양한 시간적-

　　공간적 맥락에 따라 복잡하게 변한다고 해야 하겠죠.

Q 플로티노스에게 악은 무엇입니까?

A 플로티노스의 사상은 흔히 '유출설'이라고 불리죠. 플로티노스에게 최고의 존재는 '일자'입니다(아우구스티누스는 이것을 기독교적 신과 동일시하죠). 그 다음에 '누스' 즉 이성이 등장하고, 그 다음 '프쉬케' 즉 영혼이 등장합니다. 이렇게 밑으로 내려갑니다. 이렇게 해서 맨 아래 있는 것이 '물질'이에요. 조심할 것은 이 일자와 물질이 대립하는 관계가 아니라는 점입니다. 만일 대립한다고 보면 그것은 오히려 이원론이죠. 빛과 어두움, 선과 악으로서 대립하는 양자가 있는 그런 철학이 됩니다. 그러나 그게 아니거든요. 쉽게 이야기하면 이원론은 한가운데가 0점이 되어야 합니다. 한쪽이 100점이고 다른 한쪽은 마이너스 100점이 되는 것이죠. 그래서 한가운데가 0점이 됩니다. 그런데 플로티노스에게는 마이너스라는 개념이 없어요. 일자가 100점이고 물질은 0점입니다. 어찌 보면 물질은 없는 것이나 마찬가지죠. 0점이란 차라리 없는 것이고, 그래서 물질은 존재하지 않는다고도 할 수 있습니다. 다만 이론적으로 '상정'想定된 존재라고도 할 수 있습니다. 따라서 플로티노스에게 악은 실재하지 않습니다. 악을 이야기한다면 물질이 악이겠는데, 물질이란 사실상 존재하지 않는 것이니까요. 즉 플로티노스에게서는 예컨대 70점짜리 존재가 있다면 그때 모자란 30점이 악인 겁니다. 이런 논리는 곧 악이란 선의 '결여'라는 부정신학적 논리로 이어지게 됩니다. 물론 초기 기독교에서는 여러 분파들이 난립했고, 그 가운데에는 악에 대한 이원론적 개념을 제시한 분파들도 많았습니다. 이 경우 악은 매우 강렬하고 무거운 개념으로 화하죠. 결여의 논리를 세운 것은 그후 '정통'이 서면서 이루어진 것이죠.

Q 그렇게 보면 플로티노스의 사유는 플라톤의 이데아론과 큰 차이가 없어 보이는데요.

A 그렇죠. 그래서 플로티노스의 철학을 '신플라톤주의'라고 부르는 겁니다. 그런데 구체적으로 들어가 보면 여러 가지 차이가 있어요. 예컨대 플로티노스에서와 같은 '유출' 구조는 플라톤에게는 없는 것이죠. 플라톤은 감각적 세계와 가지적 세계를 나누는 사유를 하지만, 플로티노스에게서는 모든 것이 이어져 있어요. 구분되지만 이어져 있습니다. 구룡 폭포 같은 것을 생각하면 되겠네요.

중세 철학은 플라톤, 아리스토텔레스, 플로티노스 이 세 사람의 영향 아래에서 전개되었는데, 플라톤보다 오히려 플로티노스가 더 큰 영향을 끼치게 됩니다. 중세 수립 이후 스콜라철학은 아리스토텔레스의 영향을 받게 되지만, 그 전에는 플로티노스의 영향이 강했습니다. 그런 흐름은 아우구스티누스에 의해 마련되었다고 할 수 있습니다.

§5. 의무의 도덕과 기쁨의 윤리

근대에 들어와 스피노자와 칸트는 대조적인 두 입장을 보입니다. 칸트에게 문제되는 것은 옳음/그름이며 중요한 것은 법과 의무입니다. 조심할 것은 여기에서 법은 우리가 생각하는 실정법보다는 일종의 자연법에 가깝다는 사실이죠. 동북아 세계에서는 그것을 '인륜'이라고 했습니다. 당연하게 따라야 할 것으로 이야기하죠. 그래서 '常'이라는 말을 씁니다. 칸트가 '법'이라고 할 때는 오히려 이런 뉘앙스에서 말하고 있는 겁니다. 정확하게 말하면 '도덕법칙'이죠. 도덕법칙은 이성적 존재가 따라야 할 보편적인 당위로서의 법칙이라고 할 수 있습니다. 예컨대 우리가 누군가를 도덕적으로 비난할 때, 거기에는 누구나 인정하는 보편적인 도덕법칙의 존재가 전제되고 있습니다. 그래서 그런 도덕적 판단이 가능한 것이죠. 물론 이것은 그러한 도덕법칙을 이해하고 적용할 수 있는 인간의 능력, 즉 이성을 전제하고 있습니다. 어찌 보면 그리스인들과 서양의 근대인들만큼 삶에 대한 자신감, 인간에 대한 신뢰가 있었던 사람들도 드물었던 것 같아요. 우리가 살고 있는 세상은 말하자면 우중충한 시대죠. 사람이 사람을 위대하다고 보지도 않고 신뢰하지도 않는 시대에 살고 있다고 봐야죠. 그런데 근대인들은 우리 인생으로 말하면 청춘에 해당합니다. 특히 독일의 고전문화는 이른바 '청춘의 빛'이죠. 정신적으로 행복했던 시대입니다. 이 시대 사람들은 인간을 이성적 존재로 봤습니다. 이성이란 원리가 근대적 사유의 핵심적인 원리였죠. 이성의 가장 중요한 특징은 자율성입니다. 칸트는 「계몽이란 무엇인가」라는 글에서 너의 이성을 자신감 있게 사용해라, 더 이상 미신이나 권위에 끌려 다니지 말고 너의 이성을 믿어라라고 말합니다. "나는 생각한다"는 겁니다. 말하자면 중세의 신이 근대의 이성으로 바뀐 것이죠. 그리고 이성에 대한 이런 신뢰가 무너지면서 현대가 왔다고 보면 됩니다. 칸트는 이성적 존재가 자신의 자율성을 실현시키기 위해서는 자기의 행위를 도덕법칙에 일치시켜야 한다고 보았습니다. 그것은 내가 행위할 때 그 근거가 되어 줄 보편적이고 필연적인 도덕법칙입니다.

칸트에게 도덕법칙은 형이상학적 방식으로 근거를 부여받습니다.[6] 개별적이고 우연적인 도덕판단이 아니라 보편적이고 필연적인 도덕판단을 다루는 것이 칸트의 실천철학이죠. 그런데 이런 작업은 더 근본적으로는 자유의 존재라는 전제를 깔고 있습니다. 칸트의 인식론에서 현상계는 인간 주관에 나타난 차원이고, 인식 주체는 그것을 감성으로 받아들이고 오성으로 구성합니다. 그래서 우리가 물자체를 알 수는 없죠. 인식은 현상계에 국한됩니다. 그런데 이 생각이 『실천이성비판』으로 가면 바뀝니다. 물자체의 영역이 자유와 목적의 왕국으로 화합니다(자유는 인간의 '자율성'에, 목적은 인간의 '존엄성'에 연결됩니다). 칸트의 도덕철학은 현상계가 아닌 본체계에 의해, 자유와 목적의 나라에 의해 근거지어집니다. 그런데 조심할 것은 본체계가 자유와 목적의 나라"이다"라는 것은 아니라는 점이죠. 우리 삶에서 도덕이라는 것이 가능하려면 본체계를 자유와 목적"으로 봐야 한다"는 것입니다. 그래서 칸트는 이런 생각을 '요청'한다고 표현합니다. 진짜 그러한지는 모르지만, 그렇게 보자는 겁니다. 그렇게 보아야만, 그런 가정을 요청해야만, 다시 말해 이 세계의 근원이 자유와 목적의 차원이라고 가정해야만 우리 행위의 도덕적 근거가 마련된다는 것이죠.

칸트의 이런 생각은 '파스칼의 내기'를 보다 정교화한 것이라고도 할 수 있습니다. 파스칼은 재미있는 내기를 제시하죠. 신이 있는가

---

6) 여기에서 형이상학이란 초월적 차원을 다룬다는 전통적 의미로서가 아니라 '아프리오리한 종합판단'을 다루는 담론이라는 칸트적 의미로서 말한 것이다. 아프리오리하다는 것은 하나의 판단이 논리적인 필연성을 가진다는 뜻이고, 종합판단이라는 것은 (단지 논리적 분석을 제공하는 것에 그치는 것이 아니라) 우리에게 실질적 지식을 준다는 뜻이다. 자연과학의 법칙들이 그 한 예이다. 따라서 도덕적 판단들 중 아프리오리하고 종합적인 판단들이 도덕법칙들이고, 도덕법칙들을 다루는 담론이 도덕형이상학(moral metaphysics)이다.

없는가? 모른다는 겁니다. 정직하게 말해서 모릅니다. 인간은 신의 유무를 말할 수 없죠. 그런데 파스칼은 신이 존재한다고 가정하는 것이 좋다는 겁니다. 만일 내기를 한다면 신이 있다는 쪽에 걸어야 한다는 겁니다. 왜? 내가 신이 있다고 가정했는데, 만일 진짜 신이 존재한다면 물론 좋습니다. 그 다음 내가 신이 있다고 가정했는데, 사실상은 없다고 합시다. 그렇다고 해서 더 손해 보는 것은 없다는 것이죠. 그런데 만일 내가 신이 없다는 쪽으로 걸었는데, 신이 진짜 없다면 어떻게 될까요. 그럴 경우 괜찮죠. 그러나 가장 좋지 않은 것은 내가 신이 없다는 쪽으로 걸었는데, 사실상 신이 존재하는 경우입니다. 그럴 때 나는 불경죄로 벌을 받겠죠. 그러니까 신이 있다는 쪽으로 걸어야 실제 신이 있든 없든 좋은 결과가 된다는 겁니다. 신이 없다는 쪽으로 걸 경우 실제 없으면 문제가 없지만 있을 경우 골치 아파진다는 거죠. 이것이 파스칼의 내기예요. 신이 있다는 쪽으로 걸어야 "밑져야 본전"이라는 겁니다. ……(웃음)…… 칸트는 이 생각을 다듬어서 우리는 신의 유무를 인식할 수는 없지만, 본체계에 있어 신의 존재를 가정함으로써, '요청'함으로써 도덕의 근거를 마련할 수 있다고 했던 것입니다. 신이 존재한다고 가정할 때 인간이 선하게 행동할 것 아닙니까? 우리 인생이, 세계가, 우주가, 역사가 도대체 무슨 의미가 있는 것인가, 무슨 근거가 있는 것인가, 무슨 이유가 있는 것인가, 우리로서는 답하기 힘든 문제이지만, 긍정적인 쪽으로 가정할 때 우리 삶이 의미 있는 것이 되고 우리 행위가 근거 있는 것이 된다는 생각이죠.

그리스 전통에서는 무엇인가가 선하기 때문에 법이 될 수 있지만, 칸트에게서는 무엇인가가 법(도덕법칙)이기 때문에 선하게 됩니다. 매우 큰 차이죠. 예컨대 남의 입장을 감안해서 행위하는 것[易地思之]이 옳기 때문에 그렇게 해야 좋은 것이지, 그렇게 하는 것이 좋기 때문에 그것이 옳게 되는 것은 아니라는 겁니다. 뭔가가 정말 좋은 것이기 때문에 법이 되는 것과 법이기에 좋다고 보는 것은 전혀 다른 것이죠. 칸트는 이 생각을 의무의 개념과 연관시킵니다. 그래서 "너는 할 수 있다. 왜냐하면 해야 하기 때문이다"라는 말로 정식화했습니다. 이 말을 잘 음미해 보세요. 현실적으로 생각하면 어떻게 될까요? "나는 할 수 있다. 그러니까 난 해야 돼" 이렇게 말하겠죠. 바꾸어 말하면 "너는 해야 돼. 너는 할 수 있으니까 말이야" 이런 얘기가 되죠. 그러나 칸트에게는 의무가 먼저입니다. "해야 한다"가 먼저입니다. 그리고 거기에 맞추어서 "할 수 있다"가 언급되는 것이죠. 칸트에게서는 결과가 중요하지 않습니다. 즉 할 수 있느냐 없느냐가 중요한 것이 아니죠. 반대로 동기가 중요합니다. "해야 한다"는 동기가 일차적인 것이죠.[7]

칸트 도덕철학에서 의무 개념이 중요한 것은 이 때문이죠. 동기의 중요성은 도덕법칙에 대한 존경, 의무에 대한 존경에 뿌리를 두고 있기 때문에 말이죠. 칸트에게서 의무는 마땅히 따라야 할 것으로 이해되는데, 그 중에서 '정언명법'categorical imperative이 핵심적입니다. 칸트는 이것을 (간단하게 줄여 표현하면) "당신 행위의 준칙maxim이 항상 또한 보편적인 (도덕)법칙이 될 수 있도록 하라"로 정식화했습니

---

7) 예컨대 불쌍한 사람을 도와줄 때, 그것이 자신의 마음을 기쁘게 하기 때문에 도와주는 것은 도덕적 행위가 아니다. 그것은 결국 자신의 기쁨을 위해 타인을 이용하는 것이기 때문이다. 오로지 도덕법칙에 대한 존경심에 입각해, 즉 그것이 옳음이자 의무이기 때문에 도와줄 때 진정한 도덕적 행위가 성립한다.

다. 정언명법은 가언명법hypothetical imperative과 반대되죠. "~하려면"
이라는 단서가 붙은 경우가 가언명법입니다. 예컨대 "죽어서 지옥에
가지 않으려면 착하게 살아라" 같은 명법이 그것이죠. 그런데 가언명
법은 대개 목적이나 결과에 대한 좋음을 깔고 있습니다. 그래서 여기
에서도 칸트의 도덕철학이 좋음이 아니라 옳음의 철학이라는 것을 확
인할 수 있죠. 이것은 칸트에게서 도덕형이상학은 늘 초월적 성격을
띤다는 사실을 말합니다(이때의 초월은 세계의 초월을 말하는 것이 아
니라 개개인을 초월한다는 뜻입니다. 결국 보편성을 말하는 것이죠). 나
개인의 이해관계, 나 개인의 좋음과 싫음, 나의 기분에 입각해서 행위
하면 안 되는 것이죠. 내가 그것을 행해서 손해가 나든 이익이 나든 반
드시 도덕적 준칙에 맞게 행동해야 한다는 겁니다. 사실 이것이 도덕
의 기초죠. 이런 생각이 전제되지 않으면 도덕이 성립할 수가 없죠. 모
든 사람이 자기의 입장, 자기의 이해관계, 자기의 욕망에 따라 행동하
면 도덕이 있을 수가 없잖아요. 그래서 도덕법칙에 따르는 것이 중요
하다는 겁니다. 이런 것이 칸트의 도덕철학입니다.

　아이히만이라는 유명한 나치 전범이 있었어요. 히틀러 아래에
서 일했던 2인자였죠. 2차 세계대전이 끝난 후 아르헨티나에서 숨어
지내다가 15년 후에 잡혀 예루살렘에서 재판을 받게 됩니다. 이 재판
에서 검사가 당신은 왜 그런 악독한 일을 했느냐고 물어보니까 아이
히만이 유명한 대답을 합니다. "나는 내 의무를 다했을 뿐이다." 전범
의 당당한 자기 변호로 유명해진 이 '아이히만 사건'은 칸트의 의무론
에 대한 여러 논의를 낳기도 했죠. 아이히만의 오류는 칸트 도덕형이
상학의 시금석인 보편성을 이해하지 못한 데 있습니다. 만일 아이히

만이 자신의 지위에 앉아 타인을 해할 수 있다면, 타인 역시 아이히만과 같은 지위에 앉아 아이히만 자신을 해할 수 있습니다. 아이히만은 자신의 행위 준칙이 과연 "항상 또한 보편적인 도덕법칙이 될 수 있는지"를 생각해 보지 않았던 겁니다. 즉 '자유와 목적의 나라'라는 개념을 제대로 음미해 보지 않았던 것이죠. 자유와 목적의 왕국이란 결국 '인간의 존엄성'이 성립하는 나라라는 사실을 음미해 보았다면, 그런 궤변을 펼치지는 않았을 것입니다.

스피노자는 칸트와는 대조적인 (도덕형이상학이 아닌) 윤리학을 펼치죠. 스피노자의 철학은 신 → 속성들 → 양태들로 가는 연역적 구도로 이해되어 왔습니다만, 들뢰즈나 발리바 같은 사람들은 양태들→ 속성들 → 신으로 가는 경험주의적, 귀납적 방법으로 스피노자를 읽습니다. 스피노자는 그렇게 봐야 매력이 있죠. 그렇게 보지 않으면 지금 감각으로는 매력이 없어요. 일단 그렇게 본다는 것을 전제하고서 이야기합시다. 이때 가장 기본적인 사실은 사물들의 변양입니다. 더불어 감응 개념을 이야기해야겠죠. 변양과 감응은 함께 갑니다. 몸의 변화와 마음의 변화는 맞물려 같이 가는 것이죠. 삶의 가장 원초적인 사실은 사람과 사물이, 사람과 사람이 접촉하고 서로 영향을 주고받는다는 것이죠. 즉 모든 것은 운동과 관계 속에 있다는 사실입니다. 즉 모든 것이 '변양'되고 있다, '감응'하고 있다는 것이죠.

스피노자에 따르면 이런 과정은 곧 조성과 와해의 과정입니다. 밥을 먹으면 내 신체와 음식물 사이에서 조성이 이루어지죠. 반대로 배설하는 것은 와해되는 것입니다. 어떤 사람과 만나는 것은 조성이고 헤어지는 것은 와해죠(그런데 조성과 와해는 극히 복잡하게 얽혀 있습니다. 만나는 것은 단순하게는 조성이지만 만나서 싸우게 되면 와해가 됩니다). 그런데 조성과 와해의 결과는 늘 좋음과 나쁨을 가져옵니다. 그래서 스피노자에게 중요한 것은 옳고 그름이 아니라 '좋은 만남'을 이루는 것입니다. 초월적 도덕법칙에 따르는 것이 아니고 좋은 만남을 통해 기쁨을 창출하는 것이 중요한 것이죠. 때문에 스피노자에게는 매우 섬세한 감정론이 필요하게 되며, 그래서 『에티카』의 3부 전체가 감정론에 할애되어 있습니다. 칸트에게는 감정론이 그다지 필요없어요. 도덕이란 도덕법칙을 따르는 문제이지 좋고 나쁨의 문제가 아니니까요. 스피노자는 어떤 초월적이고 절대적인 가치도 전제하지 않고서 윤리학을 전개하고자 했습니다. 스피노자는 도덕적 뉘앙스의 선악 개념을 거부했는데, 그것을 합목적성 개념에서 유래하는 환상이라고 보았던 것이죠. 선악 개념은 매우 주관적인/인간중심적인 성격의 개념이라는 것입니다. 인간은 자기에게 좋고 나쁜 것을 대상에 투영해 목적론적으로 생각합니다. 그러나 그것은 인간의 환상일 뿐인 것입니다. 스피노자에게서 기본적인 것은 각 사물들이 가진 실재도/완전도, 즉 행위능력입니다. 이 능력(역능)이 증가할 때 기쁨이 오고 감소할 때 슬픔이 오는 것이죠. 스피노자는 이런 것들이 부정할 수 없는 사실이라고 보았고, 때문에 선과 악, 좋고 나쁨이 덮어놓고 자의적이고 주관적이라고 보지는 않았습니다.

칸트에 따를 경우 법을 누가 세우느냐의 문제가 발생합니다. 이것은 곧 도덕법칙이 과연 발견되는 것인가 만들어지는 것인가, 만일 만들어지는 것이라면 누가 만드는 것인가 하는 문제죠. 물론 그렇기 때문에 칸트는 보편성을 도덕형이상학의 시금석으로 삼았던 것입니다. 그러나 만인이 따라야 할 법, 즉 보편적이고 필연적인 법을 제시할 수 있다 해도, 이번에는 그것이 결국 매우 추상적인 것으로 그친다는 난점이 있습니다. "내가 싫어하는 일은 남에게도 하지 말라" 같은 도덕법칙은 매우 소중한 가르침이지만, 너무 추상적이고 뻔하다는 난점이 있습니다. 칸트가 말한 "당신 행위의 준칙이 항상 또한 보편적인 도덕법칙이 될 수 있도록 행위하라" 같은 명법은 대부분의 사람들이 인정할 수 있는 것이지만, 문제는 너무나 당연하기 때문에 실질적으로 우리 행위에 별다른 도움을 못 준다는 것입니다. 이런 점이 형식주의적 사고의 한계죠. 그래서 최근에는 칸트적인 형식주의보다 오히려 아리스토텔레스에서 볼 수 있는 내용적인 윤리학이 많이 논의되고 있습니다.

스피노자를 따를 경우에도 문제는 있습니다. 우리가 슬픔을 불사하고서라도 지키고 싶은 가치들이 있다는 사실을 어떻게 이해하느냐 하는 것이죠. ~하게 행위할 경우 분명 내가 손해를 보겠지만, 또는 서로 간의 감정이 상하고 '나쁜 만남'이 되겠지만, 그럼에도 아무리 생각해도 그렇게 하는 것이 옳은 것 같을 때가 있는 것이죠. 좋음과 나쁨만을 가지고 행위에서의 당위를 온전히 설명할 수 있을까. 사실이나 현실을 아무리 정교하게 분석해도 거기서부터 당위가 쉽게 연역되지 않아요. 스피노자의 장점은 도덕을 따로 설정하기보다는 지극히 현실적이고 자연주의적으로 사태를 보는 것인데, 문제는 사실과 당위 사이에는 어쩔 수 없는 간극이 있다는 것입니다. 그러나 스피노자에 공감해서 이야기한다면, 기쁨과 슬픔에도 격이 있고 깊이의 차이가 있다고 할 수 있습니다. 피상적으로 보면 손해일 수 있지만 아주 넓게 보면 그것이 미래의 이익일 수도 있고, 피상적으로는 슬픈 것이지만 깊이 생각할 때, 넓게 생각할 때 보다 큰 견지에서 기쁨일 수 있는 것입니다. 폭력을 행사하는 사람을 제지하다가 어쩔 수 없이 폭력을 썼을 경우, 그 사람과의 만남은 슬픈 만남이지만, 전체적으로 보면 폭력을 당한 사람들을 구했기 때문에 기쁜 만남인 것이죠. 기쁨과 슬픔은 보는 입장에 따라 매우 복잡합니다. 그래서 스피노자가 생각하는 최고의 행복과 아름다움은 신에 대한 사랑이에요. 다시 말해 우주 자체, 인생 자체를 사랑하는 것입니다. 그런 견지에서 볼 때의 기쁜 만남이 스피노자가 추구하는 윤리인 것이죠.

칸트의 철학에는 자연과 자유라는 이분법이 있어요. 그래서 자유의 영역은 자연을 초월하는 것으로 이해됩니다. 칸트의 도덕철학은 바로 이 구도에 입각해 있습니다. 반면 스피노자에게 '자연'은 모든 것을 포괄하는 것입니다. 그래서 칸트의 경우 도덕의 가능성은 자연과는 구분되는 별개의 영역에서 탐색되지만, 스피노자의 경우 완벽한 일원론적 견지에서 탐색됩니다. 더 나아가 철학을 하는 구도 그 자체가 다릅니다. 칸트는 인식론(비판철학, 메타담론으로서의 철학) 중심의 철학자이고, 스피노자는 존재론/형이상학 중심의 철학자입니다. 그래서 이들의 도덕철학/윤리학에서의 차이는 사실 인식론/존재론에서의 차이에 뿌리를 두고 있는 것입니다. 자연과 구분되는 '인간의 자율성과 존엄성'이라는 칸트의 생각과 '자연'과 합일하는 '신에 대한 사랑'이라는 스피노자의 개념을 잘 비교해 보면서 음미해 볼 필요가 있습니다.

§6. 귀족의 가치와 노예의 가치

그 다음 니체로 가 봅시다. 니체는 옳음/그름으로서의 선악이라는 개념을 근본적으로 비판했습니다. 니체는 옳음/그름으로서의 선악을 좋음과 나쁨으로서의 선악으로 바꾸고자 했고, 그런 점에서 스피노자를 잇고 있습니다. 문화사적으로 보면 플라톤-기독교적 가치와 근대 부르주아 문화를 비판하고자 했죠. 니체는 선악의 개념이 왜 발생했는가를 '계보학'을 통해 밝히고자 했습니다. 우리가 당연하다고 생각하는 가치들은 역사의 과정에서 특정 시점에 생겨난 것들이라는 생각입니다. 그렇다면 역사를 추적해서 그런 가치들이 왜 생겨났는가를 밝혀야 하겠죠. 그런 작업이 계보학입니다.

좋음은 고대의 귀족-전사들의 개념이라고 합니다. 그러나 그후 사제들은 이런 사람들을 이길 수가 없었기 때문에 기독교적 선악의 개념을 만들어내었다는 것이죠. 즉, 니체는 선악의 개념은 유대인들이 로마에 대항해서 만들어낸 개념으로 봅니다. 그리스-로마에서 좋음이란 강하고 멋있고 쾌활하고 즐겁고 신나는 것이었죠. 삶을 긍정하고 강하게 사는 사람들의 가치였습니다. 그런데 기독교 문화로 오면 그런 세속적인 즐거움을 부정적으로 보게 됩니다. 대신 조용하고 금욕적이고 초월을 갈망하는 것을 선으로 보게 됩니다. 그래서 니체는 선악이란 곧 약자들의 개념이라고 말합니다. 말하자면 "실제 너는 나보다 강해, 그렇지만 너는 악한 것이야"라는 생각을 깔고 있다는 것입니다. 너희 로마인들은 전 세계를 호령하고 있고, 강하고 근육질이고 쾌락을 누리고 있다. 반면 우리 유대인들은 가난하고 헐벗고 핍박

받고 있다. 너희는 강하고 우리는 약하다. 그렇지만 너희는 악하고 우리는 선하다. 그래서 현실세계에서는 너희가 잘 살지만, 내세에 가면 우리가 복을 받고 너희는 끔찍한 벌을 받을 것이다. 이런 논리입니다. 니체가 보기에 선/악은 약한 사람들이 강한 사람들로부터 자기들을 보호하려고 만들어낸 일종의 담론적 무기 같은 것입니다. 그래서 "건강하고 자유롭고 즐거운" 가치들이 나쁜 것들, 세속적인 것들로 폄하되고, 금욕적이고 어두운 가치들이 득세하게 된다는 것이죠. 이것은 곧 노예의 도덕입니다.

이탈리아 소설가 움베르토 에코의 『장미의 이름』이란 소설 읽어 보셨나요? 이 소설의 소재가 뭘까요? '웃음'이죠. 중세 사회는 웃음을 허용하지 않는 사회였습니다. 물론 수도원을 배경으로 한 이야기이기 때문이겠죠. 수도사들에게 웃는다는 것은 경박하고 위험한 것, 인간을 파괴시키는 것이었습니다. 그런데 여기에 고전 텍스트에 관련된 이야기가 삽입됩니다. 아리스토텔레스가 틀림없이 희극론을 썼을 것이다. 모든 분야에 글을 남긴 아리스토텔레스가 왜 비극론만 쓰고 희극론은 쓰지 않았겠느냐. 작가는 이를 추론해서, 아마도 중세 수도원에서 그 책을 숨겼을 것이라고 봅니다. 이런 배경 아래에서 여러 가지 흥미로운 이야기들이 펼쳐지죠. 중세를 다른 관점에서 보는 사람들도 있습니다만, 어쨌든 중세라는 시대를 이해하기 위해서 한번 읽어 볼 만한 소설입니다. 이 소설을 니체적 관점에서 보면 바로 웃음을 죄악시하는 것이야말로 기독교적인 어두운 도덕의 대표적인 예가 될 것입니다.

아울러 니체는 모든 인간을 획일화하고 얼굴 없는 대중으로 만들어버리는 근대 사회 또한 비판합니다. 고대적 활력을 상실한, 그저 현실적인 이익에 대한 집착만 남은 근대 사회 역시 단호하게 비판합니다. 대중의 머릿수가 고귀한 자들의 머릿수보다 압도적으로 많고 그래서 양이 질을 압도하는 대중 사회의 도래가 모든 고귀한 것을 몰락시킨 현실을 비판한 것입니다.

우리는 니체적인 맥락에 서서 귀족의 가치와 노예의 가치를 구분할 수 있습니다. 우선 여기에서 귀족과 노예는 정신적이고 신체적인 구별이지 신분적 구별이 아닙니다. 귀족 집에서 태어나 저절로 귀족이 되고 노예 집에서 태어나 저절로 노예가 되는 그런 신분제도와는 상관없이, 한 인간의 삶의 방식에서의 귀족과 노예입니다. 귀족은 고귀한 가치 창조들을 위해 삽니다. 노예들은 세속적 가치들에 대한 집착을 위해, 나아가 세상에 대한 앙심快心='르상티망' 때문에 삽니다. 공부하고 책을 쓰는 것을 예로 들어 봅시다. 귀족의 가치를 가진 사람은 무엇인가를 아는 것이 행복해서 공부합니다. 우주가 돌아가는 이치, 인간의 본성, 역사의 의미 등을 읽고 사유하는 데 행복을 느낍니다. 그리고 자기 생각을 정리하기 위해서, 또는 좋은 책을 남기기 위해서, 역사적 역할을 하기 위해서 책을 씁니다. 그러나 노예의 가치를 가진 사람은 출세하기 위해 공부합니다. 교수가 되고 판검사가 되고 의사가 되기 위해서 공부합니다. 책을 쓸 때에도 책이 얼마나 팔릴 것인가, 내 책이 사람들에 의해 얼마나 인정받을 것인가, 자기보다 더 인정받고 있는 자를 누를 수 있을 것인가 등에 집착합니다. 귀족의 가치를 가진 사람을 움직이는 것은 순수한 기쁨, 창조에의 욕망, 인류에 대한 사랑이죠. 노예의 가치를 가진 사람을 움직이는 것은 열등의식, 세속적 욕망, 남과의 비교입니다. 물론 귀족의 가치와 노예의 가치는 양자택일의 문제가 아니라 정도의 문제라 해야겠죠.

　비판하는 행위에서도 마찬가지입니다. 예를 들어 돈이 없는 사람들이 돈이 많은 사람들을 비판합니다. 그런데 거기에는 두 가지가 있어요. 하나는 보다 순수한 마음으로 비판하는 경우, 즉 이 세계는 불평등하다, 사회가 이렇게 되어서는 안 된다는 정치의식에서 나온 비판이죠. 이것은 귀족적 가치에 입각한 비판입니다. 좀더 좋은 세상을 향한 열망이죠. 그러나 사실은 자기도 부자이고 싶은데 그렇지 못하기에 부자를 저주하는 경우는 노예의 가치에 입각한 저주입니다. 남의 학문이나 사상에 대한 비판을 유심히 봐도, 정말 성숙한 비판이 있고 감정 표현에 불과한 비판이 있습니다. 그런 것은 진정한 비판이 아닐 뿐 아니라, 엄밀히 말하면 '비판'이 아닙니다. 욕구불만과 열등의식을 표출하는 것일 뿐이죠. 선배 학자들을 수시로 헐뜯는 사람은 정말 학문적 동기에서 비판하는 것이 아닙니다. 다만 그를 빨리 밟고 올라서야 자신이 일인자 소리를 들을 수 있기 때문에, 출세에의 욕망에 사로잡혀 헐뜯는 것이죠. 또, 역으로 나이와 지위를 앞세워 후배 학자들을 어떻게든 짓밟으려는 인간들도 있습니다. 자신보다 젊은 사람이 자신보다 더 인정받는 것을 견딜 수 없어하는 것이죠. 귀족의 가치를 가진 사람은 남이 잘 되면 손뼉을 쳐 줍니다. 남과 자기를 비교하기보다 자기가 하는 일 자체에 열정을 가질 뿐입니다. 노예의 가치를 가진 자들은 언제나 남과 자기를 비교해서 세속적 평가에 촉각을 곤두세웁니다. 스피노자는 먹는 것이 좋아서 먹는 것과 죽기가 두려워 먹는 것의 차이를 말했습니다. 먹는 것이 좋아서 먹는 것은 단지 먹는 것을 긍정하기에 먹는 것이지만, 죽는 것이 두려워서 먹는 것은 이중부정, 즉 삶을 부정해서 죽음을 두려워하고 다시 그것이 무서우니까 밥을 먹는 행위인 것이죠. 여러분들은 창조의 기쁨을 위해, 세계에 대한 사랑을 위해 사는 고귀한 인간이 되어야지, 경쟁 심리와 세속적 욕망에 휘둘리는 저열한 인간이 되면 안 될 것입니다.

그런데 이런 문제를 생각해 봅시다. 약자들이 힘을 합해 강자를 누르게 되는 경우는 어떻게 이해할 것인가? 예를 들어서 기독교는 약한 자들의 논리이고 그래서 노예의 논리라고 했는데, 아이러니한 것은 그 약한 기독교인들이 힘을 합해서 결국 로마를 정복했다는 사실이죠. 약자들이 힘을 합해서 강자가 되는 경우는 어떻게 해석해야 되느냐의 문제입니다. 이것은 맥락에 따라 다른 의미를 담게 됩니다. 약한 자들이 힘을 합해서 권력을 누리는 포악한 자들을 물리친 경우는 좋은 경우이고 이것은 역사의 발전으로 봐야 합니다. 19세기, 20세기에 특히 많이 발생했던 혁명들은 민중들이 힘을 합해 기성 권력을 무너뜨린 예입니다. 그러나 정말 니체의 말대로 강한 자가 부럽고 질투가 나서 약한 자들이 그를 모함하고 무너뜨리는 경우라면 그것은 노예의 도덕이겠죠(물론 여기에는 역설이 있습니다. 강한 자가 무너진다면 그것은 강한 자가 아닐 테니까요. 그러나 "강하다"라는 것을 반드시 물리력으로 보지 않는다면 이런 경우가 가능합니다). 연극(과 영화)으로 상연된 바 있는「아마데우스」가 그런 경우죠. 모차르트가 워낙 뛰어나니까 살리에르를 비롯한 소인배들이 작당해서 그를 궁정에서 몰아냈던 것이죠. 이런 경우를 인간사에서 자주 볼 수 있습니다. 뛰어난 인물을 견제하고 질시하는 것이 소인배들의 본성이죠. 그래서 약한 자들이 힘을 합해 권력을 무너뜨리는 경우도 있지만, 또한 약한 자들이 강한 자의 매력을 질시하는 경우도 있습니다. 어쨌든 약한 자들이 힘을 합해 강한 자를 무너뜨리는 경우는 흥미로운 경우입니다.

또 하나, 긍정은 긍정인데 타인에게 해를 끼치는 긍정은 어떻게 이해할 것인가? 하는 문제가 있습니다. 깡패는 주먹을 휘두를 때 자기가 살아 있음을 느끼잖아요. ……(웃음)…… 그래서 가는 데마다 싸우고 다닙니다. 스피드를 긍정하는 사람은 차를 빨리 몰 때 행복감을 느낍니다. 그러나 그러다가는 불행한 사태들이 이어지겠죠. 이런 경우들에서 긍정은 과연 진정한 긍정인가? 이런 문제가 제기됩니다. 윤리나 도덕은 한 인간의 욕망을 막는 역할을 합니다. 따라서 개인의 욕망을 극단적으로 긍정하는 사람들에게는 윤리니 도덕이니 하는 것들이 다 따분한 것들이고 심각한 인간들이나 이야기하는 것들로 여겨집니다. 그래서 자유롭게 마음껏 인생을 즐기면서 살고 싶어 하죠. 그리고 실제 많은 경우 그런 사람들이 "멋진" 사람으로 인정받곤 합니다. 그러나 사회와 역사를 좀더 넓게 생각하는 사람들, 삶을 함께 살아가는 것으로 이해하는 사람들에게 이런 자들은 하나만 알고 둘은 모르는 망나니들이죠. 그래서 두 유형의 인간들은 서로 대립합니다. 우리가 '좋은 만남'을 생각한다면 늘 타인들과 함께하는 삶을 모색해야겠죠. 그래서 욕망도 비판도 두 가지가 전제되어야 합니다. 첫째, 앙심에서 유래하면 곤란하고, 둘째, 타인들과 함께 사는 세상을 염두에 둔 것이어야 할 것입니다.

오늘날 우리에게 필요한 것은 역시 도덕보다는 윤리라고 해야 합니다. 현대 사회의 다원성으로 인해 도덕법칙은 이미 무너졌죠. 오늘날과 같은 시대에는 옳고 그름보다 좋음과 나쁨이 가치의 척도로서 작용합니다. 아이들도 그렇죠. "너, 이것이 옳은 거야. 해야 돼" 하면 말을 안 들어요. 그런데 "네가 이렇게 하면 이런 좋은 것이 와"라고 하면 말을 듣잖아요? "너 이런 것 하지 마. 하면 안 되는 거야" 하면 오히려 더 합니다. 윤리라는 것을 아주 현실적으로 볼 경우 오히려 가언명법이 더 효과적이죠. 물론 윤리만 가지고 안 되는 문제가 많아요. 경우에 따라서는 좋기는 하지만 그른 일들도 있고 나쁘기는 하지만 옳은 일들도 있으니까요. 그래서 추상적이고 형식적이긴 하지만 매우 보편적인 도덕법칙들은 여전히 유효합니다. 그런데 곰곰이 생각해 보면 우리가 도덕이라고 생각하는 것들도 윤리에 포함시킬 수 있지 않나 하는 생각이 듭니다. 윤리라는 것을 당장의 좋음의 문제가 아니라 스피노자적인 의미에서의 '신에 대한 사랑'으로 이해한다면, 도덕도 윤리에 거의 포함됩니다. 그래서 세계를 넓게 보는 눈, 삶을 넓게 보는 눈이 필요한 것이죠.

Q 윤리나 도덕의 판단 척도의 문제에 있어 한국인들 같은 경우에는 양심에 판단 기준을 두는 것 같다는 생각이 듭니다.

A 물론 한국인들만이 아니라 대부분의 문화들에서 그렇죠. 칸트적 도덕철학에서도 양심이 상당히 중요한 문제가 됩니다. 실제 우리가 좋음/나쁨의 문제만으로 모든 것이 해결되지 않는다고 했을 때 중요한 것이 바로 양심의 문제거든요. 좋음만을 생각할 때는 이렇게 해야 하지만, 아무래도 "양심이 허락하지 않는" 그런 경우들이 있습니다. 그런데 도덕과 양심이 왜 연결되느냐? 양심이라고 하는 것은 나의 현실적인 좋고 나쁨을 초월해 있죠. 구체적인 이유 이전에 본능적으로 그렇게 느껴지는

것입니다. 그렇기 때문에 양심은 인간이 주관적으로 가지고 있는 것이 아니라 어떤 형이상학적인 것, 하늘이든 신이든 초월로부터 온 것으로 봅니다. 그래서 '양심의 소리'라는 표현을 쓰죠. 그 소리는 어떤 초월적인 차원에서 울려오는 소리입니다. 양심을 인간 바깥의 어디에선가 오는 것으로 보는 것이죠. 그러나 양심이라는 것도 어떤 집단이 오랜 세월 동안 살아오면서 사람들의 마음속에 각인된 것이 아닐까? 양심 자체도 모든 사람들에게서 일치하는 것이 아니지 않은가? 실제 문화가 다르면 양심의 내용도 다르지 않은가? 양심을 따르는 것이 꼭 좋은 결과를 가져오는가? 등의 어려운 문제들이 많습니다.

Q 서구인들 같은 경우에는 양심 같은 것보다는 사회적인 계약질서 같은 것이 판단 기준이 되지 않습니까?

A 서구에서요? 그것은 서양, 동양의 문제는 아닌 것 같아요. 우리가 많은 경우 "동양은…… 서양은……" 하고 말하지만, 대부분 그렇지 않습니다. '서양' 사람들도 양심에 호소하는 경우가 많죠. 반대로 '동양' 사람들이 법을 따지는 경우도 많고요. 그것은 개개인의 문제이고 사회 분위기의 문제이지(양심의 수위도 사회 분위기에 따라 달라집니다) '동양/서양'의 문제는 아닙니다.

Q 칸트 식으로 법을 이야기하게 되면 정신분석에서 이야기하는 금지와 처벌의 문제는 어떻게 볼 수 있습니까?

A 정신분석에서 말하는 법은 칸트에서처럼 형이상학적 근거를 가지고 있는 법이 아니에요. 이 현실세계의 규범이 법이죠. 칸트에서는 현실세

계에서의 규범이 아니라 그것을 넘어서는 초월적인 것이 법입니다. 그리고 현실세계는 그것을 따라야 한다는 입장이죠. 정신분석학에서 말하는 법, 흔히 '아버지의 법'이라고 말하는 것은 초월적 근거를 끌어들이는 것이 아니라 현실세계를 지배하고 있는 삶의 코드들, 실제 우리를 지배하고 있는 규범들을 말합니다. 라캉의 용어로 하면 '상징계'죠. 이런 의미에서의 법은 언어적 코드와 뗄 수 없이 관련되어 있습니다. 언어의 세계로 들어간다는 것은 곧 법의 세계로 들어간다는 것이죠. 그러나 이 법이 칸트적인 의미에서의 법은 아닙니다.

Q 도덕보다 윤리를 강조하는 것은 어떻게 보면 이기심에 근거하는 것이 아닌가요?

A 좋음/나쁨이라고 하는 것은 기본적으로 이기심을 전제하죠. 좋다, 나쁘다고 할 때 일차적으로는 자기에게 좋고 나쁜 것이죠. 그러나 스피노자에 입각할 경우 좋음/나쁨이라는 것을 훨씬 넓게 봐야 합니다. 출발은 이기심일지 몰라도 거기에 그치는 것은 아니죠. 좋음/나쁨이라는 것도 그 사람이 얼마나 큰 인간이냐에 따라서 달라지게 돼요. 저열한 인간이 자기에게 나쁘다고 느끼는 것을 고귀한 인간은 오히려 좋다고 느낄 수 있습니다. 어떤 사람은 내 집이 아니기에 동네의 쓰레기를 줍지 않지만, 어떤 사람은 그 쓰레기를 치워 줌으로써 동네 전체를 깨끗하게 할 수 있고 그로써 즐거움을 느낄 수 있는 것이죠. '이기'利己라는 것을 어떤 관점에서 보느냐의 문제입니다. 그런데 신=자연에 대한 사랑, 세계에 대한 사랑의 관점에서 볼 때 가장 고귀하고 큰 좋음이 성립합니다. 윤리의 기초는 이기심이 아니라 좋은 '만남'에 있는 겁니다. 이기심은 오히려 좋은 만남을 방해하는 요소인 것이죠.

13강_ 국가, 법

오늘은 국가와 법에 대해서 이야기해 봅시다. 지금까지 영혼, 인성, 덕, 선악을 다소 추상화해서 논했거니와, 사실상 인간의 삶은 언제나 집단적으로 이루어지죠. 논의를 전개시키기 위해서 지금까지는 일단 이런 집단성은 접어 두고 주제들을 고립시켜 이야기했습니다만, 이제 인간의 집단적 삶을 논해야 하겠습니다.

인간은 개별자가 아니라 언제나 자연과 사회라는 객관적 장 속에서 살아가야 하죠. 전자의 경우 자연이라는 말 외에도 존재, 우주, 세계 같은 표현들을 쓰고, 후자의 경우 사회라는 말 외에도 세상, 문화, 역사, 공동체 같은 표현들을 씁니다. 방금 '객관적'이라는 말을 썼습니다만, 'objectivity'와 'subjectivity'란 말은 일상 언어에서의 용법과 철학적 용법이 조금 달라서 가끔 오해를 불러일으키기도 합니다. 일상 언어에서 '객관적', '주관적'이라는 말은 다소 막연하게 사용되죠. 어떤 사람의 생각이 지나치게 자의적일 때 또는 너무 개인적일 때 우리는 "저 사람은 너무 주관적이야" 이런 말을 합니다. 그런데 철학에서 이 개념쌍은 다른 의미로 사용됩니다. "영혼(마음, 정신, 의식)을 가진" 존재들이 가지게 되는 것이 'subjectivity', 즉 '주체성'이죠. 인식론적으로 말하면 '주관성'입니다. 일상어에서 개인적이다, 자기 멋대로 생각한다는 것과는 상당히 다른 뉘앙스죠. 그리고 주체성의 고도의 단계가 자기의식의 단계, 즉 '나'라는 것을 의식하는 단계입니다. 이에 비해서 'objectivity'는 주체성과 대립하는 의미에서의 객체성, 또는 인식론적으로는 객관성을 말합니다. 이때 객관성이라는 말은 반드시 옳다, 맞다는 뜻이 아니라 인식 주체가 아닌 "인식 대상의 측면에서"라는 뜻입니다.

또 하나 중요한 것은 '주관적'이라는 이 말이 어떤 개인에 관련될 수도 있지만 특정 집단에 관련될 수도 있다는 사실입니다. 나아가 인간 전체의 주관을 이야기할 수도 있습니다. 칸트가 '주체성'이라는 말을 쓸 때는 특정한 개인의 주관을 말하는 것이 아니라 인간 집단의 주관을 말하는 것이죠. 데카르트와는 조금 달라요. 데카르트도 물론 기본적으로 보편적 사유를 구사하지만 '나'라고 하는 계기가 보다 강하게 나타나죠(데카르트의 시대 자체가 '자아 찾기'가 유행했던 시대입니다). 그에 비해 칸트의 '의식 일반'은 'Bewußtsein überhaupt'죠. 'Haupt'는 '머리'잖아요? 개개인의 머리 위에 존재하는 것, 공통으로 존재하는 것이 일반적인 것이죠(엄밀히 말하면 '일반'이 아니라 '보편'입니다). 어쨌든 인간이란 존재는 객체성과 주체성이라는 두 계기 사이에 놓여 있어요. 인생을 산다는 것은 결국 나라는 주체성, 우리라는 집단 주체성, 나아가 인류라는 거대 주체성, 그리고 나/우리가 대하고 있는 또는 나/우리를 둘러싸고 있는 객체성 간의 관계를 둘러싸고서 성립합니다. 산다는 것은 영원히 그런 것입니다. 나와 남, 우리 가족과 남의 가족, 나와 국가, (내가 속한) 우리와 다른 우리, 나와 세계, 인간과 세계 등등 무수한 관계가 성립하겠죠. 이 관계의 공간=카오스모스에서 벌어지는 사건들이 우리의 삶을 수놓고 있습니다.

또 하나, 객체성을 아주 크게 나누면 자연과 사회/역사로 나눌 수 있죠. 인간이란 이 두 가지 객체성 안에서 살아가야 합니다. 나 또는 수많은 형태의 우리와 자연 및 사회/역사라는 객체성들 사이에서 어떻게 균형을 잡을 것인가를 고민해야 합니다. 물론 이런 분절들에 있어 경계선은 늘 움직입니다. 딱히 그 어디에서 자를 수가 없죠. 한 극단으로 갈 때 모든 것들은 다 하나이고, 다른 극단으로 갈 때 나 자신조차도 절대적 분절선을 가진 것이 아닙니다(여러 '나들'이 존재하는 것이죠). 다만 삶의 조건들 중 가장 큰 지평이 자연과 사회/역사라고 할 수 있을 것입니다.

§1. 퓌지스에서 노모스로

초기의 그리스 철학자들이 주로 'physis'에 관심을 가졌다는 이야기는 잘 아실 겁니다(1부 2강에서 퓌지스=자연에 대해 논했습니다), 즉, 영원하고 필연적이고 보편적인 것을 찾았던 것이죠. 그리고 이런 탐구가 그후 서구 학문의 기본 성격을 만들어내게 되었다고 할 수 있습니다. 그러나 페르시아 전쟁 이후 소피스트들이 등장하면서 철학의 주제가 인간과 정치, 법/관습의 문제로 바뀌게 됩니다.[1] 사람들은 이런 이행을 흔히 "퓌지스에서 노모스로"라고 합니다.

학자들을 보면 유형이 두 가지로 대별됩니다. 하나는 개별적이고 구체적이고 역사적이고 상대적인 세계보다는 그런 세계를 넘어서는 영원한 것을 추구하는 유형입니다. 자연과학자들이 특히 그렇고, 철학자들 가운데 전통 형이상학을 선호하는 사람들이 그런 유형에 속하죠. 그러나 다른 사람들은 추상적이고 보편적인 것을 견디지 못해요. 그래서 구체적이고 개별적인 세계에 관심이 많습니다. 역사나 문학이 그렇죠. 사회과학 하는 사람들도 유심히 보면 극소수이긴 하지만 전자 쪽으로 더 기울어지는 사람들이 있고(흔히 '이론 전공'이라고 표현하죠), 대부분 그렇듯이 후자 쪽으로 더 기울어지는 사람들이 있습니다. 기질이 상당히 다른 사람들이라고 할 수 있겠는데, 이런 차이를 지금 우리 맥락에서 말하면 곧 퓌지스에 더 관심이 있는 사람들이 있고 노모스에 더 관심이 있는 사람들이 있다고 할 수 있겠죠. 그리스 역사를 놓고 본다면 페르시아 전쟁을 지도리로 해서 소피스트들이 등장하게 되고, 그러면서 퓌지스에 대한 관심이 노모스에 대한 관심으로 이행했다고 할 수 있습니다. 그러면서 철학사가 새로운 단계로 접어들게 되죠.

여기에서 '노모스'를 '법/관습'이라고 써 놓은 이유는 일차적으로 노모스라는 말이 이 두 가지 의미를 다 가지기 때문이기도 하고, 더

---

1) 소피스트들이 자연에 관심을 가지지 않았다고 할 수는 없다. 예컨대 기하학에서의 '대각선' 같은 개념은 소피스트들에 의해 개척된 것으로 보인다. 아리스토파네스는 그의 『구름』에서 프로디코스, 소크라테스 등을 천문학에 몰두하는 사람들(아리스토파네스에게는 뜬구름 잡는 이야기들을 떠벌리는 사람들)로 묘사하고 있다(그에게 소크라테스는 어디까지나 소피스트, 그것도 대표적인 소피스트였다).

중요한 것은 이때의 법, 관습이라는 말의 의미가 오늘날 우리가 사용하는 현대적 의미와는 다르기 때문이기도 합니다. 그래서 주의를 요합니다. 고대 사회의 법은 지금 우리가 말하는 법보다 훨씬 느슨한 것이었고, 대조적으로 관습은 지금 우리가 사는 시대의 것보다 훨씬 강한 것이었어요. 지금 우리는 관습은 훨씬 느슨해졌고 법은 훨씬 강해진 사회에서 살고 있는 겁니다. 물론 지금도 관습이 일정한 역할을 합니다. 관습을 어길 경우엔 비난의 말을 듣게 되죠. 그렇지만 오늘날 관습은 상당히 약화되었잖아요? 시골보다 도시는 더 그렇죠. 그런데 옛날에는 관습이라는 것이 상당히 강한 것이어서 지금 우리가 생각하는 것과는 개념이 다른 것이었습니다. 예를 들어 어떤 마을에서 말썽이 벌어졌을 경우, 그 마을에서 가장 나이가 많은 장로가 한마디 하면 그 사건이 해결되곤 했던 겁니다. 지금이야 나이 많다고 그런 강제력을 가지진 못하죠. 또, 나쁜 짓을 할 경우 욕이야 먹겠지만 그것 때문에 마을에서 쫓겨나거나 하지는 않죠. 그런데 법은 반대입니다. 옛날 법은 문헌으로 된 것이 아니었죠. 물론 로마법처럼 정리된 것도 있지만 드문 경우죠. 법이라는 것이 사실상 높은 사람들의 뜻이나 이전부터 내려온 관례와 거의 같은 것이었습니다. 결국 법과 관습 사이에 그렇게 큰 차이가 없었다는 이야기죠. 법은 지금보다 훨씬 느슨했고 관습은 훨씬 강했다는 것을 염두에 둬야 합니다. 그래서 '법/관습'이라고 쓴 겁니다.

법/관습을 뜻하는 'nomos'의 라틴어는 'lex'입니다. 'Nomos'라는 말은 지금 'economics'(경제학), 'astronomics'(천문학), 'nomology'(법률학), 'nomothetic'(입법의) 같은 말들에 남아 있죠. 'Lex'라는 말

은 지금 'legislation'(법률 제정), 'legitimate'(합법적인), 'legislature' (입법부) 같은 말들에 남아 있죠('legis'는 'lex'의 단수 2격입니다). 그리고 라틴어 그대로 'lex'로 써서 'law'를 뜻하기도 합니다.

그런데 지금 우리가 논하고 있는 'nomos'는 자연법칙이 아니라 인간이 만든 법/관습을 말합니다. 법이란 말이 함축하고 있는 가장 기본적인 뉘앙스는 "따라야 한다" 또는 "따를 수밖에 없다"는 것이죠. "따라야 한다"는 것은 당위의 뉘앙스고 "따를 수밖에 없다"는 것은 필연의 뉘앙스죠. 필연 내지 당위 또는 강제의 뉘앙스가 들어가는 것이 법인데, 그래서 법이란 기본적으로 개체성individuality과 대립하는 말이에요. 개체가 있고 공동체community가 있습니다. 그런데 법이란 공동체를 위한 것입니다. 그래서 법은 항상 개체(여기에서는 개인)와 대립할 수밖에 없습니다. 여기에서 개체와 공동체 사이의 갈등이 발생합니다. 인류의 역사는 개인과 공동체의 갈등의 역사죠. 그런데 똑같은 법이지만 자연법칙일 때는 당위가 아니라 필연의 의미가 되기 때문에 따를 "수밖에 없는" 것이 됩니다. 지진이 나면 죽을 수밖에 없는 것이고, 배가 고프면 무엇인가를 먹을 수밖에 없는 것이죠. 따라서 필연으로서의 법(칙)은 자연과 관계됩니다. 개인과 공동체의 경우 "~하고 싶다"(욕망)와 "~해야 한다"(당위)가 대립하는 것이고, 개인과 자연의 경우 "~하고 싶다"(욕망)와 "~할 수밖에 없다"(필연)가 대립합니다. "~하고 싶다"는 한 개인의 욕망, 자유, 주체성, 개체성이고, "~해야 한다"나 "~할 수밖에 없다"는 공동체와 자연이라는 두 객관성이 부여하는 당위, 필연, 법칙성인 것이죠.

그런데 법에는 두 가지가 있습니다. 하나는 '자연법'이고 다른 하나는 '실정법'實定法이에요. 여기에서 자연'법'은 근대적인 의미에서의 자연'법칙'이라기보다는 차라리 전통 사상에서 말하는 '命'의 의미입니다. 하늘이 내린 법인 것이죠. 법이란 기본적으로 인간이 만드는 것이고, 인간이 만든다는 것은 곧 '자의적'인 것이라는 뜻입니다. 그런데 자연법을 강조하는 사람들에 따르면, 법이란 무조건 자의적으로 만들어지는 것이 아니라(이럴 경우 법은 권력의 문제로 환원되겠죠) 자연(과학에서 말하는 자연이 아니라 "스스로 그렇다"는 의미에서의 '自然'에 가까운 의미)에 입각하는 경우도 있다는 겁니다. 이런 경우를 전통 사상에서는 '인륜'이라고 하죠. 때로 '오상'五常이라는 말도 쓰는데, 이때의 '常'(또는 '恒')이 바로 '법'/'명'의 뉘앙스를 띠고 있습니다. 그런데 '퓌지스'가 자연이기도 하지만 또 '본성'이기도 하죠? 그래서 자연법은 또한 인간의 '본성'에 근거하는 법이기도 합니다. 각 시대, 각 문화에 따라 자의적으로 제정되는 실정법과 자연에 또는 인간의 본성에 근거하는 법이 대비되는 것이죠. 이 문제를 둘러싼 법철학적 논의들이 역사적으로 다채롭게 전개되어 왔습니다.

인륜이라고 할 때 가장 기본적인 것이 가족관계죠. 동양으로 말하면 '효', '제'悌, 장유유서,…… 이런 것들이 가장 상식적인 의미에서의 자연법/인륜입니다. 그런데 자연법과 실정법이 부딪히는 경우가 많아요. 홀어머니를 모시고서 사는 아들에게 영장이 나왔다. 인륜에 따르면 군대에 가서는 안 됩니다. 노모를 돌봐 드려야죠. 그런데 국가의 실정법에 따르자면 군대에 가야 합니다. 이런 것이 인륜법과 실정법이 부딪히는 경우인데, 이는 인류 역사에서 수도 없이 반복되어 나타나는 문제입니다. 또, 인륜 자체 내에서도 복잡한 문제가 많습니다.

『삼국연의』를 보면 서서徐庶라는 인물이 나와요. 유비가 제갈량을 만나기 전에 서서를 만났었는데, 조조가 서서를 끌어들이려고 서서의 어머니를 납치해 가죠. 그래서 서서가 울면서 유비를 떠나 조조한테 가잖아요? 그런데 서서의 어머니가 아들을 꾸짖습니다. 왜 유비 같은 덕스러운 사람을 두고 조조 같은 악독한 인간에게 왔느냐고 하면서, 스스로 목숨을 끊어버리죠. 이 경우 서서의 어머니는 어머니와 자식의 인륜보다는 원래의 관계를 배반하면(더구나 덕 있는 사람을 배반하면) 안 된다는 인륜을 더 근본적인 것으로 보았던 겁니다. 또, 물에 빠진 형수의 몸에 손을 대서 구해야 하느냐(이는 맹자가 들었던 예입니다), 더 극단적인 경우로는 물에 빠진 남편/아내와 자식 중 누구를 구해야 하느냐는 등의 문제도 있죠. 인륜 자체 내에서도 이런 여러 문제들이 있습니다.

자연법 또는 인륜과 실정법의 대립은 소포클레스의 『안티고네』에 잘 나타나 있습니다. 『안티고네』는 소포클레스의 작품 가운데서도 상당한 걸작에 속하죠. 서구 문화에서는 '안티고네'라는 이름이 당찬 여자, 자립심이 강한 여자를 가리키는 대명사로 쓰입니다. 오이디푸스 왕의 두 아들인 에테오클레스와 폴뤼네이케스가 결투하다가 모두 죽죠. 그러면서 크레온이 왕이 됩니다. 크레온은 에테오클레스를 조국의 수호자로 부르면서 장사를 허하지만, 폴뤼네이케스의 장사는 금합니다. 크레온이 "장사를 지내지 말라"고 한 것은 실정법이죠. 그러나 오이디푸스의 딸인 안티고네는 이에 맞섭니다. 안티고네가 길바닥에 버려 둔 폴뤼네이케스의 시체를 거두어 준 것은 인륜이죠. 여동생이 오라버니의 시체를 거두는 것은 신들이 부여한 인륜인 것이죠. 안티고네는 크레온에게 이렇게 논박합니다.

> 나는 신들의 확고부동한 불문율들을 죽기 마련인
>
> 한낱 인간이 무시할 수 있을 만큼, 그렇게
>
> 그대의 명령이 강력하다고는 생각지 않았어요.
>
> (『안티고네』 453-455)

여기에서 안티고네가 말한 '확고부동한 불문율들'이 바로 자연법/인륜이에요. 어떤 사람들은 소포클레스가 이 이야기를 통해서 당시 소피스트들이 제기했던, 전통에 대한 강렬한 비판에 저항했다고 보기도 합니다. 신들의 영역을 인간들이 함부로 난도질해서는 안 된다는 것이죠. 소크라테스를 죽음으로 몰고 간 분위기도 바로 당대에 '지식인들(소피스트들)'에 대해 일반인들이 가졌던 이런 반감이었다고 할 수 있습니다. 그러나 보다 소박하게 인륜까지도 억누르는 폭군에 대한 저항, 인간의 가장 원초적인 입장에 입각한 저항이라고 해석할 수도 있습니다(실제 안티고네는 결혼도 하지 못하고 죽는 자신의 신세를 한탄하는데, 이런 모습은 분명 잔 다르크나 현대 페미니스트들의 모습과는 판이하죠. "나는 서로 미워하기 위해서가 아니라 서로 사랑하기 위해서 태어난 거예요" 같은 구절도 그렇습니다). 또, 헤겔 같은 사람은 인륜성Sittlichkeit과 국가의 충돌로 보기도 합니다. 어쨌든 자연법 개념은 지금까지도 문제가 되고 있는 어려운 개념입니다.

§2. 소피스트들, 플라톤, 아리스토텔레스

퓌지스에서 노모스로의 이행은 특히 소피스트들에 의해 주도됩니다. 소피스트들에 대해 일괄적으로 이야기하는 것은 플라톤적 편견이 될 수도 있겠지만, 대체적으로 그들은 인간의 법/관습은 자의적이라는 것을 강조했다고 할 수 있어요. 자연(법칙)과 법/관습은 철저하게 대비됩니다. 나아가 자연법이나 신성한 법/관습은 부정되죠. 법은 오로지 인간의 자의적인 것일 뿐, 신성한 법/관습이나 자연법 같은 것은 없다는 입장입니다. 이들에 따르면 법/관습이란 주어진 것이 아니라 사람들 사이에 '계약'으로서 성립하는 것이죠. 주어진 것은 결국 힘의 논리일 뿐이지만, 내가 당할 수도 있기에 사람들은 법/관습과 정의를 만든 것이라는 입장입니다. 이런 입장은 칼리클레스나 트라쉬마코스 같은 소크라테스의 논적들에 의해 분명하게 제시되었습니다. 『국가』에 이런 생각을 잘 보여 주는 구절이 나와 있습니다.

원래 부정한 짓을 저지르는 것이 좋은 것이고, 부정한 짓을 당하는 것은 나쁜 것이지만, 당함으로써 겪는 나쁨이 저지름으로써 얻는 좋음을 월등히 능가하기에 […] 서로에게 부정한 짓을 저지르지 말도록 약정을 맺는 것이 낫겠다고 생각한 것입니다. 이로부터 […] 법/관습nomos에 의한 제약은 합법성과 정당성을 얻은 것입니다.

이 사람들은 귀게스의 반지를 예로 들고 있죠. 그 반지를 끼면 자기 몸이 안 보여요. 자기 몸이 안 보이면 사람들이 별의별 나쁜 짓을 다 할 것 아니냐는 것이죠. 자신이 평소 꿈꾸던 욕망들을 마음껏 펼치겠죠. 아마 누구나 그런 상상을 한 번씩 해봤을 겁니다. 그런데 그런 부정을 남에게 행하는 것은 "좋은" 것이지만, 자기가 부정의 대상이 되는 것은 "나쁜" 일이죠. 그런데 부정을 행해서 좋은 것보다 부정을 당해서 나쁜 것이 더 크다는 겁니다. 자기가 그런 힘을 가지면 물론 좋지만, 그렇지 못할 경우 자기가 당할 고통이 더 크다는 것이죠. 자기가 힘을 가지게 될지의 여부도 불투명하고요. 그래서 사람들은 차라리 "정의로운" 쪽을 택한다는 겁니다. 내가 당하지 않고 저지르기만 할 수 있다면 누가 정의를 원하겠느냐는 겁니다. 그게 안 되니까 차라리 "그래, 좋다. 서로 해치지 않고 살자"고 합의를 한다는 겁니다. 바로 이것이 법과 정의의 기원인 것이죠. 이런 생각은 『고르기아스』 같은 대화편에서도 다루어지죠. 플라톤의 『국가』라는 대화편은 소피스트들의 이런 생각과 계속 대결하는 대화편입니다. 이 문제는 다음 강의에서 자세히 다룰 겁니다.

플라톤은 법/관습, 국가, 교육, 정의…… 등의 문제를 포괄적으로 사유하고서 방대한 저작을 남긴 최초의 철학자죠. 방금 인용한 『국가』에 그의 정치철학적 사유가 응축되어 있습니다. 'Politeia'라는 이 책의 제목을 어떻게 번역할 것인가는 어려운 문제입니다. 이 말을 직역하면 '폴리스론' 또는 '폴리스 정체론政體論'이 됩니다. 라틴어로는 'res publica'(직역하면 'public thing', 즉 '공공의 일/것'이죠)로 번역되었고, 여기에서 현대어 'republic'이 나옵니다. 우리말로는 '공화국共和國'으로 번역되죠. 때문에 'politeia'는 '국가(론)', '이상국가'(플라톤이 그린 것이 이상국가이기에), '공화국', '정체',…… 등 여러 가지로 번역됩니다. 여기에서는 일단 '국가'로 번역했습니다. 폴리스도 작지만 하나의 국가이고, 이 책이 한 국가의 설계를 다루고 있는 책이니까요.

　플라톤은 이상적인 폴리스를 설계해서 법/관습의 자의성을 극복하려 했지만, 사실 『국가』를 읽다 보면 비현실적인 이야기도 많이 나오고 또 거부감이 드는 대목도 있죠. 그다지 이상적이지 않게 느껴지는 대목이 많습니다. 그래서 그의 논의는 그후 많은 반론들에 부딪혔습니다. 예컨대 포퍼 같은 사람은 『열린 사회와 그 적들』에서 플라톤을 전체주의의 시조로 해석했습니다. 그러나 플라톤의 정치철학은, 그것이 현실에 적용되지는 못했지만(플라톤이 책을 쓴 후 곧 폴리스 자체가 멸망했으니까요), 역사적으로 엄청난 영향을 끼쳤습니다. 영향을 끼친 만큼이나 많은 반대에 부딪혔던 것이죠. 어쨌든 소피스트들과 플라톤의 대결은 정치철학적으로 매우 흥미로운 부분입니다.

　그의 이상국가론은 형상이론과 맞물려 있어요. 오늘날의 정치학은 어떤 특정한 형이상학적 배경을 가지고 있지 않은 경우가 대부분이죠. 그런데 전통 정치철학은 특정한 형이상학적 근거 위에서 움직이는 경우가 많았습니다. 마키아벨리 이후에 형이상학과 정치학이 갈라지고, 개별 과학으로서의 정치학이 성립합니다. 플라톤은 국가의 형상이 존재한다면, 즉 이상국가가 존재한다면, 그 형상을 모방하는 정당한 법/관습의 수립이 가능하다고 생각했습니다.[2] 그래서 플라톤은 자신이 생각하는 국가의 형상, 사실상은 가장 이상적인 폴리스의 모습을 그린 것이죠. 소피스트들처럼 국가, 정의, 법을 철저하게 관습적이고 자의적인 것에 맡겨 두기보다는 국가의 형상을 찾아내어 현실의 폴리스를 그 형상에 맞춘다면 뛰어난 폴리스를 건설할 수 있다고 생각했던 것입니다.

그리스 철학자들에게서 폴리스, 국가, 정부 같은 개념들은 혼용됩니다. 더 정확히는 아직 그런 구분이 성립하지 않았던 것이죠. 폴리스는 작은 도시이자 국가여서, 흔히 '도시국가'로 번역됩니다. '국가'와 '정부'는 달라요. '국가'란 특정한 국명을 가진 공동체에 속하는 모든 사람의 공통의 문제죠. 말 그대로 'res publica'입니다. 존재론적으로 보아 추상적 존재입니다. 반면 '정부'는 국가의 한 기관이죠. 그러나 정부의 힘이 워낙 강하고 국가의 모든 권력을 장악하고 있기 때문에, 사람들은 정부와 국가가 똑같은 것이라고 생각합니다. 그리고 정부가 사람들로 하여금 그렇게 생각하도록 만들죠. 다시 말해 전체의 한 부분인 자신을 전체로, 초월적 지위로 격상시킵니다. 교통경찰들은 교통법을 어기는 사람들을 제재하지만, 자신들은 멋대로 신호 어기면서 다니잖아요. 사람들이 "당신들은 왜 어겨?"라고 하면 "공무 수행 중"이라는 한마디면 끝나죠. 요컨대 국가라고 하는 추상적인 전체의 구체적인 부분들에 가족, 마을, 학교, 기업, 군대,…… 등이 있는 것이고 그 중 하나가 정부이건만, 정부는 스스로를 국가에 동일시하고 또 그런 생각이 광범위하게 퍼져 있는 것입니다. 사람들은 정치가들이 정치를 잘해야 한다, 좋은 정치가들이 나와야 한다, 좋은 대통령을 뽑아

---

2) 이런 경우에 '파라데이그마'(paradeigma)라는 표현을 쓴다(오늘날의 '패러다임'에 해당). 파라데이그마는 절대적 형상/본질을 찾기 어려울 때, 즉 형상이 타자와 섞여 있어 시공간 속에 존재할 때 성립한다. 동일성과 타자성이 섞여 있을 때 형상을 대신하는 것이 파라데이그마이다(아리스토텔레스의 형상이 플라톤의 파라데이그마와 유사하다 하겠다). 플라톤이 그리는 것은 국가의 형상을 대신해 줄 파라데이그마로서의 청사진이다.

야 한다고 말하지만, 이것은 잘못된 생각이에요. 그런 생각 자체가 국가의 모든 권리와 권력을 그 사람들에게 넘긴다는 것을 전제하는 것이기 때문이죠. 물론 현실적으로는 좋은 정치가가 나와야죠. 나쁜 정치가가 나오는 것보다 훨씬 낫죠. 그래서 사람들은 좋은 사람 뽑아야 돼, 좋은 대통령이 나와야 돼, 좋은 정치가가 나와야 돼 하고 말합니다. 하지만 그런 생각 자체가 이미 나의 정치적 권한을 정치가들에게 양도하겠다는 생각을 함축하고 있는 겁니다. 그럴 경우 사람들의 유일한 정치적 권리는 선거에 참여하는 것밖에 없게 되는 것이죠. 그것이 곧 '대의'代議정치입니다. 'Representation'이라는 말에는 삼중의 의미가 있어요. 존재론 또는 미학에서는 '모방/재현'이고, 인식론에서는 '표상'이고, 정치학에서는 '대의'죠. 그래서 대의정치도 바로 재현의 사유, 표상의 사유와 나란히 가는 것입니다. 근대 민주주의의 원리인 대의정치는 근본적으로 재고되어야 합니다.

그런데 폴리스의 경우엔 국가와 정부의 구분이 거의 없었어요. 직접 민주정이었기 때문이죠. 헬라스세계는 참 묘해서 한가운데 바다가 있습니다. 그리고 그 바다(에게 해)를 빙 둘러서 도시국가들이 형성되었고, 그 도시국가들 사이는 산으로 막혀 있었습니다. 한가운데 바다를 두고 마치 고리처럼 둥글게 폴리스들이 퍼져 있었던 것이죠. 그래서 다른 지역들에서처럼 거대한 왕조가 아니라 수많은 작은 폴리스들이 발달하게 됩니다. 직접 민주정치가 가능한 지리적 이유입니다. 직접 민주정치가 발달했기 때문에, 사람들이 선거할 때를 빼고는 '공공의 일'에서 멀어지는 오늘날과 달리 개인사와 공공의 일이 뗄 수 없이 연결되어 있었던 거예요. 고대인들 특유의 '애국심'도 사실 이런 객관적 구조에서 연원하는 것이죠. 그러나 사회 구조가 완전히 달라진 오늘날에는 국가와 정부의 정확한 구분이 중요합니다.

플라톤은 군사정치, 과두정치, 민주정치, 참주정치를 각각 비판하고 최선자 정치를 주장했습니다. 앞에서(12강, §1) 'aristocracy'의 번역에 대해 이야기했죠? 플라톤은 최선자 정치의 문제를 그의 교육론을 통해 접근합니다. 교육 과정을 엄밀하게 짜 놓고서 그 과정을 모두 통과한 사람에게 폴리스를 맡기자는 것이죠. 그래서『국가』의 가장 중심적인 줄거리들 중 하나가 교육 문제예요. 교육을 통해 정당하게 경쟁해서 최선의 인물이 통치자가 되어야 한다는 겁니다. 이것은 고대라는 시대를 놓고서 본다면 대단히 진보적인 생각이죠. 그리스를 제외한 다른 문명에서는 나올 수 없는 이야기입니다. 그렇지만 곰곰이 생각해 보면 이런 문제가 있어요. 그런 교육 과정을 누가 짜야 하는가? 또 그 과정은 어떤 사람들에 의해 실시되어야 하는가? 이런 문제가 생기죠. 그런 교육 과정을 짠 것은 바로 플라톤 자신입니다. 따라서 플라톤 철학의 한계가 바로 플라톤 이상국가의 한계가 되는 것이죠. 또, 설사 그 설계가 매우 뛰어난 것이라고 인정해도 그 현실적 실행에서 많은 문제가 발생하지 않을까요? 그런데 이런 문제는 그다지 예민하게 다루어져 있지 않습니다.

어쨌든 플라톤이 설계한 이런 과정에 입각한 정치가 최선자 정치입니다. 그리고 그 다음 좋은 정치는 군사정치인데, 이것은 한국 사람들에게는 너무 엉뚱한 이야기처럼 들리죠. 그러나 이때 군인이란 오로지 명예욕만을 가진 사람을 가리킵니다. 오늘날 분업화된 사회의 경우를 생각하면 곤란합니다. 오늘날 군대와 사회는 전혀 다른 개념이죠. 어찌 보면 군대는 이 사회에서 별개의 세계입니다. 사회 자체가 '군인'과 '민간인'으로 나뉠 정도로 선이 날카롭게 그어지죠. 군대에 가지 않는 여성들의 경우에는 더 그렇게 느껴집니다. 그런데 옛날에 는 전혀 아니에요. 지금은 정치가와 군인과 기업가와 지식인이 다 다른 존재들이고 밀접한 관계도 없는 존재들이지만, 옛날에는 정치가, 기업가, 군인, 지식인이 다 뭉뚱그려져 있었어요. 군인이 돈도 많고, 정치도 하고, 책도 쓰고 그러는 거죠. 플라톤의 '철인-치자들'도 지금 의 철학자를 생각하면 엉뚱한 이해입니다. 오늘날 철학과에서 철학을 '전공'하는 사람들은 플라톤이 생각한 철인-치자와는 거리가 있는 사람들이라 해야 할 것입니다. 철인-치자는 기본적으로 군인이어야 해요(당시에는 여자들과 아이들, 그리고 노예를 뺀 거의 모든 사람들이 군인이었습니다). 그런데 최선자는 아니지만 왜 그 다음이 군인이냐? 군인의 욕망은 명예욕이기 때문이죠. 아주 감각적인 욕망이나 부에 대한 욕망보다는 명예욕이 순수하다는 겁니다. 오로지 명예만을 중시하는 인물이 두번째로 낫다는 겁니다.

그 다음 이것보다 한 단계 낮은 것이 과두정치인데, 과두정치는 부유한 엘리트들에 의한 정치죠. 최선자들이 지혜에의 욕망에 의해, 군인들이 명예에의 욕망에 의해 지배된다면, 엘리트들은 부에 대한 욕망에 의해 지배됩니다. 그래서 플라톤의 정치철학은 욕망론과 맞물려 있어요. 어떤 욕망을 가진 사람들이 사회를 다스리느냐가 중요한 겁니다. 순수한 지적 욕망을 가진 인간들의 정치가 최선자 정치, 명예욕을 가진 인간들의 정치가 두번째 군인정치, 그리고 세번째 좋은 정치는 부에 대한 욕망을 가진 사람들의 과두정치인 것이죠. 민주주의는 네번째로 좋은 정치, 사실상 끝에서 두번째의 정치로 대중에 의한 통치를 뜻합니다. 오늘날 우리는 민주정치가 최선의 정치라고 생각하지만, 플라톤에게는 매우 저급한 정치입니다. 왜냐? 이 정치는 대중의 변덕과 저급한 욕망에 의해 지배되는 정치이기 때문입니다. 민주정치는 대중의 일정한 수준을 전제하는 것인데, 저급한 수준의 대중이 정치의 중심이 된다면 그야말로 최악에 가까운 상태가 된다는 생각이죠. 플라톤의 이런 생각은 현대적인 감각에서는 받아들이기 힘든 생각이지만, 당대의 민주정치의 구체적 양상을 놓고서 이해해야 합니다. 그리고 사실 지금도 마찬가지죠. 민주정치는 '民'이 이성적이고 선하다는 전제가 있어야 성립하는 것입니다. 그러나 과연 그럴까요? 민주정치가 무조건 최선의 정치인지 신중하게 생각해 볼 필요가 있습니다. 마지막 최악의 정치는 참주정치죠. '참주'僭主는 'tyrannos'의 번역어죠. 참주는 대개 사회가 혼란스럽고 어두울 때 나타나서 권력을 잡는 사람들이에요. 이런 사람들은 처음 권력을 잡았을 적에는 좋은 일을 하는 듯하다가도 나중에는 무섭게 돌변하죠. 우리 식으로 말하면 독재정치입니다. 참주는 독재자가 되어 '티라노사우루스'처럼 대중들을 억누릅니다.[3]

그런데 플라톤은 이 다섯 가지 정체政體가 꼬리를 물면서 이어진다고 파악했습니다. 그런데 그 방향이 좋은 쪽에서 나쁜 쪽으로 가죠.

---

3) 참주들에게는 다른 측면도 존재했다. 예컨대 클레이스테네스는 절대 권력을 사용하여 가난한 농민을 구제했다. 하층민과 결탁해 도시의 단결을 강화시켰으며, 물질적인 풍요를 이룩했다. 아테네의 입장에서만 본다면, 아테네가 그리스세계의 중심이 되는 시발점을 마련했다고도 할 수 있다.

이것은 플라톤의 역사철학과 관련됩니다. 플라톤 역시 전통 사회의 대부분의 역사가들처럼 역사의 퇴화를 말했던 것이죠. 근대 이전의 대부분의 역사철학은 역사의 퇴화를 말하곤 했는데, 플라톤도 마찬가지였던 겁니다. 그래서 이런 역사철학의 배경 하에서 정체들의 퇴락이 이야기됩니다. 최선자 정치라 하더라도 어디에선가는 삐끗한다고 합니다. 완전한 인간은 없기에 최선자들이 다스린다 해서 영원히 잘 되리라는 법은 없다는 것이죠. 이렇게 되면 다음에는 나서기 좋아하는 의기충천한 이들이 등장합니다. 점잖은 사람들이 맹렬한 사람들을 이길 수는 없기에 이윽고 폴리스는 군인들의 손에 넘어갑니다. 그러나 이때만 해도 이들은 명예를 중시하는 사람들이기에 고매한 면이 있어 다행입니다. 그러나 실제 정치의 실행 과정에서 반드시 돈이 필요하게 되고, 이윽고 돈이 명예를 압도하게 됩니다. 그래서 그 다음에 돈을 앞세운 이들이 등장하고, 사회는 점차 혼란스러워져 민주정치가 도래합니다. 민주정치는 처음에는 매우 매력적인 것으로 보입니다. 대중들이 주인이 되어 자유로운 시대가 도래한 듯이 보입니다. 그러나 이윽고 자유는 방종이 되고, 모든 것이 대중들의 취향과 변덕에 의해 좌우되게 됩니다. 즉 지혜, 명예, 부 다음으로는 대중의 천박한 욕망이 뒤따른다는 것이죠. 아테네의 민주정치는 '직접민주정치'였고 이것은 어찌 보면 가장 이상적인 정치일 수 있겠지만, 사실상은 혼란의 극치에 달한 정치였던 것입니다. 그 혼란의 외중에서 참주가 나와 잠시 괜찮아진 듯하지만, 이윽고 최악의 상태가 도래하는 것입니다.

전에도 말했지만 초월적 가치를 갈망하는 사람들은 역으로 현실을 그만큼 어둡게 본다고 할 수 있어요. 현실이 어둡기 때문에 초월을 갈망하는 것이죠. 플라톤은 아테네가 황혼 무렵에 접어들었을 때 사유한 사람입니다. 그리고 소크라테스의 죽음을 목도했고, 그 자신 정치적 실천에 몰두하다 죽을 뻔도 하고 노예가 되기도 했던 사람이죠. 현실을 보는 눈이 부정적이고, 그래서 현실을 바꾸기 위해 이상을 제시한 것입니다. 그러나 플라톤이 자신이 꿈꾸던 이상국가 상像을 제시하자마자 아테네가 망하죠. 논의의 대상 자체가 사라진 겁니다. 그러나 그의 이론 자체는 그후 지대한 영향을 끼치게 됩니다.

다른 문제들에서와 마찬가지로 정치철학에서도 아리스토텔레스는 플라톤을 비판하면서 그와는 다른 견해를 내놓습니다. 플라톤적 사유와 아리스토텔레스적 사유에는 어떤 차이가 있느냐? 플라톤은 자신의 형상이론을 가지고서 존재론만이 아니라 윤리학, 정치학, 미학까지 정초하려고 한 사람입니다. 거기에 비해서 아리스토텔레스는 이론철학과 실천철학을 나눴다는 것이죠. 아주 큰 차이입니다. 플라톤에게는 3의 이데아, 정사각형의 이데아가 존재하는 것과 마찬가지로 선善의 이데아, 미의 이데아, 정의의 이데아도 존재합니다. 우리 현대인의 감각으로는 3의 이데아나 정사각형의 이데아는 상당히 설득력이 있게 들립니다. 수학이나 물리학 같은 담론들을 공부하다 보면 플라톤 철학이 상당히 매력적으로 다가와요. 그에 비해 미나 윤리나 정의 같은 것들은 상당히 주관적인 것으로 다가오죠? 개인마다 다르고, 문화마다 다르고, 시대마다 다른 것이라고 생각합니다. 플라톤 사유의 특징은 우리가 자의적이고 주관적이라고 생각하는 가치들조차도 똑같이 형상철학적 맥락에서 대등하게 다룬다는 사실입니다. 이에 비해 아리스토텔레스는 훨씬 현실적이에요. 자연은 법칙적이고 필연적인 방식으로 다룰 수 있지만 실천적인 문제들은 그렇지 않다는 것을 아리스토텔레스는 인정하는 겁니다. 실제 실천적인 문제들의 논의에는 어쩔 수 없이 주관이 들어갑니다. 각자의 경험이 다르기 때문이죠. 물론 아리스토텔레스는 소피스트들에서와 같은 상대주의로 가지는 않습니다. 개개인의 미묘한 차이들은 학문적으로는 문제가 되지 않기 때문이죠.

그래서 아리스토텔레스는 플라톤의 이상국가론을 비판합니다. 그의 비판은 매우 다양한 각도에서 이루어집니다만, 가장 기본적인 것들 중 하나는 플라톤의 공산주의에 대한 비판이죠. 플라톤은 지도자들을 뽑는 과정에 대한 논의에서 지도자의 자격을 갖춘 사람들이라면 재산은 물론이고 처자까지도 공유해야 한다고 말합니다. 그래야만 사리사욕을 초월해서 오로지 폴리스만을 생각한다는 것이죠. 이에 대해 아리스토텔레스는 국가란 군대나 가족, 나아가 개인처럼 확고하게 단일해서는 안 된다고 합니다. 국가의 본질은 오히려 매우 이질적인 존재들의 공동체에 있다는 것이죠. 국가가 완벽하게 단일화되면 그것은 곧 국가의 소멸을 뜻한다고 본 것입니다. 오히려 국가 내에 보다 많은 분업이, 보다 많은 이질성이 존재할 때, 그러면서도 그런 이질성들이 하나의 공동체를 이룰 때 그것이 '국가'일 수 있다는 것이죠. 그리고 처자를 공유하고 재산을 공유한다면 모든 것이 익명적인 것이 될 터인데, 그런 익명적 사회에서는 애정도 노력도 감소할 수밖에 없다고 봅니다. '나의 것'이라는 소유 의식이 인간을 움직이기 때문이죠. 사람들은 공유되고 있는 것들에는 애정이 없다는 겁니다. 그러나 플라톤이 다소 극단적으로 보이는 공산주의 사상을 전개한 것은 기본적으로 극소수의 지도자들을 대상으로 한 것이죠. 아리스토텔레스는 이것을 알고 있으면서도 플라톤의 생각을 폴리스 전체에 대한 것으로 해석하고서 비판합니다. 이런 대목들은 세심하게 읽어야 합니다.

아리스토텔레스는 플라톤과 달리 각 정치체제의 위계적 가치를 말하는 대신 그 장단점을 말했습니다. 좋은 정체와 나쁜 정체의 순서가 있는 것이 아니라, 어떤 정체든 그 실질적 전개에 있어 양면이 있다는 것이죠. 아리스토텔레스는 주권이 누구에게 있느냐에 따라 세 가지 정체를 구분합니다. 한 사람이 하는 정치가 있고, 여러 사람이 하는 정치가 있고, 모든 사람이 하는 정치가 있죠(물론 이 경우 여성과 노예, 미성년자는 제외됩니다). 한 사람이 할 경우엔 그 사람이 뛰어난 사람이면 좋습니다. 사실 전통 사회의 구조를 인정하는 한에서는, 이 경우가 가장 좋은 경우입니다. 그런데 그 사람이 형편없는 인간이면 최악의 정치가 펼쳐지죠. 그래서 참주제가 최악의 정치가 됩니다. 군주제는 어떤 한 사람의 자질에 따라 좌우된다는 점에서 문제가 있습니다. 귀족정치는 그 사회에서 비교적 가장 경제적으로 안정되고 교육 수준도 높은 사람들이 하는 정치입니다. 이 경우 이들이 정말 도덕성을 갖추고서 정치를 펼친다면 좋은 정치가 전개됩니다. 그런데 이 사람들이 집단 이기주의로 흐를 위험이 있죠. 집단이나 계층의 기득권을 유지하려 하기 때문에 위험합니다. 공자가 말하는 군자들이 통치하면 좋겠지만, 현실적으로 대부분의 상류층은 그저 욕심 많은 귀족들일 뿐입니다. 그래서 이 정치는 과두제로 전락합니다. 민주정치는 모든 사람이 정치를 한다는 점에서는 제일 좋은 것이지만, 그 대다수의 사람들이 좋은 정치를 할 자격이 없을 경우엔 문제가 생깁니다. 예컨대 선거할 때(선거라는 방식이 과연 진정한 민주정치인가도 따져 봐야 합니다) 막걸리 사 줬다고 찍어 주고, 동향 사람이라고 찍어 주고, 동창이라고 찍어 주고, 심지어 얼굴이 잘생겼다고 찍어 주고, TV에서 많이 봤다고 찍어 주면 곤란한 것이죠. 이것은 우중정치입니다. 그래서 세 가지 정치가 모두 장단점이 있고, 결국 아리스토텔레스는 세 정치의 장점만을 뽑아 조화시켜야 한다고 말합니다. 윤리학에서도 그렇듯이 정치학에서도 '중용'이 중요한 것입니다.

Q 국가는 추상적인 개념이고 정부는 구체적이고 실체적인 개념이라고 할 수 있는 건가요?

A 그렇습니다. 국가는 일종의 인위적 보편자라고 할 수 있어요. 실재하는 것은 사람들, 건물들, 사건들…… 등등이죠. 다만 추상해서 이야기할 때 정부, 재계, 학계, 종교계…… 등등 수많은 계界들이 있는 것이고 더 나아가 국가도 있는 것이죠. 계나 국가란 사람들이 구체적인 존재들을 하나로 묶어 이해할 때 존재하는 추상적인 무엇입니다. 그런데 아까 말했듯이 많은 경우 정부가 국가 개념을 독점하는 것입니다.

Q 현대 사회에서 많은 사람들은 자본주의 사회 이후 권력이 국가, 정부에서 기업으로 이동해 간다고 이야기하잖아요? 다국적 기업이 아직은 정부의 힘에 눌려 있지만 앞으로는 기업 쪽으로 권력이 이동해 간다고 볼 때, 국가의 위상은 어떻게 볼 수 있을까요?

A 그래서 어떤 사람들은 민족국가/국민국가가 소멸한다고 말하기도 합니다. 그러나 그것은 과장이죠. 국가란 원래 권력자들이 민중들을 착취

하기 위해 만들어낸 추상적 존재입니다. 왕의 등장, 성의 구축, 관료조직, 행정단위들의 조직, 문자의 발명과 역사의 서술…… 같은 삶의 장치들이 등장하면서 이들을 모두 포괄하는 추상적 존재로서의 '국가'가 성립한 것이죠. 그런데 근대 이후 국가를 위협하는 또 하나의 착취 장치가 발생했는데, 그것이 바로 자본주의입니다. 그후 국가와 자본주의는 한편으로는 대립하고 한편으로는 공조해 왔죠. 국가는 무력을 가지고 있고, 자본주의(기업들)는 돈을 가지고 있습니다. 서로가 서로를 필요로 하죠. 다만 신자유주의 도래 이후의 오늘날은 그 역학 관계에 있어 자본주의가 국가를 누르고 있는 형국입니다. 때문에 오늘날 국가란 자본주의가 합법적 장치들을 통해서 대중들을 착취하기 위해 필요로 하는 존재로 화했다고 볼 수 있습니다. 말하자면 국가란 자본주의의 실행 도구가 된 것이죠. 물론 일방적 관계는 아닙니다. 대통령도 다국적/초국적 기업[4]의 눈치를 봐야 하지만, 그렇다고 일방적으로 굴복하는 것은 아니니까요. 현실적으로는 매우 다양한 방식의 관계들이 성립해 있다고 볼 수 있습니다.

---

4) 다국적 기업은 여러 국가가 협력해 하나의 기업을 경영하는 경우를 뜻할 수 있고(예컨대 영국과 네덜란드의 유니레버 등), 하나의 기업이 여러 국가들을 가로지르면서 경영하는 경우를 뜻할 수 있다(예컨대 IBM, 맥도날드 등). 전자를 '다국적 기업'이라 하고 후자를 '초국적 기업'이라 하는 것이 좋을 것이다.

§3. 국가, 법, 권력

근대 사회 이전에는 '국가'라는 개념이 미약했습니다. 오히려 도시, 지방이라는 개념이 중심이었죠. 물론 이것은 상대적인 이야기예요. 국가의 범위를 어디까지 잡느냐의 문제이죠. 좁게 잡을 경우 헬라스 지역의 '폴리스들' 하나하나가 '국가'라고 할 수도 있고, 크게 잡으면 중국처럼 거대한 땅덩어리를 차지한 나라들이 '국가'를 형성했다고 볼 수도 있습니다. 그러나 근대 사회 이전에는 설사 국가가 엄존했다 하더라도 실제 사람들의 삶의 단위는 '나라'가 아니라 자신이 사는 마을이나 도시, 좀더 넓게는 지역이었죠. 국가라는 단위에 예민했던 사람들은 주로 지배계층이었습니다. 지금도 사실 그렇죠. 애국가를 들으면서 눈물을 흘리고 현충일 행사에 꼬박꼬박 참여하는 사람들은 대부분 지배계층들이죠. 보통 사람들은 그런데 무슨 관심이 있습니까? TV 보다가 그런 프로 나오면 채널을 돌려버리잖아요. 물론 예외도 있죠. 월드컵 할 때 가장 많이 들은 말이 "대~한민국"이잖아요. 생각해 보면 참으로 얄궂은 풍경이었죠.

오늘날 우리의 삶의 단위는 국가죠. 여기에서 부산 가는 것이야 기차표 하나만 사면 되지만, 가까운 일본에 가려고 해도 여권 챙겨야지, 출국수속 해야지 등등 복잡하죠. 국가라는 단위가 세계를, 우리 삶을 분할하고 있습니다. 그러나 가만히 생각해 보면 근대 이전의 삶에서 국가란 범주는 지금처럼 막강한 위력을 발휘하지는 못했습니다. 예컨대 폴리스들은 매우 작은 도시들이었죠. 우리가 흔히 '왕들'이라 번역하는 '바실레우스들'(아가멤논, 오뒤세우스, 아킬레우스 등)은 사실 작은 지역의 통치자들이었던 겁니다(아가멤논의 경우는 '왕국'이라 부를 만큼 세력이 컸습니다). 아니면 지방이 중요했죠. 대부분의 사람들에게는 자신이 태어나서 살다가 죽어 묻히는 '마을'이 삶의 단위였습니다. 아니면 좀 넓게는 '지방' 또는 '지역'이었죠. 플랑드르 지방, 작센 지방,…… 같은 지역들, 우리로 말하면 영남 지방, 호남 지방 등과 같은 지역들이죠. 이 두 가지, 마을과 지역이 전통 시대 사람들의 기본적인 삶의 단위였던 겁니다. 그리고 한 지역에서 다른 지역으로 가는 것도 실제 삶의 방식에서 어려운 것이었지(낯선 사람들, 언어, 관습 등), 무슨 울타리가 있어 갈 수 없었던 것이 아니죠. 결국 인간의 역사는 공간을 식민화해서 철저하게 국가라는 형식에 편입시켜 간 역사라고 할 수 있습니다. 진시황이 만든 '군현제'郡縣制 같은 것이 대표적인 예이죠. 오늘날 우리는 사람 하나하나에 주민등록번호가 붙어 있고, 땅 하나하나에 숫자가 붙어 있는 세계에 살고 있습니다. 각종 전자장치들과 인터넷이 발달한 오늘날에는 이런 구획들이 더욱 조밀하게 짜여 가고 있습니다.

근대에 이르러 민족 단위의 국가들, 즉 '민족국가들' 또는 '국민국가들'이 형성되어 오늘에 이르렀습니다. 과거에는 민족이라는 개념이 그다지 강한 뉘앙스를 함축하지 않았어요. 지금 우리는 어떤 사람을 규정할 때 가장 기본적으로 그 사람이 미국 사람인지 독일 사람인지 중국 사람인지 일본 사람인지를 따지죠. 그런데 옛날 사람들은 대개 그 사람의 출신 지방을 따져요. 이름 자체가 그렇죠. 레오나르도 다 빈치의 경우 '빈치'란 바로 레오나르도가 태어난 마을 이름이에요. 빈치 마을의 레오나르도라는 뜻이죠. 잔 다르크도 아르크 지방의 잔느라는 뜻입니다. 'Jeanne de Arc'인데 축약되어 'Jeanne d'Arc'가 된 것이죠. 오늘날 우리가 너무나도 당연하게 생각하고 있는 일본이다, '중국'이다, 러시아다, 프랑스다,…… 이런 것들은 근대 이후에 형성된 국민국가를 전제하는 생각인 것이죠. 그래서 "5천 년 유구하게 흘러온 한민족의 역사" 같은 구절은 유심히 보면 허망한 이야기인 겁니다. 그런데도 한국 사람들은 민족 개념이 강하죠. 알고 보면 피가 다 섞인 것인데. 몽골피도 섞이고, 다 섞인 것이죠. 순수한 민족 같은 것이 어디 있겠어요. 그러나 지금도 어떤 사람들은 민족이라는 것에 목숨을 던지기도 합니다. '국민'은 국國에 소속된 민民이죠. 이 국민 개념을 다듬어 낸 사람이 다름 아닌 이토 히로부미죠. 1888년(메이지 21년) 추밀원에서 제국헌법초안심의회가 열렸는데, 이때 천황도 참석했습니다. 여기에서 이토 히로부미는 '국체'國體 ——국가의 실체 ——를 이야기하죠.

> 기축機軸 없이 정치를 인민의 망의妄義에 맡겨 둘 때, 정치는 그 통기統紀를 잃고 국가 역시 마침내 패망합니다. […] 아국我國에서 국체가 되어야 할 것으로는 오로지 황실이 있을 뿐입니다. […] 구주[서구]의 주권분할 정신에 의거해서는 안 됩니다.

이토 히로부미는 정치를 인민에게 맡기면 안 된다는 것, 그리고 서구처럼 삼권분립을 행하면 안 된다는 것, 오로지 '군권'君權을 강화해야 한다는 것을 역설합니다. 자주 이야기해 온 'Einheit' 논리의 극치인 것이죠. 이렇게 일본의 정체성, 일본의 본질, 일본의 '국체' 같은 개념을 만든 자가 이토 히로부미입니다.[5] 옛날엔 초등학교를 국민학교라고 그랬잖아요. 그러다가 이 말의 함축이 좋지 않아 초등학교로 바뀐 것이죠. 어쨌든 오늘날에는 모든 것이 국가 단위로 통제되고 있습니다.

도시, 마을, 지방 중심에서 국민국가 중심으로 이행하는 데에는 경제적인 메커니즘들도 한몫을 했습니다. 과거에는 국가가 있었다 하더라도 지금처럼 사람들의 삶 구석구석을 통치하지는 않았습니다. 예컨대 지금의 프랑스의 전신인 프랑코 왕국 같은 것은 꽤 오래전부터 있었거든요. 하지만 프랑코 왕국이란 것이 그렇게 큰 의미가 없어요. 실질적으로 강제력이나 응집력 같은 것이 없었다는 말입니다. 오를레앙 지방의 군주, 플랑드르 지방의 군주,……가 있었던 것이죠. 파리만이 직접 통치의 대상이 되었습니다. 삶의 단위가 기본적으로 도시예요. 도시가 권력을 가지는 것이고, 도시들이 모든 경제의 중심을 이루는 것이죠. 그런데 17세기에 들어오면서 무엇이 도래합니까? 절대왕정이 도래합니다. 절대왕정은 이 도시들이 장악하고 있는 경제권을, 특히 암스테르담, 함부르크와 같은 엄청난 힘을 가지고 있었던 도시들을 국가의 테두리로 흡수합니다. 그러면서 이런 도시들이 가지고 있던 경제권을 '전국 상업망'으로 재편한 거예요. 그래서 도시의 권력이 국가의 권력으로 이행하게 되죠. 그때 중요한 것은 세금체제였습니다. '전국 규모의 시장' 체제를 재편성한 것이 국민국가 형성의 경제

---

5) 흔히 메이지 유신을 '근대화'의 과정으로 이해하지만, 메이지 유신은 두 얼굴의 운동이다. 경제적, 사회적, 문화적으로는 근대성의 문턱을 넘어서는 운동이었지만, 정치적으로는 왕정복고 운동이었던 것이다. 이 두 얼굴은 일본의 근현대를 계속 일그러뜨려 왔다.

학적 배경입니다.

중국의 '왕조'들은 좀 다릅니다. 처음에는 봉건제가 실시되었죠. 왕은 수도의 근처만 직접 통치했습니다. 이 직할지를 '畿'라고 했죠. 밭 전田이 들어가 있죠? 지금 서울 근처의 땅을 '경기도'京畿道라고 하죠. 바로 이런 맥락에서 이 이름을 이해할 수 있습니다. 일본도 봉건제가 실시되었던 경우죠. 봉건제는 분권 체제입니다. 과거에는 지리적으로 교통이 불편하고 통신수단이 발달하지 않았기 때문에 중앙에서 사람들을 통제한다는 것은 힘들었어요. 그래서 작은 도시국가들이 발달하거나, 아니면 봉건제가 실시되었던 겁니다. 그러나 진시황과 한무제를 거치면서 군현제가 실시되었고 거대한 '중국'이 형성됩니다. 모든 땅이 분할되어 군과 현으로 재편되죠. 이로써 집권의 형식이 성립합니다. 거대한 국가가 성립했던 것입니다. 군현제는 중앙집중제로서, 일사불란하게 중국 전 국토가 위계적으로 조직되는 체제였던 것이죠. 권력의 문제에 있어서 분권과 집권은 중요한 문제입니다. 오늘날은 바로 집권의 형태가 완성 단계에 접어든 상태입니다. 바로 '국가'가 확고한 형태로 다듬어진 상태죠. 오늘날 일정 부분 변화가 오고 있지만, 아직은 여전히 국가라는 단위가 집권의 형태를 공고히 하고 있습니다.

또 하나 중요한 것으로 전통 사회에 있어 권력의 근원은 세습이었다는 사실이죠. 생물학적 질서가 정치적 질서를 기초지었다는 겁니다. 지금과는 완전히 다르죠. 지금은 생물학적 질서와 정치 질서는 전혀 관계없는 것입니다. 오히려 생물학적 질서가 그대로 남아 있는 것은 기업에서입니다. '정씨'鄭氏, '이씨'李氏…… 같은 혈족들이 마치 과

거의 군벌들처럼 자본권력을 이어 가고 있는 것이죠. 반면 정치가들은 사람들이 매번 다시 뽑는 거잖아요. 김대중 씨가 대통령이 되었다고 김대중 씨 아들이 대통령이 되지는 않습니다. 한국에서는 대통령 자식들이 보통 감옥으로 가죠. ……(웃음)…… 북한 같은 경우는 특정한 상황이 불러온 극히 예외적인 경우이고요. 그렇지만 재벌들은 자기 자식에게 모든 것을 물려줍니다. 이 점에서 전통 사회의 세습제가 지금은 정치에 남아 있는 것이 아니라 경제에 남아 있는 거예요. '피'의 이어짐이란 것이 오늘날의 대기업, 재벌에 남아 있는 것이죠. 우리가 무너뜨려야 할 첫번째 적이 바로 이 재벌이라는 존재입니다.

전통 사회에서는 세습귀족들과 선발된 관리들 사이에 일치와 불일치의 관계가 존재했습니다. 세습귀족은 생물학적 질서, 피의 이어짐으로 귀족이 되는 경우고, 선발된 관료는 자기의 지식을 통해서 관료가 되는 경우죠. 귀족들은 대개 자기가 통치하는 지역에서 세금을 받아 권력을 유지합니다. 반면 관료들은 수도에서 일을 하면서 일정한 봉급을 받죠. '생활 기반'이 전혀 다릅니다. 자기의 지식을 가지고 관료가 된 사람들과 태어날 때부터 귀족인 사람들 사이에는 늘 갈등이 생기죠. 이사李斯나 왕안석王安石의 개혁 같은 경우를 생각해 보면 되겠네요. 그런데 경우에 따라서는 둘이 일치합니다. 귀족들이 어릴 때부터 자기 자식을 똑똑하게 키울 것 아닙니까. 그래서 관료이면서 귀족인 경우도 있죠. 물론 꼭 그렇지는 않아요. 귀족으로 태어난 사람들은 기본적으로 공부를 안 합니다. 공부를 열심히 할 이유가 없죠. 귀족으로 태어난 것 자체가 풍요로운 삶을 보장해 주는데 공부를 할 필요를 못 느끼죠. 어쩌다가 순수한 지적 욕망이 있는 경우는 다르겠지만, 이는 지극히 예외적인 경우입니다. 과거의 귀족들 중에는 글도 못 읽는 사람들이 많았어요.

대개 왕/군주는 귀족들과 이중적 관계를 맺었습니다. 귀족들은 왕의 잇몸이기도 했으나, 또한 왕을 포위해서 지배하기도 했습니다. 귀족이 왕을 빙 둘러싸고 있고, 그 바깥에 평민들이 있었던 것이죠. 사실 군주는 귀족이 없으면 아무것도 아니에요. 거대한 집단이 일을 하는 것이지 군주 혼자서는 아무 일도 못하니까요. 가끔 군주 자신이 건강하고, 엄청 똑똑하고, 또 열정적인 사람일 때도 있습니다. 한무제나 당태종, 강희제 등 이런 사람들이 있긴 하지만, 거의 대부분은 그렇지 못해요. 그래서 귀족은 군주의 잇몸과도 같습니다. 그렇지만 바로 그렇기 때문에 귀족들이 왕을 지배하기도 하죠. 결국 귀족이 군주를 가능하게 하지만 동시에 지배한다고도 할 수 있습니다. 군주와 귀족이 대립할 때, 군주는 어떻게 해야 할까요. 자신을 둘러싸고 있는 귀족들의 포위망을 뚫고 바깥으로 지원 요청을 해야겠죠. 이때 두 가지 방법이 있습니다. 하나는 민民에 대한 호소죠. 하지만 사실 이것은 대개 추상적인 이야기로 머뭅니다. 그것보다는 기존 귀족들에 속해 있지 않은 새로운 인재를 뽑는 것이 핵심입니다. 고려 광종이 이런 예를 전형적으로 보여 줍니다. 호족들에 둘러싸여 있었지만 새로운 관료들을 뽑아 그들에 대항하죠. 노비안검법奴婢按檢法과 과거제를 실시하면서 호족들을 무너뜨리게 됩니다. 그러나 다른 한편 이것이 한반도에 관료체제가 뿌리내리는 계기가 되기도 합니다. 귀족시스템에서 관료시스템으로 가는 결정적인 전기가 되었던 것이죠.

전통 사회에서 법은 대개 정교하지 않았고 관습의 힘이 더 강했다는 말을 했습니다. 그러나 예컨대 법가처럼 철저하게 법의 중시를 강조한 경우도 있어요. 법을 중시한다는 것은 귀족들을 견제한다는 의미도 있습니다. 귀족들의 자의적 전횡을 막자는 것이죠. 한비자 같은 사람은 이렇게 말합니다.

군주에게 술術이 없으면 아래를 내려다볼 수 없고,
신하에게 법法이 없으면 위를 능멸한다.
이 두 가지는 모두 필수적이며,
제왕이 마땅히 갖추어야 할 조건들이다.
君無術 則弊於上, 臣無法 則亂於下.
此不可一無 皆帝王之具也.

한비자는 신불해申不害의 '術', 상앙商鞅의 '法', 신도愼到의 '勢'를 종합해서 자신의 법가사상을 만들어냅니다. '술'은 군정 시대로 말하면 중정(중앙정보부) 같은 것을 생각하면 되겠습니다. 공적으로 드러나는 기관이 아니라 왕의 눈과 귀가 되는 기관이죠. 왕은 공개적인 법만 가지고서는 안 되고 신하들을 감시할 수 있는 술의 체제를 갖추어야 한다는 겁니다. 물론 그것은 왕의 객관적인 '세'──이름-자리가 보장해 주는 권력──가 뒷받침되어야 합니다. 최근에는 노자-순자-법가의 사유 계열을 밝히려는 시도들이 많은데, 이런 관점에서 보면 "빼앗고자 한다면 먼저 주어라. 이것을 '미명'微明이라 한다. […] 국가의 이기利器는 사람들에게 보여서는 안 된다"(『도덕경』, 36장) 같은 구절이 '술'과 밀접한 관련이 있다고도 볼 수 있겠습니다. 그리고 신하들의 경우 철저하게 법에 입각해 상과 벌이라는 '이병'二柄을 실시해야 한다고 합니다. 권력의 근거를 철저하게 법에 두는 사상입니다.

그러나 전통 사회에서의 법이란 결국 왕권체제를 강화하려는 맥락에서 다루어지기 마련이었죠. 한비자의 법가사상도 철저하게 왕권 강화를 위한 생각입니다. 결국 법이 누구를 위한 법인가가 문제인 것입니다. 한비자 등에게서 근대적인 사회과학적 사상을 읽어내려는 것은 무리이죠. 근대 민권사상 이전의 법과 오늘날의 법 개념에는 큰 차이가 있습니다.

근대에 들어와 '제3계급'이 등장하면서 부르주아 계층이 형성되기 시작했습니다. 서구의 경우 왕과 귀족이 전통적 지배계급이었다면, '시민사회'가 성립하면서 이제 이들에 대항할 수 있는 '시민'——이때는 지금처럼 모든 사람들을 뜻하기보다 실력을 갖추고서 새로 등장한 신흥 계층을 뜻합니다——이 형성된 것이죠. 처음에는(17, 8세기) 왕이 귀족을 견제하기 위해 이 신흥 부르주아 계층과 손을 잡습니다. 이 제3세력과 왕이 제휴해서 귀족을 압사시켜 간 것이죠. 그리고 결국 왕 자체도 없어지면서 본격적인 근대 사회가 형성됩니다. 그러면서 이제 부르주아 세력이 세계를 지배하는 세력으로 자리 잡게 되죠. 부르주아라는 말은 원래 '스트라스부르', '함부르(크),…… 등 '~부르'에 사는 사람들, 즉 '市民들'이었습니다. 문자 그대로의 의미에서의 '市民들'이죠. 이 시민들의 중추는 신흥 상인 계층이었습니다. 후에 마르크스는 '부르주아'라는 말을 엄밀하게 정의해 "생산수단을 소유한 사람"으로 규정했습니다. '부르주아'라는 말은 지금은 막연하게 넓은 의미로 사용되고 있죠. 부유층 일반을 가리키곤 합니다. 그러나 본래는 근세가 도래하면서 등장한 신흥 상인 계층이 부르주아 계층이었고, 그후 산업 사회가 도래했을 때는 생산수단을 소유한 유산 계급이 부르주아 계급이었다고 할 수 있습니다. 이들은 왕족이나 귀족이 아닌 '시민들'이었죠. 그러나 오늘날 부르주아 개념과 시민 개념은 상당히 다른 의미를 띠게 되었습니다. 그런데 부르주아 계층은 앞에서 말한 것처럼 '전국 규모의 시장'이 형성될 때 성립했고, 따라서 근대 국민국가가 형성되는 과정과 나란히 형성되었습니다. 그래서 국가와 자본의 공모가 이때부터 공고하게 형성됩니다.

국가가 국민국가의 형태를 띠면서 사람들 또한 '국민' 또는 '주민'이 됩니다. 권력은 사람들을 일정한 형태의 '주체'로 형성시키고자 하며, 따라서 '주체'란 그저 막연히 주어지는 것이 아니라 일정한 과정을 통해서 형성되고 변화하는 것으로 이해해야 합니다. 17세기에 국민국가가 형성되고 또 자본주의가 도래하자 사람들은 기존의 메커니즘과는 다른 새로운 메커니즘들에 의해 주체화되기 시작했던 겁니다. 그러나 사람들은 이미 근대적 자의식을 가지게 되었고, 따라서 이제 역사는 근대적 자의식을 가진 사람들의 주체성과 국가-자본이라는 객체성이 얽히면서 주체화하고 객체화하는 과정이 됩니다. 그러면서 '사회'라는 말이 주요 용어로 등장하기 시작하죠. '사회'라는 말은 사실 나중에 생긴 말이에요. 사회라는 말이 등장한 것 자체가 이미 개인이 전적으로 공동체의 일원인 것이 아니라 근대적 의미에서의 개인이라는 것을 전제합니다. 이런 생각을 나타내는 것이 바로 '계약'이라는 개념이죠. 근대의 정치철학은 '사회계약론'이죠. 루소의 이 말처럼 근대 정치철학의 핵심을 보여 주는 말도 없습니다.

이런 과정에서 "국가는 어떻게 발생했는가?"라는 물음이 당대의 주요 화두로 제시됩니다. 사실 이것은 국가의 '발생'의 문제라기보다는 차라리 권력의 근거가 어디에 있는가의 문제, 즉 '정당성'의 문제라고 할 수 있습니다. 기존의 권력체제가 무너지고 새로운 시대가 도래했을 때, 즉 국민국가/민족국가가 시대의 대세가 되었을 때, 철학자들은 그 논리적 기초를 생각하게 된 것이죠. 이 물음에 대해 많은 사람들이 '계약' 개념을 통해 대답했는데, 이것은 역사적 사실이라기보다는 국가와 권력에 대한 당시의 생각을 반영하는 것이었죠. 홉스, 로크, 루소 등이 당시의 정치철학을 대변합니다.

이때 기본적으로 등장하는 개념 하나가 '자연 상태'라는 개념이죠. 자연 상태란 국가가 등장하기 이전의 상태를 말합니다. 홉스에 따르면 이 상태는 '만인에 대한 만인의 투쟁'의 상태입니다. 국가와 법이 없는 곳에서는 오로지 힘만이 지배하는 상태가 될 것 아닙니까? 그러나 힘 있는 자도 안심하지 못하죠. 그야말로 언제 죽을지 모르는 삶이 이어집니다(물론 이 이야기에는 인간은 악한 존재라는 가설이 깔려 있다는 것을 눈치챌 수 있을 겁니다). 그래서 홉스는 사람들이 서로 계약을 맺었다는 것이죠. 어떤 절대자를 세워서 그에게 권리를 양도하되 그 절대자는 그 힘으로 사람들을 보호해야 한다는 겁니다. 누군가에게 힘을 몰아주고 그 대신 그 힘의 보호를 받아 안심하고 살기 위해 국가와 법이 생겼다는 것이죠. 만인이 서로 "나는 당신들이 그[군주]에게 당신들의 권리를 양도하고 그의 지배를 승인한다는 조건 하에서 나 자신의 권리도 그에게 양도할 것이다"라고 약속하는 겁니다. 바로 이것이 '계약'의 논리죠. 이로부터 '사회'라는 개념이 탄생합니다. 이런 식의 논리는 그후 로크, 루소, 나아가 어느 정도는 칸트, 헤겔 등에게까지 이어집니다. 물론 이들 사이에 적지 않은 차이들이 있습니다만.

그런데 '자연 상태'라는 개념은, 논자에 따라 다릅니다만, 대체적으로 역사적 실재라기보다는 방법론적 가설의 성격을 띤다고 할 수 있습니다. 갈릴레오는 마찰을 설명하기 위해 우선 마찰이 없는 진공 상태를 상정했고 그 상태와의 차이를 통해서 현실의 마찰을 설명했습니다. 홉스가 말년의 갈릴레오를 방문했다고 합니다만, 홉스가 말한 자연 상태는 사실 이렇게 논리적으로 상정된 어떤 상태라고 할 수 있겠습니다. 그리고 자연 상태에 대한 사람들의 생각에 차이가 있죠. 예컨대 홉스는 자연 상태를 악한 상태로 봤지만, 루소는 오히려 선한 상태로 봅니다. 문명과 사회가 등장하면서 인간이 악하게 되었다는 겁니다. 모파상의 『여자의 일생』에 등장하는 여주인공은 아버지에 의해 사회에서 격리되었다가 결혼을 하게 되죠. 그러면서 수많은 인생의 비애와 고통을 맛보게 됩니다. 여주인공의 아버지가 바로 "자연으로 돌아가자"고 외치는 루소주의자였던 것이죠. 홉스에서의 자연 상태와 루소에서의 자연 상태는 완전히 반대된다고 할 수 있는 것입니다. 그리고 자연 상태에 대한 생각에서의 이런 차이의 밑바탕에는 결국 인간을 선한 존재로 보느냐, 악한 존재로 보느냐의 문제가 깔려 있습니다. 그리고 이 문제를 거슬러 올라가게 되면 영혼의 존재 자체에 관한 존재론적 문제가 깔려 있죠. 거꾸로 말하면 인간이라는 존재 자체에 대한 이해의 토대 위에서 윤리학, 정치학 같은 담론들이 성립하는 것입니다(이번 학기 우리 강의의 순서를 유심히 음미하시기 바랍니다). 그리고 더 거슬러 올라가면 인간이라는 존재를 이해하기 위해 결국 세계 자체를 인식해야 하는 것이죠.[6] 이렇게 모든 문제들이 연결되어 있습니다. 어쨌든 '자연 상태'가 근대 학문 특유의 방법론에서 나온 개념이라는 사실을 알아 두시기 바랍니다.

근대 정치철학이 개발해냈고 사실상 지금까지도 우리의 정치 행위를 지배하고 있는 중요한 한 테마가 대의제도라는 개념입니다. 이것은 특히 루소가 개진한 사상이죠. 루소는 권력의 근원을 인민들의 '일반 의지'로 봅니다. 일반 의지는 '전체 의지'와 다른데, 전체 의지는 특수 의지들의 총합일 뿐이기 때문이죠. 일반 의지는 '공통된 것'이라는 뉘앙스를 내포합니다. 이 일반 의지에 입각해 정치가 이루어져야 한다는 것입니다. 그리고 그 구체적 방법으로 선거를 제시합니다. 바로 지금까지 우리가 하고 있는 정치 행위의 토대가 루소에 의해 닦여진 것입니다. 루소는 선거야말로 일반 의지의 표현이라고 봅니다. 사람들은 자신들의 공통된 의지를 재현할 수 있는 사람을 뽑는 것이죠. 앞에서도 말했지만, 'representation'이라는 말은 존재론적으로는 재현, 인식론적으로는 표상으로 번역됩니다만, 정치철학적으로는 '대의'로 번역됩니다. 그래서 입법정치, 국회의 정치를 '대의정치'라고 하는 것이죠. 인민들은 이렇게 뽑힌 사람들에게 복종해야 합니다. 왜? 바로 자신이 뽑은 사람들이니까요. 간단히 말하면 이거예요. "법을 따라

---

6) 그런데 세계의 이해란 결국 인간이 시도하는 것이다. 인간이 자신이 만든 개념들, 장치들,……을 가지고서 이해하는 것이다. 그리고 그 개념들, 장치들 등등은 또한 역사/문화의 소산들이다. 이렇게 해서 사유의 연쇄는 한 바퀴 돌아 다시 현실로 돌아온다. 철학이란 세계의 어떤 부분을 연구하는 것이 아니라 바로 이 원환, 그 순환의 과정, 고리들의 관계, 원환 자체의 변화 등등을 사유하는 담론이고, 지금 우리가 논하고 있는 개념-뿌리들은 결국 그런 원환의 고리를 매듭짓고 있는 '표제어'인 것이다.

라.""왜?""그 법은 당신이 만든 거니까. 그러니까 그 법을 따르는 것은 바로 당신 자신을 따르는 것이기에." 이런 논리죠. "국회의원 말을 잘 들어라.""왜?""그 국회의원은 네가 뽑지 않았느냐." 이것을 루소는 '이익과 정의의 멋진 조화'라고 표현합니다. 개개인의 이익[利]과 공동의 정의[義]가 멋지게 조화된다는 것이죠.

칸트와 헤겔 역시 루소를 이어받아 개개인의, 집단들의 복수성과 욕망을 해소할 수 있는 보편적이고 필연적인 장치를 사유합니다. 흔히 18세기의 'philosophes', 즉 '계몽사상가들'로부터 오귀스트 콩트와 실증주의자들에 이르기까지의 서구 사상의 흐름을 '계몽사상'이라고 하죠. 그렇지만 'philosophes'와 루소 및 독일 이념론자들은 넓게는 계몽사상의 테두리에 들어가지만 내용상 크게 다릅니다. 전기의 계몽사상가들(편의상 이렇게 부릅시다)은 존재론적으로는 유물론자들, 기계론자들이었고, 인식론적으로는 경험주의자들, 나아가 감각주의자들이었죠. 그러나 루소와 독일 이념론자들은 이런 입장에 반대해서 보다 고전적인 형태의 사유들을 펼칩니다. 즉, 계몽사상가들이 송두리째 부정했던 '전통'을 새롭게 재활용하려 합니다. 그래서 존재론적으로는 다시 낭만주의적 자연관을 복원시키려 했고(물론 칸트처럼 기계론을 견지한 인물도 있습니다), 인식론적으로는 인간 주체의 위상을 높이려 했습니다(그래서 독일 '이념론자들'이라 부릅니다). 전기의 계몽사상가들을 이은 것은 오히려 콩트 계열의 철학자들, 과학자들이죠. 그러나 계몽사상가들은 전기이든 후기이든 정치적으로는 연속성을 띱니다. 물론 차이도 있죠. 전기 계몽사상가들은 프랑스 대혁명 이전의 인물들이고 독일 이념론자들은 이미 대혁명을 겪은 이후의 인물

들이니까요. 그래서 후기 계몽사상가들에게서는 보수주의적인 측면
도 나타납니다. 그럼에도 정치적으로 근대 시민사회의 철학을 건설한
인물들이라는 점에서는 역시 '계몽사상가들'이라는 테두리에 묶일 수
있습니다.

　　프랑스 대혁명 이후 유럽에는 복고주의가 도래합니다. 그리스 문
화와 기독교로 대변되는 전통이 근대성에 의해 철저하게 비판되고 그
정점에서 프랑스 대혁명이 발생했습니다만, 이제 왕당파들의 거대한
복고주의의 반격이 시작됩니다. 헤겔은 한편으로는 근대성의 철학자
이면서도 다른 한편으로는 그 비판자이기도 하죠. 그런데 그 비판이
라는 것이 근대성을 넘어서 앞으로 나가는 것이 아니라 근대성이 무
너뜨렸던 전통을 복원시키는 것이었다는 점에 문제가 있습니다. 헤겔
은 근대의 계약론적 전통이 국가를 도구적 존재로밖에는 파악하지 못
했다고 비판합니다. 계약론적 전통은 인간을 고독한 원자로 파악하고
국가나 인륜성은 고작 이 원자들이 자신들의 편의를 위해서, 문자 그
대로 '계약'을 통해서 만들어낸 장치로 이해했을 뿐이라는 겁니다. 그
러나 헤겔에게 전통, 역사, 국가, 공동체, 인륜성, 고전…… 등의 가치
는 결코 이렇게 폄하될 수 없는 것이었습니다. 왜냐하면 개인의 자유
는 결국 그의 자유를 가능케 하는 공동체/국가 안에서만 가능하기 때
문인 것이죠. 때문에 헤겔은 인륜성을 자신의 정치철학의 기초로 삼
습니다. 결국 자연법의 전통에 서 있다고 봐야 하겠죠. 칸트의 경우 이
런 원자론적-계약론적 방식을 넘어 도덕법칙의 보편성과 필연성, 그
리고 인간의 존엄성과 자유를 확립함으로써 큰 진전을 보았다고 합니
다. 그러나 칸트의 형식주의는 내용이 빠진 공허한 법칙성이기에 구

체적인 내용에 들어가면 무력하다는 겁니다. 헤겔은 형식주의의 추상성이 아니라 역사적 맥락에서 인륜성을 생각해야 한다고 본 것이죠.

요컨대 헤겔 철학을 추동시킨 중요한 한 동기는 복수성과 욕망을 어떻게 'Einheit'로 포섭해 가느냐 하는 것이었습니다. 이를 달리 말하면 시민사회의 욕망과 복수성을 어떻게 통일시켜 조화로운 합일에 도달할 수 있느냐의 문제입니다. 그리고 헤겔에게 이 과제를 쥐고 있는 핵심적 존재는 국가입니다. 국가가 시민사회의 욕망과 복수성을 통일시키고 인륜성을 실현시킬 수 있다고 본 것이죠. 그래서 헤겔의 철학을 흔히 '국가철학'이라고 부릅니다. 이런 철학은 권력자에게는 그야말로 매력적인 철학이죠. 그래서 일본 메이지 시대에 민권운동이 활발하게 벌어졌을 때 일본 정부가 내린 조치들 중 하나가 바로 헤겔 수입이었습니다. 도쿄 대학과 헤겔은 뗄 수 없는 관계에 있는 것이죠. 영국과 프랑스의 "자유분방한" 사상들을 통제하기 위해 독일의 'Einheit'의 철학을 수입한 것이죠. 오늘날 욕망과 복수성을 중시하는 현대 사상이 헤겔을 제일의 논적으로 보고 있는 것도 이런 맥락에서 이해할 수 있습니다.

홉스로부터 헤겔에 이르기까지의 정치철학은 기본적으로 당시 새롭게 도래한 시민사회를 어떻게 이해할 것인가, 시민사회가 낳은 모순들을 어떻게 극복할 것인가, 국가란 무엇이고 그 역할은 어떤 것이어야 하는가, 전통과 근대성 사이에서 어떤 입장을 취할 것인가 등의 문제들을 둘러싸고 전개되었습니다. 홉스의 철학이 17세기의 절대 왕정을 배경으로 한다면, 로크, 루소, 칸트의 철학은 시민사회가 본격적으로 성장하는 과정을 배경으로 하고 있죠. 그리고 헤겔의 철학은 프랑스 대혁명 이후의 반동적 분위기를 배경으로 하고 있습니다. 그러나 이제 이런 흐름 전체와 단절하고서 정치철학의 새로운 분기점을 마련할 사상이 나타나는데, 물론 이것은 마르크시즘이죠. 콩트, 밀, 하이에크 등등의 사상이 근대 정치철학의 전통을 그대로 발전시켜 나갔다면, 마르크시즘은 아예 다른 방향으로 나갔다고 할 수 있습니다. 이런 양분된 구도는 (오늘날까지도 남아 있긴 합니다만) 20세기 말 ― 특히 1968년 전후 ― 에 이르러서야 와해됩니다.

마르크시즘은 국가라는 존재를 지배자들이 피지배자들을 억압하기 위해서 만들어낸 도구라고 생각합니다. 그렇기 때문에 프롤레타리아 독재 시대가 오면 국가는 소멸한다고 보는 것이죠. 더 정확히 말한다면 국가 소멸은 프롤레타리아 독재의 전제조건이라고 할 수 있습니다. 따라서 법 또한 지배 계층이 억압을 위해 만들어낸 틀로 봅니다. 때문에 마르크시즘은 근세에 들어와 형성된 민족국가/국민국가의 틀을 부정합니다. 중요한 것은 계급투쟁이지 국가라는 단위가 아닌 것이죠. 한국사에서도 민족주의와 마르크시즘의 갈등이 있어 왔다는 사실을 잘 아실 겁니다. "계급이냐 민족이냐"라는 선택지가 한국 현대사를 물들여 왔습니다. 도사카 준이 지적했듯이, 민족주의는 자유주의와, 나아가서는 파시즘, 제국주의 등과 곧잘 결합합니다(『일본 이데올로기』). 사회주의[7] ― 여기에서는 마르크시즘 ― 는 자유주의와 쉽게 양립하지 않으며, 제국주의 및 파시즘과는 더더욱 그렇죠(그러나 구소련에서 볼 수 있듯이, 실제에 있어 사회주의가 제국주의의 형태를 띨 수도 있습니다). 그러나 박정희 정권 및 신군부 정권에서도 볼 수 있듯이, 민족주의와 자유주의, 파시즘은 얼마든지 양립 가능합니다. 여기에 민족주의와 자유주의의 위험성이 있죠. 물론 중요한 것은 '주의'가 아닙니다. 추상적인 딱지가 아니라 그 실제 양태가 중요한 것이죠. 정치를 추상적 어휘들을 가지고서 이해하는 것은 순진한 것입니다.

지금까지 홉스에서 자유주의와 마르크시즘에 이르기까지의 국가와 법 개념을 빨리 훑어봤는데요, 홉스에서 현대 자유주의에 이르기까지의 흐름은 기본적으로 국가의 존재 이유, 국가 성립의 논리적 근거에 초점을 맞추고 있다면, 마르크시즘은 국가 자체에 대한 급진적인 해체에 초점을 맞추고 있다는 점이 중요합니다. 자유주의에는 매우 다양한 양태들이 있습니다만, 기본적으로 개인들이 국가에 권리를 양도하고 국가는 개인들을 보호한다는 생각에 근거합니다. 요컨대 국가와 법이 대중들을 대변한다는represent 논리에 근거하고 있죠. 그러나 마르크시즘은 무엇인가가 프롤레타리아 계급을 대변한다는 생각을 거부하고, 프롤레타리아 계급 자체가 자신들의 역사를 만들어나가야present 한다고 생각합니다. 무엇인가에 의한 매개, 재현re이라는 생각을 거부한 것이죠. 그러나 구소련에서 볼 수 있듯이, 사회주의 국가 역시 국가이고, 더구나 '당'이 인민을 대변하는 국가입니다. 어떤 면에서는 오히려 자본주의 국가들보다 더 관료적이고 억압적이었다

---

7) 사회주의라는 말은 극히 다양한 의미론적 스펙트럼을 함축하는 말이다. 마르크시즘도 사회주의("과학적 사회주의")이고, 나치즘도 '국가사회주의'이고, 오늘날 유럽의 사회주의(사실상은 복지를 지향하는 자본주의)도 사회주의이다. 그 밖에도 여러 의미론적 맥락들이 있다. 민주주의라는 말 또한 마찬가지이다. 사회주의도 사회민주주의이고, 자유주의도 자유민주주의이다. 따라서 이런 추상적인 어휘에 매몰될 경우 혼란만 가중된다. 이런 어휘 아래에서 실행되는 구체적인 행위들, 사용되는 장치들 등에 대한 세심한 주의가 요구된다.

고 할 수 있습니다.[8] 또, 다른 사회주의 국가들을 지배함으로써 제국주의의 양태를 띠기도 했죠. 사실상 마르크스의 진정한 의도를 배반했던 겁니다. 결국 미국과 소련이, 그리고 그 재현으로서의 남한과 북한이 서로가 서로를 가능하게 하면서 군림했던 겁니다. 박정희가 김일성을 보호해 준 것이고, 김일성이 박정희를 보호해 준 것이죠. 남한에서 저항이 발생하면 "김일성이 쳐내려온다"는 논리로 방어하고, 북한에서 저항이 발생하면 "박정희가 쳐올라온다"는 논리로 방어했던 겁니다. 서로 불구대천의 원수처럼 보이는 사람들이 사실상 서로가 서로의 방패막이가 되는 경우가 허다한 것이죠. 서로 상극인 것처럼 보이는 두 가지가 사실상 동전의 양면인 경우가 많습니다.

§4. 탈국가 시대의 국가와 법

그래서 1968년을 기점으로 ── 이 해에 자본주의 사회에서 그리고 동시에 사회주의 사회에서 저항운동이 발생했습니다[9] ── 이제 정치철학의 새로운 시대가 열립니다. 사람들은 "자본주의냐 공산주의냐",

---

8) 레닌은 당을 일종의 '아방가르드'로 생각했으며, 인민을 이끄는 전위대로 보았다. 아직 인민의 의식이 무르익지 않았고 혁명의 시간 역시 많이 남아 있을 때 '직업적 혁명가'가 필요하다고 본 것이다. 그러나 혁명이 완수되고 프롤레타리아 독재의 시대가 오면 당(과 국가)은 자연히 소멸할 것이며 소멸해야 한다고 보았다. 레닌의 이런 희망은 이루어지지 않았다.

9) 1968년을 전후해서 프랑스, 독일, 일본 등에서는 대규모의 저항운동이 발생했고, 미국에서는 문화적인 형태로 운동이 일어났다(미국의 경우 흑인들의 저항, 베트남 전쟁 같은 고유의 맥락이 개입했다). 그리고 공산권에서도 '프라하의 봄'을 위시한 여러 저항운동들이 발생했다.

“미국이냐 소련이냐” 하는 식의 양자택일적 물음 자체가 잘못이라는 것을 깨달았던 것이죠. 그러면서 새로운 시대가 도래합니다. 아울러 정치 영역 외에서도 갖가지 새로운 변화들이 도래하죠. 이 시대를 사람들은 ‘탈냉전 시대’, ‘후기 자본주의 시대’, ‘정보통신 사회’, ‘포스트모던 사회’, ‘탈근대 시대’,…… 등 다양한 이름으로 부릅니다. 지금 우리의 삶은 바로 이런 흐름의 연장선상에 있다고 할 수 있겠습니다.

1968년 이후의 정치철학들 —— 물론 이것은 선진국들을 기준으로 한 것입니다만(예컨대 한국의 경우는 오히려 1987년의 ‘6월 항쟁’이 분기점이 된다고 할 수 있겠습니다) —— 은 기본적으로 구조주의의 학문적 성과를 일정 부분 받아들이면서도 그 한계를 비판하며 등장한 사상들입니다. 구조주의적 사유양식이란 무엇인가? 여기에서 그 자체로서 설명할 수는 없습니다만, 간단하게 말해서 우선 구조주의 이전의 사유들은 대개 주체와 대상이라는 이분법을 가지고 들어갔지만 구조주의는 대상과 주체 사이에 언어적 그물을 삽입시켜 본다는 점을 들 수 있습니다. 눈에 보이지 않는, 나아가 의식되지도 않는(즉 무의식적인) 어떤 ‘코드’가 있고, 그 코드가 대상의 대상-됨, 주체의 주체-됨을 지배한다는 생각입니다. 물론 1960년대 말부터 이런 생각은 비판받기 시작합니다. 모든 것을 기호체계로 흡수시켜 설명하는 구조주의는 과학적으로 막대한 성과를 거두었지만 점차 그 한계를 노정했고, 사람들은 이제 구조 바깥의 존재들에 관심을 가지게 됩니다. 그러면서 사건, 카오스, 시간, 욕망, 권력, 신체,…… 같은 이른바 ‘후기 구조주의’ 사유의 주제들이 등장하게 됩니다.

이런 흐름에 있어 정치철학적으로 가장 중요한 문제는 권력의 문제입니다. 구조주의 사유의 문제점은 사실상 **만들어진 것**, 즉 권력이 개입해 구성한 것을 마치 자연법칙처럼, 마치 원래 그런 것처럼, 즉 **주어진 것**으로 착각했다는 점에 있죠. 이것은 달리 말하면 우리가 맞붙어 싸워야 할 것, 저항해야 할 것을 우리가 거기에 따를 수밖에 없는 것, 그럴 수밖에는 없는 것으로 수동적으로 생각했다는 겁니다. 구조주의가 법칙적인 것, 본래적인 것, 주어진 것으로 본 것들의 상당수(적어도 인간세계에 관련된 것들)를 그후의 사상가들은 만들어진 것, 고칠 수 있는 것(또는 고쳐야 할 것), 저항해야 할 것으로 봅니다. 여기에 근본적인 차이가 있죠. 우리의 삶에 주어진 것들, 교육체제, 생활의 코드들, 제도들, 법들, 규범들, 문화적 코드들 등등, 이 모든 것들을 우리는 주어진 것으로 받아들이고 살아갑니다. 그러나 비판적 의식이 잠을 깨고 새로운 눈으로 세상을 보면 사실 우리의 삶이란 누군가가, 그 언제인가, 어떤 권력의 맥락에서 만들어낸 것들입니다. 그렇기 때문에 그것들이 우리를 억압하고 있다고 판단될 경우 그것들을 고치고 그것들에 저항해야죠. 싸워야 합니다. 그런데 그런 기호체제('체계'가 아니라 '체제'입니다)를 만들어내고 관리하고 강제하는 핵심적인 존재는 바로 국가(와 자본주의)입니다. 더 정확히 말해 국가라는 허깨비 같은 추상적 존재가 아니라 바로 '국가'라는 것을 소유하고 있다시피 한 권력자들이죠. 그래서 우리에게는 마르크시즘을 이어서 오늘날의 시대에 걸맞은 반反국가철학이 필요한 겁니다.

　이제 이런 맥락을 놓고서 오늘날까지 연구되고 논의되고 있는 몇 가지 사상들을 짚어 봅시다. 우선 인류학자인 피에르 클라스트르를 봅시다. 클라스트르는 '국가에 대항하는 사회'라는 개념을 제시함으로써 현대 사상에 일정한 시사를 주었습니다. 클라스트르는 레비-스트로스의 명성에 가려서 빛을 못 봤는데, 인류학자이자 민족학자죠. 레비-스트로스의 구조주의에 맞선 후기 구조주의자들 중 클라스트르의 영향을 받은 사람들이 많습니다. 이 사람이 참 재미있는 얘기를 해요. 옛날 사람들은 미개인들이 가난하고 힘이 없어서 국가와 같은 커다란 단위를 '못' 만들었다고 봤거든요. 그런데 이 사람은 의식적으로 '안' 만들었다는 겁니다. 미개사회를 유심히 보면 권력이 집중되지 않도록 하는 메커니즘들이 있다는 겁니다. 그것을 이 사람은 '국가에 대항하는 사회'라는 말로 표현합니다. 국가라고 하는 것이 만들어지지 않도록 하는 메커니즘인 것이죠. 그 하나의 예가 (원래 마르셀 모스가 『증여론』에서 분석했던) 포틀라치 같은 것이죠. 포틀라치란 일종의 선물입니다. 교환을 전제로 한 상품이 아니라 선물이죠. 그러니까 그 사회에서 신망을 얻고 존경을 받으려면 자기 부를 나눠 줘야 돼요. 그래서 미개사회에서는 구조적으로 부와 권력이 일치할 수가 없습니다. 그 다음, 추장의 위상이라고 하는 것이 권력 개념보다는 그 사회의 신망이라는 개념에 의해 성립한다는 것이죠. 그리고 추장이 못된 짓을 할 때 제재할 수 있는 장치가 다 있다는 겁니다. 심지어 추장이 이상하면 그 아들이 그를 죽이기까지 하죠. 패륜이 아니고 그 사회의 자연스러운 메커니즘인 겁니다. 또 한 가지 흥미로운 사실은 우리는 미개인이라고 하면 헐벗고 가난한 사람들로 생각하지만 그렇지 않다는 사실입니다. 미개인들은 일단 먹을 것만 있으면 일을 안 한다는 겁니다. 하나의 일화가 남아 있는데, 어떤 서구인이 미개인들에게 기계를 준 적이 있다고 합니다. 기계를 쓰면 노동효율이 높아지겠죠. 그런데 미개인들은 높은 효율성을 이용해 물건을 더 많이 만드는 것이 아니고 그만큼 더 쉬었다는 겁니다. 더 생산하는 것이 아니라 일 안 해도 되는 만큼 더 논다는 것입니다. 요컨대 확대재생산이니 잉여가치니 하는 것들이 없는 것은 물론이고, 소비를 위한 노동도 하지 않는다는 것이죠. 우리가 가난한 미개인으로 상상하는 것은 환상에 불과하다는 것이죠. 미개인들은 자기 배만 채우면 일을 안 한다는 겁니다. 냉정히 한 번 생각해 보세요. 우리가 지금 헐벗고 밥 못 먹어서 일합니까? 사실 더 잘 먹으려고 일하죠. 비 피할 데 없어서 집을 구하지는 않잖아요. 더 좋은 집을 구하려는 거지. 그야말로 의식구조가 다른 거죠. 물론 여러 가지 논의가 필요하겠지만, 클라스트르의 미개사회 연구는 국가와 자본주의라는 두 핵심 메커니즘에 지배되지 않는 삶의 실제 모형을 밝혀 보여 주었다는 데 큰 의의가 있습니다.

다음으로 구조주의적 마르크스주의자인 루이 알튀세르에게로 가 봅시다. 알튀세르는 '이데올로기적 국가장치들'이라는 개념을 발전시킴으로써 국가 권력의 분석에 공헌했습니다. 마르크시즘에서 이데올로기라는 것은 뭘까요? 그것은 곧 가짜에 사로잡힌 의식이죠. 자신의 존재, 자신의 진실은 이러이러한데(즉 한 인간의 객관적인 존재, 사회적-경제적 맥락에서의 존재), 자신의 의식 속에서는 스스로에 대해 오해하고 있는 것을 말합니다. 권력자들의 방향에서 말하면 사람들로 하여금 진실을 보지 못하도록 그들의 의식에 심어 주는 관념들인 것이죠. 예컨대 나는 '국민학교' 때 북한 사람들을 동화에 나오는 도깨비들처럼 그려 넣은 교과서를 보면서 자랐습니다. 북한 사람들을 온몸이 빨갛고, 이빨이 징그럽게 튀어나오고, 끝이 화살촉처럼 뾨

족한 꼬리를 달고 있고, 손에는 삼지창을 든 괴물로 그린 그림이 실려 있었던 것이죠. 이런 그림이 '교과서'에 실려 있었던 겁니다. 아마 지금 젊은 사람들은 잘 믿기지가 않을 거예요. 바로 이런 관념들을 사람들의 머리에 주입함으로써 지배를 공고히 하기 위해 만들어내는 것이 '이데올로기들'입니다. 물론 이데올로기라는 말은 매우 다양하게 사용되기 때문에[10] 조심해야 합니다만, 어쨌든 마르크시즘에서는 위와 같은 뉘앙스를 띠고 있습니다. '이데올로기적 국가장치'란 한 인간을 일정한 '주체'로서 형성시키는 각종 장치들을 뜻합니다. 학교, 군대, 병원, 공장, 법원, 사무실, 교회나 절…… 등이 그런 것들이죠(사무실이나 교회, 절…… 등은 직접적인 국가장치는 아닙니다. 복잡한 논의가 필요한 대목입니다).

현대 사상에서 '주체화'subjectivation —— 'subjectification'이 아닙니다 —— 는 단지 한 인간을 '주체적'으로 만드는 과정이 아닙니다. 오히려 한 인간이 이데올로기적 국가장치를 통과하면서 그런 장치들에 의해 일정한 주체로서 만들어진다는 뉘앙스를 띱니다. 물론 사람들은 그런 객관적 장치들을 100% 수동적으로 내면화하는 것이 아니기 때문에, 동시에 그런 장치들에 능동적으로 대응하면서 주체가 형성됩니다. 다시 말해, 'subjectivation'은 한편으로 객관적 장치들에 의해 틀지어지면서 다른 한편으로 그 장치들에 능동적으로 대응해 감으로써

---

10) 특히 이 말을 '이념'(理念)으로 번역했을 때는 상당히 다른 의미를 띤다. 이 말은 1) 정치적 정향, 사상적 방향성을 뜻하기도 하고(예컨대 '이념 논쟁'), 2) 때로는 '이상'(理想)의 유사어로 쓰이기도 하고, 3) 또 때로는 인식론/존재론의 전문 용어로 쓰이기도 한다(예컨대 칸트와 헤겔의 'Idee').

한 주체가 형성되어 가는 과정을 뜻합니다. 바로 이 주체화 과정을 정확히 이해하기 위해서 우리가 분석해야 할 것이 '이데올로기적 국가장치들'인 것이죠. 이데올로기적 국가장치들에는 두 가지가 있어요. 강한 것이 있고 부드러운 것이 있는데, 강한 것은 법과 같은 것이고 약한 것은 교육, 문화, 종교 같은 것이죠. 인간은 교육이나 법 같은 것을 통해서 어릴 때부터 (알튀세르의 표현으로) 소주체로 길러집니다. 법이나 교육 같은 대주체가 소주체를 '호명'함으로써 사람들을 소주체로 기르는 것이죠. 그래서 어떻게 이런 장치들에 대항하면서 진정으로 능동적인 주체가 될 것인가를 사유하는 것이 중요합니다. 그런데 이런 장치들을 지배하고 있는 것은 말할 필요도 없이 자본주의와 국가죠. 그래서 진정한 주체가 된다는 것은 곧 국가-자본주의의 장치들과 어떻게 투쟁할 것인가의 문제와 거의 같은 문제인 것입니다. **투쟁을 통해 주체가 되는 것입니다.** 이에 관련해 알튀세르가 제시한 길은 오늘날 그다지 받아들여지고 있지 않지만, '이데올로기적 국가장치들'이라는 알튀세르의 개념은 매우 중요한 것이며 현대 사회철학의 가장 기초적인 내용들 중 하나라고 할 수 있습니다.

알튀세르를 이어받아 푸코 역시 우리 삶을 지배하고 있는 코드들의 분석에 몰두했습니다. 푸코의 특징은 그가 이 문제를 철저하게 역사적 지평에서 다루었다는 점입니다. 푸코는 특히 지식-권력의 틀을 중시합니다. 즉 우리의 삶, 특히 19세기 이래 형성되어 지금까지 내려온 우리 삶의 틀──이 틀은 대개 서구에서 생겨난 것들이지만 지금은 이미 보편화되었기 때문에 서구만의 문제가 아닙니다──을 만들어 낸 담론들('지식들'), 즉 정신의학, 정신병리학, 정신분석학 같은 의학적 담론들과 형법학, 범죄학 등등 법학적 담론들(그 교차로에는 '법의학'이 있죠), 그리고 인구학, 통계학, 위생학, 건축학을 비롯한 수많은 담론들이 순수 학문들, 순수 지식들이 아니라 사실은 권력과 한 덩어리가 되어 있는 지식-권력들이라고 말합니다. 푸코는 이 지식-권력들의 역사를 세밀하게 파헤치면서 이 지식-권력들이 어떻게 지배의 장치들을 만들어 왔는가를 폭로합니다. 푸코에 따르면 '근대성'이란 자유·평등·박애로 가득 찬 유토피아가 아니라 무수한 지식-권력들이 지배의 그물들을 짜 나아간 과정에 불과하다는 겁니다. 푸코를 통해서 우리는 근대성을 전혀 다른 각도에서 보게 된 것이죠. 이런 논의의 바탕 위에서 비로소 우리는 자유와 저항을 논할 수 있는 겁니다.

들뢰즈와 가타리는 정주적 삶과 유목적 삶을 대비시킴으로써 탈국가적 사유를 제시합니다. 정주적 삶이란 일정한 기호체제 안에서 (알튀세르의 표현으로 하면) 소주체로 살아가는 것이고, 이때의 기호체제란 매우 다양한 것들(주민등록번호, 주소, 거리의 배치, 자리-이름들 ─ 회사의 사장, 부장, 과장 등등, 군대의 대령, 중령 등등, 대학의 정교수, 부교수 등등 ─ 등 기호들로 구성된 모든 체제들)을 포괄합니다. 그런데 이런 이름들에 '합법성'을 부여하고 그것들을 관리하는 것은 국가죠. 그리고 현실적으로는 자본주의입니다. 그런데 이런 기호체제 바깥에서 살아가려는 시도가 유목적 삶이라고 할 수 있습니다. 물론 이것은 몽골 고원에 가서 유목민이 되자는 우스꽝스러운 이야기는 아닙니다. 우리를 지배하고 있는 코드들, 이데올로기적 국가장치들(알튀세르), 지식-권력의 그물들(푸코), 기호체제들(들뢰즈와 가타리)과 투쟁하면서 그 바깥으로 '탈주'해 가고, 그렇게 함으로써 기호체제들을 와해시키고 반국가적, 반자본주의적 삶을 만들어내는 과정이 유목적 삶인 것이죠.

네그리와 하트는 푸코의 계보학과 들뢰즈와 가타리의 노마디즘을 이어받되 마르크시즘의 입장에서 새로운 지평을 열어 나가고 있습니다. '코뮤니즘'의 사상을 구성해 가고 있는 것이죠. 이들은 오늘날 자본주의의 바깥은 없다고 말합니다. 전 세계가 자본주의로 완벽하게 코드화된 세상이라는 것이죠. 그래서 만일 바깥을 찾는다면 그것은 곧 이 안에서 바깥을 찾아야 한다는 겁니다. 즉 공간적 표상에서의 바깥이 아니라 다른 삶, 다른 사상, 감정, 행위로서의 바깥인 것이죠. 네그리와 하트는 우리 시대가 이제 국가라는 장치가 무너지는 시대, 물론 와해되는 것이 아니라 자본주의의 네트워크에 일정한 기능으로서 편입되고 있는 시대라고 말합니다. 민족국가/국민국가의 틀이 점점 와해되면서 전 세계가 자본주의 체제로 화함으로써 이전의 '제국주의'(즉 특정한 국민국가/민족국가가 제국을 추구하는 상황)가 아니라 단 하나의 '제국'帝國의 시대가 왔다는 겁니다. 바로 그렇기 때문에 사상과 실천도 과거와는 다른 방향으로 가닥을 잡아야 한다고 말합니다. 네그리와 하트의 사상은 오늘날 열띤 논쟁과 더불어 전개되고 있는 대표적인 정치철학입니다.

지금까지 국가(와 법)를 둘러싼 각종 논의들을 훑어보았습니다만, 특히 홉스로부터 오늘날의 네그리와 하트에 이르기까지의 논의 과정을 잘 정리해 보시기 바랍니다. 언젠가 이런 이야기를 들은 적이 있습니다. "정치철학 같은 것을 해서 뭐 하는가. 정치가들이 읽어 줘야 말이지. 실행되지도 않을 이야기를 애써 한들 무슨 소용인가." 그런데 이런 이야기에는 일정한 전제가 있죠. 그것은 바로 정치철학이란 위정자들에 의해 채택되어 실행되어야 의미가 있다는 생각이죠. 이것은 바로 정치철학이란 지배자들을 위한 것, 그래서 지배자들로 하여금 좋은 정책을 가지고서 시민들을 잘 살게 하도록 만드는 것, 즉 정치가들에게 그들이 위로부터 실행할 수 있는 좋은 정책들을 마련해 주는 것이라는 생각입니다. 특히 동북아 사회의 모든 정치철학들은 이런 성격을 띠고 있죠. 오늘날에는 사회과학의 역할이 바로 이런 것입니다. 그러나 진정한 정치철학이란 위정자들을 위한 것이 아닙니다. 진정한 정치철학은 대중들을 위한 것입니다. 위정자들에게 좋은 정책을 마련해 주는 것이 아니라 대중들의 생각을 변화시키기 위한 것이 정치철학입니다. 위정자들을 향해 위를 쳐다보면서 "나 좀 채택해 줘", "나 좀 써먹어 줘" 하는 것이 아니라 대중을 향해 아래를 쳐다보면서 그들의 의식을 깨우쳐 주고 대화하고 함께 손을 잡고 아래로부터 세상을 변화시켜 나가기 위한 것이 진정한 정치철학인 겁니다.

오늘날의 대중은 깨우쳐야 할 대상은 이미 아닙니다. 숱한 정치적 체험을 통해서 이미 높이 성장한 의식을 가지고 있습니다. 지금의 대중들의 의식은 과거와는 비교도 할 수 없습니다. 한국의 경우는 특히 그렇죠. 그러나 이런 정치의식 자체도 탄탄한 사유를 밑바탕으로 하고 있다기보다는 전반적인 상황, 분위기를 통해서 성장했기 때문에 단단하지가 않습니다(갑자기 박정희 신드롬이 나타나는 것을 예로 들 수 있겠죠). 그리고 대중매체와 대중문화에 젖어 이 문화적 장치들이 끌고 가는 대로 끌려가는 경우가 많죠. 정치철학은 바로 대중의 이런 한계를 파고들면서 대중에게 보다 고도의 이론적 바탕과 과학적 지식들, 구체적인 방향들, 문화적 저력 등을 심어 주는 담론이어야 할 것입니다. 진정한 정치철학은 위정자들을 위한 것이 아니라 이른바 "도래할 민중", "새로운 대지"를 위한 것이어야 합니다.

14강_ 정의

지난 시간에 국가(와 법)에 대해 이야기했습니다만, 이제 오늘은 '좋은 국가', '좋은 법'에 대해 이야기하려 합니다. 3강에서 논했습니다만, '좋은 사람'의 핵심이 무엇일까요? 바로 '덕'이라고 했습니다. 그렇다면 좋은 국가의 핵심은 무엇인가. 바로 '정의'입니다. 개인에게서의 덕이 곧 국가에서의 정의에 대응한다고 할 수 있겠죠. 오늘은 정의에 대해 이야기해 봅시다.

§1. 정의의 개념

정치철학의 가장 기본적인 개념들 가운데 하나가 정의죠. 정의는 그리스어 'dikaiosynê'에 해당합니다. 어떤 분들은 이것을 직역해서 '올바름'이라고도 하는데, 이 말도 좋은 말이에요. 또, 맥락에 따라서는 '공정성'이라고 번역할 수도 있습니다. 이 말은 'dikê' 또는 'dikaiotês', 'dikaion'으로도 쓰이는데, 이 말이 고유명사로 쓰일 때는 '정의의 여신'을 가리킵니다. 그리스인들의 세계관에 상당히 중요한 의미를 띠고 있는 개념이 이 정의(의 여신)입니다. 정의의 여신은 장님이었다고 하죠. 교사가 답안지 쓴 사람의 이름을 가리고 채점하는 것을 연상하면 되겠네요. 눈에 보이면 이미 사심이 생겨서 정의롭지 못하게 될 테니 말입니다. 현대어에서 이 말은 법원을 뜻하는 'dicastère' 같은 말에 남아 있습니다. 라틴어로는 'justitia'에 해당하는데, 이 말은 지금의 'justice'에 해당합니다.

그리스 사유 초기에 정의 개념은 정치 영역에 국한되기보다는 매우 넓은 맥락에서 사용되었습니다. 언어의 변천을 보면 좁은 맥락에서 사용되던 말이 점점 넓은 의미를 획득하게 되는 경우도 있고, 반대로 넓은 의미로 사용되던 말에서 다른 의미는 사상되고 그 중 어떤 부분의 의미만 남는 경우도 있죠. '정의'라는 말은 후자의 과정을 겪은 말입니다. 이 말은 그리스어에서 상당히 넓은 의미로 사용된 말이죠. 우주, 인간, 사회 전부에 적용되는 개념이었습니다.

퓌타고라스학파에서 정의란 '영혼의 조화'였습니다. 11강에서 덕을 강의하면서 덕을 '영혼의 힘'이라고 규정했었죠. 덕이 '영혼의 힘'이라면 정의는 '영혼의 조화'예요. 그리스 사람들이 정의라는 말을 쓸 때는 '조화'라고 하는 뉘앙스가 가장 일차적으로 들어갑니다. '調'라는 것은 뭡니까? '조'는 예컨대 음악에서 C장조, E단조,……라고 할 때 쓰죠. 또 일상어에서 "입장을 조율調律한다" 같은 말을 씁니다. 여러 가지 것들이 불협화음을 일으키지 않고 잘 어울리는 것을 뜻합니다. 또 '和'도 어떻습니까. 역시 "어울리는" 것이죠. 그래서 '조화'라는 개념이 '정의'의 가장 기본적인 뜻이라는 것은 곧 정의란 여럿[多]이 서로 어울리는 것을 뜻한다는 말입니다. 그런데 흥미로운 점은 오늘날 우리가 정의라는 말을 주로 정치적, 경제-사회적 의미로 쓰는 데 비해, 지금 이 경우는 '영혼의 조화'라는 뜻으로 쓰였다는 사실입니다. 또 하나는 대립자들의 조화가 바로 정의를 가져온다는 것이죠. 또 맥락에 따라서는(조화와 중용 개념이 통한다고 할 때) 정의가 중용을 가져온다고 생각했다는 점입니다. 이 '대립자들의 조화'라는 생각은 그리스 사상, 나아가 세계 사상사 전체에서 끝없이 변이되면서 내려오는 생각들 중 하나죠. 이 세계는 대립자들로 되어 있다는 것이고, 차가움과 뜨거움, 높음과 낮음, 어둠과 밝음, 남과 여, 어른과 아이 같은 식으로 되어 있어 그런 대립자들 사이에는 항상 갈등과 투쟁이 있기 마련이라는 겁니다. 나중에 사용된 중요한 말들 중 하나로는 '모순'이라는 말도 있죠. 이런 대립자들이 어떻게 조화를 이루느냐, 이것이 정의 개념이 등장하게 된 가장 기본적인 맥락입니다.

　　대립자들의 조화로서의 정의 개념은 그리스 역사에서 솟아올랐다고 할 수 있습니다. 그리스 역사에서 매우 중요한 한 분기점은 전차를 모는 귀족들 —— 전사-귀족들 —— 의 사회로부터 평민들의 사회로 이전한 시점입니다. 과거에 전쟁은 주로 귀족들끼리의 싸움이었습니다. 각 편의 가장 뛰어난 전사들이 나와서 싸우고 그 결과로 승패가 결정되는 경우가 많았죠. 이 시대는 바로 청동 갑옷을 입은 '영웅들'의 시대입니다. 『일리아스』나 『오뒤세이아』에 나오는 영웅들을 생각하면 됩니다. 그러나 시대가 흘러가면서 전쟁의 주체가 중장한 보병으로 바뀝니다. 평민들이 군인이 되는 시대가 온 것이죠. 이렇게 되면서 전투의 양상 자체도 바뀌죠. 그 전에는 우리 식으로 말하면 관우와 여포가 나와서 싸우는 것과 비슷했지만(어찌 보면 지금의 스포츠와 통하죠), 이제 중장보병들이 격돌하게 되면 전투의 핵심은 어떤 한 사람의 힘이 아니라(중장을 했기 때문에 혼자서는 별로 힘을 못 씁니다) 서로 얼마나 잘 단결하느냐가 됩니다. 그래서 '밀집 방진方陣'이 사용되게 되죠(훗날 로마의 거북 대형을 생각하면 되겠습니다). 비유한다면 옛날 전투가 장기와 비슷하다면, 지금의 전투는 바둑하고 비슷한 것이죠.[1] 어쨌든 이런 변화가 등장하게 되는데, 그런 과정에서 귀족들과 평민들의 수많은 갈등이 발생하고 싸움이 벌어지곤 했습니다. 그럴 적에 등장했던 중요한 개념이 바로 정의 개념이었던 것이죠.

히포크라테스가 말한 'isonomia' 같은 개념도 정의 개념과 같은 함축을 띱니다. 'Iso'라는 접두어는 '같은'을 뜻합니다. 'Nomia'는 '권리'에 해당하는 말이죠. 그래서 '똑같은 권리'라는 뜻입니다. 히포크라테스는 의사죠? 그래서 이때의 똑같은 권리란 신체를 구성하는 모든 부분들이 동등하게 자기의 권리를 주장할 수 있다는 뜻입니다. 그런데 신체를 이루고 있는 이 부분들 사이에 조화가 이뤄진 것이 바로 '건강'이죠. 그리스 의학의 요점은 병이 났을 때 신체를 어떻게 치유하느냐에 있다기보다는 차라리 식이요법에 있어요. 식이요법이란 결국 몸의 균형을 잃지 않게 하는 것이죠. 건강을 잃는다는 것, 즉 병을 얻는

---

1) 그러나 이런 참여는 재력에 따라 다른 형태를 띠었다. 매우 부유한 사람들은 말을 키워 기병이 되었으나, 대부분의 평민들은 투구, 가슴받이, 정강이받이(호메로스는 자주 "저 훌륭한 정강이받이를 한 아카이아인들"이라는 표현을 썼다), 청동 방패, (대개 물푸레나무로 만든) 긴 창, 그리고 짧은 칼을 갖춘 중장 보병이 되었다. 재력에 따라 전쟁에 달리 기여한다는 이 사실은 정치에로 연장되어, 민주주의 역시 만인 평등의 방식이 아니라 재력(과 전쟁에의 기여)에 따라 자연스럽게 차등화되는 것이었다.

다는 것은 몸의 균형을 잃어버리는 것을 뜻합니다. 그렇게 균형을 잃어버리지 않도록 하는 것이 바로 몸의 정의를 찾는 것이죠.

보다 넓은 맥락에서 그리스의 자연철학들에서도 이런 생각을 확인할 수 있습니다. 특히 아낙시만드로스의 경우가 시사적입니다. 철학사를 배우면서 아낙시만드로스의 '아페이론' 이야기 들어 보셨죠? 지난 학기 강의에서도(1부, 6강) 이 개념에 대해 이야기했습니다. 그런데 훗날 엠페도클레스가 사원소론을 이야기했습니다만, 물, 불, 공기, 흙이라는 이 4원소는 사실 엠페도클레스의 전유물이 아니라 대부분의 그리스인들 공통의 생각입니다. 다만 아낙시만드로스는 이 4원소 아래에 다시 아페이론을 두었다는 점이 중요하죠. 그런데 물, 불, 공기, 흙이 비슷한 힘을 가지고서 서로 부딪치고 싸워야만 정의가 이뤄집니다. 어느 한 쪽이 너무 강하면 우주의 질서가 무너지게 돼요. 우주의 질서가 무너지면 우주가 해체되는 것이죠. 그것이 바로 '불의'예요. 그런데 '불의'는 늘 응보를 받게 되는데, 그래서 이전에 미약했던 것들이 힘이 세지고 불균형하게 셌던 것이 약해집니다. 그러면서 다시 우주의 질서가 돌아오는 것이죠. 이것은 곧 우주가 정의를 되찾는 것입니다. 이렇게 그리스인들의 정의 개념은 우주와 인간사회에 동시에 적용되는 개념이었습니다. 이런 것이 고대 문화와 현대 문화의 중요한 한 차이죠. 우리는 '자연'이 이미 우리 삶에서 절연되어 외부를 형성하고 있는 세상에서 살아가고 있지만, 고대인들에게는 자연과 인간이 서로 얽혀 있었던 겁니다.

이렇게 정의라는 말은 반드시 정치적인 맥락에 국한되었던 개념이 아니라 세계 전체를 바라보는 존재론적인 개념이었습니다. 그러나

시대가 흘러가면서 자연철학적이고 존재론적인 관심사로부터 사회
와 인간의 문제로의 이행이 벌어졌다는 이야기를 했습니다. 이런 과
정에서 정의라는 말도 서서히 윤리학과 정치학의 개념으로 굳어지게
됩니다. 철학에 의해 정의 개념이 본격적으로 탐구되기 전에 우선 드
라마가 이 개념을 빼어나게 다루죠. 그리스적 정의 개념이 가장 잘 드
러나는 것들 중 하나가 아이스퀼로스의 '오레스테스 3부작'입니다.

아가멤논은 뮈케네의 왕이었죠. 『일리아스』에 등장하는 '영웅들'
(사실 약탈자들에 가깝습니다만), 즉 '바실레우스들'은 왕이라기보다
는 훗날의 개념으로 하면 지방 영주들 정도 되는 사람들이었죠.[2] 그러
나 뮈케네는 왕조라 해도 과언이 아닐 정도의 규모를 자랑했습니다.
말하자면 아가멤논의 가문은 그리스 최고의 가문이었던 것이죠. 아가
멤논이 트로이 전쟁에서 승리하고 집으로 돌아왔을 때, 그의 아내 클
뤼타임네스트라와 그녀의 정부인 아이기스토스가 음모를 짜서 그를
목욕탕에서 살해하죠. 살해에는 여러 가지 이유가 있어요. 클뤼타임
네스트라가 아가멤논에게 시집을 온 것은 좋아서 온 것이 아니고 거
의 팔려 오다시피 했습니다. 물론 옛날 결혼이야, 특히 귀족 계층의 결
혼이야 대개 그렇습니다만. 남녀가 서로 좋아서 결혼한다는 개념은 19
세기나 되어서야 등장하는 개념이니까요. 둘은 원래 원수 집안이었

---

2) 이들은 용감한 전사들이었지만 동시에 제사를 관장하는 사제들이기도 했다. 정교일치
시대(또는 '신정神政 정치' 시대)의 지배자들이었다고 할 수 있다. 훗날(클레이스테네스의
개혁 이후) 아테네는 10명의 장군들과 9명의 집정관들에 의해 통치되는 형식을 갖추게
되는데, 이 집정관들 중 서열 2위의 관직이 바로 '바실레우스'가 된다. 이 관직의 역할이
다름 아닌 종교에 관련된 문제를 다루는 것이었다.

죠. 또, 아가멤논은 그에게 분노한 아르테미스를 달래기 위해서 자기 딸 이피게네이아를 희생물로 바칩니다. 딸을 죽이면서까지 정복욕을 불태운 것을 보면 아가멤논은 대단한 탐욕의 소유자였던 것 같아요. 이런 경우를 '눈멂=미망atê'이라고 하죠. 그 다음 또 하나 아가멤논이 트로이를 멸망시킨 다음 트로이의 왕녀이자 예언자인, 그리고 절세의 미인인 카산드라를 데리고 오죠. 때문에 클뤼타임네스트라의 질투까지 겹쳐져서 아가멤논을 죽이게 되는데, 바로 그 아가멤논의 아들이 오레스테스였어요.[3]

오레스테스의 입장에서 볼 때는 아버지의 원수를 갚으려고 하니 어머니를 죽여야 하고, 어머니를 안 죽이면 아버지에 대한 원수를 갚지 않은 패륜을 범하게 됩니다. 아리스토텔레스 논리학의 개념으로 말해서 '딜레마'에 빠진 것이죠. 결국 오레스테스가 어머니를 죽이게 됩니다. 그래서 어떤 사람들은 이것이 부계사회의 탄생을 배경으로 깔고 있다고 해석하기도 합니다. 어쨌든 어머니를 죽였으니 그 또한 패륜이고 그래서 오레스테스는 복수의 여신들에게 쫓기게 됩니다. 이 복수의 여신들을 그린 것이 2부고, 그 다음 3부에 나타나 사태를 조정하게 되는 여신이 바로 아테네예요. 『일리아스』와 『오뒤세이아』에도 나오지만 아테네는 그리스인들의 특히 중요한 수호신이죠. 이 아테네가 정의의 여신 디케와 함께 복수의 여신을 설득합니다. 여기에서 바

---

3) 이 모든 이야기들은 전해 내려오는 갈래에 따라, 또 그 이야기들을 극화하거나 그린 예술가들에 따라 다소간 달라진다. 그리스 신화에는 '원전'의 개념이 없다. 같은 이야기가 여러 가지 '버전'으로 달리 내려온다. 어떤 면에서는 오늘날의 포스트모더니즘 문학을 연상시킨다.

로 정의의 여신이 중요한 역할을 맡게 되는 것이죠. 이 비극을 여기에서 끝내야 한다고 합니다. 그러면서 오레스테스가 재판을 통해 용서를 받게 되죠.

결국 인간사회의 갈등과 죽음, 비극과 같은 모든 것들이 이렇게 평화롭게 해소되고 우주의 조화를 찾을 수 있도록 해주는 것이 디케 여신의 임무예요. 디케 여신의 임무는 이 세계의 균형이 무너지거나, 불의가 발생하거나, 비극이 발생할 경우에 그것들을 원위치로 해놓는 것이죠. 이런 것을 잘 보여 주는 것이 오레스테스 3부작입니다. 어찌 보면 그리스 드라마의 정의 개념은 상당히 보수적이라고도 할 수 있어요. 결국 원점으로 돌아가는 것이 정의니까요. 새로운 정의, 지금까지의 불의를 극복하고서 새로운 삶의 양태를 창조해 나가는 정의 개념은 거의 희박합니다. 그러나 달리 보면 그리스인들은 무척이나 낙관적이었다고도 할 수 있습니다. 왜냐하면 결국 우리가 돌아가야 할 원점이라는 것이 존재하고, 그 원점은 일종의 유토피아라는 생각이 저변에 깔려 있기 때문이죠. 요컨대 우리의 삶은 원래 참 좋은 것인데, 그로부터 일탈했기에 고통이 찾아온다는 생각입니다. 그러니까 그 원점으로 돌아가야 하는 것이죠. 전형적인 목적론적 사유이고, 이상주의적 사유입니다. 그리스 사상 전반의 특징이죠.

§2. 『국가』에서의 정의론

이런 그리스 사상의 기저를 흔들어 놓은 것이 바로 소피스트들입니다. 그래서 소피스트들은 얼핏 생각하는 것보다 훨씬 큰 담론사적 의미를 띤 존재들이라고 할 수 있죠. 소포클레스 같은 드라마 작가도 소피스트들을 내심 싫어했는데, 그것은 이들을 '전통'과 '규범'을 파괴하는 자들이라 생각했기 때문입니다. 아리스토파네스 같은 희극 작가들 역시 그렇죠. 그리고 중요한 것은 당대 대부분의 사람들에게 소크라테스는 바로 소피스트들 중 한 사람이었다는 사실입니다. 소피스트들과 소크라테스를 양극으로 갈라 놓은 사람은 사실 플라톤이죠. 플라톤은 소피스트들과 정면으로 대결하는데, 이로부터 우리는 플라톤이 일종의 전통주의자, 즉 역사적으로 '회귀'를 꿈꾸는 사람이 아닐까 하고 추측할 수 있습니다. 그리고 사실 상당 부분 그렇다고 해야겠죠. 담론사적으로 공자와 비슷한 위상을 띤다고 하겠습니다.

플라톤의 『국가』는 매우 종합적인 저작이지만, 그 책을 이끌어 나가는 가장 핵심적인 개념은 역시 정의 개념이에요. 정의론에 관한 한 이 텍스트가 무비無比의 걸작이죠. 그래서 『국가』 1권에서 전개되는 정의론을 비교적 자세하게 보려고 합니다.

이 대화편은 소크라테스가 케팔로스, 폴레마르코스, 트라쉬마코스, 아데이만토스, 글라우콘, 클레이토폰 등과 나누었던 대화를 누군가에게 전달해 주는 형식을 띠고 있죠. 1권의 핵심 인물은 트라쉬마코스인데, 이 사람은 유명한 소피스트입니다. 트라쉬마코스와 소크라테스(사실상은 플라톤) 사이의 대립이 핵심입니다. 대화편은 우선 케팔로스와 그 아들인 폴레마르코스가 제시한 정의론, 즉 "진실을 말하는 것, 그리고 받은 것을 갚아 주는 것"을 둘러싸고 전개되는데, 소크라테스는 이 규정을 간단하게 논박합니다. 예컨대 자기에게 무기를 빌려주었던 친구가 미쳤을 때 그 무기를 돌려주는 것은 결코 정의가 되지 못하겠죠. 그리고서 이제 논의가 트라쉬마코스에로 넘어가면서 본격적인 논쟁이 시작됩니다.

트라쉬마코스는 "정의는 강자의 이익이다"라는 규정을 제시합니다. 소크라테스가 좀더 상세한 해명을 요구하자 트라쉬마코스는 이렇게 풀이합니다.

참주제든 민주제든 귀족제든 각 국가에는 정체政體가 있다.

그리고 각 정체의 지배자들(상대적으로 더 강한 자들)은 자신들에게 이익이 되도록 법률을 제정한다.

그리고 이 법률을 피지배자들에게 공표하고, 그것을 위반했을 경우 범법자로서 처벌한다.

따라서 지배자들의 이익이 정의이다.

법이란 것이 뭐냐? 법이란 것은 지배하는 자들이 자신들에게 유리하도록 만든 것이고 그래서 그것을 가지고서 피지배자들을 지배하는 장치라는 겁니다. 그리고 그렇게 내세운 법은 "정의로운" 것이기에, 결국 정의란 강자의 이익이라는 것이죠. 트라쉬마코스의 이런 생각은 지난 강의에서 국가에 대해 이야기하면서 논했던 마르크시즘의 입장과 통합니다. 물론 마르크시즘은 정의를 강자의 이익이라곤 하지 않죠. 그러나 부르주아 사회가 '정의'라고 부르는 것은 사실상 이런 것이라고 생각합니다. 강자의 이익으로서의 정의란 프롤레타리아를 위한 정의가 아니라 부르주아 계급이 지배를 위해 만들어낸 '이데올로기'인 것이죠. 그런데 여기에서 문제는 '강자'라는 말입니다. 만일 '프롤레타리아 독재'가 실현되어 프롤레타리아 계급이 강자가 된다면, "정의는 강자의 이익"이라는 말은 이번에는 올바른 말이 될 테니까요. 그러니까 문제는 이 규정 전체가 아니라 바로 강자라는 이 말에 있습니다. 누가 강자인가? 이것이 문제인 것이죠. 물론 정의가 과연 이익(이로움)인가라는 물음도 남습니다.

소크라테스는 정의가 일단 이익(이로움)이라는 점에는 동의합니다. 그러나 강자라는 말에 대해 의문을 제기합니다.

트라쉬마코스에 따르면 피지배자가 지배자에게 복종하는 것이 정의이다(법을 따르는 것이 정의로운 것이고, 그 법은 지배자가 정한 것이기에).

그런데 지배자들도 과오를 범한다. 이것은 지배자들이 자신들에게 이익이 되지 않는 법을 제정할 수도 있다는 뜻이다.

그러나 법에 복종하는 것이 정의이기에, 피지배자들은 지배자들이 잘못 정한 법(즉 그들에게 불이익이 되는 법)에도 복종해야 한다.

요컨대 정의란 실제 강자의 이익이 되건 안 되건 강자들이 이익이라고 판단한 것들에 복종하는 것이다.

이렇게 되니까 결국 정의가 강자에게 불이익이 될 수도 있다는 결론이 나옵니다. 그래서 "정의란 강자의 이익"이라는 규정에 문제가 생기게 되죠. 여기에서 유심히 볼 것은 소크라테스(이하 플라톤이라고 하겠습니다)는 트라쉬마코스의 주장에 대립하는 자신의 주장을 정면으로 내세우지 않고 있다는 점이죠. 즉 "정의란 강자의 이익"이라는 주장에 대해 "아니다, 정의란 ~의 이익이다" 또는 더 근본적으로 "아니다, 정의란 이익으로 규정될 수 있는 게 아니다" 같은 식으로 대응하지 않았다는 사실입니다. 상식적으로 말해서, 트라쉬마코스의 주장에 대해 강자의 법을 "과연 따라야 하는가?"라는 의문을 제기할 수 있습니다. 그러나 플라톤은 이렇게 정면으로 반대 의견을 내는 것이 아니라 상대방의 주장 자체가 내포하고 있는 약점을 파고듭니다. 상대방과 정면충돌하면 결론이 나지 않고 계속 대립하기만 하죠. 그러나 상대방의 주장 자체 내에 들어 있는 모순을 이끌어내면 굴복하지 않을 수 없습니다. 때문에 플라톤은 우선 내재적인 비판으로부터 시작한 것입니다. 그래서 "정의는 강자의 이익이다(즉 강자의 법에 복종하는 것이 정의이다). 그런데 강자는 실수할 수 있다. 따라서 사람들은 강자에게 불이익이 되는 법에도 복종해야 한다"는 결론이 나옵니다. 결국 정의가 강자에게 불이익이 될 수도 있다는 것이죠.

이 논변의 맥은 "강자도 실수할 수 있다"는 대목입니다. 트라쉬마코스는 이 테제에 동의했다가 가만히 얘기를 듣고 보니 자기가 이야기하고자 했던 것과 영 다른 길로 갔거든요. 그래서 다시 앞으로 돌아가서 "강자도 실수할 수 있다"는 자기의 말을 수정하게 됩니다. 가만히 생각해 보면 실수를 해서 자신이 피해를 입게 되는 사람이 과연 강자일 수 있는가 하는 생각이 든 것이죠. 그래서 트라쉬마코스는 소크라테스가 자신의 말을 왜곡했다고 항변하면서 강자란 그 개념 자체에 있어서 본다면 과오를 범하지 않는 사람이라 해야 한다고 단정합니다.

사실 이런 경우는 우리의 대화에서 다반사로 일어나는 일이죠. 다음과 같은 대화를 생각해 봅시다.

철수 : 지식인이라면 이번 사건에 대해 들고 일어나야 해.

영희 : 왜? 그건 정치적인 사건인데, 지식인이라고 꼭 참견할 이유가
어디에 있지?

철수와 영희는 개념에 동의한 상태에서 반대 주장을 하고 있는
것이 아니라 개념 자체를 달리 쓰고 있는 겁니다. 철수에게 지식인이
란 사회적 모순에 저항하는 비판적 인물들을 뜻하지만, 영희에게 지
식인이란 문자 그대로 '지식'을 가진 사람들인 것이죠. 즉 두 사람이
'지식인'이라는 개념에 대해 서로 다르게 이해하고 있는 겁니다. 지식
인은 정치적 비판세력인가, 아니면 박사 학위를 딴 전문가들인가, 이
에 대해 서로 생각이 다른 겁니다. 이렇게 우리가 행하는 많은 논쟁들
이 사실상 초점이 정확히 맞는 논쟁이 아니라 개념적인 이해의 지평
이 서로 다르기 때문에 벌어지는 것들이죠. 개념의 정확한 이해가 중
요한 것이 이 때문입니다(여기에서 "정확하다"는 것은 수학에서처럼 개
념이 하나로 규정되어야 한다는 뜻이 아니라 하나의 개념이 내포하고 있
는 다채로운 의미들, 맥락들, 상황들을 섬세하게 이해해야 한다는 뜻입니
다). 지금 플라톤과 트라쉬마코스도 결국 개념을 둘러싸고 논쟁하고
있는 겁니다.

어쨌든 플라톤은 일단 '통치자'란 개념은 통치자로서 과오를 범
하지 않는 사람을 뜻한다는 것, 즉 "엄밀한 의미에서의" 통치자란 강
자로서 이익만을 추구할 수 있는 존재라는 규정에 동의를 이끌어냅니
다. 그러고서 다음과 같이 논변합니다.

좋은 의술이란 환자를 위하는 의술이고 좋은 요리술이란 먹는 사람들을 위하는 요리술이듯이, 모든 기예technê는 그 기예가 적용되는 대상들/사람들을 위한 것이다.

따라서 어떤 전문적 지식도 강자가 아니라 (그의 지배와 관리를 받는) 그 대상을 위한 것이다.

따라서 의사이든 요리사이든 그 어떤 사람의 경우든 지배자들은 피지배자들을 위해서 일하는 것이다.

그러니까 플라톤은 통치자이든 의사이든 요리사이든, 배의 선장/키잡이이든…… 어떤 전문적인 지식/기예를 가지고서 다른 사람들을 이끄는 사람들은 자신을 위해서가 아니라 자신의 이끎의 대상인 사람들을 위해 행위한다는 겁니다. 그리고 바로 그런 경우가 "정의로운" 경우라는 것이죠. 이렇게 되니까 트라쉬마코스가 이야기했던 정의 개념이 완전히 거꾸로 뒤집어졌습니다. 즉 정의란 '강자/통치자의 이익'이 아니라 '약자/피통치자의 이익'이 된 것이죠.

그런데 플라톤의 논변은 만족스러운 것일까요? 지금까지 플라톤은 두 단계에 걸쳐 논의했는데, 전반부의 논의와 후반부의 논의는 성격이 다르고 그 사이에는 불균형이 있습니다. 전반부의 논의에서 플라톤은 강자는 자신에게 불이익이 되는 짓은 하지 않는다는 것을 이야기했고 트라쉬마코스의 동의를 받아냅니다. 그런데 논의의 두번째 부분에서 플라톤은 "진정한" 통치자는 피통치자를 위해 일한다고 말하고 있죠. 그런데 사실 첫번째 논변과 두번째 논변 사이에는 어떤 필연적인 논리적 연결고리도 없습니다. 첫번째 비판은 트라쉬마코스의 주장 내부로 들어가 내재적 비판을 한 것이죠. 그렇다면 이제 두번째 비판은 이 첫번째 비판을 논거로 진행되어야 할 터인데, 첫번째 비판이 두번째 비판의 논거는 아닙니다. 왜냐하면 트라쉬마코스의 입장에서 본다면, 통치자는 원칙적으로는 결코 자신에게 불이익이 되는 일은 하지 않는 사람이며(이것이 트라쉬마코스적 의미에서의 "강한" 인간이죠), 따라서 피통치자를 위해서가 아니라 자신을 위해서 일하는 존재일 터이니까요. 요컨대 "통치자는 실수하지 않는다"라는 첫번째 테제가 "통치자는 피통치자를 위해 일한다"는 두번째 테제로 왜 넘어가는지가 선명하지 않습니다.

물론 함축되어 있는 바를 이끌어낸다면, 첫번째 논변에서 플라톤은 '진정한 통치자'는 어떤 형태로든 실수하지 않는다는 것을 말한 후 두번째 논변에서 '진정한 통치자'는 피통치자의 이익을 위한다고 말하고 있는 것으로 볼 수 있습니다. 그러나 조심할 것은 이때 '진정한 통치자'라는 말의 의미가 트라쉬마코스가 뜻하는 바와 정반대로 바뀌어 있다는 점입니다.

여기에서 논의의 맥은 첫째는 "진정한"이라는 표현에, 둘째로는 통치자, 요리사, 키잡이, 의사 등등을 유비시켜서 논한 논법에 있습니다. 플라톤은 '진정한 의사', '진정한 요리사' 등등은 그들이 "진정한" ~라면 반드시 자신이 아니라 그 대상을 위한다는 논의를 펼치고, 그 끝에서 그러므로 "진정한" 통치자도 피통치자를 위해서 일한다고 말했습니다. 이 이야기에는 곧 "진정한" 요리사, 의사 등등에게 '이익'이란 곧 자신의 이익이 아니라 자신의 대상의 이익이라는 논리가 깃들어 있는 겁니다. 그래서 플라톤은 첫번째 논변에서 '진정한 통치자'

에 대한 규정을 깔아 놓았다고도 할 수 있겠습니다. 그런데 트라쉬마코스의 입장에서 보면 "진정한" 통치자란 자신의 이익을 위해 일하는 자입니다. 플라톤에 따르면 진정한 통치자는 자기에게 이익이 된다고 "판단한" 일에서가 아니라 "진짜" 이익이 되는 일에 종사합니다. 그런데 "진짜" 이익이 되는 것은 피통치자를 위한 일이라는 것이죠. 그러나 트라쉬마코스에게는 통치자에게 "진짜" 이익이 되는 것은 자신에게 이익이 되는 일입니다. 결국 플라톤은 논리적으로 필연적인 논증에 따라 자신의 논의를 증명한 것이 아니라 단지 트라쉬마코스의 입장에 반대되는 자신의 입장을 제시한 것뿐입니다. 즉 얼핏 논리적으로 논박한 것처럼 보이지만 사실은 논리적 연결고리가 제대로 되어 있지 않고, 다만 자신의 반대 입장을 제시한 것에 불과한 것이죠. 트라쉬마코스에게 피통치자를 위하는 통치자는 "진정한" 통치자가 아닙니다. 왜냐하면 그럴 때 그는 자신에게 불이익을 행하는 것이고 그럴 경우 그는 트라쉬마코스가 생각하는 한에서의 강자가 아닐 터이니까 말이죠.

그러나 문제는 플라톤의 대화편은 플라톤이 쓴 것이라는 점입니다. 따라서 트라쉬마코스는 플라톤의 들러리이지 대등한 입장에서의 논변자가 아닙니다. 그래서 실제 트라쉬마코스라면 수긍하지 않았을 이야기들이 플라톤의 대화편에서는 수긍하는 것으로 그려질 수 있는 것이죠. 그래서 우리는 플라톤의 대화편 바깥에 서서 그것을 읽어야 하는 것입니다. 이런 허점들은 명시적으로 나타난 트라쉬마코스의 대답(수긍하는 대답)에서도 나타나지만 "이에 대해 그가 동의하긴 했지만, 아주 어렵사리 했네"라든가 "그가 결국 동의하긴 했지만, 강하게 대항하긴 했지” 같은 구절들에서 잘 드러납니다. 사실 이런 구절들을 유심히 봐야 하는 겁니다. 플라톤 자신도 논변이 넘어가는 데 어려움이 있다고 생각할 때 이런 표현이 등장하게 되는 것이죠.

그러나 플라톤이 그렇게 단순한 사람이라면, 즉 모든 논의를 자신의 논변으로 내부화하고 자신에게 반대하는 사람들을 그저 단순히 들러리로 세웠을 뿐이라면, 자신의 주장을 그렇게 간단하게 관철시키는 사람이라면, 지금 아무도 플라톤을 읽지 않을 겁니다. 플라톤의 대화편에는 플라톤의 논적들의 생각도 거의 에누리 없이 들어 있다고 봐야 합니다. 플라톤은 자신의 주장을 관철시키기 위해 자신에 대한 상대방의 논박 자체도 거의 극한까지 밀고 가는 것이죠. 그래서 밀고 당기는 과정을 간단히 끝내는 것이 아니라 사유의 극한까지 밀어붙입니다. 그렇기 때문에 대화편이 박진감 넘치는 것이죠. 특히『국가』1권 같은 경우가 그렇습니다.

그래서 이제 트라쉬마코스의 반격이 시작됩니다.

양치기들이 양을 위해서가 아니라 자신을 위해서 양을 치는 것과 마찬가지로, 통치자들이 피통치자들을 위해 일을 하는 것은 아니다.
정의로움은 통치자의 이익이자 피통치자의 불이익이며, 반대로 정의롭지 못함은 통치자들의 불이익이자 피통치자들의 이익이다.
소크라테스(플라톤)의 생각에 따른다면 강한 자는 늘 손해를 보고 약한 자는 이익을 볼 것이다. 강한 자는 계약의 해지 시에도 손해를 봐야 하고, 세금도 더 내야 할 것이며, (부정을 저지르지 않기에) 공금도 챙기지 못하고, 가까운 사람들에게는 야박하다고 욕이나 먹을 것이

다. 그러나 이는 내가 말하는 '강한 자'와는 반대되는 자일 뿐이다. 진
정으로 강한 자가 왜 손해를 보겠는가.

참주정치를 생각해 보라. 작은 범죄를 저지르는 자들은 비난받고 처
벌받지만, 엄청난 범죄를 저지르는 통치자는 오히려 찬탄의 대상이
된다.

사람들도 사실은 참주처럼 되고 싶어한다. 그러면서도 참주를 비난
하는 것은 참주를 나쁘게 생각해서가 아니라 자기 아닌 남이 참주가
되었을 때 자신이 당할 고통을 생각해서일 뿐이다.

마지막의 구절은 우리가 지난 강의에서(13강, §2) 인용했던 구절
과 통한다는 것을 알 수 있죠? 여기까지의 논의를 보면 결국 트라쉬
마코스의 생각과 플라톤의 생각이 대립을 형성할 뿐 이렇다 할 논의
의 진전이 없습니다. 핵심적인 것은 "참된"이라는 형용어입니다. 플라
톤에게 "참된" 의사는 환자를 위하는 사람이고, "참된" 요리사는 먹는
사람들을 위하는 사람이듯이, "참된" 통치자는 피통치자를 위하는 사
람입니다. 그러나 트라쉬마코스의 경우 "참된" 의사나 요리사, 키잡
이 등에 관련해서는 플라톤과 생각을 같이하지만, "참된 통치자"에 대
해서는 의견을 달리합니다. "참된" 통치자는 강한 통치자이고, 따라서
자기에게 불이익이 되는 일은 하지 않는다는 것입니다. "정의는 강자
의 이익"이라는 자신의 생각을 계속 관철시키고 있는 것이죠. 그러면
이제 어떻게 될까요. 플라톤은 트라쉬마코스가 전개하는 논리의 비일
관성을 지적하게 되겠죠? 왜 의사, 요리사, 키잡이……에 관해 이야
기할 때하고 통치자에 대해 이야기할 때하고 논리가 다르냐고 물어볼

것입니다. 그래서 플라톤의 다음 논박은 이 문제로부터 시작합니다. 트라쉬마코스가 목자[통치자]에 관련해서만 그가 양을 위한다는 사실을 인정하지 않는다고 비판하는 것이죠.

그러면서 플라톤은 이제 새로운 국면의 논리를 전개합니다.

아무도 자진해서[무상으로] 통치자가 되려 하지는 않는다. 통치자로 인해서 이득을 보는 것은 피통치자들이기 때문이다. 그래서 통치자는 보수를 요구하는 것이다.

돈벌이는 각 기술=테크네(넓은 의미)의 부수적 요소이지 본래적 요소가 아니다. 의술은 환자를 고치는 것이, 항해술은 사람들을 실어 나르는 것이 본래적 요소이다. 거기에 돈벌이가 추가적으로 붙는 것이다(돈벌이는 어떤 기술에 고유한 무엇이라기보다 각 기술들에 추가로 붙는 부대물이다). 그리고 기술의 소유자(전문가)가 무상으로 일할 경우, 이때 역시 전문가는 (그 기술의 대상이 되는) 사람들에게 이익을 준다. 그래서 다스리는 사람은 다스림을 받는 사람들을 위해 일하는 것이다.

첫번째 논변에서는 통치자가 보수를 요구하는 것은 바로 통치하는 것이 통치자에게 이익이 되지 않는다는 것을 뜻한다고 말하고 있습니다. 그렇지 않다면, 즉 통치하는 것이 통치자에게 이익을 준다면 왜 사람들이 자진해서 통치하려 하지 않겠느냐는 것이죠. 다음으로 두번째 논변에서는 어떤 일에 따르는 보수는 그 일 자체의 본질이 아니라는 것, 일 자체의 본질은 그 일의 대상이 되는 사람들을 위하는 데 있다는 것을 말하고 있습니다. 따라서 보수를 받지 않는 경우든 (본질이 아니라 추가적 사항으로서) 보수를 받는 경우든, 어떤 일의 본질 자체는 그 일의 대상이 되는 사람들의 이익이라는 것입니다.

여기에서 플라톤은 중요한 사항을 빠뜨리고 있습니다. 사람들이 자진해서 통치자가 되려 하지는 않는다고 했지만, 많은 사람들이 자진해서 통치자가 되려 할 것입니다. 왜냐하면 통치자가 되면 갖가지 이득을 챙길 수 있기 때문이죠. 왜 어떤 사람들은 그토록 많은 돈을 쏟아부어 국회의원이 되려 할까요? 국회의원 월급이 많기 때문이 아닙니다. 뒷돈이 많이 들어오기 때문에, 쏟아부은 본전을 챙기고도 남기 때문이죠. 국회의원만이 아니라 사람들이 공무원이 되려는 가장 큰 이유는 공무원 월급이 많기 때문이 아닙니다. 오히려 일반 회사보다 형편없죠. 그러나 여러 가지 특권 및 보이지 않는 뒷돈을 많이 챙길 수 있기 때문에 공무원이 되려는 겁니다. 차 사고가 났을 때도 그렇죠. 정말 사고의 진실을 찾아 정의롭게 일을 처리하려는 공무원은 많지 않습니다. 뒷돈을 찔러 주면 그만큼 유리한 것이죠. 그래서 원칙을 지키는 사람, 도덕적인 사람은 늘 손해를 보면서 살게 됩니다. 물론 공무원의 명예를 지키려는 사람들, 청렴결백한 사람들도 적지 않기에 공무원 전체를 매도하면 안 되겠죠.

어쨌든 플라톤의 논리는 이런 엄연한 현실을 충분히 고려하고 있지 않습니다. 통치자가 월급을 요구하지 않느냐라는 논거가 통치자의 통치는 피통치자에게 이익이 된다는 근거가 되지 못하는 것이죠. 또 347e에서는 트라쉬마코스가 "정의롭지 못한 사람의 삶이 정의로운

사람의 삶보다 낫다"고 주장한 데 대해서 글라우콘으로 하여금 그것
이 이해할 수 없는 것이라는 점을 승인하게 만드는데, 이 또한 묘한 대
목입니다. 왜냐하면 애초에 '정의로운 사람'의 규정 자체가 플라톤과
트라쉬마코스에게서 정반대로 성립해 있기 때문이죠.『국가』1권 전
체가 계속 혼동스러운 것은 플라톤과 트라쉬마코스가 애초에 반대되
는 규정을 가지고서 이야기를 전개하고 있기 때문입니다. 때문에 이
대목에 이르기까지 플라톤이 트라쉬마코스를 결정적으로 논박했다
고는 생각하기 힘듭니다. 그래서 이제 논의는 새로운 국면에 접어듭
니다.

플라톤은 다시 새로운 각도에서 문제에 접근합니다. 이 대목을
간략화해서 정리해 봅시다.

플라톤 : 당신의 말에 따르면, 완벽한 부정의가 완벽한 정의보다 더 이
  익이다.[4]
트라쉬마코스 : 그렇다.
플라톤 : 그렇다면 부정의는 나쁨이고, 정의는 훌륭함이다.
트라쉬마코스 : 그렇지 않다. [당신이 말하는] 정의는 세상 모르는 순진
  함이고, 부정의는 적절한 판단이다.

---

4) 여기에서 주목할 것은 이 대목에서 이미 정의와 부정의의 **개념 규정 자체**가 플라톤적으
로 제시되고 있다는 점이다. 트라쉬마코스는 원래 "정의는 강자의 이익"이라고 했거니
와, 트라쉬마코스가 "완벽한 부정의가 이익"이라는 말을 수긍한 것은(플라톤에 의해 그
렇게 묘사된 것은) 이미 트라쉬마코스가 앞에서는 정의라고 했던 것을 지금은 부정의라
고 하고 있음(플라톤에 의해 그렇게 묘사됨)을 뜻하기 때문이다.

플라톤 : 그렇다면 이렇게 생각해 보자. [당신 말대로 정의로운 자는 약한 자이고 부정의한 자는 강한 자라면] 정의로운 자는 다른 정의로운 자를 능가하려 하지 않을 것이지만, 정의롭지 못한 자는 능가하려 할 것이다. 그러나 정의롭지 못한 자는 정의로운 자들이든 정의롭지 못한 자들이든 모두 능가하려 한다.

그런데 시가나 의술 등에 능한 사람은 그와 대등하게 능한 사람을 능가하려 하지는 않지만 그보다 능하지 못한 사람은 능가하려 한다.[5] 반면 능하지 못한 자들, 더 나아가 못되고 무지한 자들은 능한 자들이나 능하지 않은 자들이나 가리지 않고 능가하려 한다.

따라서 [위의 두 논의를 종합해 보면] 정의로운 자는 능한 자들, 훌륭한 자들에 대응하지만, 정의롭지 못한 자는 못되고 무지한 자들에 대응한다. 그래서 정의로운 자는 훌륭하고 능한 자이지만, 부정의한 자는 못되고 무지한 자인 것이다.

플라톤의 이 논법은 앞에서 등장했던 논법과 똑같은 논법입니다. 통치술을 다른 기예들과 나란히 나열한 후 모든 기예들에 동일한 논리를 적용하고 있는 것이죠. 그렇게 함으로써 다른 기예들에 대해서

---

5) 플라톤의 이 생각에는 '참된' 시인이나 '참된' 의사 등이 전제되어 있다. 현실적으로는 시인은 시인을, 의사는 의사를, 학자는 학자를 질시하기 때문이다. 사람들은 서로 관련이 없을 경우가 아니라 서로 비교가 될 경우 강렬한 경쟁의식을 가진다. 따라서 능한 자는 능한 자들을 능가하려 하지 않고 다만 능하지 못한 자들을 능가하려 한다는 플라톤의 말에는 '참된' 능한 자는 순수하게 자신의 일을 잘 하려 하지(따라서 능하지 못한 자들을 능가하려는 것은 사실이다. 시인이 보통 사람들보다 더 시를 잘 쓰려는 것은 당연하다) 다른 능한 자들을 질시하지는 않는다는 당위적 전제가 깔려 있다고 보아야 한다.

는 시인하면서도 통치술에 대해서만은 반대의 논리를 펴는 트라쉬마코스를 논박하고 있는 것입니다.

그런데 과연 논박이 되었을까요? 플라톤은 이 논박이 전개된 다음 구절에서 트라쉬마코스가 쩔쩔매고 얼굴까지 빨개졌다고 말하고 있지만, 내가 보기에는 딱히 논박된 것은 아닙니다. 통치술과 다른 기술들을 함께 보는 플라톤과 통치술을 다른 기술들과 반대로 보는 트라쉬마코스가 여전히 평행선을 달리고 있을 뿐, 문제가 해결된 것은 아니죠. 첫째, 능한 자들은 능한 자들을 능가하려 하지 않지만 능하지 못한 자들은 능가하려 한다는 생각은 현실적으로 맞지 않는 생각입니다. 트라쉬마코스의 표현대로 정말 "순진한" 생각이죠. 그러나 플라톤은 이 대목에서 자신이 생각하는 "참된" 능한 자를 말하고 있는 겁니다. 그런 전제가 깔려 있다는 점이 분명히 이해되어야 합니다. 그러나 그 전제가 충분하게 명시적으로 다루어지고 있지 않죠. 둘째, 능하지 못한 자는 모두를 능가하려 하기 때문에 못되고 무지한 자라고 했습니다. 그러나 강력한 권력을 가진 자들은 모두를 능가하려 하지만 트라쉬마코스의 입장에 따르면 못되고 무지한 것이 아닙니다. 오히려 바로 그렇기 때문에 이익을 챙기는 것이죠. '강자의 이익'이 정의니까요. 따라서 이 대목에서 트라쉬마코스의 입장은 충분히 날카롭게 드러나 있지 않고, 플라톤의 논의 전개에 파묻혀버리고 있습니다. 그리고 묘하게도 이후의 논의부터 트라쉬마코스는 소크라테스에게 별달리 반론을 제기하지도 않고 마치 포기한 사람처럼 마지못해 맞장구나 치는 역할로 나옵니다. 그래서 말하자면 김이 좀 빠지게 되죠.

어쨌든 플라톤은 이제 "정의로운 자는 능하고 훌륭하며, 정의롭지 못한 자는 못되고 무지하다"라는 명제를 확립된 것으로 놓고서 그 다음 논의를 전개합니다.

> 부정의한 국가는 다른 국가를 정복하려 한다. 따라서 일견(트라쉬마코스의 말대로) 부정의한 국가는 강하다. 그러나 한 국가가 진정 강하려면 정의를 갖추어야 한다. 어떤 집단이든 집단 내부에 부정의가 있을 경우 약해진다. 반대로 집단 내부가 정의로우면 강해진다. 부정의가 대립, 미움, 싸움을 가져다준다면, 정의는 협동과 우애를 가져다주기 때문이다. 국가의 경우건 그보다 더 작은 집단, 나아가 개인의 경우건 부정의는 적대를 가져온다. 나아가 (본성상 정의로운) 신들과도 적이 된다.

부정의한 국가, 예컨대 미국 같은 국가는 다른 국가를 정복하려 합니다. 그런데 플라톤은 부정의한 국가는 내부의 분란에 휩싸이게 되고 그래서 강한 국가가 될 수 없다고 말합니다. 그런데 현실적으로 미국처럼 부정의하면서 강한 국가가 존재하지 않습니까? 그러나 미국이 자체 내로는 정의로운 국가일 수 있습니다(실제 그렇지 않지만). 즉 자체 내로는 정의로운 국가가 대외적으로는 부정의한 국가일 수 있다는 겁니다.[6] 또 경우에 따라서는 반대의 경우, 즉 자체 내로는 부

---

6) 플라톤은 여기에서 정의와 부정의를 양자택일의 문제로서 다루고 있다. 그러나 과연 정의로운 국가가 있고 정의롭지 못한 국가가 있을까? 정의의 문제는 양자택일의 문제가 아니라 정도의 문제가 아닐까. 플라톤은 정의/부정의를 양자택일의 문제로 다룸으로써 문제를 단순화시키고 있다.

정의하지만 국제적으로는 정의로운 국가도 있을 수 있습니다(인권 수준이 매우 낮은 국가이지만, 전쟁은 반대하는 경우). 따라서 강한 국가가 적대와 싸움을 가져오는 것이죠. 플라톤이 살았던 고대 헬라스 사회와 지금의 국제 사회의 차이를 고려해야겠지만, 플라톤의 논의는 그다지 강력해 보이지 않습니다. 어쨌든 플라톤은 논의를 좀더 진전시킵니다.

말이 잘 달릴 수 있고, 눈이 잘 볼 수 있고, 단검이 잔가지들을 잘 잘라낼 수 있다. 즉 모든 사물은 그것이 가장 잘 하는 기능ergon을 가진다. 그리고 각자의 기능을 가장 잘 발현할 때 그 뛰어남aretê을 갖추게 된다.

마찬가지로 영혼에는 영혼 특유의 기능, 즉 정신적인 능력이 있다. 그리고 영혼의 뛰어남 또한 존재한다.

뛰어난 영혼은 우리로 하여금 잘 살게eu prattein 해준다(좋은 삶을 영위할 수 있게 해준다).

그런데 정의는 영혼의 뛰어난 상태이지만, 부정의는 그 반대의 상태이다. 따라서 정의로운 사람은 잘 살지만, 정의롭지 못한 사람은 그렇지 못하다.

요컨대 정의로운 자는 행복하나, 부정의한 자는 불행하다. 즉 정의로운 자는 이득을 얻지만, 정의롭지 못한 자는 불이익을 당한다.[7]

이로써 일단 플라톤의 논의 전개는 마무리됩니다. 여기에서 플라톤은 기능, 뛰어남(~다움), 정의, 행복이라는 네 개념을 연결시켜 논하고 있죠. 사물마다 나름의 기능이 있고, 그 기능을 잘 발현할 때 '~다움'을 얻게 된다고 합니다. 그리고 다음 논리를 구사합니다.

1. 뛰어난 영혼은 좋은 삶을 가져다준다.
2. 정의는 영혼의 뛰어난 상태이다.
3. 따라서 정의로운 자는 좋은 삶을 영위하게 된다.

가장 중요한 논거는 1의 논거죠. 우리는 소크라테스의 지행합일을 이야기하면서 이 문제를 논했습니다(11강, §2). 그러나 방금도 말했듯이, 플라톤의 이런 논의 전개가 과연 트라쉬마코스의 논지를 설득력 있게 논파했는지는 의아스럽습니다. 트라쉬마코스가 깔고 들어가는 전제와 플라톤의 전제가 크게 다르기 때문이죠. 그러나 『국가』는 플라톤의 저작이고 따라서 논의 전개는 트라쉬마코스의 논지를 조금씩 약화시키면서 전개됩니다. 그래서 우리는 플라톤으로부터 거리를 두고, 그의 울타리를 깨고서 논의 전개를 외부화해 전면적으로 재구성해 볼 필요가 있습니다.

플라톤은 이상 전개되었던 1권에서의 논의가 불충분하다고 스스로 말하고 있습니다. 즉 정의가 좋은 것인가 나쁜 것인가, 지혜로운 것

---

7) 마지막 구절에 그리스적 사유의 특징이 잘 나타나 있다. 그리스 윤리학은 '옳음과 그름'의 문제가 아니다. 철저하게 '좋음과 나쁨'의 문제이다. 의무론적 사유에서는 정의로운 사람이 불행할 수 있다. 그러나 정의로움으로써 이득을 못 본다면 그리스적 사유에서는 이해하기 힘든 상황이다. 물론 앞에서 나온 "잘 산다"는 말이나 지금의 "이득"을 유치한 수준에서 이해하면 곤란할 것이다. "잘 사는 것"이나 "이득" 같은 말은 매우 고급한 차원에서 이해되어야 할 것이다.

인가 무지한 것인가에 초점을 맞추어 논했지, 막상 정의에 대한 엄밀한 정의, 그 본질의 정확한 이해에는 도달하지 못했음을 고백하고 있죠. 그래서 이제 논의는 2권으로 넘어가고 글라우콘 등과 소크라테스(플라톤)의 대화가 이어지게 됩니다. 정의의 문제가 더 논의되고 정의로운 국가의 구체적인 내용이 상세하게 전개됩니다. 시간이 없어 더 이상 논의하지 못합니다만, 여러분은 『국가』의 나머지 권들도 꼭 읽어보시기 바랍니다.

§3. 정의론의 전개

그리스에서 정의 개념은 일반적으로 조화 개념과 연관된다는 이야기를 앞에서 했습니다. 아리스토텔레스도 정의의 핵심은 적도適度=mesotês, meson ─ 적당한 정도, 정도의 적당함 ─ 라고 말합니다. 그런데 조화란 특수한 덕들이 아니라 덕 일반에 특징적인 것입니다. 즉 조화는 신중함, 절제, 용기 등 특수한 덕들에 관한 것이 아니라 용기든 절제든 신중함이든…… 관계없이 모든 덕에 일반적으로 관련되는 것이라는 이야기입니다. 그런데 정의는 기본적으로 조화로 이해되잖아요. 그렇기 때문에 아리스토텔레스는 정의야말로 가장 중요하고 빼어난 덕이 된다고 말합니다. 플라톤도 지혜, 용기, 절제, 정의라는 사주덕을 이야기하면서, 그 중에서 지혜, 용기, 절제는 특수한 덕들(영혼의 특수한 측면들, 그리고 폴리스의 특수한 계층들)에 해당하는 것들이지만, 정의는 전체에 해당하는 것이기 때문에 가장 중요하다고 했습니다. 테오그니스의 말처럼 "정의 안에 모든 덕들이 포함되어 있다"고 할 수 있죠. 두 사람 모두 정의를 최상의 덕으로 제시하고 있는 것이죠.

이것은 그리스적 사고와 동북아적 사고의 차이들 중 하나가 민감하게 나타나는 대목 가운데 하나입니다. 동북아 사유에서 일반적으로 최고의 덕목이 뭐죠? 정의보다는 '인'仁이죠. 사랑입니다. 이에 반해 그리스 사회에서 최고의 덕은 정의예요. 우리는 흔히 동양 사람들은 정이 많고 주관적이고, 서양 사람들은 이성적이고 객관적이라고 생각하죠. 이런 식의 이야기는 항상 오해를 내포하기 마련입니다만, 적어도 이 대목에서는 근거가 없는 것은 아니라는 생각이 듭니다. 한자 문명권에서는 최고의 덕목이 '인'이에요. 그 다음 두번째가 '의'죠. 그리스에서는 최고의 덕목이 정의입니다. 그리고 또한 정의 개념이 동북아적인 '인륜' 개념을 통해서가 아니라 상당히 지적인 방식으로 근거지어져 있죠. 동북아의 가치는 인의예지 순으로 나타납니다. 그러나 그리스에서는 '의'가 다른 덕들을 포괄하고 있죠(물론 그리스의 정의와 동북아의 '의' 개념 사이에도 차이가 있습니다만). 이런 점도 눈여겨 볼 필요가 있습니다.

아리스토텔레스는 정의를 주로 도덕적 정의에 초점을 맞추어 설명했으나, 정치적 정의와 관련해서 논의하지 않을 수 없었습니다. 우리는 오늘날 법과 도덕을 대립시키죠. 법은 차갑지만 객관적이고, 도덕은 따뜻하지만 너무 자의적이라는 이율배반이 존재합니다. 전통 사상의 개념으로 하면 '인'과 '의'가 쉽게 화합하는 것이 아니라는 것이죠. 그래서 법에서 중요한 문제들 중 하나가 객관적으로 공정하게 하려면 처벌해야 하는데, 인정으로 하면 처벌하기가 어려운 경우입니다. 법은 원래 '의'를 추구하는 것인데, 법 안에 '인'이 도입될 수밖에 없는 경우가 이런 경우입니다. 이럴 경우 "정상을 참작한다"고 하죠. 매우 미묘한 경우입니다. 그런데 아리스토텔레스는 도덕적 정의를 이야기했다고 했습니다. 즉, 현대적 정의 개념에 비해서는 '인'이라는 요소의 비중이 크다는 것이죠.

그리스 문화가 정의의 문화이지만 그것은 지금 우리가 생각하는 합리적인 정의와는 다소 다릅니다. 게다가 상당히 형이상학적 성격을 띤 개념이기도 하죠. 그런데 아리스토텔레스의 경우, 도덕적 정의가 주가 되기는 하지만 그것을 정치적 정의와 떼어서 이야기할 수는 없다는 것입니다. 정의는 평등과 합법성에 의해 정의된다는 것이죠. 둘을 합하면 '법 앞의 평등'이죠. 정의에 대한 가장 객관적이고 구체적인 정의가 '법 앞의 평등'이에요. 한 나라가 얼마나 정의로운가는 결국 그 나라의 법이 얼마나 정의로운가에 의해 판가름납니다. 사실 그렇지 않기 때문에 사람들이 부정의하게 되죠. 법을 믿고 있다가는 믿는 도끼에 발등 찍히게 되는 그런 사회일수록 법에 대한 불신이 깊죠. 한 사회에 아무리 문제가 많아도, 아무리 세상이 더러워도, 마지막에 법이 해결해 주기만 한다면 정말 살 만한 사회죠. 인간사회의 모든 불화들이 마지막에는 어디로 갑니까? 결국 법정으로 가잖아요. 그래서 마지막에 가서 법이 사태를 정당하게 해결해 주느냐가 한 사회의 정의로운 정도를 판가름하는 중요한 기준인 겁니다. 그렇지 않을 경우 정의가 설 자리가 없게 됩니다.

아리스토텔레스는 정의는 법을 떠나 있을 수 없지만, 중요한 것은 법이 존재하려면 정의로운 행위가 자발적으로 수행되어야 한다는 점을 강조합니다. 이 대목이 그리스적인 사유의 특성을 잘 드러내는 대목입니다. 법이란 외적이고 합리적이고 계산적인 것이죠. 등가성의 원리가 지배하는 것이 법입니다. 그러나 법이 온전한 것이 되려면 실제 사람들이 그것에 자발적으로 따라야 한다는 것, 그리고 법을 만드는 사람들도 사람들이 그렇게 할 수 있도록 만들어야 한다는 것이 전제되어야 합니다. 법은 신성하다고 말하지만, 그것도 결국 사람이 만드는 것 아닙니까? 결국 법을 만드는 것도 사람이고, 법을 운용하는 것도 사람이고, 법에 따르는 것도 사람이죠. 사람이 뒷받침되지 않는다면 법적으로 뭔가를 해결하고자 하는 것은 늘 장벽에 부딪힌다는 겁니다. 아리스토텔레스는 아무리 법을 정교하게 만들어도 사람들의 영혼이 그에 따라가지 않으면 안 된다는 것을 말하고 있는 것이죠.

또 아리스토텔레스는 이후 오래도록 영향을 미치게 될 구분을 행했는데, 정의의 종류를 나눈 것이죠. 분배적 정의(명예와 부의 분배), 계약적 정의, 교정적 정의 등으로 나눕니다. 교정적 정의는 판사나 재판관이 잘못을 저지른 사람에게 그 잘못을 교정하기 위한 제재를 가할 수 있다는 것입니다. 그런데 제재를 가하는 것은 폭력인데, 이 경우도 폭력인가? 그것도 일종의 폭력이지만 잘못된 사람을 교정하기 위해 폭력을 가한다는 점에서 불가피한 폭력이라는 겁니다. 범죄자를 감옥에 가두는 것이 대표적인 예이죠. 이것이 교정적 정의입니다. 이 구분은 상당히 오랫동안 영향을 끼치게 됩니다.

거듭 말하지만, 아리스토텔레스는 정의를 제도의 측면에서보다는 시민적 덕 ― 공통의 선에 봉사하는 것 ― 의 측면에서 보았습니다. 아리스토텔레스는 법을 외적인 제도로만 본 것이 아니고 시민적 덕, 즉 자기 이익만이 아니라 공통의 선에 봉사하는 덕에 관련지어 보았다는 것이죠. 나와 나의 가족만이 아니라 사회 전체를 생각하는 그런 시민적 덕이 정의의 기초라는 겁니다. 그런 시민적 덕이 뒷받침되지 않으면 외적인 법전을 아무리 짜고 또 강하게 적용한다 해도 소용없다는 것이죠.

Q 자연철학에도 정의 개념이 있었습니까?

A 그렇죠. 처음에 얘기했듯이 그리스 사람들에게 정의라는 말의 가장 기본적인 뜻은 조화예요. 조화란 폴리스의 조화일 수도, 영혼의 조화일 수도, 우주의 조화일 수도 있지만, 시간이 지날수록 우주론적 맥락에서는 그 의미가 흐려지고 정치적인 의미로 국한되죠. 이것은 우주에 인간적 가치를 투영해 보는 태도가 그만큼 엷어졌기 때문입니다. 그러나 그런 뉘앙스가 사라진 것은 아닙니다. 우주의 질서, 대자연의 섭리, 세계의 아름다움, 즉 '코스모스'에 대한 경탄이 늘 있어 왔고, 그래서 우주의 조화를 정의로 보는 생각이 미약하게나마 계속 이어지게 됩니다.

참고로 말하면 이런 정의, 균형, 조화 등을 깨는 것이 'hybris'입니다. 그래서 그리스 드라마의 핵심 주제가 바로 이 휘브리스죠. 휘브리스는 광기, 오만, 맹목, 일탈, 지나침 등을 뜻합니다. 그리스 비극은 대개 어떤 사람들(흔히 귀족들)이 휘브리스에 휩싸여 상궤를 벗어나는 행동을 하면서 시작됩니다. 그리고 그렇게 상궤를 일탈한 행동에 일정한 대가가 뒤따르고, 그런 응보를 통해서 다시 세계의 질서가 회복되는 과정이 묘사되는 것이죠. 아까 말했던 아이스퀼로스의 '오레스테스 3부작'이 대표적입니다. 요컨대 조화, 균형, 정의, 중용 같은 것이 그리스적 가치이고, 이것은 "무엇이든 지나치지 않게"라는 델포이 신전의 신탁에 잘 나타나 있습니다. 그 반대편에 휘브리스가 있었던 것이죠. 그러나 그리스 인들은 또한 이 휘브리스에 묘한 매력을 느끼기도 했던 것 같습니다. 어찌 보면 푸코나 들뢰즈, 데리다 같은 현대 철학의 대표적 인물들은 바로 이 휘브리스에 매료된 사람들이 아닐까 싶습니다.

§4. 동북아의 정의론

자, 이제 동북아로 넘어가서 정의 개념을 살펴봅시다. '義'라는 글자를 유심히 보면 '羊'이 포함되어 있죠. 앞에서 '선'과 '미'에 대해 이야기할 때도 '양'이 나왔습니다만, 이로부터 '의'와 '선' 그리고 '미' 사이에 존재하는 친연성을 짐작할 수 있습니다. 왜 이런 글자들에 모두 '양'이 들어가 있는지 갑골문 등의 연구를 통해 규명해 볼 필요가 있습니다.

『석명』釋名에는 다음과 같은 풀이가 나와 있습니다.

> 의義는 옳음이다. 사물을 마름질할 때에는 그 옳음에 합치하도록 해야 한다.
> 의는 바른 것이다.
> 義 宜也. 裁制事物 使合宜也. 義 正也.

"義 宜也"라고 했습니다. '의'宜는 이치에 맞음, 마땅히 해야 함, 해야 할 일을 뜻합니다. 그래서 義는 일차적으로 '옳음'의 의미를 가집니다. 앞에서 좋음과 옳음을 구분했지만, 義는 옳음을 뜻합니다. 義는 때로 '義理'로 쓰죠. 동북아 문헌에서 '리'理라는 글자가 들어가면 대부분 어떤 지적인 것, 합리적인 것을 뜻합니다(물론 이때의 '合理的'이란 수학적-논리적이라는 뜻이 아니라 차라리 사람이 따라야 할 '이치'에 합치한다는 뜻입니다. 'Rational'이 아니라 'reasonable'에 해당합니다). 이해理解, 이치理致, 합리合理, 이성理性 같은 글자들에서 볼 수 있듯이, 이 '리'가 들어가면 이런 뉘앙스가 포함됩니다. '理'는 '玉'자에 '里'자가 붙은 것이죠. 이것은 조직화, 구조화를 뜻합니다. 그러니까 '의'宜자는 사회가 마땅히 따라야 할 길들——선생의, 아버지의, 군인의,…… 도리道理——을 함축합니다. 인간사회의 당위의 체계, 윤리의 체계죠. 그러고 보니까 윤리도 역시 '倫理'입니다. 이런 당위에 따르는 것이 '義'='宜'입니다.

"裁制事物 使合宜也"에서 '裁'자의 아래에는 '衣'가 있죠? 이것도 '理'와 통하는 말이죠. 사물들을 재단裁斷할 때 마땅함에 합치하게 하는 것입니다. 예컨대 옷을 만들 때 옷을 입는 사람의 몸에 옷을 맞추어야 하고, 길을 닦을 때 거기에 살 사람들의 생활에 맞추어야 합니다. 리理가 옥의 결을 뜻하듯이 '재'裁는 옷을 마름질하는 결을 뜻하는 것이죠. '리'里나 '의'衣는 '宜'에 합치해야 한다는 뜻입니다. '사'使는 "~하게 하다"라는 뜻으로 'make'에 해당합니다.

또 "義 正也"라고 했습니다. 의는 바른 것이다. 그래서 '正義'라는 말이 성립합니다. '義', '宜', '正' 이런 글자들이 다 통한다고 볼 수 있죠.

다음으로 『주역』(「설괘전」)에 나타난 의義 개념을 봅시다.

옛적에 성인이 역을 지으신 까닭은
그로써 장차 성명의 이치에 따르고자 함이었다.

하여 하늘의 길을 정해 음과 양이라 했고,

땅의 길을 정해 유와 강이라 했으며,

사람의 길을 정해 인과 의라 했다.

이 삼재를 겸해서 그것을 배로 하니

역의 육효六爻가 정해져서 하나의 괘가 성립되었고,

음위와 양위가 나뉘어 서로 갈마들면서 강과 유를 품으니

그로써 역의 육위六位를 통해 세계의 문채文彩가 이루어졌다.

昔者 聖人之作易也, 將以順性命之理.

是以立天之道 曰陰與陽, 立地之道 曰柔與剛,

立人之道 曰仁與義. 兼三才而兩之 故易六劃而成卦,

分陰分陽 迭用柔剛 故易六位而成章.

『주역』에 나타난 사상을 보면 이원적인 것과 삼원적인 것이 섞여 있어요. '음양', '건곤', '천지'라는 이원 구조도 있지만, 경우에 따라서는 '천지인'이라는 삼원 구조가 같이 있습니다. 어떤 사람들은 이원 구조가 중국 문화의 특성이고 삼원 구조가 한국 문화의 특성이라고 말하기도 하는데(그래서 태극도 삼원으로 그리는 경우가 있죠?), 과연 그런가 한번 따져 봐야 할 것입니다. 어쨌든 역易에서는 '천지인 삼재三才'를 언급하고 있습니다. 그런데 그 중 사람의 길은 '인仁과 의義'로 한다고 했습니다. 이때 이미 인 개념과 의 개념이 같이 쓰였다는 것을 알 수 있고, 따라서 「설괘전」은 비교적 후대에 씌어진 것이라는 것을 짐작할 수 있습니다. 인과 의를 붙여서 인간적 가치의 핵심으로 보는 것은 유가사상에서 전형적으로 나타나는 사유이고, 그래서 이 구절은

역에 대한 유가적 해석이라고 할 수 있겠죠. 그런데 음과 양이, 유와 강이 서로 대대待對하듯이, 인과 의도 서로 대대합니다. 즉 사랑과 정의는 간단히 양립하기가 쉽지 않은 두 항이라 할 수 있는 것이죠. 유가 사상, 특히 맹자에게서 이 문제는 계속 긴장을 띠면서 지속됩니다.

옳음이란 사람이 따라야 할 길이다.

義 人路也.

부끄러워할 줄 아는 마음이 옳음의 실마리이다.

羞惡之心 義之端也.

봄가을(『춘추』)에 옳은 전쟁은 없다.

春秋無義戰.

맹자는 "義 人路也"라 했는데, 이것은 의를 사람이 따라야 할 길로 풀이한 것입니다. 아까 우리가 리理, 도道, 정正을 이야기했는데, 그런 추상적인 개념들을 맹자는 구상화해서 보여 주죠. 유가의 사고방식을 특징짓는 것은 말하자면 **행위의 본질주의**라고 할 수 있을 겁니다. 마치 이 우주의 흐름을 지배하는 과학적 법칙이 있듯이, 인간이 마땅히 따라야 할 모종의 길이 있다는 생각이죠. 현대식으로 말하자면 코드화된 세계라고 할 수 있습니다. 그래서 현대적인 감각으로 보면 유가는 인기가 없잖아요. 현대 사회는 모든 것이 탈코드되고 있는 사회이고, 무수한 접속들을 통해서 끝없이 새로운 것이 발생하는 사회인데, 유가는 매우 엄격한 행위의 코드를 요구하는 사상이기 때문이죠. 그래서 따분하고 인기가 없습니다. 그런데 조심할 것은 공자의 원래

가르침은 딱딱하게 형해화된 코드 자체가 아니에요. 인간의 행위는 자발적으로 마음으로부터 우러나와야 하고, 그것이 자연스럽게 코드로 굳어지는 것이지, 코드가 처음부터 주어져서 따라야 하는 것은 아니라는 뜻이죠. 그래서 인仁과 의義, 그리고 예禮의 관계가 중요합니다. 마음으로부터 우러나오는 사랑, 마땅히 따라야 할 옳은 길, 그리고 삶의 혼돈을 붙잡아 주는 예, 이 모두가 중요하지만, 공자는 인을 최고의 덕목으로 보고 있는 것이죠. 그러나 인과 의 및 예 사이에는 분명 긴장이 있고, 이 긴장을 둘러싼 사유들은 매우 다채롭습니다. 그래서 '유가'라는 말 한마디로 모든 것을 규정해서는 곤란한 것이죠.

맹자는 "羞惡之心 義之端也"라고 했습니다. 맹자는 인간에게 네 가지 마음이 있다고 봤죠. '수오지심' 즉 부끄러워할 줄 아는 마음, '측은지심'惻隱之心 즉 가여워할 줄 아는 마음, '사양지심'辭讓之心 즉 양보할 줄 아는 마음, '시비지심'是非之心 즉 이다/아니다를 가릴 줄 아는 마음이 그 네 가지입니다. '수오지심'은 의의 '단'端이고, '측은지심'은 인의 단이고, '사양지심'은 예의 단이고, '시비지심'은 지의 단이죠. 다시 말해서 사람을 가엾어하는 마음은 인의 실마리이고, 부끄러워할 줄 아는 마음은 의의 실마리이고, 양보할 줄 아는 마음은 예의 실마리이고, 시비를 가릴 줄 아는 마음은 지의 실마리입니다. 나중에 '단'자를 둘러싼 복잡한 논쟁이 이어지는데, 여기에서는 일단 실마리로 봤습니다. 여기에서 '인의예지'仁義禮智의 순서를 잘 봐야 합니다. 이 네 가지 덕목이 충돌하는 경우가 많기 때문이죠. 예컨대 옳음을 내세우자면 누군가를 죽여야 하지만 사랑을 생각하면 그럴 수 없는 경우, 지식을 가지고서 판단하면 누군가를 논박해야 하지만 예의를 생각하면 차마 그러기 힘든 경우 등등 우리의 삶은 무수히 복잡하고 미묘한 경우들을 포함합니다. 그럴 때 '인의예지'의 순서가 중요한 역할을 한다고 볼 수 있는 것이죠. 그래서 동북아 사회는 유교의 측면에서 볼 때 의보다 인을 중시하는 사회라 할 수 있습니다. 이것이 서구에서 볼 수 없는 인정人情을 보여 주기도 하지만, 왜곡될 경우 모든 것이 사회의 정의나 공정성보다는 개인들 간의 친소親疎에 의해 결정되는 폐단을 낳기도 하죠.

맹자는 또 "春秋無義戰"이라는 말도 했는데, 이때 '춘추'를 두 가지로 해석할 수 있습니다. '봄가을'로 볼 수도 있고 또 공자의 책인『춘추』로 볼 수도 있죠. 전자로 볼 경우 씨 뿌리고 수확하는 봄가을에 하는 전쟁들은 옳지 않다는 뜻으로 볼 수 있습니다. 후자로 볼 경우『춘추』에 수록된 전쟁치고 정당한 전쟁은 없다는 뜻이 되죠. 이에 관해 "春秋所載戰伐之事 無應王義者也"라는 주석이 남아 있습니다. 여기에 '전벌'戰伐이라는 말이 나오는데, 둘 다 전쟁이지만 의미가 다르죠. '전'은 대등한 집단끼리 싸우는 것이고, '벌'은 정권을 잡고 있는 자들이 반란을 일으킨 집단을 토벌하는 것이에요. 예컨대 고구려와 신라가 싸우는 것은 '전'이지만, 조선 왕조가 임꺽정의 난을 토벌하는 것은 '벌'이죠. 이렇게 구분됩니다. 그래서 이 주석은『춘추』에 무수한 '전'과 '벌'의 일이 실려 있지만, 모두 왕의 올바름에 부응하지 않는 것들이라는 뜻입니다. 요컨대 전쟁들에 정당성이 없다, 정의가 매개되어 있지 않다는 뜻이죠.

물과 불은 '기'는 있으되 생명은 없고, 나무와 풀은 생명은 있으되 지각능력은 없고, 짐승들은 지각능력은 있으되 의로움은 없다. 그러나 사람은 기와 생명과 지각능력은 물론이고 정의로움까지 갖추고 있으니, 천하의 가장 존귀한 존재가 아닌가.

힘쓰는 것은 소만 못하고 달리는 것은 말만 못한데도, 소와 말을 부리니 어찌된 일인가? 사람은 사회를 구성해 살아가지만, 이것들은 사회를 이루지 못하기 때문이다. 인간은 어떻게 사회를 구성할 수 있었는가? 역할 분담을 행했기 때문이다. 어떻게 역할 분담을 이룰 수 있었는가? 정의를 알았기 때문이다.

따라서 정의에 입각해 역할 분담이 가능했고, 역할 분담을 통해 조화가 가능했으며, 조화로움으로부터 일치됨이, 일치됨으로부터 커다란 힘이, 커다란 힘으로부터 강함이 나왔으며, 그 강함을 통해 사물들을 다스리고 도시를 이루어 살 수 있었다.

그렇게 함으로써 자연의 이치를 터득해 사물들을 배치함으로써 온 천하가 함께 이득을 얻게 했으니, 이는 다름 아니라 바로 분별과 정의 덕분이다.

水火有氣而無生 草木有生而無知 禽獸有知而無義.

人有氣有生有知 亦且有義. 故最爲天下貴也.

力不若牛 走不若馬 而牛馬爲用何也? 曰 人能群 彼不能群也.

人何以能群? 曰 分. 分何以能行? 曰 義.

故義以分則和 和則一 一則多力 多力則彊 彊則勝物 故宮室可得而居也.

故序四時 裁萬物 兼利天下, 無它故焉 得之分義也.

이 대목에서 순자는 분별과 정의를 강조하고 있는데, 사실 '역할 분담'이라고 현대적으로 번역했습니다만 이것은 철저하게 신분적 질서를 전제하고 있는 것입니다. 평등한 의미에서의 역할 분담을 뜻하는 것이 아니라 신분 사회에서 자기가 처해 있는 이름-자리에 충실해야 한다는 뜻입니다. "신분이 고르면 세상이 다스려지지 않는다"[分均則不偏[辨]]는 것이죠. 따라서 순자에게서 "근대적인" 사상을 읽어내는 것은 무리입니다.

그런데 여기에서 주목할 것은 순자가 '의'義를 형이상학적으로 근거짓기보다는 경험주의적으로, 생물학적으로 근거짓고 있다는 점입니다. 즉 순자가 생각하는 정의는 신분 질서를 전제하는 한에서 옳고 그른 사리를 정확히 따지는 것, 사람들의 행위의 공과를 공정하게 평가하는 것, '분'分의 체제에서 각자의 역할과 성과가 정확하게 측정되어야 한다는 것을 뜻합니다. 요컨대 순자가 생각하는 '의'란 신분 질서 내에서의 공정함입니다. 결국 순자는 맹자처럼 신분 질서를 중시하면서도 그 체제 내에서는 형이상학적-도덕적 정의가 아니라 경험적-윤리적 공정함을 이야기하고 있는 것입니다. 이런 공정함의 체제를 순자는 '예'禮라고 부르고 있는 것이죠.

그런데 중국사는 통일 제국이 나타나기 이전과 이후로 나누어 볼 수 있습니다. 아니, 통일 제국이 성립함으로써 비로소 '중국'이라는 개념이 성립한 것이죠. 통일 제국인 진한秦漢이 역사의 중요한 분기점입니다. 그래서 사상사적으로도 제자백가의 사상들과 통일된 이후의 사상들은 상당히 다르죠. 모든 것이 황제 중심의 일원적 사고로 '귀일'歸一합니다. 그래서 의라는 개념에도 다분히 그런 뉘앙스가 나타납니다. 예컨대 『여람』呂覽을 보면, "尊王之義" 즉 "왕을 떠받드는 의로움" 같은 표현이 나오죠. 의라는 말이 점점 사람과 사람 사이의 대등함에 중점을 두기보다 흔히 말하는 충의忠義, 즉 '대업'을 위해 죽는 것, 혹은 황제를 위해 죽는 것 등을 뜻하게 됩니다. 이전에도 물론 그런 맥락이 있었지만, 통일 왕조가 굳건히 세워진 이후 이런 뉘앙스가 굳어지게 됩니다. 『사기』에 나오는 "守節死義" 같은 구절도 이런 맥락에서 이해할 수 있습니다. 오늘날 깡패들이 '의리' 찾는 것도 이런 식입니다. "큰형님을 위해 죽겠다"는 거죠. ……(웃음)…… 이런 의미에서의 의는 그 본래적 의미, 즉 공정성과는 오히려 정반대되는 의미를 띤다고 하겠습니다.

『수호지』를 보면 양산박의 처음 두령이 조개죠. 원래 조개가 두령이 되고, 원씨 삼형제, 군사軍師인 오용, 적발귀 유당, 술사術士인 공손승 이렇게 7명이 모여서 양산박을 장악했습니다. 그런데 조개는 전형적인 '두목' 스타일이죠. 그래서 양산박의 본청이 '취의청'聚義廳이었습니다. 그런데 그후 조개가 죽고 급시우及時雨 송강이 두목이 되면서 양산박이 커지죠. 송강이라는 사람은 상당히 인덕이 있는 사람이었지만, 전형적인 관료 스타일의 인간입니다. 그야말로 국가주의에 투철한 사람이죠. 양산박의 한계는 거기에 모인 사람들의 상당수가 이미 관료 생활을 한 사람들이라는 점에 있습니다. 관료 생활을 하다가 어떤 잘못을 저질러서 양산박에 들어온 사람들이죠. 그런 사람들의 한계가 뭐냐? 진짜 도적이 못 된다는 거예요. 자기가 관료였던 그 시절을 자꾸만 생각하고, 가능하면 도적떼를 벗어나서 다시 관리가 되고 싶다는 생각을 무의식 속에 가지고 있죠. 결국 양산박은 진짜 도적떼로 남지 못하고 국가에 편입되죠. 심지어는 원래 도적떼였던 양산박 영웅들이 국가에 편입되어 국가를 위해 다른 도적떼를 치는 일이 발생하죠. 참 쓸쓸한 결말입니다. 그런데 송강이 두목이 된 후 취의청을 '충의당'忠義堂으로 바꿉니다. 조개의 슬로건이 도둑떼에 걸맞은 슬로건이었다면, 송강의 슬로건은 그야말로 관료 냄새가 철철 흐르는 슬로건이죠. 두 슬로건 모두에 '의'라는 말이 들어가지만, 조개의 그것은 건달의 의에 가깝고 송강의 그것은 관료의 의에 가깝습니다. 비교가 되죠.

의 개념의 이런 뉘앙스야말로 동북아 전통 사회의 한계를 한마디로 압축하고 있다고 할 수 있습니다. 커다란 의, 즉 '대의'大義가 대부분 권력을 장악하고 왕이 되거나 또는 왕의 총애를 받는 권력자의 가치로 굳어지게 됩니다. 누구나 '대의'를 내세우지만 그것은 공정성이나 정의가 아니라 단지 권력에 대한 야심을 표현하고 있을 뿐이죠. 전통 사회의 지식인들은 기본적으로 관료들입니다. 에티엔 발라즈라는 중국학자의 표현을 따르면 '관료-문사들'이죠. 그래서 서구에서 볼 수 있는 깊이 있는 철학도 또 급진적인 사상도 찾아보기 쉽지 않죠. 오히려 관료사회의 바깥에서 살다 간 사람들에게서 멋진 풍류와 급진적인 비판정신이 발견됩니다. 이런 사람들은 좀체로 '대의' 같은 것은 이야기하지 않죠. 동북아 전통 문헌들을 볼 때는 항상 정치적인 시각을 놓지 말아야 합니다.

§5. 마르크스의 정의론

지난 강의에서도 말했지만, 19세기 중엽 이후 정치철학의 흐름은 뚜렷하게 두 갈래로 나뉘어 진행되어 왔다고 할 수 있습니다. 로크, 루소, 칸트 등에 의해 다듬어졌던 근대 정치철학을 그대로 이어서 발전시킨 '자유주의' 전통과 이런 흐름과 근본적으로 생각을 달리했던 마르크

스-엥겔스 이후의 '사회주의' 전통이죠. 다만 '자유주의'나 '사회주의'
는 매우 추상적이고 모호한 표현들이기 때문에 맥락을 잘 보고 이해
해야 한다는 점을 다시 한 번 덧붙입니다.

현대에 들어와 자유주의 사회정의론을 펼친 대표적 인물은 존 롤
스입니다. 롤스는 근대의 사회계약론을 이어받아 좀더 종합적이고 정
치한 정의론을 펼쳤죠. 고전적인 계약론에서처럼 롤스는 "자신의 이
익 증진에 관심을 가진 자유롭고 합리적인 사람들이 평등한 최초의 입
장에서 그들 공동체의 기본 조건을 규정하는 것으로 채택하게 될 원칙
들"을 정의의 원칙들로 봅니다(『사회정의론』, 3절). 그리고 이 원칙들의
'합의'라는 문제에 초점을 맞추죠. 여기에서 '원초적 입장'은 바로 계약
론 전통에서 계속 내려온 '자연 상태'를 말합니다. 이 원초적 입장에서
사람들은 어떤 정의의 원칙들을 채택할 것인지에 관해 계약을 한다는
것이죠. 물론 이것은 역사적 실제가 아니라 사유 모델일 뿐입니다.

마르크스는 이렇게 삶을 논리적 공간에, 추상공간에 옮겨다 놓고
서 논하는 방식, 말하자면 '모델링'하는 방식을 비판합니다. 우리 모두
는 특정한 시대, 특정한 문화에 태어나죠. 삶이란 어떤 모델이나 논리
적 구조로 이야기할 수 없는 우발성contingence에서 시작됩니다. 즉 우
리는 논리적 지평에서가 아니라 역사적 지평에서 삶을 이해해야 하는
것이죠. 예컨대 마르크스는 18세기 사회사상가들이 이야기한 '개인'
은 역사적 실제에 입각해 이해된 개인이 아니라는 것을 지적합니다.
"18세기의 개인은 […] 역사적으로 성립된 것으로서가 아니라 자연에
의해 주어진 개인으로서 아른거리고 있다."(『정치경제학 비판 요강』,
「서설」) 방금 말한 롤스적 의미에서의 개인도 자본주의 생산양식이라

는 특정한 역사적 맥락이 가능케 한 개념인 것이죠. 사회에 대한 이해는 자연과학적-탈시간적 모델링에 의해서가 아니라 역사적 지평에서 이루어져야 하는 것입니다. 다시 말해, 언제·어디에서·누가라는 구체적 맥락에서 논의가 이루어져야 하는 것입니다. 이런 점에서 마르크스적 접근은 롤스적 접근과는 대척점에 있다 하겠습니다.

마르크스 정의론은 명시적으로는 나타나 있지 않습니다. 그의 사상에 함축되어 있는 정의 개념을 생각해 봅시다. 방금 말했지만 마르크스에게 중요한 것은 추상적이고 논리적인 정의 개념을 제시하는 것이 아닙니다. 역사 속에서 실제 '정의'라는 것이 어떻게 규정되어 왔고 오늘날 어떤 상태에 처해 있는가를 이해하고, 앞으로 지향해야 할 정의 사회는 어떤 것인가를 제시하는 것이 중요한 것이죠. 마르크스에게 역사를 파악하는 기본 개념은 생산양식입니다. 그런데 생산양식은 재산의 문제와도 결부되어 있죠. 그래서 아리스토텔레스가 말한 '분배적 정의'가 함축되어 있습니다. 마르크스에게 어떤 특정한 시대의 소유 형태는 곧 특정한 생산양식, 그리고 지배양식과 결부되어 있는 것으로 이해됩니다.

전前자본주의 사회들과는 달리 자본주의 사회에서는 노동자도 자본가도 "형식상" 대등한 입장에서 '계약'을 통해 관계맺게 됩니다. 노동자는 더 이상 노예나 농노가 아니죠. 자신의 재산——몸이라는 유일한 재산(!)——을 "자유롭게" 시장에 내다 팔 수 있는 '자율적 개인'입니다. 마찬가지로 자본 또한 더 이상 고전적인 의미에서의 재산이 아니라 확대재생산을 위해 투자되는 돈이 됩니다. 들뢰즈와 가타리 식으로 말해서 노동도 봉건적 예속관계에서 '탈영토화'되고, 자본도 봉건적인 재산 개념에서 '탈영토화'됩니다. 그리고 이렇게 탈영토화된 두 요소가 교차하면서 자본주의 생산양식이 탄생하게 되죠. 그런데 자본주의 생산양식은 일종의 '추상기계'입니다. 개인의 의지 바깥에 존재하는 어떤 객관적인 장치, "마치 자연적인 조건들인 것처럼 보이는" 거대한 기계인 것이죠. 그래서 노동자든 자본가든 그 기계에 종속되어버립니다. 이 거대한 추상기계 안에서 노동자들은 소외되고 착취당합니다.

노동자들과 자본가들의 관계는 표면상 교환처럼 보입니다. 노동자는 자신의 노동력을 팔고 자본가는 그 노동력을 사는 것이죠(즉 노동자에게 임금을 지불합니다). 이런 관계는 바로 자유주의적 사회정의론의 근간을 이루는 '계약'의 전형이죠. 그러나 누가 노동자이고 누가 자본가인가? 이 문제는 어떤 추상공간에서 사유실험을 통해 '모델링'할 대상이 아닙니다. 왜냐하면 우리 모두는 태어날 때 이미 불평등하게 태어나기 때문이죠. 즉 사회는 본질적으로 부정의한 것입니다. 그래서 정치적 사유는 정의로운 사회의 모델링에서 출발해야 하는 것이 아니라 현실의 부정의한 조건들에서 시작해야 하는 것입니다. 표면상 노동과 자본은 서로를 교환하는 것처럼 보이지만, 노동은 완성된 제품으로서 소비되는 대상이 아니라 자본에 생산력을 부여해 주는 살아 있는 힘입니다. 자본은 노동력을 착취해서 확대재생산의 과정에 들어가지만 노동은 자기 자신의 노동의 결과로부터 소외되어버립니다.

Q 소외와 착취의 차이는 무엇인가요?

A 노동의 결과는 노동자의 것이 아니라 자본가의 것이 되어버리죠. 그래

서 노동자는 자신의 노동으로부터 소외됩니다. 그런데 이렇게 소외를 야기하는 생산양식의 메커니즘이 착취입니다. 즉 임금에 해당하는 노동 이상의 노동을 시킴으로써 잉여가치를 창출하고(이때 노동 '시간'과 '생산력'이 중요한 문제가 됩니다) 그 잉여가치를 확대재생산으로 돌림으로써 노동자의 노동을 전유專有하고 착취합니다. 즉 착취는 객관적인 경제학적 메커니즘이고, 소외는 그 결과로 야기되는 노동자의 상태를 말합니다.

결국 자본주의는 사실상 그 자체의 정의 개념을 스스로 어기고 있는 겁니다. 노동자와 자본가의 관계는 겉으로는 정당한 교환 방식인 것처럼 보이지만, 내용을 뜯어보면 결국 공정하지 못한 관계를 깔고 있는 것이죠. 결국 자본은 "타인의 생산물에 대한 권한, 타인의 노동에 대한 재산권, 등가물과의 교환 없이 타인의 노동을 전유할 수 있는 권리"를 가지게 되는 반면, 노동은 "자기 자신의 노동 및 그 결과물을 타인의 재산으로 바쳐야 할 의무"를 가지게 되는 겁니다(『정치경제학 비판 요강』). 따라서 공산주의는 이렇게 기만적인 상호 교환이 아니라 진정한 상호 교환의 사회, 더 나아가 공동체로 나아가고자 합니다. 그 첩경은 바로 기만적 구조를 밑받침하고 있는 생산양식을 타파하는 데 있죠. 즉 생산 도구들은 더 이상 자본가들의 전유물이 아니라 공동체의 재산이 되어야 하고, 노동은 노동자 자신들의 것이 되어야 하는 것입니다.

그러나 이렇게 된다 해도 결국 생산 도구들 및 다른 다양한 장치들을 '관리'할 존재들이 필요하게 되고, 그 관리자들이 타락한다면 공산주의의 이상도 무너지게 됩니다. 이 점이 어려운 점이죠. 실제 현실 사회주의 국가들이 이런 문제점을 노출시켜 왔습니다.

§6. 소수자들의 저항으로서의 정의

결국 정치를 누군가에게 "맡긴다"는 데에 문제가 있는 것이죠. 누군가에게 권력을 몰아준다는 홉스의 정치사상은, 크게 변형되기는 했지만, 오늘날에도 여전히 지속되고 있습니다. 자유주의든 공산주의든 아니면 다른 어떤 정치체제든 누군가가 정치를 "맡아서" 해야 한다는 생각 자체는 공통된 것이죠. 몇 번 이야기했던 '대의＝representation'의 개념입니다. 바로 여기에서 벗어나야 하는 것입니다.

그렇지만 현실적으로 어떻게 그것이 가능할까요? 그리스적인 직접 민주정치로 돌아가야 하나요? 물론 유토피아적 생각에 불과합니다. 대중의 자치는 하나의 꿈인 것이죠. 사실 정치에 관련해 어떤 '플랜'을 제시하는 모든 사유는 일종의 꿈에 불과합니다. 기존의 대부분의 정치철학들은 세상이 이렇게 되어야 한다, 아니다 저렇게 되어야 한다는 식으로 '플랜'을 제시해 왔습니다. 마르크스의 사상도 그것이 당대의 자본주의 현실을 분석했을 때에는 날카로웠지만, 미래에 대한 '플랜'을 제시했을 때에는 역시 유토피아적으로 됩니다. 물론 훗날의 정치가들이 그의 사상을 더욱 그렇게 만들었지만 말이죠.

모든 '플랜'들은 허망한 것들입니다. 왜 그럴까요? 바로 현실은 계속 변하기 때문입니다. 그렇다고 고전들이 무용한 것은 전혀 아닙니다. 고전들은 사유의 나침반들이고 지반들입니다. 고전을 읽는 것은 사유의 저력을 키우는 것입니다. 늘 저력을 키워야 하는 것이죠. 그러나 저력은 저력이고 현실은 현실입니다. 현실은 늘 변하는 것이고 따라서 정치적 사유는 그 변화를 따라가면서 이루어져야 하는 것입니다. 우리가 마르크스에게서 받아들여야 할 것은 사회란 애초에 부정의하다는 것, 그 부정의를 떠받치는 근본적 메커니즘은 자본주의라는 것, 그리고 자본주의 체제에서 소외되는 프롤레타리아를 위해 사유해야 한다는 것입니다. 그러나 프롤레타리아 개념, 노동 개념, 자본주의 개념 등등이 오늘날 모두 크게 변했습니다. 그리고 지역에 따라 상황도 다 다릅니다. 그런 구체성을 토대로 사유해야 합니다.

우리가 살고 있는 시대는 신자유주의 시대, 다국적 기업과 초국적 기업의 시대, 미국의 전횡이 판치는 시대, 노동이 어지러울 정도로 분화된 시대, 컴퓨터를 비롯한 기계들이 삶의 양태를 송두리째 바꾸어 놓은 시대, 대중문화(특히 TV를 비롯한 영상매체)가 대중의 영혼을 갉아먹는 시대, 이런 시대인 것이죠. 우리는 이런 시대를 사유해야 하는 것입니다.

새로운 시대는 새로운 타자들the others, 새로운 소수자들the minorities을 만들어냅니다. 오늘날 타자들, 소수자들은 공장 노동자들만이 아닙니다. 푸코와 들뢰즈/가타리가 이야기한 타자들, 소수자들은 사회에서 핍박받는 모든 종류의 사람들을 말합니다. 정의론은 타자들/소수자들로부터 시작됩니다. 왜냐하면 사회는 애초에 부정의로부터 출발하는 것이고, 한 시대, 한 사회의 부정의는 바로 타자들/소수자들에게 구현되어 있기 때문이죠. 타자들/소수자들은 그들이 부정의를 구현하고 있다는 그 점에서 정치적인 존재들입니다. 그들은 정치라는 것이 살아 있는 현장이 되는 것이죠. 그러나 타자들/소수자들이 과거처럼 등질적인 것도 아니고, 또 '혁명의 시대'에서처럼 늘 날카로운 정치의식을 가지고 있는 것도 아닙니다. 타자들/소수자들은 누구인가? 그들을 배제시키는 메커니즘은 무엇인가? 그들의 정치의식은 어떻게 결집될 수 있는가? 어떻게 부정의와 싸울 수 있는가? 이런 물음들이 우리 시대의 정치적 화두들이라 하겠습니다. 오늘날 정의란 바로 소수자들의 저항이라고 해야 할 것입니다.

15강_기예, 창조

철학자들이 관심을 가지는 대상들은 참 많습니다. 특정한 대상이 있다기보다 어떤 대상이든지 '철학적으로' 논하면 다 철학이죠. 철학을 분류하는 방식도 일관된 것이 아니라 사람에 따라 여러 가지가 있습니다. 하지만 거시적으로 보면 우선 자연 내지는 우주, 세계를 다루는 형이상학이나 존재론, 자연철학이 있고, 다음으로는 사회, 역사, 정치, 나아가 교육, 법,…… 등을 다루는 실천철학 분야가 있습니다. 이것이 양대 분야죠. 그래서 철학은 흔히 이론철학과 실천철학으로 나뉘는데, 그 외 또 한 가지를 든다면 문화에 대한 이론을 들 수 있어요. 지난 학기에 우리가 한 것이 일반적인 의미의 존재론이라고 한다면, 이번 학기에 하고 있는 것은 실천적인 철학이죠. 그러나 문화에 대한 철학이 또 하나의 굵직한 분야를 차지하고 있고, 오늘날에 와서는 더욱 그 중요성이 커지고 있다고 할 수 있습니다. 그러나 문화에 대한 철학도 넓게 보면 실천철학의 한 분야라고 할 수 있습니다. 사회적인 것과 문화적인 것을 날카롭게 구분하는 것은 어쩌면 19세기 낭만주의의 유산

일 수도 있습니다. 문화에 대한 철학을 따로 보기보다는 실천철학과 융화시켜 다루는 것이 좋을 듯합니다. 그래서 이제 오늘은 문화를 창조하는 능력, 즉 기예에 대해서 논해 봅시다. 우리가 다루는 것은 문화의 구체적 내용이 아니라 문화를 창조하는 인간의 능력에 대한 이야기입니다.

기예에 대한 논의란 결국 만듦/제작의 문제, 테크네에 대한 문제죠. 인간이란 우선 하나의 생명체로서 존재하지만, 단지 생명체로서만 존재하는 것이 아니라 하나의 사회적 동물, 정치적 동물로 존재합니다. 인간의 삶은 생물학적 층위 위에서 다시 사회-역사적 층위를 만들어 나가는 삶입니다. 그러나 일반적이고 평균적인 사회-역사적 층위와 구분해서 말한다면, 다시 세번째는 창조하는 인간, 문화를 만들어 나가는 인간을 생각할 수 있습니다. 넓게는 두 층위가 하나이지만 좁게 보면 구분되기도 합니다. 그래서 인간은 말하자면 3층집과 같은 존재입니다. 가장 아래층에는 생물학적 삶이 있죠. 인간은 태어나서 성장하고 늙고 죽습니다. 밥을 먹고, 병에 걸리고, 결혼을 해 자식을 낳죠. 2층에는 사회적-역사적 삶이 있습니다. 특정한 시대, 특정한 지역에서 태어나 교육을 받고, 취직을 하고, 사람들과 대화를 하고, 싸우기도 하고 화해하기도 하면서 삽니다. 가장 위 3층에는 문화와 창조의 영역이 있죠. 시를 쓰고, 철학 공부를 하고, 조각을 하고, 과학적 연구를 하면서 삽니다. 이 세 층을 골고루 봐야 인간이 종합적으로 이해됩니다.

유심히 보면 우리 강의의 순서가 바로 아래층에서 조금씩 위층으로 올라오는 과정이었다는 것을 눈치챌 수 있으실 겁니다. 이제 꼭대기 층에 올라온 셈입니다.

　인간은 끊임없이 무엇인가를 만들어내는 존재입니다. 자연법칙의 회로에 갇히지 않고 존재를 증식시키는 존재가 바로 인간입니다. 인간의 특징들 중 하나는 바로 만듦에 있죠.

　'만듦'을 뜻하는 그리스어는 'poiêsis'죠. 라틴어로는 'ars', 'operatio'에 해당하고, 때로는 'poesis'로 그대로 음역되기도 합니다. 어근인 'poi'가 '만듦'을 뜻하고, 이로부터 'poiêin'(만들다), 'poiêma'(작품, 시), 'poiêtês'(제작자, 저자, 시인), 'poiêtikos'(생산자, 조작자) 같은 말들이 나왔죠. 이런 말들이 현대에까지 이어져 내려오고 있다는 것을 알 수 있으실 겁니다.

　만듦=제작이란 자연 외부의 힘에 의한 사물의 창조를 뜻합니다. 자연 자체의 만듦은 내재적 창조죠. 넓은 의미에서는 자연도 만듭니다. 비가 강을 만들고, 바람이 바위를 깎아서 모래를 만들죠. 또 어떤 의미에서는 식물이나 동물들이 자식을 낳아서 증식하는 것도 만드는 것이라 할 수 있겠죠. 이런 만듦은 내재적인 만듦, 자연 자체 안에서 이루어지는 만듦이죠. 그런데 우리가 지금 논하는 만듦은 그런 넓은 의미의 만듦이 아니고 좁은 의미에서의 만듦, 즉 인위적인 만듦을 뜻합니다. '작위'作爲라고 할 수 있죠. 인간은 자연의 일부분에 그치지 않고 거기에 무엇인가를 덧붙여 만들어냅니다. 그렇게 인간이 자연에 덧붙여 새롭게 만들어내는 것들을 총칭해 '문화'라 하죠. 인간은 문화적 존재입니다. 인간은 한편으로는 생명체이지만, 다른 한편으로는 문화적 존재입니다. 인간은 자연과 문화 두 세계에 걸쳐 살아가는 이중적 존재인 것이죠. 문화가 발달할수록 자연에 대한 문화의 상대적 비중은 더 커집니다. 오늘날 도시에서 살아가는 사람들에게는 자연에 비해 문화의 비중이 압도적으로 크다고 해야 하겠죠. 인간의 작위가 극에 달한 시대, 그래서 '본래의 자연'이 과연 어디에 있을까 하고 묻게 되는 시대, 그런 시대가 오늘날의 시대입니다. 이른바 '포스트모던' 시대죠.

인성론을 이야기할 때(10강, §2) 작용을 가함과 받음에 대해 논했던 것을 기억하시죠? 모든 사물들은 작용을 가하고 받는다고 했습니다. 그때 작용을 가함의 뜻으로 썼던 말이 바로 'to poiêin'이에요. 곧 만듦이죠. 이 만듦이라는 말은 넓은 의미에서도 쓰일 수 있습니다. 외부에서 작용을 가하는 것도, 좁은 의미의 만듦은 아니지만 그 작용을 통해서 상대방을 변화시키기 때문에, 넓은 의미에서의 만듦이라고 할 수 있습니다(예컨대 때로는 누군가를 힐끗 쳐다보는 것만으로도 그 사람의 마음을 변화시킬 수 있죠). 그러나 지금의 맥락에서는 특정한 질료에 힘을 가해서 무엇인가를 만들 때 이 개념이 성립합니다. 반대로 작용을 받는 것to paschein은 곧 만듦에서의 질료의 입장에서 쓸 수 있는 말입니다. 물론 이 말도 넓은 의미에서 쓸 수 있습니다(비가 오면 사람들은 일정한 정신적-신체적 변화를 겪습니다). 즉, 만듦이란 좁은 의미에서는 제작자가 (형상과 목적에 입각해) 질료를 변형시키는 것이지만, 아주 넓게 보면 작용을 가하고 받는 모든 경우를 포함하는 것이죠. 그러니까 내가 지금 여러분들 정신의 한 측면을 만들고 있는 겁니다. 내 강의를 통해 여러분을 'poiêin'하고 있는 것이죠. 그러나 이 세계에 일방적인 만듦은 없습니다. 사실 여러분들도 나를 만들고 있죠. 나도 여러분들에게 강의를 하려면 준비를 해야 하기 때문에 나를 변화시켜야 하고, 또 강의 중에도 여러분들의 눈빛이나 질문 등이 나를 만들고 있는 겁니다. 요컨대 삶 자체가 만듦인 것이죠.

버나드 쇼가 쓴 『퓌그말리온』이라는 희곡작품이 있죠. 퓌그말리온은 그리스의 뛰어난 조각가였습니다. 그가 얼마나 뛰어난 조각가였는가를 말해 주는 이야기가 전해 내려오는데, 그가 새를 만들면 새가 살아서 날아갔다고 합니다. 버나드 쇼의 『퓌그말리온』은 한 언어학 교수(헨리 히긴스)가 거칠고 사투리가 심한 여자(일라이자 둘리틀)를 교육시켜서 아주 세련된 여자로 만드는 이야기입니다. 그런데 흥미로운 것은 히긴스 교수가 일라이자를 아주 세련된 여자로 만든 후, 이번에는 자기 자신이 일라이자를 통해서 변하게 된다는 것이죠. 만듦과 만들어짐이 언제나 한 사태의 두 측면이라는 것을 잘 보여 주는 작품입니다.

§1. 제작적 세계관

이제 그리스 사유, 더 정확히는 아테네 사유의 특징이라고 할 수 있는 제작적 세계관을 봅시다. 우리는 흔히 자연/세계는 그냥 자체로서 존재하는 것이지만, 문화는 인간이 만드는 것이라고 생각합니다. 그런데 플라톤과 아리스토텔레스, 그리고 중세 기독교 사상은 세계 자체가 제작된 것, 만들어진 것이라는 독특한 생각을 펼칩니다.

아리스토텔레스는 '행위/실천'praxis과 '제작'을 구분합니다. 행위는 내재적인 것이고, 제작은 이전적transitive인 것입니다. '이전적'移轉的이란 어떤 것의 힘이 다른 것으로 옮겨 가는 경우를 뜻합니다. 한 사물이 있을 때 그것 외부의 어떤 힘이 그것으로 이전되는 거예요. 예컨대 손을 흔드는 것은 행위이지만, 손으로 진흙을 빚어 조각을 만드는 것은 제작입니다. 손을 흔드는 것은 다른 것을 변형시키는 것이 아니기 때문에 '프락시스'이지만, 그 손의 힘을 진흙으로 이전시켜서 진흙을 다른 것으로 변형시키는 것은 '제작'이라는 것이죠. 물론 앞에서 말했듯이, 제작/만듦을 넓은 의미로 쓸 경우 행위/실천도 만듦의 일종이라고 할 수 있습니다. 내가 손을 흔듦으로써 그것이 다른 사람에게 영향을 줄 수 있으니까요.

이전에도 이야기했지만, 아리스토텔레스의 사원인설은 제작적 세계관을 이해하는 기본 틀입니다. 역으로 말하면, 아리스토텔레스의 이 이론은 바로 제작적 세계관에서 배태되었다고도 할 수 있겠죠. 그러나 그 뿌리는 플라톤에 있다고 보아야 합니다.

우주를 이해하는 몇 가지 중요한 틀이 있습니다만, 플라톤이『티마이오스』에서 전개한 우주론은 그 대표적 경우들 중 하나에 속합니다. 이 우주론은 중세에 전해져 기독교적 세계관과 결합되어 이어집니다. 그리고 근대 물리학에도 일정한 자양분을 제공하게 되죠. 또 제작적 사유가 거부되고 있는 오늘날에도 자연과학적 사유는 여전히 일정 정도 플라톤적이라 하겠습니다. 이 점에서『티마이오스』는 동북아 전통 사상으로 보면『주역』과 같은 위상을 점한다고 할 수 있겠죠.

플라톤은 우주 자체를 만듦의 결과로 보았습니다. 즉 우주가 자체로서 존재하고 운동하는 것이 아니라 어떤 존재에 의해 제작되었다고 본 것입니다. 여러 번 이야기했지만, 플라톤은 우주 제작을 설명하기 위해 세 가지 근본적인 존재를 말하죠. 하나는 우주를 만든 '데미우르고스', 즉 조물주입니다. '데미우르고스'라는 말은 그냥 소문자로 쓰면 '장인'을 뜻하는데, 플라톤은 이 말을 대문자 'Demiourgos'로 써서 '조물주'의 뜻으로 사용했습니다. '物' 즉 '질료'를, '造' 즉 빚은 창조주인 것이죠. 마치 인간이 진흙을 빚어서 차를 만들고 공을 만들듯이 조물주가 질료를 빚어 이 세계를 만들었다는 생각을 잘 표현하고 있습니다. 플라톤에서 조물주의 역할이 무엇이냐에 관해서는 전문가들의 매우 복잡한 논의들이 존재합니다. 조물주의 역할을 극대화할 때 플라톤의 사유는 기독교로 자연스럽게 넘어가게 되죠. 하지만 조물주는 그저 설명의 방편, 일종의 은유에 불과하다고 보는 사람들도 있습니다. 그러나 어쨌든 플라톤의 우주발생론이 제작적 세계관의 성격을 띠고 있음은 분명합니다.

데미우르고스가 우주 창조에 사용한 질료를 플라톤적인 맥락에서 정확히 말한다면 '물질-공간'이에요. 이전에도 말했던 '코라'입니다. 우리는 공간 개념과 물질 개념을 분리하죠. 그런데 가만히 생각해 보면, 그렇게 물질과 공간을 분리하는 생각 자체는 어떤 전제를 깔고 있는 겁니까? 텅 빈 공간을 가정하고, 그 다음 거기에 물질이 채워진다는 전제가 그것이죠. 그러나 그것은 우리의 생각이고 실제 물질이 없는 공간이 과연 있을까 생각해 볼 필요가 있습니다. 물질이 없는 공간을 물리학에서는 '진공'이라고 하죠. 물질이 없는 공간을 인정하느냐, 인정하지 않느냐는 자연철학사 내내 문제가 되어 온 중요한 논쟁거리예요. 그런데 물질이 없는 공간을 **반드시** 전제해야 성립하는 자연철학이 있습니다. 어떤 자연철학일까요? 바로 원자론이죠. 원자론에서는 원자가 운동하려면 반드시 빈 공간이 있어야 합니다. 그래야 충돌이 일어날 수 있죠. 그래서 진공을 인정하는 입장과 원자론적 자연철학은 서로 맞물려 있습니다. 그런데 진공을 인정하지 않는 입장이 플라톤의 입장입니다. 그래서 플라톤에게서는 물질과 공간이 따로 있는 것이 아니라 물질-공간만이 있는 것이죠. 물질-공간이기에 자연히 우주는 꽉 차 있게 되죠. 그래서 'plenum'이라고 합니다.

자, 이제 조물주도 있고 질료도 있습니다. 하지만 하나가 더 있어야 합니다. 플라톤에게는 이것이야말로 정말 핵심적인 것이죠. 철수가 있고, 진흙이 있습니다. 그런데 뭐가 또 있어야죠? 철수가 그 진흙을 이렇게/저렇게 빚겠다고 생각할 때 그가 머리에 떠올리는, 그가 참조하는 형상이 있어야 돼요. 동그라미의 형상을 보고 공을 빚고, 네모라는 형상을 보고 건물을 빚죠. 형상이 있어야 조물주가 그 형상에 따라 질료를 빚을 수 있는 거예요(플라톤과 기독교의 차이는 플라톤의 경우 형상은 조물주 바깥에 엄존하는 영원한 존재인 데 비해, 기독교는 신의 마음=오성 속에 들어 있다고 보는 점에 있습니다. 그래서 플라톤에게 우주의 질서는 절대적인 것이지만, 기독교의 경우 신이 마음만 먹으면 다른 법칙을 사용해 우주를 바꿀 수도 있는 것으로 이해됩니다). 이 형상을 플라톤은 'paradeigma'라고도 하는데 '본'本이라고 번역할 수 있겠죠.[1] 데미우르고스는 형상의 세계를 보고 그 형상에 따라서 질료를 빚은 거예요. 그래서 "본뜬다"라고 하잖아요. 본에 맞춰서 질료를 뜨는[造]

---

1) 파라데이그마는 에이도스와 약간의 차이를 내포한다. 에이도스가 완벽한 형상이라면, 파라데이그마는 코라에 구현된 에이도스라 할 수 있다. 그러나 코라는 에이도스에 완벽하게 굴복하지 않는다. 그럴 때 일종의 타협으로서 존재하게 되는 것이 파라데이그마이다. 현대어의 'stereotype'에 가깝다.

것이죠. 조물주가 형상의 세계를 본떠 질료를 빚음으로써 우리가 사는 이 세계를 만들었다는 겁니다.

조금만 더 이야기하자면, 형상의 세계는 영원하고 아름다운 세계이니까 그 형상을 본떠 만든 이 세계도 영원하고 완벽하고 아름다워야겠죠. 그리고 실제 그렇습니다. 지구는 태양을 일정하게 돌고, 사계절은 늘 되돌아옵니다. 만일 그렇지 않다면 우리의 삶은 성립하지 않겠죠. 지구가 태양을 동그랗게 돌다가 어느 순간 갑자기 네모나게 돈다고 생각해 보세요. ……(웃음)…… 코끼리가 새끼를 낳았는데 늑대이고, 햇빛이 갑자기 강해졌다가 약해졌다가 한다면 혼돈 그 자체일 것입니다. 그래서 '우주'라는 말 자체가 이미 아름다운 질서를 전제하고 있는 표현입니다. '宇'는 공간적 질서이고, '宙'는 시간적 질서죠. 시공간적으로 안정된 질서를 띠고 있는 것이 이 우주입니다. 왜? 플라톤적으로 말해서, 이 우주를 채우고 있는 질료들은 바로 형상의 세계를 본떠 사물들이 된 것이기 때문이죠. 그래서 우주='코스모스'가 조화롭고 아름다운 것입니다.

그런데 꼭 그런 것은 아니잖아요? 지진이 일어나고, 해일이 덮치고, 운석이 떨어져서 불바다가 되고, 생명체가 병에 걸리고 등등 이런 일들도 다반사입니다. 왜 그런 것인가? 플라톤은 이런 불완전성과 혼돈의 원인을 질료의 탓으로 돌리죠. 서양의 전통적인, 사변적인 형이상학들이 내포하고 있는 대전제가 무엇이냐? 질료가 아닌 어떤 차원을 먼저 상정하고, 그 차원에 완전성을 부여합니다. 그러고 나서 질료를 생각합니다. 그리고 더 중요한 것은 이 세계에서 발생하는 안 좋은 것들은 모두 질료의 탓으로 돌리는 것이죠. 이것은 기독교가 서구 사유를 지배하면서 더욱 강해집니다. 영혼은 신이 주신 선물인데, 육체 때문에 인간이 이 모양이 꼴이라는 것이죠. 이런 논법이 플라톤적-기독교적 형이상학의 기본적인 논법이에요. 물론 플라톤의 경우는 그렇게 간단하지는 않습니다만. 어쨌든 질료가 형상의 말을 영 안 듣는다는 겁니다. 사실 이것은 현대 자연법칙을 봐도 의미 있는 이야기입니다. 여러분들 가운데 혹시 화학을 배운 사람은 아시겠지만, '원자량'이라는 것이 있죠. 탄소가 12이고, 산소가 16입니다. 그런데 원자량이 정확하게 정수로 떨어지는 경우는 별로 없습니다. 예컨대 탄소의 경우 항상 11.9899……라든가 12.0143…… 이런 식으로 나와요. 말하자면 완벽한 형상의 주위에서 떨림이 발생하는 것이죠.

양자역학을 구축한 사람들 가운데 하이젠베르크라는 사람이 있어요. 이 사람은 '불확정성 원리'로 유명하죠. 그는 이 원리를 생각하는 데 플라톤으로부터 영감을 받았다고 합니다. 그가 고등학교 다닐 때 방학숙제가 플라톤의 『티마이오스』를 읽어 오라는 것이었다고 합니다. 하이젠베르크는 지붕에 올라가 누워서 『티마이오스』를 읽었던 시간을 회상하고 있습니다. 그러다가 바로 이 떨림에 관한 대목에 큰 매력을 느꼈던 것이죠. 고전 역학에서는 운동량과 위치, 이 두 가지를 포착하면 물질의 운동을 완벽하게 예측할 수 있잖아요? 그런데 운동량을 측정하면 위치가 떨리고, 위치를 딱 찍으면 운동량을 측정할 수 없게 됩니다. 정확히 말해 측정할 수 없는 것이 아니라 일정한 오차 이하로 결코 내려갈 수 없게 되는 것이죠. 요컨대 물질이 수학적 법칙성에 완벽하게 들어맞지 않는다는 겁니다. 물론 그 오차 자체도 수학으로 표현됩니다만. 그리고 어떤 연구에 의하면 천체의 궤도도 극히 미세하게 보면 조금씩 변하고 있다고 합니다(19세기 철학자인 에밀 부트루는 "자연법칙 자체도 변하는가?"라는 유명한 물음을 던진 적이 있죠). 이런 현상을 플라톤적으로 해석할 수 있는 여지가 있는 것이죠.

제작된 것으로서의 세계, 영원한 법칙성의 존재, 그리고 현세계의 불완전성을 비롯해, 플라톤의 사유는 이후 헤브라이즘과 결합하면서 서양 사상의 원류로 자리 잡게 됩니다. 그렇게 형성된 서구적 세계관은 동북아 세계관과는 다르죠. 동북아 세계관은 첫째 적어도 철학적 수준의 담론에서는 그런 제작자에 관한 얘기가 거의 없고, 둘째 우주의 본질은 '易', 즉 끝없는 변화라고 생각하기 때문이죠. 물론 변화 안에 법칙이 있다고 얘기하지만 세계의 일차적인 성격은 기본적으로 변화인 것입니다. 이 점에서 동북아의 세계관은 제작적 세계관과는 근본적으로 다릅니다.

현대 사유는 플라톤 전통과는 반대로 내재성에 입각해 세계를 봅니다. 세계를 초월한 존재들, 그리고 제작된 세계라는 생각을 거부하죠. 또 하나 생성, 창조를 기조로 해서 세계를 바라봅니다. 현대 존재론의 기본 원리들을 정리해 보면, 첫째 초월적 원리를 상정하기보다는 내재적으로 이해하려고 하고, 둘째 영원한 법칙성이 따로 있고 생성은 불완전한 것이라는 생각을 거부함으로써 '생성의 무죄'(니체)를 강조합니다. 셋째 우주는 완벽하게 결정되어 있는 것이 아니라 창조, 우발성, 우연, 진화로 가득 차 있다는 것이죠. 니체 이후 오늘날의 데리다에 이르기까지 굵직한 현대 철학자들은 대부분 반플라톤적입니다. 그러나 제작적 세계관은 이렇게 설득력을 잃었지만 플라톤적 논리가 무용하게 된 것은 아니에요. 자연을 제작된 것으로 보는 생각은 거부해야겠지만, 문화는 분명 인간이 만들어 가는 것이기 때문이죠. 그래서 제작적 논리는 신과 인간의 관계에서 성립하는 것이 아니라 오히려 인간과 문화 사이에서 성립한다고 해야 합니다. 라이프니츠 같은 사람의 사유도 그의 신학적 구도에서가 아니라 차라리 현대 테크놀로지의 맥락에서 이해할 때 더 설득력이 있어 보입니다. 때문에 자연의 논리와 문화의 논리를 마구 뒤섞기보다 따로 분리해서 보는 것이 좋습니다. 물론 양자가 전혀 별개로 존재하는 것은 아니지만 말이죠.

§2. 테크네/기예

지금까지 주로 세계 자체를 제작된 것으로 보는 입장을 이야기했는데, 이제 보다 좁은 의미, 구체적인 의미에서의 만듦, 즉 문화에서의 만듦에 대해 이야기해 봅시다.

'Technê'(라틴어 'ars')는 오늘날로 보면 기술의 뜻과 예술의 뜻을 동시에 가지고 있기 때문에 흔히 기예技藝로 번역합니다. 오늘날 우리는 기술과 예술을 전혀 다른 것으로 보지만, 그런 분리는 근대에 와서 생긴 것이고 원래는 그런 분리가 없었습니다. 그리스 문화에서는 기술과 예술의 분화가 없었던 것이죠. 근대 이후 기술과 예술이 분화되었고, 묘하게도 'technology'는 그리스 어원에서, 'art'는 라틴어 어원에서 유래했습니다. 흔히 인용되는 "인생은 짧고 예술은 길다"는 오역입니다. 이 말은 의사인 히포크라테스가 한 말이죠. 히포크라테스가 언급한 '테크네'는 기예이지 지금의 예술을 뜻하는 것이 아닙니다. 히포크라테스가 이 말을 할 때에는 특히 '의술'을 염두에 둔 것이겠죠.

그래서 히포크라테스는 "인생은 짧고 의술은 길다"는 뜻으로 말했던 겁니다.

이런 예가 많습니다. 예컨대 햄릿이 읊은 "To be or not to be, that is the question"이라는 말도 "죽느냐 사느냐"가 아닙니다. 햄릿은 지금 "존재냐 비존재냐", "존재냐 무냐"라는 존재론적 질문을 던지고 있는 것입니다. "죽느냐 사느냐"가 전적인 오역은 아니지만(삶은 존재와 죽음은 무와 통하니까요) 적합한 번역은 아니죠. 개념-뿌리들을 이해하는 것이 왜 중요한지 아시겠죠. 우리가 사용하는 중요한 개념들이 모두 이렇게 수천 년을 거치면서 변화를 겪어 온 개념들인 겁니다. 그래서 각 개념이 함축하는 의미의 역사적 두께를 섬세하게 인식해야 텍스트를 제대로 읽을 수 있고 글도 제대로 쓸 수 있는 겁니다. 우리의 문화는 텍스트를 붙들고 씨름하고, 서로 둘러앉아 토론하고, 글을 쓰는 문화가 아니죠. 항상 즉물적인 것들, 돈이 되는 것들만이 선호되는 문화입니다. 이런 현상은 영상문화가 득세하기 시작하면서 더욱 심해지고 있습니다. 인터넷 사이트는 잘 만들지만 그 안에 글을 써 놓지는 못하는 문화죠. 이런 문화가 낳은 결과가 바로 **언어의 황폐화** 현상입니다. 한국 사회는 이미지, 돈, 권력, 기계들만이 판치는 사회, 그래서 언어라는 것이 더 이상 삶을 이끌어 가는 동력이 되지 못하는 사회죠. 말하자면 허깨비 같은 사회입니다. 출판업이 점점 쇠락하는 것도 근본적으로 보자면 언어라는 것 자체의 쇠락 때문입니다. 언어의 소중함, 개념의 중요성을 인식해야 합니다.

이야기가 살짝 비켜 갔는데, 다시 기예에 대한 논의로 돌아가 봅시다. 기예는 두 가지 의미를 함축했다고 할 수 있어요. 첫째, 재료를 변형시켜서 작품을 만들어내는 것. '변형'은 서구어 'transformation'에 대응하죠. 이 말은 풀어 보면 'trans-form-ation'입니다. 여기에서 'form'은 라틴어의 'forma', 즉 그리스어의 'morphê'/'eidos'에 해당합니다. 그래서 '變形'이죠. 표면적으로는 '形狀'을 바꾸는 것이고, 더 근본적인 경우에는 '形相'을 바꾸는 것입니다. 나무를 깎아서 가구를 만들면 나무의 형상이 가구의 형상으로 바뀌죠(모양의 변화만 염두에 둘 때는 '形狀'이 바뀐 것이지만, 기능이라든가 더 심층적인 것들까지 염두에 둔다면 '形相'이 바뀐 것입니다). 물론 이때 질료의 동일성은 전제됩니다. 화학이 발달하지 않았던 전통 사회에서는 물질 자체를 바꾸는 것은 상상하기 힘들었겠죠(연금술 같은 것이 화학적 만듦에 도전했던 대표적 예입니다). 그래서 변형이란 일단 어떤 질료가 있을 때 그 형상의 변화에 초점을 맞춘 개념입니다. 그리스적 만듦이란 이렇게 '형상形相/形狀을 바꾸는 것'을 뜻했습니다.

그런데 그리스 기예 개념의 기초는 모방mimêsis입니다. 즉 자연을 흉내 내서 무엇인가를 만드는 것이죠. 기예는 자연의 모방으로 이해되었습니다. 이 모방 개념은 서구 사상사를 이해할 때 대단히 중요한 개념입니다. 어찌 보면 서구 사상사 전체를 꿰는 말이죠. 거듭 말하게 됩니다만, 이 'representation'이라는 말은 세 가지로 번역됩니다. 존재론 또는 미학적 맥락에서는 재현再現, 근대 인식론적 맥락에서는 표상表象, 근대 정치철학적 맥락에서는 대의代議로 번역됩니다. 이렇게 보면 이 개념은 서구의 존재론, 미학, 인식론, 정치철학 전체를 꿰는 말이에요. 서구적 전통을 벗어나려고 하는 현대 철학자들이 해체의 표적으로 겨냥하는 개념이 바로 이 'representation'인 것도 바로 이런 맥락에서 이해할 수 있습니다.

조금 더 자세히 말해 봅시다. 존재론적으로 '재현'은 뭡니까? 바로 이 개념이 플라톤적 세계관을 핵심적으로 드러내고 있죠. 이 세계가 이데아의 세계를 재현한 것이라는 생각입니다. 이 세계는 이데아 세계의 그림자라는 것이죠. 데미우르고스가 이데아를 모방해서 질료를 빚었기 때문에, 이 세계는 이데아 세계도 아니고 이데아 세계와 관계 없는 세계도 아닙니다. 바로 이데아 세계를 모방한/재현한 세계인 것입니다. 미학적으로 말하면 예술은 자연을 재현하는 것, 모방하는 것입니다. 즉 예술이란 이미 존재하는 어떤 것을 모델로 해서 그것을 재현하는 것이라는 생각이죠. 이런 생각은 예술적 행위를 제한하는 면이 있고, 바로 그렇기 때문에 현대 예술은 재현 개념으로부터 벗어나는 다양한 시도에 착수했던 겁니다. 인식론적 맥락에서는 '표상'으로 번역하는데, 이것은 인식 대상이 인식 주체에게 각인되는 과정을 말합니다. 또는 각인된 결과, 즉 'idée'(17세기 합리론), 'idea'(영국 경험론), 'Vorstellung'(독일 이념론)을 말합니다. 예컨대 내가 저 전등을 인식한다는 것은 뭡니까? 저 전등은 내가 아니잖아요. 나의 바깥에 있는 것이잖아요. 그런데 이 인식 주체가 저것을 안다는 것은 저 전등의 존재가 내 마음 안에 표상되는 것이죠. 그렇다고 전등 자체가 내 안에 들어올 수는 없고(전등 자체가 내 눈에 들어온다면 내 눈이 파열되어버리겠죠), 전등의 등가물이 내 안에 들어오는 겁니다. 그것이 표상이죠. 세번째로 근대 정치철학에서 대의정치가 뭡니까? 우리가 선거를 통해 국회의원을 뽑죠. 그러면 그 국회의원들은 민의를 대신하는 것이죠. 이것이 대의입니다. 우리가 '대표'를 뭐라고 합니까.

‘representative’라고 하죠. 맥락은 다 다르지만 이 세 경우를 공통으로 지배하고 있는 생각이 미메시스 개념인 겁니다.

현대 사상은 바로 이 재현 개념을 극복하고자 합니다. 존재론적으로 말해, 이 세계가 무엇인가의 모방이라는 생각, 제작되었다는 생각을 거부하고 ‘내재성’의 사유를 펼치고, 미학적으로는 예술이란 무엇인가를 재현하는 것이라는 생각을 거부하고 새로운 길을 찾았던 것이죠. 또 인식론적으로는 주체와 대상을 떨어뜨려 놓고서 표상의 논리를 전개하기보다는 주체를 세계에 포함시켜(물론 이때 세계 자체도 주체 없는 세계가 아니라 주체에 의해 변화되는 세계가 되겠죠) 이해하는 논리가 전개됩니다. 마지막으로 정치철학에서는 다중의 뜻이 누군가에 의해 대변되는 것이 아니라 자율적으로 조직되고 행사되는 방식이 논의되게 됩니다. 이렇게 현대 사상은 재현의 논리와 씨름하면서 전개됩니다.

기예라는 말의 또 하나의 의미는 일반적 지식을 개별적인 경우들에 적용하는 것입니다. 플라톤은 학문과 기예의 결합을 덕=뛰어남(이 경우 인간 고유의 뛰어남)이라 보았죠. 일반적 지식만 가지고 있을 뿐 그것을 개별적인 영역에 적용하지 못하면 그것은 추상적인 지식으로 그치게 됩니다. 반면 개별적인 지식만 가지고 있으면 높은 인식에는 다다르지 못하는 것이죠. 가장 좋은 것은 일반적이고 보편적인 인식을 가지고 있되 그것을 실제 개별적인 경험에 적용할 줄 알아야 한다는 겁니다. 그것이 바로 덕, 즉 영혼의 힘이죠.

비슷한 맥락에서 아리스토텔레스는 기예를 하나의 유일한 보편적인 판단이 경험을 통해 얻어진 많은 개념들에 의해 형성될 때 성립하는 것으로 보았습니다. 기예란 하나의 유일하고 보편적인 판단인데, 그런 판단을 한다는 것은 대단한 것이죠. 그런 판단은 쉽게 얻을 수 없는 것이기 때문입니다. 그런데 그런 판단이 경험에 바탕을 두지 않은 추상적인 판단이면 별 의미가 없다는 겁니다. 실제 경험을 토대로 해서, 그것도 많은 경험을 토대로 해서 일반적인 판단이 성립했을 때, 거꾸로 말하면 일반적인 판단이 판단 자체로 머무르는 것이 아니라 실제로 적용될 때, 그것을 기예라고 할 수 있다는 겁니다. 결국 아리스토텔레스의 경우에도 기예는 "보편적인 것을 개별적인 것에 적용하는 것"입니다(『형이상학』581a). 이런 식의 생각은 나중에 칸트의 『판단력비판』에서 보다 정교하게 전개됩니다.

플라톤은 장인과 예술가를 나누었고, 전자가 후자보다 우월하다고 보았습니다. 현대인이 듣기에는 좀 묘한 감이 있죠. 오늘날 사람들은 장인보다 예술가가 더 독창적이라고 생각합니다. 예컨대 지금 이 의자를 만든 사람은 우리가 그 이름도 모르잖아요? 그러나 플라톤의 시대와 우리 시대 사이에는 거대한 차이가 가로놓여 있습니다. 플라톤의 시대는 사람들이 실제 사물들과 더불어 살았던 시대입니다. 물론 건물을 비롯한 인공물도 있었죠. 그러나 그 인공물도 대개 물체적 실재성을 갖춘 그런 사물들이었습니다. 오늘날은 전혀 다르죠. 우리는 '시뮬라크르의 시대'를 살고 있습니다. 영상 이미지를 비롯해 온통 가짜에 둘러싸여 살고 있죠. 플라톤의 시대는 아직 이런 가짜들이 판치는 세상이 아니었다는 사실을 염두에 두고서 이야기를 들어야 합니다. 플라톤에 따르면, 장인은 침대의 이데아를 모방하지만, 예술가는 그렇게 모방된 침대를 다시 모방합니다. 장인은 이데아는 아니지만 그래도 **실제** 침대를 만들지만, 화가는 실제 침대를 종이 위에 모방할 뿐이라는 것이죠(당시에 예술이란 모방/재현으로 이해되었다는 사실을 염두에 두어야 합니다). 그래서 침대를 만드는 사람이 그 침대를 그리는 사람보다 더 우월하다는 것이죠. 이것은 실제 사물을 만드는 것이 그 사물의 기호를 만드는 것보다 더 우월하다는 생각입니다.

이것은 플라톤의 언어관과도 맥락이 닿습니다. 언어, 나아가 기호는 우리의 생각을 왜곡시킨다는 겁니다. 기호는 사유를 담는, 또는 사물을 가리키는 불완전한 도구에 불과한 겁니다. 사물보다 기호가 앞서는 오늘날의 상황을 생각하면 곤란한 것이죠. 그래서 플라톤에게서는 사물들을 직접 제작해내는 기술이 단순한 기호들을 창출해내는 예술보다 우월하게 됩니다. 플라톤에게 예술의 모방은 '시뮬라크르의 모방'mimêsis phantasmatos인 것입니다(『국가』 595b-598b). 플라톤에 따르면 이 세계 자체가 이데아계의 그림자죠. 그런데 예술이란 사물을 모방하므로 그림자의 그림자라는 생각입니다.

근대 이후 테크네=아르스로부터 테크놀로지와 아트가 분화되었고, 각각 상이한 길을 달려왔습니다. 그에 따라 테크놀로지와 예술의 본성에 대한 논의도 달라졌죠. 그래서 플라톤의 시대와 현대는 상당히 다른 시대가 되었습니다. 플라톤이 지금 이 컵을 봤다면 상당히 칭찬했을 겁니다. 왜 그러냐? 플라톤의 시대에 이런 정도로 정교한 컵을 만드는 것은 상당히 힘든 일이었기 때문이죠. 하지만 우리는 어떻습니까? 이 컵을 보고 감탄하는 사람은 거의 없을 겁니다. 오늘날 테크놀로지는 자연과학의 뒷받침을 받아 이루어지는 대량생산과 연결되어 있죠. 플라톤이 살던 시대는 이와 같은 대량생산을 꿈도 못 꾸었던 시대입니다. 모든 사물은 사람이 다 손으로 만들었죠. 그렇기 때문에 지금의 테크놀로지와 과거의 테크네는 상당히 다른 함의를 띱니다. 또한 예술도 달라졌는데, 과거의 예술은 이 세상에 존재하는 무엇인가를 베끼는 것이었죠. 그래서 만일 그리스 사람들이 고흐의 의자를 보면 진짜 못 그렸다고 할 겁니다. 이렇게 시대가 많이 달라졌고, 현대의 반反플라톤주의는 이런 시대적 배경을 암암리에 깔고 있다고 하겠습니다.

아리스토텔레스는 기예와 자연을 대비시켰습니다. 그러니까 자연적으로physei 존재하는 것과 기예에 의해apo technês 존재하는 것을 대비시킨 것이죠. 기예는 자연의 모방입니다. 기예는 만듦의 일종으로서 자연을 모방해 무엇인가를 만드는 것이었습니다. 그런데 아리스토텔레스는 기예와 경험empeiria을 구분합니다. 경험은 개별적인 것의 인식이고, 기예는 보편적인 것의 인식이기 때문이죠. 예컨대 의자의 본성을 정확하게 모르는 사람이 의자를 제대로 만들 수는 없습니다. 집의 본성을 잘 모르는 건축가가 경험으로, 우연히 멋진 집을 만들수는 없습니다. 설사 우연히 그럴 수 있었다 해도 큰 의미가 없죠. 이런 의미에서 경험은 우연적이고 일회적이고 개별적인 인식에 불과하지만, 기예는 보편적인 것의 인식이라는 겁니다. 그래서 아리스토텔레스의 유명한 말이 있죠? "시는 역사보다 더 철학적이다." 이때 '철학적'이라는 말은 "더 보편적이다" 또는 "더 참되다"라는 뜻입니다. 역사는 세상에서 실제 일어난 경험들을 적어 놓은 것이지만, 시(여기에서는 주로 드라마를 염두에 두고 있습니다)는 인간의 본성을 파고드는 보편성을 갖춘 담론이라는 이야기죠.

이 생각은 그리스 문화를 고려하여 음미해 볼 필요가 있습니다. 우선 그리스에서 '시'라고 하는 것은 오늘날 우리가 쓰는 시 개념과는 상당히 다른 개념입니다. 오늘날의 시 개념, 즉 어떤 개인이 자기의 사상이나 감정을 표현하는 행위로서의 시 개념과는 다른 것이죠(물론 BC 7세기의 그리스에서는 서정시가 유행하기도 했습니다). 이때 아리스토텔레스가 '시'라고 부르는 것은 드라마입니다. 당시에는 오늘날과 같은 개인적인 서정시는 드물었습니다. 드라마는 항상 역사를 그리곤 했습니다. 즉 이때에는 전혀 없는 얘기를 꾸민다는 개념이 거의 없어요. 지금처럼 어떤 한 개인이 자기의 내면을 서술한다거나 또는 있지도 않은 일을 그리는 판타지 같은 개념은 없습니다. 드라마는 기본적으로 모든 그리스 사람들이 이미 알고 있는 일을 이야기합니다. 우리로 말하면 이순신 장군의 이야기라든가, 명성황후의 이야기라든가…… 그런 이야기들이 드라마로 씌어집니다. '드라마'drâma란 원래 '사건' 또는 '상황'이라는 뜻이죠. 즉 그리스 드라마는 기본적으로 역사적인 사건이나 상황을 그리는 예술인 겁니다.

그렇다면 아리스토텔레스는 왜 드라마가 역사보다 더 철학적이라고 했느냐? 역사는 몇 년에 누가 어떤 전쟁에서 이렇게 싸웠다라고 사건들을 기록하는 것입니다. 그러나 드라마는 극화를 통해서 전쟁이란 무엇인가, 인간이란 어떤 존재인가, 운명은 어떻게 찾아오는가 등을 사유하는 것이기 때문이죠. 역사는 정확하게 구체적인 사실을 지적해서 적어 주지만, 드라마는 보편적인 지평에서 이야기한다는 겁니다. 이 점에서 플라톤과 아리스토텔레스는 상당히 다른 입장을 가지죠. 어떤 시대의 다양한 담론들의 의미와 가치를 어떻게 이해할 것인가가 철학의 중요한 문제예요. 과학, 종교, 예술, 정치, 윤리 등등 다양한 담론들의 전체적 구도가 어떻게 되어 있는가, 이 담론들의 역할과 의미는 무엇인가, 이들의 가치는 어디에 있는가 등을 그려 주는 것이 철학의 중요한 한 역할입니다. 이 점에서 시=드라마에 대한 플라톤과 아리스토텔레스의 입장 차이는 흥미로운 문제라 할 수 있겠습니다.

또 하나 조심할 것은 이때는 오늘날과 같은 문학 개념이 없었다는 것입니다. 오늘날 생각하는 '문학'이란 근대 부르주아 사회의 형성(본격적인 형성)과 보조를 맞추어 형성된 것이죠. 특히 소설이 그렇습니다. 그리고 모더니즘 계열의 문학으로 가면 개인의 내면 묘사나 독백으로서의 문학도 등장하게 되죠. 또 문학이 평균적 삶으로부터의 일탈을 떠맡게 되기도 합니다. 어쨌든 오늘날의 문학 개념은 근대 이후에 등장했다고 봐야 합니다. 그 전의 문학은 대개 시였죠. 넓은 의미에서의 운문만이 존재했어요. 또, 특히 드라마에서 그렇습니다만, 문학만 따로 존재하는 경우는 드물었습니다. 드라마는 공연을 전제하죠. 그래서 당연히 시와 더불어 음악, 무대, 연기 등이 복합된 기예만이 존재했던 겁니다.

플라톤은 시가 이데아를 모방한 현실세계를 다시 모방하기 때문에 이데아로부터 두 단계 떨어져 있는 것이고 그래서 가짜의 성격을 가진다고 했던 반면, 아리스토텔레스는 형상을 이 세계에 내재해 있는 것으로 보았고 문학은 개개의 현실을 넘어 바로 그 형상을 재현하는 기예이기에 가치가 있다고 보았습니다. 그러나 또 한 가지 중요한 차이가 있는데, 그것은 당시 드라마가 했던 사회적 역할을 둘러싼 차이입니다. 플라톤 당시의 드라마는 이미 전성기 때의 역능을 많이 상실하고 다소 퇴락된 형태로 전락했습니다. 폴리스의 쇠락과 맥을 같이한 것이었죠. '드라마'라는 형식이 탄생한 맥락은 특히 페르시아 전쟁에 승리했을 때 그 승리의 벅찬 감정을 밑거름 삼아 인간의 운명을 그리게 된 데에 있었습니다. 말하자면 '장엄미' 또는 '비장미'에서 출발한 것이죠. 그러나 그리스가 쇠락하는 것과 나란히 드라마도 변질됩니다. 우리의 1980년대 분위기와 1990년대 분위기의 대조를 연상하면 되겠네요. 그래서 드라마가 '쇼쇼쇼' 같은 식으로 점차 쇠락하게 됩니다. 플라톤에게 바로 그런 드라마는 젊은이들을 망치고 폴리스를 썩게 만드는 것으로 인식된 겁니다. 그래서 그런 드라마를 쓰는 사람들은 국가에서 추방해야 한다고까지 이야기하죠.

그런데 아리스토텔레스는 플라톤과는 달리 생각합니다. 플라톤은 대단히 고매한 사람이고, 그에 비해 아리스토텔레스는 훨씬 현실적인 사람이죠. 인간이란 존재는 스트레스도 받고, 우울증에도 걸립니다. 그리고 인간이라는 게 원래 저질적인 면이 있죠. 언제나 고상하고 심원한 것만 추구할 수 있는 존재가 아닙니다. 가끔씩은 노래방에 가서 소리도 질러대고, 록 콘서트에 가서 난리도 치고 해야 가슴속의 스트레스와 우울증이 떨어져 나간다는 겁니다. 그래서 아리스토텔레스는 그런 안 좋은 감정들을 부정적인 방향으로 분출하느니 차라리 축구장, 야구장에 가서 소리를 지르거나 록 콘서트 가서 광란의 밤을 보내는 것이 훨씬 낫다는 겁니다. 좀 단적으로 표현했습니다만, 요점은 그것입니다. 그래서 아리스토텔레스는 유명한 '카타르시스'를 이야기하죠. '정화'淨化라고 번역해서 그렇지 사실 이 말은 '설사약'을 뜻했습니다. 배가 영 불편할 때 설사약을 먹으면 시원하게 내려가듯이,

드라마를 보면서 스트레스를 날려버리는 것이죠. 그래서 어떤 사람은 아리스토텔레스의 시학은 그야말로 '싸구려 구경꾼'의 그것이라고 비판하기도 합니다. 그러나 '문화'라는 게 여러 가지 다양한 기능을 하기 마련이죠. 플라톤이 생각하는 기능과 아리스토텔레스가 생각하는 기능이 다르다 하겠습니다. 그래서 결국 아리스토텔레스는 진리론에 입각해서도, 또 윤리학에 입각해서도 드라마(나아가 기예)의 의미를 보다 높이 평가했다고 할 수 있습니다.

Q 플라톤의 형상의 세계가 실재합니까?

A 플라톤은 그렇게 생각합니다. 플라톤의 이데아는 수학을 매개해 생각하면 더 이해하기 쉽습니다. 내가 칠판에 동그라미를 어떻게 그리든(완벽하게는 결코 그리지 못하겠죠), 무슨 색깔의 백묵으로 그리든, 어떤 재료로 그리든…… 원의 본질 자체에는 영향을 주지 않죠? 그래서 수학적 도형들의 본질, 즉 감각적sensible 차원을 초월하는 그런 본질의 세계가 있다는 겁니다. 그런데 수학(기하학)은 여전히 형태morphê──'형상'idea, eidos의 가장 일차적인 의미가 바로 형태입니다──의 제한을 받고 있기 때문에, 이 형태까지도 초월할 경우 이데아의 세계를 발견하게 된다는 겁니다.

Q 자연이 있듯이, 어딘가에 이데아의 세계가 실제로 있다는 겁니까?

A 조심할 것은, "어딘가에 있다"고 표현하면 마치 현실공간과는 다른 어떤 공간이 있는 것처럼 느껴지죠? 그렇게 이해하면 플라톤을 너무 즉물적으로 이해하게 됩니다. 중세 기독교에서 플라톤을 받아들일 때 때

로 그렇게 이해하곤 했죠. 그래서 나는 '세계'라는 표현보다는 '차원'이라는 표현을 자주 씁니다. 어떤 세계가 별도로 있는 것은 아니에요. 다만 우리가 감성적으로 확인하는 차원이 있고, 감성을 넘어 이성을 가지고서 확인하는 차원이 있다는 것이죠. 다섯 개의 공깃돌이 있을 때, 그것들의 모양, 색깔, 촉감, 무게 등은 우리의 감각으로 확인되지만(모양이나 무게는 양화되므로 순수 감각으로만 파악되는 것이 아니라고 할 수 있겠습니다) 5라고 하는 수 자체는 우리 눈에 보이는 것도 아니고(글자 자체야 보이지만), 귀에 들리는 것도 아닙니다. 이성으로 파악하는 것이죠. 이런 생각을 좀더 밀고 나간 것이 이데아론입니다.

Q 플라톤은 현실세계가 형상을 모방해서 만들어졌다고 보고, 현실이 형상보다 못한 이유는 질료 때문이라고 보지 않습니까? 아리스토텔레스 같은 경우는 현실세계를 가능태에서 현실태로 옮겨 가는 운동으로서 파악한다고 하는데, 이때 가능태 개념은 플라톤의 질료 개념과 어떻게 다릅니까?

A 인간을 예로 들어서 말한다면, 플라톤은 인간의 형상이 자체로 존재하고 현실의 인간들은 그것을 모방한다고 봅니다. 즉 인간의 형상은 개별 인간들을 초월해 자체로서 존재하죠. 물론 주석가들 사이에서도 논쟁이 많은 부분입니다만, 그리고 아리스토텔레스가 좀 의식적으로 이런 초월성을 강조하면서 플라톤을 논했다고도 할 수 있습니다만, 플라톤이 아리스토텔레스에 비교해서 상대적으로 초월적 성격이 강한 것은 분명합니다. 그에 반해 아리스토텔레스는 개개의 인간이 인간의 형상을 품고 있다고 봅니다. 즉 질료를 떠난 형상은 존재하지 않는 것이죠. 형상은 개념상, 논리상 질료와 구분되고, 또 자체로서는 영원한 것으로

파악되지만, 실제 그 존재 방식은 질료와 결합해서만 존재하는 겁니다. 이로부터 중요한 차이가 도래하는데, 플라톤의 형상은 시간을 전적으로 초월해 있지만 아리스토텔레스의 형상은 시간 속에서 구현된다는 것입니다. 질료와 맞물려 있기 때문에 운동/변화를 겪게 되는 것이죠. 그러나 형상이 질료를 인도하기 때문에 그 운동/변화는 제멋대로가 아니라 바로 형상의 원리를 따라 일어나는 겁니다. 코끼리가 사람이 된다든가 하는 이변이 일어나지 않고 종의 안정성이 보장되는 것은 이 때문이죠.

물론 우연이 존재합니다. 꽃으로 말하면 바람이 세게 불어서 꺾일 수도 있고, 벌레가 파먹어서 제대로 못 필 수도 있는 것이죠. 씨앗으로 말하면 똑같은 씨앗이라고 하더라도 땅이 척박하면 싹이 트지 못할 수도 있는 것이고. 여러 가지 환경과 우연이 작용하고, 그래서 형상이 완벽하게 구현되지는 않는 것입니다. 그것은 바로 형상이 질료와 결부되어 있기 때문인 것이죠. 질료는 가능태이고 형상은 그것을 일정한 방향으로 이끄는 현실태입니다. 형상이 제대로 구현될 때 완성태에 이르게 되죠. 그러나 질료는 나름대로 질료의 역할을 하고 그래서 질료에게서 기인하는 갖가지 요인들이 함께 작용하게 됩니다. 결국 질료와 형상에 부여된 역할에서는 플라톤과 아리스토텔레스의 경우가 비슷하지만, 질료와 형상의 관계에 있어 차이가 나게 됩니다.

Q 파르메니데스의 부동의 일자와 제작은 어떤 관계에 있습니까?

A 파르메니데스의 일자에서는 제작 개념이 성립할 수 없습니다. 제작이란 제작하는 주체와 제작되는 객체가 전제되기 때문이죠. 주체와 객체

의 구분은 이미 多를 함축하는 것이고, 제작=만듦은 이미 운동과 변화를 함축하는 것이니까요.

Q 서양에서 음악과 미메시스의 관계는 어떻게 보아야 하는 겁니까?

A 아까 우리가 그 자체로 분화된 시는 존재하지 않았다고 했죠? 시는 음악, 무용과 한 덩어리로 존재했습니다(고대의 문학은 거의 다 운문이었고, 운문은 넓은 의미에서의 음악이라고 할 수 있습니다. 우리가 시를 "노래한다"고 표현할 때 이런 전통의 흔적을 발견할 수 있습니다). 즉 음악 역시 자체로서 분화되어 존재하지는 않았다는 뜻입니다. 결국 고대에는 시와 음악, 나아가 춤, 연기 등등이 혼합되어 있는 예술, 오늘날의 표현으로 하면 '종합예술'만이 존재했다고 하겠습니다(물론 서정시를 비롯해서 예외적인 경우들도 있습니다. 그러나 서정시 역시 대부분의 경우 뤼라lyra ─ 오늘날의 기타나 하프 비슷한 악기 ─ 를 타면서 노래했습니다. 이 악기 이름에서 'lyric', 즉 서정시라는 말이 나왔죠). 이런 종합예술을 '코레이아'라고 했어요. 또 미술도 마찬가지입니다. 건축, 조각, 회화가 함께 존재했던 겁니다. 감상용 회화가 따로 존재하는 경우는 드물었어요. 또 많은 경우 도자기에 그림을 그리기도 했죠.

쉽게 말하면 서구 고대에는 예술이란 딱 두 개밖에 없었다고 할 수 있습니다. 하나는 건축, 회화, 조각의 혼합체이고, 다른 하나는 시, 음악, 무용 등이 어우러진 공연예술이었던 것이죠. 그래서 음악의 미학이 따로 존재할 필요가 없었습니다. 모든 예술은 일괄적으로 미메시스로 이해되었던 것이죠. 그 구체적 내용은 조금씩 달랐겠지만 말입니다.

중세에는 교회에서 미사 볼 때 음악이 쓰였습니다. 르네상스 시대, 아니 그후에도 오래도록 음악이란 곧 종교음악이었습니다. 「그레고리안 찬트」나 「토카타와 푸가 D단조」, 모차르트의 「레퀴엠」 같은 음악들을 떠올리면 되겠네요. 아우구스티누스가 말한 바 있듯이, 종교음악은 넘쳐흐르는 종교적 감동을 표현하기 위해 더 이상 말로는 부족하고 노래/음악으로 표현해야 하는 상황에서 도래했습니다. 이 경우 음악은 감정의 재현이라고 할 수 있겠죠. 물론 주관적 감정이라기보다는 종교적 초월성을 담고 있는 감정이라 해야 할 것입니다.

다른 장르들의 경우도 대개 마찬가지입니다만, 음악 역시 근대 부르주아 사회의 성립, 그리고 그후 대중사회의 도래를 겪으면서 현대적인 형태로 조금씩 나아가게 됩니다. 예컨대 베토벤의 음악은 근대 시민사회의 파토스를 강렬하게 분출하고 있는 음악이죠. 다른 예술들과 나란히 이 시대 이후부터는 음악에서 재현의 위상이 복잡해지기 시작합니다. 매우 현대적이지만 드뷔시의 「바다」처럼 무엇인가를 상세하게 '묘사'하는 음악도 있습니다. 반면 라벨의 「볼레로」처럼 특별한 뜻이 없이 소리 자체를 실험한 음악도 있죠. 시대가 흐르면서 음악도 점차 '메타적' 성격을 띠게 됩니다. 즉 "음악이란 무엇인가?"라는 철학적 물음을 화두로 삼게 되죠. 현대 예술과 철학이 긴밀하게 연결되어 있는 것은 철학은 전통적인 합리성 중심주의를 탈피해 감성을 적극적으로 사유하려고 했고, 역으로 예술은 예술 자체의 본질을 캐 들어가는 메타적= 철학적 성격을 띠게 되었기 때문입니다. 음악 역시 예외가 아니어서 무엇인가의 재현보다는 점차 '소리' 그 자체를 실험하는 경향을 띠게 됩니다. 메시앙이나 불레즈 같은 인물들을 생각하면 될 것 같습니다. 물론 재현인지 아닌지를 판가름하기 어려운 경우도 많죠. 리게티의 「분위기」는 매우 실험적인 음악입니다만, 큐브릭의 「2001년 스페이스 오딧세이」에서 사용되었을 때는 정말 우주의 신비를 묘사한 게 아닌가 하는 생각도 들었습니다. 아니면 히틀러 치하에서의 극한적인 고통을 묘사했을 수도 있습니다. 재현=미메시스라는 것이 도대체 무엇인가를 다시 생각해 보게 하는 경우입니다.

§3. 기(氣)의 예(藝)

동북아 사회에서 만듦이란 것과 관련한 체계적인 담론은 그리 썩 발달하지 않았어요. 그러나 고전들에서 만듦에 대한 이야기를 심심찮게 찾아볼 수 있습니다. 우선 공자의 생각을 봅시다. 『논어』를 보면 번지라는 사람이 공자에게 '가'稼와 '포'圃에 대해, 즉 농사일에 대해 물어보는 대목이 나오죠.[2] 공자는 이에 대해 거듭 "나는 능숙한 농부만 못하다"라고 답하죠. 번지가 바깥으로 나가자 공자는 다른 제자들에게 말합니다.

> 번지는 소인이로구나! 윗사람들이 예禮를 지키면 백성들이 공경하지 않을 리 없고, 의義를 지키면 복종하지 않을 리 없고, 신信을 지키면 진실한 감정을 가지지 않을 리 없으련만. 그렇게 하면 사방의 백성들이 자식들을 데리고 오지 않겠는가. 꼭 농사에 관한 일이 중요하단 말인가?(「자로」子路)
>
> 小人哉! 樊須也. 上好禮 則民莫敢不敬, 上好義 則民莫敢不服, 上好信 則民莫敢不用情. 夫如是, 則四方之民 襁負其子而至矣. 焉用稼.

　여기에서 중요한 문제는 '소인'이라는 개념을 해석하는 일입니다. 이 개념이 단지 "좀스런" 사람을 뜻하는지, 신분이 낮은 사람을 뜻하는지, 육체노동 종사자들을 뜻하는지, 아니면 당대의 졸부들을 뜻하는지, "싸가지 없는" 인간들을 뜻하는지, 복잡한 문제입니다. 맥락에 따라 다 다른데, 지금 이 맥락에서는 큰 일은 보지 못하고 작은 일에만 주목하는 사람, 중요한 정치적 문제들보다 세세한 일용사에만 신경 쓰는 사람을 뜻한다 하겠습니다.

　공자는 큰 만듦을 추구하는 자신에게 작은 만듦을 물어보는 번지에 대해 번지수를 잘못 찾았다고 역정을 내고 있는 것이죠. 물론 농사가 작은 만듦은 아니죠. 먹을거리를 만드는 일은 가장 기초적인 만듦의 하나입니다. 인간의 가장 기초적인 만듦은 '의식주'입니다. 그러나 모든 사람들이 농사에 대해서 알아야 하는 것은 아닙니다. 난세를 치세로 만들려 했던, 그래서 그 주인공으로서 군자들을 길러내려고 했던 공자에게 세세한 농사의 테크닉을 물어보는 것은 좀 맥락을 잘못 잡은 것이겠죠. 공자는 "군자는 실용적 지식인이 아님"(君子不器)을 강조합니다. '器'를 좀 높여 해석하면, 지금으로 말하면 공학, 경영학, 의학, 농학 같은 실용적 학문을 하는 사람이 아니라는 뜻입니다. 군자들이 정치를 잘 해서 나라에 '예'와 '의'와 '신'이 넘치면 다른 세세한 일들은 저절로 잘 돌아간다는 뜻입니다. 당시에 생산력은 노동력에 절대 의존했고 때문에 한 나라의 부강은 인구수에 절대 의존했죠. 통치자들이 잘 하면 백성들이 그 아래로 찾아올 것이고, 그러면 자연히

---

2) 주희에 따르면, '가'는 "오곡을 심는 것"이고 '포'는 "채소를 심는 것"이다.

생산력은 증가한다는 겁니다.

공자의 이런 생각은 후에 탈맥락화되어 이른바 '사대부'士大夫 문화의 에토스를 형성하게 됩니다. 원래 '사'는 '대부'보다 훨씬 낮은 직위였으나 지식계층이 서서히 권력을 잡아 가면서 '사대부' 계층이 형성되죠. 그리고 한무제 이후 사대부들은 유교를 통해 통치하게 됩니다. 결국 사대부는 오로지 시를 쓰고, 철학을 이야기하고, 정치만 하는 것이지 손에 물 한 방울이라도 묻히면 체통을 잃어버린다는 식의 에토스가 자리 잡게 되는 것이죠. 이런 에토스가 많은 폐단을 낳았습니다. 예컨대 과거시험에서의 중요한 요건은 뛰어난 시를 쓰는 것이었습니다. 지금 생각하면 어리둥절한 이야기죠. 도대체 시를 쓰는 것과 관료 일을 잘 하는 것이 무슨 상관입니까? 그러나 사대부 전통은 이런 정신적 수준, 도덕성 등만 강조했지 실무상의 능력은 하급 관리들에게나 필요한 것으로 봤던 겁니다. 이로부터 상급 관리들과 하급 관리들 사이의 괴리가 발생하고, 사상가들의 이상과 실제 현실은 겉돌게 된 것이죠. 지금도 우리 사회에는 말만 앞세우고 실질에는 어두운 사람들이 많죠.

공자는 '군자', 즉 이상적인 지도자 계층을 정립하는 데 열과 성을 쏟았습니다. 그래서 플라톤과 마찬가지로 공자에게도 어떤 과정을 통해서 지식인들을 양성하느냐가 중요한 관건이었죠. 다음 구절은 이와 관련됩니다.

시로써 북돋우고, 예로써 세우고, 악으로써 완성한다.(「태백」泰伯)

興於詩 立於禮 成於樂.

앞에서 '코레이아'에 대해 이야기했지만, 여기에서는 시詩와 악樂이 구분되고 있습니다. 시는 문자 그대로의 시, 즉 『시경』에 나오는 시들을 말합니다. 예도 일반적으로 알고 있는 예 개념입니다. 그러나 악 개념을 어떻게 이해해야 할지에 대해서는 여러 설들이 있습니다. 내 생각에는 이 개념을 '和'의 개념과 연관시켜 보는 것이 좋을 듯합니다. 예컨대 우리는 깊은 공감을 느끼는 감동적인 대목에서 자기도 모르게 함께 노래하게 되죠. 이때 음악은 사람과 사람 사이의 화합의 관계를 완성해 줍니다. 아마도 공자가 생각한 음악이란 이런 개념이었을 겁니다. 여기에서 음악은 단순히 예술의 한 장르가 아니라[3] 인간 감정의 깊숙한 곳에서 이루어지는 사랑과 평화의 담지자인 것이죠. 그야말로 위대한 경지를 함축하고 있는 개념입니다. 공자는 이렇게 사람들의 정신적 고양을 통해서 시와 예와 악이 있는 세상, 문화에 의해 이끌어지는 세상을 꿈꾸었던 겁니다. 지금으로 말하면 인문학을 통해서, 사람들의 교양Bildung과 정신적 성숙을 통해서 좋은 세상을 만들려고 했던 겁니다. 그리고 그 주체 세력으로서 군자들을 키우려 했던 것이죠. 이렇게 공자의 만듦은 플라톤의 그것과 마찬가지로 그야말로 통이 큰 만듦이었던 겁니다.

이런 식의 생각과 대조되는 것이 법가사상가들과 묵가사상가들의 생각이죠. 법가사상가들은 인仁 같은 인문적 범주가 아니라 법法, 술術, 세勢 같은 사회과학적 범주들을 가지고서 통치하고자 했습니다.

---

3) "악(樂)이라 악(樂)이라 이르는 것이 단지 종을 치고 북을 두드리는 것만을 뜻하겠느냐." (「양화」)

개인적 내면은 철저하게 배제하고 외면적/객관적 법을 통해 통치함으로써 안정된 사회를 이룰 수 있다고 했죠. 반대로 묵가사상가들은 유가와 법가가 공유했던 '분'分의 사상을 비판하고 '평'平의 사상을 전개했습니다. 겸애를 통한 사랑, 즉 공자가 이야기했던 상하간의 사랑이 아니라 평등한 사랑을 역설했고, 이상에 대한 추구보다는 현실적인 행복을 역설했죠. 삶에서의 겉치레를 철저하게 비판하고 소박한 삶을 꿈꾸었습니다. 그래서 「비악론」非樂論에서는 당시 기득권자들의 사치품이 되었던 음악을 비판하기도 했습니다. 음악 자체를 비판한 것이 아니라 사치와 허세를 비판한 것이죠. 유가사상이 하급 관리들에서 시작해 위로 올라가면서 인문적 세계를 만들려 했던 사상이고, 법가사상이 통치 계층에서 시작해 아래로 내려가면서 안정된 사회를 구축하려 했던 사상이라면, 묵가사상은 노동자들을 중심으로 평등 사회를 꿈꾸었던 사람들의 사상이라 하겠습니다. 어쨌든 모두 '좋은 세상'을 만들려고 했던 만듦의 사상들이었던 것이죠.

좁은 의미에서의 만듦, 즉 흔히 '창작'이라 부르는 활동에 관련해서는 장자의 생각이 핵심적입니다. 『장자』莊子는 동북아의 미학사상에 지대한 영향을 끼쳤죠.

장자의 미학은 한마디로 '기'氣의 미학'입니다. 물론 장자의 '미학'이라는 것이 따로 존재하는 것은 아니고, 현대적인 담론공간에 놓고서 말하는 것이죠. 그런데 장자의 논의는 몹시 추상적입니다. 그리고 장자를 이어받은 후대의 대부분의 미학사상들도 극히 추상적이죠. 반면 실제 예술은 그런 사상들과는 별개로 진행됩니다. 화가들이나 음악가들은 그들의 체험을 통해서 조금씩 깨달아 가는 것이죠. 그래서 미학사상과 실제 작품 활동은 겉돌게 됩니다. 철학자들은 자신이 구축한 개념체계를 예술에 적용해 보는 것이고, 예술가들은 자신의 활동을 좀 그럴듯하게 보이게 하기 위해 철학을 일종의 액세서리로 갖다 붙이는 겁니다. 그래서 대부분의 경우 서로 겉돌게 됩니다. 이것은 서구의 경우도 마찬가지이지만 동북아의 경우는 특히 그렇습니다. 예컨대 '기 수련' 하는 사람들과 '기 연구' 하는 사람들은 서로 별다른 관련이 없죠. 한의학자들이 그나마 이론과 실천을 병행하는(극히 드문 경우지만) 예를 보여 줍니다. 그래서 동북아의 '미학사상'을 읽다 보면 그야말로 공허하기 짝이 없는 경우가 많습니다. 체험을 깔고서 사유를 하거나 지적 사유를 갖추고서 작품 활동을 하는 경우는 참 드뭅니다.

어쨌든 장자의 생각은 후대에 다각도로 논의되고 변주되었는데, 시간 관계상 한 가지만 이야기해야겠네요.

책상에 기대어 앉아 있던 남곽자기가 하늘을 바라보며 긴 한숨을 내쉬니, 흡사 자기를 놓아버린 사람 같았다.

그 앞에 공손히 서 있던 안성자유가 입을 여니, "무슨 일이신지요. 몸은 메마른 나무와도 같고, 마음은 불 꺼진 재와도 같으시니 말입니다. 오늘의 선생님은 어제의 선생님이 아니십니다."

남곽자기가 답하여 가로되, "언아, 마침 잘 물어봤구나. 나는 나 자신을 떠났었는데, 너는 그것을 알겠더냐? 너는 사람퉁소 소리를 들었으되 땅퉁소 소리는 못 들은 게로구나. 아니면 땅퉁소 소리는 들었으되 하늘퉁소 소리는 못 들은 게지."

"감히 그 이치를 여쭤 봐도 되겠습니까?"

자유의 물음에 자기는 답하기를, "무릇 대지가 기氣를 토해내면, 그것을 일러 바람이라 하지. 잠자고 있을 때면 고요하다가도, 한번 깨어 토해내면 온갖 구멍들이 울리기 시작한단다. 홀로 귀 기울여 그 소리를 들어 봤느냐?

저 높은 산 백 아름 나무의 구멍들은 흡사 코 같고, 입 같고, 귀 같고, 호리병 같고, 술잔 같고, 절구 같고, 때로는 얕은 웅덩이 같은가 하면 또 때로는 깊은 웅덩이 같기도 하지.

구멍들이 울기 시작하면 [폭포처럼] 웅장한 소리, [화살처럼] 날카로운 소리, [비처럼] 귀청 때리는 소리, [여인처럼] 흐느끼는 소리, [군중처럼] 울부짖는 소리, [호랑이처럼] 우렁찬 소리, [지진처럼] 육중한 소리, [새처럼] 가냘픈 소리 등 온갖 소리들이 퍼져 나온단다.

뭇 바람이 앞서거니 뒤서거니 하면서 서로 희롱하고, 잔 바람들이 어울리는가 하면 거센 바람들이 앞을 다투기도 하지. 그러다 뭇 바람이 잦아들면 이제 뭇 구멍은 잠에 빠져들기도 하고.

울부짖기도 하고 잦아들기도 하는 이런 나무의 모습을 홀로 서서 본 적이 있느냐?

자유가 다시 묻기를, "땅퉁소는 뭇 구멍이고 사람퉁소는 피리 같은 것이군요. 그렇다면 감히 하늘퉁소에 대해 여쭙습니다."

자기가 답했으니, "온갖 바람들이 모두 달라 각기 자기 소리를 내면서, 스스로 소리를 내고 있다고 생각하지. 하지만 그렇게 할 수 있게 해주는 것은 과연 누구일까?"

南郭子綦隱机而坐, 仰天而噓, 荅焉似喪其耦. 顏成子游立侍乎前, 曰: "何居乎? 形固可使如槁木, 而心固可使如死灰乎? 今之隱机者, 非昔之隱机者也?"子綦曰:"偃, 不亦善乎, 而問之也! 今者吾喪我, 汝知之乎? 女聞人籟而未聞地籟, 女聞地籟而未聞天籟夫!"子游曰:"敢問其方."子綦曰:"夫大塊噫氣, 其名爲風. 是唯無作, 作則萬竅怒呺. 而獨不聞之翏翏乎? 山林之畏佳, 大木百圍之竅穴, 似鼻, 似口, 似耳, 似枅, 似圈, 似臼, 似洼者, 似污者, 激者, 謞者, 叱者, 吸者, 叫者, 譹者, 宎者, 咬者, 前者唱于而隨者唱喁. 泠風則小和, 飄風則大和, 厲風濟則眾竅爲虛. 而獨不見之調調之刁刁乎?"子游曰:"地籟則眾竅是已, 人籟則比竹是已, 敢問天籟."子綦曰:"夫吹萬不同, 而使其自己也. 咸其自取, 怒者其誰邪?"

이 구절은 「제물론」齊物論의 도입부입니다. 정말 매력적인 구절이죠. 『장자』만큼 매력적인 책도 드뭅니다. 늘 옆에 끼고서 거의 외울 정도로 읽고 또 읽으시기 바랍니다. 이 구절은 「제물론」 전체의 논의에 복선을 깔고 있는 부분이고, 따라서 '제동'齊同을 핵심으로 하는 「제물론」 전체에 비추어 이해해야 합니다. 그러나 지금 우리 맥락에서는 좀 즉물적으로 이해하도록 합시다. 이 구절의 핵심은 사람퉁소, 땅퉁소, 하늘퉁소의 차이에 있죠. 이와 연계해서 「인간세」人間世의 다음 구절을 함께 볼 필요가 있습니다.

안회가 여쭙기를, "심재가 무엇인지 감히 묻습니다."
공자 답하여 가로되, "우선 마음을 통일해야지. 그리고 귀로 듣지 말고 마음으로 듣고, 마음으로 듣지 말고 기로 듣도록 하여라. 귀는 소리를 들을 뿐이고, 마음은 소리를 식별해낼 뿐이나, 기는 스스로를 비움으로써 사물들을 받아들이니까 말이야. 참된 도에 들려면 이 비움을 깨달아야 하나니, 비움이 바로 심재이니라."

回曰, "敢問心齋."

仲尼曰, "若一志. 無聽之以耳 而聽之以心,

無聽之以心 而聽之以氣.

聽止於耳 心止於符 氣也者 虛而待物者也.

唯道集虛 虛者心齋也.

이 구절은 정치를 위해 위衛로 떠나려는 안회에게 공자가 충고하는 장면에서 등장하는 한 부분입니다. 따라서 여기에서 '청'聽은 미학적 맥락과는 다른 맥락에서 쓰인 말입니다. 실천철학적 맥락에서의 개념이죠. 그러나 장자에게 양해를 구하고 이 구절을 우리 맥락으로 끌어들여 논하도록 합시다. 그럴 경우 앞에서 나온 사람퉁소, 땅퉁소, 하늘퉁소와 귀로 들음, 마음으로 들음, 기氣로 들음을 연결시켜 논할 수 있습니다.

오늘날 '미학'이나 '감성론'으로 번역하는 'Ästhetik'은 감각(작용)을 뜻하는 그리스어 'aisthêsis'에서 왔습니다. 즉 서구에서의 미학은 이성과 대비되는 감성의 맥락에서 등장한 것입니다. 그러나 동북아의 '미학'은 오히려 감성적 차원을 넘어서면서 성립합니다. 예술은 감성적 차원에서 이루어지지만, 그러니까 색이나 소리, 형태, 맛 등등을 통해서 이루어지지만, 그 심층적 의미는 오히려 감성을 넘어서면서 성립한다는 생각이죠. 이런 생각의 원형이 방금 인용한 장자의 구절들입니다. 사람퉁소는 귀로 듣는 수준, 즉 감각적 수준에서 소리를 받아들이는 수준입니다. 그러나 땅퉁소는 마음으로 듣는 수준, 즉 오감을 넘어 심心으로 듣는 수준입니다. 이것은 시각도 마찬가지이죠. 무엇인가를 눈으로 보는 수준을 넘어 마음으로 봐야 하는 것입니다. 무술인들이 눈을 가리고 연습을 한다든가, 한석봉과 어머니가 어둠 속에서 글을 쓰고 떡을 썬다든가, "마음을 비워야 진실이 보인다"든가 하는 여러 이야기들이 모두 이런 생각을 담고 있는 겁니다. 동북아 문화의 독특한 한 요소라고 할 수 있습니다.

그러나 여기에서 더 나아가야 합니다. 마음은 무엇인가를 식별합니다. 원문의 "心止於符"에서 '부'符를 해석하기가 상당히 어려운데, 이 말은 기본적으로 'mark'의 뜻입니다. 어떤 표식이죠. 마음의 중요한 기능은 '식'識에 있습니다. 무엇인가를 분별하고 알아보는 능력이죠. 마음은 여전히 무엇인가에 결부되어 있습니다. 그 수준까지도 넘어서는 것, 즉 일종의 무의 경지에 도달하는 것, 그것이 기氣로 듣는 것입니다. 이 경지는 분별 자체를 넘어서는 경지죠. 마음이 여전히 함축하고 있는 어떤 집착을 넘어서는 것입니다. 그것이 마음을 씻는 것, 즉 '심재'心齋죠. 이런 경지는 바로 하늘통소의 경지입니다. 이 경지는 곧 '만물제동'萬物齊同의 경지입니다. 이것이 만물이 모두 똑같다는 뜻은 아니죠. 만물의 평등의 바탕 위에서 만물의 차등이 선다는 것, 만물의 일의성―義性 위에서 만물 사이의 차이들이 성립한다는 것을 말하는 것입니다. 무無는 존재의 안감이라는 것이죠. 미학적 맥락에서는, 이런 경지에 섰을 때 위대한 작품이 탄생한다고 할 수 있습니다.

'만물제동'이란 만물을 기氣로 보는 것을 말합니다. 기라는 평등 위에서 만물의 차등이 성립합니다. 기라는 보편성 위에서 만물의 개별성들이 성립합니다. 기는 무이죠. 없음이 아니라 아무-것도-아님입니다. 그러나 아무것도 아니기 때문에 모든 것이 될 수 있습니다. 앞에서 나왔던 보자기의 예라든가 "허이불굴"虛而不屈의 예를 상기하시기 바랍니다. 기의 이런 성격을 장자는 즐겨 '허'虛로 표현합니다. 그래서 동북아 미학에서는 장르들 간의 구분은 근본적인 것이 아닙니다. 회화도 음악도 무술도 요리도 의학도 서예도 풍수도…… 모두 기氣의 예藝인 것이죠. 이 예藝는 과학, 기술, 예술……로 분화되지 않은, '테크네'에 가장 가까운 개념입니다. 인간이 행하는 무수한 활동들이 이렇게 기라는 보편적인 개념을 통해 이해된다는 것은 참 독특한 발상입니다. 그리고 현실적으로 보면 이 모든 기예氣藝들은 결국 몸에서 출발해 마음과 기로 갔다가 다시 몸으로 내려오는 순환적 구조를 함축합니다. 무술은 몸으로 하는 것이지만, 고수들은 마음의 경지로 끌고 올라갑니다. 그리고 최고 경지에 이른 사람들은 기 자체의 차원에 육박하는 것이죠. 그러나 올라가서 안 내려오면 곤란합니다. 다시 내려와 몸으로 표현되어야 하는 것이죠. 장자는 다소 일방향적으로 말했습니다만, 이런 순환 과정을 통해 몸과 마음과 기가 회통되는 경지가 가장 위대한 경지라 할 것입니다.

§4. 르네상스 이후의 'technê = ars'

1) art = 예술

르네상스 이후에는 건축, 조각, 회화가 분화됩니다. 만듦/테크네의 영역들이 거대하게는 테크놀로지와 예술로 구분이 되고, 또 예술에서는 'beaux-arts'라는 말이 생기죠(사중주단 중에도 '보자르 사중주단'이 있죠?). 영어로 번역하면 'fine arts'입니다. 테크네가 이렇게 분화되면서 더 이상 기술과 예술이 동거할 수 없는 상태가 됩니다. 물론 르네상스 시대만 하더라도 아직 분화가 완성되지 않았습니다. 다빈치를 보면 비행기도 만들려고 하고, 해부도 하고 그랬잖아요? 요컨대 과거의 예술가들은 오늘날의 의미에서의 예술가들이 아니라 '장인들'이었던 겁니다. 그러나 기술과 예술이 분리되면서 이제 예술의 새로운 정체성이 모색되죠. 개념이 분화되면 각 개념에 대한 새로운 정의가 요청되는 것입니다.

과거에는 테크네와 학문이 구분되었습니다. 물론 테크네라는 말의 범위가 워낙 유동적이어서 때로는 구분이 되지 않았습니다만, 학자들과 장인들은 엄격하게 구분되었죠. 오늘날과는 달리 과학과 철학이 한 덩어리를 이루었고, 기술과 예술이 분화되지 않았던 겁니다. 예술가들은 우리 역사로 말하면 '중인'에 속했다고 할 수 있습니다. 그러나 이제 르네상스 시대가 오면서 예술 및 예술가 개념의 격상이 모색됩니다. 이것은 곧 예술이 단순한 장인적 작업이 아니라 진리를 탐구하는 것이라는 생각이 등장했음을 뜻합니다. 즉 예술의 모방은 단순히 사물들의 장인적 모방이 아니라 사물의 진리의 모방/표상이라고 생각하게 된 것이죠. 그래서 예술에서도 처음으로 '아카데미'가 만들어집니다. 이탈리아를 중심으로 이런 변화가 이루어지죠. 다시 말해서 예술이 진리를 파악하는 행위로 격상됩니다.

그러면서 담론계 전체의 구조가 바뀝니다. 과학과 철학이 조금씩 분리되기 시작하고, 또 다른 한편으로 테크네=아르스가 조금씩 분리되기 시작합니다. '철학'이라는 이름으로 뭉뚱그려져 있던 학문이 철학, 자연과학, 사회과학으로 분화되기 시작했고, '테크네'라는 이름으로 뭉뚱그려져 있던 기예가 기술과 예술로 분화되기 시작했던 것이죠. 그러면서 묘하게도 이전에는 그다지 상관이 없었다고 할 수 있는 철학과 예술이 점점 친근한 관계를 맺게 되고, 또 서로 상당히 다른 성격의 행위였던 과학과 기술이 점차 결합하게 됩니다. 그러면서 철학-예술이라는 '인문학'과 과학-기술이라는 '이공계 학문'으로 정리됩니다. 물론 철학은 포괄적인 성격의 담론이기 때문에 꼭 예술과 결합되어 있는 철학만이 있는 것은 아니고, 과학과 결합되어 있는 철학, 정치와 결합되어 있는 철학도 있습니다. 전통적으로는 오히려 후자의 두 종류가 기초적인 철학 개념이었죠. 그러나 오늘날에는 이 둘 외에도 문학예술과 결합되어 있는 철학이 굵은 흐름을 이루고 있다 하겠습니다. 반면 과학은 철학과 분리되어 기술 및 자본주의와 결합함으로써 그 성격이 점차 바뀌게 됩니다. 담론계는 언제나 변화합니다. 담론의 공간 전체가 어떻게 변화해 가는지를 파악하는 것도 흥미로운 작업입니다.

어쨌든 예술은 사물의 표면을 재현하는 것이 아니라 그 심층적 진리를 재현하는 것이라는 생각이 대두됩니다. 그러나 그 '진리'가 무엇인지는 시대의 흐름 속에서 달리 규정되어 왔다고 할 수 있겠죠. 특히 르네상스 시대에는 예술이 사물의 '본질'을 재현해낸다는 생각이 등장했습니다. 한 사물의 본질이 있고 예술은 이 본질을 재현해내는 것이라는 생각입니다. 이것은 당대 사람들이 그리스의 형상철학에 기반해서 예술을 규정했다는 것을 뜻합니다. 르네상스 시기의 작품들을 보면 대개 비슷하죠. 왜 비슷한가? 그 당시 사람들이 어떤 여인을 그린다면, 그들은 자기 눈에 보이는 현실의 여인들, 그 감각적인/다양한 모습들을 그린 것이 아니라 그들에게 구현되어 있는 여성의 이데아=형상을 그렸기 때문이죠. 다시 말해 여인의 이상 상像을 그린 겁니다. 이 시대의 그림들에 등장하는 여인들을 보면 다들 너무 아름답고 팔등신 미인들이죠? 「모나리자」의 모델이 지오콘다 부인이라고 하는데, 지오콘다 부인이 그렇게 생기지는 않았을 겁니다. 다빈치는 지오콘다 부인을 통해서 나타나는 여성의 이데아를 그린 것이죠. 물론 그 이데아의 파악은 화가들마다 다르고, 또 화가들 고유의 예술가적 스타일이 있기 때문에 주의 깊게 보면 각 화가마다 느낌이 많이 다릅니다. 그러나 어쨌든 이 시대 예술의 이념은 사물의 형상을 재현하는 것이었습니다. 이런 이념은 주지주의에서 주정주의主情主義로 모습을 바꾸어 낭만주의 시대에 극에 달합니다.

시대가 흐르면서 이런 본질주의가 조금씩 쇠퇴하게 되고 예술이란 실재가 아니라 현실을 모방해야 한다는 생각이 대두됩니다. 그래서 사실주의가 등장하죠. 사물의 심층에 대한 모방이 아니라 현실 속에 있는 그대로의 사물을 모방하는 방향으로 바뀌어 가죠. 그리고 이때쯤 되면 이미 그리스적 존재론 자체가, 우리에게 나타나는 현상을 가짜로 보고 본질만을 진짜로 보는 그런 사유가 무너지게 됩니다. 쿠르베 같은 사람이 대표적이죠. 마네의 「올랭피아」라는 그림은 서구 사회에 큰 스캔들을 일으켰는데, 그것은 이 그림이 여인의 누드를 그렸기 때문이 아니라 당시 실존하고 있던, 즉 특정한 시간, 공간, 신체를 가진 구체적인 존재로 실존해 있던exist 한 여인(파리의 고급 창녀)을 그렸기 때문입니다. 같은 여인 누드라 해도 이상공간理想空間, 본질의 공간에 존재하는 추상적 여인의 누드와 지금 현존하는, 언제라도 만나볼 수 있는 여인의 누드는 근본적으로 달랐던 겁니다.

여기서 더 나아가면 이 '사실'이라는 것조차도 우리가 생생하게 경험하는 존재의 모습은 아니고 이미 어느 정도 정리되고 개념적으로 매개된 것이 아닌가 하는 회의가 등장합니다. 그래서 아예 어떤 이론적-개념적 매개도 들어가지 않은 현실, 내가 지금 보는 그대로를 그리려 한 인상파가 등장하게 되죠. 예컨대 어떤 여성을 그린다고 할 때, 르네상스 이전에는 이상적인 여성상을 그렸고 르네상스 이후에는 현실을 살아가는 여성상을 그렸다면 인상파 화가들은 지금 그의 눈에 비친 그대로의 여성을 그렸던 겁니다. 그래서 똑같은 여인이라 해도 그를 아침에 그린 것과 저녁에 그린 것이 다르겠죠. 시간에 따라 얼굴이 달라지니까요. 모네의 「루앙 성당」 같은 그림은 화가의 눈에 보인 그대로의 성당을 그렸기 때문에 그 사물성을 거의 잃어버린 채 흔들리고 있습니다. 본질주의 미술과 정확히 대척점에 있는 작품이라 하겠습니다. 이렇게 예술은 실재나 현실을 모방하는 것이라고 이야기되었지만, 그 실재나 현실의 내용이 점차 달라지게 되는 것이죠.

이런 과정을 거치는 동안 예술과 기술은 점점 분화됩니다. 르네상스 시대만 하더라도 인간 신체의 본질을 이해하기 위해서 예술가는 해부도 해보고, 근육의 발달도 관찰해야 했습니다. 사실주의 시대만 해도 사실들에 대한 정교한 관찰이 요구되었죠. 그러나 과학과 기술이 발달하면서 사물들에 대한 정확한 인식은 점차 과학/기술로 넘어갑니다. 그러면서 예술은 점차 사물에 대한 "객관적" 인식보다는 그 의미, 상상적 측면, 시간 속에서 변해 가는 생생한 모습들…… 등에 초점을 맞추게 됩니다. 사진의 발명도 한몫을 합니다. 과거에 화가들의 생계를 보장했던 중요한 한 수단이 초상화 그리는 것이었습니다. 그러나 사진이 발달하면서 이제 초상화가 사진의 영역으로 넘어갑니다. 이런 상황에 처해 예술은 독자의 새로운 길을 모색했고 그러면서 현대 예술이 탄생하게 됩니다.

2) technology = 기술

서구 문화의 담론공간에서는 원래 과학과 철학이 한 덩어리로 묶여 있었고 또 기술과 예술이 한 덩어리로 묶여 있었어요. 현대에 오면 참 묘한 것이 과학과 철학이 이원화되고, 기술과 예술이 이원화해서 (반드시 그런 것은 아니지만 대체적으로) 과학과 기술이 결합하고 동시에 철학과 예술이 결합해요. 가수들 중에 '아바'라는 그룹이 있었죠? 내가 학생 시절이었을 때 상당히 유명했습니다. 음악성은 그다지 뛰어나지 않았지만 말입니다. 그런데 '아바'가 부부 가수들이었잖아요. A와 A부인, B와 B부인으로 구성되었습니다. 그래서 이름이 'ABBA'였는지 모르겠습니다. ……(웃음)…… 그런데 나도 들은 이야기라서 사실인지는 모르겠습니다만, 훗날 두 부부가 서로 배우자를 바꿨다고 하더군요. 법적으로 그랬는지 실제 그랬는지 모르겠습니다만, 그러니까 A와 B의 부인이 결혼하고 B와 A의 부인이 결혼을 했다는 이야기죠. 과학과 철학, 기술과 예술이 바로 이런 식이라 하겠습니다. 현대에 이르러서야 비로소 '과학기술'이라는 말이 성립했습니다. 이런 표현이 등장한 것은 따지고 보면 얼마 되지 않아요. 철학과 예술도 마찬가지입니다. 오늘날에는 뗄 수 없이 연결되어 있죠. 철학아카데미 수강생들의 절반 이상이 문학예술 계통의 학생들이라는 점이 이를 잘 보여 주는 것 같습니다. 물론 지금도 과학자와 기술자 사이에는 거리가 있어요. 수학을 가지고 고도로 사유하는 과학자와 실제 무언가를 만드는 기술자는 서로가 서로를 필요로 하긴 하지만 사실 갈 길이 다른 그런 관계죠. 또, 예술과 철학도 마찬가지죠. 어차피 개념을 가지고 사유를 하는 철학과 재료를 가지고 창작을 하는 예술이 똑같을 수는 없죠. 그러나 서로 긴밀한 관련을 맺고 있습니다.

테크놀로지와 관련해서, 근대 이후에 도래한 가장 중요한 변화는 마이크로 세계에 대한 관심이에요. 나는 개인적으로 이것이 현대 사회의 가장 핵심적인 변화들 중 하나라고 봅니다. 오늘날의 현대 사회와 예전의 전통 사회를 가르는 분기점이 물론 한두 가지가 아니겠지만, 이것이 뺄 수 없는 중요한 것이라고 생각해요. 그런데 묘하게도 이 점을 집중적으로 다룬 철학자를 별로 보지 못했어요. 물론 이론적으로 다룬 사람은 많습니다. 베르그송 이후 미시세계에 대한 논의는 존재론의 기본 상식에 속합니다. 그러나 보다 현실적인 맥락에서도 '마이크로'의 문제는 중요합니다. 인류 문명사를 이해하는 데 핵심적인 요소들 중 하나죠. 이 마이크로 문제와 정보 개념, 컴퓨터, 사이보그를 비롯해 기술과 연관되는 숱한 문제들을 분석하는 것이 현대 사상의 중요한 한 과제입니다.

16세기에 현미경이 발명되어 사람들이 처음으로 미생물을 봤을 때 받았던 충격은 아마도 우리가 앞으로 외계인을 발견하게 된다면 그때 받을 충격에 별로 떨어지지 않는 충격이었을 겁니다. 옛날 사람들에게는 '미시'란 개념이 없었어요. 미시라고 해봐야 벼룩이나 빈대 정도죠. ……(웃음)…… 이른바 '미물'微物입니다. 근대의 문명은 한

마디로 마이크로의 문명이에요. 마이크로한 세계에 대한 인식을 통해서 이 매크로한 세계를 변화시켜 온 것이 현대 문명입니다. 약을 먹는 것도 그렇죠? 약을 먹어 우리 몸의 마이크로한 차원을 바꾸어서 매크로한 차원, 현상적인 차원에서 느끼는 고통을 경감시키는 것이 의학의 기본입니다. 마이크로 테크놀로지의 극한이 오늘날 자주 이야기되는 '나노 테크놀로지'죠. 이것은 극미의 입자들을 다루는 기술입니다. 예컨대 입자들을 가지고서 극미의 로봇을 만들 수 있겠죠. 극미의 로봇을 만들어 암세포에 투여한다면 암을 고칠 수 있을 것입니다. 어릴 때 본 어떤 만화에서, 사람들을 극미의 존재로 만들어 한 환자의 몸에 투여하는 이야기가 있었습니다. 현재로서는 아직 모색 단계입니다만, 이제 이런 이야기가 현실이 될 수도 있습니다. 하지만 이 마이크로 로봇이 암세포를 죽이기 위해 사용되는 것이 아니라 누군가를 고문하기 위해서 사용될 경우는 어떨까요? 상상만 해도 끔찍합니다. 기술은 늘 '역운'逆運을 가져옵니다.

　오늘날 테크놀로지에 의해 세계가 거대하게 변형되고 있고, 이런 점에서 현대의 테크놀로지는 고대의 테크네와 다릅니다. 고대의 테크네는 우리 신체와 결부되어 있었다고 할 수 있어요. 이마에 땀방울이 맺힐 정도로 톱으로 나무를 썰고, 망치로 못을 치는 행위는 나의 신체와 결부된 노동입니다. 대부분의 테크네가 그랬죠. 그러나 현대의 테크놀로지는 직접적인 노동으로만 이루어지는 것이 아니라 '산 노동' 위에서 몇 겹의 추상화를 거쳐 거대한 메커니즘을 작동시키는 테크놀로지입니다. 그래서 상층부에 가면 테크놀로지는 신체와는 아무런 상관이 없게 됩니다. 단추를 누르는 손가락 힘만 있으면 되는 것이죠. 그래서 어떤 사람들은 목공예를 한다거나, 수를 놓는다거나, 돌을 깎는 등 일부러 노동을 하기도 합니다.

테크놀로지는 무엇인가를 끊임없이 '조작'하는 행위죠. 조작을 통해서 사물들을 바꾸어 놓는 행위입니다. 이런 조작 행위는 생명의 조작 및 가상세계의 조작에 이르러 극에 다다랐다고 할 수 있습니다. 그래서 테크네를 찬양했던 고대인들이 오늘날 다시 살아나면 어떤 표정을 지을지 궁금합니다. 오늘날 고대의 테크네 개념을 다시 복원할 필요가 있는 것은 이 때문입니다. 기술은 인간의 감정, 신체로부터 너무나 멀어져 버렸고, 그야말로 대량복제 시대가 도래했습니다. 이 문제는 기술과 예술의 재결합과도 관련됩니다. 예술은 지나치게 주관화되어 예술가의 설명을 안 들으면 누구도 작품을 이해하지 못하게 되었고, 기술은 기계적 메커니즘의 극치를 보여 주고 있습니다. 이런 맥락에서 기술과 예술이 잘 결합된 테크네 문화가 새롭게 구성될 필요가 있습니다.

그런데 문제는 기술이 이미 자본주의 체제에 철저하게 복속되어 있다는 겁니다. 사실 예술도 어느 정도 그렇고, 학문도 그렇고, 종교도 그렇고, 오늘날 자본주의 체제에 복속되지 않은 것은 없죠. 그러나 학문, 예술, 종교와 같은 경우는 사람마다 각자 다른 길로 갈 수 있는 여백이 있습니다. 그러나 테크놀로지는 철저하게 자본에 종속되어 있죠. 그렇지 않으면 테크놀로지의 존재이유가 인정받지 못하게 되어 있습니다. 이제 옛날처럼 과학이 발달하고, 그것이 응용되어 기술이 발달하고, 그것이 응용되어 상품이 발달하는 것이 아니죠. 자본주의가 먼저 상품을 기획하고, 그 기획에 맞춰서 기술이 개발되는 것이고,

그 기술을 개발하기 위해서 과학이 연구되는 것이죠. 완전히 거꾸로 되었죠. 이런 상황에서는 과학과 기술이 순수한 길을 가기가 어렵습니다. 인문학 하는 사람이 아무리 목소리를 높여도 이런 체제에서 실제 힘을 가진 사람이 아니기에 영향력이 없습니다. 이런 구조가 근본적인 문제죠. 이런 시스템을 어떻게 뚫고 나갈 것인지는 정말 어려운 문제입니다. 국가라는 장치, 자본주의, 테크놀로지 등이 구성하고 있는 현실, 거기에 대중매체와 대중문화 같은 네트워크가 가세한 이 거대한 상황은 그 누구도 뚫고 나가기 힘든 거대한 괴물과도 같습니다. 깨어 있는 다중의 끝없는 저항만이 우리 삶에 숨쉴 수 있는 여백을 만들어낼 수 있을 것입니다.

기술을 물리적 장치 자체로서만 생각하면 안 됩니다. 오늘날 기술은 철저하게 자본주의 시스템에 종속되어 있고, 때문에 사회 전체의 뼈대에 입각해서 그 한 부분으로서의(그러나 점차 그 전체를 식민화하고 있는) 기술을 봐야 합니다. 요컨대 마르크스가 '생산양식'으로, 푸코가 '디아그람'으로, 들뢰즈와 가타리가 '추상기계'로 파악한 사회 구조 전체를 머리에 넣고서 기술을 봐야 하는 것이죠. 따라서 좋은 기술의 추구는 결코 기술 자체의 문제만이 아니라 결국 사회 전체의 문제인 겁니다.

§5. 인생의 기예/창조

가장 위대한 만듦은 기술도 아니고, 예술도 아니고, 철학도 아니고, 과학도 아니죠. 가장 중요한 만듦은 우리 인생을, 사회를, 세계를 아름답게 만드는 윤리적–정치적 만듦입니다. 다른 만듦들도 윤리적–정치적 비전에 입각해 이루어질 때 진정 의미를 띠게 됩니다. 뛰어난 기술도, 예술도, 또 학문도 사회 전체의 윤리적–정치적 맥락 속에서 이루어질 때 그 진정한 의미를 획득하게 되는 것입니다. 이런 안목 없이 오로지 자기 분야만 잘 한다고 뛰어난 만듦이 이루어지는 것은 아니에요.

　　아이들이 장난감을 가지고 노는 것을 보면 그런 것을 느껴요. 유럽 사람들이 만든(물론 유럽이라고 해서 다 그렇지는 않겠지만) 장난감은 아이들에 대한 배려가 세심하기 이를 데가 없습니다. 아이들이 혹시 다칠까 봐 조금이라도 튀어나온 곳은 고무를 박아 놓았습니다. 놀이터의 바닥은 (재질이 무엇인지 모르겠지만) 탄력 있게 만들어서 놀다가 떨어져도 크게 다치지 않도록 해놓는 등 그 세심함이 말할 수도 없습니다. 그리고 장난감을 사려면 특별히 그것을 파는 가게에 가야 합니다. 한국과는 대조적이죠. 우리는 어디에 가나 장난감이 넘쳐납니다. 서오릉 같은 유적지를 가도, 서울대공원 같은 공원에 가도, 63빌딩 같은 건물에 가도, 어디를 가도 장난감을 팔고 있습니다. 자본주의 상혼商魂이 이토록 철저하게 판치는 곳이 또 어디에 있나 싶습니다. 프랑스 뤼옹에 간 적이 있는데, 거기에서는 도대체 장난감을 본 기억이 나지 않습니다. 꼭 그것을 파는 곳에 가야만 살 수 있는 것이죠. 테트 도르라는 어마어마하게 큰 공원이 있는데, 그 공원 어디에도 장난감 가게는 없습니다. 아니 아예 가게라는 것 자체가 거의 없어요. 한국 사람들은 어디에 가나 "염불보다 잿밥"이죠. 구경이나 이야기, 공부는 뒷전이고 먹고 마시고 춤추고 물건 사고…… 이런 것이 전부입니다. 그래서 쓰레기들만 나뒹굴고. '천민자본주의'의 극치죠. 이런 배경 하에서 기술이, 예술이, 학문이…… 그 자체로서 아무리 발달해 봐야 무슨 의미가 있을까요?

한국에는 로봇문화가 대단히 발달해 있죠. 일본의 영향입니다. 우리는 로봇문화가 매우 일반적이라고 생각하지만 천만의 말씀입니다. 일본, 미국, 한국 세 나라 정도의 현상입니다. 남자 아이들은 온통 로봇만 가지고 놉니다. 우리 집에도 큰 아이가 사내애라서 로봇 장난감이 산더미같이 쌓여 있어요. 그런데 로봇들을 보면 어떤 것들은 그 모양이 흉측하기 짝이 없습니다. 애니메이션을 봐도 그렇죠. 등장인물들이 모두 흉측하게 생겼고, 아이들 보는 영화인데도 대사가 섬뜩하기 짝이 없습니다. 전투를 할 때의 표정들은 어른이 봐도 불쾌할 정도입니다. 또 그 음향 효과들하며…… 그런 것들을 보면서 저런 만화를 만든 인간들의 영혼은 어떻게 생겼을까 하는 생각이 듭니다. 아이들 영화를 어른이 봐도 끔찍하게 만드는 인간들, 그들은 그림이나 화면의 배색, 녹음…… 등 기술적인 면에서는 엄청난 노력을 할 겁니다. 그러나 그 기술이 제아무리 뛰어나도 그것이 윤리적-정치적으로 저열하기 짝이 없는 작품이라면 무슨 의미가 있을까요. 아이들 영혼을 갉아먹을 뿐입니다. 얼마 전에 「친구」라는 영화를 보고 한 학생이 그것을 흉내 내서 진짜 자기 친구를 죽였다고 하잖아요? 이런 현상을 보면 왜 플라톤이 '시인[대중문화] 추방론'을 이야기했는지 이해가 갑니다. 기술이든 예술이든 철학이든 과학이든, 또 그 무엇이든 오로지 그 자체만을 잘 만들려고 하기보다는 삶에 대해, 사회에 대해, 역사에 대해, 인간에 대해 넓은 안목을 가지고, 삶 자체를, 세계 자체를 아름답게 만드는 만듦으로 가야 합니다.

가장 중요한 만듦은 우리 삶의 만듦, 우리의 윤리적-정치적 삶의 양태의 만듦입니다. 이것은 미셸 푸코가 말년에 주력했던 문제이기도 하죠. '자기 만들기', '자기 돌보기'의 문제죠. 물론 나를 만든다는 것은 당연히 나와 얽혀 있는 사회, 역사, 세계를 만든다는 것과 뗄 수 없습니다. 특정한 물건, 특정한 책, 특정한 작품을 만드는 것도 중요하지만 더 중요한 것은 우리의 삶 자체, 자기 자체, 사회 자체를 아름답게 만들어 가는 것이고, 다른 만듦들도 이런 만듦의 결을 따라가면서 이루어질 때 의미가 있는 것입니다. 이것은 바로 우리가 앞에서 논했던 덕의 만듦, 정의의 만듦입니다. 덕과 정의의 만듦보다 더 위대한 만듦은 없는 것이고, 우리는 덕과 정의가 있는 곳에서만 진정으로 행복할 수 있는 것입니다.

개념 찾아보기

변양(變樣, modification) 102, 236, 287,
308, 431~436, 528
복수성(multiplicity) 88, 216, 243
본연(本然) 234, 266, 424, 564
본유 관념 284~285, 399, 410
본질(essence) 65~70, 99, 170, 202,
209~210, 264, 362, 728
비일정(indefinite) 256, 267, 275

사원인설 59, 70, 74, 78
상상력 446, 453~459
생성(生成) 58, 189, 270, 332, 523, 699
소수자 51, 686~688
신(神) 56, 93, 233, 284, 405, 554
신=자연 111, 236, 287, 294, 409~410
실재(實在, reality) 41, 64, 84, 88, 170,
172, 175, 196~201, 271, 454, 541
실체(ousia, substance) 100, 119, 202,
206, 211, 305, 541
심(心) 379, 412, 725
심재(心齋) 725

아낭케(anankê) 135~142, 161~162
아레테(aretê) 70, 209, 474, 479
양태(樣態, mode) 102, 236, 287, 431
여럿(多) 177, 213, 216, 236, 243~244,
248~249
영혼(psychê) 60, 81~82, 90, 96, 226
374, 383, 418~421, 425
예술(art) 700, 703, 706, 726~731
오성(悟性, Verstand, understanding) 323
옳음 526, 534, 536, 555~558, 580
욕망(epithymia) 392, 465, 496
우발성(endechomenon, contingence)
123, 136, 147, 153~160, 265, 304, 682
운명(運命, moira, fatum) 128~168
원리(原理, archê) 34~53

원인(aitia, cause) 53
유비(類比, analogy) 38
유위(有爲) 520, 525
윤리(ethica) 96, 525, 528~529
의(義) 672~676
이법(理法) 129, 132, 266, 350, 519
이성(logos, noûs) 138, 226, 323,
344~351, 392, 460, 466, 524
인과(因果) 54~55, 231, 310
인식 154, 192, 205, 239, 292,
319~324, 327, 336~338, 351, 356
인식론(認識論, epistemology) 336
인식론적 장(場) 64, 437
일자(一者, the One) 88~90, 104, 172,
177, 216, 218, 227, 237, 287

자연(physis) 80~127, 138, 295, 387,
398, 402, 423, 579, 591, 691, 707
잠재성 63, 274, 333
잠재적 복수성(virtual multiplicity)
185~186
재현(representation) 191, 318, 454,
602, 702~704
정신(spiritus, Geist, mens) 61, 261, 295,
350, 372, 383, 402, 404, 407, 425, 471
정의(正義, dikaiosynê, justice) 641
존재(存在, on) 169
좋음 442, 536~538, 566~568, 586, 588
주체 56, 191, 240, 243, 316, 414
주체성(subjectivity) 590
주체화(subjectivation) 635
지각(perception) 238, 340, 343,
436~438, 456, 458
지능 358~359, 446, 459~460
진리 47, 200, 237, 317, 336
질료(hylê) 59, 91~93, 143, 203~206,
262~263, 695~697, 712~713

창조 690~691, 699, 735
천지(天地) 105, 108~116, 674
초월(성) 163, 264, 281, 388, 529, 547,
712

코라(chôra) 523~525

타자화(他者化, otherization) 52, 173
태허(太虛) 111, 185, 187, 274, 462,
519, 522, 525

판단 182, 298, 306, 324

표상(表象, Vorstellung, representation)
191, 456, 602, 624, 702~704
표현 112, 231~232
퓌지스 →자연
필연 128, 135, 145, 157, 160, 239

현상 192, 239
현실(태) 36, 84, 183, 321, 333, 395
현전(現前, presence) 178, 447
현존(現存, existence) 178, 447
형상(形相) 62, 91, 99, 702
환상(phantasia) 453~457

인명 찾아보기

멘 드 비랑(Maine de Biran, François-
Pierre-Gonthier) 414, 466
모노(Monod, Jacques) 156
몬드리안(Mondriaan, Pieter C.) 554

바디우(Badiou, Alain) 246
바슐라르(Bachelard, Gaston) 27, 64,
246, 272, 365, 367, 458~459
바이어슈트라스(Weierstrass, Karl
Theodor Wihelm) 289, 293
발라즈(Balázs, Étienne) 681
발리바르(Balibar, Étienne) 576
버클리(Berkeley, George) 292
베르그송(Bergson, Henri) 124, 149,
196, 210, 243~245, 275, 290, 346, 358,
360, 363, 368, 394, 411, 416, 441, 454
베르나르(Bernard, Claude) 56
보드리야르(Bodrillard, Jean) 247
볼츠만(Boltzmann, Ludwig) 292, 364
부르디외(Bourdieu, Pierre) 312
부트루(Boutroux, Emile) 699
브렁슈비크(Brungschvig, Leon) 246,
309

사르트르(Sartre, Jean Paul) 22, 156, 210
생시몽(Saint-Simon, Claude Henri de
Rouvroy, Comte de) 470
세르(Serres, Michel) 102
소쉬르(Saussure, Ferdinand de) 246
소크라테스(Socrates) 105, 136~137,
339, 383~386, 398, 484~486, 488~
493, 540, 598, 649~651, 666
소포클레스(Sophocles) 130, 596, 649
쇤베르크(Schönberg, Arnold) 270
쇼(Shaw, George Bernard) 693
쇼펜하우어(Schopenhauer, Arthur) 466
순자(荀子) 563~564, 678~679

슈뢰딩거(Schrödinger, Erwin) 346
스피노자(Spinoza, Baruch) 68, 93,
104, 110, 180, 188, 211, 218, 232, 236,
286, 294, 311, 354~357, 401, 408~410,
426, 428, 433, 457, 518, 526~529, 531,
576~580, 583, 588
신란(親鸞) 564~565
실러(Schiller, Johann Ch. F. von) 470

아낙사고라스(Anaxagoras) 177, 276
아낙시만드로스(Anaximandros) 202,
268, 645
아르키메데스(Archimedes) 56
아리스토텔레스(Aristoteles) 20, 27, 43,
54, 59, 65~74, 78, 99~101, 137, 140~
143, 180~183, 202~206, 211, 223,
261~263, 278~281, 302~307, 311~314,
317, 350, 375, 393~395, 418, 455, 465,
480, 488, 494, 546, 568, 578, 581,
607~610, 667~670, 693, 704~711
아믈랭(Hamelin, Octave) 334~335
아우구스티누스(Augustinus, Aurelius)
127, 554
아이스퀼로스(Aeschylos) 130, 646
아이히만(Eichmann, Karl Adolf) 575
아인슈타인(Einstein, Albert) 28, 246
알튀세르(Althusser, Louis) 247, 368,
634, 636~637
에피쿠로스(Epicouros) 59, 101~102,
104, 206, 277, 548, 550, 568
엠페도클레스(Empedocles) 177, 221,
389, 645
오렘(Oresme, Nicole) 282
오일러(Euler, Leonhard) 293
왕부지(王夫之) 235, 261, 266
왕필(王弼) 228~229, 233, 522,
557~558, 560